河南统计年鉴

STATISTICAL YEARBOOK OF HENAN

1996

河南省统计局 编

中国统计出版社

ISBN 7-5037-2118-9
9 787503 721182 >

(京)新登字 041 号

图书在版编目(CIP)数据

河南统计年鉴 1996/河南省统计局编.—北京:中国统计出版社,1996.8
ISBN 7-5037-2118-9

Ⅰ.河…
Ⅱ.河…
Ⅲ.统计资料—中国—河南—1996—年鉴
Ⅳ.C832.61-54

中国统计出版社出版
(北京复外三里河月坛南街 38 号 100826)
河南省统计局印刷厂印刷
*
787×1092 毫米 16 开本 42.25 印张 20 彩页 130 万字
1996 年 8 月第 1 版 1996 年 8 月郑州第 1 次印刷
印数:1—2500
*
国内定价:98.00 元

《河南统计年鉴——1996》
编辑委员会及编辑部工作人员名单

编辑委员会

主　编　王光鹏

副主编　缪盛鸿　赵喜朝　刘永奇

编　委　（按姓氏笔划排序）

王　健　王世炎　王光鹏　王志电　朱丽萍
朱怀安　任潞生　刘永奇　刘明宪　孙斌育
李明清　李道华　洪积林　吴明清　何卓亚
何崇杰　宋才亮　宋明健　罗勤礼　金美江
赵凤林　赵喜朝　贾　跃　秦本立　高国莲
黄长林　曹站峰　梁秀娥　梁瑞祥　缪盛鸿
薛承旭　冀松森

编　辑　部

总编辑　朱怀安

副总编辑　罗勤礼　陈红雨　方伟平　孙　磊　王　超

责任编辑　马　平

编　辑　（按姓氏笔划排序）

王　政　王予荷　王学青　孔令惠　乔　华
孙玉会　孙新占　向继红　李兰光　吴少卿
张　杰　张亚民　张俊芝　张曼萍　孟　刚
赵文献　赵功毅　赵德友　赵耀华　胡汉阳
高　煌　姚琨璞　柴盛典　黄党恩　常冬梅
韩联伟　解建成　皇甫小雷

统计制图　孙　磊

封面设计　王　超　秦军校

英文目录编译　赵德友

计算机数据处理　孙　磊　王　超　向继红

编 辑 说 明

一、《河南统计年鉴——1996》是一部全面、系统、科学、翔实记载和反映1995年河南省社会、经济、科技发展情况的资料性年刊。本《年鉴》收录了河南省和各市地、县1995年经济、社会、科技各方面大量的统计资料，以及历史重要年份和近六年的全省主要统计数据。为适应建立社会主义市场经济体制的需要，更好地服从于和服务于党的中心工作，《河南统计年鉴——1996年》在1995年刊的基础上，根据新国民经济核算体系和新的国家统计报表制度的要求，在编辑体例、内容结构、指标体系等方面作了较大的改进和调整。

二、本《年鉴》由下列四大部分组成。

（一）特载：内容包括河南省八届人大四次会议上的《政府工作报告》(摘要)、《关于河南省1995年国民经济和社会发展计划执行情况与1996年计划的报告》(摘要)、《关于河南省1995年财政预算执行情况和1996年财政预算的报告》(摘要)、《河南省国民经济和社会发展“九五”计划和2010年远景目标纲要》及《河南省统计局关于1995年国民经济和社会发展的统计公报》、《河南省国民经济和社会发展综述》。

（二）统计图：本《年鉴》共编绘统计图16版，直观、形象地显示了河南省社会、经济、科技等方面的规模、水平、构成及发展变化趋势。

（三）统计资料：内容包括行政区划和自然资源；综合；人口；从业人员和职工工资；固定资产投资；能源与物资；物价；人民生活；城市概况；农林牧渔业；工业；建筑业；交通运输、邮电通信业；批发零售贸易业、餐饮业；对外经济贸易和国际旅游；财政、金融和保险；教育、文化、科技和专利；卫生、体育、民政、司法及其他；各县(市)主要统计指标；全国及各省市区主要统计指标；“八五”时期河南经济社会发展主要指标。

（五）大事记：辑录了河南省1995年社会经济生活中有重大影响的事件及河南统计工作要事。

三、使用本《年鉴》请注意以下几点：

（一）部分数据合计数或相对数由于单位取舍不同产生的计算误差未作机械调整。

（二）本《年鉴》的资料来源大部分来自年度统计报表，其中工业为工业普查资料，一部分来自抽样调查。

（三）由于我国统计制度方法正在进行重大改革，使用统计指标数据时请注意“注解”和“主要统计指标解释”中的说明。“注解”均加在文章篇末或统计表末。

（四）编辑本《年鉴》时对以往年份的个别指标数据作了订正或按照新的国家统计报表制度进行了调整，以前发表过的指标数据，凡与本《年鉴》有出入者均以本《年鉴》为准，并注意可比性。

（五）统计资料表式中的符号：“…”表示数据不足本表最小单位数；“空格”表示该项统计指标数据不详或无该项数据；“0”表示增长指标数据持平；“#”表示其中主要项。

本《年鉴》的编辑出版，得到了中国统计出版社、国家统计局综合司等单位和个人的大力支持和帮助，值此出版之际，谨向他们表示诚挚的谢意！

目　　录

特　　载

统 计 图

统计资料

一、行政区划和自然资源

二、综　　合

五、固定资产投资

六、能源与物资

七、物价

十一、工业

十二、建筑业

十三、交通运输、邮电通信业

十四、批发零售贸易业、餐饮业

十五、对外经济贸易和国际旅游

十六、财政、金融和保险

十七、教育、文化、科技和专利

十八、卫生、体育、民政、司法及其他

十九、各县（市）主要统计指标

大事记

CONTENTS

IMPORTANT DOCUMENTS

STATISTICAL GRAPHS

STATISTICS

MAJOR EVENTS

特　　载

政府工作报告(摘要)①

——1996年1月24日在省八届人大第四次会议上

河南省人民政府省长　马忠臣

一、去年及"八五"工作的回顾

1995年,全省各级政府认真贯彻"抓住机遇、深化改革、扩大开放、促进发展、保持稳定"的基本方针,加强对经济运行的宏观调控,经济体制改革继续深入,对外开放进一步扩大,国民经济持续发展,各项社会事业取得了新的成就,较好地完成了省八届人大三次会议确定的各项任务和"八五"计划。

国民经济持续增长,综合经济实力进一步增强。去年预计实现国内生产总值2940亿元,按可比口径比上年增长13.4%,其中,第一产业增长7.2%,第二产业增长17.3%,第三产业增长12.2%。国内生产总值比"七五"末的1990年增长84%。**农业在部分地区遭受严重旱灾的情况下获得较好收成,农村经济全面发展**。去年农林牧渔业总产值预计完成1220亿元,按可比口径比上年增长10.8%,比1990年增长37.7%。粮食总产量3466万吨、棉花77万吨、油料288万吨、肉类327万吨,分别比上年增长6.5%、22.6%、28%、29.1%,比1990年增长4.9%、13.9%、89.1%和1.4倍。乡镇企业全面发展,农村劳动力转移加快,非农产业在农村经济中所占份额提高,农村产业结构趋于优化。**工业经济快速增长,质量和效益有所提高**。随着改革的不断深化,国有企业适应市场变化的能力进一步增强,去年预计完成工业增加值1270亿元,比上年增长18%,比1990年增长1.1倍。大多数工业产品产量增加,产品质量有所提高,产销率为96.8%,产销基本实现同步增长,经济效益综合指数为97%。乡及乡以上年产值100万元以上独立核算工业企业实现产品销售收入1891亿元,利税293亿元,分别比上年增长32%、33.2%。交通运输和邮电通信不断发展,预计全年货物周转量1521.46亿吨公里,邮电业务总量28.3亿元,分别比上年增长5.8%和49.8%,比1990年增长30.1%和4.8倍。**市场物价涨势减弱,抑制通货膨胀初见成效**。各级政府把控制物价过快上涨作为宏观调控的首要任务,从增加有效供给、控制消费基金过快增长、整顿市场秩序、加强物价管理等方面采取措施,抑制了市场物价的过快上涨,全年商品零售价格涨幅14.9%,完成了15%左右的物价控制目标。**财政收入增长较快,金融运行保持平稳**。认真执行《预算法》,加强税收管理。全省地方财政收入123.1亿元,比上年增长31.9%。认真执行国家货币信贷政策,各专业银行积极筹措资金,为农副产品收购和缓解企业流资紧张做出了很大努力。预计年末金融机构各项存款余额2128亿元,比上年末增加527亿元,比1990年末增加1534亿元;各项贷款余额2085亿元,增加383亿元,比1990年末增加1312亿元。新增贷款投向基本合理,货币回笼状况良好。**固定资产投资适度增长,投资结构趋于合理**。加强对固定资产投资的宏观调控,按照国家产业政策,优化投资结构,多渠道筹集资金,加大对重点建设项目的投入。预计全社会固定资产投资800亿元,比上年增长27.4%,其中国有经济投资540亿元,增长24.9%。在国有经济投资中,水利和电力工业投资增加较多,分别比上年增长81%和73%。**消费品市场繁荣稳定,人民生活继续得到改善**。市场建设步伐加快,商品市场日趋完善。预计去年社会消费品零售总额900亿元,比上年增长28.1%,比1990年增长1.9倍。城乡居民收入水平有所提高。预计去年城镇居民人均生活费收入3030元,比上年增加632元,扣除物价因素,实际增长7.5%;农民人均纯收入1200元,增加290元,扣除物价因素,实际增长7%。

各项改革不断深化,对外开放进一步扩大。计划、财税、金融、物价、外贸、投资体制改革不断深化,实现了平稳过渡。开展了建立现代企业制度的各项基础性工作,试点工作开始实施,企业特别是国有小型企业积极探索多种资产经营形式，推进资产存量的流动和重组，企业兼并、租赁、拍卖、破产等形式的改革有了新的进展，股份制试点进一步规范。深化金融体制改革，加快了国有专业银行向商业银行转变的步伐，增设了政策性银行中国农业发展银行河南分行和商业性银行中国投资银行河南分行，新建了广东发展银行郑州分行。改革了农副产品收购资金管理体制。规范了货币、外汇市场，证券、期货市场整顿后健康运转。技术、信息、劳动力、土地等要素市场得到进一步发展。农村改革继续深入，政策比较稳定，综合改革试点工作成效显著。社会保障制度、土地使用制度、住房制度等各项改革继续向前推进。省直机构改革和推行国家公务员制度工作进展顺利。

全面实施开放带动战略，出口创汇和引进外资工作取得较大进展。去年预计全省进出口总额25.5亿美元，比上年增长15.2%，比1990年增长1.5倍，其中出口总额18亿美元，增长12.1%，比1990年增长1.1倍。新批“三资”企业805个，“三资”企业出口额2.72亿美元，占出口总额的15.1%。实际利用外资9.7亿美元，增长17.1%，其中客商直接投资4.75亿美元，增长11.8%。对外工程承包、劳务输出和外事、旅游、侨务、口岸建设等工作都取得了新的进展。

各项社会事业取得新的进展，社会主义精神文明和民主法制建设得到加强。坚持经济建设依靠科学技术，大力促进科技成果向现实生产力的转化。去年共取得科研成果1040项，有410项获得省部级以上奖励，技术合同成交额突破10亿元；高新技术产业发展速度加快，年产值超过100亿元；农村科技服务水平进一步提高。教育事业继续发展，全省又有22个县(市、区)普及了九年义务教育，初中及小学适龄人口入学率分别为83.3%和99.2%，高等教育、职业教育、成人教育、扫除青壮年文盲等工作都有了新的进展。“希望工程”成效显著，社会捐资助学使许多失学儿童重返校园。计划生育工作保持了良好势头，计划生育率、统计符合率、综合节育率均有所提高，人口出生率继续下降，预计人口自然增长率在10‰以内，低于全国平均水平。文化、卫生、体育、广播电视、新闻出版、环保、民族、宗教、信访、统计、审计、档案、接待、社会科学研究等方面都取得了新的成绩。继续加强国防教育，增强国防意识，深入开展“双拥”和军民共建活动，民兵和预备役建设得到加强，进一步增强了军政军民团结。

适应经济社会发展的需要，加快了立法步伐。去年提请省人大常委会审议并通过的地方法规15件，出台行政规章25件。认真执行人民代表大会及其常委会通过的法律、法规、决定和决议，自觉接受监督。省政府全年共办理全国和省人大代表建议530件，全国和省政协委员提案490件。加大执法力度，开展了执法检查工作。加强社会治安综合治理，组织开展了打击车匪路霸、盗窃、拐卖妇女儿童、“扫黄打非”等专项斗争。重视人民群众来信来访，尽力解决停产、开工不足企业及灾区群众的生产、生活困难，维护了社会大局的稳定。积极开展反腐纠风工作，绝大多数领导干部认真开展了自查自纠，查处了一批大案要案。公路“三乱”初步得到控制，清理中小学校乱收费工作取得一定进展，农民负担增长过快势头有所遏制。深入开展爱国主义、集体主义和社会主义教育，广泛开展向孔繁森同志学习活动，大力倡导林县人民艰苦创业精神和焦裕禄精神，弘扬良好的社会道德风尚，进一步调动了全省人民振兴河南的积极性。

1995年是实施“八五”计划的最后一年，经过全省人民共同努力和勤奋工作，较好地完成了“八五”计划规定的各项任务。这五年，新增发电装机容量400万千瓦，新增煤炭开采能力800万吨，新增石油开采能力350万吨，新增水泥生产能力850万吨，新增电话交换机容量280万门，新增有效灌溉面积630万亩，新建改建公路11600公里，建成了一批大中型基本建设和重点技术改造项目。这五年，科技、教育、文化、艺术、体育、卫生、新闻出版、广播电视、社会科学等项事业都取得了新的成绩；计划生育工作成效显著，年均人口自然增长率预计为10.2‰。经过“八五”时期的建设，我省经济实力明显增强，人民生活水平进一步提高，为“九五”计划的顺利实施打下了良好的基础。

“八五”时期，我们所以能够取得这样的成就，主要是坚持用邓小平建设有中国特色社会主义理论武装头脑，较好地贯彻执行了解放思想、实事求是的思想路线；坚持“团结奋进，振兴河南”的指导思想，较好地调动了广大干部群众的积极性；坚持以经济建设为中心，较好地实现了“一高一低”的战略目标；坚持以改革开放为动力，较好地处理了改革、发展和稳定的关系；坚持“两手抓、两手都要硬”的方针，进一步促进了经济发展和社会进步。

各位代表，过去一年和“八五”时期的成就来之不易。这是党中央、国务院和省委正确领导的结果，是省人大、省政协监督、支持的结果，是全省人民团结奋斗的结果，是中国人民解放军驻豫部队、武警部队、中央国家机关驻豫单位、各民主党派、工商联、各人民团体、离退休老同志和海内外各界人士共同努力、积极支持的结果。借此机会，我代表省人民政府，向在改革开放和现代化建设中做出积极贡献的全省工人、农民、知识分子、干部、人民解放军指战员、武警官兵和公安干警以及社会各界人士致以崇高的敬意，向所有关心、支持我省现代化建设的港澳台同胞、海外侨胞和国际友人表示衷心的感谢！

在充分肯定成绩的同时，还要清醒地看到：**在经济发展中还存在不少问题**。国民经济的整体素质不高，各地经济发展很不平衡。农业基础依然脆弱，投入不足，旱涝灾害仍然制约着我省农业的稳定增产。耕地锐减势头仍未得到有效控制。农民负担过重问题还没有得到根本解决，农村政策尚未得到完全落实，有的地方政策多变，群众不满意。农民收入不高，相当多的农民花钱问题没有解决。农村贫困面大，全省仍有贫困人口560万，扶贫任务十分繁重。部分工业企业效益不理想，资金循环不畅，相互拖欠严重，资金利税率下降。国有工业资产负债率高达72.8%，高于全国平均水平。一些企业停产或开工不足，造成部分职工生活困难。全省财政收入虽然增长较快，但不平衡，仍有部分县(市)入不敷出，甚至拖欠干部职工工资。**改革开放还不适应加快经济发展的要求**。配套改革措施滞后，企业改革在一些难点问题上还没有取得突破，建立现代企业制度试点工作进展缓慢。基础设施建设资金不足，投资软环境时好时差。**群众关心的一些热点问题尚未得到根本解决**。有的地方社会治安状况不好，严重刑事犯罪案件呈上升趋势，流氓团伙危害严重，人民群众缺乏安全感。少数干部以权谋私、贪污受贿、腐化堕落，群众反映强烈。物价水平仍然较高，部分低收入者生活困难。一些地方环境污染严重，治理任务艰巨。**政府工作人员尤其是领导干部工作作风还存在不少问题**。少数政府工作人员存在着官僚主义、形式主义、弄虚作假等不良作风，有的还相当严重。一些政府工作人员为人民服务的观念淡薄，办事推诿拖拉。少数干部工作方法简单，造成干群关系紧张。有的干部执法违法，侵犯公民个人的合法权益。

上述问题，有的是新旧体制转换过程中难以完全避免的，全面解决还需要一个过程；有的是政策不配套，基层的同志工作难度大；更多的是我们的工作没有做好造成的。大家都想把工作做得更好一些，但有些同志脱离群众、脱离实际，出了问题又简单化处理，导致有些问题不仅不能及时解决，反而矛盾激化，群众不满意。我们应当总结经验教训，在今后的工作中认真加以解决。

二、关于“九五”计划和2010年远景目标

本世纪的最后五年和下世纪的前十年，是我省改革开放和现代化建设承前启后、继往开来的重要时期。根据省第六次党代会的要求，**今后五年我省经济社会发展的基本任务是**：以邓小平建设有中国特色社会主义理论为指导，坚定不移地贯彻党的基本路线，牢牢把握“抓住机遇、深化改革、扩大开放、促进发展、保持稳定”的基本方针，正确处理改革、发展、稳定的关系，切实加强社会主义精神文明和民主法制建设，动员和带领全省人民，团结奋进，艰苦创业，加快发展，缩小差距，在提高质量和效益的前提下保持经济发展速度略高于全国平均水平、人口自然增长率略低于全国平均水平，力争国内生产总值在1980年的基础上翻三番，人均国内生产总值增长5倍，人民生活基本达到小康，基本消除贫困现象，初步建立社会主义市场经济体制，全面实现社会主义现代化建设第二步战略目标，为胜利跨入二十一世纪、向第三步战略目标迈进奠定坚实的基础。

经济社会发展的主要奋斗目标是：国内生产总值年均增长10%以上，经济结构进一步优化，第一、二、三产业比例更加协调，以公有制为主体的多种经济成份共同发展，科技进步在经济增长中的贡献率明显提高；大多数国有大中型骨干企业初步建立现代企业制度，基本建立市场体系、社会保障体系和宏观管理体系；投资环境明显改善，外贸进出口总额和利用外资有较大幅度增长，对外经济技术合作与交流显著增加，形成多层次、多渠道、全方位开放格局，促进国民经济与国际市场接轨；精神文明建设与民主法制建设进一步加强，人口数量控制在9700万以内，人口素质明显提高，科技、教育、文化、卫生、环保、体育、新闻出版、广播电视、社会科学等项事业都有较大发展；按1995年价格计算，城镇居民人均生活费收入达到4500元以上，农民人均纯收入达到1600元以上，560万贫困人口基本脱贫，居民居住条件有明显改善。到2010年，实现国内生产总值和人均国内生产总值在2000年的基础上再翻一番，使人民生活达到比较宽裕的程度；形成比较完善的社会主义市场经济体制，实现经济管理体制和运行机制的规范化、法制化；产业结构趋于合理，国民经济

整体素质和工业化、城市化水平明显提高；社会主义精神文明建设和民主法制建设取得显著进展，实现经济和社会持续、协调发展。

关于实施“九五”计划和2010年远景目标的发展战略、产业发展重点、生产力布局、主要政策措施等已写进我省国民经济和社会发展“九五”计划和2010年远景目标纲要（草案），这个《纲要（草案）》已印发各位代表，请予审议。

三、今年的奋斗目标和主要工作

今年政府工作的基本思路是：坚持党的基本理论、基本路线、基本方针，全面贯彻党的十四大和十四届三、四、五中全会及省第六次党代会精神，积极实施科教兴豫、开放带动、可持续发展战略，着力加强第一产业，强化提高第二产业，积极发展第三产业，加强基础设施建设，逐步推进经济体制和经济增长方式的转变，切实抓好社会主义精神文明和民主法制建设，加快工业化、城市化进程，促进国民经济持续、快速、健康发展和社会全面进步，为实现“九五”计划开好头，起好步。

今年全省经济社会发展的奋斗目标是：国内生产总值比上年增长10%，其中第一产业增长3.5%，第二产业增长14%，第三产业增长12%。粮食总产量力争突破3500万吨，增长1%；工业增加值增长15%；全社会固定资产投资960亿元，增长20%；地方财政收入增长10%；社会消费品零售总额增长20%；城镇居民人均生活费收入3600元，农民人均纯收入1400元，扣除物价因素分别增长6%和4.2%；物价涨幅控制在10%左右；进出口总额28亿美元，增长10%，其中出口20亿美元，增长12%；实际利用外资11亿美元，增长10%；人口自然增长率控制在11.5‰以内（工作目标为10‰）。

为了完成上述奋斗目标，要努力做好以下工作：

（一）进一步深化改革，推进两个具有全局意义的根本性转变。

实现今年乃至“九五”的奋斗目标，关键是着力实现经济体制从传统的计划经济体制向社会主义市场经济体制转变，经济增长方式从粗放型向集约型转变。要实现两个根本性转变，必须进一步深化改革。

农村改革，要稳定、完善家庭联产承包责任制和统分结合双层经营体制，要加强农村社会化服务体系建设，发展各种形式的贸工农一体化经营实体，引导农民走向市场，推进农业产业化。少数有条件的地方，鼓励土地使用权依法转包、抵押、入股。供销合作社和农村信用社要充分发挥作用，真正办成农民的合作经济组织。积极做好商丘地区和18个综合改革试点县（市）及50个乡镇的综合改革试点工作，引导更多的农村剩余劳动力向非农产业有序流动。农村改革的具体方式方法，可在农民自愿的基础上，因地制宜，分类指导，不搞一刀切。

要按照“抓好大的，放活小的，重在配套，务求突破”的原则，继续把国有企业改革作为经济体制改革的中心环节抓紧抓好。对国有大中型骨干企业，要抓好100家现代企业制度试点，使大中型企业逐步建立起法人财产制度、有限责任制度和规范的法人治理结构，使企业成为“产权清晰、责权明确、政企分开、管理科学”的法人实体和市场竞争主体。对国有小型企业特别是县（市）属企业，要区别不同情况，采取改组、联合、兼并、股份合作、租凭、承包、拍卖等改革措施，切实放开搞活，搞好郑州、洛阳城市优化资本结构试点。今年要在企业兼并上取得突破性进展，对那些产品无市场、资不抵债、扭亏无望的企业，下决心兼并一批，推动存量资本的优化组合；对不具备兼并条件的，要依法破产。全面抓好与国有企业改革相配套的各项改革。一是加快社会保障制度改革，完善以市为单位的养老和失业保险配套措施。搞好再就业培训和劳务市场，促进失业救济与社会再就业有机结合。二是进行国有资产的监督管理和运营体制改革试点，搞好漯河建立资产经营公司试点。三是进一步实行政企分开，切实转变政府职能。此项工作要全面推进，郑州、洛阳、漯河、商丘要先行一步。今年要进行减轻企业负担的试点工作，为把企业办的福利性服务机构分离出来、推向社会探索经验，加大富余人员分流的力度。要加强对国有企业改革的领导，各级政府都要由主要领导同志负责，实行统一领导，克服部门和地方之间的扯皮现象，力争今年取得明显进展。

深化城镇集体企业改革，探索多种资产经营方式，推动企业组织结构调整，理顺产权关系。对大多数城镇集体企业积极推行股份合作制，对那些陷入困境的企业，可以通过兼并、拍卖、租赁和破产等方式进行重组。认真抓好“九五”期间百户企业筛选工作，使之尽快成为我省集体经济领域中的一支骨干力量，带动全省城镇集体经济全面发展。

要发展和完善商品市场，建立主要由市场形成商品价格的机制，积极发展现代流通组织形式，探索商业批发企业改革的新路子，发展配售中心、代理制，积极试办连锁经营；粮食企业要加快实行“两条线”运行。支持具备条件的企业申报进出口经营权，逐步实行外贸经营依法登记制，使更多的企业直接面向国际市场；外贸企业内部要加快转换经营机制的步伐。要积极推行资本金制度和项目法人责任制，强化法人投资和银行信贷的风险责任。金融体制主要是加快国有专业金融机构向商业金融机构转变的步伐。深化住房制度改革，逐步实现住房商品化、社会化。

大力发展多种经济成份，继续鼓励个体、私营、股份合作经济和合资、合作企业等非国有经济的发展，在全省营造以公有制为主体，多种经济成份并存，平等竞争、共同发展的大环境。

实现经济增长方式的转变，必须坚持把提高经济增长的质量和效益放在首位，把重点放在依靠科技进步和现有企业的挖潜改造、充实、提高上。新建项目要统筹规划，合理布局，提高技术起点，避免盲目和重复建设。要较大幅度地提高技术改造投资的比重，加大对现有企业和老工业基地的技术改造力度。坚持资源开发与节约并举，把节约和保护资源放在首位，千方百计降低资源的占用与消耗，提高能源和原材料的利用效率。广泛应用先进技术装备国民经济各部门，提高技术含量和劳动生产率。充分运用税收、信贷、利率、贴息、价格、折旧等宏观经济调控手段，限制粗放经营，鼓励集约经营，促进生产、建设、流通各个经济领域的增长方式由粗放型向集约型转变。

(二)切实加强农业，全面发展农村经济。

农业是国民经济的基础，必须把农业放在各项经济工作的首位。各市地政府、行署一把手要用很大精力抓农业和农村工作，县(市)长要把主要精力放在农业和农村工作上，把全面发展农村经济、增加农副产品有效供给、提高农民收入，作为农村工作的出发点和落脚点。

要多渠道增加对农业的投入。财政对农业总投入的增长幅度要高于经常性收入的增长幅度，引导二三产业和农村集体、农民个人对农业的投资，动员各行各业支持和投资农业，积极利用外资搞好黄河两岸低产田改造和豫西农业综合开发。大力开展农田水利基本建设，积极修复、完善抗旱排涝农田水利设施，增强抗灾能力。今年新增有效灌溉面积60万亩、旱涝保收田60万亩。同时，逐步改变农村交通、通讯、仓储、电力供应等基础设施落后的状况，合理利用和保护好地下水资源，改善农业生产条件，提高农业综合生产能力。重点搞好利用银行专项贷款在平原地区打井配套工作。

坚持抓好粮、棉、油、烟等生产，不断调整农业种植结构，提高农业综合效益。继续大力发展高产、优质、低耗、高效农业，重点抓好58个粮棉生产大县、11个商品粮基地县、3个优质棉基地县建设和黄淮海平原、南阳盆地中低产田改造、大别山区农业综合开发。积极促进农科教结合，推广节水灌溉、科学施肥、模式化栽培和病虫害防治等农业实用技术。要把搞好良种选育和示范、积极推广优良品种作为促进农业增产的主要措施抓紧抓好。依靠科技，主攻单产，提高总产。稳定农村科技队伍，大力提高农民科学文化素质。积极扶持化肥、农药、农机等支农工业，切实做好重要农资的供应工作；整顿农业生产资料流通秩序，减少中间环节和流通费用，降低农业生产成本。“九五”期间力争新增粮食生产能力50亿公斤。

要把发展乡镇企业作为农村奔小康、推动全省经济快速发展和实现农业现代化的战略措施，坚持因地制宜、发挥优势、多轮驱动、放手发展的方针，鼓励、支持、引导不同所有制企业更快更好地发展。乡镇企业发展快的地区，要加强企业技术改革和新产品开发、上规模、上档次、上水平；引导企业集中连片发展，走与小城镇建设相结合的路子，推进农村工业化、城镇化。乡村集体企业要积极发展股份合作制或股份制。乡镇企业发展缓慢的地区，要发挥自己的优势，加快发展；积极实施“富民工程”，发展多种经营，使农民尽快脱贫致富。

大力发展林果业和畜牧养殖业。坚持“完善平原、主攻山区”的方针，加快造林绿化步伐，努力完成荒山造林350万亩，其中经济林100万亩。调整畜牧业生产结构，鼓励规模养殖，重点发展节粮型畜禽养殖业，建设一批猪、牛规模养殖基地和加工基地，各大中城市都要建立稳定的肉蛋、水产生产基地，力争全年肉类总产量增长7%。

今年是“国际消除贫困年”，要加大扶贫开发工作力度，力争全年解决100万以上贫困农民的温饱问题。认真落实各项扶贫开发改革措施，搞好各项扶贫资金的安排使用，实行扶贫责任制，坚持行政机关、企业与贫困地区的对口帮贫，动员社会力量参与扶贫开发，支持贫困地区的基础设施建设，加快解决无电、无公路行政村的通电通路和豫西、豫北山区地带人畜饮水困难。有条件的地方可以走移民脱贫的路子。贫困地区要因地制宜，增强自身发展能力，尽快实现消除贫困的目标。

要坚定不移地落实减轻农民负担的各项方针政策。农村兴办各项事业要充分考虑群众的承受能力，量力而行，着重群众意愿，群众不愿意办或没条件办的事不能办，严禁硬性摊派；有关部门要定期监督检查，对检查出的问题要严肃处理，真正把农民负担控制在规定的标准之内。

（三）采取切实措施，提高工业经济增长的质量和效益。

对国有企业，尤其是国有大中型企业，要坚持改革、改组、改造和加强内部管理相结合的"三改一加强"方针，转变经济增长方式，提高经济效益。

加大技术改造力度，把技术进步作为转变经济增长方式、提高工业经济整体素质的重要途径。加快改造机电、化工、食品、轻纺、建筑建材五个支柱产业，继续改造烟草等传统产业；着力培育显示、汽车及新材料等高新技术产业；发挥国防科技工业的优势，加快军工企业军转民步伐，促进我省新型产业结构框架的形成。坚持"择优扶强，突出重点"的原则，向优势产业和优势企业倾斜，把资金集中投入到一批有市场、带动作用强的骨干企业，重点支持那些能以较少的资产增量带活一批资产存量、有利于促进产品结构和企业组织结构调整的项目，高技术含量、高附加值、高出口创汇的项目。抓好列入国家"双加"（加大技术改造投资力度，加快技术改造步伐）工程的项目和省50户重点企业的项目。在项目选择过程中，要切实做好经济技术论证工作，建立项目责任制，实行对项目的全过程管理，保证按期投产达产，努力提高投资效益。下决心淘汰一批落后技术和产品，发展一批先进技术和产品。

实施名牌战略，统筹规划，培育、扶持名牌产品。对已有的名牌产品，要巩固和扩大国内外市场；对有希望发展为名牌的产品，要积极扶持，促其尽快形成拳头。围绕发展支柱产业、名牌产品，实行工商联合，培育一批企业集团。打破地区、行业、产业界限，选择一批产品竞争力强、前景好的企业，优化资本结构，壮大实力，逐步发展成为工、科、贸相结合，跨地区、跨行业和具有国际国内竞争力的大型企业集团。

深入开展"转机制、抓管理、练内功、增效益"活动，引导企业面向国际国内市场，挖掘潜力，开发适销对路产品。加强内部管理，建立和完善各项规章制度，注重财务管理和成本核算，强化安全生产意识，加强职工培训，全面提高企业素质特别是法人素质。盘活内部资金存量，缓解流动资金困难，提高资金使用效益。建立健全质量保证体系，稳步提高产品质量。努力压库促销，按照"增畅、限平、停滞"的原则组织生产，不断提高产销率和劳动生产率。坚持实行各级扭亏责任制，对亏损大户实行重点帮促。

（四）大力发展第三产业，加快培育和完善市场体系。

在坚持以公有制为主体的原则下，充分调动方方面面发展第三产业的积极性，坚持谁投资、谁所有、谁受益的原则，鼓励以资金、房产、设备等形式投入第三产业。重点发展商品流通业、交通通信业、农村社会化服务业、信息业、房地产业。今年全省第三产业增加值占国内生产总值的比重要达到28%左右。各市地都要加快发展步伐，郑州、洛阳等大中城市和地区所在地要发展得更快一些。

发展和完善商品市场，培育和规范要素市场，逐步形成统一开放、竞争有序的市场体系。商品市场重点是统筹规划，合理布局，完善功能，增强辐射能力。加快郑州商贸城建设，发挥中心城市的辐射带动作用。发展技术、劳动力、土地、产权等生产要素市场，建立健全各类会计、审计、法律、咨询、评估等中介服务机构，加强规范化管理。制定和完善市场规则，强化流通管理，规范流通秩序，打破地区封锁和部门分割，制止不正当竞争，坚决反对暴利，保护生产者和消费者的合法权益。

（五）抑制通货膨胀，为国民经济持续健康发展创造良好的宏观经济环境。

今年引发物价上涨的因素较多，物价形势依然比较严峻。两年多来为了治理通货膨胀，严格控制新涨价项目，该出台的调价项目没有出台，积累了不少价格矛盾，有些调价项目的出台已经不可避免；去年物价后翘因素对今年物价上涨的影响较大；以粮油肉蛋菜为主的居民消费品和以化肥、农药为主的农业生产资料价格居高不下，仍将推动整个物价的上涨；市场流通秩序混乱的状况尚未得到根本扭转，自发涨价因素多。

要把抑制通货膨胀作为今年宏观调控的首要任务切实抓好。继续实行物价控制目标责任制，从严控制新调价项目的出台，非出台不可的调价项目，要做好出台前的准备工作并严禁搭车涨价。努力增加有效供给，坚持实行"米袋子"和"菜篮子"行政首长负责制，切实抓好粮棉油、肉蛋菜等基本消费品的生产。继续完善粮食风险基金和副食品风险基金制度，建立健全重要生产资料和基本生活消费品的储备制度。稳定以化肥为主的农业生产资料价格，在努力增加产量，扩大外采，保持供求平衡的同时，研究制定农业生产资料价格的管理办法。加强对市场物价特别是农村物价的管理，制止不正当价格行为，对居民生活必需品和服务价格进行严格监审，调动各方面的力量对物价控制工作实行齐抓共管、综合治理，对欺行霸市、哄抬物价、价格欺诈等违法行为进行严厉查处。加强对行政性收费的管理，坚决制止乱收费。从严控制缺乏资金、不符合产业政策的新开工项目和固定资产投资规模。严格控制消费基金过快增长，控制社会集团购买力，认真清查小金库，严禁工资外滥发奖金、实物和补贴。采取切实措施，确保消费基金的增长低于经济的增长、职工收入的增长低于劳动生产率的增长。

（六）继续实施开放带动战略，进一步扩大对外开放。

从今年起，国家实行三项涉外税制改革，我们要尽快适应新的要求，把对外开放提高到一个新的水平。要以招商引资为重点，切实加强基础产业和基础设施建设，完善地方性涉外经济法规和政策体系，切实保护中外投资者的合法权益，不断优化投资的软硬环境。未完工的重点基础工程要加快建设，力争尽早竣工。坚持积极合理、注重实效的招商引资方针，把利用外资与国民经济的发展和产业结构调整有机结合，突出引资重点，引导外资投到技术密集型、出口创汇型、重大基础设施和支柱产业项目上。注重吸引国外大公司、大财团来我省投资。充分利用降低进口关税的有利时机，引进国外关键技术设备改造国有大中型企业。要把企业特别是国有大中型企业推到对外开放第一线，发挥其在招商引资中的主体作用。加强组织管理，克服政出多门的现象，把招商引资工作纳入规范化管理轨道。认真审查投资各方的资信状况，提高项目审批质量和成功率。加强对现有外商投资企业的管理。准备好项目，扩大利用外资的范围，更多地利用外国政府贷款和国际金融组织贷款。抓好已批准的国家级和省级各类开发区建设。加强省际间的经济协作与横向联合，促进全省经济的繁荣和发展。

要坚持创汇与创效益并重的原则，加强企业管理，降低成本，提高收汇率，使外贸出口的数量和效益同步增长。要充分调动各类企业扩大出口创汇的积极性，在抓好省级外贸、工贸公司扩大出口的同时，狠抓市地出口创汇工作，提高市地出口创汇占全省的比重。优化出口产品结构，扩大机电产品和其他高附加值产品的出口份额。对重点出口产品和出口企业实施倾斜配套政策，培育出一批有发展前途的拳头出口产品，重点培植出口创汇超亿美元的外贸、工贸公司和出口超千万美元的生产企业。鼓励外贸、工贸公司和自营进出口企业协商联合建立稳定的出口货源基地。加强工贸合作，利用优势资源的加工增值，进一步扩大出口。巩固传统国际市场，积极扩大对欧、美、日等发达国家的直接贸易，开拓独联体、东盟、中东、南非等潜力较大的市场。加强对境外投资项目和海外投资企业的管理，使其健康发展。努力开拓新的工程承包和劳务市场，积极发展旅游业，增加非贸易创汇。

（七）进一步优化投资结构，保证重点建设项目顺利进行。

要广开筹资渠道，保证重点建设资金来源。千方百计争取国家计划内建设资金和商业银行的投资融资；切实加强各专项建设基金的征收工作，确保基金稳定增长；选择一批经济效益好的技术改造和基本建设项目，积极争取国家安排适当数量指标，发行地方企业债券或采取股份制办法募集资金；强化省拨改贷资金的回收再贷工作；加快一批重大项目利用外资的进展步伐；力争财政用于重点建设项目的支出稳定增加。国有商业银行和其他商业银行的贷款投向要与省确定的投资方向和重点相一致。进一步优化投资结构，把投资重点放到农业、水利、能源、交通、通讯、重要原材料等基础产业、基础设施和支柱产业项目上来。抓好国家和44项省重点项目建设，确保郑州新郑机场等11项工程如期完工；加快建设鸭河口电厂等14项续建项目；力争洛阳热电厂扩建等5个项目开工建设；做好南水北调工程等14个预备项目和“九五”期间开封、洛阳两个化肥厂改造项目的前期准备工作；继续搞好小浪底水利枢纽工程的配套服务。

加强在建项目的财务和施工管理，实行跟踪审计，坚决扭转一些重点建设项目管理混乱、浪费严重的状况，提高资金使用效益和工程质量。重点项目所在地政府要在征地、拆迁、建设等过程中搞好配合和服务，保证重点项目建设的顺利进行。

（八）加强税收征管，搞活财政金融。

要强化税收征管，严格依法治税，依率计征，防止收过头税，保证税收均衡入库。加强对个人所得税的征收，加大拖欠税款清缴力度，强化税务稽查，严厉打击偷税、抗税、骗税、制售假增值税专用发票等违法行为，确保各项税收任务的圆满完成。坚持不懈地开展“两扭两创”活动，制订和落实财源建设规划，积极培植财源，促进县（市）、乡（镇）财政收入的稳定增长。继续实行适度从紧的财政政策，加强预算管理，严格控制财政支出。省级财政实行零基预算，规范财政开支，强化预算约束。在保证工资及正常办公经费支出的情况下，从严控制其他非生产性支出,增加对经济建设和社会事业发展的支出。运用财政手段推动人员分流,控制人员编制。要建立各级财政收支平衡的自我约束机制,坚持量入为出、自求平衡、不补赤字的原则,促进全省财政状况逐步好转。

认真执行国家的货币信贷政策,提高国有商业银行、其他商业银行和非银行金融机构的投融资能力。在大力组织存款、增强资金实力的同时,充分运用信贷、利率等手段,提高资金的使用效益,调整信贷结构,盘活资金存量,优化资金增量。进一步发展和完善金融组织体系,稳步发展城乡合作银行,创造条件引进外地及外资金融机构。

当前,财政纪律松弛,经济秩序混乱,违法违纪行为相当普遍,严重干扰了经济发展和改革的顺利进行,助长了腐败行为,必须认真加以整顿。今年要把整顿和强化财经纪律,加强预算外资金管理,打击经济犯罪行为作为一项重要的任务抓紧抓好。要健全规章制度,强化监督管理;严格执行有关法律法规,查处大案要案,严肃处理违法违纪的直接责任人,并追究主要领导人的责任。财政、税务、外经贸、海关、银行、外汇管理、审计和监察等部门,要开展一次财经纪律全面检查,重点查处"两本帐"、骗税、套汇、走私等违法犯罪活动,以及公职人员的严重违纪行为。切实加强执法工作和监督检查,真正做到有法必依、执法必严、违法必究。

(九)认真贯彻计划生育、土地管理、环境保护三大国策,促进经济和社会协调发展

坚持计划生育既要抓紧又要抓好的指导方针,各级政府一把手要亲自抓、负总责,继续实行计划生育一票否决权,坚持和完善人口与计划生育目标管理责任制。重点抓好农村和城市流动人口的计划生育工作,突出解决好农村早育问题。充分发挥各级干部的带头作用,抓好基层基础工作,做到计划生育两手抓,一手抓以宣传教育为主,避孕为主,经常性工作为主;一手抓计划生育同发展农村经济相结合,同农民勤劳致富奔小康相结合,同建立文明幸福家庭相结合。认真搞好优生优育,提高人口素质,努力把我省计划生育工作提高到一个新水平,确保人口控制目标的实现。

坚持全省土地和城乡地政统一管理、资源和资产并重管理的原则,加快基本农田划定步伐,依法保护耕地。深化土地使用制度改革,积极培育和规范土地市场,防止土地流失。城乡建设都要节约用地、科学用地、合理用地,从今年开始,全省每年占用耕地面积要控制在30万亩以内,力争开发、复垦耕地10万亩。

按照经济建设与环境建设同步规划、同步实施、同步发展的原则,加强环境保护工作。今年要集中力量抓好省辖淮河流域水污染防治和沿黄城市饮用水源保护工作,确保按时完成国家确定的治淮目标。加快老污染源的治理步伐,严格控制新污染产生,对不符合国家产业政策、污染严重又无法治理的小造纸、小制革、小化工等要坚决关停并转。继续加强宣传教育,努力提高全社会的环保意识。

(十)实施科教兴豫战略,大力发展科技、教育和其他各项社会事业。

转变经济增长方式,归根到底要靠科技进步和劳动者素质的提高,关键是抓好科技和教育。以农业重大科技攻关和科技成果推广应用为重点,认真抓好科技兴农,加强主要农作物优良品种的选育、示范,组织好"星火计划"和"科技新星工程"的实施工作,引导和推动农村经济的发展,围绕基础产业、支柱产业的发展,选择关键领域和关键技术组织科技攻关。认真组织实施"火炬计划",围绕新材料、电子信息、生物工程等,大力发展具有我省特色的高新技术产业,运用高新技术改造传统产业,提高经济增长的质量和效益。进一步深化科技体制改革,要按照"稳住一头,放开一片"的原则,在加强基础研究、高技术研究和重点科技攻关的同时,鼓励支持科技人员开展技术开发和服务,创办各类科技企业。支持科研院所、高等院校与企业、农村进行各种形式的联合,促进科技成果商品化、产业化。扶持和促进民营科技企业的发展。广泛开展国际科技合作与交流。加强科学技术普及工作,提高全民科学文化素质。

积极贯彻《中国教育改革和发展纲要》,推动教育事业的改革和发展。九年义务教育要按照分区规划、分类指导、分步实施的指导思想,积极推进,争取今年再有26个县(市、区)基本普及九年义务教育。加快中等教育结构调整步伐,发展职业教育,要通过改、联、建等渠道,集中力量办好一批多功能的农村职业教育培训中心,促进农科教的紧密结合。要以扫盲、岗位培训和继续教育为重点,搞好成人教育。高等教育要合理布局,主动适应建立社会主义市场经济体制和经济社会发展的需要,在办好基础学科和现有学科的同时,继续调整结构,大力发展工科、财经、涉外等社会急需专业,提高高等教育质量和办学效益,为争取有高校尽早进入国家"211"工程创造条件。积极引进高科技人才,加大联合办学力度,加强校际合作,支持高等院校大力发展校办产业特别是高科技产业,解决好贫困学生的上学问题，通过设立奖学金、贷学金、助学金等多种形式，使品学兼优的学生不致因家庭贫困而失学。坚持以政府投入为主，拓宽筹资渠道，增加教育投入，理顺教育经费的征收和管理体制。要加强教师队伍建设，全面提高教师素质和教学质量，在全社会形成尊师重教的良好社会风尚。

坚持“二为”方向和“双百”方针，繁荣社会主义文艺。面向基层开展创建文化建设先进县(市)活动，积极推动科技、文化下乡，促进农村文化建设。强化文化市场管理，抢救保护好文物古迹，搞好文化、广播电视设施建设，积极落实经济文化政策，促进我省文化事业全面发展。社会科学要重点研究建立社会主义市场经济体制中的重大理论和实践问题。认真组织实施全民健身计划，增强人民体质，发展竞技体育，提高我省体育运动水平。积极发展各类卫生保健事业，恢复和发展农村合作医疗制度及三级医疗保健网，加强乡级卫生院和县妇幼保健所、防疫站建设，推进社会医疗保障制度改革，加强医德医风教育，更好地为提高人民健康水平服务。整顿药品市场，保持良好的医药卫生秩序。

要继续做好新闻出版、民族宗教、人防、民政、统计、信访、侨务、口岸、接待、档案、移民安置等项工作。认真做好退役、转业和军队离退休干部的安置工作，深入开展“双拥”活动，积极支持驻豫部队和武警部队建设，加强国防教育，不断提高全民国防意识，推进民兵和预备役建设，扎实开展军民共建文明活动，加强军政、军民团结。

四、加强社会主义精神文明和民主法制建设，切实转变政府工作作风。

搞好社会主义精神文明建设。认真贯彻落实党的十四大和十四届三、四、五中全会精神，学习马列主义、毛泽东思想，用邓小平建设有中国特色社会主义理论武装头脑，坚持江泽民总书记倡导的以科学的理论武装人，以正确的舆论引导人，以高尚的精神塑造人，以优秀的作品鼓舞人。坚持党的基本路线，广泛开展爱国主义、集体主义和社会主义教育，培育有理想、有道德、有文化、有纪律的“四有”新人。要把物质文明和精神文明建设作为统一的奋斗目标，坚持两手抓、两手都要硬的方针，切实做到两个文明建设协调发展，共同进步。各级政府要把精神文明建设纳入经济社会发展总体规划，逐步增加投入。抓好“五个一”工程，多生产艺术精品，不断满足人民群众的精神文化需求。认真抓好新时期的思想政治工作，深入开展创建文明单位、文明城市、文明家庭活动。加强社会公德和职业道德教育，提倡移风易俗，反对封建迷信和伪科学，提倡科学文明的生活方式，旗帜鲜明地反对拜金主义、极端个人主义和腐朽的生活方式。继承和发扬艰苦奋斗、勤俭节约的优良传统，在全社会形成讲理想、讲道德、讲纪律、讲礼貌、讲卫生，奉公守法、助人为乐、见义勇为、无私奉献的良好社会风尚。深入开展向孔繁森同志学习的活动，大力弘扬林县人民艰苦创业精神和焦裕禄精神。坚持团结、稳定、鼓劲、正面宣传为主的方针，正确把握舆论导向，生动反映改革开放和现代化建设的伟大实践，热情讴歌人民群众为实现新时期各项任务团结奋斗的精神和业绩，形成良好的舆论环境，把干部群众的积极性引导好、保护好、发挥好。

加强社会主义民主法制建设，实施依法治省。领导干部都要带头学法、守法、依法行政，逐步把各项工作纳入法制轨道。各级政府都要自觉接受人民代表大会及其常委会的监督，认真执行人大通过的各项法律、法规、决定和决议。主动接受人民政协的民主监督，搞好重大问题的协商，加强同民主党派、工商联、无党派爱国人士和人民团体的联系，充分发挥其参政议政作用，巩固和发展新时期爱国统一战线。进一步加强同港澳台同胞及海外侨胞的联系，充分发挥他们在对外开放和祖国统一大业中的作用。认真办理人民代表的建议、议案和政协提案。自觉接受群众监督和舆论监督。重大决策要事先征求各方面的意见，不断提高决策的民主化、科学化水平，密切政府与群众的联系，积极采纳群众的合理化建议，保障人民群众的民主权利，维护他们的合法权益和主人公地位。要积极配合人大按照程序加快立法步伐，不断完善适应社会主义市场经济发展需要的法规体系。上半年要制定依法治省的五年方案，并逐步实施；加强对法律实施情况的监督检查，保证法律、法规的正确实施；加强司法和行政执法队伍建设，实行执法责任制，不断提高其政治和业务素质；搞好基层法律服务，加强劳改、劳教工作；深入开展普法教育，提高全民的法律意识和法制观念。

抓好社会治安综合治理，努力保持社会稳定。继续实行综合治理领导责任制，主要领导要亲自抓、负总责。加强基层基础工作，推进城镇居民自治和村民自治制度的落实。坚持“打防并举”的方针，建立社会防范网络，动员全社会力量齐抓共管，从根本上预防和减少犯罪。深入开展“严打”斗争，集中精力破大案、打团伙、追逃犯、治乱点，坚决打击危害社会治安的重大盗窃、凶杀、抢劫、车匪路霸等刑事犯罪活动，打击贪污贿赂、走私诈骗等严重经济犯罪活动，打击境内外敌对势力的破坏、渗透活动和非法宗教活动，坚决查禁“黄、赌、毒”等丑恶现象，严厉查处制售假冒伪劣商品的违法活动。正确处理人民内部矛盾，重视人民群众来信来访，及时解决事关群众切身利益、影响群众情绪的实际问题，做好疏导教育工作，理顺群众情绪，化解和消除各种不安定因素，把维护稳定的各项措施落实到基层，把问题解决在萌芽状态，为改革开放和经济发展创造一个安定的社会环境。

进一步加强反腐纠风工作。各级政府领导干部要自重、自省、自警、自励，要求别人做到的，自己首先做到，禁止别人做的，自己坚决不做。要按照中央和省廉洁自律的各项规定，管好自己，管好家属子女和身边工作人员，自觉接受各方面的监督，带头同各种腐败现象作斗争，积极支持有关部门查处大案要案，重点查处县(处)级以上领导干部的案件，对腐败分子严惩不贷。反对铺张浪费，严禁违纪建私房、多占住房，严禁用公款吃喝玩乐，严禁超标准用车和公车私用。继续纠正行业不正之风，重点解决中小学校和对农民、企业乱收费、乱摊派、乱罚款等问题，巩固治理公路“三乱”的成果。在加强监督检查的基础上，逐步建立健全监督约束机制，力争使全省的反腐纠风工作取得新进展。

继续转变政府工作作风，提高工作效率。各级政府工作人员，特别是领导干部要讲学习，讲政治，讲原则，讲正气，树立正确的世界观、人生观、价值观；认真学习社会主义市场经济理论和现代科技知识，自觉按经济规律办事，防止盲目性。搞好机关思想作风建设，结合市地、县(市)机构改革，进一步转变政府职能，把属于基层和企业管的事下放给基层和企业，提高工作效率。要增强全心全意为人民服务的意识，摆正政府工作人员与人民群众的关系，增强群众观念，关心群众疾苦，切实解决群众的突出困难，妥善解决好停产和开工不足企业职工、灾区群众以及城市低收入居民的生活困难。坚持实事求是的思想路线，一切从实际出发，防止主观主义、形式主义、官僚主义，坚持说实话、办实事、鼓实劲、求实效，做到有喜报喜，有忧报忧，坚持反对虚报浮夸、弄虚作假、摆花架子的不良倾向。进一步控制评比、检查，改进评比、检查方法，下决心解决文山会海问题。要转变工作作风，防止和克服简单粗暴、强迫命令、忽视群众疾苦等不良现象，要经常深入实际，搞好调查研究，抓好典型，推动各项工作的开展。要树立全局观念，反对本位主义。要反对遇事推诿拖拉、互相扯皮的不良作风，严格组织纪律，做到令行禁止，以对党和人民高度负责的精神做好本职工作。

各位代表！

蓝图已经绘就，前程灿烂似锦。面对新世纪的召唤，让我们紧密团结在以江泽民同志为核心的党中央周围，在省委的直接领导下，同全省人民一道，团结一致，振奋精神，励精图治，扎实工作，为完成今年的各项任务，为顺利实现第二步战略目标而努力奋斗！

---

①注：报告中1995年数据为预计数或快报数。

中锋集团董事长顾国占(中)和集团公司领导

中锋企业集团公司是在原禹州市吕沟煤矿基础上组建的，属中一型企业。下设3个煤矿，1个厂，6个公司，1个宾馆等11个成员企业。主要产品及经营项目：原煤、化工、建材、煤炭运销、金属加工、建筑装饰、宾馆酒店等。公司曾先后获得国家二级企业，煤炭部特级质量标准

禹州中锋企业集团公司

化矿井，省重合同守信用企业，大中型企业综合效益百佳和行业利税20强，产品质量免检和科技进步先进企业，禹州市利税大户和全国煤炭工业优秀企业荣誉。董事长兼总经理顾国占曾被评为全国青年星火带头人，获河南省"五一"劳动奖章，连年被市政府表彰为优秀企业领导者。

吕沟煤矿工业调度系统

中锋宾馆

司地址：禹州市夏都路中段　电 话：(0374)8182949　传 真：(0374) 8181210　邮编：461670

厂长赵作发正在向豫港总公司经理谈合资事宜

安阳县火力发电厂位于豫北平原的安阳市区东郊，距西部山区30公里，地理位置优越，交通运输方便。全厂现有职工640人，占地面积8万平方米，固定资产6130万元，流动资产1000万元，年销售收入3800万元，创税利500万元。

该厂1987年筹建，1990年投产。6年来，在县委县政府的正确领导下，全厂干部职工戮力同心，艰苦创业，不断开拓，锐意进取，取得了良好的社会效益和经济效益，发电总量达8亿千瓦时，为安阳县的工农业发展做出了重大贡献，建厂以来，先后荣获地、市以上各种荣誉称号89项，曾被电力部授予安全文明生产双达标企业。

安阳县火力发电厂厂景

地址：安阳市安濮路
电话：0372－2964880
邮编：455001

安阳县火力发电厂

温县粮油工贸(集团)总公司

地址：焦作市温县黄河路中段　电话：0391-6192329　邮编：454850

焦作市振华饼业公司饼干车间

温县粮油工贸(集团)总公司　吴鸿升总经理

温县面粉厂微机室

饲料公司万头实验猪场

温县粮油工贸(集团)总公司是集工商贸为一体的综合性国有粮食企业，实行粮油收储、加工、运输、销售、养殖、医药、宾馆服务业一条龙经营，95年12月被国家五部委认证为全国大型二档企业。现有员工2300人，固定资产7189万元，基层企业27个，其中：粮油工业企业9个，商业企业18个（包括一个国家粮食储备库、两个省粮食储备库和一个三星级宾馆）。95年完成总产值1.7亿元，实现利税1060万元。

“八五”期间，该公司坚持以经济建设为中心，以市场为导向，确立了“背靠农业、面向市场、发挥优势、大办工业”的工作方针，充分利用本地丰富的粮油资源，大力发展粮油食品深精加工和综合利用，高起点、高速度、强力发展粮办工业。五年来，在完成各项政策性业务的同时，投入建设资金5000余万元，先后建成7厂1馆1库，即：年产6000吨快食面的中州食品厂、年产2500吨高中档饼干的饼业公司、年产5000吨淀粉的药用辅料厂、日处理原料100吨的油厂，日处理原料150吨的等级面粉厂，万头实验猪场以及一次可接待300余人的三星级良友宾馆和仓容为1.2万吨的国家粮食储备库。同时，兼并了长年亏损的焦作市第三制药厂。从而使粮办工业年粮食加工能力达13万吨，年利税千万元，产品种类达13个系列120个品种，其中14个品种分别荣获省市优质产品称号，1个品种获国际博览会银奖。实现了大规模、跳跃式发展粮油初级加工的第一步战略目标，为“九五”粮食企业新的跨越奠定了坚实的基础。

禹州正皓铝业有限公司

总经理：黄海涛

公司外景

主要生产部位：电解车间

公司生产出来的大批铝锭

禹州正皓铝业有限公司是由禹州市第一火力发电厂与香港正皓集团有限公司共同兴建的合资企业，总体规模为年产铝锭5万吨，铝型材2万吨，现有生产能力已达年产9000吨铝锭，预计97年上半年将达到1.5万吨的生产规模。

董事长：郭　熙
总经理：黄海涛
副总经理：张国勋
地址：禹州市颍川西路
电话：(0374) 8183167
邮编：461670

安阳县电业公司党委书记、经理杨占山

安阳县电业管理公司是河南省一级企业，担负着安阳县15个乡镇的供电任务和供用电管理工作，该公司拥有110千伏变电站1座，35千伏变电站7座，主变总容量89250千伏安，高压输配电线路1139公里，固定资产3313万元，一九九四年进入河南中小企业 500强。 下属的安阳昌元电力设备有限公司集电力设备修造、电力物资经销、电力工程安装为一体，具备新型变压器、高低压开关柜、线路金具、稳压器等多种设备批量生产能力及中型电力工程安装能力。安阳县电业管理公司九五年综合供电量20248万千瓦时，利税501万元，为地方工农业生产及各项经济建设尤其是乡镇企业异军突起、蓬勃发展做出了积极贡献。该公司重视以科技投入促发展，在电力调度，电网经济运行，营业、财务、计量等方面运用微机管理，全公司70%的工作量均运用微机完成，被安阳县政府誉为“科技一枝花”。该公司是安阳市“精神文明标兵”单位，被中原四省企业家协会评为“中原明星企业”。目前，该公司电力调度微波通讯正在调试，近期电力调度自动化水平可大大提高。近几年投资2000多万元改造35KV变电站4座，新建110KV和35KV变电站3座，新建和改造输配电线路70余公里，使电网结构趋于更加合理，安全、可靠、经济运行，大幅度提高供电能力以满足日益发展的地方经济和各项社会事业的需要。

安阳县电业管理公司

地址：安阳市东环城44号 电话：(0372)5917577 邮编：455000

安阳县电业管理公司实现企业管理电算化

安阳县电业管理公司电力大厦

安阳市纺织工业总公司副总经理
安阳县纺织总厂厂长　崔天庆

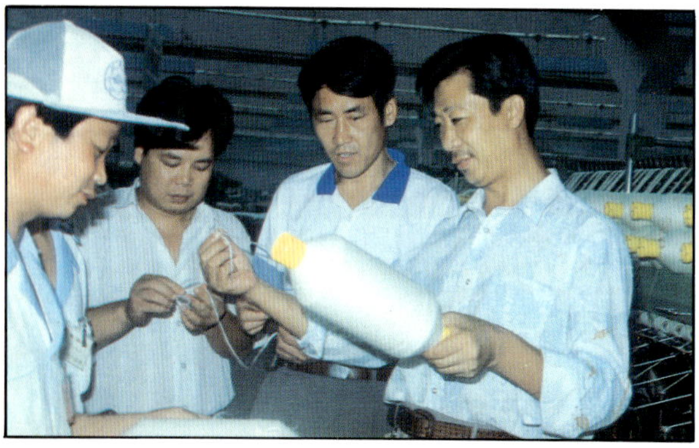

安阳县纺织总厂

安阳县纺织总厂

安阳县纺织总厂

安阳县纺织总厂始建于1958年，几经搬迁、扩建，现已发展成为以纺织为龙头，针织内衣、编织袋、纸管、养殖、增白剂、塑料地膜综合性经营的国有中型企业。现占地面积27万平方米，纱锭5.5万枚，线锭3800枚，固定资产原值7000余万元，职工人数2500多名，其中大中专人员60名，各类专业技术人员110多名。技术力量雄厚，设备精良，工艺先进，检测手段完备，综合效益指标在全省同行业中处于先进水平。93年实现利税245万元，94年实现618万元，95年实现819.3万元，销售收入突破亿元大关，并晋升为"市级文明标兵单位"，连续多年荣获省、市"重合同、守信用"企业称号，被中纺部授于"三无企业"称号。

该厂主要生产"殷都"牌纯棉、涤棉混纺、精梳、普梳二大系列各纱号产品。产品优等品率达到100%。棉纱条干达到乌斯特公报5%的国际先进水平，被省纺厅誉为全省纺织行业两面红旗之一。以其过硬的质量，棉纱畅销河南、河北、山东、广东、香港等二十多个省、市、自治区，并间接出口国际市场，倍受国内外用户的青睐，多年来产销率保持在98%以上。

为与市场经济相吻合，该厂于1993年新增纱锭3万枚，1994年3月正式投产，仅用八个月时间就完成投资6000多万元，并为第二期改扩工程奠定了坚实的基础。

该厂地理条件优越，交通、供电、用水、通讯十分便利，发展前景广阔，目前，他们正在加大企业改革力度，向更高的目标冲刺，瞄准国际市场，参与世界竞争。

地址：安阳市聂村东一公里
电话：(0372) 2964745
传真：(0372) 2964741
邮编：455100

安阳县纺织总厂

安阳柏庄内衣市场

地址：安阳县柏庄镇
电话：(0372) 2738548
邮编：455111

安阳柏庄市场是河南省最大的内衣批发市场，占地面积65550平方米，建筑面积41520平方米，售货棚35排，楼房36栋，412间，平房232间，市场可容纳固定摊位2416个，日成交额115万元，年成交额4.1亿元，该市场以内衣批发为龙头，服装、鞋帽、小百货等商品百余种，吸引了来自全国21个省、市、自治区的客商，1988年以来，连续三次被评为“全国文明集贸市场”，原省委书记杨析综、侯宗宾、现省政协主席林英海、副省长张世英等领导同志先后亲临市场指导工作，市、县政府领导经常深入市场，研究建设、培育、发展市场的具体规划，大大推动了市场的繁荣和发展。

在党的改革、开放政策指导下，该市场从1982年开始兴起，先后投资1200万元，大体经历了自发形成、初建、扩建，县、乡、村联建四个阶段。市场的完善和发展，使周围的内衣加工户幅射到“两省三县一区”的九十多个村庄，围绕市场形成了织、染、印、产、供、销系列化生产，带动了一大批乡镇企业的崛起。市场内的商品由单一的内衣经营与引进产品相结合的综合型转变，周围群众每年通过市场可得经济效益2000万元左右，充分起到了建设大市场、搞活大流通，促进经济大发展的效能。

中纪委第一副书记(原省委书记)侯宗宾
于一九九二年九月光临柏庄市场视察(中间)

柏庄镇党委书记李保顺在和经营户热情交谈

灵宝市化工轻工公司

地　址：河南省灵宝市车站路四号
电　话：(0398) 8663131　8663365
经　理：刘斌全
副经理：刘学明　赵振盈

灵宝市化工轻工公司是灵宝市唯一合法经营化工剧毒物品和民爆器材的专业公司，现有职工98人，固定资产1200多万元，下设营业部、化工库、城北、故县、豫灵三个炸药库及五十多个城乡网点。

多年来，公司以“信誉第一、用户至上”为经营宗旨，坚持“一业为主、多向发展”，九二年在豫灵镇亚武街投资150万元，建成寓食宿、娱乐、物贸于一体的亚秀饭店，九四年又在火车站北投资1560万元建一幢高十二层、建筑面积9000平方米的物贸大厦。

近几年，公司连续多次被灵宝市政府评为“质量计量信得过企业”、“消费者信得过企业”、“执行物价政策最佳单位”。连续两年被三门峡市政府评为“重合同守信用企业”，连续多年被三门峡市工商银行评为“一级信用企业”，被省统计局命名为“93’物资流通百强企业”，“94化工材料批发十强企业”，并位居第四。

公司主要经营：氰化钠、三酸、两碱、水银、硼砂、化学试剂等化工产品；轮胎、三角带、胶管等橡胶制品；炸药、雷管、导火索等民爆器材。

正在建设中的物贸大厦

化工仓库一角

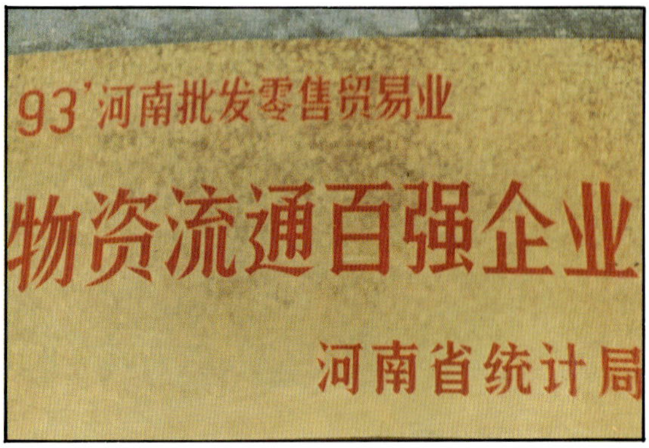

河南汝州恭安被服装备总公司

总公司地址：河南省汝州市丹阳西路62号
电话：(0375) 6866452　6869250
邮编：467500

河南汝州恭安被服装备总公司系中华人民共和国公安部定点企业，隶属汝州市商业局，下属三个分厂，是全国第一家经营生产保安系列服装产品的公司。总公司位居伏牛山下，属豫西南地区，地处省会郑州，古都洛阳和鹰城平顶山三大城市中心，地理位置优越，交通发达。公司占地面积15000平方米，总资产800万元，现有职工600余人，各类专业技术人员40人，拥有各种先进的进口和国产设备450台。本公司技术力量雄厚，测试手段齐全，具有完整的科学的严格的质量管理体系和检测制度，主要生产公安、保安系列服装产品及皮件标志服装，兼营标志、领带、佩带、鞋帽和警具等保安装备。

公安、保安队伍着装的保障，坚实的后勤！敬请光临！

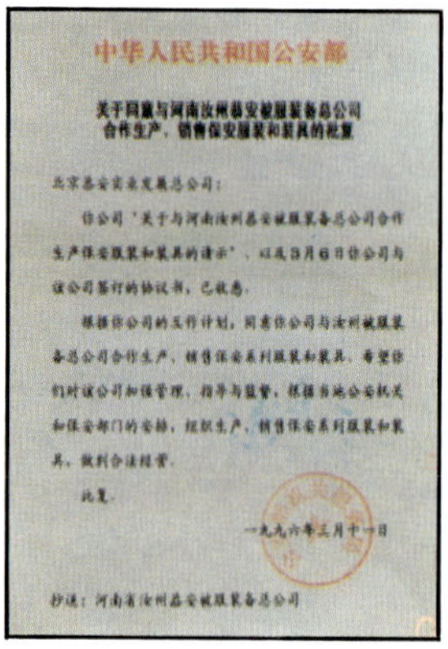

中华人民共和国公安部

关于同意与河南汝州恭安被服装备总公司
合作生产、销售保安服装和装具的批复

北京恭安实业发展总公司：

你公司"关于与河南汝州恭安被服装备总公司合作生产保安服装和装具的请示"，以及3月6日你公司与该公司签订的协议书，已收悉。

根据你公司的工作计划，同意你公司与汝州被服装备总公司合作生产、销售保安系列服装和装具。希望你们对该公司加强管理、指导与监督，根据当地公安机关和保安部门的要求，组织生产、销售保安系列服装和装具，做到合法经营。

此复。

一九九六年三月十一日

抄送：河南省汝州恭安被服装备总公司

新乡市中心医院

河南省新乡市中心医院
新乡市南干道16号
院长　刘玉华

医院门诊楼全景

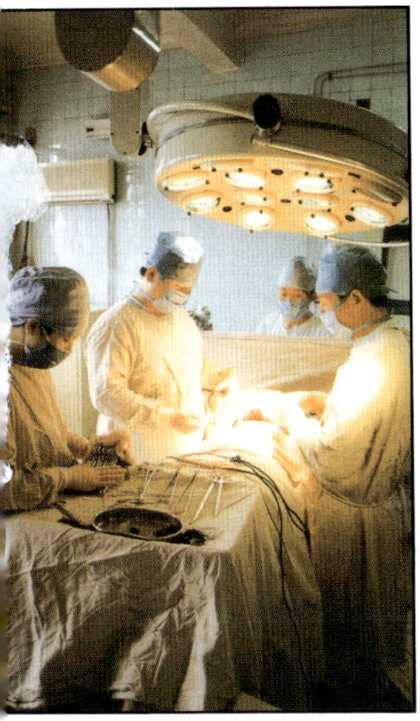
正在进行的肺癌、支气管、肺动脉袖状肺叶切除手术

新乡市中心医院创建于1949年11月，原为平原省人民医院，1953年改称为河南省第三人民医院，后更名为新乡地区医院，1986年改为现名，并为对外开放的市红十字医院。该院占地面积6.2万平方米，现有职工1400人，其中副高以上的卫生技术人员百余名，中级职称400名，正规床位750张，设临床医技科室34个，拥有万元以上医疗设备120余台件。如美国产磁共振仪、彩超、腹腔镜，德国产CT、800mAX线机等，是一所集医疗、预防、保健、教学、科研为一体的综合性医院，在整个豫北地区享有盛誉。

改革开放以来，该院领导班子加强科学管理，走改革开放的道路，先后出台了一系列改革措施，使全院医疗管理系统，护理指挥系统，后勤保障系统呈现勃勃生机，医疗业务技术连年有新的突破，连年被评为新乡市先进单位，92年被国家计生委评为"全国城市基层计划生育先进单位"，被河南省卫生厅评为"河南省卫生系统先进集体"，93年被评定为二级甲等医院。

该院是新乡医学院教学医院，又是河南省农村卫生技术人员心电图培训基地。近年来医院的"细菌L型败血症光镜和电镀快速诊断法"经检索属国内首创；ACTH加氮养治疗难治性肾病居国内领先水平；医院获得国家科技进步奖1项，省级科技进步奖7项。目前，医院在党的十四大精神鼓舞下，正以崭新的姿态和坚定的步伐，为争创三级甲等医院而继续努力奋斗。

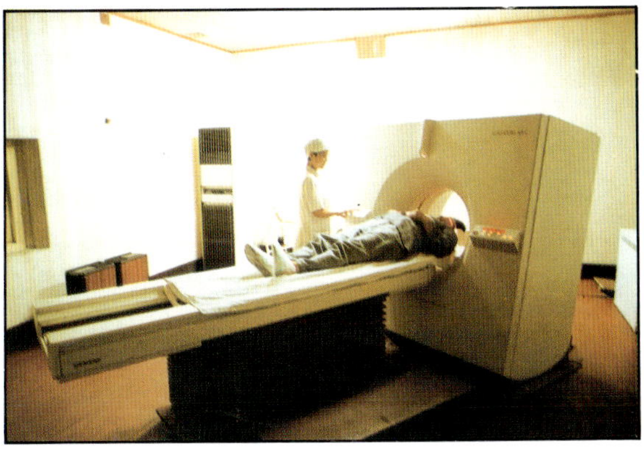
95年初更新换代了德国西门子ARC型全身CT

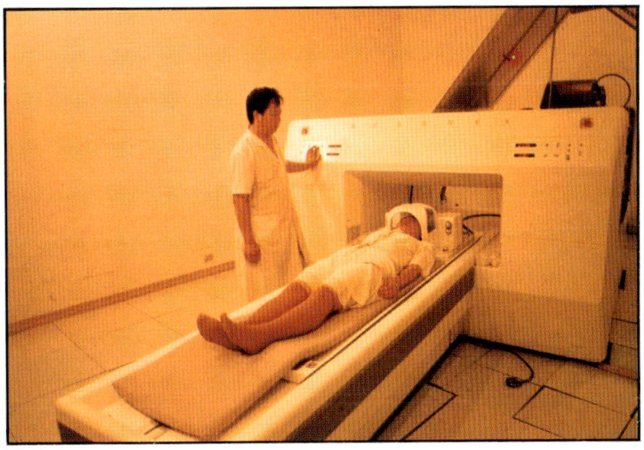
94年引进的美国产磁共振仪

河南省统计局劳动服务公司

▲部分产品、获奖证书

河南省统计局劳动服务公司

一贯坚持"经济效益与社会效益并重,精神文明与物质文明共抓,质量第一,用户至上"的服务宗旨,不断为用户提供高效率、高质量的产品和服务而屡获客户赞誉,曾连续多年被河南省直劳动服务总公司评为"先进单位"和"优秀单位"。我们愿与各界有志之士,携起手来,精诚合作,共创未来。

激光照排中心

照排部现有计算机、激光照排机等排版设备22台(套),科印、北大方正两套排版系统、统计数据表格资料转换软件。日处理文字30多万字。

培训部是中国统计电视函授学院河南分院计算机定点培训部,标准机房能容纳40人同时上机。培训方式灵活,收费合理。

项目部可为您提供高质量的电脑及软件、网络工程、彩色排版系统等项目,是北京太平海岸科技公司河南独家代理。

▲激光照排中心一角

▲胶印车间一角

河南省统计局印刷厂

是一个集激光照排、彩印、胶印、精装为一体的技术先进的书报刊印刷企业,也是经济、统计书报刊、资料专业印刷厂。我厂制作的《河南统计年鉴》连续多次获得全国"统计年鉴"评比时效奖、特等奖、综合奖等。曾成功地完成了省内外三百多个省、市、地、县"第四次人口普查资料"和"第三产业普查资料"印刷工作。欢迎各单位前来联系数据、资料录入,中外文书报刊排版、印刷业务。

地址:郑州市经五路17号

电话:5729660 5717537

邮编:450003

贾宋镇党委书记刘树华

全国综合改革试点镇

镇平县贾宋镇

贾宋镇辖23个行政村，5.8万人，总面积51.7平方公里。1992年被原南阳地委、行署确定为“改革开放发展特别试点镇”，被省政府命名为“中州名镇”、“乡镇之星”，1993年被国家计委确定为“全国小城镇建设试点镇”，1995年5月，被国家建设部确定为“全国500家小城镇建设试点镇”之一，6月，被国务院确定为全国57个“综合改革试点镇”之一。

市场繁荣有序，商贸盛况空前。现有专业、综合批发市场25个，市场辐射全国17个省、市、成为豫、鄂、川、陕毗邻地区最大的小商品集散地。乡镇企业异军突起，前景广阔。全镇现有乡镇企业5760家，95年实现产值9.3亿元。其中，工业企业536家产值达6.9亿元；农业支柱明晰，产业化水平不断提高。棉花和养殖业日益成为全镇农业发展的支柱产业。95年农业总产值达1.3亿元。

全镇年植棉三万亩，图为棉田一角

贯宋食品系列集团股份有限公司大型养鸭场

电话：(0377) 5732204
邮编：474272

鱼、黄牛、种鸡等养殖场远景

秫陵镇党委书记　李锋岗

秫陵镇镇长　涂东升

项城市革制品厂主要生产各类黄牛皮、骡皮高中档鞋面革三十多种，其中黄牛皮纳帕革获省名优产品一等奖，填补了国内制革行业的一项空白，骡马皮软面革获省优质产品一等奖，填补了省内制革行业的一项空白。

项城市秣陵镇位于豫东平原南部，北依项城市30公里，幅员6平方公里，人口1万人。改革开放以来，秣陵人民奋力拼搏，开拓进取，经济和社会事业迅速发展。1995年，工农业总产值2.2亿元，储蓄余额1.5亿元，人均财政收入330元，人均纯收入2200元。各项人均指标均居周口地区乡镇首位。

秣陵镇具有良好的投资兴业环境。交通运输发达，境内106国道纵穿南北，漯阜铁路横贯东西。东南濒合肥，西南临武汉，为鄂豫皖三省边际的交通枢纽，形成四通八达的交通运输网络。

秣陵镇拥有镇属企业38家，乡镇企业1636处，形成了以皮革、化工、制鞋、针织、食品、塑料、服装，建材等为骨干的8个门类、结构合理、产品优良的工业格局。

近年来，镇党委、镇政府积极开展招商引资活动，先后引进一批高新技术和先进设备，1995年实际利用外资450万美元，出口商品交货总值达9800万元，占项城市出口商品交货总值的73%。

秣陵镇，这颗镶嵌在豫东平原上的璀璨明珠正放射出灿烂的光芒，必将迎来更多的国内有识之士共谋发展，共图试点镇大计，共同开创更加美好的明天。

全省综合改革试点镇

项城市秣陵镇

电话：(0394) 4352136

邮编：466232

李源屯镇位于卫辉市东 15 公里，总面积 77.9 平方公里，耕地面积 3196 公顷，总人口 49269 人，全镇辖 32 个行政村，1996 年被河南省定为综合改革试点镇。现任镇党委书记王乃崇，镇长李全海。

该镇东临 106 国道，西毗京广铁路和 107 国道，新濮公路横贯全境，乡村道路四通八达，村村装有直拨电话，地理位置优越，交通通讯条件便利。

1995 年全镇社会总产值达到 8.17 亿元，工农业总产值创 5.2 亿元，乡镇企业产值达到 7.19 亿元，财政收入完成 204 万元，农民人均纯收入达到 1351 元。

乡镇企业现已形成农机、淀粉、造纸、化工、农副产品加工、轻纺等多门类生产体系。镇机械厂（全称为卫辉市机械厂）始建于解放初期，经过四十多年来的发展，现已发展成为新乡市一级企业。该厂生产的 5TW-35 型小麦脱粒机属农业部定点产品，获省优质产品证书，产品销往山东、山西、河北、河南广大农村，深受广大用户好评。连续多年年生产 9000—15000 台，均在 6 月份前销售一空。

北鲁庄村村办企业是卫辉市的一面旗帜。村造纸厂（全称为卫辉市八一造纸厂）占地面积 80 亩，现拥有 2 条 1575 纸车生产线，5 条 1092 纸车生产线，生产黄板纸、牛皮挂面纸，茶板纸和白卡纸等多种产品，年产值 3000 万元，利税 350 万元。

卫辉市李源屯镇党委书记王乃崇

卫辉市李源屯镇镇长 李全海

卫辉市李源屯镇北鲁庄村造纸厂

镇机械厂 5TW－35 型小麦脱粒机

全省综合改革试点镇
卫辉市李源屯镇

电话：(0373) 4198301
邮编：453100

玉雕之乡——石佛寺镇

电话：0377－5841504
邮编：474284

《金玉满堂》

河南省镇平县石佛寺镇总面积92平方公里，山、丘、平各占三分之一，辖22个行政村、1个居委会，50030人。

近几年来，该镇大力发展以玉雕为支柱的乡镇企业和以一优双高开发为重点的农业生产。全镇投资8600万元，改扩建集镇，兴建了“U”型玉雕城，开通了程控电话，开通了通往深圳、北京、上海等地的班车，促进了全镇经济的快速发展。1995年，全镇社会总产值达到8亿元，其中乡镇企业产值6.03亿元，农民人均纯收入1609元。

目前，全镇玉雕加工企业5000余家，玉雕门店1400余个，从业人员达12500余人，所产精品畅销国内外。此外，大理石、建材、肉食、手织榨绸、粉笔及林果业、畜牧业也已形成规模。

石佛寺镇党委书记　闫书群

石佛寺镇镇长　吴太如

石佛寺镇因盛产玉雕精品而著称

1992年被河南省建设厅命名的“中州名镇”

中原新星——曲沟镇

省委书记李长春在视察曲沟镇安阳水泥集团公司时，听取公司总经理陈买成同志汇报生产情况。
（左四为省委书记李长春，左一为镇长张建国）

省政协主席林英海到镇水泥厂视察（右一为林英海，右二为县委书记冯树杰、左一为镇党委书记郜军涛）。

镇政府办公楼

曲沟镇位于河南省北部，中华第一古都——安阳市西5公里处。面积37.7平方公里。全镇辖22个行政村，总人口56456人，耕地3.8万亩。改革开放以来，全镇各项事业蓬勃发展，成为中原大地上升起的一颗新星。

曲沟镇水源充足，交通便利，距京广铁路和107国道不足10公里，安李铁路和安林公路横穿全境，以此为干道，村村水泥柏油路相通。洹河、金线河穿境而过，库容3000多万立方的彰武水库是供安阳市区的重要水源。1993年镇政府投资200多万元建成了可直拨国内、国际的程控电话。境内电力充足，距安阳电厂仅5公里，建有3.5万伏供电站一座，另一座11万伏供电站现已建成并投入运行。

曲沟镇地势平坦，土壤肥沃。1992年以来，建成了两个双万亩节水方，实现了全镇高效节水灌溉。小麦、玉米亩产均超过400公斤。镇里建有安阳市最大的珍稀动物养殖场、万只养鸡场、双千头养牛场，另有果园2400亩。

曲沟镇的乡镇企业起步于七十年代初，造纸和机械制造具有一定生产规模，生产的龙门刨畅销20多个省、市、自治区。1976年被国家定为“开放公社”。1977年到1979年先后接待了日本、孟加拉、南非等60多个国家和地区的考察团。近几年来，全镇乡镇企业超常规高速发展，形成了以安林公路为依托，东西长5公里的工业走廊。全镇现有企业1200多个，中外合资企业4个，形成冶炼、建材、化工、造纸四大支柱产业。生产的钢材、水泥畅销20多个省市，走进北京、天津等地的国家重点工程。水泥、布鞋、油毡原纸和双倍硫化黑等被评为国优、部优、省优产品。碳精棒、硫化黑、硅锰铁、服装等10多种产品畅销泰国、英国、新加坡、比利时、印度尼西亚等十多个国家和地区。1994年，全镇企业产值实现6.15亿元，财政收入1200万元，上交利税790万元。

曲沟镇这一中原新星以其便利的交通，丰富的资源，优良的环境，优惠的政策，发达的教科文事业显示出远大的发展前景。勤劳、淳朴、聪慧、文明的曲沟人民欢迎海内外各界仁人志士来观光旅游，投资合作，共创新业，共展宏图。

中共新野县溧河铺乡委员会党委书记　杨显功

四分干沿岸生态经济带

新野县溧河铺乡位于新野县城东10公里处。全乡辖24个行政村，5.1万人，耕地面积9.5万亩。该乡是河南省“乡镇之星”和“百强乡镇”之一；为南阳市棉花高产示范乡，优质商品粮基地，荣获南阳市委、市政府科技示范乡、社会治安模范乡和计划生育“红旗乡镇”等荣誉称号。

溧河铺乡是传统的农业大乡。全乡粮食年总产在3500万公斤以上。96年在春夏两季遭受严重旱涝灾害的情况下，全乡小麦平均亩产达401公斤，总产达到2500万公斤，较95年增长45.3%，比历史上最好年份的1993年增长18%。全乡年植棉5万亩，平均单产在75公斤以上，实现了“人均一亩棉，收入超千元”的目标。全乡现有大中型养殖场468个，养植专业大户980个；牛、猪、羊存栏量分别达到2.6万头，6.6万头和8.9万只。在乡域东部四分干沿岸建立了一个以水产综合养殖、林果为主的千亩生态经济带，年产值在200万元以上。

乡镇企业成为溧河铺乡经济快速发展的主动力。在该乡中心街西部建起了占地150亩的工贸小区，全乡现有四级企业1148家，其中工业企业554个，年产值在千万元以上的工业企业2家，百万元以上的企业34家。1995年乡镇企业销售收入达2.8亿元，实现利税2444万元。

乡万亩棉花高产方

麦、菜、棉间作套种

电话：(0377) 6512063
邮编：473500

新野县溧河铺乡

乡玻璃纤维厂纺织车间一角

项城市城郊乡

电话：(0394) 4321117
邮编：466200

城郊乡党委书记王玉玺

城郊乡乡长张国良

河南省项城市城郊乡位于项城市周围，紧傍沙颍河畔，106国道穿越南北，漯阜铁路纵贯东西。全乡辖41个行政村，总面积70平方公里，耕地面积65115亩，总人口69349人。

1995年全乡实现工农业总产值25588万元，粮食总产量达3349万公斤，乡镇企业总产值达39500万元，农民人均纯收入达1305元。财政收入508万元，被评为周口地区财政创收十强乡镇、乡镇企业十强乡镇，农田水利红旗渠精神杯奖。

城郊乡地理位置优越，交通发达，能源充足，市场广阔，信息灵便，三个工业小区紧傍市区，临近国道，城郊乡不愧为投资兴业的理想宝地。乡党委、政府制订了一系列招商引资的优惠政策。为城郊乡经济发展创造一个良好、宽松的环境，城郊乡党委、政府热忱欢迎国内外有识之士来城郊乡进行考察、投资、兴业，城郊乡将为您提供优惠的条件、优良的服务，同您进行多领域的合作。乡党委书记王玉玺、乡长张国良向各界人士致意，愿同您共创辉煌的明天！

村办企业第一麻纺厂，拥有固定资产138万元，九五年生产麻纺1000吨，产值620万元，实现税利46万元。

城郊乡政府办公大楼

淀粉厂厂貌一角

乡办企业第一淀粉厂，现有职工210人，固定资产1000万元，95年产值4003万元，利润139万元，这是厂貌一角。

文明富裕的张家庄村

安阳县张家庄村委会有六个村民小组，总人口1441人，耕地300余亩，主要发展方向是以工养农，以工促农，带动全村经济快速发展。几年来，村里先后成立和建成了建筑工程队、装卸队、水泥厂、炼铁厂、合资编织袋厂、招待所、予制厂等企业，为张家庄村集体经济腾飞发挥着重要作用。1995年，全村实现产值3200万元，利税110万元，人均纯收入1700元，位居全镇第一。

干部带领村民积极宣传和模范执行计划生育政策，定期开学习班，讲解优生优育知识，提高广大育龄妇女的健康意识和身体素质，按时孕检，不留尾巴，使全村计划生育率、综合节育率、人口增长率，均达到上级下达的指标，有效地控制了人口增长。“少生快富，小康之路”已成为全村育龄妇女的致富路标。

该村领导班子团结，廉洁奉公，不徇私情，不贪污，不受贿，在广大村民中树立了良好的形象，倍受人民群众的支持和拥护。干部的模范行动，带动了村风村貌的健康发展。秧歌队、腰鼓队喜气洋洋，风靡大街小巷。每天早晨广播30分钟的新闻，15分钟的法律学习，既增长了知识，又教育了群众，全村无打架斗欧和赌博现象，讲文明、讲礼貌、讲道德、讲秩序已蔚然成风，广大村民的意识正在朝着更高的层次发展。

张家庄村委办公楼

张家庄两委一班人的民主生活会

张家庄水泥厂厂景

电话：(0372) 5928401
邮编：455134

河南省统计局关于 1995年国民经济和社会发展的 统 计 公 报①

1996年3月28日

1995年,在省委、省政府的正确领导下,全省各地、各部门继续贯彻落实党中央、国务院的各项方针政策,正确处理改革、发展、稳定的关系,积极落实宏观调控的各项措施,全省改革开放和经济建设取得新的成就。国民经济持续快速增长,通货膨胀得到初步抑制,人民生活继续改善,各项社会事业进一步发展,综合经济实力进一步增强。初步测算,全年国内生产总值3001.04亿元,比上年增长14.8%。其中,第一产业增加值762.99亿元,比上年增长11.9%;第二产业增加值1424.94亿元,增长17.7%;第三产业增加值813.11亿元,增长12.3%。经济运行中存在的主要问题是:市场物价涨幅较高,农业基础仍然薄弱,部分国有工业企业生产经营困难、总体效益水平不高等。

一、农业

种植业获得较好收成。粮食、棉花、油料、水果、茶叶、蔬菜等主要农产品全面增产。全年种植业增加值476.42亿元,比上年增长12.7%。

主要农产品产量如下:

	1995年	比上年增长%
粮食	3466.50万吨	6.5
其中:夏粮	1776.83万吨	—2.5
秋粮	1689.67万吨	18.0
其中:谷物	3059.27万吨	6.3
豆类	121.19万吨	0.3
薯类	286.04万吨	12.6
棉花	77.00万吨	22.6
油料	298.00万吨	32.4
其中:油菜籽	43.51万吨	51.6
花　生	233.65万吨	29.9
烟叶	22.26万吨	—6.9
茶叶	4521吨	22.4
麻类	11.34万吨	26.1
蔬菜(含菜用瓜)	1660.80万吨	8.7
水果	211.66万吨	24.1

林业生产稳步发展、造林质量不断提高。全年林业增加值28.55亿元,比上年增长5.6%。全年完成造林面积292.72千公顷。经济林比重增大,造林质量有所提高。森林防火、病虫害防治和资源管理保护工作继续加强。

畜牧业生产形势较好。全年畜牧业增加值215.85亿元,比上年增长18.1%。主要畜产品产量、牲畜存、出栏量均大幅度增加,商品率进一步提高。

主要畜产品产量和牲畜存栏头数如下:

	1995年	比上年增长%
肉类总产量	333.00万吨	31.5
其中:猪肉产量	210.37万吨	26.9
牛奶产量	5.49万吨	10.2
禽蛋产量	140.01万吨	11.8
肉猪出栏头数	2614.16万头	30.6
牛出栏数	440.29万头	25.0
羊出栏数	1916.82万只	45.3
大牲畜年末存栏数	1420.45万头	6.9
其中:牛	1253.61万头	9.0
生猪年末存栏数	2667.72万头	14.7
山绵羊年末存栏数	2298.27万只	35.1

渔业生产持续增长。全年渔业增加值完成6.49亿元,比上年增长10.9%。水产品产量18.09万吨,比上年增长14.2%。

农业生产条件继续改善。年末全省农业机械总动力3115.39万千瓦,比上年末增长12.0%;小型拖拉机115.64万台,增长10.0%;农用载重汽车4.98万辆,增长9.2%;农用排灌动力机械727.46万千瓦,增长5.2%;化肥施用量(折纯)322.21万吨,增长10.2%;农村用电量85.07亿千瓦小时,增长20.6%。农田水利建设有所加强,全省新增有效灌溉面积171.75千公顷。

二、工业和建筑业

工业生产快速增长。1995年,预计全省工业完成增加值1284.94亿元,比上年增长18.5%。其中,国有工业增长10.6%;集体所有制工业增长20.1%。大中型工业增长14.3%。

轻工业发展快于重工业。全年轻工业增加值501亿元,比上年增长21.0%;重工业增加值783.94亿元,比上年增长16.3%。适销对路产品生产增长较快。

主要工业产品产量(乡及乡以上工业)如下:

	1995年	比上年增长%
自行车	187.31万辆	-8.4
电视机	41.23万部	28.1
其中:彩电	22.20万部	38.7
录音机	30.01万部	-39.9
家用电冰箱	71.84万台	39.2
化学纤维	11.73万吨	23.2
纱	38.45万吨	19.2
布	10.80亿米	2.6
呢绒	1054.35万米	-27.4
卷烟	298.60万箱	0.7
饮料酒	100.38万吨	29.4
机制纸和纸板	117.26万吨	持平
合成洗涤剂	11.93万吨	-10.5
火柴	284.35万件	2.8
肥皂	4.08万吨	25.3
原煤	9752.40万吨	8.5
原油	593.56万吨	-13.8
发电量	542.85亿千瓦小时	12.9
生铁	288.25万吨	8.5
钢	273.64万吨	18.3
钢材	221.96万吨	3.1
硫酸	77.20万吨	35.8
烧碱	26.90万吨	16.3
纯碱	26.31万吨	16.2
合成氨	266.53万吨	18.9
化肥(折纯量)	221.54万吨	15.4
水泥	2454.19万吨	23.5
平板玻璃	1667.47万重量箱	14.0
金属切削机床	1309台	2.9
大中型拖拉机	1.25万台	28.8
小型拖拉机	23.74万台	55.1

工业主要经济效益指标有升有降。全年乡及乡以上独立核算工业产品产销率为96.8%,比上年下降0.2个百分点;资金利税率为10.3%,下降0.2个百分点;成本利润率为4.9%,下降0.4个百分点;流动资产周转次数为1.86次,比上年快0.2次;按增加值计算的全员劳动生产率为18628元/人,比上年提高3526元。部分国有企业经营仍较困难,亏损增加,工业经济效益总体水平有待进一步提高。

建筑业生产持续增长。全年建筑业增加值140.00亿元,比上年增长10.1%。国有建筑施工企业房屋建筑竣工面积821.69万平方米,比上年提高16.0%。其中竣工住宅面积231.32万平方米,增长7.0%。全员劳动生产率为34401元/人,提高18.1%。

地质普查勘探工作取得新成果。1995年全省完成机械岩芯钻探工作量17.0万米,新发现矿产地6处,提交了6个矿种的新增储量。

三、固定资产投资

固定资产投资适度增长。1995年,全省全社会固定资产投资805.03亿元,比上年增长28.2%(实际工作量增长19.8%),较上年增幅回落5.9个百分点。其中,国有单位投资545.80亿元,增长26.2%;集体单位投资135.33亿元,增长28.7%;城乡居民个人投资123.90亿元,增长37.1%。

国有单位投资中,基本建设投资319.47亿元,增长33.9%;更新改造投资132.47亿元,增长12.4%;房地产开发投资62.56亿元,增长26.1%。中央项目完成投资182.37亿元,增长24.0%;地方项目完成投资

363.43亿元,增长27.3%。

投资结构趋于合理。农业、能源工业投资增长较快,而运输邮电通信业投资增长速度放慢。国有单位投资中,农林牧渔水利业完成投资39.14亿元,增长87.3%;能源工业完成投资130.74亿元,增长48.5%;运输邮电通信业完成投资64.85亿元,仅增长0.4%。全年500万元以上新开工项目798个,新开工项目计划总投资248.73亿元,其中农业、能源原材料、交通运输邮电、住宅项目410个,计划总投资171.37亿元,分别占51.4%和68.9%。

重点建设项目完成较好。全年69项大中型基本建设和限额以上更新改造项目完成投资156.41亿元。郑州热电厂六期技改、七里岗水泥厂、郑州至洛阳高速公路等17个项目建成投产。

全年国有单位全部建成投产项目4977个,新增固定资产353.38亿元。初步统计,全年国有单位新增加的主要生产能力有:煤炭开采202万吨,天然石油开采46万吨,发电机组装机容量136.4万千瓦,水泥241万吨,11万伏以上输电线路长度228公里,高速公路通车里程149公里,市内电话自动交换机73万门。

四、运输邮电

交通运输、仓储及邮电通讯业继续较快发展。全年完成增加值150.72亿元,比上年增长10.5%。运输行业完成货物运输量53582万吨,比上年增长5.1%;完成旅客运输量61964万人,下降1.2%。航空运输业有较快发展,全年发送旅客72万人,比上年增长56.5%。交通运输"瓶颈"制约矛盾进一步缓解。

	1995年	比上年增长%
货物周转量	1538.92亿吨公里	7.0
其中:中央铁路	1226.48亿吨公里	5.9
地方铁路	7.27亿吨公里	13.2
公路	295.18亿吨公里	14.2
水运	9.32亿吨公里	−2.9
旅客周转量	573.85亿人公里	1.3
其中:中央铁路	303.71亿人公里	−0.2
地方铁路	0.95亿人公里	−20.1
公路	262.11亿人公里	0.5
水运	0.24亿人公里	20.0

全年完成邮电业务总量30.3亿元,比上年增长60.2%。年末城市市内电话116.72万户,比上年增加38.64万户。程控电话增容较多,已占市话总容量的100%。传呼通讯和无线移动电话的规模进一步扩大。

五、国内贸易和市场物价

1995年,全省批发和零售贸易、餐饮业增加值187.75亿元,比上年增长12.3%。全年消费品市场稳中有旺。社会消费品零售总额906.67亿元,比上年增长29.1%,扣除物价因素实际增长12.4%。其中,城市443.74亿元,增长27.4%;县及县以下462.93亿元,增长30.7%。

分经济类型看,国有企业零售额289.22亿元,增长17.2%;集体企业零售额171.18亿元,增长14.3%;其它经济类型零售额446.27亿元,增长45.8%,其中农民对非农业居民的零售额增长49.6%。非国有经济较为活跃,其零售额占市场份额的比重达68.1%。

主要商品销售量有升有降。猪肉、鲜蛋和水产品分别比上年增长8.1%、7.1%和0.5%,服装、彩电和电冰箱增幅均在30%以上,空调器、摩托车、录相机、电话等新潮商品增幅较大,均达70%以上。

生产资料市场逐渐由疲软转向平稳增长,销售量有所扩大,全年增长23.4%。市场供求已由上年的供过于求向供求基本平衡发展。农业生产资料购销两旺,但价格水平上升幅度较高。

通货膨胀得到初步抑制。全年商品零售价格总水平比上年上升14.9%,涨幅较上年回落5.7个百分点,实现了全年计划控制目标。但物价总水平涨幅仍然偏高。

各类价格指数(以上年为100)如下:

商品零售价格	114.9
其中:城市	113.3
农村	116.5
居民消费价格	116.5
其中:城市	116.9
农村	116.3
其中:食品类	122.2
其中:粮食	139.4
肉禽及其制品	124.4
油脂类	114.5
蛋类	116.9
水产品	112.8

鲜菜	126.7
衣着类	114.3
家庭设备及用品	107.4
医疗保健	109.6
交通和通讯工具	101.4
娱乐教育文化用品	106.6
居住	117.9
服务项目	115.7
农业生产资料零售价格	125.8
农产品收购价格	127.1
工业品出厂价格	115.0

六、对外经济

对外贸易持续发展。1995年,全省进出口总额26.85亿美元,比上年增长21.3%。其中,出口总额18.3亿美元,增长13.9%。出口总额中,工矿产品占74.0%,比上年高出3.4个百分点。

利用外资保持良好势头。全年新签利用外资合同842个;协议外资金额9.74亿美元。实际利用外资10.28亿美元,增长13.7%,其中对外借款5.46亿美元,增长14.8%;外商直接投资4.80亿美元,增长12.9%。投资领域拓宽,"三资"企业发展较快,全年"三资"企业出口额3.06亿美元,占全省出口总额的16.7%。

全省新签对外承包工程和劳务合作项目134个,合同金额8608万美元,下降20.3%。全年完成营业额5432万美元。

国际旅游业继续发展,全省共接待海外过夜旅游者14.91万人次,旅游收入增长33.6%。

七、金融保险业

金融形势平稳。金融机构各项存款增加较多,货币回笼状况良好。全省金融机构年末存款余额2131.69亿元,按可比口径计算,比年初增加516.84亿元,其中企业存款余额为524.66亿元,比年初增加115.22亿元;城乡居民储蓄存款余额1456.34亿元,比年初增加370.54亿元,增长34.1%。年末金融机构各项贷款余额为2170.17亿元,比年初增加411.95亿元。全年货币净回笼7.71亿元,比上年少投放69.63亿元。

保险事业有较大发展。全省全年各类财产险承保总额1383.84亿元。全省1.92万户企业参加了企业财产保险,494.48万户居民参加了家庭财产保险,有1604万人参加了人身保险。保险公司共处理国内财产险赔案13.95万件,支付赔款8.39亿元,为120.03万人支付人身保险金4.99亿元。

八、科学技术、教育、文化和卫生、体育

科学技术事业不断前进。1995年,全省共获得省级科技成果奖励404项,省科技进步奖322项,省"星火"奖82项。全年受理专利申请2386件,专利授权1145件。高新技术产业发展加快。1995年末,全省有国家级高新技术开发区2个,省级6个。全省共认定高新技术企业263家。

技术市场更加活跃。全年签订各类技术合同15774项,成交额12.27亿元,比上年增长15.1%。

综合技术服务工作日益加强。1995年末全省共有产品质量监督检验机构74个,专业人员1055人,积极开展地方标准的制定修定工作。测绘部门共测绘各种比例尺地图12000幅,公开出版地图12种。气象、地震等技术服务工作配合全省国民经济和社会发展继续取得新进展。

科技队伍扩大,经费投入增加。1995年末全省地方国有企事业单位拥有各类专业技术人员95.7万人,比上年增长4.7%。初步测算,全省科技机构、高等院校和大中型工业企业用于科技活动的经费支出为26亿元,比上年增长20.0%。

教育事业继续发展。全年普通高等学校和科研单位招收研究生469人,在学研究生1307人,毕业研究生340人。普通高等学校全年招收本、专科学生4.32万人;在校学生12.24万人,毕业生3.76万人。适应经济社会发展的需要,高等教育的结构调整取得成效,科类比例和专业设置进一步优化。中等教育结构日趋合理。全省各类普通中等专业学校在校学生21.43万人,比上年增加3.0万人;职业中学在校学生45.86万人,比上年增加10.12万人;技工学校在校学生9.32万人,普通高中在校学生42.91万人。

基础教育不断加强,义务教育普及程度提高。全省普通初中在校学生374.95万人,小学在校学生1039.56万人。小学学龄儿童入学率达99.2%。"希望工程"日见成效。1995年,社会各界共捐款1400多万元,

建成希望小学75所，资助7412名儿童重新回到学校。

成人教育招生增加。成人高等本、专科在校学生14.79万人，比上年增长11.0%。成人中专在校学生14.40万人，比上年增长40.9%。成人中学及初等学校在校学生共54.03万人。全年扫除青壮年文盲33.40万人。

文化事业稳步发展。年末全省共有艺术表演团体216个，文化馆201个，公共图书馆132个，博物馆66个，档案馆186个，广播电台20座，电视台40座。全年共制作各类电视剧110集。全省广播人口覆盖率89%，电视人口覆盖率81%。全省共出版各类图书2430种，报纸总印数8.96亿份，各类杂志出版1.05亿册。

医疗卫生条件继续改善。年末全省医院共有病床17.54万张，比上年末增长0.5%；专业卫生技术人员25.50万人，增长1.5%，其中医生10.57万人，护师、护士5.69万人，分别增长0.2%和2.9%。

体育事业取得新进展。1995年河南运动员在国内外重大体育比赛中，破1项亚洲纪录和1项全国纪录。夺得10个世界冠军、16个亚洲冠军和33个全国冠军。群众性体育活动蓬勃开展。

九、人口和人民生活

人口控制工作取得较好成绩。1995年，全省人口出生率14.41‰，死亡率6.28‰，自然增长率8.13‰。全省年末总人口9100万人，比上年末增加73万人。

城乡居民收入稳定增长。据抽样调查，1995年全省城镇居民人均生活费收入3029.47元，比上年增长26.3%，扣除价格因素，实际增长8.0%；农村居民人均纯收入1231.97元，增长35.4%，扣除价格因素，实际增长9.5%。职工工资水平进一步提高。初步统计，全省职工工资总额347.7亿元，比上年增长26.4%。职工平均工资4344元，扣除价格因素，实际增长5.2%。但地区之间、城乡之间的收入增长不平衡问题仍较突出，部分居民实际收入水平有所下降。

劳动人事制度改革继续深入。1995年，全省共安置城镇待业人员23.41万人；年末城镇登记失业率为2.1%。年末职工总数达815.0万人，比上年末增加26.7万人。其中，国有单位617.4万人，集体所有制单位162.2万人。国有单位合同制职工311.0万人，已占国有单位职工总数的50.4%。人才市场初步形成，全社会各级职业介绍机构已发展到1473所。

城乡居民居住条件进一步改善。1995年，全省城镇新建住宅1773.6万平方米，农民新建住宅5477.77万平方米。

社会福利事业有新发展。1995年，全省各类社会福利院2347个，床位5.00万张，比上年增长1.4%；收养人数4.01万人。城乡各种社会救济对象得到国家救济达171万人次。农村社会化保障网络继续发展；实行社会养老保险企业职工的覆盖面不断扩大，城市社会化服务网络发展较快，已建立起各种社区服务设施1720个。

环境保护事业进一步发展。全省自然保护区23个，总面积16.5万公顷。建立烟尘控制区112个，面积551.56平方公里；环境噪声达标区56个，面积241.88平方公里。全年完成环境污染限期治理项目429个，总投资3.9亿元。

注：①本公报所列数据为初步统计数。

关于河南省1995年国民经济和社会发展计划执行情况与1996年计划的报告(摘要)

——1996年1月24日在省八届人大第四次会议上

河南省计划委员会主任　杨显明

一、1995年计划执行情况(略)

二、1996年计划的总体要求和主要目标

1996年经济计划工作的总体要求是:以邓小平建设有中国特色社会主义理论和党的基本路线为指导,牢牢把握"抓住机遇、深化改革、扩大开放、促进发展、保持稳定"的基本方针,正确处理改革、发展和稳定的关系,大力推进经济体制和经济增长方式的转变,全面实施科教兴豫、开放带动和可持续发展战略,强化农业的基础地位,切实搞好国有企业改革和发展,加强和改善宏观调控,严格控制物价上涨幅度,进一步提高对外开放水平,促进国民经济持续、快速、健康发展和社会全面进步,努力实现"一高一低"的战略目标,为实现"九五"计划开好头、起好步。

本着积极可靠、留有余地和与"九五"计划相衔接的原则,经济和社会发展计划的主要目标是:

国内生产总值达到3650亿元,增长10%。其中第一产业增长3.5%,第二产业增长14%(其中工业增加值增长15%),第三产业增长12%;

全社会固定资产投资960亿元,增长20%;

社会消费品零售总额1080亿元,增长20%;

外贸出口增长12%;

地方财政收入增长10%,财政支出增长8%;

社会商品零售物价上涨幅度努力控制在10%左右;

城镇居民人均生活费收入3600元,扣除物价因素增长6%;农民人均纯收入1400元,扣除物价因素增长4.2%;

城镇安置就业人员50万人,年末待业率2.65%;

人口自然增长率11.5‰(工作目标为10‰)。

三、积极转变经济增长方式,努力完成国民经济和社会发展各项任务

(一)加强农业基础地位,争取农村经济有新的发展

今年我省农业经济发展的基本任务是,以市场和社会需求为导向,努力增加农副产品有效供给,努力提高农民人均收入水平。粮食播种面积稳定在13250万亩左右,总产量达到3400万吨,力争在年景正常的情况下突破3500万吨;棉花面积1450万亩,产量67万吨;肉类总产量350万吨,比去年预计增加23万吨。预期农民人均纯收入1400元,比去年预计增加200元。工作重点一是多渠道筹集资金启动平原打井工程,发展平原耕地井灌体系,提高抗大旱能力。二是抓好科教兴农工程,大力推广优质高产农作物和畜禽新品种,积极着手列入国家种子产业化工程的5个良种基地县(市)的建设,并从今年开始,用3年时间,建设10—30个节水灌溉示范县。积极恢复发展农业科技普及推广体系。三是在国家支持下加快黄淮海平原、南阳盆地中低产田改造和豫西山区、大别山区及黄河滩区综合开发。治理水土流失面积1000平方公里,新修梯田10万亩,推广旱作农业技术2500万亩。四是抓好国家粮棉商品基地的巩固完善,提高粮棉生产商品率和效益,并积极争取国家"九五"第一批粮棉商品基地在我省安排建设。五是认真组织实施"八七"扶贫攻坚计划,统筹安

排好各项扶贫资金的使用，加快解决无电、无公路行政村的通电、通路问题，继续解决一些贫困地区的人畜吃水困难，全年脱贫人口100万人以上。六是继续正确引导、大力发展乡镇企业，加快小城镇建设，推进农村工业化进程。

在具体措施上，一是坚决有力地保护耕地，完成划定1亿亩基本农田保护区目标。二是多渠道、多层次增加农业投入。全省财政支农支出预算4.97亿元，增长10.1%。三是认真解决"一高、一低、一重"问题，促进生产，惠及农民。

(二)调整产品结构，提高经济效益，保持工业生产持续快速增长

计划工业增加值增长15%，乡及乡以上工业产销率96%以上。围绕转变工业经济增长方式，计划指导和宏观调控的重点，一是进一步深化国有企业改革，推动一批国有大中型企业建立现代企业制度试点和郑州、洛阳两市优化资本结构试点取得进展，增强国有企业活力。加快以失业保险和养老保险为重点的社会保障制度改革。二是采取积极有效措施，加强工业经济运行的综合协调，精心组织好适销对路产品、名牌优势产品和技术含量高、附加值大、市场前景好的产品的生产开发。三是坚持扶优扶强的原则，加快培育壮大50个以优势名牌产品为龙头、市场竞争力强的大型企业或企业集团。四是抓好中原14万吨乙烯、安阳玻壳二期工程的投产工作。加快平顶山尼龙66盐、鹤壁水泥厂、安钢250万吨改造、郑州轻汽皮卡车、安阳和平顶山两个化肥厂扩建等工程的建设进度。积极培育机电、轻纺、化工、食品、建筑建材5大支柱产业。大力发展高新技术产业，推动电子信息技术、生物工程技术、新材料和新能源领域高技术成果的产业化，不断增强工业发展后劲。五是进一步搞好重点行业和企业规划工作，明确产业结构和产品结构调整方向。新上工业项目无论基建还是技改，都要坚决制止低水平重复。

(三)加大投资结构调整力度，努力保证重点建设

全社会固定资产投资规模安排960亿元，比1995年预计增长20%。其中，中央项目投资238亿元，地方全社会投资722亿元。在地方全社会投资中，国有单位投资425亿元，增长19.7%，其中：基本建设246亿元，增长20.6%；技术改造107亿元，增长20.2%。

今年我省投资安排的突出矛盾和问题依然是资金紧张。为此，一是调整投资结构，集中资金加强农业、水利、能源、交通、通信、重要原材料以及科技、教育等重点建设。在资金的安排上，优先安排扫尾、投产项目，量力安排续建项目和新开工项目。着力抓好小浪底水利枢纽，石漫滩水库，三门峡电厂，鸭河口电厂，郑许、安新高速公路，郑州新郑机场，濮台地方铁路，郑州大学工科，中原乙烯工程等续建、扫尾项目，争取洛阳热电厂、安阳电厂等项目开工建设。二是广开筹资渠道，多方筹集资金。加强对省级各种预算建设资金的计划管理，改变省级建设资金使用分散的状况。对已明确划作省基本建设资金，并交省建设投资公司管理的建设资金，仍维持目前办法不变。对尚未纳入统一管理的预算外建设性收费实行收支两条线，除按规定用于正常经费部分外，一律划转到省政府开设的预算外建设资金专户，接受计划管理和财政监督，原则上仍用于原行业的重点项目建设。切实搞好重点行业建设资金的筹集工作，抓紧为省级电力建设资金开辟新的稳定来源。逐步调整省本级财政支出结构，增强财政支持经济建设的能力。三是强化贷款回收工作。对省基本建设经营性基金到逾期贷款，一律不得豁免或转为企业资本金，对有实力还款的到逾期贷款大户采取强有力措施回收，努力盘活省级基本建设资金存量，用于省重点项目建设。四是切实把投资主体转向企业。对各市地经营性工业项目，省原则上不再给予投资补助。对事关全省的农用工业、基础原材料工业以及高新技术工业项目，凡可依托现有企业改建、扩建、新建的，都依托现有企业建设，对承担省统配优质化肥生产任务的企业，新上改建、扩建项目在建设、还贷期内给予必要的优惠政策照顾，使企业成为真正的投资法人，不再把投资责任主要压到政府身上。今后新上基建、技改项目，少办国有独资企业，多办股份制企业。五是继续严格控制新开工项目，缩短建设战线。六是整顿建设秩序，认真治散治乱，逐步杜绝重点建设中的资金流失和浪费。

(四)重效益、重质量，把外贸出口和利用外资提高到新水平

全省外贸进出口总额计划28亿美元，增长10%，其中出口计划20亿美元，增长12%；进口8亿美元，增长6.7%。一是坚持效益为先的原则，在努力提高出口效益的前提下扩大出口。二是把产业结构、产品结构调整和扩大外贸出口有机结合起来，加强外贸基地建设，培植新的出口增长点。三是抓住加工贸易由沿海向内地转移的机遇，积极发展进料、来料加工特别是"三来一补"这种两头在外的出口形式。四是大力增加有进出口自营权的生产企业的出口，积极和国际市场直接接轨，实现产品上档次、出口上规模、效益上水平，并积极创造条件，进一步扩大三资企业出口，争取生产企业和

三资企业出口比重由去年的29.2%提高到32%以上。在努力扩大出口的同时，安排好重点商品、物资的进口。加强进口商品质量检验工作，提高引进水平，促进我省技术进步。

利用外资计划安排11亿美元，比去年预计增长13.4%，其中利用国外贷款计划5.7亿美元，增长15.2%；利用外商直接投资计划5.3亿美元，增长11.6%。重在提高利用外资质量，按照积极、合理、有效的方针，扩大利用外资规模和范围。一是抓住国家将国外优惠贷款向中西部地区倾斜的机遇，积极争取更多地利用国外优惠贷款进行农业综合开发、环境保护、基础设施建设。二是引导外商投资进一步向基础产业、基础设施、深加工工业、高新技术产业转移。积极争取采取BOT(外商投资建设、经营管理，期满后移交中方)方式进行公路、桥梁、电厂等基础设施建设。三是对新举办三资企业的工艺技术和产品加强评估工作，尽可能避免同一类型和档次产品盲目扩大生产能力，过度冲击省内企业和市场。对外商与省内生产名牌优势产品的国有骨干大中型企业合资，严格审批程序和国有资产评估，防止国有资产流失。四是切实把招商引资主体转向企业，重实效、办实事，努力提高招商引资的成功率。五是加强外债监督管理，维护我省对外信誉。

(五)加强市场调控，进一步抑制通货膨胀

一是继续实行“菜篮子”市长负责制，稳定大中城市蔬菜种植面积，高度重视生猪生产。积极推行蔬菜直销和生猪定点屠宰。保证城市居民“菜篮子”品种丰富，价格基本稳定。二是继续推广、完善价格调节基金和重要商品储备制度，增强政府对市场的调控能力。进一步完善省市粮食风险基金，建立充实副食品价格调节基金。适当增加粮食储备和食用油储备。充实猪肉、食糖等重要副食品储备，省级猪肉、食糖储备各保持1万吨规模。根据目前棉花供求形势发生变化的实际情况，增加一部分棉花储备。三是加强价格立法和价格法规宣传工作，清理收费项目，推进人民群众反映强烈的价格和收费制度改革。四是整顿流通秩序，减少流通环节，重点控制粮食、化肥、猪肉、禽蛋、蔬菜等与生产生活关系密切的基础性产品的自发涨价幅度，严禁借国家调价措施出台之机随意搭车涨价。五是加强对农村物价的监管，重点整顿农资、农电、农灌价格和农村中小学乱收费行为，扭转农村物价上涨幅度高于城市的局面。六是继续推行提价申报备案制，各市地不经省批准，一律不得擅自出台地方性调价措施。

(六)努力改善财政状况，大力融通生产建设资金

地方财政收入计划增长10%。继续巩固和完善新的财税体制，进一步规范省、市地、县三级分配关系。依法征税，强化征管，保证国税、地税均衡入库，改进和加强个人所得税征管，稳定收入增长的内在机制。深入开展“两扭两创”活动，巩固财政基础。继续采取有效措施增强县级财政实力，缓解县级财政困难局面。全省地方财政支出计划增长8%，低于收入增长2个百分点。优化支出结构，适当增加对农业、科技、教育的投入，逐步增强财政支持经济建设的功能。建立各级财政平衡约束激励机制，缓解财政收支矛盾，逐步实现财政状况好转。

充分发挥国有商业银行、其它商业银行及非银行金融机构的作用，大力为我省生产建设融通资金。努力盘活资金存量，对全省到逾期贷款，进行一次全面清理排队，在各级政府的领导下，银企联手、依法清欠，加速资金周转，争取全年把不良贷款比重压缩2至3个百分点。

(七)积极发展科技教育事业，促进经济、社会协调发展

认真贯彻实施“科教兴豫”战略。全省财政科技三项费用支出预算1.2亿元，比上年增长10.1%，教育事业费支出预算40.3亿元，增长10.6%，均高于财政收入增长速度。科技工作紧紧围绕我省经济建设需要，重点解决生产建设领域面临的关键技术问题。加大科技成果转化工作力度，抓紧实施高新技术产业化工程，形成新的经济增长点。争取完成重大技术开发项目10个，重大成果产业化项目5项，重点工业性实验项目10项。

教育，计划安排省属普通高校招生3.3万人，中等专业学校招生7.5万人。抓紧修订《河南省高等教育结构调整“九五”和2010年规划》，发挥招生计划的导向作用，推动高等教育专业结构调整。今年工科、财经类专业招生比例由去年的54%调整到56%左右。成人教育全面提高劳动者的文化素质和专业技能。中等职业技术教育，重在提高教育质量。基础教育以普及九年制义务教育为重点，积极抓好边远山区、贫困地区普及义务教育工作，巩固提高适龄儿童入学率。

高度重视环境保护工作，重点抓好淮河、黄河干支流水污染治理。抓紧研究制定淮河流域水污染治理与相关地区产业结构调整方案，并组织实施。切实加强黄河城市群饮用水保护。6月30日以前，坚决关闭严重污染淮河、黄河水体的5000吨以下造纸厂、10万张以下皮革厂。

严格控制人口增长，继续层层落实人口控制目标责任制，确保人口计划的完成。努力扩大劳动就业，多渠道多形式安置失业人员。认真做好社会救济、优抚安置工作，切实解决灾区和城市困难居民的基本生活问题。加强对农村剩余劳动力转移问题的研究，逐步使农村劳动力的流动有序化。

积极发展文化、旅游、广播电视和卫生、体育、新闻出版事业。重点抓好河南博物馆、黄河大观二期工程、开封清明上河苑、洛阳河洛文化村及河南卫星电视节目数字化传输网建设。以巩固完善农村三级医疗保健网为重点，进一步改善城乡人民的医疗保健条件。全面加强社会主义精神文明建设。

关于河南省1995年财政预算执行情况和1996年财政预算的报告(摘要)

——1996年1月24日在省八届人大第四次会议上

河南省财政厅厅长　夏清成

一、1995年全省财政预算执行情况

1995年全省国民经济持续稳定增长,综合经济实力进一步增强。在经济发展的基础上,全省财政预算执行情况也比较好。

省八届人大三次会议审查通过的1995年地方财政收入预算为99.47亿元,后经各级人民代表大会批准并报省人大备案的地方财政收入预算为104.6亿元。执行结果,地方财政收入完成123.1亿元(电月报数),为年预算的117.7%,比1994年增长31.9%,增收29.79亿元。主要收入项目完成情况是:工商税收70.2亿元,为年预算的106.8%,比上年增长23.8%;农业税、农业特产税、耕地占用税和契税完成13.5亿元,为年预算的103.1%,比上年增长15.8%;企业所得税18.6亿元,为年预算的103.3%,比上年增长40.6%;国有企业政策性补贴4.3亿元,为年预算的87.7%,比上年增长12.5%;能源交通重点建设基金地方分成收入715万元,比上年下降70.2%;预算调节基金地方分成收入3247万元,比上年下降42.8%。去年收入中剔除行政性收费纳入预算管理、罚没资金收支两条线管理、国有土地有偿出让收入增收及取消集贸市场税收分成退库等不可比因素后,财政收入比上年增长23.9%。财政收入的增长与国民经济的增长基本适应。

省八届人大三次会议审查通过的1995年全省财政支出预算为163.5亿元(包括地方收入和中央税收返还收入),执行中超收安排15.2亿元(含按政策先征后返支出),当年地方财力安排支出178.7亿元,加上中央追加我省支出21.4亿元、上年结转17.1亿元、有结余的地方动用上年节余和从预算外调入资金等项目5.6亿元,调整后全省年度支出预算为222.8亿元。全省财政支出207.8亿元,为年预算的93.3%,比上年增加38.2亿元,增长22.5%。主要支出项目完成情况是:基本建设支出11.3亿元,为年预算的88.9%,比上年增长26.5%;企业挖潜改造支出10.7亿元,为年预算的77.7%,比上年下降14.6%;支农支出、农林水事业费及农业综合开发支出15.47亿元,为年预算的94.6%,其中支农支出完成5.3亿元,比上年增长19.8%;文教卫生事业费支出56.8亿元,为年预算的103.6%,比上年增长15.1%,其中教育事业费支出39.1亿元,为年预算的103.4%,比上年增长16.5%;行政管理费支出32.3亿元,为年预算的102.5%,比上年增长20.3%;公检法司支出12.1亿元,为年预算的103%,比上年增长27.9%;价格补贴支出16.36亿元,为年预算的74.1%,比上年增长22.8%。因中央指标下达较晚,目前正在结算,部分补贴需要跨年度支出。

省八届人大三次会议批准通过的1995年省级财政收入预算为13亿元,全年完成15.4亿元,为年预算的115.5%,比上年增长19.8%,增收2.5亿元。主要收入项目完成情况是:工商税收完成10.9亿元,为年预算的108.9%,比上年增长13.3%,增收1.28亿元;企业所得税4.2亿元,为年预算的110.5%,比预算超收0.4亿元,比上年增长62.8%;能源交通重点建设基金地方分成收入715万元,比上年下降70.2%;预算调节基金地方分成收入1502万元,比上年增长50.2%。

省八届人大三次会议批准通过的省级1995年财政支出预算为29.3亿元(包括中央返还收入),执行中中央追加21.4亿元、上年结转、动用上年结余、超收安排和调入资金13.5亿元,扣除省追加市地支出11.4亿

元，省级年度支出预算为52.8亿元(其中中央追加的专款列省级支出预算，大部分还要追加到市地)。全年省级支出43.1亿元，为年预算的81.6%，比上年增长20.9%，增加7.4亿元。主要支出项目完成情况是：基本建设支出5.9亿元，为年预算的68.4%，比上年增长23.6%；企业挖潜改造支出1.84亿元，为年预算的79.9%，比上年下降44.2%；科技三项费用8195万元，为年预算的100%，比上年增长18.5%；支援农村生产支出、农林水事业费和农业综合开发支出3.11亿元，为年预算的85.7%，比上年增长19.2%；文教卫生事业费6.25亿元，为年预算的96.8%，比上年增长10.9%，其中教育事业费3.6亿元，为年预算的94.6%，比上年增长17.2%；科学事业费8512万元，为年预算的99.7%，比上年增长15.8%；行政管理费1.62亿元，为年预算的100%，比上年增长38.5%；公检法司支出7344万元，为年预算的103.9%，比上年增长17.4%；价格补贴支出13.7亿元，为年预算的73.5%，比上年增长26.4%。

1995年全省财政收入继续保持较快增长，支出结构有所调整，预算运行比较平稳，可以实现当年收支基本平衡。全省财税工作在以下几个方面取得了新的进展：

一是县级财政创收扭补步伐加快。去年新增亿元县(市)(分税制前全部收入口径，下同)14个，全省亿元县(市)达到31个，其中济源、巩义、汝州、新密、沁阳5个县(市)财政收入超2亿元，济源市收入突破3亿元；列入扭补规划的9个县，全部按期达到了扭补目标，全省扭补县达到22个。

二是完善分税制体制，增加市地、县级财力。根据新体制运行中出现的新情况、新问题，去年省里将上解地区的递增上交比例由5%一律降为3%，省集中部分的财力用于支持困难地区，上交市地也将多得的财力主要用于所属困难县、乡，有的地方建立了扶贫发展基金，支持困难县、乡经济的发展。按照新体制要求，结合河南实际，积极探索建立省以下转移支付制度，本着公正、公开的原则，考虑人均财力、贫困人口、财政编制内供给人员等因素，从财政体制上对贫困县、粮食生产大县、深山区县和边境县给予一定的财力扶持。这些政策措施的实施，保证了分税制体制顺利运行，有利于全省经济协调稳定发展。

三是加强税收征管，进一步完善了新税制。为了保证完成增值税、消费税收入任务，全省国税系统严格按照《征管法》要求，坚持依法征税，清交拖欠税款，同时认真按规定抵扣企业期初库存已交税款，超额完成了“两税”收入任务。地税系统大力加强地方税收体系建设，完善征管措施，改进征收手段，堵塞跑冒滴漏，地方税收比上年有较大幅度的增长。针对新税制运行初期存在的问题，去年年初经过大量调查研究，对集贸市场和个体户税收的征管范围作了部分调整，逐步理顺征管关系，加强了两个税务系统的团结协作。

四是保证重点支出，认真解决行政事业人员工资发放问题。解决行政事业人员包括中小学教师工资曾经成为预算执行中的一大难点，受到社会各方面的关注。根据省委、省政府的要求，财政部门对不同类型的县进行了深入地调查剖析，摸清拖欠工资的原因和底数，要求各地在收入连年大幅度增长的基础上，严格预算约束，限期解决拖欠工资问题。经过全省各级、各部门共同努力，绝大多数地方兑现1995年工资问题得到了比较好的解决。为了落实农村政策，在预算执行中，要求各地加快支农支出进度，保证支农资金及时到位，全省支农支出完成年度预算的94.6%，是进度较好的年份。

五是建立激励机制，促进了财政收支平衡。为了帮助各地在发展经济、增加收入的基础上，逐步甩掉财政包袱，促进经济稳定发展，从1995年起建立县级财政收支平衡的激励机制。坚持自求平衡，不补赤字的原则，对当年实现收支平衡(不拖欠工资)的县(市)，省里按人均财力情况，划分不同档次，分别给予奖励；对当年实现平衡、并且消化历年滚存赤字的，省里以核实的消化额度借给生产周转金；市地所属各县全部实现收支平衡的，省里对市地政府也给予一定奖励。这些政策的实施，调动了各地增收节支、自求平衡的积极性。初步统计，去年绝大多数县都可以实现当年收支平衡，有些县在当年平衡的基础上，还不同程度地消化了以前年度遗留的赤字。

1995年是“八五”计划的最后一年。“八五”期间，按照国家部署，全省顺利推行了企业《财务通则》、《会计准则》和税制、分税制财政体制改革；各地转变观念，突出财源建设，围绕提高经济效益、增加财政收入这个目标，广泛开展“两扭两创”活动，抓财政补贴县扭补、创建亿元县，抓亏损企业扭亏、创建税利大户，财源建设初见成效，财政实力有所增强。“八五”期间，全省财政收支保持了较大幅度的增长，连续5年实现了收支平衡。按分税制前老口径，“八五”期间全省财政收入完成718.4亿元，平均每年递增20.2%，比“七五”期间高出10.2个百分点；全省财政支出完成740.6亿元，年均递增18.2%,比“七五”高出7个百分点。“八五”财政规划的顺利实现,为实施“九五”规划奠定了基础。

在肯定成绩的同时,应当看到,我省财政工作中仍然存在着许多突出的矛盾和困难。尽管近几年收入有较快的增长,由于我省人口多,财政供给人员多,人均财力和人均支出水平在全国的落后局面并没有明显改变。随着改革开放步伐的加快,县区经济发展的不平衡性更加明显,财政收入差距逐步扩大。一部分县发展势头强劲,财政收入迅速增长,还有相当一部分县经济总量小,收入水平低,财政收支矛盾继续加剧。少数骨干企业形成了支柱财源,但面上大量中小企业,效益还不够好,在很大程度上制约着财政收入增长。由于财政供给人员多,财政负担沉重,制约了对经济建设和事业发展的财力支持。一些企事业单位会计秩序混乱,财务监督不严,财政预算约束软化的现象仍然存在,有些资金使用效益不高。这些问题都需要在今后的工作中认真加以解决。

二、1996年财政预算草案

(一)1996年全省财政预算草案

根据全省国民经济和社会发展计划,结合财税工作实际,1996年财政预算安排的原则是:按照量入为出、自求平衡的方针,依法收税,加强征管,使财政收入的增长与经济增长相适应;贯彻适度从紧的方针,财政支出增长要低于收入的增长;在保证国家机关正常办公、办案经费的前提下,除支农、教育、科技投入按有关法律规定安排外,其它各项支出都要区别轻重缓急,量力而行,确保财政收支平衡。1996年全处财政收支预算的初步安排意见是:

1.财政收入

全省财政收入安排135.46亿元,比1995年增长10%。主要收入项目安排情况是:

(1)工商税收79.8亿元,比去年增加9.6亿元,增长13.6%,其中:地方25%增值税收入29.1亿元,比去年增加3.8亿元,增长15.1%;营业税等其他工商税收50.7亿元,比去年增加5.8亿元,增长12.8%。

(2)农业税、农业特产税、耕地占用税和契税13.88亿元,比去年增加4240万元,增长3.2%,其中:农业税6.65亿元,农业特产税5.69亿元,耕地占用税1.05亿元,契税4900万元。

(3)企业所得税20.43亿元,比去年增加1.85亿元,增长10%,其中国有企业所得税14.05亿元,比去年增加1.2亿元,增长9%;集体、私营和股份制企业所得税6.38亿元,增加0.7亿元,增长12.3%。

(4)国有企业政策性补贴退库4.5亿元,比去年增加2384万元,其中粮食企业政策性补贴3.2亿元,比去年增加2361万元。

2.财政支出

根据全省财政收入预算安排和分税制体制中央应返还收入,扣除上交中央收入后,1996年全省财力为196.1亿元(不含中央追加、上年结转、有结余的地方动用结余等项目,下同),按可比口径比1995年地方财力支出增长8%。主要支出项目安排情况是:

(1)基本建设支出9.3亿元,增加7052万元,增长8.2%;

(2)企业挖潜改造支出7.5亿元,增长5%;

(3)科技三项费用1.2亿元,增长10.1%;

(4)抗旱防汛和自然灾害救济专款5000万元,与去年持平;

(5)支援农村生产支出4.97亿元,增长10.1%;

(6)农林水事业费7.2亿元,增长10.1%;

(7)文教卫生事业费57.3亿元,增长9.7%,其中教育事业费40.3亿元,增长10.6%;

(8)行政管理费31.9亿元,增长6.3%;

(9)公检法司支出12.2亿元,增长7.8%;

(10)价格补贴支出2.86亿元,增长10%;

(11)预备费3.9亿元,根据《预算法》规定,按总支出的2%安排。

今年财政收支预算的安排是积极的,考虑了国民经济持续快速发展和到期减免税政策恢复征税等有利条件和增收因素。同时,也考虑到今年预算安排面临不少新的困难,减收增支因素较多。收入方面,随着电力、原材料调价和取消进口关税减免以及降低出口退税率等措施的实施,面上企业整体效益将会受到一定影响;随着对外开放步伐的加快,将有更多效益较好的国有企业与外资进行嫁接改造,由于执行“免二减三”(“合资”企业从盈利年度起,前两年免征所得税,后三年减半征收所得税)的政策,短时期内会对地方财政收入带来直接的影响;为治理环境污染,一些企业会被关停或者限产,也会影响一些地方收入。支出方面,工资晋档、工龄工资自然增长、离退休人员增发补贴、安排部分住房公积金等个人增支需要8亿多元;按照中央要求,今年消化1991粮食年度末以前的政策性财务挂账5亿多元;财政形势仍然不容乐观。

根据《预算法》要求,地方各级预算要按照量入为出、收支平衡的原则编制，不打赤字预算。各市地的财政收支预算由各地根据本地区国民经济发展计划，按照《预算法》的规定，参照全省财政收支预算安排的原则自行安排，经同级人民代表大会或人大常委会审查批准后执行。

（二）1996年省级预算草案

根据全省财政预算安排的原则，今年省级预算的安排要坚持“一要吃饭、二要建设”的方针，加强税收征管，积极组织收入，优化支出结构，在保证正常经费供给的前提下，优先安排农业、教育、科学等重点支出。省级预算的安排意见是：

1.财政收入

1996年省级财政收入安排16.62亿元，比去年增加1.23亿元，增长8%。主要收入项目安排情况是：

（1）工商税收12.3亿元，比1995年增加1.37亿元，增长12.6%，其中：金融保险营业税10.2亿元，比去年增长1.1亿元，增长12%；土地使用税、投资方向调节税省分成50%收入1.15亿元，比去年增加1669万元。

（2）企业所得税4.32亿元，比去年增加1172万元，增长2.8%，其中：国有企业所得税4.26亿元，比去年增加1052万元。

（3）国有企业政策性补贴9234万元，其中：粮食及两劳企业政策性补贴6210万元。

2.财政支出

按照省级收入预算和分税制体制算账，1996年省级财力为33.05亿元（省级收入加上中央税收返还收入、市地上缴，减去上缴中央），扣除国家规定的文教企业、外贸企业列收列支返还后，省级可安排财力31.91亿元，增长7%。

省政府决定，从今年起省级财政支出预算的编制办法，改变以往实行的基数法，实行零基预算。零基预算就是以零为基点，在对支出项目进行分析和评估的基础上，根据财力可能和支出项目的重要程度，编制年度预算。1996年省级财政支出分为人员经费、公用经费、生产建设支出、事业发展支出、价格补贴支出和总预备费6项。分项安排情况是：

人员经费101541万元，比1995年增长8.6%，其中：1996年新增支出8001万元，包括在职人员工资晋档增支、离退休人员增加补贴、工龄增资和住房公积金增支等。

公用经费62531万元，比1995年增长8.1%，是按照零基预算实施方案确定的分类预算定额安排的。

事业发展支出49054万元，比1995年增长7.8%。

生产建设支出86963万元，比1995年增加3583万元，增长4.3%。其中：基本建设支出4亿元，增加5000万元，增长14.3%；挖潜改造资金5000万元，其中扭亏增盈资金1000万元；科技三项费用6076万元，比1995年增加476万元，增长8.5%；支农支出21787万元，增加1707万元，增长8.5%。

价格补贴支出13000万元，比1995年增加1000万元，增长8.3%。

总预备费6000万元，与1995年持平。

在上述支出中，教育事业费安排40486万元，增加3171万元，增长8.5%，农林水事业费安排17068万元，增加1337万元，增长8.5%。

需要说明的是：省级财政支出实行零基预算，也必须坚持量入为出，收支平衡的原则。由于财力增长有限，财政资金供需矛盾仍然很突出，在确保人员经费和公用经费的前提下，用于经济建设和事业发展的资金，只能区别轻重缓急，有重点地进行安排，今后随着财力的扩大再逐步增加。

三、振奋精神，扎实工作，为完成1996年收支预算而奋斗

1996年财税工作的指导思想是：认真贯彻党的十四届五中全会、中央经济工作会议和省六次党代会精神，坚持抓住机遇，深化改革，扩大开放，促进发展，保持稳定的基本方针，实行适度从紧的财政政策，积极支持经济发展，完善财税体制，整顿财经秩序，强化税收征管，增加财政收入，合理调整支出结构，确保财政收支平衡。为了圆满完成今年财政收支预算，要着重抓好以下几项工作：

（一）进一步完善省以下财政体制，促进分税制健康运行。进一步完善省对市地的财政体制，取消上交市地原体制上解3%的递增；取消对补助市地补助额5%递减；市地以上企业增值税地方分成部分的增量省级不再分成。与此同时，各市地要按照分税制要求和本地经济发展水平，进一步完善市对县（市）的财政体制。原则上取消县（市）向市地的体制上解递增和市地对县级的补助递减；在增值税、消费税增量分配方面，省里返还市地税收增量，市地要全部或大部分返还给县；县级固定收入的增量部分，市地不要再集中；各市地都必须核定县市税收返还资金的留成比例，减少财政资金的

在途时间。

（二）加强收入征管，确保完成今年财政收入预算。按照国家统一部署，加快税收征管改革步伐，探索实行以纳税申报和优化服务为基础、以计算机网络为依托、集中征收、重点稽查的征管模式。严格依法征税，认真执行滞纳金、以票控税等制度，保证税款均衡入库。进一步改进和加强个人所得税征管，改进私营企业和个体工商户的纳税办法，逐步提高个人所得税在财政收入中所占比重。认真执行企业所得税政策，按照国务院规定，从今年起，对原来享受减免税优惠政策的企业恢复征税。继续做好农业税征收管理工作，认真贯彻执行《农业特产税征收办法》，坚决制止个别地方按人头地亩分摊特产税的错误做法。与有关部门密切配合，认真做好国债发行工作。

（三）坚持开展“两扭两创”活动，制定和落实财源建设规划。省六次党代会明确提出，“九五”期间，要“继续开展‘两扭两创’活动，加快财源建设步伐”。要认真总结“八五”期间财源建设工作经验，按照国民经济和社会发展规划，结合实际，抓紧制订“九五”期间分县、分企业、分年度的财源建设规划，严格考核奖惩，狠抓落实，加快发展，要加强乡镇财源建设，壮大乡级财政实力，促进乡镇经济发展。继续组织实施重点烟叶产县财源结构调整工程，加快财源结构调整步伐，尽快实现财政状况的好转。

（四）千方百计增加农业投入，加强农业基础地位。各级财政在安排预算时，要把增加农业投入放到突出位置，按照《农业法》要求，确保财政支农支出的增长高于同级财政经常性收入的增长。要抓紧支农项目的落实和计划的审定，及时拨付资金，保证支农资金及时到位。优化支农支出结构，重点支持农业基础设施建设、农业科技推广、农业社会化服务体系建设和“一优双高”农业发展。发挥财政资金的导向作用，吸引各种社会资金用于农业发展。加强对支农资金使用情况的监督检查，提高资金使用效益。

（五）积极支持国有企业深化改革，推动经济增长方式的转变。一是按照国家和省有关规定，对实行现代企业制度试点的企业和列入国家优化资本结构试点城市的工业企业，落实优惠政策。二是积极推进企业产权制度改革，在理顺产权关系的基础上，促进企业进行不同形式的改组、改制和产权转让，盘活存量资产，优化配置结构，提高营运效益。积极参与企业待业保险基金和退休养老基金财务管理，推进社会保障制度改革。三是督促企业用足用好“两则”赋予企业的理财自主权，引导企业把提高折旧、所得税先征后返等增加的财力用于技术改造，调整产品结构，增强自我发展能力。四是建立企业扭亏专项资金，积极支持企业调整产品结构，实现扭亏增盈。五是加强企业财务管理工作，强化企业内部管理。

为了深化粮食流通体制改革，减轻企业负担，省政府已作出决定，与财政部签订制止和消化粮食政策性挂账目标责任书。省里也将同各市地签订目标责任书，各地要按照国务院规定，切实做到当年政策性挂账不增加，落实消化目标，确保1991粮食年度末之前的政策性挂账逐年消化20%，5年消化完毕。进一步完善粮食风险基金和副食品风险基金管理办法，提高资金的使用效益，增强政府对市场的调控能力。

（六）实行适度从紧的财政政策，从严控制财政支出。坚持量入为出、收支平衡的方针，年初安排预算时，优先保证行政事业人员工资发放，不留缺口；对拖欠1994年的新增工资，也要努力予以兑现；继续采取有效措施，保证行政事业单位必不可少的公用经费和公检法部门必要的办案经费。运用财政手段，促进机构精简，推动人员分流，减轻财政负担。严格控制社会集团购买力，对社会集团购买国家规定的专项控制商品实行指标管理和专项审批，对小汽车实行定编管理。

（七）加强预算外资金管理，统筹安排预算内外财力。重点管理行政性收费、各项基金和行政机关的预算外收入，实行收支两条线和财政专户，进一步规范单位财务收支行为，使预算内外资金统筹使用，防止预算外资金过多地流向一般集团性消费。对行政性收费，按规定纳入预算管理的，要全额入库；尚未规定纳入预算内的，实行财政专户管理；经批准征收的各种专项基金，实行财政专户管理，专款专用。事业单位的有偿服务性收入和社会公益性收费必须纳入单位财务管理，在本单位财务部门统一开户，统一核算。同时，继续治理各种乱收费，严格收费、基金的立项审批，切实减轻企业和群众负担。

（八）整顿会计秩序，严肃财经纪律。重点清查“小金库”、两本账、骗税、划预算内资金为预算外等问题；会同有关部门，督促各单位搞好会计基础工作，按照国家会计制度的规定建账、算帐、报账，保证会计信息合法、真实、准确、完整。要加强社会审计工作，今后凡是法律规定应当进行社会审计的业务，必须进行审计，各地区、各部门不应干预注册会计师独立、客观、公正执业。抓紧整顿中介机构，加强注册会计师事务所建设，提高从业质量。认真落实《河南省世界银行贷款债务清偿办法》,维护转贷协议的严肃性和我省的对外信誉。

(九)加强国有资产管理,确保国有资产保值增值。深化国有资产管理体制改革,健全国有资产管理、监督和营运体系,探索实现投资者所有权与企业法人财产权相分离的合理形式和途径,盘活存量资产,促进合理流动,提高营运效益。按照国家统一部署,从今年起,建立和完善包括产权登记制度、国有资产统计报告制度、产权收益分配和监交制度以及资产评估制度在内的一整套国有资产基础管理制度,加强国有资产保值、增值和流动情况的监督分析工作。完善国有资产收益分配管理工作,维护国有资产的合法权益。加强执法监督,严厉查处国有资产流失案件,防止国有资产流失。

(十)改变工作作风,加强财税干部队伍建设。认真贯彻省委《关于大兴调查研究之风的决定》,围绕今年财税改革和财政工作重点,深入基层,调查研究,不断提高工作水平,创造性地做好各项工作,继续深入贯彻中央和省委关于反腐倡廉的各项规定,健全防治腐败现象滋生的监督制约机制,推动全省财税工作全面健康发展。

河南省国民经济和社会发展“九五”计划和2010年远景目标纲要①

（1996年2月2日省八届人大四次会议通过）

1996年至2010年，是我国改革开放和现代化建设承前启后、继往开来的重要时期。根据中共河南省委五届十二次全会通过的《中共河南省委关于制定全省国民经济和社会发展“九五”计划和2010年远景目标的建议》，在总结经验，分析形势，反复测算和论证的基础上，制定了《河南省国民经济和社会发展“九五”计划和2010年远景目标纲要》，作为组织和动员全省人民推进改革开放和现代化建设的蓝图。

“九五”计划和2010年远景目标纲要，是在发展社会主义市场经济条件下制定的第一个中长期规划。本纲要以邓小平建设有中国特色社会主义理论为指导，深入研究社会主义市场经济的特点和规律，针对新形势下的新矛盾和新问题，正确处理社会主义现代化建设中若干重大关系，把握新时期经济和科技发展的趋势，体现了市场配置资源的基础性作用，突出了宏观性、战略性和政策性。重点放在“九五”计划，同时研究下世纪前十年发展的重大问题，提出轮廓性的远景目标。计划指标总体上是预测性、指导性的。在经济建设和经济体制改革上，提出分阶段的目标和任务，规划了跨世纪的重大工程，使本世纪末和下世纪初的发展很好地衔接起来，体现我省实施全国社会主义现代化建设三步走战略的连续性。

一、经济和社会发展的基本估价和展望

（一）“八五”时期的历史成就

改革开放17年，特别是“八五”时期，是我省改革全面推进、开放步伐加快、经济高速发展时期。全省人民认真贯彻邓小平建设有中国特色社会主义理论和党的十四届三中全会精神，在省委、省政府的正确领导下，高举“团结奋进、振兴河南”的旗帜，坚持以经济建设为中心，抓住机遇，加快发展，国内生产总值以1980年为基数，已于1994年提前六年实现了翻两番的目标，并提前一年实现了“八五”计划。“八五”计划确定的47项主要经济和社会发展指标，除粮食、烟叶等指标因自然灾害等因素未完成计划外，其他指标均可完成或超额完成计划。全省国民经济跃上了一个新台阶。

1. 国民经济持续快速发展，经济实力明显增强。1992年以来，经济增长速度连续四年高于全国平均水平。全省国内生产总值1995年预计达到2940亿元，平均每年增长12.7%，增长速度位于中西部省区前列，比全国平均水平高1个百分点，人均国内生产总值预计达到3244元。农业生产条件进一步改善，综合生产能力有所提高。农业增加值预计平均每年增长3.5%；五年粮食总产量预计16479万吨，比“七五”时期增产1869万吨；棉花总产量预计366万吨，比“七五”时期增产86万吨。工业持续快速增长，带动国民经济发展的能力进一步增强。工业增加值预计平均每年增长20.7%；发电量、钢材、有色金属、水泥等关系国计民生的基础产品产量增长较快；玻壳、冰箱、摩托车、光纤光缆等一批高附加值产品以及部分轻工产品具有较高的市场占有率；围绕“农”字做文章，培育出莲花牌味精、春都牌火腿肠等一批生产规模大、全国有影响的拳头产品。一批大中型基本建设和重点技术改造项目相继建成投产。“八五”时期，预计完成固定资产投资2454亿元，平均每年增长30.5%。新增主要产品生产能力：原盐48万吨、氧化铝38万吨、钢92万吨、水泥850万吨、浮法玻璃600万重量箱、尿素52万吨、彩色显像管玻壳400万套、摩托车50万辆、汽车3万辆、数字程控交换机130万线、冰箱40万台。财政收入稳步增长，1995年全省财政收入（老口径）达到211.3亿元，平均每年增长20.4%；财政支出207.9亿元。

2. 产业结构调整加快，经济布局逐步改善。一、二、

三产业结构发生了重大变化，由“七五”期末的34.9：35.5：29.6演进为24.8：48：27.2。乡镇企业快速发展，农业经济开始由主要依靠种植业走向综合发展的道路。石油化工、汽车、电子等新兴产业的发展速度大大高于整个工业发展速度。能源、交通、通信、水利等基础产业得到加强，为经济发展积蓄了后劲。以大容量火电机组为主的电力建设加快，新增发电装机容量400万千瓦；开封至洛阳高速公路建成，新增二级以上公路2812公里，实现了乡乡通公路；邮电通信业发展迅速，新增电话交换机容量280万门，其中市话交换机容量180万门，全省17个市地建成了本地电话网，实现了网内城乡电话一体化，并进入全国自动电话交换网；建成了板桥水库等一批水利工程，新增有效灌溉面积630万亩。城乡市场繁荣，市场体系建设取得进展。社会消费品零售总额1995年预计达到900亿元，“八五”时期平均每年增长23.4%。建成了郑州商品交易所等一批比较规范的中高级市场和一大批初级市场，兴建了一批大型商贸服务设施，加快了生产要素市场和各种中介服务组织的发展，推进了郑州商贸城的建设。以郑州为中心的中原城市群功能、基础设施和环境条件明显改善，对全省经济发展的带动作用进一步增强。18个综合改革试点县市经济快速发展，国内生产总值年均增长速度高出全省平均水平7个百分点。全省有31个县市财政收入（老口径）突破亿元大关。贫困地区人民的生产和生活条件明显改善，“八五”期间，约有500多万人口摆脱贫困。

3.经济体制改革取得新的进展。农村改革以完善社会化服务体系为重点，积极发展贸工农、产供销一体化等多种形式的经营组织。股份合作制乡镇企业有了突破性进展。企业改革进入制度创新阶段，建立现代企业制度开始试点，平帘、二砂、洛玻三家企业股票公开上市。对国有中小型企业和长期亏损企业以明晰产权关系、探索多种资产经营方式的改革效果明显。在国有经济持续增长的同时，非国有经济发展较快。按照建立社会主义市场经济体制的要求，积极推进了计划、投资、财税、金融、外贸等体制改革，政府管理经济的职能逐步转向以宏观管理和间接调控为主，市场在资源配置中的基础性作用不断增强。

4.对外开放步伐加快。“八五”时期建成公路、铁路、航空口岸9个，与90多个国家和地区建立了经济、科技往来关系。外商投资领域扩大到基础产业、基础设施和高新技术产业。到1995年末，外商投资企业预计达到4500家。五年累计利用外资27.75亿美元，比“七五”时期增长10倍以上，其中利用外商直接投资13.87亿美元。外贸出口总额1995年预计达到18亿美元，五年累计71.18亿美元，平均每年增长15.7%。“三资”企业、工贸公司和市地、企业自营出口大幅度增加，出口产品中工业制成品比重由1990年的51.7%上升到72%。旅游、工程承包、劳务输出等非贸易创汇都有新的发展。

5.科技、教育等社会事业蓬勃发展，精神文明建设进一步加强。“八五”期间，全省共建设重点实验室5个，工程技术中心4个，大型企业（集团）技术中心8个，取得省级以上重大科技成果5000项，玻壳模具开发技术和04型数字程控交换机等一批科研成果达到国际国内先进水平，一批关键技术和重大设备的科技攻关，对改造传统产业发挥出重大作用。教育结构得到进一步调整。初等义务教育普及程度继续提高，小学适龄儿童入学率达到99%，小学毕业升学率保持在80%以上；成人教育毕业生五年累计27.3万人，职业技术教育共培养66.5万各类专业人才；普通高等教育规模不断扩大，平均每万人口拥有大学生由“七五”期末的9.3人提高到13.45人。城乡医疗卫生条件进一步改善，医院病床数由1990年的16.36万张增加到17.8万张。环境保护已经引起全社会重视。体育事业取得优异成绩。文化艺术、新闻出版、广播影视推出了一批有较大影响的优秀作品。全省广泛开展了建设有中国特色社会主义理论的教育，加强了社会治安的综合治理，社会主义民主和法制建设得到加强。

6.人口过快增长的势头得到控制，城乡居民生活继续改善。全省总人口1995年预计达到9100万人，“八五”时期人口自然增长率为10.2‰，比“七五”时期低9.45个千分点，低于全国平均水平。1995年预计城镇居民人均生活费收入3030元，平均每年增长21.3%；农民人均纯收入突破1200元，平均每年增长17.9%；城镇居民人均居住面积达到13平方米，农民人均居住面积达到20平方米，分别比1990年增加2平方米和4平方米；全省电视人口覆盖率达到81%。

（二）“八五”时期的基本经验和存在的问题

经过17年，特别是“八五”时期改革开放和现代化建设的实践，我们积累了许多宝贵的经验。主要是：始终坚持用邓小平建设有中国特色社会主义理论武装头脑，把是否有利于发展社会主义的生产力，有利于增强社会主义国家的综合国力，有利于提高人民的生活水平，作为检验各项工作的根本标准；始终坚持“团结奋进、振兴河南”的指导思想，努力营造干事创业的良好环境,把广大干部群众的积极性、创造性凝聚到改革开放和现代化建设事业上来;始终坚持以经济建设为中心,努力实现"一高一低"的战略目标,不刮风、不争论、不埋怨,有什么问题解决什么问题,千方百计加快发展、缩小差距;始终坚持以改革开放为动力,把加速发展的着力点放在深化改革、扩大开放上;始终坚持"两手抓、两手都要硬"的方针,促进经济、社会全面进步;始终坚持"围绕经济抓党建,抓好党建促发展",不断提高各级党组织和政府领导现代化建设的水平和驾驭社会主义市场经济的能力。这些经验是我们宝贵的精神财富,必须长期坚持下去。

在今后的经济和社会发展中,要高度重视并着力解决突出的矛盾和问题。主要是:农业基础薄弱,资金和技术投入不足,农民收入增长缓慢;国有企业的经营机制仍不适应发展社会主义市场经济的要求,部分企业生产经营困难;国民经济整体素质偏低,经营粗放,效益不理想;经济增长与保护环境、合理利用资源的矛盾日益突出;经济建设与财政困难、资金短缺的矛盾尖锐;教育相对滞后,人才缺乏,劳动者素质较低;人口基数大,贫困人口较多,人均水平落后,给改善人民生活带来很大压力;社会主义精神文明和民主法制建设还存在一些薄弱环节,经济和社会生活中的腐败现象还没有得到有效遏制,社会治安形势不容乐观。我们要正确运用已经积累起来的成功经验,发挥全省人民的积极性和创造力,通过改革和发展,切实解决这些前进中的困难和问题。

(三)国内外环境和条件

从"九五"开始,河南经济将步入工业化加速发展的新阶段。这个阶段的基本特征和内在要求是:经济总量仍将继续快速增长,经济增长方式转向以质量效益为核心的集约发展轨道;产业结构趋于合理;市场对资源配置的基础性作用增强,与国际联系更加紧密,市场化、国际化和城市化水平明显提高。

综观世纪之交的国际、国内形势,我省面临着不可多得的发展机遇:党的十四大和十四届五中全会,党中央对中西部地区明确提出了"加快发展、缩小差距"的要求,必将成为广大干部群众改变落后面貌的强大精神动力;国家采取措施,逐步增加对中西部地区的财政支持和建设投资、引导加工工业布局向中西部转移、理顺资源性产品价格等,必将有力促进我省资源优势的发挥和产业的发展;国家在经济布局中将亚欧大陆桥和京九铁路大干线为纽带的经济带列入全国五大经济区之中,将进一步改善我省的区位环境,加快我省中原城市群和豫东地区的经济发展;世界产业结构调整加快、亚太地区经济充满活力、境外投资逐步向内地延伸和沿海地区产业升级,都为我省引进资金和技术,开拓国内外市场展现了广阔的前景。同时,我们也面临严竣的挑战,国际经济技术竞争日趋激烈,国内地区之间竞相发展的势头更加强劲。因此,拥有近亿人口的河南省,要抓住机遇,迎接挑战,集中力量搞好经济建设,争取在未来15年内使全省经济和社会面貌有一个根本性变化。

二、经济和社会发展的基本任务、奋斗目标和战略重点

(一)基本任务和奋斗目标

1996——2010年,我省经济和社会发展的指导思想和基本任务是:以邓小平建设有中国特色社会主义理论为指导,坚定不移地贯彻党的基本路线,牢牢把握"抓住机遇、深化改革、扩大开放、促进发展、保持稳定"的基本方针,正确处理改革、发展、稳定的关系,切实加强党的建设、社会主义精神文明建设和民主法制建设,动员和带领全省广大党员和人民群众,团结奋进,艰苦创业,加快发展,缩小差距,实现经济体制从传统计划经济体制向社会主义市场经济体制转变,奠定经济持续、快速、健康发展的体制基础;实现经济增长方式从粗放型向集约型转变,奠定全面振兴的物质技术基础;力争人均国内生产总值达到全国平均水平,综合经济实力和人民生活水平再上一个大台阶,为下世纪中叶实现第三步战略目标,基本实现现代化开创新的局面。

"九五"时期,全省经济和社会发展的主要任务是:国内生产总值力争在1980年的基础上翻三番,人均国内生产总值增长5倍,基本消除贫困现象,人民生活基本达到小康,初步建立社会主义市场经济体制,全面实现社会主义现代化建设第二步战略目标,为胜利跨入21世纪、向第三步战略目标迈进奠定坚实的基础。主要奋斗目标是:

1. 经济总量目标。按1995年价格计算,2000年全省国内生产总值达到4860亿元,人均国内生产总值达到5000元以上,比1980年增长5倍。

2. 人民生活目标。按1995年价格计算,2000年,城镇居民人均生活费收入达到4500元,平均每年增长8.2%;农民人均纯收入达到1600元,平均每年增长6%,力争达到1760元,平均每年增长8%。人均肉类占

有量达到41公斤。城镇居民人均住房面积达到15平方米,农村居民人均钢筋砖木结构住房面积达到18平方米。电视普及率达到90%。实现行政村通电、通车、通邮、通电话,基本消除人畜吃水困难现象。

3.产业发展目标。第一产业增加值平均每年增长3%;第二产业增加值平均每年增长13%,其中,工业增加值平均每年增长14%;第三产业增加值平均每年增长12%。第二产业增加值占国内生产总值的比重达到50%以上。

4.外经外贸目标。2000年,外贸进出口总额达到50亿美元,其中,出口总额36亿美元;利用外资总规模达到65亿美元,其中,利用国外贷款35亿美元。扩大人才、智力引进,广泛参与产品开发、技术设计、经营管理等方面的国际交流与合作。

5.科技教育目标。2000年,基本普及九年义务教育,基本扫除青壮年文盲。主要工业行业的技术水平达到国际80年代末、90年代初的水平,科技进步对经济增长的贡献率提高到50%。

6.社会发展目标。2000年,城镇失业率控制在4.5%以下。社会保险覆盖面城镇达到80%,农村达到30%以上。人人享有初级卫生保健。文化事业更加繁荣。开展全民健身运动。

7.经济效益目标。国民经济整体素质和经济效益有所提高,2000年,全社会劳动生产率提高到8890元/人,平均每年增长7.4%,万元国内生产总值能耗下降到3.2吨,年节能率3%,基本建设项目交付使用率提高到65%以上。

2001年至2010年,经济和社会发展的远景目标是:实现国内生产总值和人均国内生产总值在2000年基础上再翻一番,按1995年价格计算,2010年,国内生产总值达到11100亿元,人口控制在1.04亿人以内,人均国内生产总值10700元,人民生活达到比较宽裕的程度。形成比较完善的社会主义市场经济体制,实现经济管理体制和运行机制的规范化、法制化。产业结构趋于合理,国民经济整体素质和工业化、城市化水平明显提高。社会主义精神文明建设和民主法制建设取得显著进展,实现经济和社会可持续发展。

实现上述任务和目标,是既充满希望又非常艰巨的开创性事业。我们要在邓小平建设有中国特色社会主义理论和党的基本路线、基本方针指导下,深入学习党的十四届五中全会精神,认真贯彻经济和社会发展的九条重要方针,全面理解和把握江泽民同志提出的社会主义现代化建设中的十二个重大关系,联系河南实际,正确认识我们所处的发展阶段及面临的形势。努力把握客观规律,高度重视和下大力气解决关系全局的重大问题,团结全省人民,调动一切积极因素,加快我省经济和社会发展的步伐。

(二)战略重点

——切实加强农业的基础地位,增加对农业的投入。稳定提高粮、棉、油等主要农产品产量,大力发展林、牧、渔业和其他多种经营,较快增加农民收入,全面振兴农村经济。

——加快工业化进程。搞好国有大中型企业,大力发展乡镇工业,调整优化结构,加快技术改造,推动工业产业升级。

——把科技教育放在优先发展的战略地位,真正把经济增长转到依靠科技进步和提高劳动者素质的轨道上来。

——继续加强基础设施建设,积极发展第三产业,进一步加快城市化进程。

——深化经济体制改革。把国有企业改革作为经济体制改革的中心环节,加快建立现代企业制度。大力发展城乡集体经济和其他多种经济成份。

——全面实施开放带动战略,提高经济的开放度,更好地与国际经济互接互补,带动经济体制的转变、经济素质的提高和整个国民经济持续快速发展。

——把实现可持续发展作为一个重大战略,严格控制人口增长,加强环境保护,合理利用和节约资源,努力使人口增长与社会生产力的发展相适应,使经济建设与资源、环境相协调,实现良性循环。

——加强社会主义精神文明和民主法制建设,保持社会政治稳定,为改革开放和现代化建设提供强大的精神动力和智力支持,创造良好的社会环境。

(三)积极推进经济增长方式的转变

实现"九五"计划和2010年远景目标,关键是实行经济体制从传统的计划经济体制向社会主义市场经济体制转变和经济增长方式从粗放型向集约型转变。要真正把转变经济增长方式作为今后发展的最重要的任务。不论是生产、建设还是流通领域,不论是经济相对发达地区还是欠发达地区,不论是新兴产业还是传统产业,不论是工业还是农业,转变增长方式的重点和要求可以不同,但都应当作为决定自身命运的重大问题认真抓好。转变经济增长方式的中心任务是:

第一,充分发挥市场竞争作用,使企业真正成为市场竞争的主体。要通过竞争提高效率,实现优胜劣汰,优化资源配置,凡是能由市场决定的,要进一步放开搞活，对由政府调节的基础性项目也要引入竞争机制，促使经济充满活力。

第二，正确处理好新上项目与利用现有基础的关系。除新建一些能够带动结构优化升级和产业技术进步的重点项目外，能够依托现有企业的就不再铺新摊子。对老企业的改造或扩建，不能简单地扩大原有产品的生产能力，要把上质量品种、上技术水平、上经济规模和上效益作为主要目标。

第三，依靠科技进步和提高劳动者素质，增大科技进步对经济增长的贡献。加快科技成果向现实生产力的转化。推动科研单位进入企业或与企业联合，使企业成为科技投入和技术进步的主体。

第四，科学地制定、修订、完善各类经济技术标准定额和行业规范，狠抓资源的节约和合理利用。降低能源、原材料消耗，减少资金占用，堵塞浪费漏洞，淘汰落后产品，提高资源和资金的利用效率，依法加强对矿产资源的保护。

第五，按照社会化大生产与合理经济规模的要求，优化企业组织结构和投资结构。提倡和鼓励打破地区、部门和行业界限，通过联合投资、联合生产，组织专业化协作，发展规模经济。加快存量资产的优化重组，发展企业集团，实施“名牌战略”，实现规模经营。

第六，推动流通领域改革，打破生产、流通分割的状况，按市场经济要求，组建贸工农、产供销一体化的大型商贸集团。注重提高流通效率，减少积压，提高资金周转和经济效益。深化农村流通领域的改革，把分散的小生产同国内外大市场沟通起来。

第七，提高科学管理水平。通过加强企业管理，严格经济核算，提高劳动生产率、资金利税率和市场覆盖率，从而增强企业的市场竞争力。

第八，运用计划手段和产业政策，促进经济增长方式转变。计划要以市场为基础，通过制定发展战略、产业政策、区域规划等，正确运用国家掌握的财力、物力和经济调节手段，引导产业结构优化和地区生产力的合理配置，支持集约型发展，限制粗放型发展。

(四)产业结构调整

产业结构调整的方向是：继续加强农业、水利、能源、交通、通信等基础产业；着力培育发展五大支柱产业，即以汽车、摩托车、程控交换机、彩色显示产品为主的机械电子工业，以石油化工、医药化工、煤化工为主的化学工业，以农副产品深加工为主的食品工业，以高附加值和出口创汇产品为主的轻纺工业，以建筑业为龙头的建筑建材业；积极发展第三产业。

按照“扶优、扶强”的原则，加大对传统优势产业技术改造和技术引进的力度，开发名牌产品，加速产品升级换代。

积极推进高新技术产业化，大力发展新兴产业，重点在电子信息技术、机电一体化、新材料、生物工程和新能源等领域，形成新的优势产业，培育跨世纪产业发展的生长点。

促进企业组织结构的优化组合，培育一批以资产为纽带，集科技、生产、贸易、金融为一体，跨地区、跨行业的企业集团，形成河南现代化工业的骨干。

(五)经济布局

按照社会主义市场经济规律和经济的内在联系，在现有经济布局的基础上，以中心城市和交通干线为依托，逐步优化和拓展生产力布局。

——抓紧抓好郑州商贸城建设，使其逐步成为有较强吸引力、辐射力的经济中心城市，在全省发挥龙头作用。

——加快以郑州为中心的中原城市群的发展步伐。统一规划协调重大基础设施建设、产业布局、城镇体系建设和生态环境规划，加强经济技术协作和分工，逐步成为亚欧大陆桥的一个经济密集区，在全省经济振兴中发挥辐射带动作用。

——依托交通主干线，改造和建设一批对增强河南经济实力有重大影响的工业基地，催生一批小城镇，发展提高大中城市，建设高新技术相对密集的产业带。重点搞好洛阳、郑州等老工业基地的改造和发展，加快洛阳、濮阳、南阳石化基地，焦作、平顶山、三门峡能源和重化工基地，开封精细化工基地，以及安阳、新乡、鹤壁电子工业基地建设，在全省经济振兴中发挥骨干作用。

——抓住京九铁路全线开通的机遇，加快以商丘及潢川、台前为重点的沿线市、县的开放开发，建设农副产品生产加工基地和永城能源基地，推动豫东和豫东南经济的发展。

——抓住黄淮海平原、南阳盆地、豫西山区、豫南山区四大农区的综合开发，黄淮海平原和南阳盆地重点发展粮棉油商品生产和农副产品加工业，提高农业集约化和产业化水平。豫西山区和豫南山区以发展林果业、畜牧业为重点，搞好旱地农业及矿产资源开发，加快发展步伐。

——重视和支持老区、贫困地区的经济，努力改善水利、能源、交通、通信等基础设施条件，加快资源开发，尽快脱贫奔小康。

三、"九五"时期宏观调控的目标和政策

按照全省经济和社会发展的基本思路，积极实施科教兴豫、开放带动、可持续发展战略，着力加强第一产业，强化提高第二产业，积极发展第三产业，加快基础设施建设，加速工业化、城市化进程，推进经济体制从传统的计划经济体制向社会主义市场经济体制转变、经济增长方式从粗放型向集约型转变，在提高质量和效益的前提下保持经济增长速度略高于全国平均水平，人口自然增长率略低于全国平均水平，使河南成为中西部发展较快的地区之一。"九五"期间，宏观调控的目标和政策是：

（一）经济增长速度

着力加强第一产业，强化提高第二产业，积极发展第三产业，加快工业化进程。国内生产总值平均每年增长10%以上，力争达到12%，略高于全国平均增长速度。各地区、各行各业都要切实转变经济增长方式，在提高经济效益和国民经济整体素质的基础上加快发展。要因地制宜、实事求是，没有水份、实实在在的速度，能搞多少就搞多少。条件不具备的，要扎扎实实地做好打基础的工作，不搞一刀切。

（二）价格总水平

商品零售价格指数控制在7%左右。"九五"期间，物价上涨的压力依然很大，因此，抑制通货膨胀仍然是宏观调控的重要任务。继续完善物价控制目标责任制，充分发挥重要物资储备、价格风险基金和调节基金平抑市场物价的作用，规范市场价格秩序。保持社会需求和供给的基本平衡，进一步理顺粮、棉、油、煤、电等基础产品的价格。加强价格管理，加强调控价格的经济和法律手段，增强政府调控价格的能力，逐步建立健全价格宏观调控体系。

（三）固定资产投资

全社会固定资产投资率约保持在30%左右，扣除物价因素，平均每年增长12%。五年全社会固定资产投资规模7100亿元，其中，国有单位5000亿元左右，使固定资产投资率逐步达到全国平均水平。

多渠道筹措建设资金。逐步增加财政用于生产建设的投资；进一步增强金融机构的融资能力；加强到期、逾期省建设基金的回收和各种预算外专项资金的征收，统一各种建设资金的计划管理，集中资金用于重点建设；积极利用外资；有效地集中土地收入和合理出售公房；下大力气调整和重组企业资金，使企业成为投资的主体；扎扎实实做好项目前期工作，争取国家资金支持。

（四）财政收支

"九五"期间，全省地方财政收入平均每年增长10%，其中县级财政收入平均每年增长12%；财政支出平均每年增长8%，当年收入平衡，消化滚存赤字50%以上，实现财政状况逐步好转。

加大财源建设力度，继续开展"两扭两创"活动。继续实施重点烟叶县财源结构调整工程，积极支持贫困县和财政困难县的发展。2000年，按分税制口径，全省116个县（市）地方财政收入总额达到110亿元，其中有78个县（市）地方财政收入均达到5000万元以上，19个县（市）均达到1—2亿元，1个县（市）达到2亿元以上。

调整支出结构，加快各项事业的发展。一是以社会共同需要为标准，界定财政资金供应范围，规范资金供应渠道和供给标准。二要适当提高财政对经济发展的支持能力，逐步提高基本建设和技术改造支出占全省财政支出的比重。三要进一步规范预算外收支行为，加强对行政性收费的管理。四是运用经济手段对支出进行管理，逐步将带有供给性质而又不宜取消的个人福利支出货币化，变实物分配为货币分配。

（五）信贷收支

2000年，金融机构各项存款余额达到5200亿元，平均每年增长20%，各项贷款余额达到4300亿元，平均每年增长17%。

（六）人口

2000年，全省总人口控制在9700万人之内，"九五"期间，年平均自然增长率控制在略低于全国平均增长水平。

继续实行各级党政一把手亲自抓、负总责的目标管理责任制。全面贯彻落实计划生育政策，逐步建立和完善社会制约和利益导向相结合的计划生育工作机制。大力加强基础工作，建立健全计划生育服务网络，以抓好农村和流动人口为重点，把计划生育与发展经济奔小康，建设文明幸福家庭和建立健全社会保障体系结合起来，广泛开展创建计划生育合格村活动。将流动人口的计划生育管理纳入流动人口综合治理方案。

四、切实加强农业，全面发展农村经济

“九五”期间，农业和农村经济有三大任务，一是保证农民收入有较快的增长，使大多数农民生活达到小康水平；二是保证粮食等主要农产品产量稳定增产，新增粮食生产能力500万吨；三是使贫困人口基本脱贫。

（一）种植业

粮食生产要稳定面积，主攻单产，提高质量，逐步实现区域化和规模化种植。“九五”期间，粮食播种面积稳定在1.3亿亩以上。2000年，总产量达到3750万吨，五年累计17500万吨。抓好小麦、玉米、水稻、红薯、大豆五大作物的区域化种植，新建商品粮基地县15个。棉花重点抓好豫北、豫东、南阳盆地三大主产区的生产，新建优质棉基地县8—10个，总产量5年累计达到380万吨。搞好驻马店芝麻主产区、沿淮油菜籽主产区和豫东南花生主产区的生产，建设优质油料基地300万亩，总产量五年累计达到1300万吨以上。烟叶要稳定生产，提高质量，压缩非适宜区的种植面积。因地制宜地发展小杂粮、麻类、蔬菜、蚕、花卉和药材的生产。

（二）林业

以发展经济林为重点，促进以森林为主体的新型环境产业的形成。山区重点发展用材林、干鲜果和特种经济林。水果生产要坚持不同粮、棉争地的原则，新建干鲜果基地350万亩、用材林50万亩。平原要大力营造薪炭林，进一步完善农田防护林体系。搞好长江防护林、太行山绿化、淮河上游防护林和黄河中游防护林等大型生态工程建设。1997年基本完成宜林荒山绿化任务。2000年全省林木覆盖率达到18%。

（三）畜牧养殖业

稳定猪、禽生产，大力发展草食畜禽，推广种畜、饲料、养殖、防疫、加工和销售为一体的规模养殖。在南阳、周口、驻马店、商丘等地和沿黄滩区发展肉牛、槐山羊生产和系列加工，建成全国优质肉牛生产、加工、出口基地。扩大豫北集约化肉鸡生产基地和信阳地区水禽养殖基地。豫西山区重点发展羊、牛、兔为主的草食型牲畜。2000年，肉类总产量达到400万吨，禽蛋产量达到180万吨，水产品产量达到26万吨。

（四）水利

以兴利为中心，坚持防洪与抗旱并重、建设与管理并重的方针，合理开发利用水资源，全面提高兴利除害能力。配合国家建设黄河小浪底水利枢纽工程和南水北调中线工程，续建石漫滩水库，积极搞好建设燕山和盘石头水库的前期准备工作，加快新三义寨、大功、板桥、鸭河口、昭平台、南湾等一批大中型灌区设施的配套完善和改造。继续搞好黄、淮干支流的治理以及郑州、开封等城市防洪工程建设，完成白龟山、孤石滩、白沙等水库的除险加固工程。加强水土保持工作，重点搞好丹江口水库上游、小浪底库区和淮河上游的水土保持。2000年，主要河道的防洪标准达到10—20年一遇，主要城市的重要河段防洪标准达到20—50年一遇，治理水土流失面积达到4万平方公里。

（五）气象

加强气象监测网络预报，“九五”期间，搞好气象防灾减灾综合监测、信息加工预测网络和人工影响天气服务系统两大骨干工程。

（六）农业机械

以发挥现有动力机械作用和实现农业增效为重点，大力发展先进适用、增产效果显著的农机具，进一步拓宽农机服务和作业范围，提高农业现代化装备水平。2000年，农机总动力达到3400万千瓦，机械深施化肥面积达到6000万亩，化肥肥效利用率达到40%以上。大力推广小平等精播、半精播技术。

（七）乡镇企业

积极引导乡镇企业相对连片开发，重点扶持一批强乡（镇）、强村、强企业，特别要加强欠发达地区乡镇企业的发展步伐，把发展乡镇企业同小城镇建设结合起来，有条件的乡镇可建立工贸小区，在讲求效益、注重环保的前提下，“九五”期间，乡镇企业年销售收入增长30%以上。

（八）小康县建设和扶贫开发

“九五”期间，在小康村建设的基础上，开展创建小康乡镇、小康县的工作，一部分有条件的县要率先达到小康水平，一部分县到2000年基本达到小康水平。继续抓好18个综合改革试点县的工作。加大扶贫开发力度，在经济欠发达地区积极实施“富民工程”。到本世纪末，基本稳定解决全省560万贫困人口的温饱问题。

（九）主要政策措施

——坚持和完善以家庭联产承包为主的责任制和统分结合的双层经营体制，不断壮大集体经济实力。有条件的地方鼓励土地使用权合理流动，发展农业集约经营。

——以改造中低产田为重点，加快农田水利建设。“九五”期间，在黄河以南平原地区发展打井灌溉，新增有效灌溉面积600万亩，全省粮食亩均单产提高50公斤左右。

——继续搞好科教兴农，建立多层次、多渠道的农村技术培训体系和技术服务体系，稳定农业科技队伍。通过实施“绿色证书”工程，培养农村人才，提高农民素质。大力推广农业先进适用技术。实施种子工程，重点抓好良种培育、引进和推广，主要农作物品种五年轮换一遍。2000年，耕地复种指数提高到1.8左右，农业科技进步对农业增长的贡献份额由目前的30%提高到45%左右。

——依法保护耕地，全面推行基本农田保护制度。

——增加对农业的投入，现有渠道的农业投资要保持稳定，逐步增加固定资产投资、财政预算资金、信贷资金用于农业的比重。同时，积极引导农村集体、乡镇企业和农民个人增加农业投资，扩大劳动积累。

——加快发展农用工业，重点改扩建一批化肥厂，增加优质高效化肥生产能力。大力发展农家肥和现代化的有机肥生产。积极发展饲料工业。

五、继续加强基础设施建设，加快工业化进程

“九五”期间，着力培育机电、化工、食品、轻纺、建筑建材五大支柱产业，建设一批能够带动全省结构优化和产业升级的重点项目，形成一批能源、机械、电子、石油化工、煤化工、建材、有色工业基地。大力发展高新技术产业，采取先进实用技术改造传统产业；大力发展外向型经济，以名牌产品为龙头，培育50家在国内外市场上有较强竞争能力的企业集团，成为现代化企业的骨干和财政的支柱。

(一)能源工业

能源工业以电力为重点，2000年，一次能源生产总量达到8100万吨标准煤。

1.煤炭工业。开发豫东，发展豫西，稳住豫北，走优势资源开发和深度加工增值的发展道路，煤炭产量在较长时期内稳定在一亿吨左右。配合国家抓好永夏矿区等国有重点煤矿的生产建设，加大对地方国有煤矿的投入，按照“扶持、改造、整顿、联合、提高”的方针，办好乡镇煤矿。重点国有矿务局百万吨死亡率控制在1%以下，采煤、掘进机械化程度均达到70%。

2.电力工业。重点建设大容量、高参数、自动化水平高、亚临界或超临界火电机组，积极发展热电联产和集中供热，支持大型企业发展以供热为主的自备电厂，因地制宜发展水电，加快抽水蓄能电站建设。搞好输变电设施建设，提高综合功能。重视城市电网建设，提高城乡居民用电质量。“九五”期间，新增发电装机500万千瓦，2000年，全省发电装机容量达到1500万千瓦，发电量820亿千瓦时。

重点抓好鸭河口电厂续建和安阳电厂、洛阳热电厂、禹州电厂、沁北电厂、信阳平桥电厂、永城电厂的开工建设，抓紧做好鹤壁电厂二期、姚孟电厂四期、登封电厂、宝泉抽水蓄能电站等项目的前期工作。“九五”期间，火电机组供电煤耗下降30—50克/千瓦时。

3.石油、天然气工业。加强资源勘探，增加后备储量，稳定产量。抓好中原、河南油田的稳产和挖潜，搞好资源的优化配置和合理利用，提高加工深度。2000年，原油产量稳定在400万吨，天然气产量保持在7亿立方米。

4.节能和新能源。“九五”期间，全省节约和少用能源1400万吨标准煤，节约电力40亿千瓦时。

进一步加大新能源和可再生能源的研究和开发力度，扩大太阳能和沼气的推广应用，研究开发生物质气化、成型、液化转化技术和高效光伏电池技术。

(二)交通运输和邮电通信业

1.交通运输业。重点抓好郑州航空港和全省高等级公路网建设，完善郑州公路港和铁路港，积极发展地方民航，逐步形成各种运输方式合理分工、畅通快捷的综合运输体系。

铁路。中央铁路重点配合国家抓好西安至南京铁路河南段和新菏复线的建设前期工作，完成郑州火车站站舍三期改造工程。2000年，中央铁路货物发送量达到1.06亿吨。地方铁路重点抓好郑州至禹州、平禹与平舞连接线和山西长治至台前地方铁路建设。逐步形成全省境内“四纵五横”的铁路网格局。

公路。重点建设以郑州为中心连接其他中心城市的高等级公路，加快国道、省道和县乡道路以及省际间断头路的建设，改善路面质量，提高公路等级。建成安阳至新乡、郑州至漯河、商丘至开封、洛阳至三门峡高速公路和郑州至焦作、许昌至南阳以及叶集至罗山汽车专用公路，争取形成安阳至信阳、商丘至三门峡十字形高速公路格局。五年新增二级以上公路2460公里，其中，高速公路460公里，汽车专用公路260公里。2000年，公路总里程达到5.2万公里。

民航。加快郑州薛店机场建设，力争1996年建成通航；改造完善洛阳机场。

内河航运。加强对内河航运系统的配套建设和改造，抓好沙颍河沈丘至周口的复航工程。

2.邮电通信业。以推进国民经济信息化为主要目标，增强信息资源开发和信息传输的通达能力。“九五”期间，新增电话交换机容量420万门。2000年，全省邮

电业务总量达到90亿元,电话普及率达到6%,光缆线路达到3090公里,数字微波线路达到1235公里。所有乡镇实现国际国内直拨,移动电话覆盖全省,并实现全国漫游。郑州至各省会、本省各市地和市地至县的邮件实现次日投递。搞好无线电管理。

3.主要政策措施。

——鼓励部门、企业和地方共同投资建设铁路、公路、机场和港口码头。鼓励市地与邮电部门联合投资,发展地方电信事业。建立和完善交通邮电发展基金。

——采用先进的技术装备,加快车辆的更新,积极发展节能型运输设备,提高运输效率,减少环境污染。限期淘汰超期服役车辆和排放废气超标车辆。

(三)冶金工业

1.钢铁工业。以现有骨干企业的增钢改造和品种结构调整为重点,搞好安阳钢铁公司、洛阳钢铁厂等骨干企业的扩建改造,抓好优质耐火材料的生产和建设。2000年,钢产量达到430万吨、钢材达到370万吨。

"九五"期间,炼铁企业新建高炉容积不小于300立方米;炼钢连铸比要达到80%以上;限制20吨以下转炉、30吨以下电炉建设。积极发展转炉顶底复合吹炼以及高功率、超高功率电炉或直流电炉。

2.有色金属工业。积极发展氧化铝,稳定发展电解铝,大力发展铝加工,努力开发合金铝等高新技术产品,形成以长城铝业公司为依托,以焦作、郑州、新乡、三门峡为重点,以电解铝及其深加工产品为主体的铝工业生产格局。"九五"期间,要逐步淘汰60KA旁插自焙槽型。新建铝厂和老厂技术改造,电解槽规模必须在140KA以上,吨铝的直流电耗降低到13900度以下。

加快金、银、铅、锌、铜的勘探开发及深加工,扩大钼的开发应用。"九五"期间,重点争取建设中州铝厂氧化铝二期工程、焦作铝电联营工程、三门峡铝厂节能改扩建工程及一批重点铝材深加工项目。2000年,十种有色金属总量达到40万吨,其中,铝产量达到25万吨、氧化铝产量达到120万吨、黄金产量达到15346公斤。

(四)建材工业

"九五"期间,水泥建设以日产1000吨以上规模为主,发展以窑外分解技术为中心的新型干法工艺,限制湿法窑的建设,逐步关停并转规模小、能耗高、无条件改造的小型中空干法窑。加快调整水泥品种结构。控制机立窑发展,彻底取消土、蛋窑。续建鹤壁水泥厂,重点争取国家定点建设一至二个具有先进水平和合理经济结构的大型水泥工程。2000年,水泥产量达到4000万吨。

玻璃制造重点扶持洛阳浮法玻璃集团,增强技术优势和产品优势,扩建玻璃纤维及制品工程,形成跨地区、跨行业经营的大型集团公司。抓好奔月集团等重点企业的改扩建工程。

加快发展新型房建材料,包括节土利废的新型墙体材料、长效防渗密封材料、高效吸音保温材料、优质高档装饰材料等。鼓励空心砖生产,限制破坏耕地的实心粘土砖生产。

加速非金属矿的开采,重点搞好石墨、高岭土、硅线石、蓝晶石等矿产品的深加工,扩大出口创汇。

卫生及建筑陶瓷生产要提高产品档次和质量,做好节能降耗和工艺改进工作,重点开发研制各种新型建筑陶瓷、卫生陶瓷及各种优质墙地砖产品,扩大瓷件出口。

(五)化学及医药工业

1.石油化工。重点抓好洛阳石化总厂的化纤工程建设,积极发展化纤及化纤原料后加工,形成以油品、塑料及制品、化纤及化纺工业为主体的洛阳石化生产基地。中原乙烯工程在投产达标和进一步扩建的基础上,重点搞好产品后加工综合利用,逐步形成濮阳石化基地;依托河南油田和50万吨/年稠油加工厂,结合天然碱和金红石矿的开发以及氯化石腊项目的建设,逐步形成南阳石化基地。

2.煤化工。重点建设平顶山尼龙66盐、10万吨煤焦油综合加工等工程。

3.农用化工。重点发展以尿素为主的高浓度化肥和复配肥、专用肥,积极推广稀土复合肥生产技术,提高优质化肥的比重。抓好平顶山化肥厂、安阳化肥厂等企业的改造。2000年,尿素产量达到150万吨,复合肥产量达到35万吨。农药生产重点发展高效、安全、低毒、经济方便的新型杀虫剂、旱田作物除草剂和内吸保护性杀菌剂。大力发展高效、新型植物生产调节剂及国内短缺的农药中间体和助剂。

4.基本化工原料。积极发展为汽车、电子和建材产业配套的产品,重点发展有机化工原料、有机中间体、工程塑料、精细化学品和子午线轮胎等。

5.医药工业。以提高产品质量、扩大名优产品生产和企业改造升级为重点,在巩固化学原料药的基础上,积极发展合成药。利用现代生物技术,大力开发基因活性蛋白和多肽药物、新型抗生素及各种生物制品。加快中原制药厂技术和管理整改,实现达标达产。抓好华中医药集团等重点企业的改造及新药产品建设项目。中成药生产要继续提高传统生产工艺技术,发展康复、保健、美容、抗衰老药品和服用方便的儿童、妇用药品，搞好新谊医药集团和南阳宛西制药厂等企业的改扩建工程。

（六）机械电子工业

1. 机械工业。改造洛阳老机械工业基地，大力发展汽车、工程机械、电工设备和机电一体化产品。汽车工业重点依托郑州轻型汽车厂，加快轻型货车和对外合资合作生产皮卡车的步伐，争取2000年形成18万辆生产规模。积极支持一拖集团重型运输车的改扩建项目。大力发展各种配套总成及零部件产品。摩托车以北方易初公司为重点，组建企业集团，力争跻身全国重点生产企业行列。工程机械重点发展系列液压挖掘机、装载机、铲运机、推土机和各种先进的路面机械、建筑机械。进一步发挥电工电器、农机、轴承等传统行业和磨料磨具产品的生产优势，依托骨干企业和龙头产品，带动相关的中小企业，发展一条龙、集团化及专业化生产。继续抓好为纺织、矿山、石化、水利、冶金和建材等国家重点工程配套服务的大型成套设备生产。

2. 电子工业。以信息技术产品、通讯电子产品、新型电子元器件和新材料产品为重点，搞好专业化协作，发展数字程控交换机生产，搞好新产品开发和技术储备。安玻要形成全国重要的彩色显示玻壳生产、科研、开发基地。扩大高清晰度、大屏幕彩色显示器生产。扩大汽车电子系列产品、光缆、微机电站调控系统、新型电子元器件、敏感件和电子基础材料生产规模。积极引进国外先进技术，研制、开发、生产电子磁卡和读卡机及新型电子材料。提高和扩大无线通讯军民两用航空管理指挥系统产品、短波单边带电台、移动通讯和车载通讯产品的生产水平和规模。

（七）食品工业

重点提高面粉、肉、蛋、禽、果、油料等农副产品资源加工深度和产品质量，积极调整区域布局，逐步实现农产品深加工向产地转移。大力发展方便快餐食品、果蔬饮料、精炼植物油、大豆蛋白、酶制剂等产品，建成郑州油脂化学厂大豆蛋白工程。饮料酒生产要按照优质、多品种、多档次的要求，提高质量，开拓市场。盐业生产在搞好食用加碘和小包装的基础上，积极开发工业液体盐。加快郑州、新郑等卷烟厂的改造和严重亏损的小烟厂的转产，增加优质烟产量。抓好中原肉牛系列产品加工。以春都、郑荣、双汇等企业为龙头，发展多种产业，逐步形成牧工贸一体化的企业集团。

（八）轻纺工业

1. 轻工业。耐用消费品工业以现有企业为基础进行高起点改组改造，扩大冰箱和冷柜产量，开发生产家电换代产品、汽车空调和中央制冷空调设备。大力开发高档成套装饰材料和厨房用品、卫生设备等。造纸工业要把污染治理作为首要任务，强制推行集中制浆和环保新技术，稳步发展文化用纸，积极发展卷烟工业用纸、中高档胶印书刊纸。皮革、塑料制品、五金工具、日用硅酸盐、日用化学工业和工艺美术行业，要采用先进适用技术，降低消耗和污染，提高产品质量。印刷装璜业要积极采用和推广新技术和优质高效设备。建成焦作轻工耐火材料厂高档耐火砖项目，抓好天冠酒精、安阳飞鹰、河南冰熊、新飞电器等一批重点企业集团的改造扩建。

2. 纺织工业。以化纤工业基地建设和郑州等棉纺织基地改组改造为重点，发展高档、精细的棉、毛、麻、丝纺织品，提高服装设计水平和制作工艺，抓好系列产品生产，扩大出口。棉纺工业要适当压缩老纺织基地的生产能力，在棉花主产区适度增加骨干棉纺织企业的生产能力。积极引进关键设备和技术，大力发展精梳高支纱、化纤纱，提高印染后整理水平和延伸加工能力。重点抓好嵩岳集团、洛阳棉纺厂等大中型纺织企业上档次、上水平改造。化纤工业要抓好三门峡粘胶短纤维、新乡化纤厂粘胶长丝和焦作万吨涤纶工业丝项目的建设，搞好平顶山神马帘子布（集团）公司的改扩建，建成洛阳石化总厂聚脂和涤纶纤维工程。2000年，化学纤维产量达到15万吨。

六、积极发展第三产业

以加快培育、发展市场体系和社会化服务体系为重点，2000年，按1995年价格计算，第三产业增加值达到1410亿元，从业人数占全社会劳动者人数的比重由目前的15%提高到20%；社会消费品零售总额达到2000亿元。

（一）商品流通业

1. 加快商品市场建设。以农副产品市场建设为重点，完善、改造和扩建已运营的各类批发市场，新建2—4个规模较大的区域性粮食批发市场。继续发展城乡集贸市场、小商品市场和零售网点。在郑州、洛阳、安阳、新乡、商丘、信阳等区域中心城市或交通枢纽城市发展一批规范化、现代化的综合超市、食品超市、商业连锁店和商业配送中心。在有条件的商业和外贸企业试办综合商社。到本世纪末，初步形成以郑州各类专业批发市场为龙头，区域性批发市场为骨干，中小型市场为基础，布局合理、功能齐全、交易规范的批发市场体系。

2.加快郑州商贸城建设。以举办郑州商品交易会为契机，促进配套设施和服务水平上档次，形成全国重要的商品流通中心。郑州商品交易所和现有的大中型批发市场要向综合方向发展，扩大交易规模，增加服务功能，按国际惯例规范交易行为。

3.大力发展以促进农副产品流通为主要内容的农村社会化服务组织。建立服务功能全、质量好、网络配套的县乡村三级服务体系。积极推进贸工农一体化进程，以“公司＋农户”、“专业市场＋农户”、“工厂联农户”等产供销一条龙的经济组织为纽带，把农村分散的小生产与国内外大市场沟通起来，为农业提供产前、产中、产后系列化服务，引导农民进入市场。把供销社办成农民自己的经济合作组织和农村商品流通的主阵地。

4.加强工商、物价、税务、审计、计量、标准和技术监督管理。依法打击偷税、漏税、欺行霸市、哄抬物价、制售假冒伪劣商品等不法行为，保护合法经营。

(二)金融、保险业

1.建立功能完善、运作高效、有较强辐射能力的河南金融市场。积极稳妥地发展证券市场，逐步扩大股票发行和上市交易量，提高企业直接融资能力。积极发展以河南证券交易中心为龙头，联合各地证券交易机构的证券市场。逐步建立以郑州为依托，包括同业拆借市场、票据贴现市场、短期融资债券市场在内的联结全国各大货币市场的中心货币市场。积极开发和建设外汇市场和黄金市场。

进一步完善金融组织体系。在发展国有独资商业银行的同时，积极争取国家批准发展股份制、合作制等形式的商业银行和保险、证券、信托、租赁、典当、金融咨询、评估、担保等非银行金融机构，积极争取国内外大商业 银行在我省设立分支机构。

2.完善保险体制，进一步发展保险市场。尽快完成财产险和寿险保险机构分设工作，积极发展股份制保险公司，引进外资保险公司，塑造多元化的保险市场主体。加强对保险业的宏观管理力度，实现保险市场的有序竞争。要进一步规范保险企业的资金运用，提高保险总准备率和保险资金总量，增强保险企业实力。进一步拓展业务领域，扩大险种数量，积极开拓和引进新险种，不断扩大保险承保面。2000年，国有大中型企业财产承保面达到90%，人身保险的承保面达到50%，农村商业性保险基金发展到5亿元，把农村保险服务体系延伸到农民生产和生活的各个领域。努力办好职工养老、医疗、待业等方面的企业补充保险和个人储蓄保险，充分发挥商业保险补充社会保险，稳定经济发展，安定人民生活的社会作用。

(三)信息咨询业

1.围绕实施国民经济信息化工程，在金融、交通、财税、海关、工商管理等系统，建立计算机信息技术与可视听通信设备相结合的现代化信息网，集中力量搞好郑州区域交换中心以及连接各市地的信息基干网络工程建设，提高国民经济信息化水平。继续发展各类信息市场，把信息硬件建设与软件开发中介服务有机结合起来，在信息收集、整理、存贮、交流、咨询等各个环节推进信息产业的快速发展。

2.加快壮大咨询业队伍，放手发展多种所有制形式的咨询业，提高咨询业务的覆盖面，实现工程咨询、科技咨询、经济管理咨询、会计咨询、法律咨询的经营企业化、服务社会化和商业化。

(四)旅游业

加强国际旅游，大力发展国内旅游。逐步实现旅游业由传统的观光型向观光与度假相结合的综合型过渡。五年接待海外旅游者136万人次，平均每年增长10%；旅游创汇3.7亿美元，平均每年增长13%；国内游客平均每年增长20%以上。

重点建设鲁山、南召、嵩县、栾川为主体的伏牛山自然风景区。建成郑州黄河大观、开封清明上河苑、洛阳河洛文化村等工程，开成中原黄河古文化旅游带。逐步开发小浪底水库旅游区、新郑黄帝故里旅游区、许昌三国文化旅游区等新的自然和人文景观。

七、优先发展科技、教育

(一)科学技术

坚持科学技术是第一生产力的思想，形成科技与经济紧密结合的新机制，促进经济科技一体化。围绕经济和社会发展中的共性技术和关键技术，加强科技研究、示范与推广，为经济增长提供技术支撑。

1.大力发展高技术及产业。“九五”期间，重点在电子信息技术、新材料技术、生物工程技术和新能源技术四个领域，开展新型功能材料、结构材料和多媒体技术等十类高技术的研究开发。大力促进高技术向传统产业的扩散，实施“科技新星工程”和“企业技术创新示范工程”，搞好XGK型系列冷轧机、发酵法制备D—核糖技术等十大示范工程。解决红柱石、高岭土、铝矾土均化提纯及综合利用技术和皮革、纯棉织物等深度加工技术。抓好铝硅钛多元合金、新型弹簧钢、氢镍系列电池等八大类60个项目的生产建设。建设好国家和省级高新技术产业开发区，使高新技术在重点区域形成气候，重点行业形成规模，重点领域形成特色，重点产品创出名牌。

2.加强关键技术攻关，积极推广先进适用技术。在农业、能源、交通、通信、资源加工、环境、信息、设计、制造以及社会事业等方面，发展62项关键技术，推广464项先进适用技术。对发展基础产业和技术产业的26个项目组织技术攻关，力争攻克一批关键技术。

3.加快科技长入经济的步伐，加强科技转化薄弱环节建设。建立像塑模具、耐火材料等十个国家级、省级工程研究和技术中心，农作物品种区试、巨型室外显示屏等十大中试和工业性试验基地以及一拖、春都等十大企业(集团)技术中心。

4.深化科技体制改革。放开、搞活与经济建设密切相关的技术开发和技术服务机构，鼓励和引导这些机构按照市场需求开展研究开发。继续推动产、学、研联合，鼓励高等院校、产研院所的科技力量以多种方式进入企业或企业集团。建立健全企业技术开发机构，使大中型企业逐步成为科技开发和科技应用的主体。建立健全为中小型企业提供技术服务的机构。建立健全农村科技服务体系，大力发展各类农民专业技术合作组织。积极发展混合所有制和民营科技企业、民办科技服务组织，使之成为科技发展的一支新生力量。发展促进技术转让的中介机构。进一步改革科技投入机制，多渠道、多层次增加科技投入。

(二)社会科学研究

立足河南，面向全国，继续加强、深化和拓展邓小平建设有中国特色社会主义理论及其在河南实践的研究。加强宋代哲学、中原文化、中原史学、考古学等基础理论的研究和推动“两个转变”、建立现代企业制度、科教兴豫等应用对策研究。重视综合性学科建设，加强社会科学各学科之间以及社会科学与自然科学之间的协作攻关，加速发展新兴边缘交叉学科，强化预测科学、政策科学等学科的研究，力争拿出一批价值高、影响大的精品力作。逐步改善研究条件，实现社科图书、情报、管理工作现代化。

(三)教育

“九五”期间，基本普及九年义务教育，和基本扫除青壮年文盲。大力发展职业教育和成人教育，积极推进高等教育的改革和发展，逐步形成适应我省经济和社会发展需要、面向21世纪的社会主义教育体系的基本框架。

1.基础教育。2000年，在占全省人口85%以上的地区普及九年义务教育，95%以上的地区普及小学教育，其余地区必须普及3—4年小学教育。全省小学学龄儿童入学率达到99%以上，初中学龄人口入学率达到85%以上；使残疾儿童少年受到不同程度的小学教育和技能培训。城市基本满足幼儿接受教育的要求，农村普遍开展以学前一年教育为主的幼儿教育。有条件的地方积极普及高中阶段教育。

2.职业教育。2000年，全省各类中等职业学校发展到1200余所，在校生达到90多万人，占整个高中阶段在校生的比例，一般地区巩固在60%以上，基本普及高中阶段教育的城市达到70%。每个县(市)办好1—2所突出本地特色的职前、职后一体化综合学校，每个乡镇办好一所突出职教特点的综合初中。

3.普通高等教育。2000年，全省在读研究生达到3000人以上，普通高等学校(包括高等职业学校)本专科在校生达到15万多人。争取郑州大学和十个左右学科进入国家“211”工程。建设2—3个国家级基础研究基地和工程(技术)研究中心，每年有100项以上科研成果达到国家级或省级先进水平。

4.成人教育。2000年，成人高校在校生达到15万人左右。每个乡镇和大多数行政村都要开办常年开展培训活动的农民文化技术学校。每年完成对50万人次回乡初、高中毕业生和100万人次乡镇企业职工、青壮年农民的实用技术培训。每年培训100万人次城镇在岗、转岗职工和干部。全省青壮年文盲率降至5%以下。

5.加快和深化教育体制改革。进一步完善“分级办学、分级管理”的体制。充分利用现有教育资源，多渠道增加对教育的投入，鼓励集资办学、捐资办学。普通高等教育以政府办学为主，通过共建、联合、参与等方式增强办学活力。普通高、中等教育逐步实行缴费上学，自主择业，同时完善奖学金、贷学金制度。改革学校教育方式，加强素质培养。鼓励学生在掌握基础知识的同时，发挥主动性、创造性，锻炼实际动手能力。

6.加强师资队伍建设。改善教师生活待遇，加强师资队伍培训，逐步提高教师达标率，在全社会进一步形成尊师重教、尊重知识、尊重人才的良好风气。

八、进一步深化改革，扩大开放

(一)继续深化经济体制改革

今后15年的主要任务是：坚持以公有制为主体的

多种经济成份共同发展的方针，深化国有企业改革，建立现代企业制度；建立健全市场体系，充分发挥市场在资源配置中的基础性作用；转变政府职能，形成以间接方式为主的宏观管理体系。

1.建立现代企业制度，增强国有大中型企业的经济活力，是经济体制改革的中心环节。要逐步形成有利于节约资源、降低消耗、增加效益的企业经营机制，有利于自主创新的技术进步机制，有利于市场公平竞争和资源优化配置的经济运行机制。按照"搞好大的、放活小的"原则，继续深化国有企业改革。2000年，全省多数国有大型骨干企业初步建立起现代企业制度，成为自主经营、自负盈亏、自我发展、自我约束的法人实体和市场竞争的主体。把改革、改组、改造和加强企业管理有机结合起来，主要依靠市场机制对企业组织结构、资产负债结构等方面进行战略性重组。"九五"期间，要抓紧抓好3户纳入国家建立现代企业制度试点企业和100户纳入省试点企业的转机建制。要理顺产权关系，明确投资主体，采取多种办法解决企业过度负债和社会负担问题。加大国有小型企业和城镇集体企业的改革力度，采取兼并、租赁、股份合作、出售和合资"嫁接"等形式，切实放开搞活小型国有企业。城镇集体企业积极推行股份合作制。加强对国有资产的管理，规范营运体系，搞好产权登记、统计报告和资产评估等工作，防止国有资产流失。进一步深化企业内部改革，建立健全科学的、适应市场经济要求的企业组织制度和管理制度。

2.大力发展非国有经济，形成以公有制为主体，多种经济成份共同发展的格局。要进一步解放思想，优化环境，促进非国有经济更快更好地发展，成为我省国民经济新的增长点。

3.进一步完善商品市场，加快培育要素市场，逐步形成统一开放、竞争有序的市场体系。继续深化国合商业企业的改革，培育和发展农工商一体化、产供销一条龙的大型商贸集团。积极稳妥地发展金融市场，加快培育产权交易市场。加强对土地一级市场的国家垄断，进一步发展和规范土地二级市场，促进房地产业的健康发展。深化劳动用工制度改革，逐步形成企业用工自主、个人竞争就业的用工机制。大力发展技术市场和信息市场。发展和规范会计师、审计师、律师事务所和资产评估事务所等市场中介组织。积极稳妥地推进价格改革，逐步建立主要由市场形成价格的机制。对关系国计民生的重要商品分别建立储备制度、风险基金制度和最低保护价制度。要加强对市场的管理和监督，建立正常的市场进入、市场竞争和市场交易秩序，保护和促进公平竞争。

4.深化财税体制改革，完善地方税收体系。在中央统一税权的前提下，结合河南实际，确定地方各级政府的主体税种，开征一些适应地方经济需要的地方税种，逐步形成税基广泛、结合合理的地方税种体系和科学、严密的征管体系。逐步建立起省与市县级政府之间比较规范的转移支付制度。

5.投资体制改革。重点是划分投资责任主体，省级投资主要用于全省性的公益性、基础性项目建设。竞争性项目在国家产业政策指导下，主要靠市场配置资源，由企业自主决策。建立资本金制度，除公益性项目外，所有新建项目都必须确保应有的资本金和铺底流动资金。建设项目的设计、施工、成套设备采购和监理单位的确定，由投资主体通过招标、投标方式确定。建立投资决策自主、风险自负、自我约束的机制。建立以产业政策为基础，综合运用经济、法律和行政手段，对投资总量和结构及时调节的宏观管理体系。建立与投资活动有关的市场服务体系，形成在法律规范下的公平竞争机制。

6.转变政府职能，建立健全与社会主义市场经济相适应的宏观经济管理体系。重点是建立计划、财政、金融之间相互配合和制约，能够综合协调宏观经济政策和正确运用经济杠杆的机制。计划要根据经济和社会发展需要以及社会财力、物力的可能，合理确定经济和社会发展战略、宏观管理目标，并通过实施产业政策及投资政策，促进经济结构优化。要合理划分省、市、县各级政府之间的事权和财权，进一步规范财政收支体系，建立和完善复式预算编制办法。继续推进金融体制改革，提高人民银行宏观管理和金融监管水平，加快专业银行向商业银行转轨的步伐，逐步与国际金融市场接轨，有计划、有步骤地发展城市合作银行和农村合作银行，积极支持企业集团建立财务公司。强化银行信贷的风险管理，优化信贷结构，提高信贷资产质量。

按照政企分开、精简、统一、效能的原则，进一步推进政府机构改革。要把综合部门逐步建成职能统一、具有权威的宏观管理部门，把专业经济管理部门逐步改组为不具有政府职能的经济实体或改为自律性行业管理组织和国家授权管理国有资产的单位。加快建立权责明确的国有资产管理监督和运营体系，组建不同形式的国有资产经营公司，行使对国有资产价值形态经营权，负责国有资产保值增值。

进一步搞好商丘综合改革试验区，郑州、漯河综合改革试点市以及18个综合改革试点县的超前改革。

(二)进一步扩大对外开放

"九五"期间,较大幅度地提高经济开放度,使外贸出口增长高于全省国内生产总值的增长幅度和全国外贸出口的平均增长速度;利用外资的增长幅度高于固定资产投资的增长幅度。

1.进出口贸易。培育与国际市场接轨的出口生产基地和产业群。重点组织好机电产品的出口,特别是汽车配件、成套设备、小型农机、通讯设备、冰箱、显示产品、电子元器件等。开拓高新技术产品出口。轻工产品要向保健型、多功能、系列化方向发展,加快产品的更新换代。纺织品要由出口原料向出口服装、针织品等深加工产品转变,由低档大路产品向中高档精细加工产品转变。化工和矿产品主要是发展合成材料、精细化工、新型建材产品。农业要大力发展与出口创汇相关的优质、高产、高效产品以及种养加一条龙的农副土特产品,提高传统农产品的附加值和创汇率。积极扶持重点创汇产品、创汇企业发展。"九五"末,出口创汇1000万美元以上企业发展到60家,产品80个以上。引导企业按照国际标准组织生产,把质量和信誉放在第一位,争创国际名牌。2000年,外贸进出口总额达到50亿美元,平均每年增长15%,其中,出口总额36亿美元,平均每年增长15%。

2.加快外贸体制改革步伐,建立与国际通行规则相适应的新型外贸体制和销售体系。对省属外贸企业进行股份制和集团化改造,培养若干个以现代企业制度为基础,贸易、生产、金融、科技、服务相融合,能够跻身国际市场的企业集团。全力支持具备条件的企业申报进出口经营权,使更多的企业直接面向国际市场。加快建立按国际惯例运作的出口销售体系。根据不同国际区域的市场特点,采用存仓分拨、合资合作、直接出口与转口贸易结合,从单纯商品贸易向多元化贸易方向发展。继续巩固和发展港澳市场,着力开发新兴工业化国家和发展中国家市场。各类出口企业都要力争直接在境外设立窗口,各种驻海外机构,都要向实业化、集团化、国际化方向迈进,逐步形成河南产品面向世界的销售网络。

3.积极、合理、有效地利用外资。充分利用外商投资由沿海向内地扩展的机遇,按照产业政策和平等竞争的原则,拓展外商投资渠道,扩大投资领域。注重吸引国外大财团、大公司来办大项目。引进国外关键技术设备和科学管理,"嫁接"改造国有大中型企业。积极引导外商投资的方向,把外资吸引到资金技术密集、出口创汇、高新技术及重大基础设施和基础产业项目上。积极争取世界银行、亚洲开发银行、其他国际金融组织贷款以及双边政府贷款、商业贷款和各种无偿援助,建设一批关系我省发展后劲的重大项目。借用外债要适度高效,实行责、权、利统一,谁举债谁偿还。

4.大力发展对外经济技术合作。扩大人才、智力引进,在产品开发、技术设计、经营管理和工程建设等方面,广泛参与国际交流与合作。对外承包工程和劳务输出,实行经贸结合、承包劳务与开办境内外实体相结合合,扩大非贸易创汇。继续搞好建筑工程承包,大力组织和发展第三产业方面的劳务输出。2000年,营业额达到1.2亿美元。

5.政策和措施。

——加强对进出口商品的管理。按照统一政策、联合对外的原则,对大宗重要出口和进口商品,继续实行统一经营;对其他商品,逐步建立有权威的出口协调机构,组织联合对外,防止自相竞争。同时,要加强外贸行政管理和商品检验工作,加强并完善出口许可证制度和配额管理办法,健全对外贸易的立法和司法工作。发挥商检和海关的监督管理作用,维护国家的经济权益和国际信誉。

——坚持不懈地改善投资环境,加大对外开放的力度。重点抓好交通、通信、能源和城市基础设施建设。制定和完善涉外经济地方性法规和政策,保护外商合法权益。依照国际通行规则,建立全程式、高效率的外商投资服务中心,简化和规范外商投资审批程序。进一步落实鼓励外商投资的优惠政策。加强培训和交流工作,提高涉外人员的专业素质、服务质量和办事效率。广泛开展多层次、多形式的对外经济技术和文化交流活动。

——加大出口创汇企业技术改造力度,积极支持出口增长方式由增量向增质、增效、增量并重转变。推行ISO9000系列产品生产质量管理体系,提高出口产品的国际竞争力。

九、推动各项社会事业全面发展

(一)卫生

1.改善医疗设施条件,提高服务能力和质量。2000年,全省医院病床数达到19.3万张,每千人拥有病床达到2张;专业卫生人员达到33.7万人,每千人拥有专业卫生人员达到3.5人。

2.加强农村卫生工作,以初级卫生保健为龙头,合作医疗为突破口，乡镇卫生院为重点，搞好农村卫生三项建设，提高城乡初级卫生保健覆盖率。2000年，全省按不同类型地区标准，实现以县为单位初级卫生保健规划全面达标。

3.以防治传染病为重点，积极开展非传染性慢性病的防治。2000年，全省法定传染病发病率控制在0.15%以下，实现基本消灭疟疾、麻风、脊髓灰质炎和碘缺乏症。

4.提高妇幼保健工作水平，基本普及妇女和儿童系统保健管理。"九五"期间，全省以乡为单位儿童计划免疫"四苗"接种率稳定在85%以上。

5.改革职工医疗保险制度。农村在发展合作医疗的基础上，积极引进健康保险机制，逐步推广多种形式的农村医疗保险制度。进一步开展健康教育，提高全民自我保健意识。

6.依靠科技进步，加速人才培养。建成一批达到国际或国内领先水平的重点专科。发挥河南中医药优势，培养新一代中医药专家。

(二)体育

积极贯彻落实《全民健身计划》和《奥运争光计划》，在体育科研成果、场地设施、人才队伍、训练水平和青少年身体形态、素质、体能水平等方面有较大提高，进入全国体育强省之列。组织好第八届省运会，并争取在第八届全国运动会上取得好成绩。2000年，省优秀运动员达到1200人。学校"达标"施行面达到90%以上，80%以上的适龄学生达到《国家体育锻炼标准》。努力使全省有三分之一的县成为"全国体育先进县"，20%以上的成人达到国家《成人体育测试标准》。加快体育设施建设，建成省体育中心。

(三)文化

文学、艺术、广播、电影、电视、新闻、出版、文物保护等各项文化事业，要坚持"为人民服务，为社会主义服务"的基本方针，弘扬主旋律，继承和发展民族优秀文化，全面繁荣社会主义文化。建设健康、活跃、群众性、现代化的文化艺术体系和文化产业体系。2000年，力争省一套广播节目人口覆盖率达到91%以上，电视人口覆盖率达到90%以上。重点建成河南博物馆，建设省文学院、省广播大厦、全省微波线路改造等工程。

(四)社会保障

重点搞好养老、失业和医疗保险制度改革，建立医疗保障、工伤保险制度，逐步建立和完善农村社会保障。

1.改革和发展养老保险制度。要逐步扩大养老保险覆盖面，在城镇各类企业及职工中建立国家法定基本养老保险、企业补充养老保险和个人储蓄积累为主、集体补助为辅，国家政策扶持，以保障农村老年人基本生活的农村社会养老保险制度。

2.企业职工养老保险。重点推行社会统筹与个人帐户相结合的养老保险办法，在巩固完善县(市)为单位统筹的基础上，逐步全面实行市地为单位统筹。要尽快在非公有制企业中推行社会养老保险制度。同时，要逐步做到对各类企业及职工基本养老保险实行统一制度、统一标准、统一管理、统一调剂使用基金，提高社会化管理程度。

3.继续完善退休费用社会统筹制度。在以市、县为单位统筹的基础上，逐步过渡到省级统筹，提高统筹的社会化程度。要尽快在城镇集体单位普遍推行退休费用统筹制度。

4.扩大失业保险范围。将目前对国有企业部分职工实行的失业保险，逐步扩大到国有企业全部职工以及集体企业和其他所有制企业的职工。并相应改进失业保险基金筹集方式，使失业保险基金提取比例随着实施范围的扩大逐步提高。

5.组织好工伤、医疗保险制度改革的试点，逐步扩大范围。建立工伤保险基金，适当调整工伤待遇。在中小企业继续试行职工大病医疗费统筹和离退休职工医疗费统筹，制止把医疗费全部或大部分包干给个人使用，超支不报销的做法。

6.积极发展各种形式的社会福利、社会救济和优抚工作。积极兴办养老院、老年人活动中心、老人公寓等福利设施。继续做好残疾人的劳动、生活、教育工作及残疾人的康复工作。建立居民最低生活费保障线制度。逐步建立农村特困户定期定量救济制度，巩固发展各类救灾扶贫互助组织。

7.加强防灾减灾工作。以抗旱、防洪和防震为重点，加强防灾减灾的基础设施建设，重视研究防灾减灾的新技术、新方法，逐步建立起灾情监测通讯网络，提高监测预报、快速反应保障能力。

(五)城乡建设

稳定提高大城市，适度发展中等城市，积极发展小城镇，逐步提高城市化水平。进一步加强城镇规划和管理，搞好住宅建设和市政公用设施建设。2000年，全省设市城市达到60个左右，建制镇发展到1100个以上。

1.住宅建设。积极实施"安居工程"，五年新建城市住宅5300万平方米，建成商品房3900万平方米。积极推进住房制度改革，全面推行住房公积金制度，有计划出售公有住房,鼓励集资合作建房。

2.市政公用事业。"九五"期间,新增日供水能力200万吨,乡镇供水工程256处,解决170万人的饮水困难。城市燃气用气人口350万人,供热面积800万平方米。

3.小城镇建设。提高小城镇建设的规划设计水平,建设布局合理、设施配套、环境优美的小城镇,成为带动乡镇企业发展,加快城乡物资交流和农产品商品基地建设的小区域经济中心。

(六)环境保护

1.水污染治理。对我省境内四大水系进行综合治理,其中包括:淮河流域水污染防治、沿黄城市饮用水源保护、其他饮用水源地的有效保护,从而使全省河流的污染恶化趋势得到基本控制,重污染河段的水质有较大改善。确保1997年淮河流域工业企业,其他流域酿造、造纸、皮革工业企业废水达标排放,沿黄城市取水段达到地表水三类标准。2000年,淮河水初步变清,黄河干支流工业企业废水达到排放标准,黄河干流保持三类水质,完成卫河、安阳河和唐白河的治理工程。

2.工业污染防治。大力推行清洁生产,实现污染全过程控制。加快重点污染源的治理,新建项目必须严格执行"三同时"制度,有效削减有害物质的产生量和排放量。2000年,工业污染物控制指标达到:大气烟尘141万吨/年,二氧化硫105万吨/年,工业废水排放量14.5亿吨/年,COD排放量158万吨/年,工业固体废弃物综合利用率48%。

3.城市环境综合整治。实行工业污染防治和生活污染、交通污染防治并重的原则,积极推行污染集中控制,加快城市污水集中处理设施和垃圾无害化处理场的建设。2000年,综合整治指标达到:城市气化率60%,城市污水处理能力196万吨/日,省辖市烟尘控制区覆盖率达到100%,县级市达到90%。

4.农村环境保护。坚决控制农村生态环境不再继续恶化,新的区域性破坏不再发生,部分遭受污染和破坏的生态敏感区、重点保护区得到恢复和好转。加强对资源消耗大、生态破坏与污染严重的工业行业的控制,禁止新建造纸、制革、化工、印染、电镀、酿造、冶炼、选矿等污染严重的小型企业,对于难以治理的企业实行关、停、并、转、改。

(七)国土整治

1.土地。统筹安排粮、棉、油、菜等农副产品生产用地和各项建设用地。"九五"期间,每年建设用地规模控制在1.33万公顷以内,其中占用耕地控制在1.12万公顷以内;每年新开发、复垦耕地0.8万公顷。培育和规范土地市场。扩大土地有偿使用范围,盘活城镇和企业存量土地,防止国有土地资产流失。

2.水资源。继续贯彻计划用水和节约用水的方针。发展节水农业,搞好灌区的续建配套,推广渠道防渗、管道输水、田间软管输水、井渠结合以及喷灌、滴灌节水措施。在水资源紧缺地区,严格控制建设耗水量大的工业项目。在现有企业中,要实行一水多用,分质供水和循环使用,提高水的重复利用率,加强水资源保护和地下水资源的管理,控制过量开采,防止地面下沉。要有重点地开发新水源工程,搞好部分缺水地区和城市的水源勘查及供水工程建设。

3.矿产资源。要进一步加强矿产资源的管理,建立省级地质勘探基金。依据《矿产资源法》,治理整顿矿山秩序,坚决制止无证开采、非法乱采乱挖国有矿山的现象,维护国有矿山生产和地质勘探工作的正常进行。加强对煤、铝、金、银、石油、天然气等主要矿产资源的综合利用。

4.自然保护区建设。巩固和完善自然保护区的建设管理,适当调整扩大保护区面积。在湿地水域、水库、河流源地,发展水源涵养保护区和水生生物、水域生态保护区,形成布局合理、类型齐全的自然保护区网。"九五"末,自然保护区(含风景名胜区、森林公园)达到70处以上,占全省国土面积的2.5%。

5.测绘事业。围绕农业、能源、交通、城乡建设和国土开发整治,搞好地籍测绘、地形图更新。完成行政边界勘测。逐步更新测绘装备,推广应用空间定位技术、遥感技术和缩微技术等先进测绘技术手段,使测绘技术有明显的改善。

十、加强社会主义精神文明和民主法制建设

(一)社会主义精神文明建设

社会主义精神文明建设的根本任务是培养一代"有理想、有道德、有文化、有纪律"的社会主义公民。要坚持"两手抓,两手都要硬"。总的要求是,"以科学的理论武装人,以正确的舆论引导人,以高尚的精神塑造人,以优秀的作品鼓舞人"。全面提高全省人民的思想道德素质和科学文化素质。

1.坚持用邓小平建设有中国特色社会主义理论教育广大党员和群众,在全社会形成共同理想和精神支

柱,以饱满的热情投身到改革开放和现代化建设事业中。

2.进一步加强社会主义、爱国主义、集体主义教育,深入开展学习焦裕禄、孔繁森活动,引导人民群众树立正确的人生观、价值观和世界观,正确处理国家、集体和个人的利益关系,增强改革开放和现代化建设的使命感和责任感。

3.继承和发扬自力更生、艰苦奋斗、勤俭建国、勤俭持家、勤俭办一切事业的优良传统,形成以艰苦创业为荣,奢侈浪费为耻的社会风气。

4.坚持不懈地加强廉政、勤政建设,认真抓好国家公务人员的廉洁自律,建立健全防范公务人员滥用职权的监督制度。坚决纠正行业不正之风,把反腐败斗争引向深入。

5.大力加强社会主义道德建设,深入持久地进行社会公德、职业道德和家庭伦理道德教育,倡导助人为乐、见义勇为、诚实守信、尊老敬贤、敬业奉献等良好风尚,弘扬社会正气。

6.积极探索新形势下群众性社会主义精神文明建设的有效途径和方法,大力开展军民、警民共建活动以及创建文明城市、文明单位、文明村镇和文明家庭等活动。深入开展国防教育,进一步加强民兵、预备役建设。

7.加强科学普及和文化教育,提高全民族的科学素质,相信科学,反对封建迷信,自觉抵御腐朽思想的侵袭。

(二)加强社会主义民主法制建设

大力加强社会主义民主法制建设,确保社会政治稳定。坚持以工人阶级为领导的、以工农联盟为基础的人民民主专政制度,完善人民代表大会制度和共产党领导的多党合作和政治协商制度。建立和完善科学决策、民主监督的制度和程序,提高决策水平和办事效率。加强基层政权建设,发展基层民主,切实保障人民群众当家作主的权益。要进一步加强地方立法工作,特别是加强经济立法,逐步把政治、经济和社会生活各方面的活动准则用法律形式固定下来。加强执法和执法监督。继续开展普法教育,提高全省人民的法律意识和法制观念,特别是提高国家公务人员依法行政、依法治省的水平和能力,做到有法必依,执法必严,违法必纠。

(三)进一步搞好社会治安综合治理

要继续推行和完善社会治安综合治理目标责任制,依法严厉打击国内外敌对势力和反革命分子的破坏活动,依法从重、从快严厉打击严重刑事犯罪和经济犯罪活动,坚决取缔“黄、赌、毒”三害,铲除社会丑恶现象,保护广大人民群众的生命财产安全和合法权益。加强政法机关和行政执法部门的自身建设,提高执法人员的整体素质和执法水平。高度重视社会稳定工作,正确处理人民内部矛盾,为团结奋进、振兴河南创造一个稳定的政治和社会环境。

未来15年,我省经济发展、政治稳定、社会进步的良好态势将长期保持,进一步改革开放会激发新的发展活力,广阔的国内外市场和较高的积累能力蕴藏着巨大的发展潜力。虽然在前进中还存在着一些矛盾和困难,但总的说来仍有充分条件继续实现经济的较快增长和社会的全面进步。我们要紧密团结在以江泽民同志为核心的党中央周围,在中共河南省委的领导下,高举团结奋进、振兴河南的旗帜,励精图治,艰苦创业,加快发展,缩小差距,为实现“九五”计划和2010年远景目标,为建设经济繁荣、人民富裕、社会文明的新河南而奋斗!

---

①纲要中1995年数据为预计数或快报数据。

河南省国民经济和社会发展综述

1995年,河南改革开放继续深入,宏观调控取得明显成效,主要调控目标基本实现,国民经济持续稳定增长。但经济运行中工业企业经营困难,总体效益水平不高;农业基础地位仍较薄弱,基础设施落后;物价涨幅仍然偏高等问题仍没有得到很好解决。

一、国民经济持续快速增长

1995年是河南经济第四个连续高增长的年份。全年完成国内生产总值3002.74亿元,按可比价格计算,比上年增长14.8%,增幅比上年高1.0个百分点。其中一产业增加值762.99亿元,增长11.9%,二产业增加值1420.25亿元,增长17.2%,三产业增加值819.50亿元,增长13.1%。宏观监测预警系统显示,宏观经济运行轨迹已从4月份以前的"红灯区"逐渐进入10月份后的"绿灯区",标志着全省国民经济开始进入适度增长区间。

农业生产获得较好收成,农村经济全面发展 1995年,河南采取积极措施,增加对农业的投入,支援农业的社会氛围趋好,农民的生产积极性进一步发挥。粮、棉、油等主要农作物获得较好收成。全年粮食生产在夏季遭受严重旱灾的情况下,总产仍达3466.5万吨,比上年增长6.5%,属第二个高产年。棉花总产量77万吨,比上年增长22.6%。油料总产量298万吨,增长32.4%。烟叶产量22.26万吨,减产6.9%。水果、蔬菜等产品也有不同程度增产。畜牧业生产形势较好,全省全年畜牧业产值391.08亿元,按可比价格计算比上年增长28.5%,肉类总产量333万吨,比上年增长31.5%。乡镇企业持续快速增长,农村工业化进程加快,非农产业在农村经济中所占份额不断提高,农村产业结构得到进一步优化。

工业生产快速增长,生产结构有所调整 随着改革的不断深化,有关行业积极调整生产结构和产品结构,工业企业适应市场变化的能力进一步增强。全年完成工业增加值1274.89亿元,比上年增长17.7%。受压缩固定资产投资规模的影响,重工业增幅有所回落,全年重工业增长15.1%,轻工业增长21.8%。乡及乡以上工业累计完成工业增加值780.15亿元,比上年增长15.1%。其中国有工业增加值477.04亿元,生产速度有所加快,由上年的5.8%提高到13.3%。在大多数工业产品产量不同程度增加的同时,产品质量有所提高,市场竞争力增强,产销基本同步增长,经济运行质量趋向好转。全年乡及乡以上独立核算工业企业实现产品销售收入2213.96亿元,利税总额259.03亿元,分别比上年增长36.4%和17.7%。交通运输和邮电通信业不断发展,预计全年货物周转量1538.92亿吨公里,增长7.4%;邮电业务总量30.26亿元,增长60.2%。

城乡市场保持稳定,人民生活继续得到改善 随着市场建设步伐的加快,商品市场日趋完善,全省城乡市场稳定在较高增幅上平稳发展。全年社会消费品零售总额906.67亿元,比上年增长29.1%,扣除物价因素实际增长12.4%。消费品市场的主要特点:一是农村市场受农民收入稳步增长及农村高物价的牵动,增幅高于城市市场。全省县以下消费品零售额265.77亿元,比上年增长33.6%,城市消费品零售额443.74亿元,增长27.4%,低于农村市场6.2个百分点。二是非国有经济销售活跃,国有经济在稳步增长的同时所占市场份额降低。全省非国有经济消费品零售额达617.45亿元,比上年增长32.4%,比国有经济增幅高出12.3个百分点。其在社会消费品零售总额中的比重由上年的64.9%上升为68.1%。个体经济和其它经济日益成为河南市场商品流通的重要力量。三是商品货源充裕,居民购买心理稳定。据有关部门调查,1995年全省市场供求平衡和供大于求的商品比重继续保持在95%以上。

随着经济的持续快速增长,劳动就业保持基本稳定,河南城乡居民整体收入水平和生活水平有所提高。全年城镇居民人均生活费收入3029.47元,扣除物价因素,实际增长8%;农民人均纯收入突破1200元,达1231.97元,实际增长9.5%。

对外贸易持续活跃,利用外资继续增加 1995年河南全面实施开放带动战略,出口创汇和引进外资工作取得新的进展。全省进出口总额26.85亿美元,比上年增长21.3%,其中出口总额18.3亿美元,增长

13.9%。实际利用外资10.28亿美元,增长13.6%,其中客商直接投资4.80亿美元,增长13.2%。

二、宏观调控取得明显成效

物价涨幅明显回落,通货膨胀得到初步抑制 1995年,各级政府切实把控制物价过快上涨作为宏观调控的首要任务,从增加有效供给、控制消费基金过快增长、整顿市场秩序、加强物价管理等方面采取有力措施,抑制了市场物价的过快上涨。商品零售价格涨幅由元月份的22.1%,逐月回落到12月份的7.8%,居民消费价格由元月份的24.3%回落到12月份的9.5%。1995年全省商品零售价格比上年上涨14.9%,实现了全年15%左右的调控目标。居民消费价格总水平上涨16.5%。与上年的价格增幅相比,商品零售价格和居民消费价格分别回落5.7和8.7个百分点。市场物价涨幅变动轨迹显示出的这种回落态势,表明河南抑制通货膨胀工作已取得初步成效。

固定资产投资稳定增长,投资结构趋于合理 1995年,河南继续加强对固定资产投资的宏观调控,按照国家产业政策的要求,优化投资结构,多渠道筹集资金,加大对重点建设的投入,国家重点项目进展顺利。全年全省国有单位累计完成固定资产投资545.80亿元,增幅由一季度的75.7%,上半年的37.4%回落到26.2%,比上年的增幅回落17.3个百分点。其中基本建设完成投资319.47亿元,增长33.9%,更新改造投资132.47亿元,增长12.4%,仍与基本建设投资增幅有较大差距。基础产业和基础设施投资继续增加。国有单位基础产业完成投资360.46亿元,比上年增长44.6%,占国有单位投资的比重为66.0%。全省基建和更改新开工项目增加较多,但结构较为合理。全年全社会固定资产投资805.03亿元,比上年增长28.1%,与上年相比增幅回落11.3个百分点。扣除价格上涨因素,实际工作量增长19.7%,与河南国民经济的发展基本适应。

财政收入增长较快,金融运行保持平稳 河南各级财税部门认真执行《预算法》,深入开展"两扭两创"活动,全省地方财政收入增长较快。全省完成地方财政收入124.63亿元,比上年增长33.5%,按老口径完成215.27亿元,增长25.6%。财政收入的较快增长,说明实施以增值税为主,与国际接轨的新财税体制取得积极的成效。全省地方财政支出207.28亿元,比上年增长22.2%。

金融部门认真执行国家适度从紧的货币信贷政策,为确保全省经济正常运行和宏观调控的顺利实施做出了较大努力。年末全省金融机构各项存款余额2131.69亿元,比上年末增加528.74亿元,其中居民储蓄存款余额1456.35亿元,比上年末增加370.55亿元,继续保持了良好的增长势头。各项贷款余额2170.17亿元,比上年末增加465.35亿元,新增贷款投向基本合理。货币回笼状况良好。截止年底,累计净回笼货币7.71亿元,比上年同期多回笼69.62亿元,是历史同期货币回笼最多的。金融形势的这种走势,反映了适度从紧的货币政策取得了良好效应,减轻了通货膨胀的压力,为实现宏观调控的目标奠定了基础。

上述情况表明,1995年是河南宏观调控取得明显成效的一年,国民经济整体运行态势良好。据测算,全年总供需差率为-6.1%,仍处于正常范围之内,生产、建设、消费三者之间,一二三产业之间增长比例趋向协调,这为顺利实施"九五"计划创造了良好的宏观环境。但同时经济运行中的一些问题仍相当突出,需要引起高度重视,通过继续深化改革,完善调控手段认真加以解决。

三、经济生活中的主要问题仍较突出

(一)工业企业生产经营仍较困难,经济效益不理想

1995年,在宏观经济稳步向好的方向发展的同时,微观经济比较困难,经济效益不理想。这种宏观与微观的不协调,国有企业表现尤为突出,成为深化企业改革所面临的难点和焦点。截止12月底,全省23440户乡及乡以上独立核算工业企业亏损的有4846户,亏损面为20.7%,比去年同期高4.0个百分点,其中国有亏损企业1150户,占全部亏损企业的23.7%,亏损面27.7%。亏损企业亏损额31.07亿元,其中国有企业亏损额22.04亿元,占全部亏损额的70.9%。造成全省部分工业企业生产经营困难的原因是复杂的。一是企业债务负担过重,经受不住市场波动的影响。到12月末,全省乡及乡以上独立核算工业企业,流动资产负债率为97.8%,即企业的自有流动资金只有不足3%,其余生产经营资金都是靠银行贷款或相互拖欠来支撑的,大大超过企业的合理负债水平。企业背负着沉重的债务负担,遇有市场销售不畅,其生产经营必然难以为继。二是企业流动资金紧张,严重影响企业经济效益,使一些销路好、效益好的企业也难以正常组织生产。全年全省独立核算工业企业流动资产平均余额增长17.9%,

大大低于同期现价工业总产值增幅，资金的增加满足不了生产的需求；与此同时企业资金循环不畅，相互拖欠严重。12月底，全省独立核算工业企业产成品库存金额212.93亿元，应收帐款净额达310.16亿元，相当于全部流动资金平均余额的24.1%。三是经济体制改革滞后。从根本上说这是目前国有企业最主要的问题。1994年以来，宏观调控政策的实施对稳定宏观经济起了积极作用。而与此同时，由于种种原因，企业改革没有取得相应的进展，企业组织结构调整缓慢，缺乏优胜劣汰的机制，一些生产经营不景气的企业在停产半停产状态中消极地等待观望，社会资源配置难以得到及时调整，影响企业整体活力的发挥。

（二）农业基础薄弱，制约农村小康进程

1995年，河南农村经济虽然保持了发展的态势，但长期以来农业基础薄弱的问题仍没有得到根本性缓解，农业对整个国民经济的约束仍然较重。河南农业不稳的主要原因：一是对农业投入还不足，农业生产条件仍较落后。1995年，全省国有单位用于第一产业的投资与上年同期相比虽增长70.2%，但其占全部投资的比重不足1%，尚未达到3%的合理界限，农田水利设施建设的欠帐仍多。全省有效灌溉面积占耕地面积的比重，比山东低12个百分点，比湖北低10个百分点，比安徽低9个百分点。更为令人不安的是现有薄弱的农田水利设施因严重缺损和养护手段落后使其作用不能充分发挥。据测算，1995年河南有1200万亩小麦属可浇未浇地，仅此一项导致全省小麦减产200余万吨。二是农业生产成本上升过快，农业比较效益继续下滑，对农业进一步发展带来了更大的压力。全省全年农村商品零售价格涨幅达16.5%，高于城市物价水平3.2个百分点。农村物价的迅猛上涨，主要是由农业生产资料的快速上涨推动的，农资价格比上年上涨25.8%。农村物价的居高不下，一方面大大抵消了粮棉提价给农民带来的实惠，另一方面则使农业生产的物耗率迅速上升，农业生产成本迅速提高，影响农民的生产积极性和生活水平的提高。三是农民收入水平仍然较低。1995年在农业丰收、农产品产量大幅度增加的情况下，河南农民人均收入增加较多但与全国平均水平相比，仍有不小的差距。此外，国家和省减轻农民负担和扶持农业发展的政策措施在一些地方尚未得到完全落实；农产品的收购资金不到位和被挤占情况仍有发生，国家收购价低于市场价的矛盾仍较突出。

（三）物价涨幅偏高，通货膨胀压力依然存在

1995年河南物价涨幅虽然明显回落，但总体水平仍然较高。1995年河南物价的大幅度上涨，一方面是受调整农产品不合理的比价关系的影响，但更大程度上是由于农产品供应偏紧、以及在市场物价放开后利益主体多元化、不合理市场竞争、流通领域缺乏规范、法制不健全所带来的。同时，历史上形成的不合理的价格关系尚未完全理顺，基础性、资源性产品价格偏低的状态仍较突出，价格矛盾积累较多，各方面要求调价的呼声仍然很高。前阶段物价涨幅的回落，在一定程度上是靠行政性限价、财政补贴压价和延缓出台价格改革措施取得的，任何一方面变动，都会使物价再度爬高。尤其是一些导致通货膨胀的深层次矛盾并不是通过行政性措施就能够根本解决的。因此，通货膨胀的压力依然存在，抑制通货膨胀的基础不牢固，对1996年经济环境将带来一定压力。

统计图

1995年河南省主要指标在全国的地位

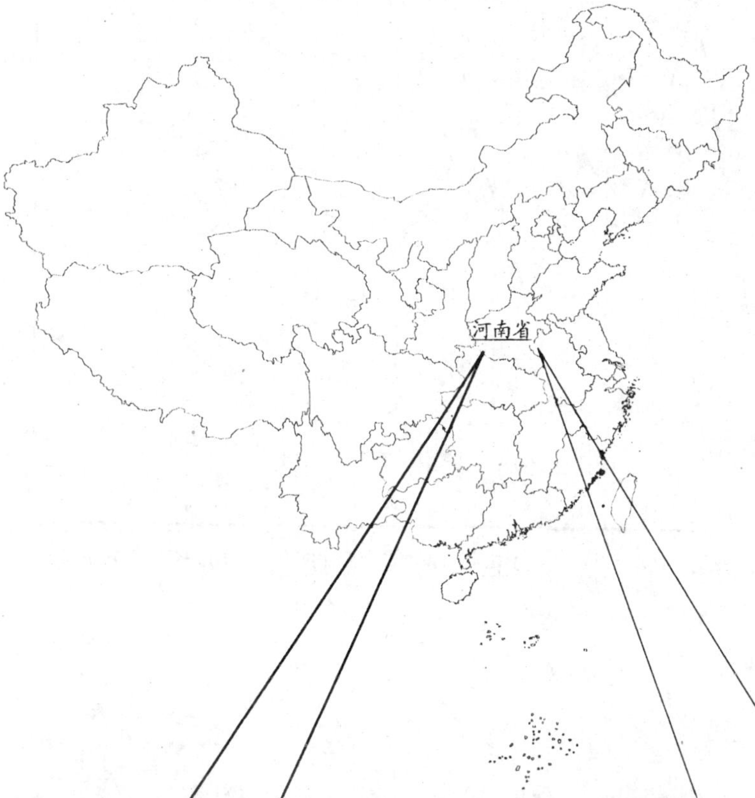

[ ]为全国%

( ) 居全国位次

国内生产总值	[5.2]	(6)
农林牧渔业增加值	[6.4]	(5)
工业总产值	[5.1]	(7)
全社会固定资产投资	[4.0]	(10)
社会消费品零售总额	[4.4]	(9)
人均国内生产总值	[68.5]	(23)
职工平均工资	[79.0]	(27)
农民人均纯收入	[78.1]	(19)
城镇居民人均生活费收入	[77.8]	(24)

年末总人口	[7.5]	(2)
土地面积	[1.7]	(17)
耕地面积	[7.2]	(2)
粮食产量	[7.4]	(3)
棉花产量	[16.2]	(2)
油料产量	[13.2]	(2)
烟叶产量	[9.6]	(3)
大牲畜年底头数	[9.0]	(2)

国内生产总值指数

（以上年为 100）

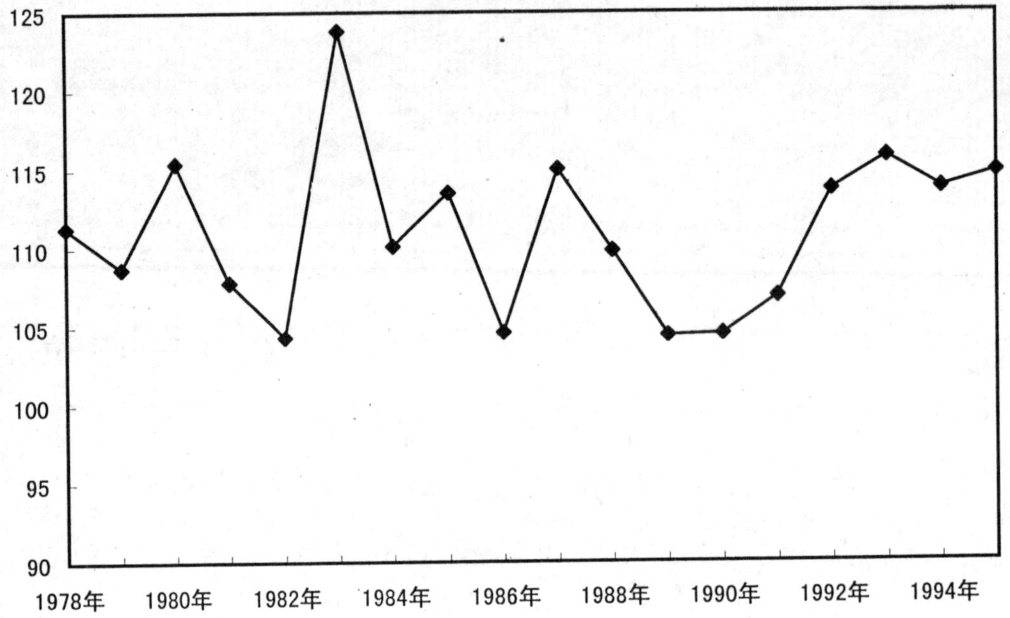

国内生产总值构成

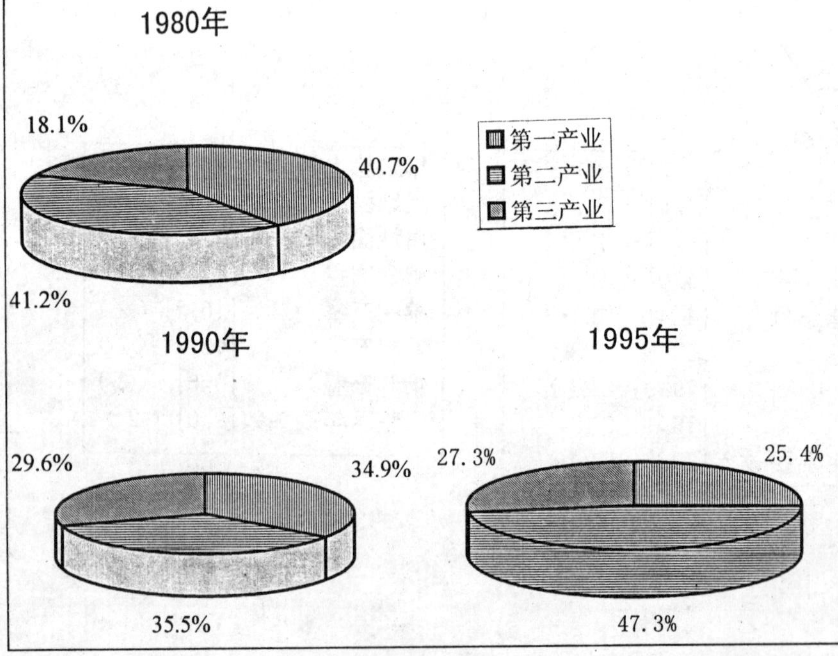

国内支出构成

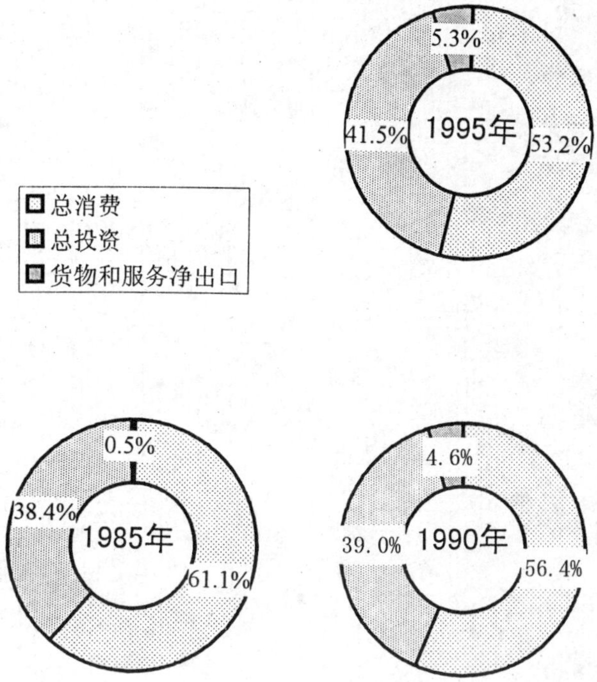

总消费
总投资
货物和服务净出口
1995年
5.3%
41.5%
53.2%
1985年
0.5%
38.4%
61.1%
1990年
4.6%
39.0%
56.4%

总消费

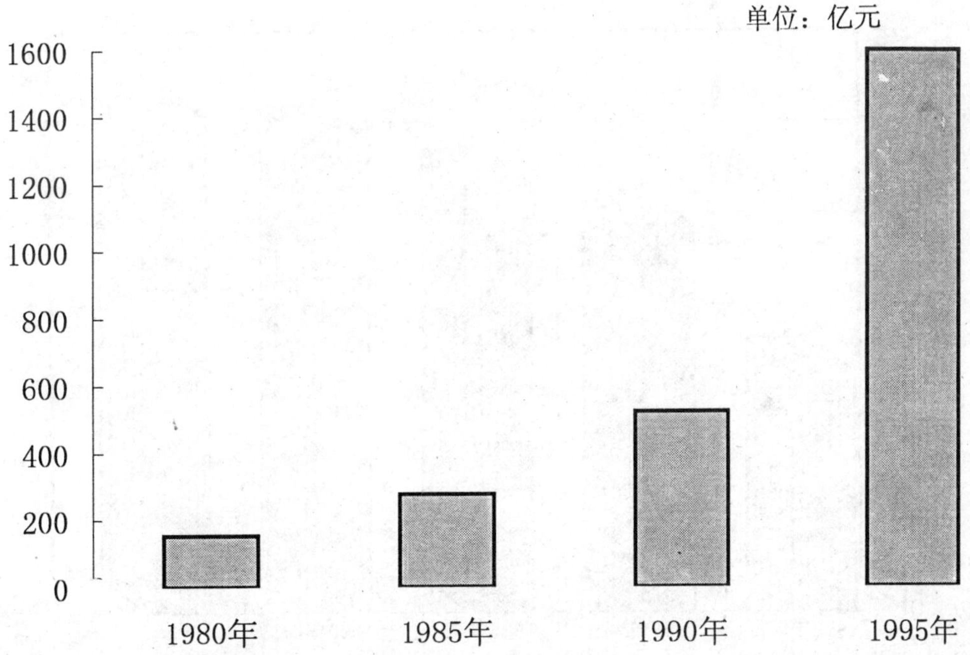

单位：亿元
1600
1400
1200
1000
800
600
400
200
0
1980年
1985年
1990年
1995年

人口比例（1995年）

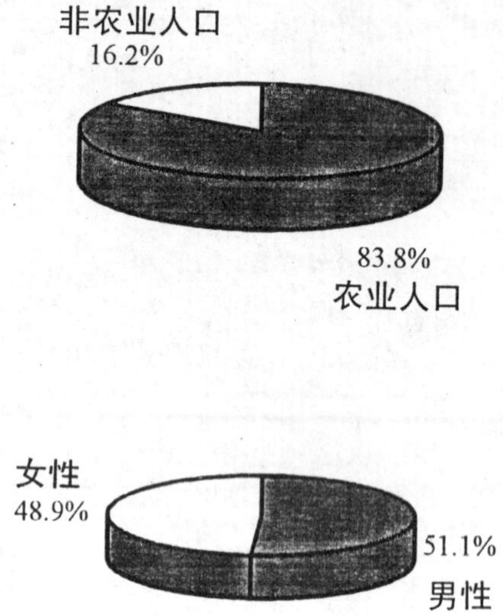

人口密度

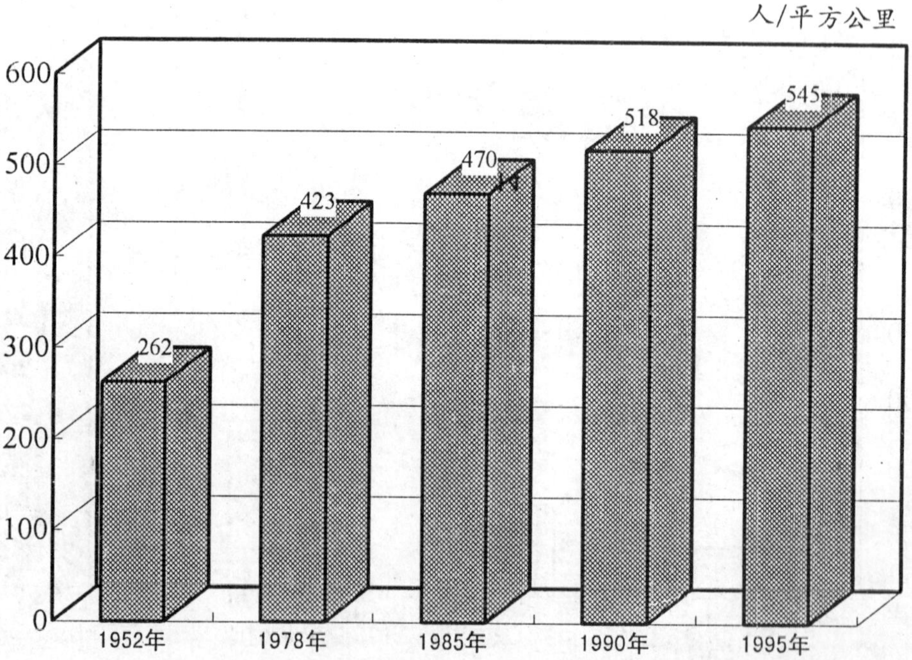

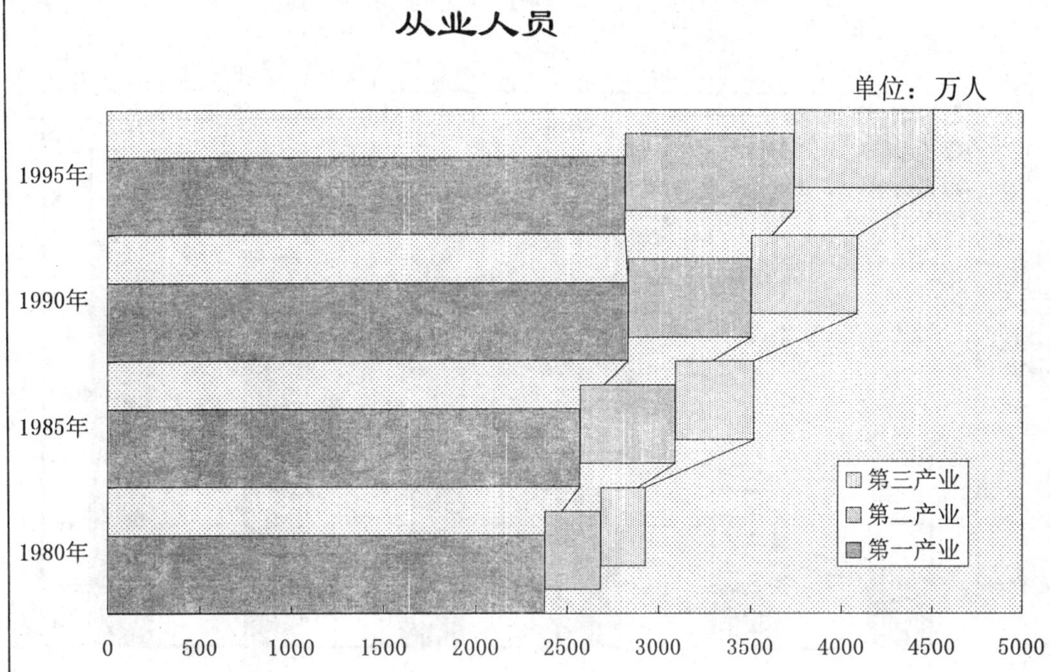
从业人员
单位：万人
1995年
1990年
1985年
1980年
第三产业
第二产业
第一产业
0
500
1000
1500
2000
2500
3000
3500
4000
4500
5000

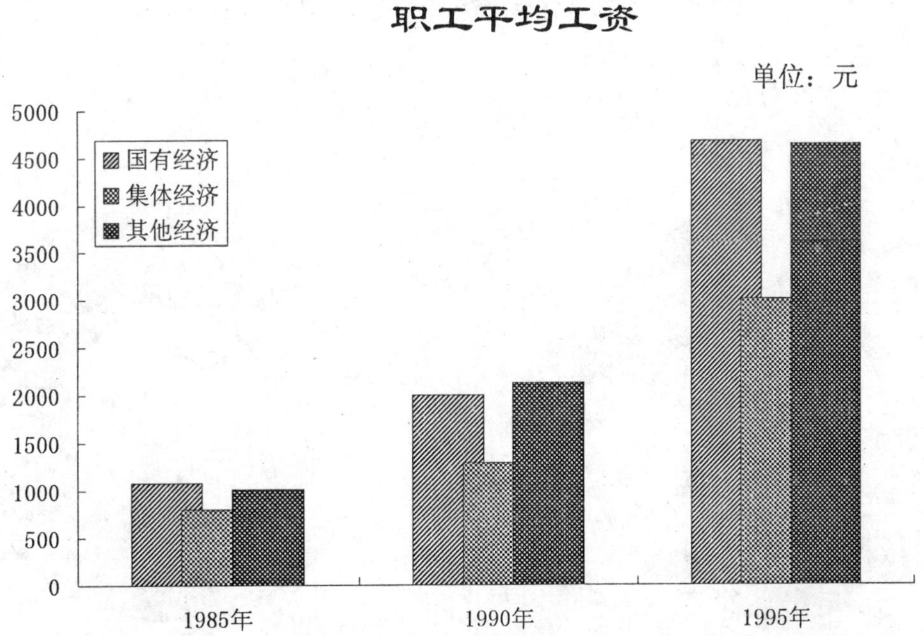
职工平均工资
单位：元
5000
4500
4000
3500
3000
2500
2000
1500
1000
500
0
国有经济
集体经济
其他经济
1985年
1990年
1995年

全社会固定资产投资及构成

单位：亿元

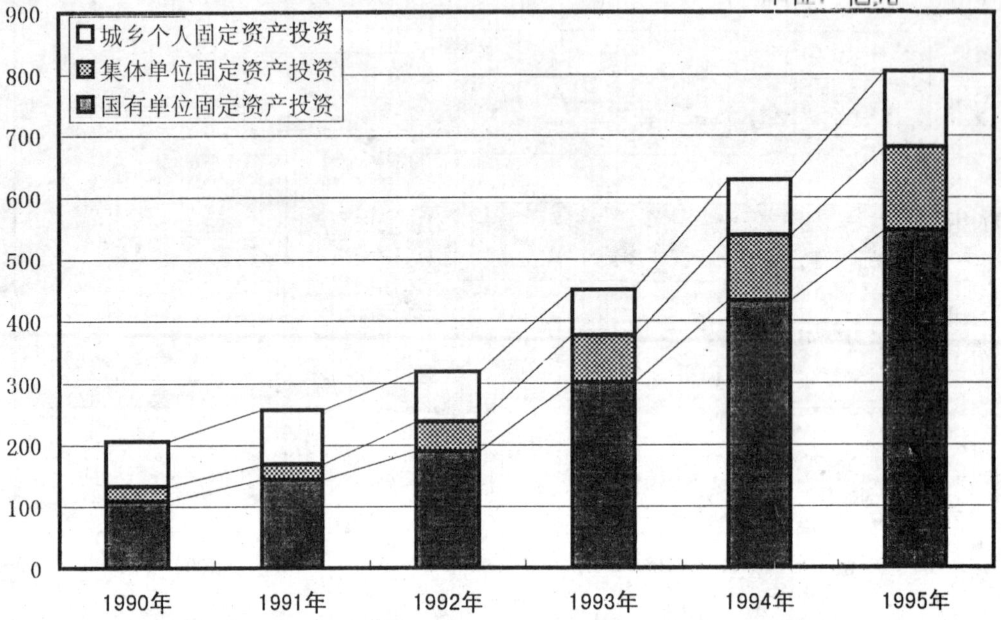

国有单位固定资产投资分产业构成

1990年

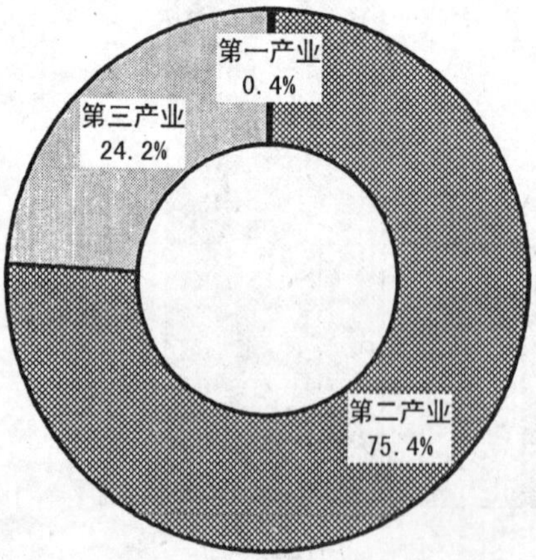

1995年

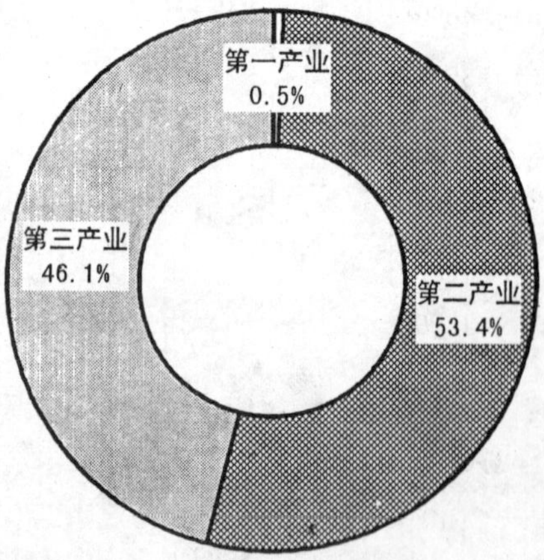

居民消费水平指数

（以上年为 100）

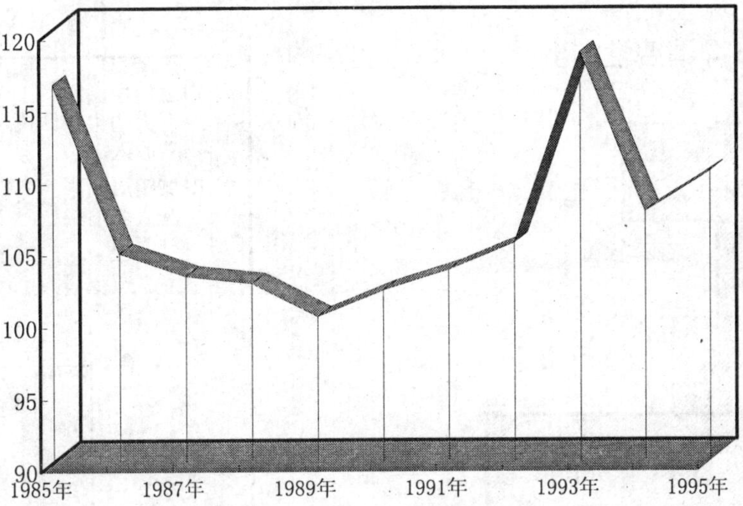

物价指数

（以上年为 100）

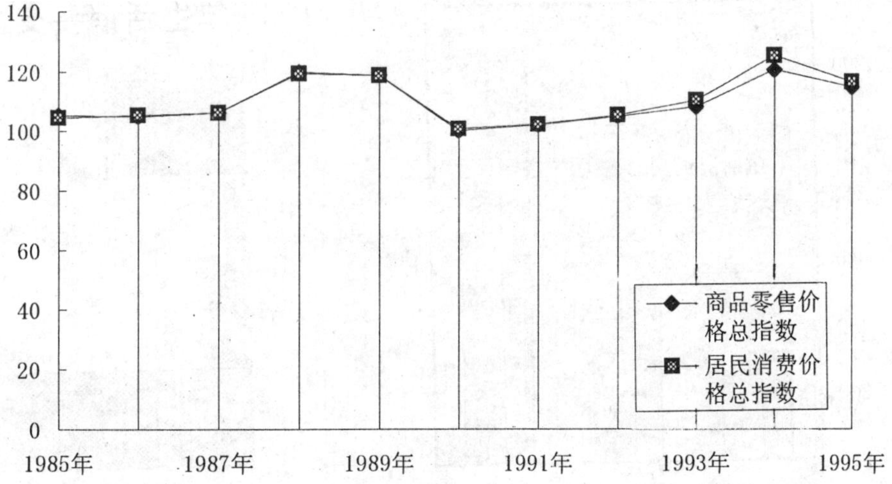

城镇居民家庭人均收支情况

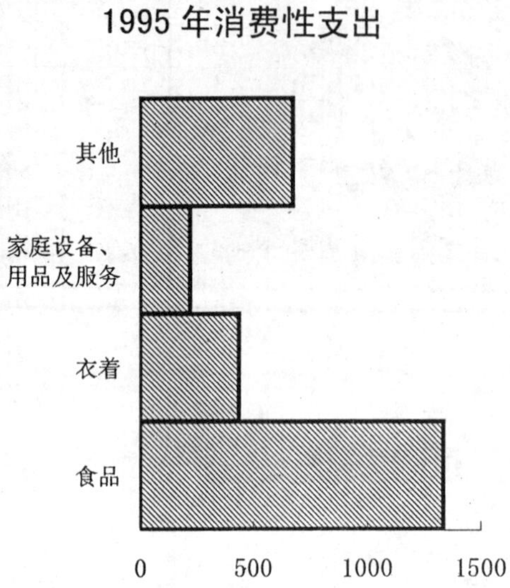

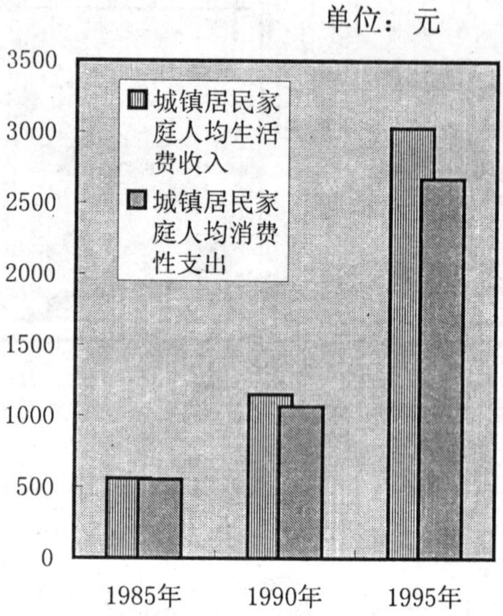

农民家庭人均收支情况

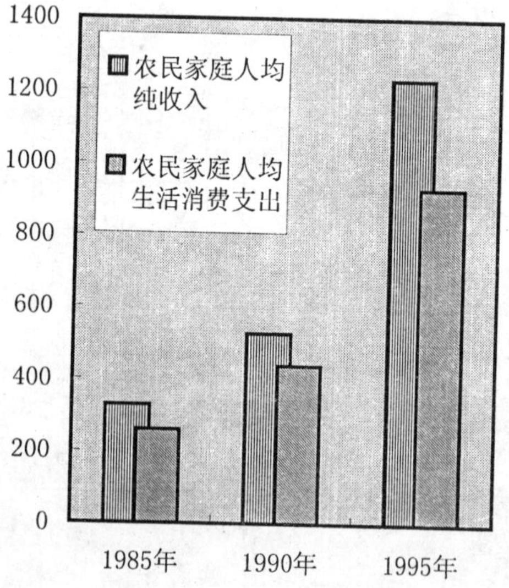

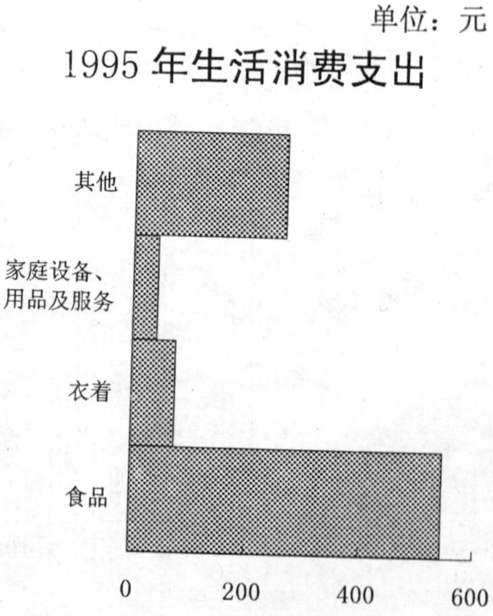

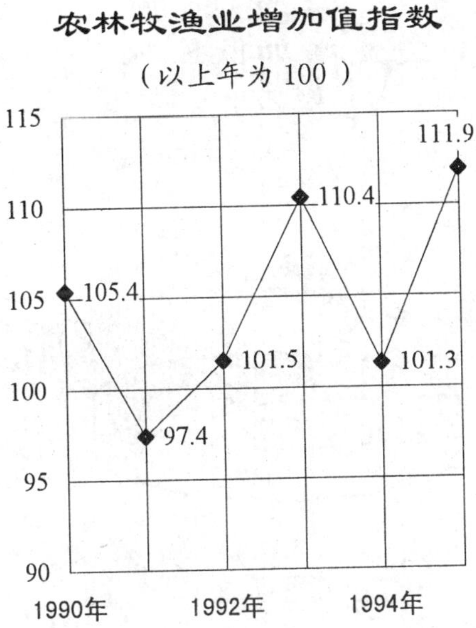
农林牧渔业增加值指数
（以上年为 100）
115
110
105
100
95
90
111.9
110.4
105.4
101.5
101.3
97.4
1990年
1992年
1994年

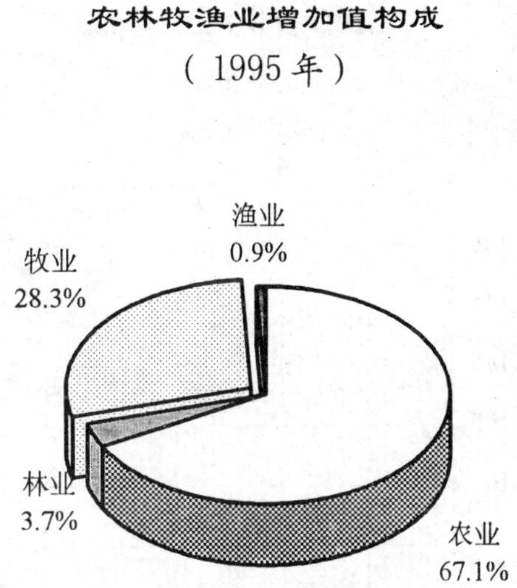
农林牧渔业增加值构成
（1995 年）
渔业
0.9%
牧业
28.3%
林业
3.7%
农业
67.1%

主 要 农 产 品 产 量

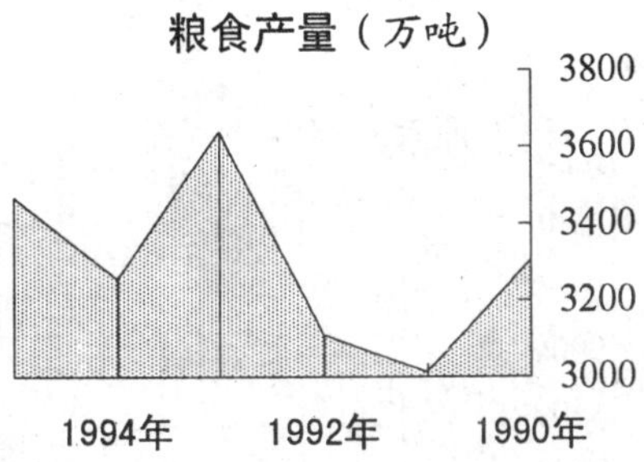
粮食产量（万吨）
3800
3600
3400
3200
3000
1994年
1992年
1990年

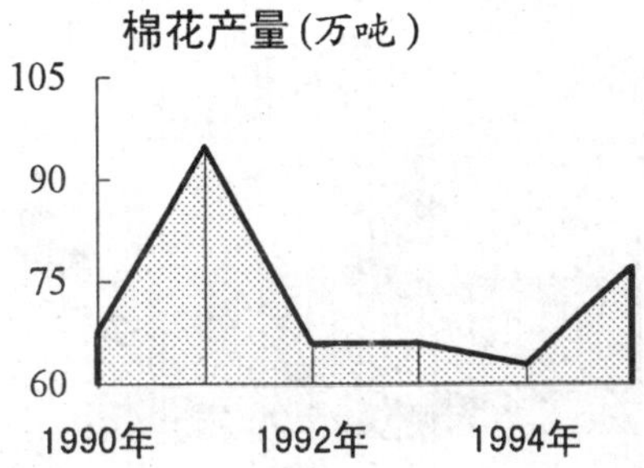
棉花产量（万吨）
105
90
75
60
1990年
1992年
1994年

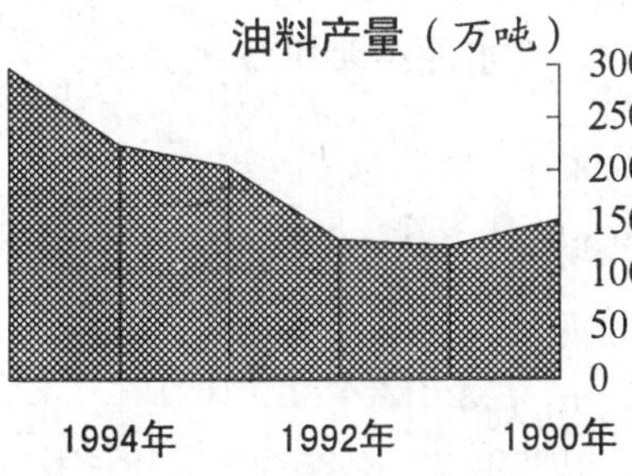
油料产量（万吨）
300
250
200
150
100
50
0
1994年
1992年
1990年

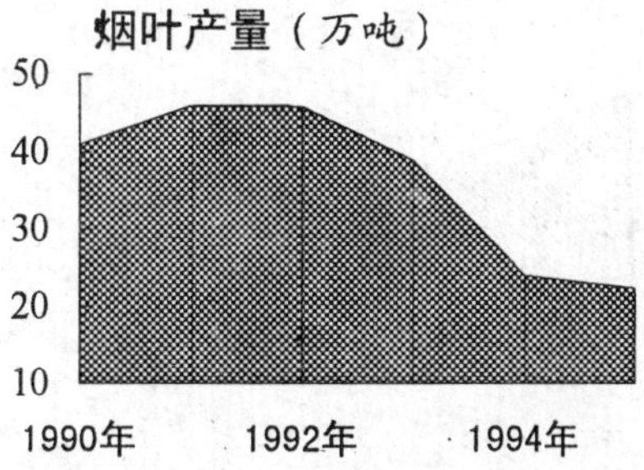
烟叶产量（万吨）
50
40
30
20
10
1990年
1992年
1994年

工业增加值指数

（以上年为 100）

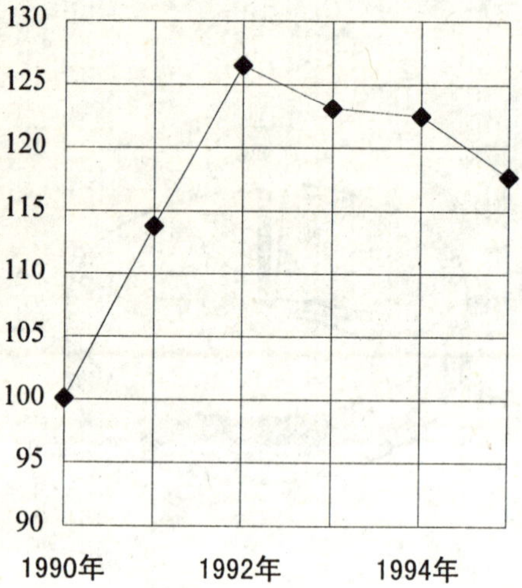

工业增加值构成

（1995 年）

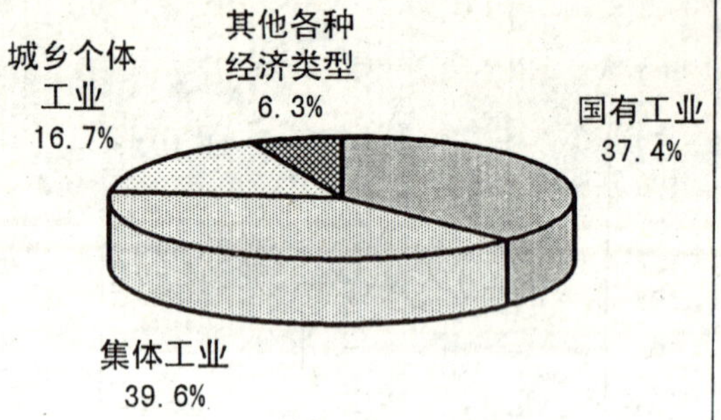

主 要 工 业 产 品 产 量

纱产量（万吨）

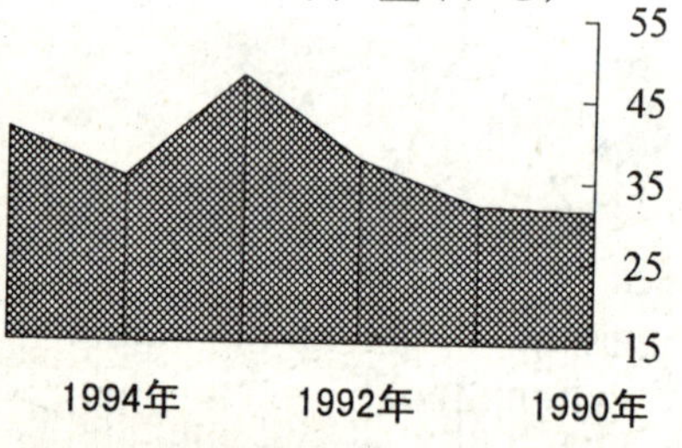

原煤产量（万吨）

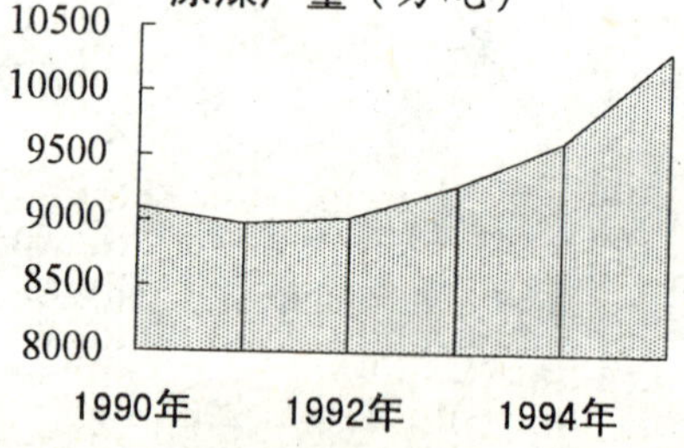

发电量（亿千瓦小时）

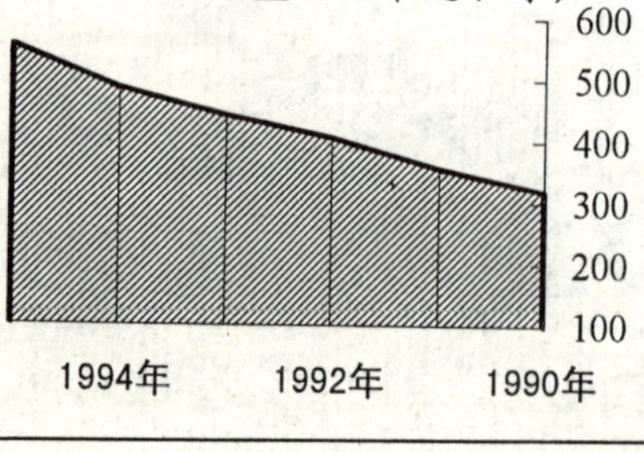

水泥产量（万吨）

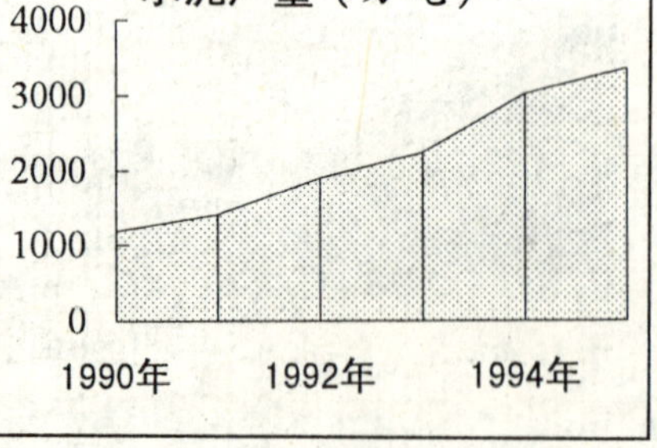

货物周转量

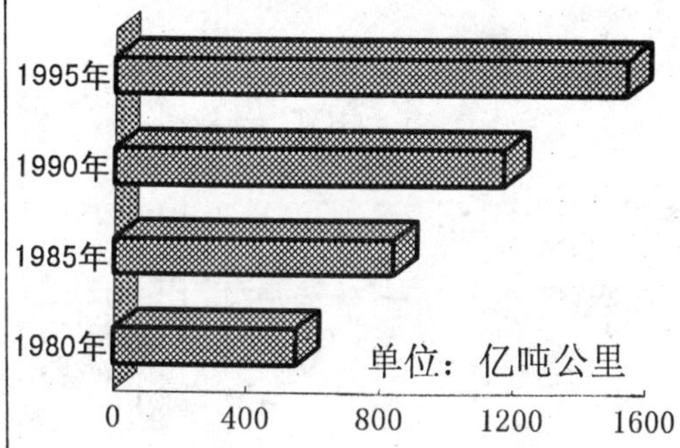

铁路营业里程

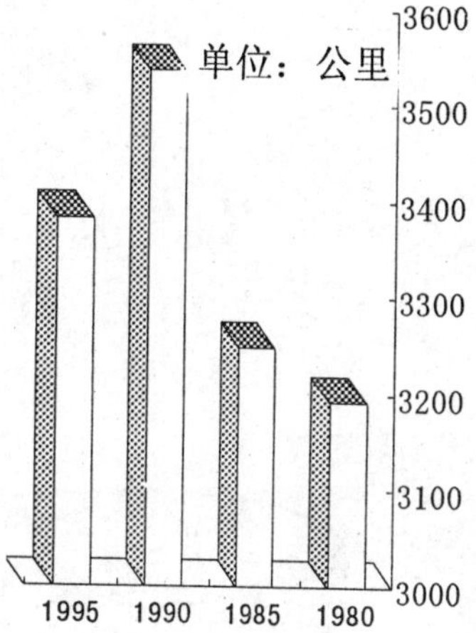

旅客周转量

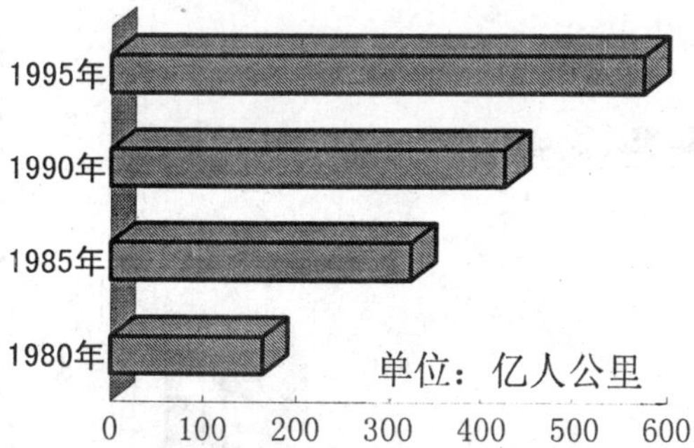

公路通车里程

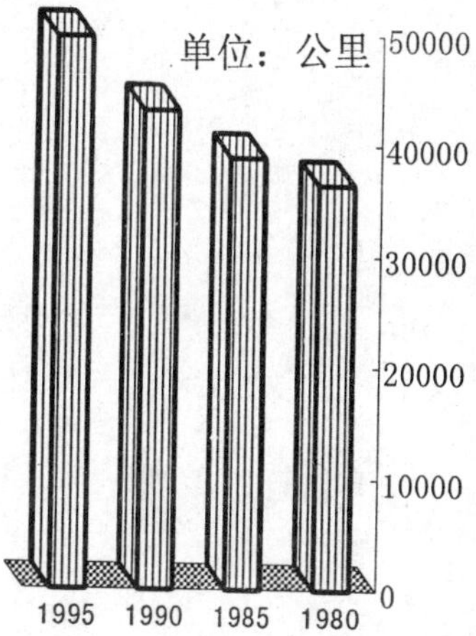

邮路长度

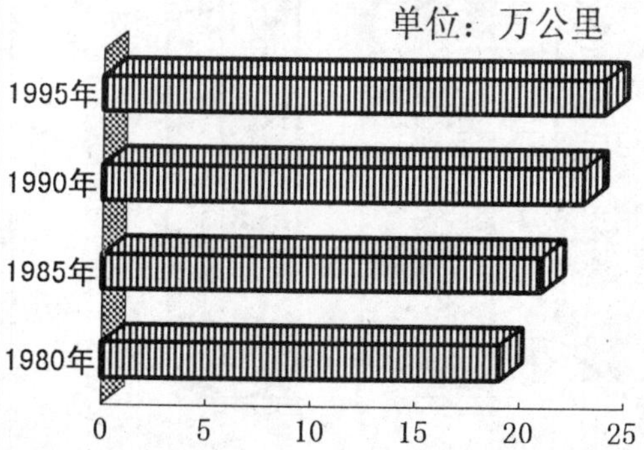

长途电话

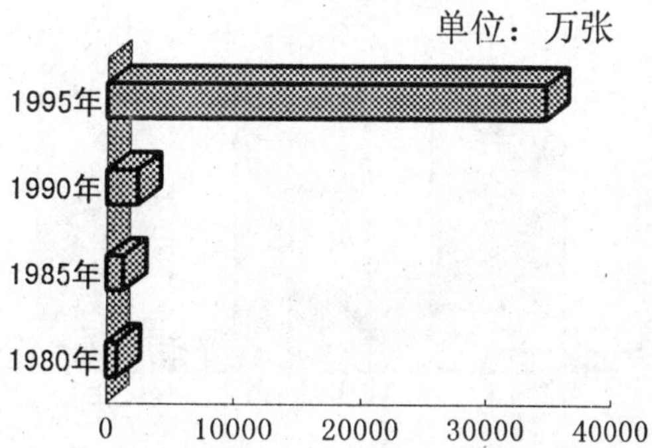

社会消费品零售总额构成

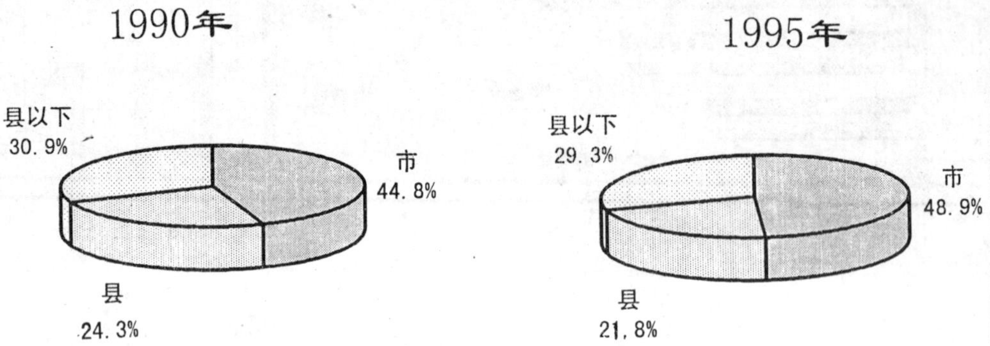

社会消费品零售总额

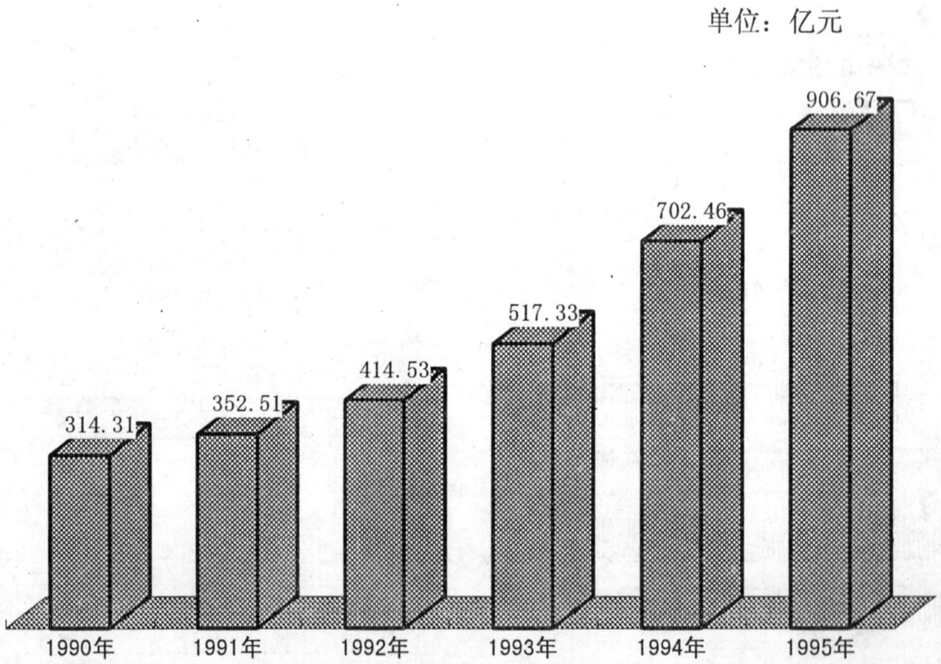

进出口贸易总额

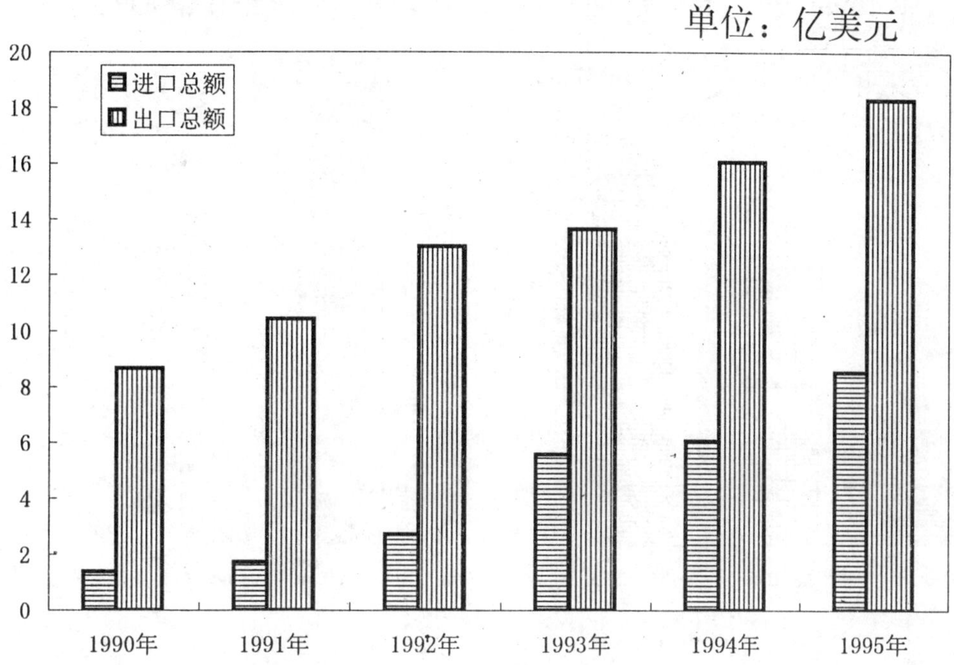

实际利用外资

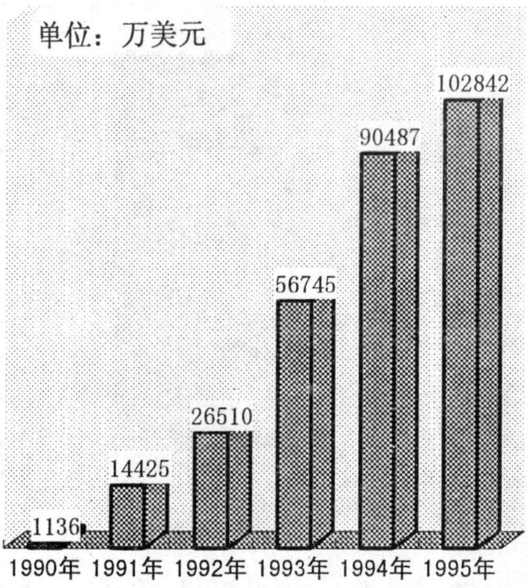

旅 游 人 数

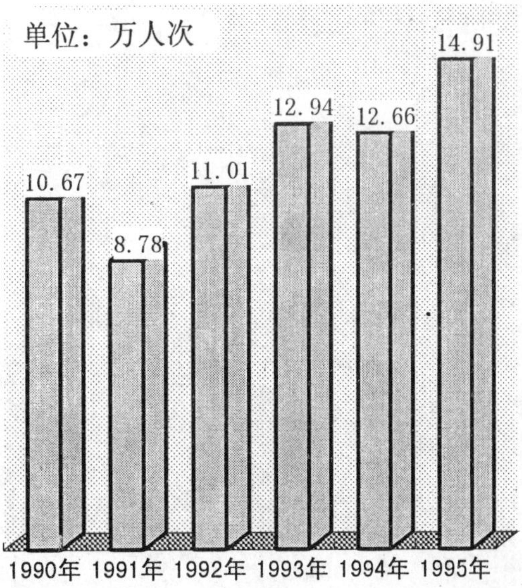

银行存贷款余额

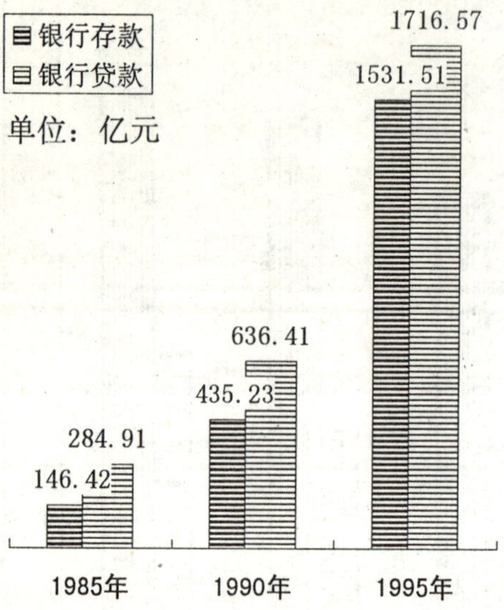

银行现金收支

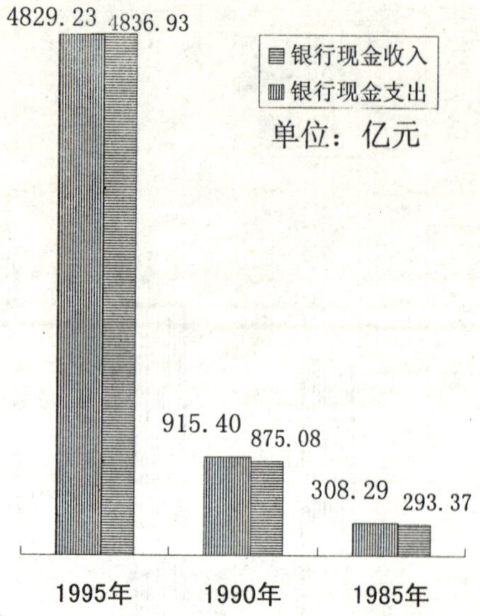

地方财政收支总额

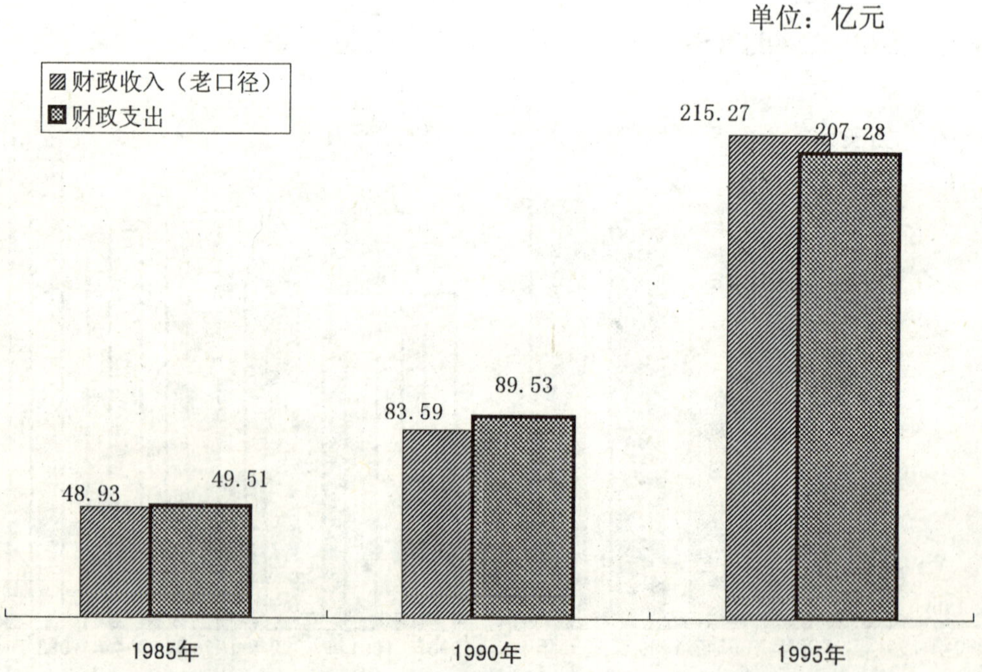

在校学生构成

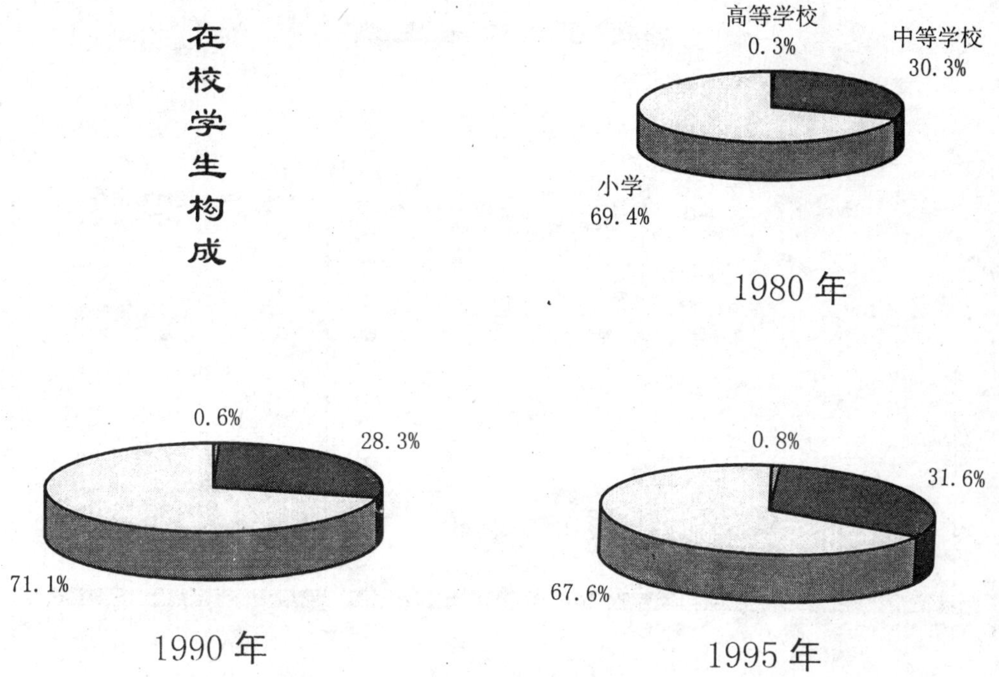

科技成果获奖情况

单位：项

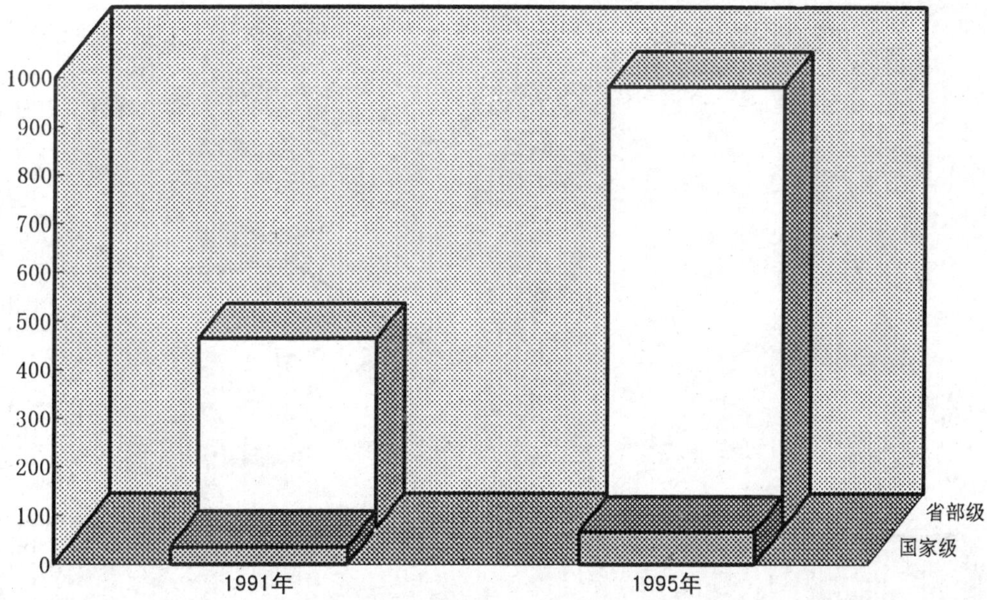

每万人口医生数

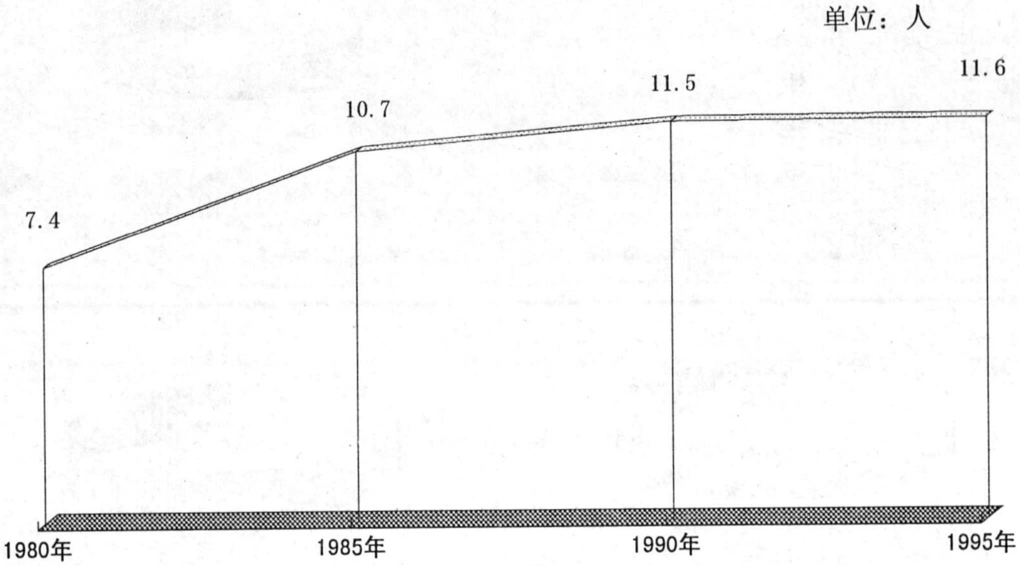

报纸出版数

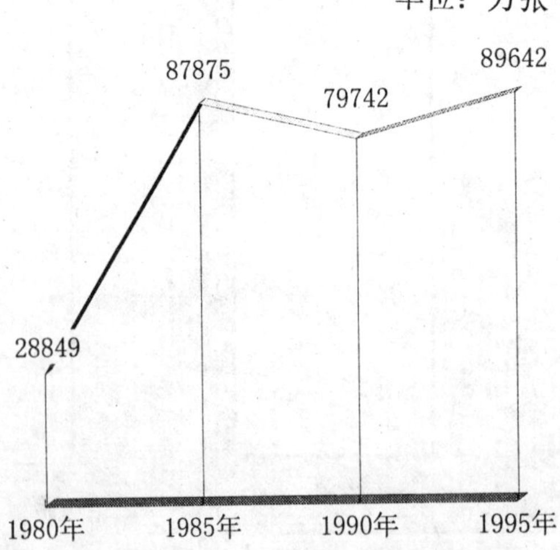

书籍出版数

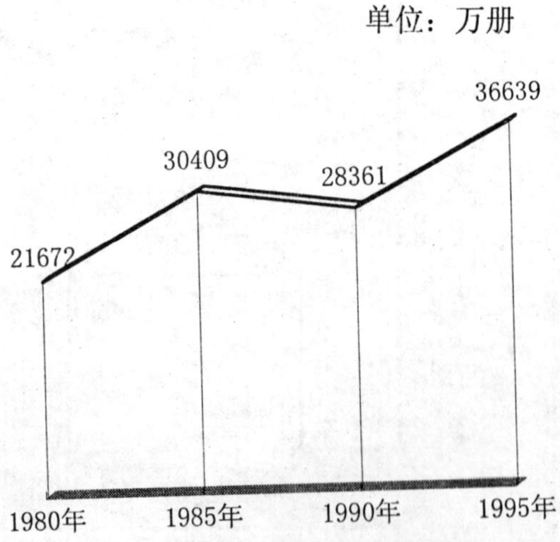

统计资料

一、行政区划和自然资源

1-1 全省行政区划

(1995年底)

单位:个

市地	地区	市	地级市	县级市	县	市辖区
全省	**4**	**36**	**13**	**23**	**93**	**41**
郑州市		6	1	5	1	6
开封市		1	1		5	5
洛阳市		2	1	1	8	6
平顶山市		3	1	2	5	3
安阳市		2	1	1	4	4
鹤壁市		1	1		2	3
新乡市		3	1	2	6	4
焦作市		3	1	2	5	4
濮阳市		1	1		5	1
许昌市		3	1	2	2	1
漯河市		1	1		3	1
三门峡市		3	1	2	3	1
南阳市		2	1	1	10	2
商丘地区	1	1		1	8	
周口地区	1	2		2	8	
驻马店地区	1	1		1	9	
信阳地区	1	1		1	9	

1-2 各市、地、县(市、区)名称

(1995年底)

市地	县(市、区)数(个)	市地辖县	市辖区	县级市
郑州市	12	中牟	中原区、二七区、管城回族区、金水区、上街区、邙山区	巩义市 荥阳市 新郑市 登封市 新密市
开封市	10	杞县、通许、尉氏、开封、兰考	龙亭区、顺河回族区、鼓楼区、南关区、郊区	
洛阳市	15	孟津、新安、栾川、嵩县、汝阳、宜阳、洛宁、伊川	老城区、西工区、瀍河回族区、涧西区、吉利区、郊区	偃师市
平顶山市	10	宝丰、叶县、鲁山、郏县、襄城	新华区、卫东区、湛河区	汝州市 舞钢市
安阳市	9	安阳、汤阴、滑县、内黄	文峰区、北关区、铁西区、郊区	林州市
鹤壁市	5	浚县、淇县	鹤山区、山城区、郊区	
新乡市	12	新乡、获嘉、原阳、延津、封丘、长垣	红旗区、新华区、北站区、郊区	卫辉市 辉县市
焦作市	11	修武、博爱、武陟、温县、孟县	解放区、中站区、马村区、山阳区	济源市 沁阳市
濮阳市	6	清丰、南乐、范县、台前、濮阳	市区	
许昌市	5	许昌、鄢陵	魏都区	禹州市 长葛市
漯河市	4	舞阳、临颍、郾城	源汇区	
三门峡市	6	渑池、陕县、卢氏	湖滨区	义马市 灵宝市
南阳市	13	南召、方城、西峡、镇平、内乡、淅川、社旗、唐河、新野、桐柏	卧龙区、宛城区	邓州市
商丘地区	9	虞城、商丘、民权、宁陵、睢县、夏邑、柘城、永城		商丘市
周口地区	10	扶沟、西华、商水、太康、鹿邑、郸城、淮阳、沈丘		周口市 项城市
驻马店地区	10	确山、泌阳、遂平、西平、上蔡、汝南、平舆、新蔡、正阳		驻马店市
信阳地区	10	息县、淮滨、信阳、潢川、光山、固始、商城、罗山、新县		信阳市

1-3 人口和自然资源

项目	单位	1995年
一、人口		
年底总人口	万人	9100
人口密度	人/平方公里	545
二、地理位置		
东经		102°21′～116°39′
北纬		31°23′～36°22′
三、土地		
土地面积	万平方公里	16.70
1.按地势分		
山区	万平方公里	4.44
丘陵	万平方公里	2.96
平原	万平方公里	9.30
在山区、丘陵面积中		
太行山脉	万平方公里	0.83
伏牛山脉	万平方公里	4.97
桐柏山脉	万平方公里	0.21
大别山脉	万平方公里	1.39
2.按四大水系分		
淮河流域	万平方公里	8.83
黄河流域	万平方公里	3.62
海河流域	万平方公里	1.53
长江流域	万平方公里	2.72
四、气候		
平均气温	摄氏度	12.7～16.3
年降水总量	毫米	400～1100
日照时数	小时	1800～2500
五、林木资源		
森林面积	万公顷	272.99
林木覆盖率	%	16.35
有林地面积	万公顷	175.27
森林覆盖率	%	10.5
灌木林覆盖率	%	1.1
农田林网、林粮间作及四旁植树覆盖率	%	4.5
活立木蓄积量	万立方米	11749
六、水利资源		
1.河川年径流总量	亿立方米	165.72
2.水面总面积	万公顷	35.79
#可养殖面积	万公顷	19.07
#已养殖面积	万公顷	16.82
3.水利资源理论蕴藏量	万千瓦	517
#可开发量	万千瓦	315
七、矿产资源(保有储量)		
煤	亿吨	222.64
铁矿石	矿石亿吨	10.53
铝矿石	矿石亿吨	3.76

注:1、本表林木资源数据系1993年清查数据。

2、河川年径流总量为1994年数据,不包括地下水。

1－4 国有土地使用权出让和划拨情况

指标	单位	1994年	1995年
一、国有土地使用权出让			
地块	宗	708	5842
面积	公顷	468	2438
征地费	万元	5034	25636
开发费	万元	1509	10734
出让金费	万元	8901	64054
其他收入	万元	202	16141
二、国有土地划拨			
地块	宗	7191	14969
面积	公顷	2259	2733

1－5 各市地国有土地使用权出让和划拨情况

（1995年）

市地	国有土地使用权出让						国有土地划拨	
	地块（宗）	面积（公顷）	收入（万元）				地块（宗）	面积（公顷）
			征地费	开发费	出让金费	其他		
全省	**5842**	**2438**	**25636**	**10734**	**64054**	**16141**	**14969**	**2733**
郑州市	223	322	2107	94	11365	28	91	101
开封市	164	214	667		1195		15	13
洛阳市	55	32	981	44	4158	133	136	181
平顶山市	111	86	1834	57	1507		61	48
安阳市	105	262	1586		2481	10940	76	155
鹤壁市	73	141	1760	2596			155	260
新乡市	140	114	2573	131	5752	1403	41	99
焦作市	1082	166	3750	247	5206	309	537	215
濮阳市	93	98			3705		97	114
许昌市	170	147	70	4657	5965		28	27
漯河市	429	160			3920		113	266
三门峡市	35	17	319		928	69	84	202
南阳市	557	163	6567	1848	5015	2608	186	63
商丘地区	82	77			198		612	624
周口地区	178	149	3264	1044	1736	96	68	102
驻马店地区	601	174	158	16	3258	220	156	94
信阳地区	1744	116			7665	335	12513	169

主要统计指标解释

森林面积 指生长着乔木和竹林，郁闭度在 0.3 以上(不包括 0.3)的林地面积，即有林地面积。它是反映森林资源总面积的重要指标。森林面积包括天然林面积和人工林面积，但不包括灌木林地和疏林地面积。

森林覆盖率 通常是指森林面积占土地面积之比，一般用百分数表示。但国家规定在计算森林覆盖率时，森林面积还包括灌木林面积、农田林网树占地面积以及四旁树木的覆盖面积。森林覆盖率，是反映一个国家或地区森林资源和绿化水平的重要指标。计算公式为：

森林覆盖率(%)＝森林面积/土地面积×100%

活立木蓄积量 指全部土地上树木蓄积的总量。包括森林蓄积，疏林蓄积，散生木蓄积和四旁树蓄积。

矿产保有储量 指探明的矿产储量(包括工业储量和远景储量)扣除已开采部分和地下损失量后的年底实有储量。它反映国家或地区矿产资源的现状。

二、综　　合

2-1 国民经济主要指标

指　　标	单　位	1978年	1980年	1985年	1990年	1994年	1995年
一、人口							
年底总人口	万人	7067	7285	7847	8649	9027	9100
二、从业人员							
年底从业人员	万人	2806.60	2928.90	3520.19	4085.93	4448.00	4508.99
#职工人数	万人	420.08	462.38	593.38	692.61	788.34	815.02
三、国内生产总值	**亿元**	**162.92**	**229.16**	**451.74**	**934.65**	**2224.43**	**3002.74**
第一产业	亿元	64.86	93.23	173.43	325.77	546.68	762.99
第二产业	亿元	69.45	94.44	170.07	331.85	1071.74	1420.25
第三产业	亿元	28.61	41.49	108.24	277.03	606.01	819.50
人均国内生产总值	元	232.3	316.7	579.7	1090.6	2475.2	3312.8
四、固定资产投资							
全社会固定资产投资总额	亿元			126.95	206.12	628.03	805.03
#国有单位	亿元	24.80	24.27	64.57	108.23	432.52	545.80
#基本建设	亿元	19.80	18.38	36.34	52.28	238.55	319.47
更新改造	亿元			16.30	32.53	117.81	132.47
集体单位	亿元			15.53	24.57	105.17	135.33
城镇	亿元			4.03	8.49	20.21	21.84
农村	亿元			11.50	16.08	84.96	113.49
五、能源							
能源生产总量	万吨标准煤	4434	4402	6909	8071	8085	8454
能源消费总量	万吨标准煤	3353	3389	4618	5206	6225	6473
六、物价(以上年为100)							
居民消费价格总指数		100.1	104.6	104.6	100.7	125.2	116.5
商品零售价格总指数		100.1	104.9	105.4	100.1	120.6	114.9
农业生产资料价格总指数		97.9	100.1	103.0	98.3	124.4	125.8
农产品收购价格总指数		104.8	107.1	103.1	92.4	150.2	127.1
七、工资							
职工工资总额	亿元	24.30	32.93	57.85	123.86	275.18	347.70
职工平均工资	元	590	730	1015	1825	3545	4344
八、人民生活							
居民消费水平	元	135	187	297	523	1034	1382

2—1续表1

指　标	单　位	1978年	1980年	1985年	1990年	1994年	1995年
农业居民	元	109	159	240	413	781	1075
非农业居民	元	428	471	750	1273	2476	3016
城乡居民储蓄存款年底余额	亿元	9.81	19.44	84.23	376.12	1085.80	1456.35
城镇居民人均生活费收入	元			559.85	1152.95	2398.35	3029.47
城镇居民人均消费性支出	元			555.74	1067.67	2155.15	2673.95
农民人均纯收入	元	104.71	160.78	328.78	526.95	909.81	1231.97
农民人均生活消费支出	元	81.70	135.51	260.19	437.73	731.78	929.39
九、农林牧渔业							
1.农林牧渔业总产值	亿元	95.38	134.62	241.54	502.01	883.32	1304.25
2.主要农产品产量							
粮食	万吨	2097.40	2148.68	2710.53	3303.66	3253.80	3466.50
棉花	万吨	22.42	40.62	54.73	67.61	62.81	77.00
油料	万吨	24.16	46.20	96.18	152.29	225.00	298.00
烟叶	万吨	29.95	18.89	53.89	40.86	23.91	22.26
水果	万吨	47.11	43.55	53.33	63.92	170.54	211.66
年底大牲畜存栏头数	万头	515.03	541.99	886.35	1116.33	1329.18	1420.45
年底生猪存栏头数	万头	1724.90	1474.24	1621.74	1750.32	2325.17	2667.72
年底山绵羊存栏只数	万只	989.70	1147.74	661.45	1279.51	1701.41	2298.27
猪牛羊肉	万吨	44.00	53.02	67.47	123.66	222.38	295.86
十、工业							
1.工业总产值	亿元	170.82	209.23	401.32	1036.73	3436.80	4716.26
轻工业	亿元	78.65	106.91	193.06	473.13	1438.12	2048.78
重工业	亿元	92.17	102.32	208.26	563.60	1998.68	2667.48
2.工业增加值	亿元	59.20	80.51	144.39	288.58	958.00	1274.89
3.主要工业产品产量							
自行车	万辆	6.30	21.28	153.46	75.72	205.71	188.92
电视机	万台	0.36	3.35	31.78	35.49	32.22	39.58
化学纤维	吨	9929	13199	38480	63663	77951	101418
纱	万吨	16.28	20.17	22.92	31.45	35.20	41.03
布	亿米	7.39	9.06	9.36	11.17	13.71	16.64
卷烟	万箱	161.70	231.60	316.20	291.49	295.51	298.30

2—1续表2

指　　标	单　位	1978年	1980年	1985年	1990年	1994年	1995年
饮料酒	万吨	13.04	14.68	36.73	63.41	98.00	123.20
机制纸及纸板	万吨	17.13	23.88	79.73	148.41	270.90	328.85
原煤	万吨	5845	5625	7857	9080	9618	10334
原油	万吨	167.44	230.89	793.31	882.06	688.25	601.96
发电量	亿千瓦小时	130.68	159.45	209.34	319.14	485.46	547.71
生铁	万吨	109.72	95.63	112.81	171.33	275.76	322.06
钢	万吨	54.22	64.50	97.26	168.98	241.30	280.98
成品钢材	万吨	30.94	44.76	79.67	134.01	226.29	261.11
合成氨	万吨	73.48	92.19	112.52	168.16	230.99	266.89
农用化肥(折纯量)	万吨	51.92	65.06	81.43	140.58	189.70	219.19
水泥	万吨	352.85	406.07	764.77	1178.91	3003.75	3349.27
平板玻璃	万重量箱	184.20	294.61	595.73	904.80	1604.21	2127.41
小型拖拉机	万台	2.23	1.95	9.42	16.58	15.62	24.07
3.独立核算国有工业企业							
主要财务指标							
年底固定资产原价	亿元	139.31	160.25	284.53	567.28	1161.80	1571.00
年底固定资产净值	亿元	105.52	112.29	195.51	401.68	802.06	1076.94
利润和税金总额	亿元	23.21	31.92	51.66	66.59	144.49	158.05
十一、运输和邮电							
1.旅客周转量	亿人公里	123.22	163.98	323.50	423.46	566.29	573.85
#铁路	亿人公里	92.62	122.40	209.77	229.90	305.35	304.66
公路	亿人公里	30.47	41.35	113.36	193.10	260.74	262.11
2.货物周转量	亿吨公里	508.53	547.65	838.22	1169.44	1432.97	1538.92
#铁路	亿吨公里	484.91	525.31	728.25	1001.79	1164.43	1233.75
公路	亿吨公里	21.57	21.01	105.72	160.66	258.41	295.18
3.邮电业务总量	万元	7120	8062	11057	48983	188902	302583
市内电话交换机总容量	万门			11.92	24.92	137.80	194.46
#程控	万门				4.25	135.87	194.46
十二、批发零售贸易业、餐饮业							
社会消费品零售总额	亿元	71.79	96.04	180.59	314.31	702.46	906.67
十三、对外经济贸易和国际旅游							

2—1续表3

指标	单位	1978年	1980年	1985年	1990年	1994年	1995年
1.进出口总额	万美元	10231	20448	44991	100385	221392	268543
进口额	万美元			8281	13696	60761	85536
出口额	万美元	10231	20448	36710	86689	160631	183007
2.利用外资签订协议金额	万美元			7513	2194	161536	97421
实际利用外资金额	万美元			1208	1136	90487	102842
#外商直接投资	万美元			565	1049	42488	47981
3.接待旅游者人数	万人次			6.36	10.67	12.66	14.91
旅游收入	万美元					4506	6020
十四、财政和金融							
1.地方财政收入	亿元	33.73	31.86	48.93	83.59	93.35	124.63
地方财政支出	亿元	27.67	26.74	49.51	89.53	169.62	207.28
2.国家银行年底存款余额	亿元	45.71	57.77	146.42	435.23	1162.02	1531.51
国家银行年底贷款余额	亿元	99.99	125.01	284.91	636.41	1353.57	1716.57
十五、教育和文化							
1.在校学生数							
高等学校	万人	2.73	4.59	6.85	8.04	11.71	12.24
中等专业学校	万人	3.39	6.93	8.39	13.73	18.43	21.43
普通中学	万人	521.62	487.27	357.46	352.56	384.80	417.86
小学	万人	1140.26	1133.75	1034.97	961.15	991.06	1039.56
2.出版数量							
图书	万册	18169	21672	30409	28361	34865	36639
杂志	万册		1368	10341	8460	8795	10501
报纸	万张		28849	87875	79742	84287	89642
十六、卫生							
卫生机构床位数	万张	10.20	11.92	14.91	18.21	19.14	19.23
#医院	万张	9.73	11.17	13.77	16.36	17.45	17.54
卫生技术人员数	万人	11.44	14.48	19.49	22.28	25.13	25.50
#医生	万人	4.38	5.41	8.36	9.94	10.55	10.57

注:1.本表价值量指标除邮电业务总量自1990年起按1990年不变价格计算,以前年度按1980年不变价格计算外,其他价值量指标均按当年价格计算。

2.进口总额自1993年起为海关数据,以前年度为外贸部门数据。

3.自1994年起财政收入为分税制后新口径数据。

4.1995年工业总产值为原规定数据。

2-2 国民经济主要指标发展(增长)速度

指　　标	1995年为以下各年%					平均每年增长%			
	1978年	1980年	1985年	1990年	1994年	1979～1995年	1986～1995年	"七五"时期	"八五"时期
一、人口									
年底总人口	128.8	124.9	116.0	105.2	100.8	1.5	1.5	2.0	1.0
二、从业人员									
年底从业人员	160.7	153.9	128.1	110.4	101.4	2.8	2.5	3.0	2.0
#职工人数	194.0	176.3	137.4	117.7	103.4	4.0	3.2	3.1	3.3
三、国内生产总值	**578.1**	**460.9**	**265.0**	**183.9**	**114.8**	**10.9**	**10.2**	**7.6**	**13.0**
第一产业	257.8	232.1	149.3	123.7	111.9	5.7	4.1	3.8	4.4
第二产业	795.0	602.4	367.0	247.2	117.2	13.0	13.9	8.2	19.8
第三产业	1090.4	717.8	302.1	174.8	113.1	15.1	11.7	11.6	11.8
人均国内生产总值	447.3	368.1	227.8	173.7	113.8	9.2	8.6	5.6	11.7
四、固定资产投资									
全社会固定资产投资总额			634.1	390.6	128.2		17.2	12.0	30.5
#国有单位	2200.8	2248.9	845.3	504.3	126.2	17.2	20.6	12.7	38.9
#基本建设	1613.5	1738.1	879.1	611.1	133.9	13.7	20.1	8.9	44.6
更新改造			812.7	407.2	112.4		22.6	21.8	35.0
集体单位			871.4	550.8	128.7		20.0	7.6	41.1
城镇			541.9	257.2	108.1		18.8	21.8	21.7
农村			986.9	705.8	133.6		20.4	1.1	48.7
五、能源									
能源生产总量	190.7	192.0	122.4	104.7	104.6	3.9	2.0	3.2	0.9
能源消费总量	193.1	191.0	140.2	124.3	104.0	3.9	3.4	2.4	4.5
六、物价									
居民消费价格总指数	321.2	305.3	277.6	173.6	116.5	7.1	10.7	9.8	11.7
商品零售价格总指数	300.0	284.5	254.0	160.7	114.9	6.7	9.8	10.0	10.0
农业生产资料价格总指数	347.8	347.7	291.1	173.1	125.8	7.6	11.3	11.0	11.6
农产品收购价格总指数	509.5	391.0	320.8	219.0	127.1	10.1	12.4	7.9	17.0
七、工资									
职工工资总额	1430.9	1055.9	601.0	280.7	126.4	16.9	19.6	16.4	22.9
职工平均工资	736.3	595.1	428.0	238.0	122.5	12.5	15.6	12.4	18.9
八、人民生活									
居民消费水平	326.1	246.4	169.6	151.7	110.1	7.2	5.4	2.3	8.7

2－2 续表 1

指　　标	1995 年为以下各年%					平均每年增长%			
	1978 年	1980 年	1985 年	1990 年	1994 年	1979～1995 年	1986～1995 年	"七五"时期	"八五"时期
农业居民	334.0	239.3	168.5	153.3	111.8	7.4	5.4	1.9	8.9
非农业居民	196.1	190.5	139.3	128.9	102.6	4.0	3.4	1.6	5.2
城乡居民储蓄存款年底余额	14845.6	7491.5	1729.0	387.2	134.1	34.2	33.0	34.9	31.1
城镇居民人均生活费收入			541.1	262.8	126.3		18.4	15.5	21.3
城镇居民人均消费性支出			481.2	250.4	124.1		17.0	13.9	20.2
农民人均纯收入	1176.6	766.2	374.7	233.8	135.4	15.6	14.1	9.9	18.5
农民人均生活消费支出	1137.6	685.8	357.2	212.3	127.0	15.4	13.6	11.0	16.3
九、农林牧渔业									
1. 农林牧渔业总产值	297.0	279.6	183.8	139.0	117.6	6.6	6.3	5.7	6.8
2. 主要农产品产量									
粮食	165.3	161.3	127.9	104.9	106.5	3.0	2.5	4.0	1.0
棉花	343.4	189.6	140.7	113.9	122.6	7.5	3.5	4.3	2.6
油料	1233.4	645.0	309.8	195.7	132.4	15.9	12.0	9.6	14.4
烟叶	74.3	117.8	41.3	54.5	93.1	－1.7	－8.5	－5.4	－11.4
水果	449.3	486.0	396.9	331.1	124.1	9.2	14.8	3.7	27.1
年底大牲畜存栏头数	275.8	262.1	160.3	127.2	106.9	6.1	4.8	4.7	4.9
年底生猪存栏头数	154.7	181.0	164.5	152.4	114.7	2.6	5.1	1.5	8.8
年底山绵羊存栏只数	232.2	200.2	347.5	179.6	135.1	5.1	13.3	14.1	12.4
猪牛羊肉	672.4	558.0	438.5	239.3	133.0	11.9	15.9	12.9	19.1
十、工业									
1. 工业总产值	1171.4	977.0	562.9	293.7	121.3	15.6	18.9	13.9	24.0
轻工业	1291.7	969.8	561.8	309.7	125.9	16.2	18.8	12.6	25.4
重工业	1072.5	987.7	566.8	281.2	118.0	15.0	18.9	15.0	23.0
2. 工业增加值	907.5	633.4	405.2	255.5	117.7	13.9	15.0	9.7	20.6
3. 主要工业产品产量									
自行车	2998.7	887.8	123.1	249.5	91.8	22.1	2.1	－13.2	20.1
电视机	10994.4	1181.5	124.5	111.5	122.8	31.8	2.2	2.2	2.2
化学纤维	1021.4	768.4	263.6	159.3	130.1	14.6	10.2	10.6	9.8
纱	252.0	203.4	179.0	130.5	116.6	5.6	6.0	6.5	5.5
布	225.2	183.7	177.8	149.0	121.4	4.9	5.9	3.6	8.3
卷烟	184.5	128.8	94.3	102.3	100.9	3.7	－0.6	－1.6	0.5

2—2 续表 2

指　　标	1995年为以下各年%					平均每年增长%			
	1978年	1980年	1985年	1990年	1994年	1979～1995年	1986～1995年	"七五"时期	"八五"时期
饮料酒	944.8	839.2	335.4	194.3	125.7	14.1	12.9	11.5	14.2
机制纸及纸板	1919.7	1377.1	412.5	221.6	121.4	19.0	15.2	13.2	17.2
原煤	176.8	183.7	131.5	113.8	107.4	3.4	2.8	2.9	2.6
原油	359.5	260.7	75.9	68.2	87.5	7.8	−2.7	2.1	−7.4
发电量	419.1	343.5	261.6	171.6	112.8	8.8	10.1	8.8	11.4
生铁	293.5	336.8	285.5	188.0	116.8	6.5	11.1	8.7	13.5
钢	518.2	435.6	288.9	166.3	116.4	10.2	11.2	11.7	10.7
成品钢材	843.9	583.4	327.7	194.8	115.4	13.4	12.6	11.0	14.3
合成氨	363.2	289.5	237.2	158.7	115.5	7.9	9.0	8.4	9.7
农用化肥(折纯量)	422.2	336.9	269.2	155.9	115.5	8.8	10.4	11.5	9.3
水泥	949.2	824.8	437.9	284.1	111.5	14.2	15.9	9.0	23.2
平板玻璃	1154.9	722.1	357.1	235.1	132.6	15.5	13.6	8.7	18.6
小型拖拉机	1079.4	1234.4	255.5	145.2	154.1	15.0	9.8	12.0	7.7
3.独立核算国有工业企业主要财务指标									
年底固定资产原价	1127.7	980.3	552.1	276.9	135.2	15.3	18.6	14.8	22.6
年底固定资产净值	1020.6	959.1	550.8	268.1	134.3	14.6	18.6	15.5	21.8
利润和税金总额	681.0	495.1	305.9	237.3	109.4	11.9	11.8	5.2	18.9
十一、运输和邮电									
1.旅客周转量	465.7	350.0	177.4	135.5	101.3	9.5	5.9	5.5	6.3
#铁路	328.9	248.9	145.2	132.5	99.8	7.3	3.8	1.8	5.8
公路	860.2	633.9	231.2	135.7	100.5	13.5	8.7	11.2	6.3
2.货物周转量	302.6	281.0	183.6	131.6	107.4	6.7	6.3	6.9	5.6
#铁路	254.4	234.9	169.4	123.2	106.0	5.6	5.4	6.6	4.3
公路	1368.5	1405.0	279.2	183.7	114.2	16.6	10.8	8.7	12.9
3.邮电业务总量	2418.2	2135.6	1557.1	617.7	160.2	20.6	31.6	20.3	43.9
市内电话交换机总容量			1631.4	780.3	141.1		32.2	15.9	50.8
#程控				4575.5	143.1				114.8
十二、批发零售贸易业、餐饮业									
社会消费品零售总额	1262.9	944.1	502.1	288.5	129.1	16.1	17.5	11.7	23.6
十三、对外经济贸易和国际旅游									

2—2 续表 3

指标	1995 年为以下各年%					平均每年增长%			
	1978 年	1980 年	1985 年	1990 年	1994 年	1979～1995 年	1986～1995 年	"七五"时期	"八五"时期
1. 进出口总额	2624.8	1313.3	596.9	267.5	121.3	21.2	19.6	17.4	21.8
进口额			1032.9	624.5	140.8		26.3	10.6	44.2
出口额	1788.7	895.0	498.5	211.1	113.9	18.5	17.4	18.8	16.1
2. 利用外资签订协议金额			1296.7	4440.3	60.3		29.2	−21.8	113.5
实际利用外资金额			8513.4	9053.0	113.7		56.0	−1.2	146.2
#外商直接投资			8492.2	4574.0	112.9		55.9	13.2	114.8
3. 接待旅游者人数			234.4	139.7	117.7		8.9	10.9	6.9
旅游收入					133.6				
十四、财政和金融									
1. 地方财政收入	678.3	718.2	467.6	257.5	133.5	11.9	16.7	11.3	20.8
地方财政支出	749.1	775.2	418.7	231.5	122.2	12.6	15.4	12.6	18.3
2. 国家银行年底存款余额	3350.5	2651.0	1046.0	351.9	131.8	22.9	26.5	24.3	28.6
国家银行年底贷款余额	1716.7	1373.1	602.5	269.7	126.8	18.2	19.7	17.4	22.0
十五、教育和文化									
1. 在校学生数									
高等学校	448.4	266.7	178.7	152.2	104.5	9.2	6.0	3.3	8.8
中等专业学校	632.2	309.2	255.4	156.1	116.3	11.5	9.8	10.4	9.3
普通中学	80.1	85.8	116.9	118.5	108.6	−1.3	1.6	−0.3	3.5
小学	91.2	91.7	100.4	108.2	104.9	−0.5	0.0	−1.5	1.6
2. 出版数量									
图书	201.7	169.1	120.5	129.2	105.1	4.2	1.9	−1.4	5.3
杂志		767.6	101.5	124.1	119.4		0.2	−3.9	4.4
报纸		310.7	102.0	112.4	106.4		0.2	−1.9	2.4
十六、卫生									
卫生机构床位数	188.5	161.3	129.0	105.6	100.5	3.8	2.6	4.1	1.1
#医院	180.3	157.0	127.4	107.2	100.5	3.5	2.4	3.5	1.4
卫生技术人员数	222.9	176.1	130.8	114.5	101.5	4.8	2.7	2.7	2.7
#医生	241.3	195.4	126.4	106.3	100.2	5.3	2.4	3.5	1.2

注：1. 本表国内生产总值、农林牧渔业总产值、工业总产值、工业增加值、邮电业务总量发展（增长）速度均按可比价格计算。
2. 财政收入发展（增长）速度按可比口径计算。

2—3　主要比例关系和经济结构

单位：%

指　　标	1978年	1980年	1985年	1990年	1991年	1992年	1993年	1994年	1995年
一、从业人员比例									
第一产业	80.6	81.2	73.0	69.3	69.3	68.2	66.1	64.4	62.4
第二产业	10.5	10.4	14.9	16.4	16.3	16.7	18.4	19.4	20.6
第三产业	8.9	8.4	12.1	14.3	14.4	15.1	15.5	16.2	17.0
二、国内生产总值比例									
第一产业	39.8	40.7	38.4	34.9	32.0	27.7	24.7	24.6	25.4
第二产业	42.6	41.2	37.6	35.5	37.1	42.6	46.2	48.2	47.3
工业	36.3	35.1	31.9	30.9	32.1	37.6	41.0	43.1	42.5
建筑业	6.3	6.1	5.7	4.6	5.0	5.0	5.2	5.1	4.8
第三产业	17.6	18.1	24.0	29.6	30.9	29.7	29.1	27.2	27.3
#交通运输、仓储及邮电通信业	4.2	4.4	5.5	6.4	7.0	6.4	6.2	5.1	5.5
批发零售贸易业、餐饮业	4.8	5.0	6.1	6.2	7.1	6.6	6.1	6.1	6.1
三、国内支出总额比例									
总投资	32.2	30.2	38.4	39.0	40.3	44.7	41.2	39.7	41.5
固定资产形成	24.9	25.2	30.6	24.1	26.7	27.1	29.2	30.1	29.2
存货增加	7.3	5.0	7.8	14.9	13.6	17.6	12.0	9.6	12.3
总消费	65.7	66.1	61.1	56.4	54.7	50.1	52.9	53.9	53.2
居民消费	57.9	59.0	51.2	47.9	45.8	41.5	40.5	41.8	41.8
农业居民	43.2	45.5	36.8	33.1	31.1	27.9	27.3	26.9	27.3
非农业居民	14.7	13.5	14.4	14.8	14.7	13.6	13.2	14.9	14.5
社会消费	7.8	7.1	9.9	8.5	8.9	8.6	12.4	12.1	11.4
货物和服务净出口	2.1	3.7	0.5	4.6	5.0	5.2	5.9	6.4	5.3
四、固定资产投资的资金来源比例									
国家预算内资金			12.6	6.6	5.7	6.6	4.9	3.4	4.0
国内贷款			9.4	13.1	16.2	23.0	25.5	25.3	23.2
利用外资			3.9	2.2	3.9	2.6	4.9	10.0	10.7
自筹资金			72.3	74.3	69.0	62.2	50.9	48.0	49.6
其他投资			1.8	3.8	5.2	5.6	13.8	13.3	12.5
五、国有经济固定资产投资比例									
第一产业			0.7	0.4	0.3	0.5	0.2	0.4	0.5
第二产业			69.7	75.4	76.3	66.5	57.0	53.0	53.4
#工业			67.8	74.7	75.7	65.9	55.9	51.7	52.3
#能源工业			38.6	43.6	36.1	28.5	21.1	20.4	24.0
第三产业			29.6	24.2	23.4	33.0	42.8	46.6	46.1
#交通运输、邮电通信业			6.3	5.2	6.7	8.5	12.1	14.9	11.9
六、固定资产投资率			**28.1**	**22.1**	**24.5**	**24.9**	**27.1**	**28.2**	**26.8**
七、农民人均纯收入的来源比例									
基本收入		84.7	93.6	95.3	95.1	94.0	95.7	94.0	94.8
转移性收入		13.8	5.7	4.2	4.4	5.4	3.9	3.6	2.9
财产性收入		1.5	0.7	0.5	0.5	0.6	0.4	2.4	2.3
八、农民人均纯收入的生产性与非生产性收入比例									

2—3 续表

指　　标	1978年	1980年	1985年	1990年	1991年	1992年	1993年	1994年	1995年
生产性收入		84.7	92.8	94.4	94.4	93.3	94.9	93.3	93.9
非生产性收入		15.3	7.2	5.6	5.6	6.7	5.1	6.7	6.1
九、农林牧渔业总产值比例									
农业	85.7	84.1	78.2	74.1	71.8	70.3	70.8	69.0	66.4
#种植业	83.6	80.2	72.7	66.5	64.2	62.3	63.1	63.0	60.8
林业	2.7	2.9	4.3	4.1	4.2	4.4	4.2	3.3	2.9
牧业	11.4	12.8	17.0	21.0	23.2	24.4	24.1	26.9	30.0
渔业	0.2	0.2	0.5	0.8	0.8	0.9	0.9	0.8	0.7
十、农林牧渔业商品率			**47.9**	**52.8**	**53.6**	**53.9**	**54.2**	**57.3**	**56.8**
十一、工业总产值比例									
轻工业	46.0	51.1	48.1	45.6	45.4	44.0	41.0	41.8	43.4
重工业	54.0	48.9	51.9	54.4	54.6	56.0	59.0	58.2	56.6
十二、乡及乡以上轻工业总产值比例									
以农产品为原料		86.5	81.6	79.7	78.8	77.7	78.0	77.1	78.5
以非农产品为原料		13.5	18.4	20.3	21.2	22.3	22.0	22.9	21.5
十三、乡及乡以上重工业总产值比例									
采掘工业		18.7	20.6	17.6	17.0	17.1	16.6	17.3	17.7
原料工业		29.3	28.9	34.8	34.8	34.8	37.0	35.5	35.9
加工工业		52.0	50.5	47.6	48.2	48.1	46.4	47.2	46.4
十四、货运量比例									
铁路	37.1	39.6	22.7	23.7	23.0	21.2	20.7	19.6	19.4
公路	62.2	59.8	76.7	75.6	76.4	78.2	78.5	79.3	79.6
水运	0.7	0.6	0.6	0.7	0.6	0.6	0.8	0.8	0.6
十五、货物周转量比例									
铁路	95.4	95.9	86.9	85.7	85.2	83.3	82.2	81.3	80.2
公路	4.2	3.8	12.6	13.7	14.2	16.1	17.0	18.0	19.2
水运	0.4	0.3	0.5	0.6	0.6	0.6	0.8	0.7	0.6
十六、社会消费品零售总额比例									
市				44.8	45.9	47.5	49.1	49.6	48.9
县				24.3	24.4	23.7	23.1	22.1	21.8
县以下				30.9	29.7	28.8	27.8	28.3	29.3
十七、财政收入相当于国内生产总值的比例	**20.7**	**13.9**	**10.8**	**8.9**	**8.7**	**8.1**	**8.4**	**4.2**	**4.2**
十八、预算外资金收入相当于财政收入的比例		**58.0**	**74.5**	**72.3**	**76.9**	**80.0**	**32.8**	**58.2**	**70.5**
十九、支援农林牧渔业生产和各项事业费占财政支出的比例	**13.8**	**12.9**	**8.9**	**10.4**	**10.9**	**9.9**	**8.6**	**8.0**	**7.5**
二十、文教科卫事业费支出占财政支出的比例	**20.9**	**31.1**	**28.1**	**27.4**	**27.6**	**28.5**	**26.6**	**29.8**	**28.1**
二十一、城乡居民储蓄存款年底余额比例									
城镇居民	63.6	60.9	58.8	71.8	72.6	75.0	77.5	77.0	76.7
农村居民	36.4	39.1	41.2	28.2	27.4	25.0	22.5	23.0	23.3

注:1.本表价值量指标均按当年价格计算。

2.自1994年起财政收入为分税制后新口径数据,1995年工业总产值构成按原规定计算。

2-4 按经济类型分的主要比例关系和经济结构

单位：%

指　　标	1978年	1980年	1985年	1990年	1991年	1992年	1993年	1994年	1995年
一、从业人员比例									
国有经济职工	12.3	12.9	12.9	12.8	12.9	13.2	13.6	13.6	13.7
城镇集体经济职工	2.6	2.9	4.0	4.2	4.2	4.0	3.7	3.6	3.6
其他各种经济类型职工			…	…	…	…	0.2	0.6	0.8
城镇私营企业和个体从业人员	0.1	0.2	0.9	0.8	1.2	1.5	1.2	1.3	1.8
农村从业人员	85.0	84.0	82.2	82.2	81.7	81.3	80.3	80.0	79.3
其他从业人员							1.0	0.9	0.8
二、职工人数比例									
国有经济	82.4	82.0	76.6	75.2	75.4	76.5	77.7	76.6	75.7
城镇集体经济	17.6	18.0	23.4	24.7	24.5	23.1	21.0	20.1	19.9
其他各种经济类型			…	0.1	0.1	0.4	1.3	3.3	4.4
三、城镇新就业人员比例									
国有经济	66.3	68.3	58.4	72.0	57.3	75.3	54.9	55.8	45.9
城镇集体经济	26.1	22.2	24.2	26.9	32.1	22.1	16.9	16.9	13.0
其他各种经济类型				0.6	0.4	1.0	2.4	5.9	5.9
从事个体及私营劳动	7.6	9.5	17.4	0.5	10.2	1.6	25.8	21.4	35.2
四、固定资产投资比例									
国有经济			50.9	52.5	56.3	59.3	66.9	68.9	67.8
集体经济			12.2	11.9	9.4	14.9	16.7	16.7	16.8
城乡个人			36.9	35.6	34.3	25.8	16.4	14.4	15.4
五、工业总产值比例									
国有工业	74.0	74.6	65.7	55.2	53.2	48.7	42.4	34.8	33.9
集体工业	26.0	25.4	30.7	34.6	33.8	36.3	39.4	41.7	40.3
城乡个体工业		…	3.5	9.8	12.3	13.9	15.2	17.0	18.8
其他各种经济类型工业		…	0.1	0.4	0.7	1.1	3.0	6.5	7.0
六、建筑业总产值比例									
国有建筑业				81.5	78.1	76.4	74.9	77.5	77.6
城镇集体建筑业				18.5	21.9	23.6	24.8	21.0	20.7
其他各种经济类型建筑业							0.3	1.5	1.7
七、社会消费品零售总额比例									
国有经济	69.7	62.4	48.1	42.2	43.2	44.9	41.9	35.1	31.9
集体经济	28.3	32.0	27.0	28.1	25.9	22.4	22.7	21.3	18.9
个体经济	0.2	2.0	18.8	21.6	22.3	24.4	24.7	30.7	34.9
其他各种经济类型	1.8	3.6	6.1	8.1	8.6	8.3	10.7	12.9	14.3

注：1.本表价值量指标均按当年价格计算。

2.1995年工业总产值构成按原规定计算。

2－5 平均每天主要社会经济活动

指 标	单 位	1978 年	1980 年	1985 年	1990 年	1991 年	1992 年	1993 年	1994 年	1995 年
一、每天创造的财富										
国内生产总值	万元	4464	6278	12376	25607	28650	35062	45555	60943	82267
第一产业	万元	1777	2554	4752	8925	9167	9697	11245	14977	20904
第二产业	万元	1093	2587	4659	9092	10633	14937	21065	29363	38911
工业	万元	1622	2206	3956	7906	9213	13181	18675	26247	34929
建筑业	万元	281	381	703	1186	1420	1756	2390	3116	3982
第三产业	万元	784	1137	2965	7590	8850	10428	13245	16603	22452
#交通运输、仓储及邮电通信业	万元	189	275	680	1634	1991	2261	2844	3098	4494
批发零售贸易业、餐饮业	万元	216	313	749	1594	2022	2327	2785	3730	5007
农林牧渔业总产值	万元	2613	3688	6618	13754	14549	15716	18402	24201	35733
工业总产值	万元	4680	5732	10995	28404	33498	44620	66695	94159	129213
财政收入	万元	924	873	1341	2290	2503	2850	3814	2558	3415
财政支出	万元	758	733	1356	2453	2682	3192	4047	4647	5679
粮食	吨	57463	58868	74261	90511	82474	85195	99704	89145	94973
棉花	吨	614	1113	1499	1852	2596	1804	1808	1721	2110
油料	吨	662	1266	2635	4172	3496	3661	5603	6164	8164
猪牛羊肉	吨	1205	1453	1848	3388	3872	4188	4935	6093	8106
纱	吨	446	553	628	862	875	1026	1305	964	1124
布	万米	202	248	256	306	291	347	370	376	456
机制纸及纸板	吨	469	654	2184	4066	4610	6869	6178	7422	9010
卷烟	箱	4430	6345	8663	7986	8064	8184	8151	8096	8173
饮料酒	吨	357	402	1006	1737	1851	2185	2307	2685	3375
原煤	万吨	16	15	22	25	25	25	25	26	28
原油	吨	4587	6326	21735	24166	23242	22195	20933	18856	16492
发电量	万千瓦小时	3580	4368	5735	8744	9767	11101	12073	13300	15006
钢	吨	1485	1767	2665	4630	5099	5832	6559	6611	7698
成品钢材	吨	848	1226	2183	3672	4091	4913	6022	6200	7154

2—5 续表

指　　标	单　位	1978 年	1980 年	1985 年	1990 年	1991 年	1992 年	1993 年	1994 年	1995 年
合成氨	吨	2013	2526	3083	4607	5169	5733	5552	6328	7312
农用化肥(折纯量)	吨	1422	1782	2231	3852	4288	4652	4516	5197	6005
二、每天消费量										
国内支出总消费	万元	2933	4150	7560	14450	15688	17583	24089	32845	43705
居民消费	万元	2585	3705	6332	12273	13124	14564	18441	25456	34330
农业居民	万元	1930	2859	4552	8475	8912	9805	12428	16360	22456
非农业居民	万元	655	846	1780	3798	4212	4759	6013	9096	11874
社会消费	万元	348	445	1228	2177	2564	3019	5648	7389	9375
社会消费品零售总额	万元	1967	2631	4948	8611	9658	11357	14173	19245	24840
三、每天其他经济活动										
旅客周转量	百万人公里	34	45	89	116	126	140	148	155	157
货物周转量	百万吨公里	139	150	230	320	329	357	366	393	422
邮电业务总量	万元	20	22	30	134		221	325	518	829
邮寄函件	万件	32	39	56	60	47	49	56	60	60
出口总额	万美元	28	56	101	238	286	357	374	440	501
进口总额	万美元			23	38	47	75	153	166	234
实际利用外资额	万美元			3	3	40	73	155	248	282
居民储蓄额	万元	269	532	2308	10305	13283	16312	21002	29748	39900
四、每天人口变动和婚姻										
出生	人	4219	3973	4301	5863	4712	4356	3863	3781	3562
死亡	人	1205	1260	1315	1534	1589	1671	1534	1562	1562
结婚	对		1436	1560	2035	1993	2049	2052	2004	1973
离婚	对		60	31	53	47	52	53	62	61

注：1. 本表价值量指标除邮电业务总量自 1990 年起按 1990 年不变价格计算，以前年度按 1980 年不变价格计算外，其他价值量指标均按当年价格计算。

2. 财政收入自 1994 年起为分税制后新口径数据，1995 年工业总产值为原规定数据。

2-6 主要社会经济指标人均水平

指 标	单 位	1978年	1980年	1985年	1990年	1991年	1992年	1993年	1994年	1995年
一、国内生产总值	**元**	**232.3**	**316.7**	**579.7**	**1090.6**	**1201.2**	**1452.3**	**1867.4**	**2475.2**	**3312.8**
第一产业	元	92.5	128.8	222.6	380.1	384.3	401.6	461.0	608.3	841.8
第二产业	元	99.0	130.5	218.2	387.2	445.8	618.7	863.5	1192.6	1566.9
工业	元	84.4	111.2	185.3	336.7	386.3	546.0	765.6	1066.0	1406.5
建筑业	元	14.6	19.3	32.9	50.5	59.5	72.7	97.9	126.6	160.4
第三产业	元	40.8	57.4	138.9	323.3	371.1	432.0	542.9	674.3	904.1
#交通运输、仓储及邮电通信业	元	9.9	13.9	31.9	69.6	83.5	93.7	116.6	125.8	181.0
批发零售贸易业、餐饮业	元	11.2	15.8	35.1	67.9	84.8	96.4	114.2	151.5	201.6
二、全社会固定资产投资额	**元**			**162.9**	**240.5**	**294.6**	**361.8**	**505.9**	**698.8**	**888.2**
三、职工工资和人民生活										
职工平均工资	元	590	730	1015	1825	1964	2269	2646	3545	4344
城镇居民人均生活费收入	元			559.85	1152.95	1249.50	1459.15	1792.88	2398.35	3029.47
城镇居民人均消费性支出	元			555.74	1067.67	1199.95	1342.58	1609.24	2155.15	2673.95
农民人均纯收入	元	104.71	160.78	328.78	526.95	539.29	588.48	695.85	909.81	1231.97
农民人均生活消费支出	元	81.70	135.51	260.19	437.73	454.68	472.61	564.93	731.78	929.39
居民储蓄额	元	13.88	26.68	107.34	434.87	553.28	671.92	856.89	1202.84	1600.38
四、农林牧渔业										
1.农林牧渔业总产值	元	136.0	186.0	310.0	585.8	610.0	651.0	754.4	982.9	1438.9
2.主要农产品产量										
粮食	公斤	299.13	296.90	347.86	385.49	345.77	352.88	408.72	362.08	382.47
棉花	公斤	3.20	5.61	7.02	7.89	10.89	7.47	7.41	6.99	8.50
油料	公斤	3.45	6.38	12.34	17.77	14.66	15.16	22.97	25.04	32.88
烟叶	公斤	4.27	2.61	6.92	4.77	5.28	5.20	4.37	2.66	2.46
水果	公斤	6.72	6.02	6.84	7.46	7.31	9.96	14.05	18.98	23.35
猪牛羊肉	公斤	6.27	7.33	8.66	14.43	16.23	17.35	20.23	24.75	32.64
水产品	公斤	0.35	0.40	0.82	1.22	1.24	1.31	1.55	1.76	2.00
五、工业										
1.工业总产值	元	243.6	289.1	515.0	1209.7	1404.4	1848.2	2734.0	3824.2	5203.3
2.主要工业产品产量										
纱	公斤	2.32	2.79	2.94	3.67	3.67	4.25	5.35	3.92	4.53
布	米	10.54	12.52	12.01	13.03	12.20	14.37	15.17	15.26	18.36
原煤	公斤	833.57	777.26	1008.34	1059.51	1030.67	1024.40	1042.12	1070.21	1140.11
发电量	千瓦小时	186.37	220.33	268.66	372.39	409.48	459.79	494.89	540.18	604.27
钢	公斤	7.73	8.91	12.48	19.72	21.38	24.16	26.89	26.85	31.00
成品钢材	公斤	4.41	6.18	10.22	15.64	17.15	20.35	24.69	25.18	28.81
水泥	公斤	50.32	56.11	98.15	137.56	161.02	213.32	250.30	334.23	369.51
六、社会消费品零售总额	**元**	**102.38**	**132.71**	**231.76**	**366.76**	**404.90**	**470.42**	**581.01**	**781.64**	**1000.30**
七、财政										
财政收入	元	48.10	44.02	62.80	97.54	104.94	118.05	156.33	103.87	137.50
财政支出	元	39.46	36.95	63.54	104.47	112.43	132.19	165.91	188.74	228.68
八、教育和卫生										
每万人拥有大学生(含研究生)	人	3.88	6.33	8.86	9.41	9.45	10.21	11.78	13.10	13.59
每千人拥有医院床位	张	1.38	1.53	1.75	1.89	1.89	1.92	1.92	1.93	1.93
每千人拥有医生	人	0.62	0.74	1.07	1.15	1.13	1.14	1.14	1.17	1.16

注:1.本表价值量指标均按当年价格计算。

2.财政收入自1994年起为分税制后新口径数据,1995年工业总产值为原规定数据。

2-7 历 年 总 产 出

单位:亿元

年份	总产出	第一产业	第二产业	工业	建筑业	第三产业	#运输、仓储及邮电通信业	#批零贸易、餐饮业
1952	50.15	27.74	14.22	9.98	4.24	8.19	1.17	1.84
1953	59.78	31.54	18.37	11.90	6.47	9.87	1.40	2.39
1954	65.18	33.57	20.47	13.65	6.82	11.14	1.90	2.73
1955	69.57	36.02	21.37	14.49	6.88	12.18	2.30	2.87
1956	75.90	34.61	26.00	16.11	9.89	15.29	3.13	3.47
1957	83.45	31.57	34.98	16.63	18.35	16.90	3.53	3.28
1958	112.24	33.78	59.80	33.17	26.63	18.66	4.57	4.45
1959	132.17	32.46	81.85	50.16	31.69	17.86	3.64	4.03
1960	141.96	28.94	92.41	58.41	34.00	20.61	4.29	5.53
1961	91.49	24.81	46.44	31.20	15.24	20.24	3.57	4.94
1962	83.14	28.13	35.56	23.93	11.63	19.45	3.21	4.91
1963	83.19	25.33	37.94	26.65	11.29	19.92	3.55	4.88
1964	93.59	32.20	39.89	32.27	7.62	21.50	3.97	5.42
1965	117.13	42.17	51.54	42.24	9.30	23.42	4.84	5.95
1966	134.83	49.65	60.43	49.30	11.13	24.75	5.61	6.40
1967	137.44	58.02	55.06	46.15	8.91	24.36	4.56	6.78
1968	128.21	54.95	49.66	42.37	7.29	23.60	4.13	6.42
1969	149.88	57.73	66.56	54.25	12.31	25.59	5.28	7.52
1970	187.42	67.18	91.49	73.68	17.81	28.75	7.03	8.70
1971	209.35	71.21	107.79	91.54	16.25	30.35	7.50	9.72
1972	221.75	72.50	115.79	100.75	15.04	33.46	7.91	11.09
1973	243.17	83.31	124.47	106.07	18.40	35.39	8.33	12.13
1974	256.42	83.21	135.97	115.62	20.35	37.24	8.75	13.07
1975	278.72	85.98	153.91	130.46	23.45	38.83	9.58	13.41
1976	258.86	87.17	131.44	107.99	23.45	40.25	9.72	13.92
1977	317.17	82.70	189.20	161.69	27.51	45.27	12.57	15.33
1978	349.25	95.38	199.73	170.82	28.91	54.14	16.62	17.87
1979	397.36	113.48	225.93	193.49	32.44	57.95	16.50	19.50
1980	449.88	134.62	247.42	209.23	38.19	67.84	17.48	21.12
1981	497.44	151.24	264.65	223.50	41.15	81.55	18.69	23.25
1982	530.96	151.06	292.59	246.28	46.31	87.31	22.41	21.89
1983	613.40	187.02	318.00	268.14	49.86	108.38	28.06	25.45
1984	703.22	208.68	364.13	307.58	56.55	130.41	32.98	34.20
1985	911.57	241.54	487.03	401.32	85.71	183.00	43.57	53.20
1986	1038.75	259.49	577.92	478.09	99.83	201.34	46.72	58.63
1987	1289.19	323.62	709.86	594.64	115.22	255.71	54.03	70.88
1988	1631.60	370.67	929.30	779.90	149.40	331.63	73.15	107.35
1989	1933.73	449.88	1086.24	953.56	132.68	397.61	93.45	134.23
1990	2163.91	502.01	1193.52	1036.73	156.79	468.38	107.52	115.20
1991	2480.11	531.05	1412.91	1222.68	190.23	536.15	124.08	152.39
1992	3082.59	573.65	1869.78	1628.63	241.15	639.16	144.66	176.46
1993	4258.85	671.69	2775.36	2434.37	340.99	811.80	181.80	210.44
1994	5749.54	883.32	3853.10	3436.80	416.30	1013.12	204.23	291.41
1995	7947.73	1304.25	5222.68	4726.65	496.03	1420.80	307.64	399.56

注:本表按当年价格计算。

2-8 历年总产出指数

（以1952年为100）

年份	总产出	第一产业	第二产业	工业	建筑业	第三产业	#运输、仓储及邮电通信业	#批零贸易、餐饮业
1952	100.0	100.0	100.0	100.0	100.0	100.0	100.0	100.0
1953	113.2	105.6	127.5	120.3	151.2	118.0	125.6	123.9
1954	123.3	110.8	147.5	140.0	171.9	130.0	172.6	138.5
1955	132.5	119.0	157.4	151.1	177.8	141.7	211.9	146.1
1956	146.0	113.1	203.4	177.7	288.3	173.8	296.5	176.5
1957	163.6	121.9	235.7	188.0	394.1	199.1	351.9	162.9
1958	218.7	126.7	426.4	377.5	587.7	223.4	461.4	221.1
1959	256.1	115.8	602.9	568.1	716.4	209.3	365.9	199.9
1960	271.2	101.2	677.7	665.8	714.9	240.7	434.3	273.2
1961	152.7	68.7	296.2	338.9	151.6	214.0	360.9	214.5
1962	138.8	79.3	222.7	259.9	97.3	216.5	319.7	248.2
1963	146.6	72.2	268.8	280.5	228.5	225.6	354.0	266.5
1964	177.5	92.6	326.3	340.5	277.6	252.5	396.8	294.8
1965	223.6	118.7	441.2	466.1	356.2	267.9	482.5	270.3
1966	261.4	136.4	536.1	567.3	431.7	290.4	559.7	292.5
1967	259.6	155.8	493.2	537.2	345.3	277.0	460.6	313.5
1968	241.7	144.1	452.2	503.4	282.5	269.2	421.9	296.6
1969	291.2	147.9	623.2	667.5	476.8	294.6	537.5	350.9
1970	373.3	163.1	887.4	947.8	690.0	332.6	719.8	413.4
1971	406.6	170.9	988.6	1100.4	619.6	356.2	768.0	460.9
1972	429.3	172.6	1054.8	1202.8	566.9	392.1	810.2	526.3
1973	462.8	195.2	1123.4	1258.1	679.2	414.9	854.8	575.3
1974	491.1	195.2	1224.5	1371.3	734.2	435.6	896.7	619.6
1975	537.7	201.3	1381.2	1546.9	830.4	465.7	982.8	700.1
1976	487.7	202.7	1174.0	1280.8	817.1	499.7	1007.3	775.7
1977	608.2	191.1	1669.5	1886.6	943.7	530.7	1289.4	747.8
1978	666.0	209.5	1788.0	2030.0	976.7	627.2	1365.5	869.0
1979	720.6	212.0	1961.4	2226.9	1070.5	728.2	1376.4	1107.1
1980	792.6	222.6	2165.4	2434.0	1257.9	827.3	1464.5	1189.0
1981	858.4	251.5	2282.3	2555.7	1358.5	962.1	1562.6	1268.7
1982	916.8	245.5	2490.0	2775.5	1528.3	1021.8	1867.3	1193.8
1983	1040.6	299.5	2709.1	3028.1	1636.8	1220.0	2070.9	1401.5
1984	1168.6	324.7	3047.8	3442.9	1725.2	1411.5	2607.2	1788.3
1985	1442.0	338.6	3776.2	4224.4	2279.0	1926.7	3371.1	2652.1
1986	1596.3	324.1	4301.1	4832.7	2527.4	2115.5	3661.0	2933.2
1987	1864.5	383.7	5040.9	5702.6	2835.7	2473.1	4202.7	3261.7
1988	2157.2	377.9	6049.1	6860.2	3354.6	2666.0	4719.8	3444.4
1989	2288.8	415.3	6430.2	7573.7	2710.5	2764.6	5078.5	3468.5
1990	2465.1	447.7	6912.4	8096.3	2973.4	3013.4	5200.4	3256.9
1991	2785.5	449.9	7935.4	9335.0	3288.6	3147.2	6058.4	3817.1
1992	3390.0	461.1	9998.6	11827.4	3916.7	3834.1	6627.9	4259.9
1993	4156.1	512.3	12858.3	15363.8	4660.9	4359.4	7529.4	4856.3
1994	4983.2	529.2	16175.7	19604.2	5155.0	4961.0	8086.6	5677.0
1995	5925.0	622.3	19507.9	23897.5	5619.0	5640.7	9582.6	6239.0

注：本表按可比价格计算。

2-9 历年总产出指数

(以上年为100)

年份	总产出	第一产业	第二产业	工业	建筑业	第三产业	#运输、仓储及邮电通信业	#批零贸易、餐饮业
1952	114.1	101.1	146.2	159.8	113.9	128.8	120.6	125.2
1953	113.2	105.6	127.5	120.3	151.2	118.0	125.6	123.9
1954	108.9	104.9	115.7	116.4	113.7	110.2	137.4	111.8
1955	107.5	107.4	106.7	107.9	103.4	109.0	122.8	105.5
1956	110.2	95.0	129.2	117.6	162.2	122.6	139.9	120.8
1957	112.0	107.8	115.9	105.8	136.7	114.6	118.7	92.3
1958	133.7	103.9	180.9	200.8	149.1	111.7	131.1	135.7
1959	117.1	91.4	141.4	150.5	121.9	94.1	79.3	90.4
1960	105.9	87.4	112.4	117.2	99.8	115.0	118.7	136.7
1961	56.3	67.9	43.7	50.9	21.2	88.9	83.1	78.5
1962	90.9	115.4	75.2	76.7	64.2	101.2	88.6	115.7
1963	105.6	91.0	120.7	107.9	234.8	104.2	110.7	107.4
1964	121.1	128.3	121.4	121.4	121.5	111.9	112.1	110.6
1965	126.0	128.2	135.2	136.9	128.3	106.1	121.6	91.7
1966	116.9	114.9	121.5	121.7	121.2	108.4	116.0	108.2
1967	99.3	114.2	92.0	94.7	80.0	95.4	82.3	107.2
1968	93.1	92.5	91.7	93.7	81.8	97.2	91.6	94.6
1969	120.5	102.6	137.8	132.6	168.8	109.4	127.4	118.3
1970	128.2	110.3	142.4	142.0	144.7	112.9	133.9	117.8
1971	108.9	104.8	111.4	116.1	89.8	107.1	106.7	111.5
1972	105.6	101.0	106.7	109.3	91.5	110.1	105.5	114.2
1973	107.8	113.1	106.5	104.6	119.8	105.8	105.5	109.3
1974	106.1	100.0	109.0	109.0	108.1	105.0	104.9	107.7
1975	109.5	103.1	112.8	112.8	113.1	106.9	109.6	113.0
1976	90.7	100.7	85.0	82.8	98.4	107.3	102.5	110.8
1977	124.7	94.3	142.2	147.3	115.5	106.2	128.0	96.4
1978	109.5	109.6	107.1	107.6	103.5	118.2	105.9	116.2
1979	108.2	101.2	109.7	109.7	109.6	116.1	100.8	127.4
1980	110.0	105.0	110.4	109.3	117.5	113.6	106.4	107.4
1981	108.3	113.0	105.4	105.0	108.0	116.3	106.7	106.7
1982	106.8	97.6	109.1	108.6	112.5	106.2	119.5	94.1
1983	113.5	122.0	108.8	109.1	107.1	119.4	110.9	117.4
1984	112.3	108.4	112.5	113.7	105.4	115.7	125.9	127.6
1985	123.4	104.3	123.9	122.7	132.1	136.5	129.3	148.3
1986	110.7	95.7	113.9	114.4	110.9	109.8	108.6	110.6
1987	116.8	118.4	117.2	118.0	112.2	116.9	114.8	111.2
1988	115.7	98.5	120.0	120.3	118.3	107.8	112.3	105.6
1989	106.1	109.9	106.3	110.4	80.8	103.7	107.6	100.7
1990	107.7	107.8	107.5	106.9	109.7	109.0	102.4	93.9
1991	113.0	100.5	114.8	115.3	110.6	113.4	116.5	117.2
1992	121.7	102.5	126.0	126.7	119.1	112.2	109.4	111.6
1993	122.6	111.1	128.6	129.9	119.0	113.7	113.6	114.0
1994	119.9	103.3	125.8	127.6	110.6	113.8	107.4	116.9
1995	118.9	117.6	120.6	121.9	109.0	113.7	118.5	109.9

注:本表按可比价格计算。

2—10 历年国内生产总值

单位:亿元

年 份	国内生产总值	第一产业	第二产业	工业	建筑业	第三产业	#运输、仓储及邮电通信业	#批零贸易、餐饮业	人均国内生产总值(元)
1952	36.09	22.46	8.23	4.77	3.46	5.40	0.52	1.26	82.8
1953	41.30	25.08	10.16	4.88	5.28	6.06	0.64	1.18	93.9
1954	44.02	26.45	10.88	5.98	4.90	6.69	0.86	1.35	98.0
1955	46.53	28.14	11.12	6.31	4.81	7.27	1.04	1.42	101.0
1956	48.12	27.05	12.07	6.83	5.24	9.00	1.44	1.74	102.5
1957	52.55	24.27	18.08	6.87	11.21	10.20	1.64	1.66	109.8
1958	60.76	25.64	24.24	9.89	14.35	10.88	2.13	2.26	124.2
1959	64.03	22.92	30.32	14.08	16.24	10.79	1.82	2.11	129.1
1960	66.15	20.08	33.74	16.75	16.99	12.33	2.17	2.91	135.1
1961	46.29	14.61	19.36	11.15	8.21	12.32	1.85	2.62	96.2
1962	43.02	17.00	14.05	8.54	5.51	11.97	1.74	2.62	88.3
1963	42.45	15.11	15.15	10.07	5.08	12.19	1.86	2.61	85.4
1964	51.40	22.40	15.56	13.08	2.48	13.44	2.12	2.90	101.4
1965	62.96	29.58	19.10	16.27	2.83	14.28	2.45	3.20	121.8
1966	76.39	35.07	26.64	21.33	5.31	14.68	2.52	3.45	143.8
1967	78.54	41.13	22.82	18.98	3.84	14.59	2.16	3.67	144.2
1968	72.19	38.40	19.53	16.71	2.82	14.26	1.96	3.52	129.2
1969	80.88	39.80	25.78	21.47	4.31	15.30	2.45	4.12	140.4
1970	97.19	44.49	36.06	30.04	6.02	16.64	2.98	4.82	163.5
1971	104.80	47.53	39.72	34.16	5.56	17.55	3.30	5.21	171.5
1972	111.41	49.05	43.09	37.69	5.40	19.27	3.51	5.75	177.7
1973	117.05	53.77	43.10	36.14	6.96	20.18	3.77	6.08	182.0
1974	119.92	53.97	44.94	37.00	7.94	21.01	4.03	6.31	182.2
1975	127.77	55.71	50.34	41.54	8.80	21.72	4.41	6.35	190.6
1976	125.52	59.98	42.39	33.46	8.93	23.15	4.81	6.85	184.5
1977	144.11	55.91	62.51	51.48	11.03	25.69	5.45	7.72	208.7
1978	162.92	64.86	69.45	59.20	10.25	28.61	6.91	7.88	232.3
1979	190.09	77.30	80.52	68.64	11.88	32.27	7.79	8.88	266.7
1980	229.16	93.23	94.44	80.51	13.93	41.49	10.02	11.42	316.7
1981	249.69	106.04	95.79	82.61	13.18	47.86	11.96	12.00	340.1
1982	263.30	108.18	102.76	88.62	14.14	52.36	13.09	13.13	353.0
1983	327.95	143.49	116.36	100.35	16.01	68.10	17.02	17.08	432.9
1984	370.04	155.28	136.29	116.66	19.63	78.47	19.71	18.29	481.6
1985	451.74	173.43	170.07	144.39	25.68	108.24	24.82	27.34	579.7
1986	502.91	179.02	202.15	174.47	27.68	121.74	26.31	31.17	635.3
1987	609.60	220.22	230.25	195.75	34.50	159.13	30.08	42.11	755.8
1988	749.09	240.72	299.83	258.38	41.45	208.54	42.02	65.25	909.9
1989	850.71	289.95	317.13	281.71	35.42	243.63	51.18	71.14	1012.3
1990	934.65	325.77	331.85	288.58	43.27	277.03	59.65	58.17	1090.6
1991	1045.73	334.61	388.09	336.26	51.83	323.03	72.68	73.82	1201.2
1992	1279.75	353.92	545.21	481.11	64.10	380.62	82.52	84.95	1452.3
1993	1662.76	410.45	768.89	681.65	87.24	483.42	103.82	101.64	1867.4
1994	2224.43	546.68	1071.74	958.00	113.74	606.01	113.06	136.13	2475.2
1995	3002.74	762.99	1420.25	1274.89	145.36	819.50	164.03	182.75	3312.8

注:本表按当年价格计算。

2-11　历年国内生产总值指数

（以1952年为100）

年　份	国内生产总值	第一产业	第二产业	工业	建筑业	第三产业	#运输、仓储及邮电通信业	#批零贸易、餐饮业	人均国内生产总值
1952	100.0	100.0	100.0	100.0	100.0	100.0	100.0	100.0	100.0
1953	107.0	103.7	126.3	104.5	167.4	113.8	135.1	89.6	105.9
1954	112.8	107.7	141.5	129.6	163.9	124.2	183.7	100.9	109.3
1955	120.2	114.7	148.5	138.4	168.0	135.6	226.9	106.9	113.7
1956	121.8	109.1	176.7	160.4	207.8	172.2	329.5	129.5	113.0
1957	133.0	115.6	210.3	154.5	315.8	199.7	399.7	120.8	121.0
1958	145.8	118.6	298.9	223.4	441.6	209.1	516.0	165.2	129.7
1959	142.1	100.7	398.1	316.3	552.8	208.3	424.1	158.2	124.8
1960	137.6	86.3	441.9	380.2	558.9	235.8	507.6	214.7	122.4
1961	81.7	49.5	221.4	246.3	174.4	209.1	453.8	178.2	74.1
1962	82.1	58.6	156.7	188.2	97.5	209.6	408.0	210.3	73.5
1963	81.8	52.6	190.4	214.2	145.7	220.5	432.5	230.3	71.5
1964	108.7	78.9	221.5	270.7	128.7	247.6	538.0	239.0	93.5
1965	135.3	102.1	285.1	354.1	155.1	258.7	619.2	210.4	114.2
1966	163.5	118.2	418.7	485.1	294.5	266.7	575.9	245.1	134.1
1967	170.8	135.4	358.9	436.6	212.6	266.5	494.7	263.2	136.8
1968	155.5	123.4	310.1	392.1	155.8	261.4	448.7	251.9	121.4
1969	170.9	124.9	425.1	523.4	240.3	280.7	578.4	296.2	129.3
1970	200.4	132.4	619.8	769.9	338.1	308.0	732.2	350.1	147.1
1971	210.6	139.9	644.6	836.1	285.7	325.2	813.5	376.0	150.3
1972	221.6	143.1	694.2	918.9	273.1	359.0	859.0	415.9	154.1
1973	232.0	154.4	691.4	876.7	344.4	377.4	926.9	442.9	157.2
1974	236.9	155.0	719.8	898.6	384.7	393.6	977.9	464.6	156.7
1975	251.8	159.5	805.4	1012.7	417.4	417.6	1074.7	528.7	163.6
1976	249.8	170.4	676.6	814.2	420.7	455.2	1183.2	611.2	159.8
1977	275.3	157.6	983.7	1237.6	510.4	482.9	1399.7	602.7	173.6
1978	306.4	174.3	1102.8	1440.6	472.6	537.5	1671.3	717.2	190.1
1979	333.0	177.3	1241.7	1635.0	508.5	643.4	1875.2	862.1	203.2
1980	384.3	193.6	1455.3	1906.4	616.8	816.5	2280.2	1067.2	231.0
1981	414.3	216.2	1474.2	1948.4	591.5	928.3	2594.9	1103.5	245.6
1982	432.1	217.3	1564.1	2059.4	642.4	1011.9	2844.0	1189.6	252.2
1983	534.9	283.0	1775.3	2345.7	714.3	1328.6	3139.8	1538.2	307.4
1984	589.0	298.5	2041.6	2697.6	822.2	1470.7	3529.1	1699.7	333.6
1985	668.5	300.9	2388.6	3150.8	967.7	1939.9	4238.3	2311.6	373.3
1986	699.2	277.1	2723.1	3645.4	998.7	2106.8	4518.2	2503.4	384.5
1987	804.1	324.0	2957.2	3897.0	1200.5	2601.8	5363.1	3106.7	434.1
1988	882.9	315.5	3551.6	4746.5	1315.7	2846.4	6226.5	3373.9	467.0
1989	921.7	344.5	3466.4	5007.6	1185.4	3139.6	6052.2	4085.8	477.8
1990	963.2	363.1	3546.1	5012.6	1415.4	3353.1	6512.1	2999.0	489.7
1991	1029.7	353.7	4017.7	5704.3	1547.0	3701.8	7651.7	3688.8	515.2
1992	1170.8	359.0	5038.2	7216.0	1811.5	4112.7	8202.6	4028.1	578.6
1993	1355.8	396.3	6151.7	8882.9	2056.1	4589.8	9039.3	4418.9	663.1
1994	1542.9	401.5	7480.4	10881.5	2337.8	5181.9	9572.6	4975.7	747.3
1995	1771.2	449.3	8767.1	12807.6	2623.0	5860.7	11257.4	5433.5	850.4

注：本表按可比价格计算。

2-12 历年国内生产总值指数

(以上年为100)

年 份	国内生产总值	第一产业	第二产业	工业	建筑业	第三产业	#运输、仓储及邮电通信业	#批零贸易、餐饮业	人均国内生产总值
1952	106.1	101.1	138.3	158.1	112.0	129.2	119.4	111.7	105.0
1953	107.0	103.7	126.3	104.5	167.4	113.8	135.1	89.6	105.9
1954	105.4	103.9	112.0	124.0	97.9	109.1	136.0	112.6	103.2
1955	106.6	106.5	105.0	106.8	102.5	109.2	123.5	106.0	104.0
1956	101.3	95.1	119.0	115.9	123.7	127.0	145.2	121.1	99.4
1957	109.2	105.9	119.0	96.3	152.0	116.0	121.3	93.3	107.1
1958	109.6	102.6	142.1	144.6	139.8	104.7	129.1	136.7	107.2
1959	97.5	84.9	133.2	141.6	125.2	99.6	82.2	95.8	96.2
1960	96.8	85.7	111.0	120.2	101.1	113.2	119.7	135.7	98.1
1961	59.4	57.4	50.1	64.8	31.2	88.7	89.4	83.0	60.5
1962	100.5	118.4	70.8	76.4	55.9	100.2	89.9	118.0	99.2
1963	99.6	89.7	121.5	113.8	149.5	105.2	106.0	109.5	97.3
1964	132.9	150.1	116.3	126.4	88.3	112.3	124.4	103.8	130.8
1965	124.5	129.4	128.7	130.8	120.5	104.5	115.1	88.0	122.1
1966	120.8	115.7	146.9	137.0	189.9	103.1	93.0	116.5	117.5
1967	104.5	114.6	85.7	90.0	72.2	99.9	85.9	107.4	102.0
1968	91.0	91.1	86.4	89.8	73.3	98.1	90.7	95.7	88.7
1969	109.9	101.2	137.1	133.5	154.2	107.4	128.9	117.6	106.5
1970	117.3	106.0	145.8	147.1	140.7	109.7	126.6	118.2	113.8
1971	105.1	105.7	104.0	108.6	84.5	105.6	111.1	107.4	102.2
1972	105.2	102.3	107.7	109.9	95.6	110.4	105.6	110.6	102.5
1973	104.7	107.9	99.6	95.4	126.1	105.1	107.9	106.5	102.0
1974	102.1	100.4	104.1	102.5	111.7	104.3	105.5	104.9	99.7
1975	106.3	102.9	111.9	112.7	108.5	106.1	109.9	113.8	104.4
1976	99.2	106.8	84.0	80.4	100.8	109.0	110.1	115.6	97.7
1977	110.2	92.5	145.4	152.0	121.3	106.1	118.3	98.6	108.6
1978	111.3	110.6	112.1	116.4	92.6	111.3	119.4	119.0	109.5
1979	108.7	101.7	112.6	113.5	107.6	119.7	112.2	120.2	106.9
1980	115.4	109.2	117.2	116.6	121.3	126.9	121.6	123.8	113.7
1981	107.8	111.7	101.3	102.2	95.9	113.7	113.8	103.4	106.3
1982	104.3	100.5	106.1	105.7	108.6	109.0	109.6	107.8	102.7
1983	123.8	130.2	113.5	113.9	111.2	131.3	110.4	129.3	121.9
1984	110.1	105.5	115.0	115.0	115.1	110.7	112.4	101.5	108.5
1985	113.5	100.8	117.0	116.8	117.7	131.9	120.1	136.0	111.9
1986	104.6	92.1	114.0	115.7	103.2	108.6	106.6	108.3	103.0
1987	115.0	116.9	108.6	106.9	120.2	123.5	118.7	124.1	112.9
1988	109.8	97.4	120.1	121.8	109.6	109.4	116.1	108.6	107.6
1989	104.4	109.2	97.6	105.5	90.1	110.3	97.2	121.1	102.3
1990	104.5	105.4	102.3	100.1	119.4	106.8	107.6	73.4	102.5
1991	106.9	97.4	113.3	113.8	109.3	110.4	117.5	123.0	105.2
1992	113.7	101.5	125.4	126.5	117.1	111.1	107.2	109.2	112.3
1993	115.8	110.4	122.1	123.1	113.5	111.6	110.2	109.7	114.6
1994	113.8	101.3	121.6	122.5	113.7	112.9	108.5	112.6	112.7
1995	114.8	111.9	117.2	117.7	112.2	113.1	117.6	109.2	113.8

注:本表按可比价格计算。

2－13 历年国内生产总值分产业构成

（以国内生产总值为100）

年份	国内生产总值	第一产业	第二产业	工业	建筑业	第三产业	#运输、仓储及邮电通信业	#批零贸易、餐饮业
1952	100.0	62.2	22.8	13.2	9.6	15.0	1.4	3.5
1953	100.0	60.7	24.6	11.8	12.8	14.7	1.5	2.9
1954	100.0	60.1	24.7	13.6	11.1	15.2	2.0	3.1
1955	100.0	60.5	23.9	13.6	10.3	15.6	2.2	3.1
1956	100.0	56.2	25.1	14.2	10.9	18.7	3.0	3.6
1957	100.0	46.2	34.4	13.1	21.3	19.4	3.1	3.2
1958	100.0	42.2	39.9	16.3	23.6	17.9	3.5	3.7
1959	100.0	35.8	47.4	22.0	25.4	16.8	2.8	3.3
1960	100.0	30.4	51.0	25.3	25.7	18.6	3.3	4.4
1961	100.0	31.6	41.8	24.1	17.7	26.6	4.0	5.7
1962	100.0	39.5	32.7	19.9	12.8	27.8	4.0	6.1
1963	100.0	35.6	35.7	23.7	12.0	28.7	4.4	6.1
1964	100.0	43.6	30.3	25.5	4.8	26.1	4.1	5.6
1965	100.0	47.0	30.3	25.8	4.5	22.7	3.9	5.1
1966	100.0	45.9	34.9	27.9	7.0	19.2	3.3	4.5
1967	100.0	52.4	29.0	24.1	4.9	18.6	2.8	4.7
1968	100.0	53.2	27.1	23.2	3.9	19.7	2.7	4.9
1969	100.0	49.2	31.9	26.6	5.3	18.9	3.0	5.1
1970	100.0	45.8	37.1	30.9	6.2	17.1	3.1	5.0
1971	100.0	45.4	37.9	32.6	5.3	16.7	3.1	5.0
1972	100.0	44.0	38.7	33.8	4.9	17.3	3.2	5.2
1973	100.0	45.9	36.8	30.9	5.9	17.3	3.2	5.2
1974	100.0	45.0	37.5	30.9	6.6	17.5	3.4	5.3
1975	100.0	43.6	39.4	32.5	6.9	17.0	3.5	5.0
1976	100.0	47.8	33.8	26.7	7.1	18.4	3.8	5.5
1977	100.0	38.8	43.4	35.7	7.7	17.8	3.8	5.4
1978	100.0	39.8	42.6	36.3	6.3	17.6	4.2	4.8
1979	100.0	40.7	42.3	36.1	6.2	17.0	4.1	4.7
1980	100.0	40.7	41.2	35.1	6.1	18.1	4.4	5.0
1981	100.0	42.5	38.3	33.1	5.2	19.2	4.8	4.8
1982	100.0	41.1	39.0	33.7	5.4	19.9	5.0	5.0
1983	100.0	43.7	35.5	30.6	4.9	20.8	5.2	5.2
1984	100.0	42.0	36.8	31.5	5.3	21.2	5.3	4.9
1985	100.0	38.4	37.6	31.9	5.7	24.0	5.5	6.1
1986	100.0	35.6	40.2	34.7	5.5	24.2	5.2	6.2
1987	100.0	36.1	37.8	32.1	5.7	26.1	4.9	6.9
1988	100.0	32.1	40.0	34.5	5.5	27.9	5.6	8.7
1989	100.0	34.1	37.3	33.1	4.2	28.6	6.0	8.4
1990	100.0	34.9	35.5	30.9	4.6	29.6	6.4	6.2
1991	100.0	32.0	37.1	32.1	5.0	30.9	7.0	7.1
1992	100.0	27.7	42.6	37.6	5.0	29.7	6.4	6.6
1993	100.0	24.7	46.2	41.0	5.2	29.1	6.2	6.1
1994	100.0	24.6	48.2	43.1	5.1	27.2	5.1	6.1
1995	100.0	25.4	47.3	42.5	4.8	27.3	5.5	6.1

注：本表按当年价格计算。

2—14 国内生产总值及构成

项　　目	1994年		1995年		1995年为1994年%
	绝对数(亿元)	构成(%)	绝对数(亿元)	构成(%)	
国内生产总值	**2224.43**	**100.0**	**3002.74**	**100.0**	**114.8**
第一产业	**546.68**	**24.6**	**762.99**	**25.4**	**111.9**
农林牧渔业	546.68	24.6	762.99	25.4	111.9
第二产业	**1071.74**	**48.2**	**1420.25**	**47.3**	**117.2**
工业	958.00	43.1	1274.89	42.5	117.7
建筑业	113.74	5.1	145.36	4.8	112.2
第三产业	**606.01**	**27.2**	**819.50**	**27.3**	**113.1**
农林牧渔服务业	3.04	0.1	3.17	0.1	96.8
地质勘查、水利管理业	8.72	0.4	12.59	0.4	130.6
交通运输和仓储业	100.48	4.5	146.19	4.9	116.4
邮电通信业	12.58	0.6	17.84	0.6	130.4
批发零售贸易业、餐饮业	136.13	6.1	182.75	6.1	109.2
金融保险业	100.33	4.5	141.10	4.7	113.0
房地产业	63.72	2.9	82.53	2.7	122.8
社会服务业	32.32	1.4	49.96	1.7	135.7
卫生、体育、社会福利事业	24.54	1.1	37.08	1.2	108.7
教育、文化、广播电影电视事业	45.98	2.1	56.03	1.9	102.4
科学研究和综合技术服务业	6.09	0.3	6.61	0.2	105.8
国家机关、政党机关和社会团体	68.96	3.1	77.51	2.6	103.7
其他	3.12	0.1	6.14	0.2	158.4

注:本表绝对数、构成按当年价格计算,发展速度按可比价格计算。

2—15 各市地国内生产总值

(1995年)

市　地	国内生产总值(亿元)	第一产业	第二产业	工业	建筑业	第三产业	#交通运输、仓储及邮电通信业	#批零贸易、餐饮业	人均国内生产总值(元)
郑州市	389.89	28.51	208.42	171.45	36.97	152.96	36.46	30.89	6559
开封市	123.35	42.43	46.90	39.42	7.48	34.02	5.16	8.30	2750
洛阳市	245.05	22.60	143.41	122.87	20.54	79.04	15.10	15.02	4107
平顶山市	188.75	38.28	97.59	89.36	8.23	52.88	11.92	13.53	3515
安阳市	189.13	41.06	100.58	89.72	10.86	47.49	18.08	8.77	3792
鹤壁市	54.79	13.88	28.30	25.77	2.53	12.61	2.58	2.07	4210
新乡市	210.30	53.89	104.72	95.74	8.98	51.69	12.92	11.66	4112
焦作市	228.06	39.07	129.45	118.72	10.73	59.54	23.91	8.59	6161
濮阳市	122.50	28.66	67.08	57.26	9.82	26.76	2.77	5.72	3723
许昌市	126.05	30.88	61.77	56.01	5.76	33.40	8.40	8.75	3636
漯河市	86.03	26.43	38.99	35.85	3.14	20.61	3.85	4.96	3646
三门峡市	92.73	16.19	44.57	38.94	5.63	31.97	9.64	6.96	4382
南阳市	306.60	98.82	134.42	124.16	10.26	73.36	11.80	18.02	2998
商丘地区	163.13	73.92	47.23	40.56	6.67	41.98	9.18	9.21	2157
周口地区	195.14	88.43	65.62	58.20	7.42	41.09	5.45	8.60	1999
驻马店地区	160.81	72.22	51.42	45.79	5.63	37.17	4.98	5.15	2073
信阳地区	144.17	66.16	39.57	34.90	4.67	38.44	8.26	8.92	1953

注:本表按当年价格计算。

2—16 各市地国内生产总值指数

（1995年，以上年为100）

市 地	国内生产总值	第一产业	第二产业	工业	建筑业	第三产业	#交通运输、仓储及邮电通信业	#批零贸易、餐饮业	人均国内生产总值
郑州市	116.3	108.0	117.2	115.0	135.5	116.9	110.1	123.1	113.5
开封市	118.2	116.5	123.9	122.9	130.8	112.1	114.6	111.7	116.9
洛阳市	115.0	98.9	118.2	114.8	143.1	115.1	111.9	113.6	114.2
平顶山市	113.8	105.2	118.0	118.9	108.6	113.2	123.3	116.6	112.8
安阳市	113.2	111.0	113.5	112.0	129.7	114.5	117.1	107.3	111.1
鹤壁市	117.6	106.9	126.2	123.7	165.8	114.0	113.2	111.9	116.3
新乡市	119.7	114.3	124.7	125.0	120.5	115.0	108.4	116.1	119.0
焦作市	120.5	113.3	125.1	122.4	183.4	115.5	113.9	120.5	119.2
濮阳市	115.1	112.7	115.6	116.3	112.4	116.7	112.7	117.5	113.7
许昌市	120.0	110.5	127.1	126.9	129.5	115.2	116.5	117.0	119.3
漯河市	121.6	119.2	127.4	127.3	128.7	113.2	113.2	112.8	119.0
三门峡市	112.3	105.3	114.7	117.1	99.4	113.0	116.4	106.7	110.2
南阳市	118.4	117.1	122.4	123.3	107.8	113.3	112.4	113.9	117.7
商丘地区	119.7	122.8	119.7	120.0	117.0	114.9	119.3	116.4	118.4
周口地区	121.2	130.7	116.7	116.9	115.0	112.8	123.3	112.7	120.2
驻马店地区	123.2	137.9	116.6	116.0	122.6	111.7	107.6	126.6	122.2
信阳地区	113.6	116.9	112.4	110.5	132.2	110.1	123.1	111.5	112.4

注：本表按可比价格计算。

2—17 各市地国内生产总值构成

（1995年，以国内生产总值为100）

市 地	国内生产总值	第一产业	第二产业	工业	建筑业	第三产业	#交通运输、仓储及邮电通信业	#批零贸易、餐饮业
郑州市	100.0	7.3	53.5	44.0	9.5	39.2	9.4	8.0
开封市	100.0	34.0	38.3	32.8	5.5	27.7	4.2	6.7
洛阳市	100.0	9.2	58.5	50.1	8.4	32.3	6.2	6.1
平顶山市	100.0	19.5	50.4	45.1	5.3	30.1	6.2	7.4
安阳市	100.0	21.7	53.2	47.4	5.8	25.1	4.1	4.6
鹤壁市	100.0	30.7	46.0	43.0	3.0	23.3	4.9	4.0
新乡市	100.0	26.8	48.2	43.7	4.5	25.0	6.1	5.3
焦作市	100.0	17.1	56.8	52.1	4.7	26.1	10.5	3.8
濮阳市	100.0	24.4	54.8	46.4	8.4	20.8	2.3	4.6
许昌市	100.0	24.5	49.0	44.4	4.6	26.5	6.7	6.9
漯河市	100.0	30.7	45.3	41.7	3.6	24.0	4.5	5.8
三门峡市	100.0	17.5	48.0	41.9	6.1	34.5	10.4	7.5
南阳市	100.0	32.2	43.9	40.5	3.4	23.9	3.8	5.9
商丘地区	100.0	45.3	29.0	24.9	4.1	25.7	5.6	5.6
周口地区	100.0	45.3	33.6	30.0	3.6	21.1	2.8	4.4
驻马店地区	100.0	44.9	32.0	28.5	3.5	23.1	3.1	3.2
信阳地区	100.0	44.2	27.4	24.2	3.2	28.4	5.7	6.2

注：本表按当年价格计算。

2－18 历年国内支出总额

单位:亿元

年 份	国内支出总额	总消费					总投资			货物和服务净出口
			居民消费			社会消费		固定资产形成	存货增加	
				农业居民	非农业居民					
1952	36.09	29.50	27.93	24.61	3.32	1.57	6.63	4.90	1.73	－0.04
1953	41.30	32.46	30.50	26.86	3.64	1.96	7.98	3.55	4.43	0.86
1954	44.02	33.43	31.36	27.18	4.18	2.07	8.17	4.53	3.64	2.42
1955	46.52	35.20	33.15	28.80	4.35	2.05	10.73	8.14	2.59	0.59
1956	48.12	36.83	33.91	28.81	5.10	2.92	12.04	10.16	1.88	－0.75
1957	52.55	36.87	33.94	27.82	6.12	2.93	16.49	11.17	5.32	－0.81
1958	60.76	40.38	37.34	30.32	7.02	3.04	30.02	22.91	7.11	－9.64
1959	64.03	37.26	33.72	25.14	8.58	3.54	38.59	29.27	9.32	－11.82
1960	66.15	36.64	32.61	22.55	10.06	4.03	31.54	32.64	－1.10	－2.03
1961	46.29	38.79	34.67	23.62	11.05	4.12	5.11	11.07	－5.96	2.39
1962	43.02	40.12	36.46	25.28	11.18	3.66	3.41	8.24	－4.83	－0.51
1963	42.45	41.03	37.08	25.82	11.26	3.95	10.34	8.76	1.58	－8.92
1964	51.40	40.71	36.71	24.63	12.08	4.00	12.32	10.36	1.96	－1.63
1965	62.96	42.36	38.13	25.93	12.20	4.23	14.91	12.21	2.70	5.69
1966	76.39	46.15	41.83	29.44	12.39	4.32	23.55	16.53	7.02	6.69
1967	78.54	50.11	46.05	33.58	12.47	4.06	18.38	11.89	6.49	10.05
1968	72.19	49.67	45.58	33.24	12.34	4.09	15.19	9.06	6.13	7.33
1969	80.88	52.34	48.00	34.55	13.45	4.34	22.84	15.57	7.27	5.70
1970	97.19	56.98	52.56	38.24	14.32	4.42	39.21	26.05	13.16	1.00
1971	104.80	61.29	55.97	41.71	14.26	5.32	35.09	25.60	9.49	8.42
1972	111.41	67.80	60.03	43.95	16.08	7.77	35.95	25.81	10.14	7.66
1973	117.05	71.54	63.04	46.12	16.92	8.50	40.69	29.36	11.33	4.82
1974	119.92	75.53	66.34	48.21	18.13	9.19	43.11	33.18	9.93	1.28
1975	127.77	80.08	68.60	49.67	18.93	11.48	46.34	35.85	10.49	1.35
1976	125.52	87.77	76.41	57.04	19.37	11.36	37.47	28.47	9.00	0.28
1977	144.11	90.57	79.57	59.63	19.94	11.00	53.25	38.57	14.68	0.29
1978	162.92	107.07	94.34	70.45	23.89	12.73	52.49	40.66	11.83	3.36
1979	190.09	127.10	113.01	86.10	26.91	14.09	60.46	46.37	14.09	2.53
1980	229.16	151.48	135.23	104.36	30.87	16.25	69.20	57.70	11.50	8.48
1981	249.69	164.83	147.09	112.62	34.47	17.74	76.12	55.20	20.92	8.74
1982	263.30	183.01	159.95	123.33	36.62	23.06	71.15	66.10	5.05	9.14
1983	327.95	194.43	165.43	125.63	39.80	29.00	115.21	88.14	27.07	18.31
1984	370.04	222.17	187.89	139.32	48.57	34.28	130.82	101.87	28.95	17.05
1985	451.74	275.95	231.11	166.16	64.95	44.84	173.43	138.19	35.24	2.36
1986	502.91	307.91	256.87	182.68	74.19	51.04	184.00	158.84	25.16	11.00
1987	609.60	344.68	285.09	201.05	84.04	59.59	223.78	174.20	49.58	41.14
1988	749.09	410.63	348.87	235.34	113.53	61.76	307.85	222.33	85.52	30.61
1989	850.71	466.33	395.47	264.82	130.65	70.86	345.19	209.62	135.57	39.19
1990	934.65	527.43	447.97	309.33	138.64	79.46	364.81	225.73	139.08	42.41
1991	1045.73	572.63	479.04	325.30	153.74	93.59	421.32	279.06	142.26	51.78
1992	1279.75	641.79	531.59	357.89	173.70	110.20	571.96	346.67	225.29	66.00
1993	1662.76	879.25	673.10	453.61	219.49	206.15	684.59	485.19	199.40	98.92
1994	2224.43	1198.86	929.14	597.12	332.02	269.72	883.44	670.35	213.09	142.13
1995	3000.26	1595.23	1253.06	819.64	433.42	342.17	1244.31	874.87	369.44	160.72

注:本表按当年价格计算。

2—19 历年总消费指数

年份	以1952年为100					以上年为100				
	总消费	居民消费	农业居民消费	非农业居民消费	社会消费	总消费	居民消费	农业居民消费	非农业居民消费	社会消费
1952	100.0	100.0	100.0	100.0	100.0					
1953	110.1	109.2	109.1	109.6	124.8	110.1	109.2	109.1	109.6	124.8
1954	113.4	112.3	110.4	125.8	131.8	103.0	102.8	101.2	114.8	105.6
1955	119.4	118.7	117.0	131.0	130.5	105.3	105.7	106.0	104.1	99.0
1956	124.9	121.4	117.0	153.5	185.8	104.6	102.3	100.0	117.2	142.4
1957	124.9	121.3	113.1	184.2	186.3	100.0	99.9	96.6	120.0	100.3
1958	129.7	126.1	117.7	191.0	193.4	103.8	104.0	104.1	103.7	103.8
1959	119.3	113.4	97.2	238.4	226.1	92.0	89.9	82.6	124.8	116.9
1960	116.7	108.8	87.2	277.3	257.1	97.8	96.0	89.7	116.3	113.7
1961	122.4	114.7	91.0	298.6	260.2	104.9	105.4	104.4	107.7	101.2
1962	123.1	117.7	93.9	301.9	220.1	100.6	102.6	103.2	101.1	84.6
1963	125.2	119.0	95.1	304.3	236.4	101.7	101.1	101.2	100.8	107.4
1964	126.3	119.9	90.3	350.3	239.9	100.9	100.8	95.0	115.1	101.5
1965	133.5	126.8	95.7	368.1	255.1	105.7	105.7	105.9	105.1	106.3
1966	150.0	143.4	111.5	389.5	269.1	112.3	113.1	116.6	105.8	105.5
1967	163.3	158.3	127.4	397.3	254.0	108.9	110.4	114.2	102.0	94.4
1968	161.5	156.2	126.1	389.3	255.3	98.9	98.7	99.0	98.0	100.5
1969	170.4	164.7	131.1	424.4	270.4	105.5	105.4	104.0	109.0	105.9
1970	186.6	181.3	146.3	451.5	277.7	109.5	110.1	111.6	106.4	102.7
1971	202.8	194.9	162.2	450.2	338.2	108.7	107.5	110.8	99.7	121.8
1972	225.7	210.3	172.0	508.2	495.8	111.3	107.9	106.1	112.9	146.6
1973	238.8	221.5	181.2	534.7	544.4	105.8	105.3	105.3	105.2	109.8
1974	252.4	233.2	189.5	573.2	588.5	105.7	105.3	104.6	107.2	108.1
1975	267.3	240.9	195.0	597.8	734.4	105.9	103.3	102.9	104.3	124.8
1976	292.4	267.9	223.7	610.4	725.6	109.4	111.2	114.7	102.1	98.8
1977	301.2	278.6	233.5	626.2	702.4	103.0	104.0	104.4	102.6	96.8
1978	356.3	330.7	276.2	750.8	812.6	118.3	118.7	118.3	119.9	115.7
1979	422.6	395.5	337.3	845.4	899.6	118.6	119.6	122.1	112.6	110.7
1980	480.5	451.7	392.6	908.9	984.2	113.7	114.2	116.4	107.5	109.4
1981	516.6	485.5	420.5	988.8	1058.0	107.5	107.5	107.1	108.8	107.5
1982	566.1	521.0	454.9	1032.3	1355.3	109.6	107.3	108.2	104.4	128.1
1983	592.7	531.4	459.5	1090.2	1675.1	104.7	102.0	101.0	105.6	123.6
1984	673.4	600.0	509.6	1304.9	1963.2	113.6	112.9	110.9	119.7	117.2
1985	800.0	706.8	587.0	1640.3	2436.3	118.8	117.8	115.2	125.7	124.1
1986	851.2	749.9	620.5	1758.4	2641.0	106.4	106.1	105.7	107.2	108.4
1987	898.8	785.9	650.3	1844.5	2899.8	105.6	104.8	104.8	104.9	109.8
1988	937.5	820.4	664.6	2040.1	3007.1	104.3	104.4	102.2	110.6	103.7
1989	957.2	837.7	677.9	2087.0	3067.2	102.1	102.1	102.0	102.3	102.0
1990	1001.2	869.5	697.5	2226.8	3312.6	104.6	103.8	102.9	106.7	108.0
1991	1061.3	912.1	729.6	2351.5	3723.4	106.0	104.9	104.6	105.6	112.4
1992	1143.0	970.5	763.2	2593.7	4285.6	107.7	106.4	104.6	110.3	115.1
1993	1402.4	1160.7	906.7	3146.2	5939.9	122.7	119.6	118.8	121.3	138.6
1994	1581.9	1258.2	977.4	3448.2	7852.3	112.8	108.4	107.8	109.6	132.2
1995	1759.1	1396.6	1089.8	3789.6	8794.5	111.2	111.0	111.5	109.9	112.0

注:本表按可比价格计算。

2-20 历年总投资指数

年份	以1952年为100			以上年为100		
	总投资	固定资产形成	存货增加	总投资	固定资产形成	存货增加
1952	100.0	100.0	100.0			
1953	110.5	66.9	250.7	110.5	66.9	250.7
1954	76.2	91.6	200.5	69.0	136.9	80.0
1955	149.2	151.2	143.4	195.7	165.1	71.5
1956	179.4	202.5	105.9	120.2	133.9	73.8
1957	240.0	223.7	293.8	133.8	110.5	277.5
1958	439.4	451.7	402.5	183.1	201.9	137.0
1959	564.2	564.2	566.8	128.4	124.9	140.8
1960	473.3	635.3		83.9	112.6	
1961	81.9	183.6		17.3	28.9	
1962	54.9	152.4		67.1	83.0	
1963	151.8	180.0	60.3	276.3	118.1	
1964	193.3	217.0	115.5	127.3	120.6	192.3
1965	242.0	270.0	150.2	125.2	124.4	130.0
1966	380.9	373.9	400.2	157.4	138.5	266.5
1967	292.9	266.2	375.4	76.9	71.2	93.8
1968	238.7	200.7	358.6	81.5	75.4	95.5
1969	371.9	350.7	436.6	155.8	174.7	121.7
1970	646.0	591.3	815.4	173.7	168.6	186.8
1971	571.7	572.4	563.1	88.5	96.8	69.1
1972	579.1	570.7	600.0	101.3	99.7	106.6
1973	646.9	638.0	667.6	111.7	111.8	111.3
1974	674.0	698.6	585.6	104.2	109.5	87.7
1975	730.0	753.1	645.6	108.3	107.8	110.3
1976	670.9	699.6	569.4	91.9	92.9	88.2
1977	810.4	789.2	868.0	120.8	112.8	152.4
1978	842.0	880.7	706.3	103.9	111.6	81.4
1979	911.9	916.8	885.3	108.3	104.1	125.3
1980	1038.6	1132.3	724.8	113.9	123.5	81.9
1981	1133.2	1079.1	1294.5	109.1	95.3	178.6
1982	1058.4	1287.3	309.4	93.4	119.3	23.9
1983	1689.2	1687.7	1669.7	159.6	131.1	539.7
1984	1768.6	1765.3	1753.2	104.7	104.6	105.0
1985	2099.3	2125.4	1982.9	118.7	120.4	113.1
1986	2137.1	2361.4	1384.1	101.8	111.1	69.8
1987	2282.4	2264.5	2300.3	106.8	95.9	166.2
1988	3108.6	3084.3	3770.2	136.2	136.2	163.9
1989	3226.7	2797.5	5214.2	103.8	90.7	138.3
1990	3265.5	2803.1	5370.6	101.2	100.2	103.0
1991	3552.8	3161.9	5811.0	108.8	112.8	108.2
1992	4330.9	3737.3	7443.9	121.9	118.2	128.1
1993	4590.7	4309.1	6811.2	106.0	115.3	91.5
1994	5160.0	5158.0	6688.6	112.4	119.7	98.2
1995	6305.5	6117.4	8748.6	122.2	118.6	130.8

注:本表按可比价格计算。

2-21 历年国内支出总额构成

年份	以国内支出总额为100			以总消费为100	
	总消费	总投资	货物和服务净出口	居民消费	社会消费
1952	81.7	18.4	−0.1	94.7	5.3
1953	78.6	19.3	2.1	94.0	6.0
1954	75.9	18.6	5.5	93.8	6.2
1955	75.7	23.0	1.3	94.2	5.8
1956	76.5	25.0	−1.5	92.1	7.9
1957	70.1	31.4	−1.5	92.1	7.9
1958	66.5	49.4	−15.9	92.5	7.5
1959	58.2	60.3	−18.5	90.5	9.5
1960	55.4	47.7	−3.1	89.0	11.0
1961	83.8	11.0	5.2	89.4	10.6
1962	93.3	7.9	−1.2	90.9	9.1
1963	96.6	24.4	−21.0	90.4	9.6
1964	79.2	24.0	−3.2	90.2	9.8
1965	67.3	23.7	9.0	90.0	10.0
1966	60.4	30.8	8.8	90.6	9.4
1967	63.8	23.4	12.8	91.9	8.1
1968	68.8	21.0	10.2	91.8	8.2
1969	64.7	28.2	7.1	91.7	8.3
1970	58.6	40.4	1.0	92.2	7.8
1971	58.5	33.5	8.0	91.3	8.7
1972	60.8	32.3	6.9	88.5	11.5
1973	61.1	34.8	4.1	88.1	11.9
1974	63.0	35.9	1.1	87.8	12.2
1975	62.7	36.3	1.0	85.7	14.3
1976	69.9	29.9	0.2	87.1	12.9
1977	62.8	37.0	0.2	87.9	12.1
1978	65.7	32.2	2.1	88.1	11.9
1979	66.9	31.8	1.3	88.9	11.1
1980	66.1	30.2	3.7	89.3	10.7
1981	66.0	30.5	3.5	89.2	10.8
1982	69.5	27.0	3.5	87.4	12.6
1983	59.3	35.1	5.6	85.1	14.9
1984	60.0	35.4	4.6	84.6	15.4
1985	61.1	38.4	0.5	83.8	16.2
1986	61.2	36.6	2.2	83.4	16.6
1987	56.6	36.7	6.7	82.7	17.3
1988	54.8	41.1	4.1	85.0	15.0
1989	54.8	40.6	4.6	84.8	15.2
1990	56.4	39.0	4.6	85.7	14.3
1991	54.7	40.3	5.0	84.7	15.3
1992	50.1	44.7	5.2	84.0	16.0
1993	52.9	41.2	5.9	77.4	22.6
1994	53.9	39.7	6.4	78.0	22.0
1995	53.2	41.5	5.3	78.6	21.4

注:本表按当年价格计算。

2-22 国内支出总额及构成

项　　目	1994年		1995年		1995年为1994年%
	绝对额（亿元）	构成（%）	绝对额（亿元）	构成（%）	
国内支出总额	**2224.43**	**100.0**	**3000.26**	**100.0**	**114.7**
一、总消费	**1198.86**	**53.9**	**1595.23**	**53.2**	**111.2**
居民消费	929.14	41.8	1253.06	41.8	111.0
农业居民	597.12	26.9	819.64	27.3	111.5
自给性	239.62	10.8	301.73	10.1	
商品性	235.92	10.6	380.85	12.7	
文化生活服务性	56.05	2.5	66.68	2.2	
住房及水电	65.53	3.0	70.38	2.3	
#住房	52.02	2.3	59.50	2.0	
非农业居民	332.02	14.9	433.42	14.5	109.9
商品性	279.03	12.5	350.78	11.7	
文化生活服务性	39.06	1.8	56.45	1.9	
#公费医疗	13.23	0.6	20.15	0.7	
住房及水电	13.93	0.6	26.19	0.9	
#住房	9.31	0.4	19.81	0.7	
社会消费	269.72	12.1	342.17	11.4	112.0
二、总投资	**883.44**	**39.7**	**1244.31**	**41.5**	**122.2**
1.按经济类型分					
固定资产形成	670.35	30.1	874.87	29.2	118.6
国有经济	421.42	18.9	478.44	16.0	
集体经济	102.21	4.6	171.25	5.7	
城乡居民私人住房	90.34	4.1	123.90	4.1	
城镇	22.63	1.0	32.59	1.1	
乡村	67.71	3.1	91.31	3.0	
其他各种经济类型	56.38	2.5	101.28	3.4	
存货增加	213.09	9.6	369.44	12.3	130.8
国有经济	−15.35	−0.7	40.60	1.4	
集体经济	174.21	7.8	300.39	10.0	
其他各种经济类型	54.23	2.5	28.45	0.9	
2.按产业分					
固定资产形成	670.35	30.1	874.87	29.2	118.6
第一产业	38.41	1.7	62.52	2.1	
第二产业	333.90	15.0	433.04	14.4	
第三产业	298.04	13.4	379.31	12.7	
存货增加	213.09	9.6	369.44	12.3	130.8
第一产业	91.18	4.1	240.02	8.0	
第二产业	96.69	4.4	82.08	2.7	
第三产业	25.22	1.1	47.34	1.6	
三、货物和服务净出口	**142.13**	**6.4**	**160.72**	**5.3**	**110.3**

注：本表绝对数、构成按当年价格计算，发展速度按可比价格计算。

2—23　各市地国内支出总额

（1995年）　　单位：亿元

市　地	国内支出总额	总消费	居民消费	农业居民	非农业居民	社会消费	总投资	货物和服务净出口
郑州市	393.59	170.78	128.61	44.76	83.85	42.17	212.95	9.86
开封市	125.34	72.28	60.06	39.70	20.36	12.22	49.14	3.92
洛阳市	245.05	111.57	87.85	40.23	47.62	23.72	127.16	6.32
平顶山市	188.75	88.35	75.94	41.85	34.09	12.41	61.60	38.80
安阳市	181.52	91.80	78.16	51.38	26.78	13.64	89.72	
鹤壁市	53.36	28.92	24.75	13.17	11.58	4.17	25.17	−0.73
新乡市	210.30	97.21	82.04	48.95	33.09	15.17	72.83	40.26
焦作市	228.06	85.77	70.33	34.84	35.49	15.44	89.55	52.74
濮阳市	122.50	55.69	46.92	28.70	18.22	8.77	55.20	11.61
许昌市	126.05	61.63	51.52	36.28	15.24	10.11	56.36	8.06
漯河市	86.03	48.45	39.81	26.01	13.80	8.64	34.91	2.67
三门峡市	92.73	46.24	39.17	18.28	20.89	7.07	36.71	9.78
南阳市	306.60	135.40	111.08	79.67	31.41	24.32	167.45	3.75
商丘地区	162.92	99.60	86.28	67.39	18.89	13.32	64.16	−0.84
周口地区	195.14	126.00	111.24	95.83	15.41	14.76	67.93	1.21
驻马店地区	160.81	101.00	86.85	68.01	18.84	14.15	58.84	0.97
信阳地区	145.10	98.88	85.82	65.37	20.45	13.06	46.22	

注：本表按当年价格计算。

2—24　各市地国内支出总额指数

（1995年，以上年为100）

市　地	国内支出总额	总消费	居民消费	农业居民	非农业居民	社会消费	总投资	货物和服务净出口
郑州市	116.3	113.4	111.3	113.2	110.2	120.6	117.7	133.0
开封市	118.1	112.7	113.5	115.2	110.4	109.0	130.5	99.9
洛阳市	115.0	108.1	106.4	107.4	105.4	113.3	130.7	40.7
平顶山市	113.8	110.6	111.4	106.3	119.7	105.9	106.8	141.9
安阳市	111.2	112.1	113.7	111.5	118.3	104.3	110.4	
鹤壁市	117.8	104.5	112.1	110.1	114.6	77.6	140.5	160.8
新乡市	119.7	118.5	122.2	125.7	117.3	102.1	135.9	125.3
焦作市	120.5	107.5	111.3	107.4	115.7	92.0	124.4	132.4
濮阳市	116.1	115.7	118.0	116.8	120.1	104.9	103.5	217.9
许昌市	120.0	113.2	113.6	114.7	111.0	111.4	127.5	133.5
漯河市	121.6	124.5	120.9	107.1	161.1	143.8	120.2	96.0
三门峡市	112.3	106.9	107.1	105.0	109.2	105.2	89.3	
南阳市	118.4	105.7	106.0	103.4	113.8	105.3	132.4	106.0
商丘地区	120.3	112.4	111.7	111.7	111.5	117.4	135.7	143.8
周口地区	121.2	124.0	127.5	132.5	103.0	102.7	110.9	
驻马店地区	123.2	118.0	117.4	118.0	115.1	121.7	128.0	
信阳地区	111.6	102.7	101.5	100.0	107.8	112.5	137.6	

注：本表按可比价格计算。

2-25 国内生产总值构成项目

年份	国内生产总值	劳动者报酬	固定资产折旧	生产税净额	营业盈余
绝对数(亿元)					
1978	162.92	91.39	16.23	24.03	31.27
1979	190.09	111.91	17.93	24.00	36.25
1980	229.16	134.18	22.77	28.57	43.64
1981	249.69	151.29	22.99	30.42	44.99
1982	263.30	155.38	27.49	32.40	48.03
1983	327.95	196.92	37.45	37.38	56.20
1984	370.04	217.59	41.88	46.64	63.93
1985	451.74	266.09	53.62	60.91	71.12
1986	502.91	307.14	57.72	67.99	70.06
1987	609.60	373.25	60.36	86.10	89.89
1988	749.09	444.21	71.15	107.56	126.17
1989	850.71	476.53	106.87	116.95	150.36
1990	934.65	554.91	119.13	107.04	153.57
1991	1045.73	606.59	141.93	140.99	156.22
1992	1279.75	706.32	184.36	186.24	202.83
1993	1662.76	909.42	236.01	224.01	293.32
1994	2224.43	1422.74	301.73	256.16	243.80
1995	3002.74	1964.75	343.01	356.58	338.40
构成(%)					
1978	100.0	56.1	10.0	14.7	19.2
1979	100.0	58.9	9.4	12.6	19.1
1980	100.0	58.6	9.9	12.5	19.0
1981	100.0	60.6	9.2	12.2	18.0
1982	100.0	59.0	10.4	12.3	18.3
1983	100.0	60.1	11.4	11.4	17.1
1984	100.0	58.8	11.3	12.6	17.3
1985	100.0	58.9	11.9	13.5	15.7
1986	100.0	61.1	11.5	13.5	13.9
1987	100.0	61.2	9.9	14.1	14.8
1988	100.0	59.3	9.5	14.4	16.8
1989	100.0	56.0	12.6	13.7	17.7
1990	100.0	59.4	12.7	11.5	16.4
1991	100.0	58.0	13.6	13.5	14.9
1992	100.0	55.2	14.4	14.6	15.8
1993	100.0	54.7	14.2	13.5	17.6
1994	100.0	63.9	13.6	11.5	11.0
1995	100.0	65.4	11.4	11.9	11.3

注:本表按当年价格计算。

2－26　国内生产总值分行业构成项目

(1995 年)　　单位:亿元

项　　目	国内生产总值	劳　动者报酬	固定资产折旧	生产税净　额	营　业盈　余
国内生产总值	**3002.74**	**1964.75**	**343.01**	**356.58**	**338.40**
第一产业	**762.99**	**695.58**	**15.32**	**12.12**	**39.97**
农林牧渔业	762.99	695.58	15.32	12.12	39.97
第二产业	**1420.25**	**827.97**	**152.26**	**282.46**	**157.56**
工业	1274.89	740.18	143.76	270.52	120.43
建筑业	145.36	87.79	8.50	11.94	37.13
第三产业	**819.50**	**441.20**	**175.43**	**62.00**	**140.87**
农林牧渔服务业	3.17	1.70	0.23	0.30	0.94
地质勘查、水利管理业	12.59	8.44	4.05	0.30	－0.20
交通运输和仓储业	146.19	87.22	31.10	13.61	14.26
邮电通信业	17.84	8.97	11.99	1.54	－4.66
批发零售贸易业、餐饮业	182.75	130.31	20.77	28.43	3.24
金融保险业	141.10	16.73	5.48	14.14	104.75
房地产业	82.53	2.36	78.68	1.41	0.08
社会服务业	49.96	34.52	9.75	1.57	4.12
卫生、体育、社会福利事业	37.08	31.54	1.12	0.08	4.34
教育、文化、广播电影电视事业	56.03	42.91	5.17	0.22	7.73
科学研究和综合技术服务业	6.61	4.78	0.65	0.21	0.97
国家机关、政党机关和社会团体	77.51	70.24	5.82	0.19	1.26
其他	6.14	1.48	0.62		4.04

注:本表当年价格计算。

2－27　各市地国内生产总值构成项目

(1995 年)　　单位:亿元

市　　地	国内生产总值	劳　动者报酬	固定资产折旧	生产税净　额	营业盈余
郑州市	389.89	187.24	54.70	50.95	97.00
开封市	123.35	77.38	11.83	11.05	23.09
洛阳市	245.05	129.39	31.93	36.23	47.50
平顶山市	188.75	112.37	24.35	24.52	27.51
安阳市	189.13	102.67	20.67	25.17	40.62
鹤壁市	54.79	31.24	7.04	5.52	10.99
新乡市	210.30	108.52	25.47	23.34	52.97
焦作市	228.06	135.92	22.14	25.04	44.96
濮阳市	122.50	57.87	25.64	11.57	27.42
许昌市	126.05	70.44	15.15	12.01	28.45
漯河市	86.03	49.75	9.00	7.71	19.57
三门峡市	92.73	52.29	9.08	9.88	21.48
南阳市	306.60	203.02	32.94	32.54	38.10
商丘地区	163.13	117.30	16.87	14.65	14.31
周口地区	195.14	126.97	17.80	20.50	29.87
驻马店地区	160.81	87.34	17.29	11.11	45.07
信阳地区	144.17	98.12	13.20	10.62	22.23

注:本表按当年价格计算。

2—28 18个特别试点县市主要统计指标

(1995年)

指　　标	单　位	全省总计	18个特别试点县市合　　计	占全省总计%
土地面积	平方公里	167000	22961	13.7
年底耕地面积	千公顷	6805.76	861.59	12.7
年底总人口	万人	9100	1294	14.2
#非农业人口	万人	1478	173	11.7
国内生产总值	亿元	3002.74	626.78	20.9
第一产业	亿元	762.99	110.19	14.4
第二产业	亿元	1420.25	360.77	25.4
#工业	亿元	1274.89	320.17	25.1
建筑业	亿元	145.36	40.60	27.9
第三产业	亿元	819.50	155.82	19.0
全社会固定资产投资总额	亿元	805.03	222.46	27.6
#国有经济单位	亿元	545.80	74.52	13.7
财政收入(分税制前老口径)	亿元	215.27	30.36	14.1
(分税制后新口径)	亿元	124.63	18.13	14.5
财政支出	亿元	207.28	22.99	11.1
农林牧渔业总产值	亿元	1304.25	189.61	14.5
粮食产量	万吨	3466.50	469.29	13.5
工业总产值(新规定)	亿元	4393.87	1194.67	27.2
#乡及乡以上	亿元	2441.40	415.62	17.0
社会消费品零售总额	亿元	906.67	142.66	15.7
#国有经济单位	亿元	289.22	41.72	14.4
实际利用外资金额	万美元	102842	10834	10.5
#外商直接投资	万美元	47981	7873	16.4
城乡居民储蓄存款年底余额	亿元	1456.35	250.12	17.2

注:本表价值量指标均按当年价格计算。

2-29 18个特别试点县市国内生产总值

(1995年)

单位:万元

县 市	国内生产总值	# 第一产业	人均国内生产总值(元)
18县市合计	**6267834**	**1101866**	**4862**
巩义市	502728	25696	6667
济源市	349831	60013	5622
新郑市	332506	43710	5670
偃师市	440349	54437	5664
新密市	316604	29914	4521
辉县市	357639	90502	4724
禹州市	365413	82689	3237
长葛市	315354	66704	4869
新乡县	346559	68755	8551
林州市	371662	68939	3800
沁阳市	342680	55225	8063
汝州市	356182	85092	3975
荥阳市	310002	43081	4918
镇平县	334844	78032	3628
灵宝市	380804	91103	5496
项城市	344999	83969	3262
孟　县	223205	43238	6964
登封市	276473	30767	4707

注:本表按当年价格计算。

2-30 18个特别试点县市国内生产总值指数

(1995年,以上年为100)

县 市	国内生产总值	# 第一产业	人均国内生产总值
18县市合计	**118.5**	**111.3**	**118.1**
巩义市	114.9	94.8	114.6
济源市	118.5	103.1	115.4
新郑市	118.0	103.1	117.4
偃师市	116.4	108.5	115.8
新密市	109.5	109.2	109.1
辉县市	118.4	114.0	120.8
禹州市	120.1	129.9	119.4
长葛市	121.5	107.0	120.6
新乡县	115.5	115.1	118.1
林州市	122.9	117.9	122.6
沁阳市	124.2	119.4	123.4
汝州市	115.2	112.7	114.4
荥阳市	115.8	104.0	119.2
镇平县	121.7	108.4	122.6
灵宝市	117.0	106.0	115.7
项城市	126.1	114.8	124.7
孟　县	121.1	112.6	125.0
登封市	120.8	107.3	119.5

注:本表按可比价格计算。

2-31 18个特别试点县市工、农业总产值

(1995年)

单位:万元

县 市	工 业 总产值 (新规定)	#乡 及 乡以上	工 业 总产值 (原规定)	#乡 及 乡以上	农林牧渔业 总 产 值
18县市合计	**11946707**	**4156226**	**12383138**	**4592654**	**1896106**
巩义市	1236154	368239	1275770	407855	46781
济源市	752699	284465	801752	333518	122022
新郑市	644623	272850	678846	307073	80259
偃师市	844589	103511	852939	111861	87791
新密市	557228	159629	557607	160008	54534
辉县市	714681	233025	742773	261117	157794
禹州市	617957	183790	627660	193493	145071
长葛市	562281	190420	587756	215894	117034
新乡县	737014	240042	764018	267046	114555
林州市	760070	177397	784401	201727	118495
沁阳市	771956	274744	809383	312171	97227
汝州市	468999	142081	483808	156890	143397
荥阳市	552841	172607	580347	200113	75581
镇平县	535282	173006	557538	195261	133973
灵宝市	529954	298580	540847	309473	133193
项城市	564953	386477	596794	418318	142127
孟 县	555136	279033	590448	314345	71739
登封市	540290	216330	550451	226491	54533

注:本表按当年价格计算。

2-32 18个特别试点县市固定资产投资及财政收入

(1995年)

单位:万元

县 市	全社会 固定资产 投资总额	#国有经 济单位	财政收入(老口径)		财政收入(新口径)	
			绝对数	人均(元)	绝对数	人均(元)
18县市合计	**2224635**	**745182**	**303603**	**236**	**181266**	**141**
巩义市	185662	66843	27322	362	14208	188
济源市	427397	41138	30220	486	18678	300
新郑市	116075	64987	17766	303	11458	195
偃师市	245081	149766	18018	232	10328	133
新密市	133266	11544	22048	315	11827	169
辉县市	105041	20461	16619	220	10817	143
禹州市	91743	24060	13465	119	9010	80
长葛市	41440	16113	11066	171	6464	100
新乡县	91199	17626	13583	335	8739	216
林州市	102889	26607	16426	168	9014	92
沁阳市	130541	48309	20018	471	13223	311
汝州市	47548	18457	20269	226	7050	79
荥阳市	109663	39516	14112	224	8553	136
镇平县	47605	15398	8151	88	5603	61
灵宝市	108414	56283	14668	212	12907	186
项城市	82787	44966	15290	145	7980	75
孟 县	29703	9511	12058	376	7696	240
登封市	128581	73597	12504	213	7711	131

2-33 18个特别试点县市人口、粮食产量、农民人均纯收入及居民储蓄

(1995年)

县　市	年　底 总人口 (万人)	粮　食 产　量 (万吨)	农民人均 纯收入 (元)	居民储蓄 年底余额 (万元)	人均居民 储蓄年底 余额(元)
18县市合计	**1293.65**	**469.29**		**2501247**	**1933**
巩义市	75.57	15.51	1704	211175	2794
济源市	62.51	21.12	1532	141118	2258
新郑市	58.85	23.23	1471	102410	1740
偃师市	77.95	28.58	1627	153962	1975
新密市	70.32	18.70	1528	206038	2930
辉县市	75.91	42.67	1588	133716	1762
禹州市	113.17	39.53	1631	123320	1090
长葛市	65.01	36.38	1636	87851	1351
新乡县	40.74	21.74	1867	99360	2439
林州市	98.02	27.77	1398	364371	3717
沁阳市	42.78	29.22	1834	115300	2695
汝州市	89.94	26.69	1356	68391	760
荥阳市	63.39	18.63	1478	132669	2093
镇平县	92.38	27.20	1355	75756	820
灵宝市	69.56	11.93	1489	230686	3316
项城市	106.43	48.11	1250	74182	697
孟　县	32.12	18.53	1786	81389	2534
登封市	59.00	13.75	1260	99553	1687

注：本表年底总人口为公安年报数据。

2-34 18个特别试点县市内、外贸易主要指标

(1995年)

县　市	社会消费 品零售总额 (万元)	出口商品 供货总额 (万元)	实际利用 外资额 (万美元)	#外商直 接投资
18县市合计	**1426597**	**346680**	**10834**	**7873**
巩义市	131970	16345	384	384
济源市	121150	45056	755	227
新郑市	59075	8546	2122	2122
偃师市	55955	34653	1133	1133
新密市	98611	8150	495	
辉县市	70146	11214	131	131
禹州市	102532	9675	355	355
长葛市	74873	7104	1217	580
新乡县	67458	25064	458	358
林州市	87525	27000	437	323
沁阳市	74744	28523	850	760
汝州市	85893	13200	440	280
荥阳市	60169	26010	650	
镇平县	89375	53857	235	235
灵宝市	99698	4664	631	631
项城市	55041	8200	179	179
孟　县	41720	12786	139	107
登封市	50662	6633	223	68

主要统计指标解释

国内生产总值 是按市场价格计算的国内生产总值的简称。它是我国所有常住单位在核算期内生产活动的最终成果。国内生产总值有三种表现形态,即价值形态、收入形态及产品形态。从价值形态看,它是所有常住单位在核算期内所生产的全部货物和服务价值超过同期投入的全部非固定资产货物和服务价值的差额,即所有常住单位的增加值之和;从收入形态看,它是所有常住单位在一定时期内所创造并分配给我国常住单位和非常住单位的初次分配收入之和;从产品形态看,它是最终使用的货物和服务减去进口货物和服务。

国民生产总值 是按市场价格计算的国民生产总值的简称。它是我国所有常住单位在核算期内收入初次分配的最终成果。我国常住单位从事生产活动所创造的增加值在初次分配过程中主要分配给我国常住单位,但也有一部分以劳动者报酬和财产收入等形式分配给非常住单位,同时,国外生产所创造的增加值也有一部分以劳动者报酬和财产收入等形式分配给我国的常住单位,从而产生了国民生产总值概念,它等于国内生产总值加上来自国外的劳动者报酬和财产收入减去支付给国外的劳动者报酬和财产收入(即国外净要素收入)。国内生产总值是一个生产概念,而国民生产总值是个收入概念。

国内支出总额 指一个国家(或地区)所有常住单位在核算期内用于最终消费和投资,以及净出口的货物和服务支出总额,他反映本期生产的国内生产总值的使用构成。这一总量就是支出法测算的国内生产总值,具体包括总消费、总投资和净出口。

总消费 是指常住单位在核算期内的货物和服务的全部最终消费支出,也就是常住单位为满足物质、文化和精神生活的需要,从本国经济领土和外国购买的货物和服务的消费支出(不包括非常住居民在本国经济领土内的消费支出)。总消费分为居民消费和社会消费。

居民消费 指常住居民在核算期内对于货物和服务的全部最终消费。包括居民以货币直接购买的各种消费品和直接支付的房租、交通、医疗、文教等各种服务费支出;居民本期自产自用的消费品和自有住房的虚拟消费;居民以实物工资形式获得的各种生活消费品等。不包括居民用于购买房屋和生产的支出。

社会消费 指政府部门的总产出扣除销售收入后的价值。也就是指社会公共服务部门将其生产活动总成果提供给政府,由政府购买提供给全社会享用的社会消费支出。

总投资 是指常住单位在核算期内对固定资产和库存的投资支出合计,分为固定资产形成和库存增加两项。

固定资产形成 指从常住单位在核算期内购置、转入和自产自用的固定资产中,扣除已有固定资产的销售和转出后的价值。固定资产形成包括在核算期完成的建筑工程、安装工程和设备器具购置价值,以及新增役、种、奶、毛、娱乐用牲畜和新增经济林价值等。

库存增加 指常住单位核算期内库存实物量变动的市场价值。期初与期末差额为正值表示库存增加,负值表示库存减少。具体包括本期购买的原材料、燃料和储备物资等商品库存;本期生产的产成品、半成品和在制品等产品库存。

净出口 指出口与进口的差额。出口包括常住单位向非常住单位出售或无偿转让的各种货物和服务的总值;进口包括常住单位从非常住单位购买或无偿得到的各种货物和服务的总值。由于服务活动提供与使用同时发生,因此服务的进出口业务并不发生出入境现象,应把常住单位从国外得到的服务作为进口，反之，非常住单位从我国得到的服务作为出口。

固定资产折旧 指核算期内为弥补固定资产损耗而应提取的补偿价值，他反映了全部固定资产在本期生产中的资产转移价值，各类企业的固定资产折旧是指从成本费用中提取的折旧费。对不计提折旧的单位，如政府机关、事业单位、学校、医院、部队和居民住房则应进行虚拟折旧。

劳动者报酬 指劳动者为常住单位提供劳务而获得的各种报酬，他反映劳动者参与增加值创造而获得的原始收入，具体包括从各种来源开支的货币工资和实物工资，即单位以工资、福利、社会保险等形式，从成本、费用和利润中为劳动者支付的各种开支，以及个体和其他劳动者通过参加社会生产活动所获得的各种劳动报酬。

生产税净额 指生产税与补贴之差，他反映政府从本期创造的增加值中所得到的原始收入份额。生产税是指政府对生产单位的生产经营活动所征收的各种税、附加和规费，具体包括销售(营业)税金及附加、增值税、管理费开支的税、应交纳的养路费、排污费和水电附加等，以及烟酒专卖上缴政府的专项收入。补贴与生产税相反，是政府对生产单位的单方面收入转移，因此视为负税处理，包括政策亏损补贴、粮食系统价格补贴、外贸企业出口退税收入等。

营业盈余 指常住单位创造的增加值扣除固定资产折旧价值、支付劳动者报酬和上缴政府生产税净额后的余额，他反映企业参与增加值创造而应得到的原始收入份额。该指标相当于企业的营业利润，但要扣除利税后项目中支付的工资、福利及公益金等。

三次产业的划分 根据社会生产活动历史发展的顺序对产业结构的划分，产品直接取自自然界的部门称为第一产业，对初级产品进行再加工的部门称为第二产业，为生产和消费提供各种服务的部门称为第三产业。它是世界上通行的产业结构分类，但各国的划分不尽一致。我国的三次产业划分是：

第一产业：农、林、牧、渔业。

第二产业：工业(包括采掘业、制造业、电力、煤气及水的生产和供应业)和建筑业。

第三产业：除第一、二产业以外的其他各业。具体包括：交通运输和仓储业、邮电通信业、批发零售贸易业、餐饮业、金融保险业、房地产业、其他行业。

当年价格 指报告期的实际价格，如工厂的出厂价格，农产品的收购价格，商业的零售价格等。使用当年价格计算的数据，是为了使国民经济各项指标互相衔接，便于考察当年社会经济效益，便于对生产和流通、生产和分配、生产和消费进行经济核算和综合平衡。

按当年价格计算的价值指标，在不同年份之间进行对比时，因为包含有各年间价格变动的因素，不能确切地反映实物量的增减变动。必须消除价格变动因素后，才能真实反映经济发展动态。因此，在计算发展(增长)速度时都使用按可比价格计算的数据。

可比价格 指在不同时期的价值指标对比时，扣除了价格变动的因素，以确切反映物量的变化。按可比价格计算有两种方法：一种是直接按产品产量乘某一年的不变价格计算；一种是用价格指数换算。

不变价格 指用同类产品的平均价格作为固定价格，来计算各年产品价值。按不变价格计算的产品价值消除了价格变动的因素，不同时期对比可以反映生产的发展速度。新中国成立后，随着工农业产品价格水平的变化，国家统计局先后五次制定了全国统一的工业产品不变价格和农业产品不变价格，从 1949 年到 1957 年使用 1952 年的工(农)业产品不变价格，从 1957 年到 1971 年使用 1957 年不变价格，从 1971 年到 1981 年使用 1970 年不变价格，从 1981 年到 1990 年使用 1980 年不变价格，从 1990 年开始使用 1990 年不变价格。

本《年鉴》所列“国内生产总值指数”、“农、林、牧、渔业总产值指数”、“工业总产值指数”等都是按可比价格计算的。如计算有关年份产值增长情况，可用定基指数直接对比，例如：求1994年国内生产总值为1957年的百分比，即：1542.9/133.0＝1160.1%，即增长10.6倍。其他以此类推。

平均每年增长速度　在我国计算平均增长速度有两种方法，一种是习惯上经常用的“水平法”，又称几何平均法，是以间隔期最后一年的水平同基期水平对比来计算平均每年增长（或下降）速度。另一种是“累计法”，又称代数平均法或方程法，是以间隔期内各年水平的总和同基期水平对比来计算平均每年增长（或下降）速度。

在一般正常情况下，两种方法计算的平均每年增长速度比较接近，但在经济发展不平衡，出现大起大落时，两种方法计算的结果差别较大。

本《年鉴》内所列的平均每年增长速度，除固定资产投资部分外，其余均用“水平法”计算。从某年到某年平均增长速度的年份，均不包括基期年在内。如建国45年的平均增长速度是以1949年为基期计算的，则写为1950—1994年平均增长速度，余类推。

各个计划时期　表内所用各个“时期”代表的年份如下，恢复时期为1950年到1952年；第一个五年计划时期（简称“一五”时期）为1953年到1957年；第二个五年计划时期（简称“二五”时期）为1958年到1962年；第三个五年计划时期（简称“三五”时期）为1966年到1970年；第四个五年计划时期（简称“四五”时期）为1971年到1975年；第五个五年计划时期（简称“五五”时期）为1976年到1980年；第六个五年计划时期（简称“六五”时期）为1981年到1985年；第七个五年计划时期（简称“七五”时期）为1986年到1990年；从1991年开始为第八个五年计划时期（简称“八五”时期）。

国有经济　指生产资料归国家所有的经济类型，它包括中央和地方各级国家机关、事业单位和社会团体使用国有资产投资举办的企业，也包括实行企业化经营，国家不再核拨经费或核拨部分经费的事业单位和从事经营性活动的社会团体。

集体经济　指生产资料归公民集体所有的一种经济类型，它包括城乡所有使用集体投资举办的企业，以及部分个人通过集体自愿放弃所有权并依法经工商管理机关认定为集体所有制的企业。

私营经济　指生产资料归公民私人所有、以雇佣劳动为基础的一种经济类型，它包括所有登记注册的私营独资企业，私营合作企业和私营有限责任公司。

个体经济　指生产资料归劳动者个人所有，以个体劳动为基础，劳动成果归劳动者个人占有和支配的一种经济类型，它包括所有登记注册的个体工商户和个人合伙。

联营经济　指不同所有性质的企业之间或企业、事业单位之间共同投资组成新的经济实体的一种经济类型，联营经济只包括具备法人条件的紧密型联营企业。

股份制经济　指全部注册资本由全体股东共同出资，并以股份形式投资举办企业而形成的一种经济类型，股份制经济主要有股份有限公司和有限责任公司两种组织形式。国有、集体、联营、私营企业等经济组织虽以股份制形式经营，但不以股份有限公司或有限责任公司登记注册的，仍按原所有制性质划分经济类型。

外商投资经济　指外国投资者根据我国有关涉外经济的法律、法规，以合资、合作或独资的形式在大陆境内开办企业而形成的一种经济类型，它包括中外合资经营企业、中外合作经营企业和外资企业三种形式。

港、澳、台投资经济　指港、澳、台地区投资者参照我国有关涉外经济的法律、法规，以合资、合作或独资的形式在大陆举办企业而形成的一种经济类型，可分为合资经营企业、合作经营企业和独资企业三种形式。

其他经济　指以上8种类型之外的其他经济类型，随着经济体制改革的深化，可能会出现新的经济形式或不易划清的列入其他经济类型。

三、人　　口

3—1 历年总人口数

（年底数） 单位：万人

年份	总人口数	按性别分		性别比（女＝100）	按城乡分		按农业、非农业分		人口密度（人/平方公里）
		男	女		市镇	乡村	农业	非农业	
1949	4174	2153	2021	106.5	265	3909	3866	308	250
1950	4282	2186	2096	104.3			4009	273	256
1951	4342	2215	2127	104.1			4079	263	260
1952	4371	2238	2133	104.9			4133	238	262
1953	4425	2256	2169	104.0			4125	300	265
1954	4560	2328	2232	104.3	350	4210	4214	346	273
1955	4652	2373	2279	104.2	373	4279	4279	373	279
1956	4733	2414	2319	104.1	436	4297	4422	311	283
1957	4840	2469	2371	104.1	488	4352	4496	344	290
1958	4943	2540	2403	105.7	507	4436	4487	456	296
1959	4979	2546	2433	104.6	564	4415	4475	504	298
1960	4818	2439	2379	102.5	583	4235	4286	532	289
1961	4803	2407	2396	100.4	555	4248	4393	410	288
1962	4940	2485	2455	101.2	522	4418	4571	369	296
1963	5036	2540	2496	101.8	548	4488	4649	387	302
1964	5099	2579	2520	102.4	560	4539	4686	413	305
1965	5240	2648	2592	102.1	576	4664	4814	426	314
1966	5386	2722	2664	102.2	589	4797	4958	428	323
1967	5507	2791	2716	102.8			5078	429	330
1968	5665	2872	2793	102.8			5239	426	339
1969	5860	2971	2889	102.8			5434	426	351
1970	6026	3055	2971	102.8			5574	452	361
1971	6195	3140	3055	102.8	683	5512	5677	518	371
1972	6344	3223	3121	103.3	715	5629	5842	502	380
1973	6517	3305	3212	102.9	739	5778	6003	514	390
1974	6647	3373	3274	103.0	757	5890	6128	519	398
1975	6758	3436	3322	103.4	767	5991	6233	525	405
1976	6852	3488	3364	103.7	783	6069	6316	536	410
1977	6957	3544	3413	103.8	827	6130	6411	546	417
1978	7067	3599	3468	103.8	854	6213	6497	570	423
1979	7189	3662	3527	103.8	872	6317	6554	635	431
1980	7285	3710	3575	103.8	895	6390	6608	677	436
1981	7397	3768	3629	103.8	930	6467	6684	713	443
1982	7519	3835	3684	104.1	1025	6494	6772	747	450
1983	7632	3902	3730	104.6	1175	6457	6859	773	457
1984	7737	3960	3777	104.9	1228	6509	6905	832	463
1985	7847	4022	3825	105.2	1440	6407	6946	901	470
1986	7985	4097	3888	105.4	1674	6311	7069	916	478
1987	8148	4184	3964	105.5	2030	6118	7185	963	488
1988	8317	4272	4045	105.6	2661	5656	7301	1016	498
1989	8491	4366	4125	105.9	2884	5607	7426	1065	508
1990	8649	4440	4209	105.5	3087	5562	7537	1112	518
1991	8763	4501	4262	105.6	3213	5550	7618	1145	525
1992	8861	4554	4307	105.7	3307	5554	7656	1205	531
1993	8946	4602	4344	105.9	3527	5419	7659	1287	536
1994	9027	4643	4384	105.9	4260	4767	7632	1395	541
1995	9100	4651	4449	104.5	4571	4529	7622	1478	545

注：1. 非农业人口、市镇人口数为公安年报数据，男女人口数是按公安年报男女比例推算的。

2. 1983—1989 年总人口数是按 1990 年第四次人口普查 10%机器汇总的分年龄人口数和有关资料调整的。

3. 1990—1994 年数据是分别按 1990—1994 年人口变动情况抽样调查推算的。

4. 1995 年总人口根据 1995 年 1%人口抽样推算。

5. 相对指标均按原始计量单位人计算（以下表同）。

3—2 历年市总户数、总人口数

（年底数）

年份	市数(个)	总户数（万户）	总人口数（万人）	男	女	性别比（女=100）	非农业人口 人口数（万人）	占总人口%
1949	13	26	110	59	51	116.9	85	77.6
1950	13	31	133	71	62	113.6	93	70.0
1951	13	34	147	77	70	111.0	101	68.6
1952	13	34	150	80	70	113.3	95	63.2
1953	13	38	173	93	80	115.9	113	65.0
1954	13	40	188	102	86	118.4	126	67.4
1955	15	45	215	114	101	113.5	140	65.0
1956	16	52	249	134	115	115.7	160	64.1
1957	16	56	270	144	126	113.5	177	65.6
1958	14	61	323	184	139	132.1	224	69.4
1959	14	69	375	215	160	134.4	258	68.8
1960	14	65	407	232	175	133.0	284	69.8
1961	14	73	383	206	177	116.8	243	63.6
1962	14	74	370	194	176	110.7	222	59.9
1963	14	78	391	205	186	110.2	235	60.2
1964	14	76	397	208	189	110.4	248	62.4
1965	14	78	408	214	194	109.9	255	62.4
1966	14	78	415	217	198	110.1	258	62.1
1967	14		432				263	60.9
1968	14		438				263	60.1
1969	14		448				269	59.9
1970	14		461				277	60.0
1971	14	92	481	254	227	111.6	290	60.1
1972	14	95	502	264	238	111.3	303	60.5
1973	14	100	519	273	246	111.3	310	59.8
1974	14	102	529	279	250	111.2	315	59.6
1975	14	103	535	282	253	111.6	319	59.6
1976	14	111	545	288	257	111.7	325	59.6
1977	14	120	580	307	273	112.2	335	57.7
1978	14	125	599	317	282	112.2	349	58.3
1979	14	125	594	313	281	111.4	365	61.5
1980	16	136	635	334	301	110.7	398	62.7
1981	17	148	667	351	316	111.3	416	62.3
1982	17	162	714	377	337	111.9	434	60.8
1983	18	193	839	440	399	110.3	454	54.1
1984	18	202	861	451	410	110.2	475	55.1
1985	18	212	882	462	420	109.9	498	56.4
1986	18	223	907	474	433	109.6	515	56.7
1987	18	215	835	438	397	110.1	530	63.5
1988	24	339	1347	700	647	108.2	600	44.5
1989	25	365	1423	739	684	108.0	629	44.2
1990	26	381	1471	762	709	107.5	649	44.1
1991	27	407	1572	815	757	107.6	674	42.9
1992	27	422	1605	830	775	107.1	700	43.6
1993	28	453	1698	878	820	107.1	737	43.4
1994	36	520	2449	1260	1189	106.0	894	36.5
1995	36	663	2488	1278	1210	105.6	911	36.6

注：本表为公安年报数。

3—3 历年镇人口数

(年底数)　　单位:万人

年份	人口数	集镇人口(即非农业人口) 人口数	集镇人口(即非农业人口) 占总人口%	农业人口 人口数	农业人口 占总人口%
1954	163				
1955	158				
1956	187				
1957	217	94	43.1	123	56.9
1958	184				
1959	189				
1960	176				
1961	172	110	63.8	62	36.2
1962	152	94	61.8	58	38.2
1963	157	96	61.1	61	38.9
1964	163	99	60.5	64	39.5
1965	168	101	59.8	67	40.2
1966	173	100	57.7	73	42.3
1967					
1968					
1969					
1970					
1971	201	110	54.8	91	45.2
1972	214	113	53.0	101	47.0
1973	219	115	52.5	104	47.5
1974	228	120	52.5	108	47.5
1975	232	120	51.7	112	48.3
1976	238	123	51.6	115	48.4
1977	247	126	51.0	121	49.0
1978	255	132	51.6	123	48.4
1979	278	160	57.7	118	42.3
1980	260	161	61.8	99	38.2
1981	263	165	62.8	98	37.2
1982	311	176	56.5	135	43.5
1983	336	184	54.8	152	45.2
1984	366	199	54.4	167	45.6
1985	558	232	41.6	326	58.4
1986	767	247	32.2	520	67.8
1987	1195	278	23.2	917	76.8
1988	1314	275	20.9	1039	79.1
1989	1461	295	20.2	1166	79.8
1990	1616	322	19.9	1294	80.1
1991	1641	336	20.5	1305	79.5
1992	1702	365	21.4	1337	78.6
1993	1830	409	22.3	1421	77.7
1994	2515	523	20.8	1992	79.2
1995	2820	564	20.0	2256	80.0

注:本表为公安年报数。

3—4 历年人口自然变动情况

单位:万人

年份	年平均人口数	出生人口数	出生率(‰)	死亡人口数	死亡率(‰)	自然增加人口数	自然增长率(‰)
1954	4492	186	41.49	60	13.32	126	28.17
1955	4606	142	30.79	54	11.75	88	19.04
1956	4693	168	35.85	66	14.00	102	21.85
1957	4787	161	33.67	56	11.80	105	21.87
1958	4891	162	33.15	62	12.69	100	20.46
1959	4961	139	28.06	70	14.10	69	13.96
1960	4898	68	13.98	193	39.56	—125	—25.58
1961	4811	73	15.25	49	10.20	24	5.05
1962	4872	183	37.50	39	8.04	144	29.46
1963	4970	224	45.08	47	9.43	177	35.65
1964	5089	182	35.84	54	10.61	128	25.23
1965	5170	187	36.10	44	8.45	143	27.65
1966	5313	191	36.04	44	8.24	147	27.80
1967	5447	168	30.81	47	8.59	121	22.22
1968	5586	202	36.20	44	7.91	158	28.29
1969	5763	236	40.95	41	7.11	195	33.84
1970	5943	211	35.54	45	7.61	166	27.93
1971	6110	205	33.50	46	7.46	159	26.04
1972	6270	202	32.21	45	7.17	157	25.04
1973	6431	202	31.47	47	7.27	155	24.20
1974	6582	184	28.02	49	7.44	135	20.58
1975	6703	158	23.65	51	7.66	107	15.99
1976	6805	148	21.74	49	7.18	99	14.56
1977	6904	148	21.40	49	7.04	99	14.36
1978	7012	154	21.92	44	6.30	110	15.62
1979	7128	153	21.51	45	6.35	108	15.16
1980	7237	145	20.00	46	6.32	99	13.68
1981	7341	151	20.64	48	6.57	103	14.07
1982	7458	153	20.62	46	6.21	107	14.41
1983	7576	154	20.38	48	6.30	106	14.08
1984	7685	145	18.89	48	6.26	97	12.63
1985	7792	157	20.09	48	6.13	109	13.96
1986	7916	187	23.65	51	6.44	136	17.21
1987	8067	212	26.22	51	6.32	161	19.90
1988	8233	214	25.95	48	5.83	166	20.12
1989	8404	223	26.51	48	5.76	175	20.75
1990	8570	214	24.92	56	6.52	158	18.40
1991	8706	172	19.78	58	6.63	114	13.15
1992	8812	159	18.13	61	6.99	98	11.14
1993	8904	141	15.87	56	6.35	85	9.52
1994	8987	138	15.36	57	6.34	81	9.02
1995	9064	130	14.41	57	6.28	73	8.13

注:1990—1995 年数据是根据抽样调查数据推算的,1983—1989 年是根据第四次人口普查 10%机器汇总分年龄人数和有关资料调整的,1971—1981 年数据是根据 1982 年第三次人口普查数据调整的。

3—5 历年市人口自然变动情况

单位:万人

年份	年平均人口数	出生人口数	出生率(‰)	死亡人口数	死亡率(‰)	自然增加人口数	自然增长率(‰)
1954	180	8	41.10	2	9.47	6	31.63
1955	210	7	35.36	2	9.66	5	25.70
1956	237	8	31.30	2	7.58	6	23.72
1957	260	11	43.78	2	8.98	9	34.80
1958	292	9	32.04	2	8.61	7	23.43
1959	396	11	26.93	4	9.02	7	17.91
1960	1105	21	19.29	21	19.48	…	−0.19
1961	396	7	17.88	3	8.32	4	9.56
1962	377	13	34.99	2	6.59	11	28.40
1963	381	21	53.75	3	6.97	18	46.78
1964	389	14	37.13	3	7.64	11	29.49
1965	402	14	33.88	3	6.48	11	27.40
1966	412	12	29.01	3	6.61	9	22.40
1967							
1968							
1969							
1970							
1971	473	12	25.49	2	5.24	10	20.25
1972	492	12	24.49	3	5.33	9	19.16
1973	513	11	22.02	3	5.25	8	16.77
1974	524	10	18.90	3	5.36	7	13.54
1975	532	9	16.79	3	5.47	6	11.32
1976	540	8	15.48	3	5.28	5	10.20
1977	574	9	16.62	3	5.46	6	11.16
1978	590	9	15.13	3	5.11	6	10.02
1979	585	8	13.98	3	5.02	5	8.96
1980	626	6	10.28	3	4.93	3	5.35
1981	655	8	12.84	3	4.94	5	7.90
1982	704	11	15.58	3	4.80	8	10.78
1983	830	10	12.71	4	5.10	6	7.61
1984	852	10	11.46	4	4.96	6	6.50
1985	872	10	11.00	4	4.90	6	6.10
1986	898	12	13.05	4	4.69	8	8.36
1987	824	12	15.08	3	4.34	9	10.74
1988	1326	23	17.47	6	4.85	17	12.62
1989	1385	24	17.22	7	4.88	17	12.34
1990	1447	27	18.95	8	5.22	19	13.73
1991	1558	23	14.70	8	4.91	15	9.79
1992	1589	20	12.59	8	5.03	12	7.56
1993	1652	18	10.89	8	4.84	10	6.05
1994	2074	23	11.27	12	5.96	11	5.31
1995	2469	23	9.25	13	5.07	10	4.18

注:本表为公安年报数。

3—6 历年县人口自然变动情况

单位:万人

年份	年平均人口数	出生人口数	出生率(‰)	死亡人口数	死亡率(‰)	自然增加人口数	自然增长率(‰)
1954	4312	179	41.51	58	13.48	121	28.03
1955	4396	134	30.57	52	11.85	82	18.72
1956	4456	161	36.09	64	14.34	97	21.75
1957	4527	150	33.09	54	11.96	96	21.13
1958	4600	153	33.22	60	12.95	93	20.27
1959	4564	128	28.15	66	14.54	62	13.61
1960	3793	47	12.43	172	45.42	−125	−32.99
1961	4415	66	15.01	46	10.37	20	4.64
1962	4495	170	37.71	37	8.16	133	29.55
1963	4589	203	44.36	44	9.63	159	34.73
1964	4700	168	35.74	51	10.85	117	24.89
1965	4767	173	36.29	41	8.62	132	27.67
1966	4901	179	36.53	41	8.38	138	28.25
1967							
1968							
1969							
1970							
1971	5637	193	34.17	43	7.64	150	26.53
1972	5778	190	32.86	42	7.32	148	25.54
1973	5917	191	33.30	44	7.45	147	24.85
1974	6058	174	28.81	46	7.62	128	21.19
1975	6171	149	24.25	48	7.85	101	16.40
1976	6265	140	22.28	46	7.34	94	14.94
1977	6330	139	21.84	46	7.19	93	14.65
1978	6422	145	22.55	41	6.41	104	16.14
1979	6543	145	22.19	42	6.47	103	15.72
1980	6611	139	20.92	43	6.45	96	14.47
1981	6686	143	21.41	45	6.73	98	14.68
1982	6755	143	21.15	43	6.36	100	14.79
1983	6799	144	21.32	44	6.45	100	14.87
1984	6835	135	19.82	44	6.43	91	13.39
1985	6921	147	21.24	44	6.28	103	14.96
1986	7022	175	25.01	47	6.67	128	18.34
1987	7196	200	27.49	48	6.55	152	20.94
1988	7142	191	27.58	42	6.02	149	21.56
1989	7019	199	28.34	41	5.94	158	22.40
1990	7123	187	26.14	48	6.79	139	19.35
1991	7148	149	20.89	50	7.01	99	13.88
1992	7223	139	19.24	53	7.34	86	11.90
1993	7252	123	16.96	48	6.62	75	10.34
1994	6913	115	16.58	45	6.46	70	10.12
1995	6595	107	16.25	44	6.75	63	9.50

3—7 各市地总户数、总人口数

(1995年底)

市　地	总户数(万户)	总人口(万人)	按性别分		按农业、非农业分		人口密度(人/平方公里)	年平均人口(万人)
			男	女	农业	非农业		
全　省	**2327**	**9100**	**4651**	**4449**	**7622**	**1478**	**545**	**9064**
郑州市	147	600	308	292	416	184	806	595
开封市	109	451	229	222	371	80	700	449
洛阳市	153	599	309	290	466	133	394	597
平顶山市	137	539	281	258	436	103	612	537
安阳市	126	501	254	247	421	80	676	499
鹤壁市	34	131	67	64	98	33	608	130
新乡市	127	514	261	253	417	97	629	512
焦作市	92	372	190	182	256	116	619	370
濮阳市	79	330	168	162	279	51	774	328
许昌市	89	348	180	168	294	54	854	347
漯河市	62	235	119	116	190	45	898	234
三门峡市	58	213	111	102	161	52	203	212
南阳市	261	1026	537	489	902	124	387	1023
商丘地区	181	760	386	374	692	68	751	756
周口地区	227	980	496	484	893	87	819	976
驻马店地区	191	778	401	377	699	79	516	776
信阳地区	195	743	389	354	651	92	393	738

注:分市地数据是根据公安年报及有关数据推算的。

3—8 四次人口普查主要指标

单位:万人

项　　目	第一次（1953年7月1日）	第二次（1964年7月1日）	第三次（1982年7月1日）	第四次（1990年7月1日）
一、全省总人口	**4378.5**	**5032.6**	**7442.3**	**8553.4**
二、按性别分的人口				
男　性	2231.5	2549.1	3795.0	4380.3
女　性	2147.0	2483.5	3647.3	4173.1
三、按年龄分的人口				
0岁—6岁	913.9	920.3	1026.6	1268.5
7岁—12岁	510.9	846.4	1165.1	943.1
育龄妇女(15—49岁)	1017.0	1108.7	1780.6	2278.6
劳动年龄人口（男16—59 女16—54）	2289.7	2482.0	3927.4	4985.0
男60岁女55岁以上人口	457.7	448.5	738.7	898.5
四、按民族分的人口				
汉　　族	4337.9	4980.9	7362.3	8452.5
各少数民族	40.6	51.7	80.0	100.9
五、按城乡分的人口				
市镇总人口	310.6	551.7	1172.5	1302.9
乡村总人口	4067.9	4480.9	6269.8	7250.5
六、按文化程度分的人口				
#大学和相当于大学		9.3	24.5	72.6
高　中		44.0	470.1	606.1
初　中		208.5	1427.0	2269.8
小　学		1229.6	2321.8	2971.9
文盲和半文盲(12周岁以上)		2146.8	2015.0	1395.8

3—9 按户口状况分的人口数

(1995年1%人口抽样调查资料)　　单位：人

类型	合计	男	女	构成(%)
总计	**608710**	**310997**	**297713**	**100.00**
居住本地户口在本地	597337	304883	292454	98.13
居住本地半年以上户口在外地	10469	5651	4818	1.72
在本地居住不满半年离开户口登记地半年以上	261	143	118	0.04
居住本地户口待定	606	292	314	0.10
原住本地现在国外工作学习暂无户口	37	28	9	0.01

3—10 按受教育程度分的人口数

(1995年1%人口抽样调查资料)　　单位：人

受教育程度	合计	男	女	构成(%)
6岁及6岁以上人口	**548062**	**276890**	**271172**	**100.00**
#15岁及15岁以上人口	434254	217537	216717	79.23
#文盲半文盲	69250	20121	49129	12.64
文盲率(%)	15.95	9.25	22.67	
大专以上	7274	4660	2614	1.33
高中	41159	25872	15287	7.51
初中	193730	113360	80370	35.35
小学	221335	106749	114586	40.38
扫盲班	9262	3029	6233	1.69
未上过学	75302	23220	52082	13.74

3—11 按年龄分的人口数

(1995年1%人口抽样调查资料)

单位:人

年龄别	合计	男	女	性别比(女=100)	构成(%)
总　计	**608710**	**310997**	**297713**	**104.46**	**100.00**
0岁	7028	3938	3090	127.44	1.15
1—4岁	36550	20873	15677	133.14	6.00
5—9岁	77130	40714	36416	111.80	12.67
10—14岁	53748	27935	25813	108.22	8.83
15—19岁	48408	24913	23495	106.04	7.95
20—24岁	53176	27151	26025	104.33	8.74
25—29岁	63209	31924	31285	102.04	10.38
30—34岁	49963	24766	25197	98.29	8.21
35—39岁	36760	18806	17954	104.75	6.04
40—44岁	44812	22665	22147	102.34	7.36
45—49岁	32065	16394	15671	104.61	5.27
50—54岁	25305	12678	12627	100.40	4.16
55—59岁	20442	10600	9842	107.70	3.36
60—64岁	19697	9914	9783	101.34	3.24
65—69岁	15783	7646	8137	93.97	2.59
70—74岁	12153	5455	6698	81.44	2.00
75—79岁	7318	2940	4378	67.15	1.20
80—84岁	3549	1225	2324	52.71	0.58
85—89岁	1248	375	873	42.96	0.21
90岁以上	366	85	281	30.59	0.06

3—12 按行业分的在业人口数

（1995年1%人口抽样调查资料） 单位：人

行　业	合　计	男	女	构成（%）
总　计	**358017**	**187905**	**170112**	**100.00**
农林牧渔业	299198	151704	147494	83.57
采掘业	2529	1862	667	0.71
制造业	23587	13640	9947	6.59
电力煤气及水的生产和供应业	1165	821	344	0.33
建筑业	1922	1687	235	0.53
地质勘察业				
水利管理业	141	99	42	0.04
交通运输仓储及邮电通信业	3719	3026	693	1.04
批发零售贸易餐饮业	9617	5119	4498	2.68
金融保险业	887	471	416	0.25
房地产业	168	112	56	0.05
社会服务业	2102	1188	914	0.59
卫生体育和社会福利事业	2155	1113	1042	0.60
教育文化艺术及广播电影电视业	5843	3241	2602	1.63
技术服务业	374	245	129	0.10
国家机关政党机关和社会团体	4182	3317	865	1.17
其他行业	428	260	168	0.12

3—13 按职业分的在业人口数

(1995 年 1%人口抽样调查资料) 单位:人

职业	合计	男	女	构成(%)
总计	**358017**	**187905**	**170112**	**100.00**
各类专业技术人员	12243	6438	5805	3.42
国家机关、党群组织、企事业单位负责人	4209	3672	537	1.18
办事人员和有关人员	4247	3115	1132	1.19
商业工作人员	7941	4306	3635	2.22
服务性工作人员	4401	2304	2097	1.23
农林牧渔业劳动者	298842	151426	147416	83.47
生产工人、运输工人和有关人员	26131	16642	9489	7.29
不便分类的其他劳动者	3	2	1	…

3—14 不在业人口数

(1995 年 1%人口抽样调查资料) 单位:人

不在业状况	合计	男	女	构成(%)
总计	**76237**	**29632**	**46605**	**100.00**
在校学生	18475	10467	8008	24.23
从未工作	2362	1149	1213	3.10
失去工作	527	285	242	0.69
企业停产	523	221	302	0.69
料理家务	22531	2218	20313	29.56
离退休	8129	5161	2968	10.66
丧失劳动能力	20937	8783	12154	27.46
其他	2753	1348	1405	3.61

3—15 婚姻状况

(1995 年 1%人口抽样调查资料) 单位:人

婚姻状况	合计	男	女	构成(%)
15 岁及 15 岁以上人口	**434254**	**217537**	**216717**	**100.00**
未婚	91434	52988	38446	21.06
初婚有配偶	307939	151683	156256	70.91
再婚有配偶	5775	2375	3400	1.33
离婚	2530	1929	601	0.58
丧偶	26576	8562	18014	6.12

主要统计指标解释

人口数　指一定时点、一定地区范围内的有生命的个人的总和。年度统计的年底人口数是指每年12月31日24时的人口数。年度统计的全国人口总数内未包括台湾省和港澳同胞以及海外华侨人数。

市镇总人口和乡村总人口　一般是按常住人口划分的。

市镇总人口　指市、镇辖区的全部人口。

乡村总人口　指县(不含镇)的全部人口。

市　是指经国家批准成立"市"建制的城市。

镇　是指经省、自治区、直辖市批准的镇。1963年以前为常住人口在2000人以上,非农业人口占50%以上的。1964年起改为常住人口在3000人以上,非农业人口占70%以上,或常住人口在2500人以上,不满3000人,非农业人口占85%以上的。1984年后又调整为,凡县级地方国家机关所在地;或总人口在20000人以下的乡,乡政府驻地非农业人口超过2000人的;或总人口在20000人以上的乡,乡政府驻地非农业人口占全乡人口10%以上;或少数民族地区、人口稀少的边远地区、山区和小型工矿区、小港口、风景旅游、边境口岸等地,非农业人口虽不足2000人,都可建镇。

人口密度　指一定时点一定地区的人口数与该地区的土地面积数之比,即一定时点的单位土地面积上的人口数,通常以每平方公里的居民人数来表示:

人口密度=人口数/土地面积

出生率(又称粗出生率)　指在一定时期内(通常为一年)平均每千人所出生的人数的比率,一般用千分率表示。计算公式:

出生率=年出生人数/年平均人数×1000‰

出生人数是指活产婴儿,即胎儿脱离母体时(不管怀孕月数),有过呼吸或其他生命现象。

年平均人数是年初、年末人口数的平均数,也可用年中人口数代替。

死亡率(又称粗死亡率)　指在一定时期内(通常为一年)一定地区的死亡人数与同期平均人数(或期中人数)之比,一般用千分率表示。计算公式:

死亡率=年死亡人数/年平均人数×1000‰

人口自然增长率　在一定时期内(通常为一年)人口自然增加数(出生人数减死亡人数)与平均人数(或期中人数)之比,一般用千分率表示。计算公式:

人口自然增长率=(本年出生人口数-本年死亡人口数)/年平均人数×1000‰

人口自然增长率=人口出生率-人口死亡率

性别比　反映两性人口比例的指标。指在总人口中或各年龄组人口中,男性人数与女性人数之比,通常以每100个女性人口相对应的男性人口数。计算公式如下:

性别比=男性人口/女性人口×100%

四、从业人员和职工工资

4-1 劳动力资源配置情况

(1995年)　　单位:万人

指标	合计	城镇	乡村
一、年末劳动力资源总数	**6206.81**	**2215.21**	**3991.60**
#当年新增加的劳动力资源	156.15	55.73	100.42
年末16岁以上全部人数	6454.47	2303.60	4150.87
#不计入劳动力资源的人数	247.66	88.39	159.27
二、经济活动人口	**4529.10**	**951.34**	**3577.76**
(一)从业人员	4508.99	931.23	3577.76
1.按就业身份分			
(1)全部职工	815.02	815.02	
(2)再就业的离退休人员	2.71	2.71	
(3)私营业主	1.72	0.70	1.02
(4)个体户主	126.13	41.07	85.06
(5)私营企业和个体从业人员	121.47	39.42	82.05
(6)乡镇企业从业人员	716.05		716.05
(7)农村劳动力	2693.58		2693.58
(8)其他	32.31	32.31	
2.按经济类型分			
(1)国有经济	641.80	641.80	
(2)集体经济	3581.75	172.13	3409.62
(3)私营经济	29.14	9.68	19.46
(4)个体经济	220.19	71.51	148.68
(5)联营经济	0.70	0.70	
(6)股份制经济	21.08	21.08	
(7)外商投资经济	7.59	7.59	
(8)港澳台投资经济	6.54	6.54	
(9)其他经济	0.20	0.20	
3.按国民经济行业分			
(1)农林牧渔业	2819.21	11.21	2808.00
(2)采掘业	57.71	57.71	
(3)制造业	564.90	299.83	265.07
(4)电力、煤气及水的生产和供应业	17.43	17.43	
(5)建筑业	288.98	64.84	224.14
(6)地质勘查业、水利管理业	7.42	7.42	
(7)交通运输、仓储及邮电通信业	137.75	50.44	87.31
(8)批发和零售贸易、餐饮业	267.76	170.33	97.43
(9)金融、保险业	17.57	17.57	
(10)房地产业	4.01	4.01	
(11)社会服务业	27.51	27.51	
(12)卫生、体育和社会福利业	26.64	26.64	
(13)教育、文化、艺术和广播电影电视业	92.35	92.35	
(14)科学研究和综合技术服务业	6.53	6.53	
(15)国家机关、政党机关和社会团体	72.78	72.78	
(16)其他行业	100.44	4.63	95.81
(二)失业人员	20.11	20.11	
三、非经济活动人口	**1677.71**	**1263.87**	**413.84**
#16岁以上在校学生	183.78	138.45	45.33
家务劳动者	403.41	303.90	99.51

4-2 历年从业人员

（年底数）　　　　单位：万人

年份	从业人员	按经济类型分						按三次产业分		
		职工人数	国有经济	城镇集体经济	其他各种经济类型	城镇个体、私营企业及其他从业人员	农村从业人员	第一产业	第二产业	第三产业
1952	1683	45	44	1		42	1596	1511	74	98
1953	1728	66	64	2		41	1621	1463	131	134
1954	1735	75	68	7		37	1623	1454	149	132
1955	1764	91	75	16		19	1654	1460	178	126
1956	1813	118	99	19		…	1695	1476	198	139
1957	1829	123	108	15		4	1702	1577	111	141
1958	2003	262	237	25			1741	1123	374	506
1959	2001	248	216	32		…	1753	1141	317	543
1960	1997	255	240	15		2	1740	1345	185	467
1961	1919	193	177	16		4	1722	1558	102	259
1962	2021	182	143	39		11	1828	1698	82	241
1963	2066	193	146	47		13	1860	1734	83	249
1964	2082	199	151	48		13	1870	1740	90	252
1965	2172	205	155	50		9	1958	1796	91	285
1966	2241	211	159	52		3	2027	1872	96	273
1967	2243	214	162	52			2029	1874	96	273
1968	2297	201	164	37			2096	1877	101	319
1969	2389	215	180	35			2174	2010	118	261
1970	2481	252	211	41			2229	2037	150	294
1971	2526	275	227	48			2251	2084	169	273
1972	2570	298	248	50			2272	2128	182	260
1973	2602	300	251	49			2302	2171	192	239
1974	2668	319	264	55			2349	2216	210	242
1975	2689	328	270	58		1	2360	2279	230	180
1976	2712	348	284	64		…	2364	2242	258	212
1977	2706	368	297	71		1	2337	2207	280	219
1978	2807	420	346	74		3	2384	2262	296	249
1979	2873	441	363	78		3	2429	2366	290	217
1980	2929	462	379	83		7	2460	2378	304	247
1981	3039	497	407	90		11	2531	2470	310	259
1982	3146	502	407	95		14	2630	2530	315	301
1983	3289	524	425	99		18	2747	2598	341	350
1984	3346	548	419	129	…	26	2772	2578	376	392
1985	3520	593	454	139	…	34	2893	2571	523	426
1986	3598	618	469	149	…	31	2949	2574	568	456
1987	3782	645	488	156	1	41	3096	2596	616	570
1988	3916	670	508	161	1	34	3212	2648	659	609
1989	3943	681	512	168	1	36	3226	2719	659	565
1990	4086	693	521	171	1	34	3359	2833	671	582
1991	4216	722	544	177	1	52	3442	2921	689	606
1992	4332	746	571	172	3	65	3521	2955	724	653
1993	4400	771	599	162	10	94	3535	2910	808	682
1994	4448	788	604	158	26	102	3558	2865	864	719
1995	4509	815	617	162	36	116	3578	2814	929	766

注：自1993年始从业人员中含其他从业人员，与以前年度不尽可比。

4—3 按经济类型分的从业人员

(1995 年底)　　单位:万人

指　标	从业人员	职工	国有经济	城镇集体经济	其他各种类型经济	城镇个体私营企业从业人员	农村从业人员	其他从业人员
从业人员总计	**4508.99**	**815.02**	**617.37**	**162.21**	**35.44**	**81.18**	**3577.76**	**35.03**
一、按国民经济行业分								
1.农林牧渔业	2819.21	10.91	9.76	1.07	0.08	0.11	2808.00	0.19
2.工业	640.04	359.03	263.44	67.90	27.69	13.29	265.07	2.65
采掘业	57.71	56.98	53.58	3.23	0.17	0.36		0.37
制造业	564.90	284.67	193.56	64.17	26.94	12.93	265.07	2.23
电力、煤气及水的生产和供应业	17.43	17.38	16.30	0.50	0.58			0.05
3.建筑业	288.98	56.76	35.71	19.89	1.16	2.20	224.14	5.88
4.地质勘查业、水利管理业	7.42	7.37	7.10	0.27				0.05
5.交通运输、仓储及邮电通信业	137.75	42.43	35.90	6.40	0.13	5.99	87.31	2.02
6.批发和零售贸易、餐饮业	267.76	119.45	68.78	45.99	4.68	49.43	97.43	1.45
7.金融、保险业	17.57	17.42	12.15	5.21	0.06			0.15
8.房地产业	4.01	3.92	2.86	0.35	0.71			0.09
9.社会服务业	27.51	18.22	13.16	4.21	0.85	8.87		0.42
10.卫生、体育和社会福利业	26.64	26.42	25.37	1.05				0.22
11.教育、文化、艺术和广播电影电视业	92.35	71.85	63.64	8.21				20.50
12.科学研究和综合技术服务业	6.53	6.35	6.20	0.15				0.18
13.国家机关、政党机关和社会团体	72.78	71.58	71.34	0.24				1.20
14.其他行业	100.44	3.31	1.96	1.27	0.08	1.29	95.81	0.03
二、按三次产业分								
第一产业	2814.16	5.86	5.58	0.20	0.08	0.11	2808.00	0.19
第二产业	929.02	415.79	299.15	87.79	28.85	15.49	489.21	8.53
第三产业	765.81	393.37	312.64	74.22	6.51	65.58	280.55	26.31
三、按部类分								
物质生产部门	4153.74	588.58	413.59	141.25	33.74	71.02	3481.95	12.19
非物质生产部门	355.25	226.44	203.78	20.96	1.70	10.16	95.81	22.84

4-4 各市地分经济类型的从业人员

(1995年底)　　单位:万人

市地	从业人员	职工	国有经济	城镇集体经济	其他各种类型经济	城镇个体私营企业从业人员	农村从业人员	其他从业人员
郑州市	298.95	101.56	74.43	17.98	9.15	6.84	187.83	2.72
开封市	217.01	43.94	31.81	10.85	1.28	4.36	166.65	2.06
洛阳市	313.69	71.01	55.72	12.49	2.80	8.02	231.29	3.37
平顶山市	282.79	54.79	39.61	14.58	0.60	5.50	220.94	1.56
安阳市	229.60	47.86	37.89	8.35	1.62	2.11	178.71	0.92
鹤壁市	64.80	20.05	14.77	4.27	1.01	0.90	43.33	0.52
新乡市	231.67	52.15	38.45	11.79	1.91	2.37	175.75	1.40
焦作市	183.67	53.26	40.74	10.24	2.28	4.18	124.78	1.45
濮阳市	157.68	33.73	26.47	6.44	0.82	3.85	118.41	1.69
许昌市	186.83	29.51	20.69	6.97	1.85	3.27	152.91	1.14
漯河市	123.60	18.30	12.44	3.85	2.01	2.36	102.01	0.93
三门峡市	110.29	30.26	24.73	3.61	1.92	2.83	76.34	0.86
南阳市	484.65	69.71	53.38	12.10	4.23	5.77	404.93	4.24
商丘地区	380.30	39.11	31.40	6.94	0.77	6.48	332.25	2.46
周口地区	481.02	49.29	35.90	12.26	1.13	7.72	421.08	2.93
驻马店地区	389.72	35.14	27.94	6.52	0.68	5.88	346.16	2.54
信阳地区	348.49	44.91	34.45	10.05	0.41	7.49	294.39	1.70

4-5 各市地分三次产业从业人员及构成

(1995年底)

市地	从业人员(万人)	第一产业	第二产业	第三产业	从业人员构成(以从业人员为100) 第一产业	第二产业	第三产业
郑州市	298.95	125.10	98.70	75.15	41.9	33.0	25.1
开封市	217.01	144.85	36.71	35.45	66.8	16.9	16.3
洛阳市	313.69	175.06	82.16	56.47	55.8	26.2	18.0
平顶山市	282.79	178.97	57.27	46.55	63.3	20.2	16.5
安阳市	229.60	122.15	71.59	35.86	53.2	31.2	15.6
鹤壁市	64.80	33.88	18.52	12.40	52.3	28.6	19.1
新乡市	231.67	136.10	54.20	41.37	58.7	23.4	17.9
焦作市	183.67	81.75	60.86	41.06	44.5	33.1	22.4
濮阳市	157.68	95.98	33.08	28.62	60.9	21.0	18.1
许昌市	186.83	111.06	43.47	32.30	59.4	23.3	17.3
漯河市	123.60	72.17	30.37	21.06	58.4	24.6	17.0
三门峡市	110.29	59.18	28.44	22.67	53.7	25.8	20.5
南阳市	484.65	322.40	87.00	75.25	66.5	18.0	15.5
商丘地区	380.30	275.13	53.39	51.78	72.4	14.0	13.6
周口地区	481.02	356.48	63.33	61.21	74.1	13.2	12.7
驻马店地区	389.72	281.22	52.79	55.71	72.2	13.5	14.3
信阳地区	348.49	242.63	45.87	59.99	69.6	13.2	17.2

4－6 各市地分行业从业人员

（1995年底）

单位：万人

市地	从业人员	农林牧渔业	工业	采掘业	制造业	电力、煤气及水的生产和供应业	建筑业	地质勘查业、水利管理业	交通运输仓储及邮电通信业
郑州市	298.95	125.24	74.99	7.52	65.39	2.08	23.71	1.01	11.86
开封市	217.01	144.95	25.31	0.68	23.91	0.72	11.40	0.17	4.35
洛阳市	313.69	175.36	61.11	3.43	56.11	1.57	21.05	1.03	9.49
平顶山市	282.79	179.14	41.76	13.88	26.71	1.17	15.51	0.58	8.44
安阳市	229.60	122.34	42.48	2.49	38.92	1.07	29.11	0.26	6.82
鹤壁市	64.80	33.96	15.13	4.51	10.40	0.22	3.39	0.06	2.20
新乡市	231.67	136.28	39.91	0.67	38.07	1.17	14.29	0.73	6.43
焦作市	183.67	81.94	52.04	6.32	44.03	1.69	8.82	0.25	8.81
濮阳市	157.68	96.00	20.76	7.28	12.92	0.56	12.32	0.65	4.11
许昌市	186.83	111.21	33.34	2.19	30.35	0.80	10.13	0.18	6.43
漯河市	123.60	72.23	18.74	0.50	17.95	0.29	11.63	0.06	3.90
三门峡市	110.29	59.28	22.93	9.19	13.06	0.68	5.51	0.23	3.82
南阳市	484.65	323.22	61.44	5.63	54.71	1.10	25.56	0.58	11.74
商丘地区	380.30	275.50	28.50	1.66	25.93	0.91	24.89	0.13	8.17
周口地区	481.02	357.01	36.99	1.36	34.28	1.35	26.34	0.29	8.68
驻马店地区	389.72	281.85	31.45	0.89	29.71	0.85	21.34	0.40	8.66
信阳地区	348.49	243.52	28.89	1.41	26.32	1.16	16.98	0.75	8.32

市地	批发和零售贸易、餐饮业	金融、保险业	房地产业	社会服务业	卫生、体育和社会福利业	教育、文化艺术和广播电影电视业	科学研究和综合技术服务业	国家机关、政党机关和社会团体	其他行业
郑州市	22.24	2.54	0.79	4.75	3.11	7.63	2.60	6.50	11.98
开封市	12.67	0.77	0.31	1.29	1.53	4.06	0.15	4.14	5.91
洛阳市	18.81	1.42	0.27	2.47	1.86	5.15	1.28	4.73	9.66
平顶山市	17.02	1.07	0.16	2.66	1.25	3.66	0.18	4.31	7.05
安阳市	11.77	1.05	0.20	1.20	1.38	3.93	0.25	3.57	5.24
鹤壁市	4.21	0.51	0.06	0.43	0.42	0.97	0.05	1.36	2.05
新乡市	13.95	1.02	0.20	1.04	1.82	4.13	0.37	5.00	6.50
焦作市	14.65	0.98	0.20	1.27	1.48	3.65	0.17	3.40	6.01
濮阳市	9.03	0.83	0.30	0.98	1.11	3.28	0.06	3.30	4.95
许昌市	12.18	0.67	0.14	0.90	0.98	2.47	0.12	2.28	5.80
漯河市	8.60	0.50	0.10	0.64	0.58	2.03	0.06	1.81	2.72
三门峡市	8.58	0.61	0.14	1.22	0.59	1.70	0.05	2.13	3.50
南阳市	26.18	1.39	0.28	1.92	2.42	6.97	0.29	6.33	16.33
商丘地区	20.02	1.01	0.15	1.49	1.89	4.96	0.17	5.29	8.13
周口地区	23.43	1.05	0.10	1.15	2.05	5.88	0.13	6.11	11.81
驻马店地区	19.22	0.89	0.20	3.24	1.83	5.03	0.22	4.99	10.40
信阳地区	22.05	1.12	0.32	1.78	1.50	5.73	0.22	5.02	12.29

4—7 各种分组的职工人数

（年底数）

单位：万人

类　　别	1994年	1995年	1995年为1994年%
总　　计	**788.34**	**815.02**	**103.4**
一、按企业、事业、机关分			
企业		610.90	
事业		137.29	
机关		66.83	
二、按国民经济行业分			
农林牧渔业	10.45	10.91	104.4
工业	350.27	359.03	102.5
采掘业	57.08	56.98	99.8
制造业	276.93	284.67	102.8
电力、煤气及水的生产和供应业	16.26	17.38	106.9
建筑业	51.26	56.76	110.7
地质勘查业、水利管理业	7.82	7.37	94.2
交通运输、仓储及邮电通信业	42.86	42.43	99.0
批发和零售贸易、餐饮业	120.12	119.45	99.4
金融、保险业	16.15	17.42	107.9
房地产业	2.93	3.92	133.8
社会服务业	17.71	18.22	102.9
卫生、体育和社会福利事业	25.45	26.42	103.8
教育、文化和广播电影电视事业	68.86	71.85	104.3
科学研究和综合技术服务业	5.30	6.35	119.8
国家机关、政党机关和社会团体	66.60	71.58	107.5
其他行业	2.56	3.31	129.3
三、按三次产业分			
第一产业	5.61	5.86	104.5
第二产业	401.53	415.79	103.6
第三产业	381.20	393.37	103.2

4－8 各种分组的职工人数

（1995年底） 单位：万人

类别	合计	国有经济	城镇集体经济	其他各种经济类型
总计	**815.02**	**617.37**	**162.21**	**35.44**
一、按隶属关系分				
中央		130.39		
省、自治区、直辖市		33.07		
市地		165.17		
县及县以下		287.11		
其他		1.63		
二、按企业、事业、机关分				
企业	610.90	424.99	150.59	35.32
事业	137.29	125.96	11.21	0.12
机关	66.83	66.42	0.41	
三、按国民经济行业分				
农林牧渔业	10.91	9.76	1.07	0.08
工业	359.03	263.44	67.90	27.69
采掘业	56.98	53.58	3.23	0.17
制造业	284.67	193.56	64.17	26.94
电力、煤气及水的生产和供应业	17.38	16.30	0.50	0.58
建筑业	56.76	35.71	19.89	1.16
地质勘查业、水利管理业	7.37	7.10	0.27	
交通运输、仓储及邮电通信业	42.43	35.90	6.40	0.13
批发和零售贸易、餐饮业	119.45	68.78	45.99	4.68
金融、保险业	17.42	12.15	5.21	0.06
房地产业	3.92	2.86	0.35	0.71
社会服务业	18.22	13.16	4.21	0.85
卫生、体育和社会福利事业	26.42	25.37	1.05	
教育、文化和广播电影电视事业	71.85	63.64	8.21	
科学研究和综合技术服务业	6.35	6.20	0.15	
国家机关、政党机关和社会团体	71.58	71.34	0.24	
其他行业	3.31	1.96	1.27	0.08
四、按三次产业分				
第一产业	5.86	5.58	0.20	0.08
第二产业	415.79	299.15	87.79	28.85
第三产业	393.37	312.64	74.22	6.51

4－9 各市地分行业职工人数

（1995年底）

单位：万人

市地	职工人数	农林牧渔业	工业	采掘业	制造业	电力、煤气及水的生产和供应业	建筑业	地质勘查业、水利管理业	交通运输仓储及邮电通信业
郑州市	101.56	0.64	44.39	6.41	35.90	2.08	12.33	1.01	3.31
开封市	43.94	0.44	19.55		18.83	0.72	2.90	0.17	1.82
洛阳市	71.01	0.45	37.32	2.17	33.58	1.57	5.72	1.03	2.19
平顶山市	54.79	0.33	28.57	13.22	14.18	1.17	4.69	0.58	1.29
安阳市	47.86	0.36	24.82	2.06	21.69	1.07	3.90	0.26	1.59
鹤壁市	20.05	0.36	12.00	4.41	7.37	0.22	0.80	0.06	0.64
新乡市	52.15	0.45	24.99	0.66	23.16	1.17	2.17	0.73	1.95
焦作市	53.26	0.49	31.24	5.64	23.91	1.69	2.17	0.25	1.71
濮阳市	33.73	0.32	14.13	6.47	7.10	0.56	3.85	0.65	0.84
许昌市	29.51	0.30	13.86	1.57	11.49	0.80	1.29	0.18	1.51
漯河市	18.30	0.11	7.90	0.08	7.53	0.29	1.11	0.06	0.54
三门峡市	30.26	0.30	17.32	8.82	7.82	0.68	2.06	0.23	0.71
南阳市	69.71	1.18	29.18	4.36	23.72	1.10	4.74	0.58	2.74
商丘地区	39.11	0.74	11.60	0.69	10.00	0.91	2.64	0.13	1.67
周口地区	49.29	1.90	16.61		15.26	1.35	2.38	0.29	1.90
驻马店地区	35.14	1.06	9.95	0.06	9.04	0.85	1.07	0.40	1.72
信阳地区	44.91	1.46	14.64	0.36	13.12	1.16	1.84	0.75	2.36

市地	批发和零售贸易、餐饮业	金融、保险业	房地产业	社会服务业	卫生、体育和社会福利业	教育、文化艺术和广播电影电视业	科学研究和综合技术服务业	国家机关、政党机关和社会团体	其他行业
郑州市	12.29	2.54	0.79	3.70	3.11	7.63	2.60	6.50	0.72
开封市	6.91	0.77	0.31	0.81	1.53	4.06	0.15	4.14	0.38
洛阳市	7.54	1.42	0.27	1.67	1.86	5.15	1.28	4.73	0.38
平顶山市	6.60	1.07	0.16	2.07	1.25	3.66	0.18	4.31	0.03
安阳市	5.46	1.05	0.20	0.98	1.38	3.93	0.25	3.57	0.11
鹤壁市	2.38	0.51	0.06	0.31	0.42	0.97	0.05	1.36	0.13
新乡市	8.37	1.02	0.20	0.76	1.82	4.13	0.37	5.01	0.18
焦作市	6.20	0.98	0.20	0.94	1.48	3.65	0.17	3.40	0.38
濮阳市	4.46	0.83	0.30	0.52	1.11	3.28	0.06	3.30	0.08
许昌市	5.01	0.67	0.14	0.66	0.98	2.47	0.12	2.28	0.04
漯河市	3.00	0.50	0.10	0.48	0.58	2.03	0.06	1.81	0.02
三门峡市	3.30	0.61	0.14	0.91	0.59	1.70	0.05	2.13	0.21
南阳市	12.05	1.39	0.28	1.20	2.42	6.97	0.29	6.33	0.36
商丘地区	8.09	1.01	0.15	0.72	1.89	4.96	0.17	5.29	0.05
周口地区	10.39	1.05	0.10	0.43	2.05	5.88	0.13	6.11	0.07
驻马店地区	7.12	0.89	0.20	0.57	1.83	5.03	0.22	4.99	0.09
信阳地区	9.02	1.12	0.32	0.89	1.50	5.73	0.22	5.02	0.04

4—10 各市地国有经济分行业职工人数

(1995 年底)

单位:万人

市地	职工人数	农林牧渔业	工业	采掘业	制造业	电力、煤气及水的生产和供应业	建筑业	地质勘查业、水利管理业	交通运输仓储及邮电通信业
郑州市	74.43	0.58	29.12	6.38	21.11	1.63	8.26	1.01	2.87
开封市	31.81	0.44	13.44		12.76	0.68	1.76	0.17	1.28
洛阳市	55.72	0.41	29.57	1.86	26.54	1.17	4.12	1.02	1.67
平顶山市	39.61	0.29	21.07	10.68	9.29	1.10	3.63	0.40	1.03
安阳市	37.89	0.34	19.70	1.95	16.70	1.05	3.06	0.26	1.21
鹤壁市	14.77	0.26	8.74	4.32	4.20	0.22	0.43	0.06	0.48
新乡市	38.45	0.43	18.24	0.65	16.46	1.13	1.29	0.73	1.57
焦作市	40.74	0.47	23.33	5.52	16.12	1.69	1.14	0.25	1.28
濮阳市	26.47	0.31	11.09	6.47	4.06	0.56	2.58	0.65	0.77
许昌市	20.69	0.27	8.52	1.57	6.15	0.80	0.78	0.18	1.21
漯河市	12.44	0.10	4.46	0.08	4.09	0.29	0.33	0.05	0.46
三门峡市	24.73	0.26	14.59	8.77	5.14	0.68	1.39	0.23	0.61
南阳市	53.38	1.01	21.32	4.23	15.99	1.10	2.55	0.57	2.32
商丘地区	31.40	0.69	9.24	0.69	7.64	0.91	1.57	0.13	1.32
周口地区	35.90	1.82	12.40		11.05	1.35	0.98	0.29	1.58
驻马店地区	27.94	0.97	7.07	0.05	6.18	0.84	0.50	0.39	1.31
信阳地区	34.45	1.09	11.27	0.35	9.83	1.09	0.71	0.69	1.61

市地	批发和零售贸易、餐饮业	金融、保险业	房地产业	社会服务业	卫生、体育和社会福利业	教育、文化艺术和广播电影电视业	科学研究和综合技术服务业	国家机关、政党机关和社会团体	其他行业
郑州市	7.01	1.84	0.34	2.65	2.98	7.24	2.50	6.50	1.53
开封市	3.85	0.56	0.24	0.66	1.39	3.77	0.14	4.05	0.06
洛阳市	4.56	1.01	0.17	1.18	1.66	4.11	1.27	4.72	0.25
平顶山市	4.24	0.72	0.13	0.94	1.20	1.50	0.16	4.27	0.03
安阳市	2.92	0.67	0.12	0.76	1.27	3.69	0.25	3.57	0.07
鹤壁市	1.23	0.39	0.05	0.29	0.39	0.97	0.05	1.36	0.07
新乡市	4.08	0.70	0.19	0.66	1.71	3.35	0.36	4.99	0.15
焦作市	41.74	0.47	23.33	5.52	16.12	1.69	1.14	0.25	1.28
濮阳市	26.47	0.31	11.09	6.47	4.06	0.56	2.58	0.65	0.77
许昌市	2.89	0.41	0.11	0.51	0.97	2.44	0.12	2.28	
漯河市	1.79	0.33	0.09	0.37	0.58	2.03	0.05	1.80	
三门峡市	1.87	0.44	0.10	0.67	0.57	1.69	0.05	2.12	0.14
南阳市	7.49	0.92	0.25	1.06	2.39	6.59	0.29	6.30	0.32
商丘地区	4.69	0.74	0.13	0.64	1.80	4.95	0.17	5.29	0.04
周口地区	5.36	0.70	0.09	0.35	2.04	4.03	0.13	6.09	0.04
驻马店地区	4.44	0.62	0.15	0.50	1.77	4.94	0.21	4.99	0.08
信阳地区	5.72	0.86	0.27	0.67	1.44	4.89	0.22	4.98	0.03

4－11 各市地城镇集体经济分行业职工人数

(1995年底)

单位:万人

市地	职工人数	农林牧渔业	工业	采掘业	制造业	电力、煤气及水的生产和供应业	建筑业	地质勘查业、水利管理业	交通运输仓储及邮电通信业
郑州市	17.98	0.04	8.05	0.02	8.02	0.01	3.55		0.43
开封市	10.85		5.18		5.15	0.03	1.02		0.54
洛阳市	12.49	0.04	5.86	0.30	5.23	0.33	1.54	…	0.52
平顶山市	14.58	0.04	7.00	2.48	4.52	…	1.05	0.18	0.24
安阳市	8.35	0.02	3.78	0.10	3.67	0.01	0.71	…	0.38
鹤壁市	4.27	0.09	2.30	0.09	2.20	0.01	0.37		0.16
新乡市	11.79	0.02	5.30	0.01	5.25	0.04	0.88		0.31
焦作市	10.24	0.03	5.80	0.09	5.71		1.02		0.43
濮阳市	6.44	…	2.68		2.68		1.05	…	0.07
许昌市	6.97	0.03	3.68		3.68		0.48	…	0.31
漯河市	3.85	0.01	1.88	…	1.88	…	0.76	…	0.08
三门峡市	3.61	0.02	1.15	0.04	1.11	…	0.63	…	0.09
南阳市	12.10	0.16	4.07	0.07	4.00		2.18	0.01	0.41
商丘地区	6.94	0.05	1.76	…	1.76		1.05	…	0.35
周口地区	12.26	0.08	3.09		3.09	…	1.39		0.32
驻马店地区	6.52	0.08	2.48	…	2.48	…	0.57	…	0.41
信阳地区	10.05	0.37	3.13	0.01	3.05	0.07	1.13	0.06	0.75

市地	批发和零售贸易、餐饮业	金融、保险业	房地产业	社会服务业	卫生、体育和社会福利业	教育、文化艺术和广播电影电视业	科学研究和综合技术服务业	国家机关、政党机关和社会团体	其他行业
郑州市	3.76	0.68	0.08	0.64	0.13	0.39	0.08		0.15
开封市	2.88	0.21	0.04	0.14	0.14	0.29	0.01	0.09	0.31
洛阳市	2.41	0.39	0.03	0.34	0.19	1.04	0.01	…	0.12
平顶山市	2.31	0.35	0.02	1.11	0.05	2.16	0.02	0.04	…
安阳市	2.45	0.37	0.03	0.22	0.10	0.24	…	…	0.04
鹤壁市	1.13	0.11	…	0.03	0.04	…	…		0.04
新乡市	3.98	0.32	…	0.05	0.11	0.78	0.01	0.02	0.02
焦作市	2.36	0.32	0.01	0.06	0.01	…	…		0.20
濮阳市	2.16	0.24	0.01	0.11	…	0.09	…		0.03
许昌市	1.99	0.26	0.01	0.15	0.01	0.03	…	…	0.02
漯河市	0.93	0.16	…	0.01	…	…	…	0.01	0.02
三门峡市	1.19	0.18	0.03	0.22	0.02	0.01	…	…	0.07
南阳市	4.19	0.47	0.02	0.11	0.03	0.38		0.03	0.04
商丘地区	3.26	0.27	0.01	0.08	0.09	0.01			0.01
周口地区	5.03	0.35	0.01	0.08	0.01	1.85		0.02	0.03
驻马店地区	2.47	0.27		0.07	0.06	0.10	0.01	…	0.01
信阳地区	3.17	0.26	0.04	0.21	0.06	0.84	…	0.03	…

4—12 各市地城镇个体及私营企业分行业从业人员

（1995 年底）

单位：万人

市 地	从业人员	农林牧渔业	工业	采掘业	制造业	电力、煤气及水的生产和供应业	建筑业	地质勘查业、水利管理业	交通运输仓储及邮电通信业
郑州市	6.84		1.11				0.21		0.97
开封市	4.36	0.01	0.68				0.10		0.15
洛阳市	8.02	0.01	1.26				1.08		0.39
平顶山市	5.50		0.66				0.10		0.42
安阳市	2.11		0.43				0.02		0.20
鹤壁市	0.90		0.10						0.04
新乡市	2.37		0.01						0.07
焦作市	4.18		0.68				0.06		0.14
濮阳市	3.85	0.03	0.81				0.06		0.81
许昌市	3.27		0.62				0.03		0.11
漯河市	2.36		0.42				0.24		0.04
三门峡市	2.83		0.37				0.06		0.10
南阳市	5.77	0.03	1.27				0.08		0.47
商丘地区	6.48		0.97				0.04		0.61
周口地区	7.72		1.36				0.06		0.71
驻马店地区	5.88	0.01	0.83				0.04		0.64
信阳地区	7.49	0.02	1.05				0.06		0.55

市 地	批发和零售贸易、餐饮业	金融、保险业	房地产业	社会服务业	卫生、体育和社会福利业	教育、文化艺术和广播电影电视业	科学研究和综合技术服务业	国家机关、政党机关和社会团体	其他行业
郑州市	3.40			1.05					0.10
开封市	2.84			0.48					0.10
洛阳市	4.38			0.80					0.10
平顶山市	3.73			0.58					0.01
安阳市	1.24			0.22					0.00
鹤壁市	0.60			0.12					0.04
新乡市	1.98			0.28					0.03
焦作市	2.95			0.33					0.02
濮阳市	1.64			0.46					0.04
许昌市	2.20			0.25					0.06
漯河市	1.49			0.16					0.01
三门峡市	1.93			0.31					0.06
南阳市	3.09			0.72					0.11
商丘地区	3.96			0.77					0.13
周口地区	4.81			0.72					0.06
驻马店地区	3.50			0.67					0.19
信阳地区	4.85			0.89					0.07

4-13 女职工、合同制职工人数及构成

（年底数）

项　目	1990年	1991年	1992年	1993年	1994年	1995年
一、女职工						
绝对数（万人）	244.79	258.44	269.84	273.85	287.57	298.36
国有经济	166.55	176.15	189.57	201.24	208.21	214.97
城镇集体经济	77.95	81.93	79.05	68.09	67.79	67.59
其他各种经济类型	0.29	0.36	1.22	4.52	11.57	15.80
占全部职工的比重（%）	35.3	35.8	36.2	35.5	36.5	36.6
国有经济	32.0	32.4	33.2	33.6	34.5	34.8
城镇集体经济	45.7	46.2	45.9	42.1	42.8	41.7
其他各种经济类型	33.8	29.9	48.5	44.6	44.4	44.6
二、合同制职工						
绝对数（万人）				218.31	267.77	393.65
国有经济				182.31	219.14	311.00
城镇集体经济				31.02	36.76	60.65
其他各种经济类型				4.98	11.87	22.00
占全部职工的比重（%）				28.3	34.0	48.3
国有经济				30.4	36.3	50.4
城镇集体经济				19.2	23.2	37.4
其他各种经济类型				49.2	45.5	62.1

4-14 分行业女职工人数及构成

（1995年底）

行业	合计	国有经济	城镇集体经济	其他各种经济类型
女职工总计(万人)	**298.36**	**214.97**	**67.59**	**15.80**
农林牧渔业	3.32	3.08	0.22	0.02
工业	142.10	95.81	34.05	12.24
采掘业	11.23	10.70	0.50	0.03
制造业	125.41	80.00	33.39	12.02
电力、煤气及水的生产和供应业	5.46	5.11	0.16	0.19
建筑业	9.13	6.64	2.37	0.12
地质勘查业、水利管理业	1.84	1.74	0.10	
交通运输、仓储及邮电通信业	11.44	9.69	1.72	0.03
批发和零售贸易、餐饮业	52.92	30.05	20.13	2.74
金融、保险业	7.18	4.77	2.39	0.02
房地产业	1.22	0.94	0.09	0.19
社会服务业	8.46	5.96	2.09	0.41
卫生、体育和社会福利业	14.01	13.42	0.58	0.01
教育、文化、艺术和广播电影电视业	27.59	24.55	3.04	
科学研究和综合技术服务业	2.11	2.06	0.05	
国家机关、政党机关和社会团体	15.72	15.63	0.09	
其他行业	1.32	0.63	0.67	0.02
女职工占职工总数比重(%)	**36.6**	**34.8**	**41.7**	**44.6**
农林牧渔业	30.4	31.6	20.0	25.0
工业	39.6	36.4	50.1	44.2
采掘业	19.7	20.0	15.6	17.6
制造业	44.1	41.3	52.0	44.6
电力、煤气及水的生产和供应业	31.4	31.3	32.0	32.8
建筑业	16.1	18.6	11.9	10.3
地质勘查业、水利管理业	25.0	24.5	50.0	
交通运输、仓储及邮电通信业	27.0	27.0	26.9	23.1
批发和零售贸易、餐饮业	44.3	43.7	43.8	58.5
金融、保险业	41.2	39.3	46.0	33.3
房地产业	31.1	32.9	22.5	26.8
社会服务业	46.4	45.3	49.8	48.2
卫生、体育和社会福利业	53.0	52.9	52.7	
教育、文化、艺术和广播电影电视业	38.4	38.6	37.1	
科学研究和综合技术服务业	33.2	33.2	33.3	
国家机关、政党机关和社会团体	22.0	21.9	37.5	
其他行业	39.9	32.1	52.8	25.0

4－15 分行业合同制职工人数及构成

(1995年底)

行业	合计	国有经济	城镇集体经济	其他各种经济类型
合同制职工总计(万人)	**393.65**	**311.00**	**60.65**	**22.00**
农林牧渔业	3.21	2.91	0.26	0.04
工业	242.87	197.43	27.42	18.02
采掘业	44.59	43.70	0.82	0.07
制造业	186.55	142.81	26.21	17.53
电力、煤气及水的生产和供应业	11.73	10.92	0.39	0.42
建筑业	24.95	18.44	6.14	0.37
地质勘查业、水利管理业	2.16	1.96	0.20	
交通运输、仓储及邮电通信业	18.26	16.42	1.79	0.05
批发和零售贸易、餐饮业	63.12	41.04	19.27	2.81
金融、保险业	4.38	1.89	2.48	0.01
房地产业	1.46	1.05	0.13	0.28
社会服务业	7.36	5.38	1.58	0.40
卫生、体育和社会福利业	6.34	6.17	0.17	
教育、文化、艺术和广播电影电视业	7.09	6.34	0.75	
科学研究和综合技术服务业	0.87	0.82	0.05	
国家机关、政党机关和社会团体	10.63	10.53	0.10	
其他行业	0.95	0.62	0.31	0.02
合同制职工占职工总数比重(%)	**48.3**	**50.4**	**37.4**	**62.1**
农林牧渔业	29.4	29.8	23.6	50.0
工业	67.6	74.9	40.4	65.1
采掘业	78.3	81.6	25.6	41.2
制造业	65.5	73.8	40.8	65.1
电力、煤气及水的生产和供应业	67.5	67.0	78.0	72.4
建筑业	44.0	51.6	30.9	31.9
地质勘查业、水利管理业	29.3	27.6	100.0	
交通运输、仓储及邮电通信业	43.0	45.7	28.0	38.5
批发和零售贸易、餐饮业	52.8	59.7	41.9	60.0
金融、保险业	25.1	15.6	47.7	16.7
房地产业	37.2	36.7	32.5	39.4
社会服务业	40.4	40.9	37.6	47.1
卫生、体育和社会福利业	24.0	24.3	15.5	
教育、文化、艺术和广播电影电视业	9.9	10.0	9.1	
科学研究和综合技术服务业	13.7	13.2	33.3	
国家机关、政党机关和社会团体	14.9	14.8	41.7	
其他行业	28.7	31.6	24.4	25.0

4－16 各市地女职工人数及构成

(1995年底)

市地	全部		国有经济		城镇集体经济		其他各种经济类型	
	女职工（万人）	占职工总数的％	女职工（万人）	占国有经济职工总数的％	女职工（万人）	占城镇集体经济职工总数的％	女职工（万人）	占其他各种经济类型职工总数的％
郑州市	37.95	37.4	26.40	36.0	7.39	41.1	4.16	41.0
开封市	17.88	40.7	12.57	39.5	4.76	43.4	0.55	43.3
洛阳市	26.79	37.7	20.05	36.0	5.57	44.6	1.17	42.1
平顶山市	17.98	32.8	12.04	30.4	5.69	39.1	0.25	40.7
安阳市	17.09	35.7	13.29	35.1	3.18	38.1	0.62	38.3
鹤壁市	7.18	35.8	4.94	33.4	1.85	43.4	0.39	38.9
新乡市	20.49	39.3	14.44	37.6	5.13	43.5	0.92	48.1
焦作市	19.78	37.1	14.16	34.8	4.68	45.7	0.94	40.8
濮阳市	11.19	33.2	8.08	30.5	2.79	43.3	0.32	39.0
许昌市	11.38	38.6	7.28	35.2	3.23	46.3	0.87	47.4
漯河市	7.28	39.8	4.61	37.1	1.64	42.7	1.03	50.7
三门峡市	9.90	32.7	7.59	30.7	1.38	38.3	0.93	48.4
南阳市	25.08	36.0	18.49	34.6	4.45	36.7	2.14	50.6
商丘地区	13.15	33.6	10.35	33.0	2.45	35.3	0.35	46.0
周口地区	18.04	36.6	12.87	35.9	4.55	37.1	0.62	54.8
驻马店地区	13.37	38.0	10.09	36.1	2.94	45.1	0.34	49.5
信阳地区	17.29	38.5	12.87	37.4	4.19	41.7	0.23	54.9

4－17 各市地合同制职工人数及构成

(1995年底)

市地	全部		国有经济		城镇集体经济		其他各种经济类型	
	合同制职工（万人）	占职工总数的％	合同制职工（万人）	占国有经济职工总数的％	合同制职工（万人）	占城镇集体经济职工总数的％	合同制职工（万人）	占其他各种经济类型职工总数的％
郑州市	45.42	44.7	33.67	45.2	6.76	37.6	4.99	54.5
开封市	23.54	53.6	18.00	56.6	4.64	42.8	0.90	70.3
洛阳市	40.03	56.4	32.35	58.1	5.63	45.1	2.05	73.2
平顶山市	32.99	60.2	26.36	66.5	6.27	43.0	0.36	60.0
安阳市	29.17	60.9	23.80	62.8	4.12	49.3	1.25	77.2
鹤壁市	9.99	49.8	7.75	52.5	1.59	37.2	0.65	64.4
新乡市	27.00	51.8	20.42	53.1	5.11	43.3	1.47	77.0
焦作市	28.86	54.2	23.68	58.1	3.58	35.0	1.60	70.2
濮阳市	18.49	54.8	15.98	60.4	1.93	30.0	0.58	70.7
许昌市	13.09	44.4	9.45	45.7	2.44	35.0	1.20	64.9
漯河市	9.31	50.9	6.09	49.0	1.65	42.9	1.57	78.1
三门峡市	23.10	76.3	18.73	75.7	2.63	72.9	1.74	90.6
南阳市	31.88	45.7	25.34	47.5	4.27	35.3	2.27	53.7
商丘地区	14.53	37.2	11.48	36.6	2.69	38.8	0.36	46.8
周口地区	14.36	29.1	11.30	31.5	2.56	20.9	0.50	44.2
驻马店地区	10.24	29.1	8.23	29.5	1.77	27.1	0.24	35.3
信阳地区	18.09	40.3	14.81	43.0	3.03	30.1	0.25	61.0

4－18 工业、建筑业企业各岗位职工人数

(1995年底)　　单位:万人

类别	合计	工人和学徒	工程技术人员	管理人员	其他人员
总计	**415.79**	**294.68**	**27.77**	**44.98**	**48.36**
一、工业	**359.03**	**253.91**	**22.33**	**39.18**	**43.61**
(一)按轻重工业分					
轻工业	138.87	105.05	8.23	14.02	11.57
重工业	220.16	148.86	14.10	25.16	32.04
(二)按经济类型分					
国有经济	263.44	182.80	16.21	28.54	35.89
#地方	192.60	138.65	11.96	21.27	20.72
城镇集体经济	67.90	51.28	3.86	7.44	5.32
其他各种经济类型	27.69	19.83	2.26	3.20	2.40
(三)按行业分	359.03	253.91	28.39	39.18	37.55
采掘业	56.98	37.41	2.14	5.01	12.42
煤炭采选业	42.40	28.58	1.04	3.10	9.68
石油和天然气开采业	9.83	5.55	0.82	1.33	2.13
黑色金属矿采选业	0.19	0.15	0.01	0.02	0.01
有色金属矿采选业	3.58	2.39	0.22	0.44	0.53
非金属矿采选业	0.88	0.66	0.04	0.11	0.07
其他非金属矿采选业	0.10	0.08	0.01	0.01	…
木材及竹材采运业	…	…	…	…	
制造业	284.67	204.94	18.45	31.93	29.35
食品加工业	11.25	7.62	0.86	1.43	1.34
食品制造业	7.93	5.88	0.64	0.79	0.62
饮料制造业	8.87	6.42	0.71	1.13	0.61
烟草加工业	3.29	2.21	0.21	0.38	0.49
纺织业	42.74	34.45	1.75	3.13	3.41
服装及其他纤维制品制造业	5.41	4.33	0.25	0.54	0.29
皮革、毛皮、羽绒及其制品业	5.03	4.10	0.25	0.44	0.24
木材加工及竹、藤、棕、草制品业	1.33	1.00	0.10	0.15	0.08
家具制造业	1.54	1.15	0.10	0.19	0.10

4—18 续表　　(1995 年底)　　单位:万人

类　别	合　计	工人和学徒	工程技术人员	管理人员	其他人员
造纸及纸制品业	8.04	6.10	0.51	0.89	0.54
印刷业、记录媒介的复制	5.02	3.87	0.24	0.60	0.31
文教体育用品制造业	0.59	0.45	0.03	0.08	0.03
石油加工及炼焦业	2.61	1.59	0.25	0.35	0.42
化学原料及化学制品制造业	25.35	17.68	1.84	3.16	2.67
医药制造业	8.09	5.61	0.93	0.85	0.70
化学纤维制造业	2.52	1.85	0.13	0.27	0.27
橡胶制造业	3.85	2.87	0.21	0.39	0.38
塑料制造业	3.99	2.95	0.25	0.47	0.32
非金属矿物制品业	27.70	19.86	1.64	3.43	2.77
黑色金属冶练及压延加工业	10.17	7.21	0.48	1.14	1.34
有色金属冶练及压延加工业	7.49	5.13	0.50	0.81	1.05
金属制品业	7.58	5.56	0.41	0.85	0.76
普通机械制造业	20.64	14.05	1.35	2.58	2.66
专用设备制造业	26.65	17.94	1.86	3.25	3.60
交通运输设备制造业	11.90	8.10	0.90	1.53	1.37
武器弹药制造业	3.49	2.23	0.27	0.35	0.64
电气机械及器材制造业	11.58	7.93	0.91	1.54	1.20
电子及通信设备制造业	3.00	1.88	0.37	0.44	0.31
仪器、仪表及文化办公用机械制造业	3.30	2.03	0.32	0.41	0.54
其他制造业	3.72	2.89	0.18	0.36	0.29
电力、煤气及水的生产和供应业	17.38	11.56	1.74	2.24	1.84
电力、蒸气及热水的生产和供应业	14.43	9.46	1.47	1.84	1.66
煤气生产和供应业	0.53	0.36	0.07	0.08	0.02
自来水的生产和供应业	2.42	1.74	0.20	0.32	0.16
二、建筑业	**56.76**	**40.77**	**5.44**	**5.80**	**4.75**
国有经济	35.71	24.97	3.18	3.93	3.63
城镇集体经济	19.89	14.96	2.11	1.77	1.05
其他各种经济类型	1.16	0.84	0.15	0.10	0.07

4—19 城镇失业和新就业人数

单位:万人

分类	1978年	1980年	1985年	1990年	1991年	1992年	1993年	1994年	1995年
一、城镇失业人数	**15.74**	**24.45**	**16.10**	**25.09**	**22.75**	**20.68**	**19.93**	**20.69**	**20.11**
#失业青年	9.17	13.92	15.30	23.91	21.11	18.64	17.90	19.70	17.48
占城镇失业人数%	58.3	56.9	95.0	95.3	92.8	90.1	89.8	95.2	86.9
失业率(%)	3.6	5.0	2.5	3.3	2.9	2.6	2.4	2.3	2.1
二、城镇新就业人数	**14.27**	**39.25**	**36.87**	**41.22**	**47.78**	**48.47**	**49.28**	**45.07**	**59.61**
1.按来源分									
城镇劳动力	4.16	15.00	18.60	12.86	21.45	20.17	23.00	19.76	30.27
乡村劳动力	4.90	14.34	6.22	6.36	8.10	11.47	10.06	9.44	10.62
大中专技校毕业生	0.99	2.32	5.31	8.24	9.46	8.94	8.30	8.70	10.55
转业复员军人	3.02	1.47	3.68	4.33	4.29	3.11	3.27	3.11	3.30
其他	1.20	6.12	3.06	9.43	4.48	4.78	4.65	4.06	4.87
2.按安置去向分									
国有单位	9.46	26.79	21.54	29.68	27.39	36.47	27.05	25.16	27.36
城镇集体单位	3.72	8.71	8.92	11.09	15.36	10.73	8.34	7.59	7.77
其他单位				0.25	0.17	0.49	1.19	2.66	3.52
从事个体及私营劳动	1.09	3.75	6.41	0.20	4.86	0.78	12.70	9.66	20.96

4—20 各市地城镇失业人数和失业率

(1995年底)

市地	年底失业人数(人)				失业率(%)			
	1990年	1993年	1994年	1995年	1990年	1993年	1994年	1995年
郑州市	19172	21239	20636	21124	2.1	2.1	2.0	1.9
开封市	21637	21071	19946	18790	5.0	4.5	4.3	3.6
洛阳市	19873	13984	12386	13487	2.8	1.9	1.7	1.6
平顶山市	19866	13403	12424	12500	3.6	2.3	2.2	2.0
安阳市	6553	13743	17579	22564	1.5	2.9	3.6	4.2
鹤壁市	8842	6754	6330	4677	4.7	3.4	3.0	1.6
新乡市	14379	10649	10569	10570	2.6	2.1	2.0	1.9
焦作市	31729	9009	10315	10442	6.2	1.6	1.8	1.7
濮阳市	6008	5142	6372	5977	2.0	1.5	1.7	1.5
许昌市	6700	10715	10809	9698	2.4	3.5	3.5	2.8
漯河市	6980	8391	6477	6552	4.1	4.6	3.2	2.9
三门峡市	11829	5984	5817	6991	4.4	1.9	1.9	2.0
南阳市	31420	23833	26475	21055	4.7	3.4	3.6	2.6
商丘地区	4918	4003	4550	2703	1.4	1.0	1.1	0.6
周口地区	10421	5197	5523	3881	2.3	1.1	1.1	0.6
驻马店地区	11165	9304	8528	9724	3.2	2.5	2.3	2.2
信阳地区	19446	16866	22120	20393	4.3	3.4	4.5	3.6

4—21 历年职工工资、指数和保险福利费用

年份	工资总额（万元）	#国有经济	#城镇集体经济	平均工资（元）	#国有经济	#城镇集体经济	平均工资指数(以上年为100) 全部职工	#国有经济	#城镇集体经济	全部职工保险福利费用总额（万元）
1952	14341	14341		347	347					
1953	24139	24139		357	357					
1954	25276	25276		387	387					
1955	32698	32698		409	409					
1956	46191	46191		497	497					
1957	58953	58953		546	546					
1958	68497	68497		441	441			82.4		
1959	96892	96892		445	445			100.0		
1960	106399	106399		451	451			99.4		
1961	100186	100186		479	479			82.7		
1962	83304	83304		538	538			130.4		
1963	83981	83981		583	583			125.3		
1964	89835	89835		606	606			108.1		
1965	108860	90662	18198	503	599	369	86.2	102.6		
1966	111883	92375	19508	540	589	388	108.9	99.7	106.6	
1967	113170	93116	20054	538	580	403	98.8	97.7	103.0	
1968	108837	94056	14781	546	578	408	101.5	99.7	101.2	
1969	114022	99923	14099	554	582	413	101.5	100.7	101.2	
1970	128670	111797	16873	547	573	424	98.9	98.7	102.9	
1971	141320	121668	19652	634	555	434	97.7	97.0	102.5	
1972	162532	140940	21592	567	593	441	106.2	106.8	101.6	
1973	166157	144706	21451	560	581	453	98.7	97.9	102.6	
1974	175746	151638	24108	557	589	465	99.4	101.3	102.5	
1975	181204	153736	27468	561	581	488	100.5	98.4	104.7	
1976	189058	160274	28784	558	576	477	99.2	98.8	97.5	
1977	202161	168292	33869	563	578	497	101.0	100.4	104.3	
1978	242963	206528	36435	590	609	496	104.8	105.4	99.8	28161
1979	276290	235982	40307	644	668	533	108.8	109.4	107.1	33909
1980	329307	281420	47887	730	759	597	106.9	107.2	105.7	45861
1981	354286	303343	50943	742	772	604	99.3	99.3	98.8	56630
1982	374013	318162	55851	754	789	604	99.8	100.4	98.2	63150
1983	391856	333617	58239	767	805	606	98.9	99.2	97.5	73409
1984	462403	377555	84737	866	921	686	110.5	111.9	110.8	85071
1985	578470	470624	107617	1015	1080	804	110.1	110.1	110.0	109279
1986	695690	569687	125714	1159	1245	882	106.9	107.9	102.7	103008
1987	789800	643435	145781	1258	1347	974	100.7	100.4	102.4	112913
1988	959048	786621	171755	1470	1582	1110	96.2	96.7	93.8	123770
1989	1087014	894837	191249	1628	1767	1191	96.4	97.2	93.4	169246
1990	1238636	1025211	211891	1825	1997	1288	111.5	112.5	107.6	207630
1991	1381842	1135826	243273	1964	2132	1433	102.4	101.6	105.9	230044
1992	1655136	1383830	265082	2269	2473	1587	107.3	107.7	102.6	256433
1993	2008244	1688941	288980	2646	2860	1821	105.4	104.6	104.0	297889
1994	2751812	2298663	356551	3545	3851	2295	105.2	105.7	98.9	267836
1995	3477035	2841666	477868	4344	4677	3007	104.8	103.9	112.1	305640

注:1.本表平均工资指数按实际工资计算,即扣除了职工生活费用价格变动因素。

2.1994年始全部职工保险福利费用总额,不含交通补贴和洗理费,与以前年度不可比。

4—22 各种分组的职工工资总额和平均工资

类别	工资总额(万元)		平均工资(元)	
	1994年	1995年	1994年	1995年
总计	**2751812**	**3477035**	**3545**	**4344**
一、按企业、事业、机关分				
企业	1999070	2565282	3409	4281
事业	498739	604604	3917	4473
机关	254003	307149	4071	4655
二、按国民经济行业分				
农林牧渔业	27041	33987	2620	3148
工业	1213858	1592803	3548	4522
采掘业		363629		6389
制造业		1123030		4034
电力、煤气及水的生产和供应业		106144		6269
建筑业	185746	245652	3583	4447
地质勘查业、水利管理业	37317	36388	4603	4927
交通运输、仓储及邮电通信业	202613	239506	4757	5743
批发和零售贸易、餐饮业	267602	333605	2268	2849
金融、保险业	82021	98895	5182	5748
房地产业	11097	17744	3870	4601
社会服务业	59974	68135	3485	3839
卫生、体育和社会福利事业	95479	118470	3791	4536
教育、文化和广播电影电视事业	265397	317502	3890	4488
科学研究和综合技术服务业	27881	35796	5300	5685
国家机关、政党机关和社会团体	265267	324131	4016	4586
其他行业	10519	14421	4120	4425
三、按三次产业分				
第一产业		17325		2982
第二产业		1838455		4265
第三产业		1621255		4447

4－23 各种分组的职工工资总额和平均工资

（1995年）

类别	工资总额（万元）	国有经济	城镇集体经济	其他各种经济类型	平均工资（元）	国有经济	城镇集体经济	其他各种经济类型
总计	**3477035**	**2841666**	**477868**	**157501**	**4344**	**4677**	**3007**	**4644**
一、按隶属关系分								
中央		913340				7012		
省、自治区、直辖市		192747				4884		
市地		742191				4565		
县及县以下		987196				3521		
其他		6192				3908		
二、按企业、事业、机关分								
企业	2565282	1973587	434818	156877	4281	4723	2946	4641
事业	604604	562192	41788	624	4473	4530	3824	5493
机关	307149	305887	1262		4655	4663	3246	
三、按国民经济行业分								
农林牧渔业	33987	30607	3091	289	3148	3170	2924	3478
工业	1592803	1266157	200550	126096	4522	4889	3001	4762
采掘业	363629	345193	17671	765	6389	6443	5583	4470
制造业	1123030	820967	179983	122080	4034	4333	2850	4732
电力、煤气及水的生产和供应业	106144	99997	2896	3251	6269	6275	5900	6423
建筑业	245652	177666	62987	4999	4447	5081	3291	4422
地质勘查业、水利管理业	36388	35466	920	2	4927	5894	3445	1600
交通运输、仓储及邮电通信业	239506	222853	15991	662	5743	6332	2526	5384
批发和零售贸易、餐饮业	333605	205028	111486	17091	2849	3037	2470	3834
金融、保险业	98895	71932	26579	384	5748	5973	5205	7016
房地产业	17744	12340	1518	3886	4601	4366	4373	5688
社会服务业	68135	51025	13461	3649	3839	3965	3313	4470
卫生、体育和社会福利事业	118470	114461	3969	40	4536	4566	3832	2970
教育、文化和广播电影电视事业	317502	286424	31045	33	4488	4565	3886	5559
科学研究和综合技术服务业	35796	35072	607	117	5685	5721	4181	5502
国家机关、政党机关和社会团体	324131	323250	879	2	4586	4589	3673	3400
其他行业	14421	9385	4785	251	4425	4787	3818	5581
四、按三次产业分								
第一产业	17325	16444	607	274	2982	2974	3035	3425
第二产业	1838455	1443823	263537	131095	4265	4593	3032	4631
第三产业	1621255	1381399	213724	26132	4447	4788	2976	4721

4－24 各市地分经济类型职工工资总额

(1995年)

单位:万元

市地	工资总额	国有经济	城镇集体经济	其他各种经济类型
郑州市	521115	400148	64509	56458
开封市	161542	127685	28955	4902
洛阳市	365093	303842	45851	15400
平顶山市	266961	211226	53487	2248
安阳市	223464	188325	23848	11291
鹤壁市	81474	65637	12599	3238
新乡市	200528	156099	34377	10052
焦作市	218356	183079	27264	8013
濮阳市	166887	145141	19223	2523
许昌市	100345	75937	17853	6555
漯河市	61648	46069	9841	5738
三门峡市	131457	112069	11073	8315
南阳市	282959	232568	35955	14436
商丘地区	120054	102482	15239	2333
周口地区	152626	119106	30999	2521
驻马店地区	112524	95089	15218	2217
信阳地区	148605	122886	24456	1263

4－25 各市地分经济类型职工平均工资

(1995年)

单位:元

市地	平均工资	国有经济	城镇集体经济	其他各种经济类型
郑州市	5226	5534	3665	5761
开封市	3715	4058	2676	4059
洛阳市	5201	5506	3732	5645
平顶山市	4935	5361	3790	3889
安阳市	4756	5068	2887	7210
鹤壁市	4101	4470	2962	3484
新乡市	3950	4166	3015	5331
焦作市	4213	4612	2734	3715
濮阳市	4967	5538	2902	3309
许昌市	3477	3730	2624	3852
漯河市	3477	3784	2680	3048
三门峡市	4421	4619	3084	4412
南阳市	4143	4447	3017	3541
商丘地区	3130	3317	2273	3107
周口地区	3159	3369	2605	2383
驻马店地区	3256	3451	2367	3818
信阳地区	3403	3655	2527	3476

4—26 各市地分行业职工工资总额

（1995 年）

单位：万元

市 地	工资总额	农林牧渔业	工业	采掘业	制造业	电力、煤气及水的生产和供应业	建筑业	地质勘查业、水利管理业	交通运输仓储及邮电通信业
郑州市	521115	2578	232266	35213	182665	14388	59518	6140	19194
开封市	161542	1262	69751		65635	4116	13777	522	6084
洛阳市	365093	1543	204271	7069	186009	11193	32253	6378	10065
平顶山市	266961	1049	160081	95363	56445	8273	22838	2624	4916
安阳市	223464	1352	126304	7953	111184	7167	17175	1235	6358
鹤壁市	81474	1157	51442	28048	22034	1360	2939	242	1877
新乡市	200528	1483	93799	3393	83389	7017	8349	3705	8417
焦作市	218356	1805	127680	36017	80179	11484	10779	1053	5618
濮阳市	166887	891	85819	56747	25755	3317	15481	4435	3205
许昌市	100345	843	45267	5556	34935	4776	3543	736	5676
漯河市	61648	322	23844	302	22037	1505	3541	249	2146
三门峡市	131457	946	79959	46720	28644	4595	6790	1048	3220
南阳市	282959	3730	129060	36664	85929	6467	19003	2448	9906
商丘地区	120054	2056	32891	3332	25203	4356	8071	465	6010
周口地区	152626	5962	47539		41624	5915	6077	998	6776
驻马店地区	112524	2782	29868	229	25745	3894	3037	1300	5699
信阳地区	148605	4229	48710	1024	41364	6322	5429	2812	8004

市 地	批发和零售贸易、餐饮业	金融、保险业	房地产业	社会服务业	卫生、体育和社会福利业	教育、文化艺术和广播电影电视业	科学研究和综合技术服务业	国家机关、政党机关和社会团体	其他行业
郑州市	51038	17988	4687	17047	17583	40176	15632	33966	3302
开封市	17474	3859	1346	3045	6728	18163	656	17582	1293
洛阳市	24344	8645	1268	7825	8785	24532	8854	23721	2609
平顶山市	18803	6649	769	7981	5180	14842	915	20209	105
安阳市	15826	5678	1046	3957	6826	17845	1228	18148	486
鹤壁市	6192	2731	229	1042	1863	4403	265	6803	289
新乡市	23974	5728	806	2773	7894	18584	2072	22068	876
焦作市	15056	5787	858	3252	6838	18511	814	18921	1384
濮阳市	12413	4079	1505	1930	6232	16588	235	13862	212
许昌市	12567	3484	529	2112	3913	10939	552	10004	180
漯河市	7213	2566	520	1754	2225	8696	272	8271	29
三门峡市	9826	3341	588	2858	2800	8038	247	10941	855
南阳市	33660	7675	1009	4060	9645	30614	1258	29369	1522
商丘地区	16350	5057	517	1908	7367	17667	682	20870	143
周口地区	25769	5350	346	1261	6785	21683	473	23310	297
驻马店地区	16193	4681	593	1432	6182	19760	885	19894	218
信阳地区	20379	5599	1126	2722	6260	21276	756	21156	147

4－27 各市地分行业职工平均工资

(1995 年)

单位:元

市地	平均工资	农林牧渔业	工业				建筑业	地质勘查业、水利管理业	交通运输仓储及邮电通信业
				采掘业	制造业	电力、煤气及水的生产和供应业			
郑州市	5226	4105	5263	5566	5104	7154	5064	6041	6007
开封市	3715	3903	3607		3522	5890	4804	3109	3355
洛阳市	5201	3472	5532	3369	5587	8308	5769	6183	4637
平顶山市	4935	3190	5657	7100	4112	7280	4707	4509	3900
安阳市	4756	3878	5168	3928	5200	6916	4745	4640	4024
鹤壁市	4101	3092	4309	6223	3054	6238	3678	3883	2949
新乡市	3950	3396	3943	5181	3795	6071	3639	4969	4397
焦作市	4213	3783	4194	6288	3470	7129	5333	4208	3545
濮阳市	4967	2746	6093	8844	3616	6070	4040	6954	3833
许昌市	3477	2776	3372	3513	3154	6227	2861	3969	3810
漯河市	3477	2971	3121	4339	3028	5164	3425	4176	4020
三门峡市	4421	3122	4690	5355	3736	6989	3374	4493	4551
南阳市	4143	3218	4534	8521	3723	5964	4157	4171	3664
商丘地区	3130	2762	2909	4989	2587	4560	3173	3530	3631
周口地区	3159	3162	6222		2798	4478	2657	3485	3665
驻马店地区	3256	2642	3100	3984	2946	4649	2972	3271	3350
信阳地区	3403	2933	3427	3164	3249	5582	3108	3776	3415

市地	批发和零售贸易、餐饮业	金融、保险业	房地产业	社会服务业	卫生、体育和社会福利业	教育、文化艺术和广播电影电视业	科学研究和综合技术服务业	国家机关、政党机关和社会团体	其他行业
郑州市	4273	7312	6105	4691	5751	5341	6022	5369	4830
开封市	2554	5053	4304	3782	4435	4503	4634	4324	3349
洛阳市	3252	6133	4743	4774	4768	4839	6983	5088	6574
平顶山市	2956	6273	4879	4125	4201	4157	5154	4751	4698
安阳市	2911	5476	5276	4222	5021	4595	5029	5134	4881
鹤壁市	2657	5510	3990	3362	4465	4617	5036	5058	3070
新乡市	2886	5653	4110	3752	4405	4569	5747	4474	4960
焦作市	2474	6004	4494	3577	4691	5175	4952	5655	3858
濮阳市	2800	5001	4699	3785	5650	5041	4017	4216	3413
许昌市	2536	5334	4071	3234	4026	4485	4610	4420	5108
漯河市	2476	5221	4921	3852	3953	4395	4763	4638	4831
三门峡市	2973	5505	4508	3297	4806	4957	5307	5250	4577
南阳市	2828	5536	3736	3522	4059	4485	4459	4687	4367
商丘地区	2068	5047	3650	2668	3924	3613	4014	3984	4893
周口地区	2528	5109	3603	2977	3332	3768	3688	3852	4114
驻马店地区	2292	5279	2953	2561	3403	3945	4141	4028	3510
信阳地区	2390	5031	3594	3012	4213	3774	3497	4261	3702

4—28 各市地国有经济分行业职工工资总额

(1995年)

单位:万元

市地	工资总额	农林牧渔业	工业	采掘业	制造业	电力、煤气及水的生产和供应业	建筑业	地质勘查业、水利管理业	交通运输仓储及邮电通信业
郑州市	400148	2369	162742	35115	115926	11701	43404	6140	17724
开封市	127685	1241	53786		49904	3882	9686	522	4675
洛阳市	303842	1426	170693	6005	155706	8982	26244	6358	8171
平顶山市	211226	918	130605	80290	42327	7988	19509	1930	4323
安阳市	188325	1290	106049	7689	91350	7010	14198	1225	5381
鹤壁市	65637	794	41720	27575	12785	1360	1258	242	1622
新乡市	156099	1416	69236	3372	59231	6633	5727	3705	6946
焦作市	183079	1711	105156	35426	58246	11484	7394	1053	4704
濮阳市	145141	866	76149	56747	16085	3317	11609	4433	3009
许昌市	75937	772	29531	5556	19199	4776	2029	735	5048
漯河市	46069	302	14667	299	12865	1503	852	235	2028
三门峡市	112069	819	69555	46528	18436	4591	4305	1046	2969
南阳市	232568	3227	103935	36062	61406	6467	13319	2421	9011
商丘地区	102482	1940	27613	3331	19926	4356	5461	465	5294
周口地区	119106	5709	39633		33719	5914	2608	998	6077
驻马店地区	95089	2585	22906	191	18828	3887	1573	1298	4556
信阳地区	122886	3223	40120	1008	32967	6145	2660	2662	6291

市地	批发和零售贸易、餐饮业	金融、保险业	房地产业	社会服务业	卫生、体育和社会福利业	教育、文化艺术和广播电影电视业	科学研究和综合技术服务业	国家机关、政党机关和社会团体	其他行业
郑州市	31362	14605	1883	12719	17015	38462	15189	33966	2568
开封市	10295	2662	962	2529	6181	16977	639	17306	224
洛阳市	15691	6377	813	5811	8073	19860	8812	23713	1800
平顶山市	12357	4622	623	3476	5061	6808	815	20080	99
安阳市	9553	3748	638	3266	6402	16931	1223	18134	287
鹤壁市	3351	2047	221	971	1768	4396	263	6803	181
新乡市	14149	4058	739	2538	7339	15542	2040	21978	686
焦作市	9531	3988	758	3028	6791	18503	798	18921	743
濮阳市	6270	3035	1355	1503	6219	16453	228	13862	150
许昌市	8104	2298	394	1733	3870	10806	535	9986	96
漯河市	4967	1754	448	1394	2222	8687	262	8239	12
三门峡市	5871	2375	422	2223	2727	7995	246	10934	582
南阳市	20457	5221	909	3659	9540	28999	1258	29273	1339
商丘地区	9294	3902	483	1697	7064	17632	682	20870	85
周口地区	13594	3566	303	1075	6758	14881	473	23240	191
驻马店地区	10785	3330	435	1224	6027	19415	857	19880	218
信阳地区	13617	4345	956	2182	6040	18895	753	21031	111

4-29 各市地国有经济分行业职工平均工资

(1995年)

单位:元

市地	平均工资	农林牧渔业	工业	采掘业	制造业	电力、煤气及水的生产和供应业	建筑业	地质勘查业、水利管理业	交通运输仓储及邮电通信业
郑州市	5534	4150	5607	5574	5493	7234	5459	6041	5290
开封市	4058	3902	4054		3959	5849	5518	3109	3034
洛阳市	5506	3510	5825	3322	5911	7782	6483	6189	4075
平顶山市	5361	3209	6220	7349	4707	7410	5118	4803	4702
安阳市	5068	3895	5451	3963	5539	6862	5100	4642	4431
鹤壁市	4470	3025	4763	6250	3096	6238	2913	3883	3836
新乡市	4166	3374	3984	5231	3792	5944	3983	4969	3077
焦作市	4612	3745	4617	6321	3743	7129	7097	4208	4587
濮阳市	5538	2737	7028	8844	3154	6070	4476	6966	3740
许昌市	3730	2804	3546	3813	3211	6227	2690	3969	3994
漯河市	3784	3080	3379	4384	3230	5186	2593	4287	3961
三门峡市	4619	3107	4846	5367	3667	7000	3212	4514	4913
南阳市	4447	3244	4983	8640	3937	5964	5568	4215	4052
商丘地区	3317	2799	3052	4992	2662	5860	3557	3539	3122
周口地区	3369	3167	3266		3118	4479	2771	3485	3477
驻马店地区	3451	2667	3317	4017	3126	4656	3272	3271	2885
信阳地区	3655	2982	3671	3158	3453	5792	3868	3890	3408

市地	批发和零售贸易、餐饮业	金融、保险业	房地产业	社会服务业	卫生、体育和社会福利业	教育、文化艺术和广播电影电视业	科学研究和综合技术服务业	国家机关、政党机关和社会团体	其他行业
郑州市	4588	8142	5720	4864	5808	5380	6087	5369	4968
开封市	2699	4788	4080	3842	4497	4530	4699	4348	3012
洛阳市	3471	6345	4940	5009	4896	4889	7001	5087	6764
平顶山市	3015	6473	5895	3846	4269	4666	5218	4758	4711
安阳市	3327	5589	5320	4551	5062	4649	5034	5134	4672
鹤壁市	2825	5304	4119	3454	4632	4627	5050	5058	3132
新乡市	3523	5815	4058	3856	4365	4713	5806	4470	4692
焦作市	2612	6075	4625	3601	4696	5177	4956	5655	4340
濮阳市	2923	5229	4780	4082	5654	5132	4086	4216	3740
许昌市	2852	5719	3905	3450	4025	4494	4557	4419	5016
漯河市	2831	5317	5069	3952	3955	4400	4718	4643	4931
三门峡市	3125	5498	4308	3509	4844	4960	5376	5250	4901
南阳市	2773	5697	3687	3580	4066	4488	4459	4693	4347
商丘地区	2023	5312	3731	2663	3957	3615	4014	3984	4362
周口地区	2563	5126	3493	3094	3331	3739	3688	3853	4274
驻马店地区	2461	5370	2871	2480	3433	3953	4132	4028	3510
信阳地区	2507	5093	3599	3222	4238	3917	3505	4265	3986

4－30 国有经济职工工资总额及构成

年 份	工资总额	#计时和计件标准工资	#奖金和计件超额工资	#津贴和补贴	#年功性津贴	#物价补贴
绝对额(万元)						
1980	281420	212382	22613	36949		
1981	303343	221643	31252	40243		
1982	318162	231187	34294	42768		
1983	333617	243005	34993	45783		
1984	377555	264106	51305	50290		
1985	470624	338347	58304	71037	7033	
1986	569687	388965	72189	90701	14162	
1987	643435	429179	91366	101107	14881	
1988	786621	476762	132578	151587	17249	55971
1989	894837	522197	154857	191024	20119	72380
1990	1025211	629739	175764	202108	23044	87701
1991	1135826	695817	200637	231570	23220	104518
1992	1383830	777309	261901	332193	44206	169413
1993	1688941	849838	322582	443632	41465	222892
1994	2298663	1269220	339305	566900		
1995	2841666	1626555	371361	648461		
构成(%)						
1980	100.0	75.5	8.0	13.1		
1981	100.0	73.1	10.3	13.3		
1982	100.0	72.7	10.8	13.4		
1983	100.0	72.8	10.5	13.7		
1984	100.0	70.0	13.6	13.3		
1985	100.0	71.9	12.4	15.1	1.5	
1986	100.0	68.3	12.7	15.9	2.5	
1987	100.0	66.7	14.2	15.7	2.3	
1988	100.0	60.6	16.9	19.3	2.2	7.1
1989	100.0	58.4	17.3	21.3	2.2	8.1
1990	100.0	61.4	17.1	19.7	2.2	8.6
1991	100.0	61.3	17.7	20.4	2.0	9.2
1992	100.0	56.2	18.9	24.0	3.2	12.2
1993	100.0	50.3	19.1	26.3	2.5	13.2
1994	100.0	55.2	14.8	24.7		
1995	100.0	57.2	13.1	22.8		

4－31 国有经济各种分组的职工工资总额

（1995年）　　　　单位：万元

类　别	工资总额	#计时和计件标准工资	#奖金和计件超额工资	#津贴和补贴
总　计	**2841666**	**1626555**	**371361**	**648461**
一、按隶属关系分				
中央	913340	453417	181483	223475
省、自治区、直辖市	192747	104774	26902	48377
市地	742191	425359	91033	181766
县及县以下	987196	639008	71161	193759
其他	6192	3997	782	1084
二、按企业、事业、机关分				
企业	1973587	1093906	333018	412403
事业	562192	335654	24813	163621
机关	305887	196995	13530	72437
三、按国民经济行业分				
农林牧渔业	30607	20091	1034	6140
工业	1266157	713115	215851	271607
采掘业	345193	180633	63742	84051
制造业	820967	476002	130939	170919
电力、煤气及水的生产和供应业	99997	56480	21170	16637
建筑业	177666	90574	30712	31892
地质勘查业、水利管理业	35466	19008	1692	12586
交通运输、仓储及邮电通信业	222853	102434	59877	44988
批发和零售贸易、餐饮业	205028	135050	15715	34397
金融、保险业	71932	34823	5228	26831
房地产业	12340	7536	912	3244
社会服务业	51025	29516	3467	14197
卫生、体育和社会福利事业	114461	66618	8588	31145
教育、文化和广播电影电视事业	286424	174673	11298	80072
科学研究和综合技术服务业	35072	19025	1871	12660
国家机关、政党机关和社会团体	323250	208635	14123	76148
其他行业	9385	5457	993	2554
四、按三次产业分				
第一产业	16444	10519	598	2875
第二产业	1443823	803689	246563	303499
第三产业	1381399	812347	124200	342087

4－32 国有经济各种分组的职工工资总额构成

（1995年，以工资总额为100）

类　别	工资总额	#计时和计件标准工资	#奖金和计件超额工资	#津贴和补贴
总　计	**100.0**	**57.2**	**3.1**	**22.8**
一、按隶属关系分				
中央	100.0	49.6	19.9	24.5
省、自治区、直辖市	100.0	54.4	14.0	25.1
市地	100.0	57.3	12.3	24.5
县及县以下	100.0	64.7	7.2	19.6
其他	100.0	64.6	12.6	17.5
二、按企业、事业、机关分				
企业	100.0	55.4	16.9	20.9
事业	100.0	59.7	4.4	29.1
机关	100.0	64.4	4.4	23.7
三、按国民经济行业分				
农林牧渔业	100.0	65.6	3.4	20.1
工业	100.0	56.3	17.0	21.5
采掘业	100.0	52.3	18.5	24.3
制造业	100.0	58.0	15.9	20.8
电力、煤气及水的生产和供应业	100.0	56.5	21.2	16.6
建筑业	100.0	51.0	17.3	18.0
地质勘查业、水利管理业	100.0	53.6	4.8	35.5
交通运输、仓储及邮电通信业	100.0	46.0	26.9	20.2
批发和零售贸易、餐饮业	100.0	65.9	7.7	16.8
金融、保险业	100.0	48.4	7.3	37.3
房地产业	100.0	61.1	7.4	26.3
社会服务业	100.0	57.8	6.8	27.8
卫生、体育和社会福利事业	100.0	58.2	7.5	27.2
教育、文化和广播电影电视事业	100.0	61.0	3.9	28.0
科学研究和综合技术服务业	100.0	54.2	5.3	36.1
国家机关、政党机关和社会团体	100.0	64.5	4.4	23.6
其他行业	100.0	58.2	10.6	27.2
四、按三次产业分				
第一产业	100.0	64.0	3.6	17.5
第二产业	100.0	59.8	18.3	22.6
第三产业	100.0	54.8	8.4	23.1

4－33 各市地国有经济职工工资总额

（1995年）

单位：万元

市地	工资总额	#计时和计件标准工资	#奖金和计件超额工资	#津贴和补贴
郑州市	400148	225715	50715	105165
开封市	127685	78977	13272	28509
洛阳市	303842	172285	45833	71406
平顶山市	211226	109496	36947	51387
安阳市	188325	97765	25064	40503
鹤壁市	65637	37887	9243	15992
新乡市	156099	95605	15406	388150
焦作市	183079	97462	21848	49001
濮阳市	145141	79840	15459	34840
许昌市	75937	48463	7482	18007
漯河市	46069	29681	4095	8001
三门峡市	112069	68957	12827	29018
南阳市	232568	144377	25584	51732
商丘地区	102482	64819	7499	20106
周口地区	119106	80668	9681	17725
驻马店地区	95089	57603	7066	16009
信阳地区	122886	78882	9229	22289

4－34 各市地国有经济职工工资总额构成

（1995年，以工资总额为100）

市地	工资总额	#计时和计件标准工资	#奖金和计件超额工资	#津贴和补贴
郑州市	100.0	56.4	12.7	26.3
开封市	100.0	61.9	10.4	22.3
洛阳市	100.0	56.7	15.1	23.5
平顶山市	100.0	51.8	17.5	24.3
安阳市	100.0	51.9	13.3	21.5
鹤壁市	100.0	57.7	14.1	24.4
新乡市	100.0	61.2	9.9	24.9
焦作市	100.0	53.2	11.9	26.8
濮阳市	100.0	55.0	10.7	24.0
许昌市	100.0	63.8	9.9	23.7
漯河市	100.0	64.4	8.9	17.4
三门峡市	100.0	61.5	11.4	25.9
南阳市	100.0	62.1	11.0	22.2
商丘地区	100.0	63.2	7.3	19.6
周口地区	100.0	67.7	8.1	14.9
驻马店地区	100.0	60.6	7.4	16.8
信阳地区	100.0	64.2	7.5	18.1

4-35 各市地城镇集体经济分行业职工工资总额

(1995年)

单位:万元

市地	工资总额	农林牧渔业	工业	采掘业	制造业	电力、煤气及水的生产和供应业	建筑业	地质勘查业、水利管理业	交通运输仓储及邮电通信业
郑州市	64509	127	27655	94	27555	6	13593		1427
开封市	28955		12375		12155	220	3542		1409
洛阳市	45851	118	22037	971	19057	2009	5776	19	1893
平顶山市	53487	131	27638	14832	12805	1	3305	694	528
安阳市	23848	62	10190	262	9842	86	2442	10	977
鹤壁市	12599	322	6558	474	6084		1681		255
新乡市	34377	67	16390	21	15985	384	2622		1069
焦作市	27264	94	15037	392	14645		3385		892
濮阳市	19223	6	8668		8668		3085	3	178
许昌市	17853	60	9733		9733		1424	2	629
漯河市	9841	15	4431	3	4426	2	2625	14	116
三门峡市	11073	39	3121	130	2987	4	2409		237
南阳市	35955	488	12038	463	11575		5660	27	881
商丘地区	15239	116	3401	2	3399		2540		716
周口地区	30999	253	5431		5430	1	3446		698
驻马店地区	15218	191	5755	13	5735	7	1459	2	1115
信阳地区	24456	1003	7898	15	7707	176	2768	150	1662

市地	批发和零售贸易、餐饮业	金融、保险业	房地产业	社会服务业	卫生、体育和社会福利业	教育、文化艺术和广播电影电视业	科学研究和综合技术服务业	国家机关、政党机关和社会团体	其他行业
郑州市	12410	3207	442	2368	569	1710	330		671
开封市	6680	1196	200	458	547	1186	17	276	1069
洛阳市	6464	2088	100	1188	698	4672	38	8	752
平顶山市	6247	2027	71	4461	119	8034	100	128	4
安阳市	5882	1914	129	687	423	914	5	14	199
鹤壁市	2816	684	8	64	95	7	2		107
新乡市	8623	1670	9	140	555	3043	32	90	67
焦作市	5097	1799	57	200	40	8	16		639
濮阳市	5652	1045	32	340	13	135	7		59
许昌市	4111	1186	46	370	43	132	17	18	82
漯河市	1732	812	14	20	4	10	9	32	7
三门峡市	3182	965	135	588	73	43	1	7	273
南阳市	12012	2447	79	325	104	1615		96	183
商丘地区	6711	1149	25	208	285	33			55
周口地区	12175	1783	24	184	27	6802		70	106
驻马店地区	4595	1351		208	155	345	28	14	
信阳地区	6356	1254	148	478	220	2356	3	124	36

4—36 各市地城镇集体经济分行业职工平均工资

(1995年)

单位:元

市地	平均工资	农林牧渔业	工业	采掘业	制造业	电力、煤气及水的生产和供应业	建筑业	地质勘查业、水利管理业	交通运输仓储及邮电通信业
郑州市	3665	3373	3435	3841	3432	1824	4152		3343
开封市	2676		2397		2370	6452	3546		2567
洛阳市	3732	3073	3813	3414	3687	6160	3905	4548	3673
平顶山市	3790	3061	4043	6041	2923	2333	3197	3852	2287
安阳市	2887	3563	2753	3129	2727	9600	3311	4455	2594
鹤壁市	2962	3273	2867	4980	2775		4577		1587
新乡市	3015	3982	3243	2039	3195	9600	3062		3479
焦作市	2734	4653	2652	4202	2626		3457		2164
濮阳市	2902	1250	2977		2977		3013	1786	2532
许昌市	2624	2333	2722		2722		3157	3750	2218
漯河市	2680	2176	2464	2143	2465	1313	3841	2917	1530
三门峡市	3084	2349	2776	3226	2760	2375	3692	1000	2513
南阳市	3017	3085	3034	6782	2968		2605	2144	2142
商丘地区	2273	2264	2040	2250	2040		2560	750	2047
周口地区	2605	3056	1800		1800	1667	2575		2233
驻马店地区	2367	2358	2356	3474	2354	2481	2705	3000	2710
信阳地区	2527	2795	2580	3619	2581	2469	2614	2490	2239

市地	批发和零售贸易、餐饮业	金融、保险业	房地产业	社会服务业	卫生、体育和社会福利业	教育、文化艺术和广播电影电视业	科学研究和综合技术服务业	国家机关、政党机关和社会团体	其他行业
郑州市	3332	5015	4995	3827	3443	4595	4107		4397
开封市	2311	5763	4594	3380	2347	4144	3054	3223	3429
洛阳市	2686	5443	3583	3595	3327	4638	4384	6385	6413
平顶山市	2831	5860	4116	4448	6923	3805	4752	3810	4455
安阳市	2413	5261	4757	3145	2891	3779	4077	5385	5222
鹤壁市	2505	6232	2158	2456			2028	3833	2969
新乡市	2223	5294	3583	2832	3000	3953	3489	5967	4490
焦作市	2209	5853	4983	3319	3622	2733	4765		3417
濮阳市	2631	4438	4038	3097	4725	1597	2643		2789
许昌市	2069	4719	3396	2476	2596	3885	7205	5143	5220
漯河市	1895	5024	5071	2845	3615	2156	6571	3614	5000
三门峡市	2686	5523	5303	2695	2414	4454	1375	5583	4013
南阳市	2904	5238	4286	3004	1385	4418		3341	4534
商丘地区	2108	4327	2402	2728	8073	2964			5989
周口地区	2490	5076	4538	2435	1714	2830		3582	3854
驻马店地区	1873	5067		3166	13350	3552	4444	3082	
信阳地区	2144	4826	3548	2258	1447	290	2357	3633	2991

4－37 职业介绍服务机构

单位:所

指标	1994年	1995年
总计	**1182**	**1473**
一、劳动部门属	**988**	**1259**
#劳动就业服务机构	223	240
市地级	18	21
县级	144	162
乡镇、街道级	825	1075
二、非劳动部门属	**194**	**214**
#企事业单位办	78	98
社会团体产业部门办	67	59

4－38 劳动力交流情况

单位:万人

指标	1994年	1995年
登记人数	514.6	465.4
#本年登记	216.1	135.1
本年交流成功人数	192.3	189.7
劳务输出	147.1	93.4
失业人员	13.7	15.2
#失业青年	10.7	11.5
失业职工	1.6	1.7
在职职工	1.6	2.0
农村流动劳动力	170.2	191.6

主要统计指标解释

劳动力资源数 指具有劳动能力，在正常情况下，可能或实际参加社会劳动的人口数。包括：劳动年龄以内，有劳动能力，实际参加社会劳动和未参加社会劳动的人员以及劳动年龄以外（不足和超过劳动年龄），实际经常参加社会劳动并取得劳动报酬或经营收入的人员。但不包括现役军人，劳动年龄内的在押犯人和丧失劳动能力的人员。

从业人员 指从事一定社会劳动并取得劳动报酬或经营收入的全部劳动力。

包括：全部职工、城镇私营企业从业人员、城镇个体劳动者、农村从业人员及其他从业人员。从业人员与原统计制度中的社会劳动者属同一指标。

职工 指在国有经济、城镇集体经济、联营经济、股份制经济、外商和港、澳、台投资经济、其他经济单位及其附属机构工作，并由其支付工资的各类人员。

城镇私营企业从业人员 指在工商行政管理部门办理登记，并领取营业执照的各类私营企业中，从事经营管理和参加生产，并取得经营收入和劳动报酬的全部人员。包括离、退休后，在私营企业从业的人员。

城镇个体从业人员 指经工商行政管理部门核准登记，领取营业执照，参加生产经营活动，户口在城镇的全部人员，包括个体经营者本人、家庭辅助人员、帮手、学徒，雇佣人员，以及离、退休后从事个体劳动的人员。

农村从业人员 指农村人口中经常参加合作经济组织[包括乡（镇）办企业事业单位]和家庭副业生产劳动的劳动力。凡是由合作经济组织分配劳动任务或承包各种生产任务，并从中直接取得实物、现金收入和从承包的生产任务中获得实物、现金收入的劳动力，不管从事何种劳动，都要统计为农村从业人员。国家从乡（村）调用的建勤民工；由集体经费支付工资或补贴的乡（村）脱产管理干部；乡（村）劳动力到国有经济单位或城镇集体经济单位工作，其收入交给合作经济组织，并从中取得实物或现金收入的合同工、临时工、亦工亦农人员；自行外出，但户口没有转出的劳动力，都应包括在内。

其他从业人员 指劳动统计制度规定不作职工统计，但实际参加社会劳动的人员。包括：聘用或留用的离休、退休人员；民办教师；参加乡村劳动的城镇人员；国营农、林、牧、渔场代管的村（队）从业人员；宗教职业者等。

城镇失业人员 指有非农业户口，在一定的劳动年龄内（16 岁以上及男 50 岁以下、女 45 岁以下），有劳动能力，无业而要求就业，并在当地就业服务机构进行失业登记的人员。包括失业青年、失业职工及其他失业人员。

城镇失业率 是城镇失业人数同城镇在业人数加城镇失业人数之比。计算公式为：

城镇失业率＝城镇失业人数/（城镇在业人数＋城镇失业人数）×100％

职工工资总额 指各单位在一定时期内直接支付给本单位全部职工的劳动报酬总额。工资总额的计算原则应以直接支付给职工的全部劳动报酬为根据。各单位支付给职工的劳动报酬以及其他根据有关规定支付的工资，不论是计入成本的还是不计入成本的，不论是按国家规定列入计征奖金税项目的还是未列入计征奖金税项目的，不论是以货币形式支付的还是以实物形式支付的，均应列入工资总额的计算范围。它包括：

（1）**计时工资**　指按照计时工资标准（包括地区生活补贴）和工作时间支付给个人的劳动报酬。具体包括：对已做工作按计时工资标准支付的工资；实行结构工资制的单位支付给职工的基础工资和职务（岗位）工资；新参加工作职工的见习工资（学徒的生活费）；运动员体育津贴；根据国家法律、法规和政策规定，因病、工伤、产假、计划生育假、婚丧假、探亲假、定期休假、停工学习、执行国家或社会义务等原因按计时工资标准或计时工资标准的一定比例支付的工资；合同制职工按规定缴纳的不超过本人标准工资3%的退休养老基金，职工受处分期间的工资等。

（2）**计件工资**　指对已做工作按计件单价支付的劳动报酬。具体包括实行超额累进计件，直接无限计件，限额计件，超定额计件等工资制，按劳动部门或主管部门批准的定额和计件单价支付给个人的工资；按工作任务包干办法支付给个人的工资；按营业额提成或利润提成办法支付给个人的工资。

（3）**奖金**　指支付给职工的超额劳动报酬和增收节支的劳动报酬。包括生产业务奖、节约奖、劳动竞赛奖、机关、事业单位的奖励工资、其他奖金。

（4）**津贴和补贴**　指为了补偿职工特殊或额外的劳动消耗和其他特殊原因支付给职工的津贴，以及为了保证职工工资水平不受物价影响支付给职工的物价补贴。

津贴：包括补偿职工特殊或额外劳动消耗的津贴；保健性津贴；技术性津贴；年功性津贴及其他津贴。

补贴：包括为了保证职工工资水平不受物价上涨或变动影响而支付的各种补贴。

（5）**加班加点工资**　指对法定节假日和公布假日工作的职工，以及在正常工作日以外工作时间的职工按规定支付的加班加点工资。

（6）**其他工资**　指其他根据国家规定支付的工资。如附加工资，保留工资以及调整工资补发的上年工资等。

职工平均工资　指企业、事业、机关单位的职工在一定时期内平均每人所得的货币工资额。它表明一定时期职工工资收入的高低程度，是反映职工工资水平的主要指标。计算公式为：

职工平均工资＝报告期实际支付的全部职工工资总额/报告期全部职工平均人数

五、固定资产投资

5-1 全社会固定资产投资总额

单位:亿元

年份	全社会固定资产投资总额	国有经济	集体经济	城乡个人
"一五"时期		21.61		
"二五"时期		65.77		
1963—1965		19.25		
"三五"时期		43.41		
"四五"时期		92.46		
"五五"时期		114.26		
#1978		24.80		
1979		23.75		
1980		24.27		
"六五"时期	376.05	209.39	48.39	118.27
1981	47.25	26.60	6.58	14.07
1982	53.52	33.12	8.31	12.09
1983	61.40	36.87	6.27	18.26
1984	86.93	48.23	11.70	27.00
1985	126.95	64.57	15.53	46.85
"七五"时期	903.21	468.33	97.24	337.64
1986	144.94	72.48	16.32	56.14
1987	160.42	82.37	16.64	61.41
1988	204.05	105.63	21.81	76.61
1989	187.68	99.62	17.90	70.16
1990	206.12	108.23	24.57	73.32
"八五"时期	2458.77	1613.16	387.68	457.93
1991	256.46	144.28	24.17	88.01
1992	318.83	189.15	47.62	82.06
1993	450.42	301.41	75.39	73.62
1994	628.03	432.52	105.17	90.34
1995	805.03	545.80	135.33	123.90

注:国有经济中自1993年起包括联营经济、股份制经济、中外合资经营、中外合作经营、外资与大陆合资经济、外资与大陆合作经营、港澳台独资和其他经济(下同)。

5-2 各种分组的全社会固定资产投资

指　　标	1985年	1990年	1991年	1992年	1993年	1994年	1995年
一、投资总额(亿元)	**126.95**	**206.12**	**256.46**	**318.83**	**450.42**	**628.03**	**805.03**
1.按经济类型分							
国有经济	64.57	108.23	144.28	189.15	301.41	432.52	545.80
基本建设	36.34	52.28	79.71	101.03	162.78	238.55	319.47
更新改造	16.30	32.53	40.19	58.56	88.08	117.81	132.47
房地产开发		3.43	4.08	8.78	25.27	49.61	62.56
其他投资	11.93	19.99	20.30	20.78	25.28	26.55	31.30
集体经济	15.53	24.57	24.17	47.62	75.39	105.17	135.33
城　镇	4.03	8.49	7.55	11.88	18.08	20.21	21.84
农　村	11.50	16.08	16.62	35.74	57.31	84.96	113.49
城乡个人	46.85	73.32	88.01	82.06	73.62	90.34	123.90
城　镇	2.54	6.53	6.93	13.30	18.41	22.63	32.59
农　村	44.31	66.79	81.08	68.76	55.21	67.71	91.31
2.按隶属关系分							
中　央	38.28	63.58	79.21	81.95	105.67	147.13	182.37
地　方	88.67	142.54	177.25	236.88	344.75	480.90	622.66
3.按资金来源分							
国家预算内资金	15.95	13.58	14.66	21.17	22.13	21.63	32.29
国内贷款	11.94	26.91	41.38	73.42	114.72	158.76	186.63
利用外资	5.02	4.49	10.06	8.14	22.17	62.64	86.17
自筹资金	91.74	153.20	177.00	198.17	229.19	301.16	399.56
其他资金	2.30	7.94	13.36	17.93	62.21	83.84	100.38
4.按构成分							
建筑安装工程	85.34	143.94	171.17	211.87	271.36	382.07	475.00
设备、工具、器具购置	35.23	49.76	65.39	78.19	128.67	181.47	237.28
其他费用	6.38	12.42	19.90	28.77	50.39	64.49	92.75
二、房屋建筑面积(万平方米)							
施工面积	10188.30	8941.85	10098.01	9642.28	9406.17	10619.85	12128.69
竣工面积	9278.92	8181.36	8929.45	8151.00	7487.84	8422.14	10005.29
#住宅	7400.42	6210.24	7789.41	6589.31	5341.00	5959.05	6932.04

5－3 按经济类型分的全社会固定资产投资

（1995年）

指标	合计	国有经济	集体经济	城镇	农村	城乡个人	城镇	农村
一、投资总额（万元）	**8050253**	**5457986**	**1353297**	**218381**	**1134916**	**1238970**	**325870**	**913100**
1.按隶属关系分								
中　央	1823681	1823681						
地　方	6226572	3634305	1353297	218381	1134916	1238970	325870	913100
2.按资金来源分								
国家预算内资金	322932	301796	21136	1170	19966			
国内贷款	1866284	1480310	361870	73087	288783	24104		24104
利用外资	861695	784449	77246	4036	73210			
自筹资金	3995556	2325255	619635	110056	509579	1050666	325870	724796
其他资金	1003786	566176	273410	30032	243378	164200		164200
3.按构成分								
建筑安装工程	4749971	3096125	693180	119005	574175	960666	325870	634796
设备、工具、器具购置	2372828	1566759	527765	83765	444000	278304		278304
其他费用	927454	795102	132352	15611	116741			
二、构成（以投资总额为100）								
1.按隶属关系分								
中　央	22.7	33.4						
地　方	77.3	66.6	100.0	100.0	100.0	100.0	100.0	100.0
2.按资金来源分								
国家预算内资金	4.0	5.5	1.6	0.5	1.8			
国内贷款	23.2	27.1	26.7	33.5	25.4	1.9		2.6
利用外资	10.7	14.4	5.7	1.8	6.5			
自筹资金	49.6	42.6	45.8	50.4	44.9	84.8	100.0	79.4
其他资金	12.5	10.4	20.2	13.8	21.4	13.3		18.0
3.按构成分								
建筑安装工程	59.0	56.7	51.2	54.5	50.6	77.5	100.0	69.5
设备、工具、器具购置	29.5	28.7	39.0	38.4	39.1	22.5		30.5
其他费用	11.5	14.6	9.8	7.1	10.3			
三、房屋建筑面积（万平方米）								
施工面积	12128.69	4339.80	1333.33	219.50	1113.83	6455.56	1107.80	5347.76
竣工面积	10005.29	2526.11	1167.26	143.38	1023.88	6311.92	1107.80	5204.12
＃住宅	6932.44	1082.07	150.77	27.50	123.27	5699.60	921.51	4778.09

5－4 国有经济固定资产投资

指　　标	1985年	1990年	1991年	1992年	1993年	1994年	1995年
一、投资总额(万元)	**645659**	**1082286**	**1442793**	**1891479**	**3014128**	**4325158**	**5457986**
1.按资金来源分							
国家预算内资金	159493	134742	145785	185678	205186	192694	301796
国内贷款	101216	240090	382670	551513	931405	1282609	1480310
利用外资	49693	42400	98018	74215	201649	585623	784449
自筹资金	312289	591562	689190	922911	1365774	1745536	2325255
其他资金	22968	73492	127130	157162	310114	518696	566176
2.按隶属关系分							
中　央	382813	635833	792113	819448	1056776	1471275	1823681
地　方	262846	446453	650680	1072031	1957352	2853883	3634305
3.按构成分							
建筑安装工程	392648	651879	797755	1098813	1735833	2481062	3096125
设备、工具、器具购置	192083	315303	451284	512843	788068	1246295	1566759
其他费用	60928	115104	193754	279823	490227	597801	795102
4.按建设性质分							
#新　建	118324	214186	404379	580130	903598	1458453	1965126
扩　建	380644	589525	686032	811858	1269038	1370151	1926692
改　建	109156	203074	241251	322663	485475	806382	675720
5.按三次产业分							
第一产业	4495	4125	3610	10172	6011	15821	26927
第二产业	450108	815681	1101614	1258233	1718017	2291461	2916714
#工业	437842	808961	1091991	1245608	1684436	2237917	2853053
#能源工业	248948	472307	520324	538897	635858	880196	1307424
第三产业	191056	262480	337569	623074	1290100	2017876	2514345
#交通运输、邮电通信业	40438	56166	96975	161288	364605	645878	648206
二、新增固定资产(万元)	**500221**	**786124**	**1090114**	**1417794**	**2037254**	**2539858**	**3533838**
三、房屋建筑面积(万平方米)							
施工面积	1778.10	1461.05	1641.58	2344.55	2776.12	3192.24	4339.80
竣工面积	951.85	738.79	817.83	1051.54	1262.87	1499.19	2526.11
#住宅	442.31	259.74	379.68	453.78	511.90	684.55	1082.07

5-5 各市地国有经济固定资产投资

(1995年)

单位:万元

市地	投资总额	按三次产业分			按
		第一产业	第二产业	第三产业	#新建
全省	**5457986**	**26927**	**2916714**	**2514345**	**1965126**
郑州市	1071896	3233	385203	683460	255931
开封市	169159	378	93088	75693	38223
洛阳市	556628		355789	200839	167216
平顶山市	250498		165120	85378	48975
安阳市	294115	1134	191792	101189	49891
鹤壁市	77743	604	47762	29377	33720
新乡市	294152	320	174218	119614	49166
焦作市	266035	440	166105	99490	108590
濮阳市	365954	7129	310209	48616	138326
许昌市	119674	756	68186	50732	40977
漯河市	125380		50611	74769	51235
三门峡市	251387	3988	158942	88457	119422
南阳市	467170	3332	363340	100498	211493
商丘地区	189147	1462	100105	87580	85902
周口地区	118131	1008	62073	55050	30997
驻马店地区	100086	1447	46892	51747	13871
信阳地区	104090	1696	43359	59035	30953
郑州铁路局	62517			62517	20
国防工办	80309		75093	5216	27079
黄委会	33619		11893	21726	2843
省直其它	460296		46934	413362	460296

市地	建设性质分		按构成分			
	#扩建	#改建	建筑工程	安装工程	设备购置	其他费用
全省	**1926692**	**675720**	**2697125**	**399000**	**1566759**	**795102**
郑州市	317879	109216	570012	86007	242774	173103
开封市	67426	25592	89984	9841	52460	16874
洛阳市	256455	60594	214724	56817	179590	105497
平顶山市	78572	82750	121174	17982	65214	46128
安阳市	124809	67273	123778	23612	119409	27316
鹤壁市	24082	13539	40845	4815	23433	8650
新乡市	156782	37523	127755	21712	117341	27344
焦作市	91833	31641	133859	23333	89411	19432
濮阳市	201408	7984	169488	53669	91320	51477
许昌市	43119	14368	59333	8350	40603	11388
漯河市	35064	16182	77203	4984	35976	7217
三门峡市	80406	12334	116014	21470	62393	51510
南阳市	204922	36264	180075	23758	227630	35707
商丘地区	62020	14653	107219	15958	45214	20756
周口地区	46126	20873	58327	3767	49989	6048
驻马店地区	58968	11868	60696	7188	21635	10567
信阳地区	40717	22855	71532	5151	23053	4354
郑州铁路局	8420	47789	44978	1728	13365	2446
国防工办	20088	19242	23011	4593	48726	3979
黄委会	7596	23180	15747	1988	8828	7056
省直其它			291371	2277	8395	158253

5-6 基本建设投资和交付使用率

单位:亿元

年份	基本建设投资总额	#地方	基本建设新增固定资产	基本建设固定资产交付使用率(%)	基本建设投资按建设性质分	
					#新建项目	#改、扩建项目
"一五"时期	21.06	4.19	16.26	77.2	13.98	6.67
"二五"时期	62.04	35.69	43.66	70.4	45.70	15.32
1963—1965	16.77	6.47	16.66	99.3	9.81	6.46
"三五"时期	35.72	21.65	21.22	59.4	20.58	14.60
"四五"时期	74.02	45.46	42.14	56.9	41.74	31.35
"五五"时期	87.76	49.68	62.10	70.8	46.51	39.82
#1978	19.80	10.10	13.64	68.9	12.54	7.02
1979	18.25	9.74	15.96	87.5	8.18	9.46
1980	18.38	9.97	14.27	77.6	8.77	9.53
"六五"时期	120.99	66.42	98.29	81.2	45.70	71.80
1981	18.97	15.93	15.57	82.1	11.01	7.95
1982	19.86	13.04	17.87	90.0	9.62	10.14
1983	18.72	10.24	15.06	80.4	5.45	13.09
1984	27.10	12.37	20.65	76.2	8.18	18.58
1985	36.34	14.84	29.14	80.2	11.44	22.04
"七五"时期	236.14	102.34	172.91	73.2	90.37	129.48
1986	37.04	15.19	31.69	85.6	10.61	23.99
1987	39.74	19.94	26.07	65.6	14.15	22.36
1988	53.55	25.17	37.19	69.4	24.84	24.61
1989	53.53	22.26	38.11	71.2	20.41	29.59
1990	52.28	19.78	39.85	76.2	20.36	28.93
"八五"时期	901.54	554.93	559.88	62.1	490.06	351.77
1991	79.71	33.62	50.87	63.8	38.05	35.85
1992	101.03	54.75	74.55	73.8	50.78	43.29
1993	162.78	104.16	111.29	68.4	85.56	67.57
1994	238.55	155.50	131.49	55.1	134.89	88.76
1995	319.47	206.90	191.68	60.0	180.78	116.30

5-7 按农、轻、重分的基本建设投资

年份	绝对数(亿元)				比重(基本建设投资额=100)			
	农林牧渔业	轻工业	重工业	#能源工业	农林牧渔业	轻工业	重工业	#能源工业
"一五"时期	0.36	2.59	7.35	3.31	1.7	12.3	34.9	15.7
"二五"时期	0.74	4.88	31.59	10.74	1.2	7.9	50.9	17.3
1963－1965	0.82	1.24	8.23	3.10	4.9	7.4	49.1	18.5
"三五"时期	0.91	2.52	18.36	6.67	2.5	7.1	51.4	18.7
"四五"时期	0.81	3.40	47.04	14.58	1.1	4.6	63.6	19.7
"五五"时期	1.12	5.32	48.86	25.93	1.3	6.1	55.7	29.5
#1978	0.17	0.62	12.95	7.81	0.9	3.1	65.4	39.4
1979	0.29	0.94	9.99	5.70	1.6	5.2	54.7	31.2
1980	0.31	1.86	7.92	4.46	1.7	10.1	43.1	24.3
"六五"时期	1.29	8.82	62.74	47.37	1.1	7.3	51.9	39.2
1981	0.17	4.10	7.41	5.25	0.9	21.6	39.1	27.8
1982	0.23	1.74	8.82	5.78	1.2	8.8	44.4	29.1
1983	0.24	0.69	10.40	7.55	1.3	3.7	55.6	40.3
1984	0.34	0.84	16.84	13.62	1.3	3.1	62.1	50.3
1985	0.31	1.45	19.27	15.17	0.9	4.0	53.0	41.7
"七五"时期	1.63	20.62	139.52	94.65	0.7	8.7	59.1	40.1
1986	0.13	2.90	19.29	14.36	0.4	7.8	52.1	38.8
1987	0.29	4.49	20.53	13.08	0.7	11.3	51.7	32.9
1988	0.38	3.92	31.99	21.45	0.7	7.3	59.7	40.1
1989	0.42	6.21	34.90	23.95	0.8	11.6	65.2	44.7
1990	0.41	3.10	32.81	21.81	0.8	5.9	62.8	41.7
"八五"时期	5.34	67.33	406.34	244.50	0.6	7.5	45.1	27.1
1991	0.31	10.90	45.95	26.60	0.4	13.7	57.6	33.4
1992	0.89	9.51	49.78	30.13	0.9	9.4	49.3	29.8
1993	0.53	10.69	69.50	36.64	0.3	6.6	42.7	22.5
1994	1.45	16.76	99.63	55.67	0.6	7.0	41.8	23.3
1995	2.16	19.47	141.48	95.46	0.7	6.1	44.3	29.9

5-8 基本建设投资

指　　标	1985年	1990年	1991年	1992年	1993年	1994年	1995年
一、投资总额(万元)	**363368**	**522795**	**797092**	**1010344**	**1627803**	**2385454**	**3194735**
1.按资金来源分							
国家预算内资金	151636	124984	134387	177117	191217	179286	278680
国内贷款	43566	134413	231500	259788	441663	691255	784039
利用外资	39257	36654	73521	69341	141425	432797	591210
自筹资金	111391	182221	278255	422235	703241	775242	1229018
其他资金	17518	44523	79429	81863	150257	306874	311788
2.按隶属关系分							
中　央	215015	324960	460892	462867	586183	830420	1125721
地　方	148353	197835	336200	547477	1041620	1555034	2069014
3.按构成分							
建筑安装工程	241460	309721	447117	631364	1038512	1445244	1927948
设备、工具、器具购置	81592	139775	213925	177889	290403	585938	737475
其他费用	40316	73299	136050	201091	298888	354272	529312
4.按建设性质分							
#新　建	114351	203584	380493	507765	855573	1348857	1807836
扩　建	196753	248910	318799	375757	539867	698328	999783
改　建	23614	40408	39717	57145	135872	189289	163264
5.按大中型分							
大中型项目	182747	283369	517915	526024	615518	937249	1406801
小型项目	180621	239426	279177	484320	1012285	1448205	1787934
6.按三次产业分							
第一产业	3090	4115	3051	8886	5332	14490	21562
第二产业	217143	363025	573163	600490	821404	1200493	1647022
#工业	207175	359109	568511	592943	801861	1163885	1609453
轻工业	14519	30965	109022	95119	106866	167610	194650
重工业	192656	328144	459489	497824	694995	996275	1414803
#能源工业	151743	218114	265971	301336	366422	556667	954618
第三产业	143135	155655	220878	400968	801067	1170471	1526151
#交通运输邮电通信业	21742	32074	48218	66106	203334	380256	382920
教育及科学研究事业	26408	27380	32110	37512	62700	80793	116480
二、新增固定资产(万元)	**291406**	**398466**	**508673**	**745454**	**1112946**	**1314892**	**1916797**
三、建设项目(个)							
施工项目	3654	2078	2738	3463	3078	3837	4706
#大中型项目	38	36	47	55	47	49	45
全部建成投产项目	2062	1093	1580	2236	2361	2263	3070
#大中型项目	4	3	4	16	6	7	8
四、房屋建筑面积(万平方米)							
施工面积	1323.23	888.30	1067.40	1557.40	1665.93	1785.34	2406.40
#住　宅	620.07	348.19	444.37	498.62	537.14	631.80	783.22
竣工面积	675.83	428.56	505.86	672.46	829.39	891.52	1318.61
#住　宅	345.84	190.68	243.95	296.18	308.44	348.69	361.57

5—9 各市地基本建设投资

(1995 年)

单位:万元

市地	投资总额	按三次产业分			按大中小型分	
		第一产业	第二产业	第三产业	大中型	小型
全省	**3194735**	**21562**	**1647022**	**1526151**	**1406801**	**1787934**
郑州市	476319	1016	236593	238710	102473	373846
开封市	87504	378	51689	35437	26319	61185
洛阳市	369245		260436	108809	151778	217467
平顶山市	130103		74487	55616	66372	63731
安阳市	139725	656	99660	39409	73768	65957
鹤壁市	39151	604	17850	20697	10804	28347
新乡市	126253	320	56880	69053	4400	121853
焦作市	148971	250	82199	66522	30496	118475
濮阳市	222229	6954	190150	25125	172916	49313
许昌市	54501	756	25034	28711	3000	51501
漯河市	80526		23953	56573	6197	74329
三门峡市	194300	2888	115252	76160	83732	110568
南阳市	275149	3257	195954	75938	150078	125071
商丘地区	130983	1462	66914	62607	50008	80975
周口地区	70886	766	36042	34078		70886
驻马店地区	49632	579	21022	28031	12764	36868
信阳地区	71396	1676	20956	48764		71396
郑州铁路局	15689			15689		15689
国防工办	22120		16986	5134	1400	20720
黄委会	29757		8031	21726		29757
省直其它	460296		46934	413362	460296	

市地	按建设性质分			按构成分			
	#新建	#扩建	#改建	建筑工程	安装工程	设备购置	其他费用
全省	**1807836**	**999783**	**163264**	**1710192**	**217756**	**737475**	**529312**
郑州市	221176	162070	27014	265733	42612	104400	63574
开封市	37665	40019	1023	55060	5272	20654	6518
洛阳市	160235	184283	14026	140524	41844	106138	80739
平顶山市	47304	58200	8572	70163	9979	18818	31143
安阳市	32282	94489	3552	52578	13115	59265	14767
鹤壁市	17322	18886	464	24951	1652	5920	6628
新乡市	43871	61111	11586	77507	10493	29762	8491
焦作市	99504	35458	9300	91577	11378	37566	8450
濮阳市	135131	83174	40	102304	30049	55343	34533
许昌市	29670	16018	2244	31541	4620	12439	5901
漯河市	50336	14190	1033	56772	1904	16740	5110
三门峡市	113598	52307	7106	92357	16587	43035	42321
南阳市	201970	48932	20358	103645	10293	135656	25555
商丘地区	82099	31524	8300	85628	5434	24196	15725
周口地区	28680	22586	11446	37437	1491	28280	3678
驻马店地区	10881	30991	1264	34805	3469	6320	5038
信阳地区	30145	26967	11704	53237	3007	12159	2993
郑州铁路局	20	8420	961	13841	8	262	1578
国防工办	2808	2562	3953	15779	711	4310	1320
黄委会	2843	7596	19318	13382	1561	7817	6997
省直其它	460296			291371	2277	8395	158253

5—10 各产业基本建设投资及构成

产业	1994年 投资总额（万元）	1994年 构成（%）	1995年 投资总额（万元）	1995年 构成（%）	1995年为1994年%
总计	**2385454**	**100.0**	**3194735**	**100.0**	**133.9**
第一产业	**14490**	**0.6**	**21562**	**0.7**	**148.8**
农、林、牧、渔业	14490	0.6	21562	0.7	148.8
第二产业	**1200493**	**50.3**	**1647022**	**51.6**	**137.2**
工业	1163885	48.8	1609453	50.4	138.3
建筑业	36608	1.5	37569	1.2	102.6
第三产业	**1170471**	**49.1**	**1526151**	**47.7**	**130.4**
农、林、牧、渔服务业	2040	0.1	4144	0.1	203.1
地质勘查业和水利管理业	199359	8.4	363847	11.4	182.5
交通运输、仓储及邮电通信业	387020	16.2	391498	12.3	101.2
#邮电通信业	103004	4.3	91487	2.9	88.8
批发和零售贸易、餐饮业	82403	3.5	105134	3.3	127.6
金融、保险业	41250	1.7	68635	2.1	166.4
#金融业	38127	1.6	63962	2.0	167.8
房地产业	9174	0.4	8742	0.3	95.3
社会服务业	135072	5.7	148094	4.6	109.6
卫生、体育和社会福利事业	28819	1.2	36605	1.1	127.0
教育、文化艺术和广播电影电视事业	86371	3.6	123353	3.9	142.8
#教育	69287	2.9	104810	3.3	151.3
科学研究和综合技术服务事业	14520	0.6	25408	0.8	175.0
国家机关、政党机关和社会团体	163290	6.8	226837	7.1	138.9
其他行业	21153	0.9	23854	0.7	112.8

5－11 国民经济各行业基本建设投资

(1995 年)　　　　单位:万元

行　　业	投资总额	按构成分				按建设性质分		
		建筑工程	安装工程	设备购置	其他费用	#新建	#扩建	#改建
总　　计	**3194735**	**1710192**	**217756**	**737475**	**529312**	**1807836**	**999783**	**163264**
一、农、林、牧、渔业	**25706**	**18022**	**530**	**2648**	**4506**	**10104**	**13793**	**1288**
1.农业	13570	9946	93	1261	2270	4794	7673	1002
2.林业	1391	420			971	140	957	
3.畜牧业	5080	3235	337	1018	490	2193	2855	32
4.渔业	1521	794	25	117	585	1132	289	80
5.农、林、牧、渔服务业	4144	3627	75	252	190	1845	2019	174
二、工业	**1609453**	**523083**	**170795**	**619663**	**295912**	**906050**	**628517**	**12732**
(一)采掘业	239348	141374	17080	37293	43601	80897	158096	
1.煤炭采选业	145383	66702	13880	24285	40516	66518	78815	
2.石油和天然气开采业	75164	67166	2225	4096	1677		75164	
3.黑色金属矿采选业	565	133		407	25	437	128	
4.有色金属矿采选业	15067	5702	708	7398	1259	10803	3989	
5.非金属矿采选业	3169	1671	267	1107	124	3139		
#土砂石开采业	2649	1531	265	757	96	2649		
采盐业								
6.其他矿采选业								
7.木材及竹材采运业								
(二)制造业	599141	201330	58729	249965	89117	347029	188442	8848
1.食品加工业	33283	12512	5796	12240	2735	19414	12172	
#粮食及饲料加工业	23575	7884	4581	9477	1633	12671	10239	
屠宰业及肉类蛋类加工业	2882	1559	205	968	150	418	1703	
2.食品制造业	31740	8904	1220	20325	1291	26928	3836	39
#糕点及糖果制造业	2860	1937	723	133	67	864	1683	
3.饮料制造业	14962	3675	690	10214	383	8687	5975	
#酒精及饮料酒制造业	6677	1877	432	4298	70	2082	4595	
4.烟草加工业	5608	5086	115	400	7	2820	1346	302
5.纺织业	18129	12072	476	5210	371	4944	5630	548
#纤维原料初步加工业	1832	1221	46	529	36	762	540	
棉纺织业	13311	8994	391	3591	335	2694	4027	548
6.服装及其他纤维制品制造业	1366	310	65	736	255	590		560
7.皮革、毛皮、羽绒及其制品业	4750	2657	116	1766	211	3184	1300	
8.木材加工及竹、藤、棕、草制品业	5912	1285	302	2942	1383	5460	397	
9.家具制造业	2165	649	221	1038	257	2135	30	
10.造纸及纸制品业	19122	5633	347	12075	1067	14136	4161	48
11.印刷业、记录媒介的复制	2321	2033	3	235	50	546	642	152
#印刷业	2321	2033	3	235	50	546	642	152
12.文教体育用品制造业	14	14						
13.石油加工及炼焦业	987	702	188	2	95		27	
#原油加工业	555	458		2	95			
14.化学原料及化学制品制造业	176894	25525	29707	63664	57998	156038	17101	30
#化学肥料制造业	10638	4855	833	3200	1750	5387	2933	
有机化学产品制造业	33956	6728	1176	4192	21860	31540	1916	
合成材料制造业	111396	6839	26319	46324	31914	111316		

5—11 续表 1　　　　(1995 年)　　　　单位:万元

行业	投资总额	按构成分				按建设性质分		
		建筑工程	安装工程	设备购置	其他费用	#新建	#扩建	#改建
15. 医药制造业	13303	7360	832	4473	638	9743	1597	800
16. 化学纤维制造业	2944	716	11	2097	120	2101		
17. 橡胶制品业	702	702				50	100	
#轮胎制造业	370	370				50	100	
18. 塑料制品业	70	10	4	56		70		
19. 非金属矿物制品业	75188	37408	4037	25366	8377	45757	22755	541
#水泥制造业	29268	12396	1439	9754	5679	10931	14360	499
水泥制品及石棉水泥制品业	411	316	3	17	75	314		42
玻璃及玻璃制品业	6086	3911	230	1598	347	2882	2755	
陶瓷制品业	16809	5522	1177	8080	2030	13704	2715	
耐火材料制品业	3059	2096	94	726	143	251	1290	
20. 黑色金属冶炼及压延加工业	8467	2962	1359	2836	1310	1917	5871	12
21. 有色金属冶炼及压延加工业	38545	15655	4137	15395	3358	28410	8505	610
22. 金属制品业	2285	1627	45	239	374	2173	19	
23. 普通机械制造业	7004	6472	26	230	276	682	437	65
#锅炉及原动机制造业	2827	2757			70	273	180	65
金属加工机械制造业	518	473		45		57	146	
通用设备制造业	965	879	9	75	2	122		
24. 专用设备制造业	10804	8729	259	1760	56	2078	5975	130
#机电工业专用设备制造业	4076	3033	40	1003		600	2760	
农、林、牧、渔业机械制造业	3141	3033	103	5			2433	
25. 交通运输设备制造业	40219	17583	4162	16093	2381	7847	19070	3658
#汽车制造业	3218	2769			449	2370	150	
26. 武器弹药制造业	568	568				198		
27. 电气机械及器材制造业	6619	3540	40	1661	1378	389	3853	1353
#输配电及控制设备制造业	935	903			32	248	520	52
电工器材制造业	1550	995		480	75	45	1100	
28. 电子及通信设备制造业	68890	12371	4504	48131	3884	45	67276	
29. 仪器仪表及文化、办公用机械制造业	5529	4172		559	798	500		
#文化、办公用机械制造业	2754	1712		439	603			
30. 其他工业	751	398	67	222	64	187	367	
(三)电力、煤气及水的生产和供应业	770964	180379	94986	332405	163194	478124	281979	3884
1. 电力、蒸汽、热水生产和供应业	702686	161275	85180	312940	143291	437634	255179	3804
#电力生产业	581589	103023	76009	276053	126504	345334	234799	42
电力供应业	116359	56251	8251	35849	16008	88052	19890	3762
2. 煤气生产和供应业	31385	4389	2935	7304	16757	29090	2007	80
3. 自来水的生产和供应业	36893	14715	6871	12161	3146	11400	24793	
三、建筑业	**37569**	**33895**	**112**	**1379**	**2183**	**7184**	**11043**	**13598**
1. 土木工程建筑业	29657	26765	112	603	2177	4623	7543	13598
2. 线路、管道和设备的安装业	3874	3097		776	1		2089	
3. 建筑业的装修装饰业	4038	4033			5	2561	1411	

5—11 续表 2 (1995 年) 单位:万元

行业	投资总额	按构成分				按建设性质分		
		建筑工程	安装工程	设备购置	其他费用	#新建	#扩建	#改建
四、地质勘查业、水利管理业	**363847**	**218354**	**2476**	**2786**	**140231**	**321734**	**12797**	**22801**
1.地质勘查业	4212	3847	105	86	174	106	2157	538
2.水利管理业	359635	214507	2371	2700	140057	321628	10640	22263
五、交通运输、仓储及邮电通信业	**391498**	**295638**	**14733**	**54883**	**26244**	**240198**	**85485**	**48509**
#铁路运输业	27038	24061	18	987	1972	10281	8520	1924
公路运输业	165610	148214	806	1042	15548	130090	10744	21722
仓储业	8578	6790	19	208	1561	2898	4219	1352
邮电通信业	91487	37824	13548	37590	2525	33580	47366	5707
#电信业	34565	17607	7536	8955	467	20960	11956	196
邮电业	51973	18220	5525	26517	1711	11910	32828	4004
六、批发和零售贸易、餐饮业	**105134**	**75572**	**7976**	**12691**	**8895**	**49170**	**37432**	**8542**
#食品、饮料、烟草和家庭用品批发业	39881	27929	4678	5546	1728	25970	9925	1580
能源、材料和机械、电子设备批发业	17600	14597	317	1693	993	6337	8275	162
零售业	37062	25207	2636	4340	4879	11063	17709	5933
餐饮业	5276	3552	234	741	749	4413	220	592
七、金融、保险业	**68635**	**56227**	**4061**	**2993**	**5354**	**24639**	**27424**	**2923**
1.金融业	63962	52837	3406	2923	4796	23148	26200	2923
2.保险业	4673	3390	655	70	558	1491	1224	
八、房地产业	**8742**	**7986**	**396**	**184**	**176**	**2711**	**2828**	**361**
#房地产开发与经营业	2993	2493	290	90	120	980	500	304
房地产管理业	5670	5434	106	94	36	1661	2319	57
九、社会服务业	**148094**	**123404**	**3347**	**5379**	**15964**	**90970**	**42146**	**8504**
#公共服务业	106414	90461	1077	2111	12765	64546	34622	4955
居民服务业	1514	1321		113	80		410	251
旅馆业	27240	21271	1844	2731	1394	15247	6329	2834
十、卫生、体育和社会福利业	**36605**	**28957**	**1183**	**5681**	**784**	**13660**	**15668**	**1127**
#卫生	28371	21842	1046	5139	344	6586	15077	1127
十一、教育、文化艺术及广播电影电视业	**123353**	**103494**	**4614**	**9171**	**6074**	**44609**	**42394**	**10048**
#教育	104810	91780	2737	5300	4993	38320	39505	7505
文化艺术业	14237	9014	1646	2550	1027	4742	1480	1889
十二、科学研究和综合技术服务业	**25408**	**16708**	**1133**	**4740**	**2827**	**12202**	**4550**	**1221**
#科学研究业	11670	8320	243	2547	560	491	3930	666
十三、国家机关、政党机关和社会团体	**226837**	**188116**	**6211**	**14793**	**17717**	**75097**	**67215**	**30856**
#国家机关	222454	184489	5848	14471	17646	73555	66042	30205
十四、其他行业	**23854**	**20736**	**189**	**484**	**2445**	**9508**	**8491**	**754**

5—12 各市地分行业基本建设投资

（1995年）

单位：万元

市地	合计	农、林、牧、渔业	工业	建筑业	地质勘查业水利管理业	交通运输业仓储及邮电通信业	批发和零售贸易、餐饮业
全省	**3194735**	**25706**	**1609453**	**37569**	**363847**	**391498**	**105134**
郑州市	476319	1124	231450	5143	3080	79719	23283
开封市	87504	812	51094	595	927	1576	8460
洛阳市	369245	140	255294	5142	3652	12679	14031
平顶山市	130103	242	74143	344	4600	16800	3147
安阳市	139725	656	99640	20	3573	2318	5294
鹤壁市	39151	747	17850			5737	1570
新乡市	126253	429	54725	2155		30077	1932
焦作市	148971	250	80010	2189	200	27636	5397
濮阳市	222229	7146	189283	867	1457	5369	1756
许昌市	54501	773	21767	3267	91	5771	6136
漯河市	80526		23808	145		8416	5543
三门峡市	194300	2968	114570	682	1055	17096	11025
南阳市	275149	3861	188622	7332	2436	19154	7377
商丘地区	130983	3145	66500	414	9703	10662	2516
周口地区	70886	797	31470	4572	310	6304	1499
驻马店地区	49632	659	20906	116	2904	3481	3151
信阳地区	71396	1957	17400	3556	5816	15462	3017
郑州铁路局	15689					15689	
国防工办	22120		16986		330		
黄委会	29757		7001	1030	16396	1507	
省直其它	460296		46934		307317	106045	

市地	金融、保险业	房地产业	社会服务业	卫生、体育和社会福利事业	教育、文化艺术和广播电视事业	科学研究和综合技术服务事业	国家机关、政党机关和社会团体	其他行业
全省	**68635**	**8742**	**148094**	**36605**	**123353**	**25408**	**226837**	**23854**
郑州市	5900	3776	19268	4240	43785	5320	42001	8230
开封市	4631		8591	884	2997	380	6197	360
洛阳市	4688	1718	44947	2565	7002	7465	9922	
平顶山市	2913	262	8106	1620	4745	579	12472	130
安阳市	3482		6777	3335	5172	376	8982	100
鹤壁市	838	210		249	2258		9167	525
新乡市	5175		1394	4681	3163	354	18623	3545
焦作市	1952	77	7344	1367	6075	55	11231	5188
濮阳市	489	20	3838	1240	2660		8046	58
许昌市	929	500	1655	1503	7128	55	4926	
漯河市	9036	90	3366	3638	11994	80	9901	4509
三门峡市	3638	915	8333	2072	4315	246	27314	71
南阳市	12754	66	9875	2599	5007	2058	13928	80
商丘地区	2448	541	19687	1793	6242		7332	
周口地区	2517	280		1288	3386		18174	289
驻马店地区	3114	261	3023	1273	2732	226	7017	769
信阳地区	4131	26	1890	1833	4125	579	11604	
郑州铁路局								
国防工办					295	4509		
黄委会				425	272	3126		
省直其它								

5-13 国民经济各行业基本建设项目个数及新增固定资产

(1995 年)

行业	施工项目(个)	#新开工	全部投产项目(个)	项目建成投产率(%)	新增固定资产(万元)	固定资产付使用率(%)
总计	**4706**	**3189**	**3070**	**65.2**	**1916797**	**60.0**
一、农、林、牧、渔业	**106**	**89**	**79**	**74.5**	**20763**	**80.8**
1.农业	32	27	28	87.5	10588	78.0
2.林业	7	6	3	42.9	434	31.2
3.畜牧业	24	21	20	83.3	5003	98.5
4.渔业	10	10	5	50.0	870	57.2
5.农、林、牧、渔服务业	33	25	23	69.7	3868	93.3
二、工业	**978**	**600**	**570**	**58.3**	**1049145**	**65.2**
(一)采掘业	55	23	20	36.4	167834	70.1
1.煤炭采选业	22	4	7	31.8	89752	61.7
2.石油和天然气开采业	2		1	50.0	67926	90.4
3.黑色金属矿采选业	4	4	1	25.0	45	8.0
4.有色金属矿采选业	21	12	8	38.1	8290	55.0
5.非金属矿采选业	6	3	3	50.0	1821	57.5
#土砂石开采业	3	1	2	66.7	1791	67.6
采盐业						
6.其他矿采选业						
7.木材及竹材采运业						
(二)制造业	689	442	412	59.8	300268	50.1
1.食品加工业	63	51	41	65.1	20810	62.5
#粮食及饲料加工业	35	31	23	65.7	12839	54.5
屠宰业及肉类蛋类加工业	13	8	11	84.6	3355	116.4
2.食品制造业	35	25	27	77.1	29239	92.1
#糕点及糖果制造业	11	9	9	81.8	2713	94.9
3.饮料制造业	26	16	21	80.8	6451	43.1
#酒精及饮料酒制造业	16	10	14	87.5	3146	47.1
4.烟草加工业	17	8	8	47.1	11890	212.0
5.纺织业	56	39	39	69.6	14707	81.1
#纤维原料初步加工业	5	5	5	100.0	1832	100.0
棉纺织业	36	22	20	55.6	10226	76.8
6.服装及其他纤维制品制造业	4	2	4	100.0	2552	186.8
7.皮革、毛皮、羽绒及其制品业	19	17	15	78.9	2741	57.7
8.木材加工及竹、藤、棕、草制品业	11	8	8	72.7	5243	88.7
9.家具制造业	4	1	3	75.0	2490	115.0
10.造纸及纸制品业	17	13	12	70.6	6062	31.7
11.印刷业、记录媒介的复制	18	11	12	66.7	1743	75.1
#印刷业	18	11	12	66.7	1743	75.1
12.文教体育用品制造业	1	1	1	100.0	14	100.0
13.石油加工及炼焦业	3	1	1	33.3	27	2.7
#原油加工业	1	1				
14.化学原料及化学制品制造业	75	47	50	66.7	34451	19.5
#化学肥料制造业	25	19	22	88.0	12348	116.1
有机化学产品制造业	16	5	8	50.0	4114	12.1
合成材料制造业	4	1			2030	1.8

5—13续表1　　　　　　　　　　(1995年)

行　业	施工项目(个)	#新开工	全部投产项目(个)	项目建成投产率(%)	新增固定资产(万元)	固定资产付使用率(%)
15.医药制造业	33	22	19	57.6	7215	54.2
16.化学纤维制造业	3	1	1	33.3	1192	40.5
17.橡胶制品业	9	6	2	22.2	293	41.7
#轮胎制造业	6	4	1	16.7	50	13.5
18.塑料制品业	2	1	2	100.0	170	242.9
19.非金属矿物制品业	78	43	45	57.7	46727	62.1
#水泥制造业	21	9	10	47.6	17526	59.9
水泥制品及石棉水泥制品业	4	3	4	100.0	411	100.0
玻璃及玻璃制品业	10	8	6	60.0	2313	38.0
陶瓷制品业	16	11	9	56.3	9087	54.1
耐火材料制品业	7	3	3	42.9	547	17.9
20.黑色金属冶炼及压延加工业	15	12	9	60.0	1150	13.6
21.有色金属冶炼及压延加工业	22	13	12	54.5	49291	127.9
22.金属制品业	8	5	2	25.0	400	17.5
23.普通机械制造业	40	27	21	52.5	4709	67.2
#锅炉及原动机制造业	13	10	3	23.1	1530	54.1
金属加工机械制造业	8	4	7	87.5	820	158.3
通用设备制造业	6	5	4	66.7	687	71.2
24.专用设备制造业	38	23	21	55.3	10296	95.3
#机电工业专用设备制造业	8	4	3	37.5	3480	85.4
农、林、牧、渔业机械制造业	12	7	10	83.3	3929	125.1
25.交通运输设备制造业	43	24	17	39.5	27621	68.7
#汽车制造业	11	6	5	45.5	1421	44.2
26.武器弹药制造业	4	2				
27.电气机械及器材制造业	23	14	10	43.5	3748	56.6
#输配电及控制设备制造业	8	4	5	62.5	775	82.9
电工器材制造业	5	2	3	60.0	1184	76.4
28.电子及通信设备制造业	8	3	1	12.5	881	1.3
29.仪器仪表及文化、办公用机械制造业	9	2	4	44.4	7329	132.6
#文化、办公用机械制造业	1	1			725	26.3
30.其他工业	5	4	4	80.0	826	110.0
(三)电力、煤气及水的生产和供应业	234	135	138	59.0	581043	75.4
1.电力、蒸汽、热水生产和供应业	173	103	112	64.7	564141	80.3
#电力生产业	49	14	21	42.9	479476	82.4
电力供应业	120	87	89	74.2	83707	71.9
2.煤气生产和供应业	12	6	4	33.3	4119	13.1
3.自来水的生产和供应业	49	26	22	44.9	12783	34.6
三、建筑业	**81**	**50**	**50**	**61.7**	**27688**	**73.7**
1.土木工程建筑业	62	36	40	64.5	21050	71.0
2.线路、管道和设备的安装业	10	6	2	20.0	3800	98.1
3.建筑业的装修装饰业	9	8	8	88.9	2838	70.3

5—13 续表 2 (1995 年)

行　　业	施工项目（个）	#新开工	全部投产项目（个）	项目建成投产率（%）	新增固定资产（万元）	固定资产付使用率（%）
四、地质勘查业、水利管理业	**69**	**30**	**32**	**46.4**	**49994**	**13.7**
1.地质勘查业	20	7	9	45.0	6318	150.0
2.水利管理业	49	23	23	46.9	43676	12.1
五、交通运输、仓储及邮电通信业	**380**	**247**	**258**	**67.9**	**239204**	**61.1**
#铁路运输业	15	4	3	20.0	31844	117.8
公路运输业	83	41	53	63.9	75105	45.4
仓储业	31	22	18	58.1	7728	90.1
邮电通信业	146	102	104	71.2	79418	86.8
#电信业	22	17	17	77.3	26217	75.8
邮电业	114	79	82	71.9	49383	95.0
六、批发和零售贸易、餐饮业	**406**	**290**	**271**	**66.7**	**68482**	**65.1**
#食品、饮料、烟草和家庭用品批发业	130	97	88	67.7	25312	63.5
能源、材料和机械、电子设备批发业	94	62	60	63.8	13383	76.0
零售业	121	85	81	66.9	23072	62.3
餐饮业	17	13	11	64.7	2478	47.0
七、金融、保险业	**260**	**170**	**165**	**63.5**	**45902**	**66.9**
1.金融业	238	156	150	63.0	38990	61.0
2.保险业	22	14	15	68.2	6912	147.9
八、房地产业	**41**	**27**	**21**	**51.2**	**4235**	**48.4**
#房地产开发与经营业	8	4	5	62.5	1880	62.8
房地产管理业	31	21	15	48.4	2346	41.4
九、社会服务业	**247**	**167**	**155**	**62.8**	**89115**	**60.2**
#公共服务业	150	107	110	73.3	68233	64.1
居民服务业	6	4	1	16.7	853	56.3
旅馆业	70	41	36	51.4	14709	54.0
十、卫生、体育和社会福利业	**230**	**160**	**153**	**66.5**	**28136**	**76.9**
#卫生	210	148	137	65.2	21709	76.5
十一、教育、文化艺术及广播电影电视业	**742**	**500**	**468**	**63.1**	**92751**	**75.2**
#教育	641	444	410	64.0	83125	79.3
文化艺术业	56	27	30	53.6	7096	49.8
十二、科学研究和综合技术服务业	**56**	**31**	**25**	**44.6**	**11675**	**46.0**
#科学研究业	34	19	14	41.2	6462	55.4
十三、国家机关、政党机关和社会团体	**1062**	**786**	**788**	**74.2**	**174462**	**76.9**
#国家机关	1010	745	746	73.9	170347	76.6
十四、其他行业	**48**	**42**	**35**	**72.9**	**15245**	**63.9**

5-14 各市地基本建设项目个数及新增固定资产

(1995年)

市地	施工项目(个)	#大中型	全部建成投产项目数(个)	#大中型	新增固定资产(万元)	固定资产交付使用率(%)
全省	**4706**	**45**	**3070**	**8**	**1916797**	**60.0**
郑州市	596	9	293	2	292916	61.5
开封市	202	2	133		45500	52.0
洛阳市	229	5	120		373771	101.2
平顶山市	232	3	144		73457	56.5
安阳市	195	3	116		41310	29.6
鹤壁市	96	1	57		38925	99.4
新乡市	247	2	173	1	88790	70.3
焦作市	374	6	255	2	127345	85.5
濮阳市	164	2	114		87755	39.5
许昌市	254		182		48449	88.9
漯河市	270	1	213	1	82974	103.0
三门峡市	330	2	180		201944	103.9
南阳市	359	2	256	1	110980	40.3
商丘地区	300	2	245	1	76383	58.3
周口地区	213		165		73229	103.3
驻马店地区	281	1	222		27172	54.7
信阳地区	300		193		57210	80.1
郑州铁路局	9		1		11620	74.1
国防工办	30	1	3		7992	36.1
黄委会	22		5		22061	74.1
省直其它	3	3			27014	5.9

5－15 基本建设新增生产能力

生产能力(或效益)名称	单　位	1985年	1990年	1991年	1992年	1993年	1994年	1995年
煤炭开采	万吨/年	60	15	110	191	219	51	164
天然石油开采	万吨/年	162	3	4	24	17	10	27
发电机组容量	万千瓦	53.20	29.90	54.20	76.66	38.40	27.00	110.21
水　电	万千瓦	0.06			6.30		9.00	3.11
火　电	万千瓦	53.26	29.90	53.60	72.36	37.80	18.00	107.10
输电线路(11万伏以上的)	公里	512.92	429.30	723.00	249.46	28.00	482.00	228.00
变电设备(11万伏以上的)	万千伏安	47.45	87.30	111.85	101.20	31.02	73.00	63.00
新建公路	公里		11.60	35.30	48.70	104.40	387.00	801.62
改建公路	公里	22.40	7.00	111.11	163.42	324.47	626.00	805.90
汽车购置	辆	118	104	43	130	130	210	255
有效灌溉面积	万公顷	1.20	9.80	7.88	11.68	11.30	80.00	60.37
粮食仓库	平方米	48681	10301	25500	55013	8900	19392	99526
	万公斤	13877	2054	6124	13590	798	4126	15523
批发零售贸易业、餐饮业网点	平方米	131653	74136	171458	317097	406284	353029	444107
	处	104	73	711	198	189	204	186
大专院校学生席位	个	5377	7692	1080	6590	2600	3860	14128
中等学校学生席位	个	43404	46360	67108	56676	54541	29896	80333
小学生席位	个	18164	23437	19791	26255	16215	23945	22750
其他学校学生席位	个	9092		5735	8978	4285	3641	4730
图书馆	平方米	2338	38639		18963	2500	6000	12540
影剧院席位	个	5570	530	1820	2047	2716		
剧院建筑面积	平方米	7442	600	3428	5800	6622		
医院病床床位	张	3880	2106	4178	4087	3906	3578	2678
自来水供水能力	万吨/日	19.00	1.93	11.25	31.00	9.90	17.00	35.50
自来水管道铺设长度	公里	34.76	4.70		16.70	7.90	4.00	79.15
污水管道铺设长度	公里	15.17	3.10	8.58	29.12	65.10	111.00	56.92

注：本表批发零售贸易业、餐饮业网点，1992年以前年度为商业、饮食服务业网点。

5-16 各市地基本建设施工、竣工房屋建筑面积

(1995年)

市地	施工面积(平方米)	#住宅	竣工面积(平方米)	#住宅	竣工率(%)	#住宅
全省	**24063963**	**7832164**	**13186124**	**3615693**	**54.8**	**46.2**
郑州市	5535710	1748687	2412179	629255	43.6	36.0
开封市	965438	305918	453705	188460	47.0	61.6
洛阳市	2159568	743063	1035349	276875	47.9	37.3
平顶山市	941700	340918	550700	155000	58.5	45.5
安阳市	879668	248035	460467	146018	52.3	58.9
鹤壁市	549682	202980	305216	59389	55.5	29.3
新乡市	1174425	438908	709595	275846	60.4	62.8
焦作市	1132794	326940	552297	194878	48.8	59.6
濮阳市	673572	140676	481729	50542	71.5	35.9
许昌市	741683	227959	462354	127651	62.3	56.0
漯河市	1218924	406942	916489	254687	75.2	62.6
三门峡市	1649107	636874	770356	257585	46.7	40.4
南阳市	1251588	188838	812327	150289	64.9	79.6
商丘地区	1102622	344278	830493	271748	75.3	78.9
周口地区	1094780	393698	731844	222901	66.8	56.6
驻马店地区	1067974	277756	781652	201430	73.2	72.5
信阳地区	971062	317925	541326	135667	55.7	42.7
郑州铁路局	273105	243110	189431	2671	69.4	1.1
国防工办	537434	284684	116254	12801	21.6	4.5
黄委会	135442	13937	67765	2000	50.0	14.4
省直其它	7685	38	4596		59.8	

5－17 基本建设大中型项目投资情况

（1995 年）

单位：万元

单位名称	计划总投资	实际需要的总投资	累计完成投资	累计新增固定资产	本年计划投资	本年完成投资	#建筑工程	#安装工程	#设备购置	本年新增固定资产
中国长铝矿山公司	69747	69747	69717	69717	6200	6194	2295	24	1819	6560
郑州中原制药厂	132631	140000	134883	1109	6089	514	58	143	289	
郑州矿务局	163737	165716	165716	126860	22595	22595	6063	1258	764	36668
郑州薛店机场建设指挥部	99968	99968	51208		35232	35232	20873		13275	
郑州市发祥电力有限公司	31200	40000	37572	31335	17684	17684	2030	3291	4333	31121
河南省七里岗水泥厂	19900	15161	15157	34	5500	2034	672	381	981	34
河南郑新高速公路	75000	75000	58597	42050	15300	10177	10177			
郑州大学工科扩建	12000	21000	7118	3605	1400	950	950			1530
郑州供水工程筹建处	25116	25116	19453	5663	7093	7093	3703	676	1500	544
开封新力发电有限公司	44075	44075	23310	80	18022	18983	6268	2998	8463	80
开封碳素厂	121200	121200	15653		20000	7336	7336			
洛阳市自来水公司	34000	34000	14406		8306	10700	500	1700	7700	
洛阳双源热电有限责任公司	211753	211753	2044			2044	146			
洛阳东郊热电厂	16675	18473	8026		8585	1284	220	80		
洛阳中友电力有限公司	29998	29998	27500		21250	13750	3500	2563	6922	
洛阳首阳山电厂二期	201888	350000	293095	226336	124000	124000	15060	22189	52680	225618
平顶山矿务局	325240	325240	325240	262373	36518	36518	16372	6231	6087	14050
石漫滩水库管理局	17908	17908	13500	4810	6600	4600	3827	188	215	
平顶山尼龙 6.6 盐厂	231139	231139	32240	1181	45700	25254	3762		305	1181
安阳化肥厂	57268	57268	3340	600	7432	2038	170		600	600
安阳彩色显像管玻壳有限公司	140728	140728	68062		9700	66334	10187	4504	48131	
安阳华祥电力有限责任公司	180494	180494	19850	134	49000	5396	2789	20	21	
鹤壁矿务局	62838	63433	44537	27165	8460	8468	3864	631	1891	11224
鹤壁水泥有限责任公司	49637	49637	6375			2336	1609		59	
河南职业技术师范学院	5650	5650	3865	2936	764	764	764			566
卫辉市水泥总厂	14900	15696	15696	5000	3636	3636	1379	76	2181	5000
焦作市矿务局	180951	180951	115213	85528	7500	7500	5238	398	716	1419
焦作市铝厂电解铝二期	11200	13301	13301	12861	6500	440	75	163	202	12861
焦作市热电厂	15832	17015	10001	9205						
济源市电建工程指挥部	17283	17283	8880		6000	2330	960	965	405	
沁阳铝电集团公司铝厂一期	14211	20202	20202	20202	4200	4860	1266	2243	1351	20202
沁阳铝电集团公司电厂一期	49522	49522	15366		15000	15366	4282	1482	7162	
中原石油勘探局	193025	214207	214207	204505	62890	62890	59384	1948	1558	57790
中原石油化工有限责任公司	320153	327855	327855	2000	129663	110026	6479	26144	45739	2000
禹州电厂筹建办公室	670000	670000	4000		3000	3000	100			
河南漯午铁路建设指挥部	19849	19849	19849	19849	5400	6197	5207	10	700	19849
三门峡火力发电厂	215486	215486	194012	108698	57000	58986	11834	10658	22454	102852
义马市矿务局	212716	212716	185174	172471	10935	9420	3402	1877	1931	17752
义马矿务局气化厂	155801	155801	15485		15326	15326			13	
河南石油勘探局	51462	54011	54011	51040	12274	12274	7782	277	2538	10136
鸭河口火电厂	492576	492576	159244	12477	157000	137804	19070	580	103828	12042
商丘桐木制品实业有限责任公司	15750	21134	21134	19842	1484	2534			1634	1815
永夏矿区建设管理委员会	320000	320000	139018	10748	47474	47474	23596	2563	11018	2282
驻马店地区古城电厂	40095	40095	21788		11000	12764	3450	3133	4089	
国防工办 124 厂	7100	7100	3400	256	1400	1400	716		318	
河南送变电工程	127018	127018	95629	66512	69822	46934	25531	2277	8228	27014
开封——洛阳高速公路	320884	320884	287204		72250	106045	92578		167	
黄河小浪底水利管理局	2020000	2020000	558515		305143	307317	173262			

5-18 基本建设大中型能力(或效益)情况

(1995年)

单位名称	能力(或效益)名称	单位	建设规模	施工规模	#本年新开工	累计新增能力	#本年新增
中国长铝矿山公司	铝矿开采	万吨/年	163	83		163	83
郑州矿务局	原煤开采	万吨/年	1000	180		510	
郑州市发祥电力有限公司	火力发电	万千瓦	11	11		11	11
河南省七里岗水泥厂	水泥	万吨/年	37	37		37	37
河南郑新高速公路	新建公路	公里	48	19		29	
	高速公路	公里	48	19		29	
郑州大学工科扩建	高等院校学生席位	个	3000	3000		1200	1200
	建筑面积	平方米	7000	7000		3500	3500
郑州供水工程筹建处	自来水供水能力	万吨/日	50	10	10	30	10
开封新力发电有限公司	火力发电	万千瓦	12.5	12.5			
洛阳市自来水公司	自来水供水能力	万吨/日	24	24			
洛阳双源热电有限责任公司	火力发电	万千瓦	28.4	28.4	28.4		
洛阳东郊热电厂	火力发电	万千瓦	5	5			
洛阳中友电力有限公司	火力发电	万千瓦	10	10			
洛阳首阳山电厂二期	火力发电	万千瓦	60	60		30	30
平顶山矿务局	原煤开采	万吨/年	2700	180		1807	
	洗煤	万吨/年	980	90		880	90
石漫滩水库管理局	水库容量(总库容)	亿立方米	1.21	1.21			
安阳化肥厂	合成氨	吨/年	80000	80000	80000		
	氮肥	吨/年	130000	130000	130000		
	农用尿素	吨/年	130000	130000	130000		
安阳华祥电力有限责任公司	火力发电	万千瓦	60	60			
鹤壁矿务局	原煤开采	万吨/年	120	45		45	45
河南职业技术师范学院	高等院校学生席位	个	3000	200	200	2100	
	建筑面积	平方米	110300	6965	6965	57628	
卫辉市水泥总厂	水泥	万吨/年	30	30		30	30
焦作市矿务局	原煤开采	万吨/年	655	70		585	
焦作市铝厂二期	电解铝	吨/年	20000	20000		20000	20000
焦作市热电厂	火力发电	万千瓦	4.8	2.4		2.4	
济源市电建工程指挥部	火力发电	万千瓦	5.0	2.5		2.5	2.5
沁阳市铝电集团公司铝厂	电解铝	吨/年	15000	15000		15000	15000
沁阳市铝电集团公司自备电厂	火力发电	万千瓦	10	10	10		
中原石油勘探局	天然原油	万吨/年	73.25	27	27	73.25	27
中原石油化工有限责任公司	乙烯	吨/年	140000	140000			
	丙烯	吨/年	40000	40000			
河南漯午铁路建设指挥部	铁路机车购置	台	9	9		9	9
	新建铁路主线里程	公里	69.3	69.3		69.3	69.3
三门峡火力发电厂	火力发电	万千瓦	60	60		30	30
义马市矿务局	原煤开采	万吨/年	180	180		120	
鸭河口火电厂	火力发电	万千瓦	70	70			
商丘桐木制品实业有限责任公司	胶合板	万立方米	1	1		1	1
	刨花板	万立方米	3	3		3	3
永夏矿区建设管理委员会	原煤开采	万吨/年	840	420			
河南省驻马店地区古城电厂	火力发电	万千瓦	10	10			
河南送变电工程	输电线路长度	公里	980.0	633.0	461.0	309.3	228.0
	变电设备能力	万千伏安	189.0	126.0	96.0	144.3	63.0
开封——洛阳高速公路	新建公路	公里	201.4	120.4		201.4	120.4
	高速公路	公里	201.4	120.4		201.4	120.4
黄河小浪底水利管理局	水力发电	万千瓦	180	180			
	水库容量(总库容)	亿立方米	615.0	126.5	126.5		

5-19 更新改造投资

指标	1985年	1990年	1991年	1992年	1993年	1994年	1995年
一、投资总额(万元)	**162964**	**325309**	**401913**	**585577**	**880800**	**1178064**	**1324680**
1.按资金来源分							
国家预算内资金	7857	7477	9879	5778	5719	8400	16295
国内贷款	57352	94093	134483	254210	368828	386215	381047
利用外资	436	5746	6339	4874	36087	84230	116202
自筹资金	94126	204263	234780	306423	453356	643016	739817
其他资金	3193	13730	16432	14292	16810	56203	71319
2.按隶属关系分							
中　央	57961	132004	143674	166902	293985	469327	484549
地　方	105003	193305	258239	418675	586815	708737	840131
3.按构成分							
建筑安装工程	68370	143110	159922	236086	353878	468485	484210
设备、工具、器具购置	84145	155368	208026	303456	469720	624424	749625
其他费用	10449	26831	33965	46035	57202	85155	90845
4.按建设性质分							
#新建	3973	7010	20013	24230	30020	90854	87811
扩建	76497	171051	186944	294395	524691	594516	758441
改建	73609	135384	178818	247677	308344	449801	440603
5.按三次产业分							
第一产业	1405	10	559	1286	679	817	1608
第二产业	139051	277606	343959	483852	726475	903768	1050826
#工业	136749	274802	343988	478774	721064	896280	1032237
第三产业	22508	47693	52395	100439	153646	273479	272246
二、新增固定资产(万元)	**124435**	**224196**	**390161**	**452093**	**644395**	**870374**	**1123731**
三、建设项目(个)							
施工项目	3062	1750	2192	2639	3000	2418	2641
全部建成投产项目	1741	944	1339	1539	1513	1411	1712
四、房屋建筑面积(万平方米)							
施工面积	376.94	345.39	335.62	420.27	443.07	481.41	473.14
竣工面积	206.17	184.30	206.74	236.67	217.85	259.27	276.63
#住宅	71.53	56.64	54.30	50.86	33.93	52.83	80.36

5-20 按用途分的更新改造投资及构成

指标	1994年		1995年		1995年为1994年%
	投资总额(万元)	构成(%)	投资总额(万元)	构成(%)	
总计	**1178064**	**100.0**	**1324680**	**100.0**	**112.4**
1.增产措施	472392	40.1	532707	40.2	112.8
2.节约措施	44756	3.8	46085	3.5	103.0
#节约能源	43085	3.7	40019	3.0	92.9
3.增加品种措施	194944	16.5	209157	15.8	107.3
4.提高产品质量措施	98125	8.3	123416	9.3	125.8
5.三废治理措施	10356	0.9	10500	0.8	101.4
6.其他措施	357491	30.4	402815	30.4	112.7
#住宅	31029	2.6	66882	5.0	215.5

5-21 各产业更新改造投资及构成

产业	1994年		1995年		1995年为1994年%
	投资总额(万元)	构成(%)	投资总额(万元)	构成(%)	
总计	**1178064**	**100.0**	**1324680**	**100.0**	**112.4**
第一产业	**817**	**0.1**	**1608**	**0.1**	**196.8**
农、林、牧、渔业	817	0.1	1608	0.1	196.8
第二产业	**903768**	**76.7**	**1050826**	**79.3**	**116.3**
工　业	896280	76.1	1032237	77.9	115.2
建筑业	7488	0.6	18589	1.4	248.3
第三产业	**273479**	**23.2**	**272246**	**20.6**	**99.5**
农、林、牧、渔服务业	274	…	9	…	3.3
地质勘查业和水利管理业	1369	0.1	7266	0.5	530.8
交通运输、仓储及邮电通信业	198924	16.9	195872	14.8	98.5
批发和零售贸易、餐饮业	25249	2.2	25921	2.0	102.7
金融、保险业	1229	0.1			
房地产业	800	0.1	20	…	2.5
社会服务业	35913	3.0	22413	1.7	62.4
卫生体育和社会福利事业	355	…	2732	0.2	769.6
教育、文化艺术和广播电影电视事业	1159	0.1	2034	0.2	175.5
科学研究和综合技术服务事业	1937	0.2	2818	0.2	145.5
国家机关、政党机关和社会团体	6270	0.5	11396	0.9	181.8
其他行业			1765	0.1	

5—22 国民经济各行业更新改造投资

(1995年)

单位:万元

行　　业	投资总额	按构成分				按建设性质分		
		建筑工程	安装工程	设备购置	其他费用	#新建	#扩建	#改建
总　　计	**1324680**	**348418**	**135792**	**749625**	**90845**	**87811**	**758441**	**440603**
一、农、林、牧、渔业	**1617**	**844**	**27**	**746**			**1034**	**162**
1.农业	388	69		319			14	162
2.林业								
3.畜牧业	1220	775	27	418			1020	
4.渔业								
5.农、林、牧、渔服务业	9			9				
二、工业	**1032237**	**241743**	**106415**	**602663**	**81416**	**70021**	**604695**	**335722**
(一)采掘业	140244	46754	15242	59942	18306	250	71108	68576
1.煤炭采选业	75430	21092	6207	35678	12453	250	7704	67166
2.石油和天然气开采业	48858	16933	8435	19210	4280		48858	
3.黑色金属矿采选业								
4.有色金属矿采选业	14316	8259	490	4014	1553		12906	1410
5.非金属矿采选业	1640	470	110	1040	20		1640	
#土砂石开采业								
采盐业								
6.其他矿采选业								
7.木材及竹材采运业								
(二)制造业	808039	177075	74554	505782	50628	67605	483138	236055
1.食品加工业	27842	7587	1933	17426	896	1445	22816	3113
#粮食及饲料加工业	7112	2170	361	4314	267	591	4517	1984
屠宰业及肉类蛋类加工业	14047	3617	1293	8632	505	60	13142	735
2.食品制造业	18530	2757	542	14365	866	2380	14000	1840
#糕点及糖果制造业	1389	168	138	1083			1321	63
3.饮料制造业	19011	6568	1827	9539	1077	2056	14657	2186
#酒精及饮料酒制造业	15673	5578	1560	8084	451	1785	11703	2106
4.烟草加工业	16803	2833	1371	11529	1070		6692	9730
5.纺织业	80265	7521	3763	67202	1779	11653	28288	38320
#纤维原料初步加工业	65			65				65
棉纺织业	67090	6042	2819	56455	1774	11453	20943	33155
6.服装及其他纤维制品制造业	1499	114	50	1335			1499	
7.皮革、毛皮、羽绒及其制品业	3020	854	77	2040	49	300	1184	998
8.木材加工及竹、藤、棕、草制品业	4504	1481	314	2661	48	3545	360	599
9.家具制造业	70	70					70	
10.造纸及纸制品业	22165	6517	2070	12528	1050	2212	12637	7102
11.印刷业、记录媒介的复制	2987	328	49	2610		135	1134	15
#印刷业	2987	328	49	2610		135	1134	15
12.文教体育用品制造业								
13.石油加工及炼焦业	13837	3343	4494	4749	1251		1334	12503
#原油加工业	12663	2693	4494	4225	1251		160	12503
14.化学原料及化学制品制造业	116998	21838	15877	72144	7139	7618	84705	23452
#化学肥料制造业	79487	13198	11400	51796	3093	6787	52026	20017
有机化学产品制造业	5938	1979	558	1899	1502	808	4840	77
合成材料制造业	235	95	35	90	15		235	

5－22 续表 1　　(1995 年)　　单位:万元

行业	投资总额	按构成分				按建设性质分		
		建筑工程	安装工程	设备购置	其他费用	#新建	#扩建	#改建
15. 医药制造业	25393	5990	2272	15764	1367	2000	21394	1653
16. 化学纤维制造业	13423	639	1984	10738	62		13423	
17. 橡胶制品业	9451	549	1673	7041	188		8916	467
#轮胎制造业	8769	394	1654	6541	180		8569	158
18. 塑料制品业	4830	1270	206	3169	185	2258	2252	320
19. 非金属矿物制品业	98190	30672	13878	44835	8805	13264	59537	17837
#水泥制造业	52513	19429	5786	20430	6868	185	32035	12741
水泥制品及石棉水泥制品业								
玻璃及玻璃制品业	23742	4868	7107	10991	776	259	22045	1438
陶瓷制品业	14869	4571	651	9027	620	12649	1020	1200
耐火材料制品业	2629	845	105	1558	121		606	2023
20. 黑色金属冶炼及压延加工业	91449	25775	7289	54060	4325	11420	23623	56373
21. 有色金属冶炼及压延加工业	35090	9630	5250	13105	7105	1882	9476	23732
22. 金属制品业	4979	634	134	3911	300	170	3831	901
23. 普通机械制造业	26870	7721	948	17030	1171	77	19440	6848
#锅炉及原动机制造业	7732	3626	204	3768	134		6144	1336
金属加工机械制造业	3848	1085	91	2354	318	77	3089	682
通用设备制造业	5077	1325	225	2968	559		3280	1654
24. 专用设备制造业	39040	9186	3168	23655	3031	925	30047	7106
#机电工业专用设备制造业	4855	545	225	3908	177		3988	707
农、林、牧、渔业机械制造业	23681	5633	2289	13678	2081	900	18950	3826
25. 交通运输设备制造业	46659	7232	1416	37151	860	1671	27151	16605
#汽车制造业	19027	2879	1106	14302	740	800	16646	1498
26. 武器弹药制造业	9815	2403	885	4934	1593	1600	7175	1040
27. 电气机械及器材制造业	64225	11366	2119	45215	5525	901	58702	2174
#输配电及控制设备制造业	12445	1463	65	9418	1499		9772	225
电工器材制造业	10775	3187	296	7147	145	636	9760	379
28. 电子及通信设备制造业	5986	1193	81	4622	90	6	5794	186
29. 仪器仪表及文化、办公用机械制造业	3054	494	203	1602	755		2329	725
#文化、办公用机械制造业								
30. 其他工业	2054	510	681	822	41	87	672	230
(三)电力、煤气及水的生产和供应业	83954	17914	16619	36939	12482	2166	50449	31091
1. 电力、蒸汽、热水生产和供应业	81916	16591	16585	36284	12456	1666	49405	30621
#电力生产业	47584	12680	13381	14902	6621		37374	10066
电力供应业	34332	3911	3204	21382	5835	1666	12031	20555
2. 煤气生产和供应业	924	529	12	357	26	500		424
3. 自来水的生产和供应业	1114	794	22	298			1044	46
三、建筑业	**18589**	**12102**	**1611**	**4871**	**5**		**3420**	**8586**
1. 土木工程建筑业	16327	11156	1611	3555	5		3420	8406
2. 线路、管道和设备的安装业	2262	946		1316				180
3. 建筑业的装修装饰业								

5－22 续表 2　　　　　　（1995 年）　　　　　　单位:万元

行业	投资总额	按构成分				按建设性质分		
		建筑工程	安装工程	设备购置	其他费用	#新建	#扩建	#改建
四、地质勘查业、水利管理业	**7266**	**1434**	**2624**	**2616**	**592**		**783**	**6061**
1.地质勘查业	7015	1218	2623	2582	592		667	6002
2.水利管理业	251	216	1	34			116	59
五、交通运输、仓储及邮电通信业	**195872**	**47782**	**21042**	**122846**	**4202**	**7158**	**113782**	**70530**
#铁路运输业	41195	28294	1615	10698	588			41011
公路运输业	17363	11596	2	3247	2518	2354	4605	7226
仓储业	233	233					124	109
邮电通信业	131069	3411	19278	107295	1085	4657	106864	18538
#电信业	66945	1762	14258	50920	5	4472	59078	2585
邮电业	59395	1649	5002	51664	1080	185	47786	11224
六、批发和零售贸易、餐饮业	**25921**	**15302**	**1687**	**5488**	**3444**	**9252**	**14155**	**2063**
#食品、饮料、烟草和家庭用品批发业	2656	1761	161	724	10		1526	1015
能源、材料和机械、电子设备批发业	1685	1190	233	250	12	60	1222	223
零售业	20858	11777	1244	4426	3411	9192	10867	683
餐饮业	540	436	49	55			540	
七、金融、保险业								
1.金融业								
2.保险业								
八、房地产业	**20**	**20**						**20**
#房地产开发与经营业								
房地产管理业	20	20						20
九、社会服务业	**22413**	**15453**	**1901**	**4178**	**881**	**1350**	**14876**	**4460**
#公共服务业	16453	13126	112	2705	510	1350	12144	1232
居民服务业								
旅馆业	4997	2327	1789	510	371		2732	2265
十、卫生、体育和社会福利业	**2732**	**1677**	**12**	**1032**	**11**		**987**	**851**
#卫生	2660	1658	12	979	11		987	779
十一、教育、文化艺术及广播电影电视业	**2034**	**1613**	**6**	**413**	**3**	**30**	**30**	**1790**
#教育	1853	1512	6	333	2	30		1694
文化艺术业	126	71		55				96
十二、科学研究和综合技术服务业	**2818**	**256**	**240**	**2259**	**63**		**2298**	**520**
#科学研究业	2636	134	240	2259	3		2298	338
十三、国家机关、政党机关和社会团体	**11396**	**8823**	**142**	**2259**	**172**		**2381**	**8085**
#国家机关	10314	8164	128	1934	88		2381	7085
十四、其他行业	**1765**	**1369**	**85**	**254**	**57**			**1753**

5-23 各市地分行业更新改造投资

（1995年）

单位：万元

市地	合计	农林牧渔业	工业	建筑业	地质勘查业水利管理业	交通运输业仓储及邮电通信业	批发和零售贸易、餐饮业
全省	**1324680**	**1617**	**1032237**	**18589**	**7266**	**195872**	**25921**
郑州市	240474		137328	1514	316	66892	17595
开封市	48764		40529	870		6002	1293
洛阳市	120166		89815	2781	5950	15335	1144
平顶山市	86972		85610	1300			62
安阳市	110567	478	88683	3449	667	12392	998
鹤壁市	29950		29006			637	
新乡市	123236		114809	813		5562	1923
焦作市	84618		78507	218		4535	39
濮阳市	35751		30789			4962	
许昌市	48988	9	33763	7241	59	4752	162
漯河市	35008		23387			10542	79
三门峡市	37623		37185			438	
南阳市	126634		114791			10831	560
商丘地区	34828		27792	28	132	5699	290
周口地区	32086	242	25122	375	60	4029	1706
驻马店地区	27341	868	21862			1333	
信阳地区	19657	20	18152			893	70
郑州铁路局	46828					41038	
国防工办	31327		31245		82		
黄委会	3862		3862				

市地	金融、保险业	房地产业	社会服务业	卫生、体育和社会福利事业	教育、文化艺术和广播电视事业	科学研究和综合技术服务事业	国家机关、政党机关和社会团体	其他行业
全省		**20**	**22413**	**2732**	**2034**	**2818**	**11396**	**1765**
郑州市			15280	355		285	909	
开封市						70		
洛阳市			110	1420	214	2198	1199	
平顶山市								
安阳市							3900	
鹤壁市			307					
新乡市			58			30	41	
焦作市			522		72		725	
濮阳市								
许昌市		20	2073	443	102		364	
漯河市			1000					
三门峡市								
南阳市							452	
商丘地区			332	42	112		389	12
周口地区			168	80		104		200
驻马店地区			1600				1678	
信阳地区				20			502	
郑州铁路局			963	372	1534	131	1237	1553
国防工办								
黄委会								

5-24 各市地按用途分的更新改造投资

(1995年)　　　　单位:万元

市地	合计	增产措施	节约能源	其他节约	增加品种	提高产品质量	三废治理	其他措施
全省	**1324680**	**532707**	**40019**	**6066**	**209157**	**123416**	**10500**	**402815**
郑州市	240474	61483	7742	1854	21932	40777	1826	104860
开封市	48764	21353	2321	28	12923	2483	236	9420
洛阳市	120166	51896	2109	761	20988	858	843	42711
平顶山市	86972	23756	1041	692	5279	838	1632	53734
安阳市	110567	21576	9510	527	13693	40393	353	24515
鹤壁市	29950	18045	320	710	3488	320		7067
新乡市	123236	79663	4257	154	19284	9213	613	10052
焦作市	84618	41605	3385	55	12053	7674	48	19798
濮阳市	35751	22875	1826	27	2774	31	1144	7074
许昌市	48988	10419	82	7	22354	1599	585	13942
漯河市	35008	10718	189		5987	49	45	18020
三门峡市	37623	18782	350	200	13810	1477	742	2262
南阳市	126634	81121	3568	1051	21520	11149	1155	7070
商丘地区	34828	15676	270		4785	3102	112	10883
周口地区	32086	19022	697		3292	87		8988
驻马店地区	27341	10551	820		7098	933	240	7699
信阳地区	19657	11861	612		3349	917	781	2137
郑州铁路局	46828	97	80				70	46581
国防工办	31327	12208	840		14548	1516	75	2140
黄委会	3862							3862

5－25 国民经济各行业更新改造项目个数及新增固定资产

(1995年)

行业	施工项目(个)	全部投产项目(个)	项目建成投产率(%)	新增固定资产(万元)	固定资产交付使用率(%)
总计	**2641**	**1712**	**64.8**	**1123731**	**84.8**
一、农、林、牧、渔业	**4**	**4**	**100.0**	**1617**	**100.0**
1.农业				388	100.0
2.林业					
3.畜牧业	4	4	100.0	1220	100.0
4.渔业					
5.农、林、牧、渔服务业				9	100.0
二、工业	**1837**	**1120**	**61.0**	**867368**	**84.0**
(一)采掘业	134	35	26.1	109007	77.7
1.煤炭采选业	108	26	24.1	56380	74.7
2.石油和天然气开采业	2			42892	87.8
3.黑色金属矿采选业					
4.有色金属矿采选业	22	9	40.9	9295	64.9
5.非金属矿采选业	2			440	26.8
#土砂石开采业					
采盐业					
6.其他矿采选业					
7.木材及竹材采运业					
(二)制造业	1487	923	62.1	662650	82.0
1.食品加工业	88	66	75.0	11689	42.0
#粮食及饲料加工业	46	38	82.6	6085	85.6
屠宰业及肉类蛋类加工业	20	12	60.0	1795	12.8
2.食品制造业	90	72	80.0	11284	60.9
#糕点及糖果制造业	7	5	71.4	478	34.4
3.饮料制造业	76	54	71.1	21934	115.4
#酒精及饮料酒制造业	69	49	71.0	17908	114.3
4.烟草加工业	22	16	72.7	38985	232.0
5.纺织业	83	42	50.6	52130	64.9
#纤维原料初步加工业	1	1	100.0	65	100.0
棉纺织业	64	34	53.1	43945	65.5
6.服装及其他纤维制品制造业	3			39	2.6
7.皮革、毛皮、羽绒及其制品业	12	8	66.7	2207	73.1
8.木材加工及竹、藤、棕、草制品业	8	4	50.0	1104	24.5
9.家具制造业	1	1	100.0	70	100.0
10.造纸及纸制品业	48	37	77.1	25042	113.0
11.印刷业、记录媒介的复制	15	11	73.3	2874	96.2
#印刷业	15	11	73.3	2874	96.2
12.文教体育用品制造业					
13.石油加工及炼焦业	42	12	28.6	4618	33.4
#原油加工业	37	12	32.4	3718	29.4
14.化学原料及化学制品制造业	215	141	65.6	84242	72.0
#化学肥料制造业	132	89	67.4	63542	79.9
有机化学产品制造业	11	8	72.7	1432	24.1
合成材料制造业	4	3	75.0	191	81.3

5—25 续表 1 (1995 年)

行业	施工项目(个)	全部投产项目(个)	项目建成投产率(%)	新增固定资产(万元)	固定资产交付使用率(%)
15.医药制造业	57	42	73.7	22226	87.5
16.化学纤维制造业	7	5	71.4	12673	94.4
17.橡胶制品业	48	37	77.1	11106	117.5
#轮胎制造业	37	31	83.8	8764	99.9
18.塑料制品业	8	7	87.5	4813	99.6
19.非金属矿物制品业	126	75	59.5	87912	89.5
#水泥制造业	69	39	56.5	55618	105.9
水泥制品及石棉水泥制品业					
玻璃及玻璃制品业	11	6	54.5	22492	94.7
陶瓷制品业	16	10	62.5	4137	27.8
耐火材料制品业	11	7	63.6	3095	117.7
20.黑色金属冶炼及压延加工业	63	31	49.2	54863	60.0
21.有色金属冶炼及压延加工业	108	72	66.7	46923	133.7
22.金属制品业	17	9	52.9	5308	106.6
23.普通机械制造业	81	38	46.9	21327	79.4
#锅炉及原动机制造业	13	6	46.2	5038	65.2
金属加工机械制造业	9	5	55.6	3996	103.8
通用设备制造业	14	4	28.6	4726	93.1
24.专用设备制造业	106	61	57.5	27946	71.6
#机电工业专用设备制造业	13	8	61.5	4716	97.1
农、林、牧、渔业机械制造业	49	23	46.9	8495	35.9
25.交通运输设备制造业	55	29	52.7	26775	57.4
#汽车制造业	21	8	38.1	9171	48.2
26.武器弹药制造业	33	10	30.3	5384	54.9
27.电气机械及器材制造业	43	25	58.1	67212	104.7
#输配电及控制设备制造业	12	8	66.7	12393	99.6
电工器材制造业	14	8	57.1	9690	89.9
28.电子及通信设备制造业	11	6	54.5	7187	120.1
29.仪器仪表及文化、办公用机械制造业	11	4	36.4	2762	90.4
#文化、办公用机械制造业					
30.其他工业	10	8	80.0	2015	98.1
(三)电力、煤气及水的生产和供应业	216	162	75.0	95711	114.0
1.电力、蒸汽、热水生产和供应业	187	137	73.3	94291	115.1
#电力生产业	73	57	78.1	65935	138.6
电力供应业	114	80	70.2	28356	82.6
2.煤气生产和供应业	3	1	33.3	521	56.4
3.自来水的生产和供应业	26	24	92.3	899	80.7
三、建筑业	**44**	**28**	**63.6**	**14522**	**78.1**
1.土木工程建筑业	41	28	68.3	13206	80.9
2.线路、管道和设备的安装业	3			1316	58.2
3.建筑业的装修装饰业					

5—25 续表 2 (1995 年) 单位:万元

行　业	施工项目(个)	全部投产项目(个)	项目建成投产率(%)	新增固定资产(万元)	固定资产交付使用率(%)
四、地质勘查业、水利管理业	**32**	**12**	**37.5**	**2281**	**31.4**
1.地质勘查业	28	9	32.1	2065	29.4
2.水利管理业	4	3	75.0	216	86.1
五、交通运输、仓储及邮电通信业	**484**	**370**	**76.4**	**185359**	**94.6**
#铁路运输业	325	230	70.8	31005	75.3
公路运输业	18	15	83.3	15396	88.7
仓储业	3	2	66.7	277	118.9
邮电通信业	105	96	91.4	135338	103.3
#电信业	24	18	75.0	70369	105.1
邮电业	77	75	97.4	61780	104.0
六、批发和零售贸易、餐饮业	**68**	**48**	**70.6**	**5329**	**20.6**
#食品、饮料、烟草和家庭用品批发业	25	24	96.0	2013	75.8
能源、材料和机械、电子设备批发业	12	8	66.7	1613	95.7
零售业	24	10	41.7	1032	4.9
餐饮业	4	4	100.0	540	100.0
七、金融、保险业					
1.金融业					
2.保险业					
八、房地产业	**1**	**1**	**100.0**	**20**	**100.0**
#房地产开发与经营业					
房地产管理业	1	1	100.0	20	100.0
九、社会服务业	**79**	**60**	**75.9**	**32411**	**144.6**
#公共服务业	67	54	80.6	15230	92.6
居民服务业					
旅馆业	12	6	50.0	16218	324.6
十、卫生、体育和社会福利业	**12**	**9**	**75.0**	**1904**	**69.7**
#卫生	11	8	72.7	1832	68.9
十一、教育、文化艺术及广播电影电视业	**18**	**14**	**77.8**	**951**	**46.8**
#教育	14	11	78.6	704	38.0
文化艺术业	3	2	66.7	116	92.1
十二、科学研究和综合技术服务业	**6**	**3**	**50.0**	**1757**	**62.3**
#科学研究业	4	2	50.0	1653	62.7
十三、国家机关、政党机关和社会团体	**32**	**21**	**65.6**	**8397**	**73.7**
#国家机关	25	19	76.0	7893	76.5
十四、其他行业	**24**	**22**	**91.7**	**1815**	**102.8**

5－26 各市地更新改造项目个数、投资及新增固定资产

（1995年）

市地	施工项目（个）	全部投产项目（个）	项目建成投产率（%）	投资额（万元）	新增固定资产（万元）	固定资产交付使用率（%）
全省	**2641**	**1712**	**64.8**	**1324680**	**1123731**	**84.8**
郑州市	310	204	65.8	240474	236014	98.1
开封市	75	45	60.0	48764	35270	72.3
洛阳市	260	131	50.4	120166	94049	78.3
平顶山市	168	64	38.1	86972	74790	86.0
安阳市	127	72	56.7	110567	87327	79.0
鹤壁市	33	19	57.6	29950	27248	91.0
新乡市	173	125	72.3	123236	106676	86.6
焦作市	208	139	66.8	84618	68836	81.3
濮阳市	20	12	60.0	35751	31629	88.5
许昌市	118	89	75.4	48988	55284	112.9
漯河市	56	43	76.8	35008	28569	81.6
三门峡市	51	26	51.0	37623	28425	75.6
南阳市	208	128	61.5	126634	94026	74.3
商丘地区	99	87	87.9	34828	29451	84.6
周口地区	145	114	78.6	32086	30405	94.8
驻马店地区	98	90	91.8	27341	26171	95.7
信阳地区	71	37	52.1	19657	13461	68.5
郑州铁路局	362	260	71.8	46828	34492	73.7
国防工办	58	27	46.6	31327	20073	64.1
黄委会	1			3862	1535	39.7

5—27 更新改造新增生产能力

生产能力(或效益)名称	单 位	1985年	1990年	1991年	1992年	1993年	1994年	1995年
煤炭开采	万吨/年	15	32	18	38	10		34
炼铁	万吨/年	1.25		20.40	5.00	5.00	8.00	20.00
发电机组容量	万千瓦	7500			3500	9000	7500	5468
铝电解	吨/年	38600	70000	112950	124531	60000	77000	176000
合成氨	吨/年		3	7	3	9	5	21
输电线路(11万伏以上的)	公里	64	6	32	13	23	16	
变电设备(11万伏以上的)	万千伏安	0.16	39.30	12.33	17.64	3.00	2.00	
水泥	万吨/年	85.20	68.20	24.90	84.11	189.10	128.00	124.85
棉纺锭	锭	20000	20000	85200	87800	313000	80000	20000
毛纺锭	锭			3800		3000	800	
植物油	吨/年	2235		18615	6753	15768	140	183
卷烟	万箱/年	10		30	85	13	40	6
酒	吨/年	44100	78300	125800	113168	155870	12005	64780
机制纸及纸板	吨/年	24500	31800	36500	32900	52900	10000	157700
改建公路	公里	5.00	7.27	11.85	58.70	64.00	93.00	175.35
汽车购置	辆	873	427	390	413	445	421	616
粮食仓库	平方米	7967	5055	4473	682	5455	8236	16884
	万公斤	2175	2025	1129	1900	3350	2490	2434
批发零售贸易业、餐饮业网点	平方米	32331	102532	65556	34220	18541	40996	19380
	处	30	38	24	25	18	29	57
中等学校学生席位	个	2230	3960	950	1350	585	5050	
小学生席位	个	487	2310	540	945		1308	1080
其他学校学生席位	个	200			818			150
医院病床床位	张	21	160	1178	304	230	15	30
自来水供水能力	万吨/日	9.20	22.22	44.40	28.39	42.89	40.00	34.17
自来水管道铺设长度	公里	47	48		24	75		133
污水管道铺设长度	公里	4.00	22.81	20.05	16.60	41.11	35.50	23.79

注:本表批发零售贸易业、餐饮业网点,1992年以前年度为商业、饮食服务业网点。

5－28 各市地更新改造施工、竣工房屋建筑面积

（1995年） 单位：平方米

市地	施工面积	#住宅	竣工面积	#住宅
全省	**4731412**	**1446232**	**2766302**	**803596**
郑州市	682552	146342	373873	131306
开封市	146202	6790	73590	6790
洛阳市	377306	90283	222360	61991
平顶山市	451733	285880	264055	158192
安阳市	216044	34868	172601	34858
鹤壁市	159958	5315	69879	
新乡市	253636	4444	199636	4444
焦作市	253018	42655	132813	31669
濮阳市	28647	9194	24950	673
许昌市	227518	50274	186669	13703
漯河市	69752	1491	49713	1491
三门峡市	117981	766	55324	571
南阳市	382325	78667	278742	74521
商丘地区	57661	6364	47246	6364
周口地区	242482	87398	164644	48530
驻马店地区	74896	3500	72416	3500
信阳地区	111353		53898	
郑州铁路局	773026	589336	285533	222693
国防工办	76069	2665	35478	2300
黄委会	29253		2882	

5－29 城镇集体经济固定资产投资

指　标	1985年	1990年	1991年	1992年	1993年	1994年	1995年
一、投资总额(万元)	**40343**	**84955**	**75515**	**118805**	**180813**	**202058**	**218381**
1.按资金来源分							
国家预算内资金		1084	818	731	1092	3329	1170
国内贷款	18193	28972	31120	48326	60546	66969	73087
利用外资	510	2536	2584	2583	10733	6228	4036
自筹资金及其他	21640	52363	40993	67165	108442	125532	140088
2.按构成分							
建筑安装工程	24164	43071	38935	69202	94533	118873	119005
设备、工具、器具购置	13331	32739	31329	41766	72522	72987	83765
其他费用	2848	9145	5251	7837	13758	10198	15611
二、新增固定资产(万元)	**28299**	**80927**	**71025**	**96451**	**144879**	**144189**	**180776**
三、建设项目(个)							
施工项目	1282	467	681	948	752	882	852
竣工项目	896	287	447	699	523	651	573
四、房屋建筑面积(万平方米)							
施工房屋面积	191.10	122.95	125.01	187.44	252.68	242.83	219.50
竣工房屋面积	108.00	84.72	81.20	121.40	154.99	169.50	143.38
＃住宅	31.80	26.32	20.03	28.74	42.15	35.64	27.50

5－30 国民经济各行业城镇集体经济投资和新增固定资产

(1995年)　　单位:万元

行　　业	投资总额	新增固定资　　产	固定资产交付使用率(%)
总　　计	**218381**	**180776**	**82.8**
一、农、林、牧、渔业	2274	2574	113.2
二、工业	163765	139400	85.1
三、建筑业	2080	1607	77.3
四、地质勘查业、水利管理业	35	35	100.0
五、交通运输、仓储及邮电通信业	5459	5889	107.9
六、批发和零售贸易、餐饮业	21336	13591	63.7
七、金融、保险业	5814	3963	68.2
八、房地产业			
九、社会服务业	8238	8973	108.9
十、卫生、体育和社会福利业	1906	470	24.7
十一、教育、文化艺术及广播电影电视业	399	263	65.9
十二、科学研究和综合技术服务业			
十三、国家机关、政党机关和社会团体	2551	2222	87.1
十四、其他行业	4524	1789	39.5

5－31 各市地城镇集体经济固定资产投资

（1995年） 单位：万元

市地	投资总额	按构成分			
		建筑工程	安装工程	设备购置	其他费用
全省	**218381**	**103271**	**15734**	**83765**	**15611**
郑州市	38671	19300	5603	10784	2984
开封市	5367	2713	103	2348	203
洛阳市	13761	5475	2302	4788	1196
平顶山市	11749	6010	388	4852	499
安阳市	9878	4763	1719	3188	208
鹤壁市	13220	6716	634	5784	86
新乡市	13103	6124	759	5424	796
焦作市	32204	10391	2111	14316	5386
濮阳市	3180	2629	46	505	
许昌市	12564	6123	397	4681	1363
漯河市	8716	5388	311	2596	421
三门峡市	5025	3261	51	1214	499
南阳市	22784	9316	813	11686	969
商丘地区	9409	4416	168	4059	766
周口地区	8987	3973	99	4878	37
驻马店地区	4754	3271	47	1355	81
信阳地区	5009	3402	183	1307	117

5－32 各市地城镇集体经济施工、竣工房屋建筑面积

（1995年） 单位：平方米

市地	施工房屋建筑面积	#住宅	竣工房屋建筑面积	#住宅
全省	**2194985**	**458693**	**1433806**	**274955**
郑州市	451124	107665	215107	58249
开封市	62986	13600	50976	7300
洛阳市	155325	26703	84167	4500
平顶山市	81528	20348	75075	17274
安阳市	130095	38991	70443	21172
鹤壁市	99799	17269	95649	9189
新乡市	139774	42203	105164	28068
焦作市	135815	20196	90416	18696
濮阳市	31047	6367	20180	2000
许昌市	170520	28388	79591	17587
漯河市	104807	19740	98668	18240
三门峡市	77809	26109	46280	12827
南阳市	200691	7382	149055	780
商丘地区	116558	20753	88626	17223
周口地区	95104	23430	61432	13503
驻马店地区	104878	33536	74661	25228
信阳地区	37125	6013	28316	3119

5－33 城镇和工矿区私人建房情况

(1995 年)

类别	城镇工矿区个数(个)	建房户数(户)	竣工房屋建筑面积(平方米)	#住宅	竣工房屋价值(万元)	#住宅
总计	**490**	**150304**	**11077963**	**9215142**	**325870**	**271097**
#农业户建房	63	108430	6195816	5315474	158305	135544
1.市	33	20625	2389769	1990499	79923	72273
#农业户建房	4	5777	838866	693311	22612	20799
2.县城	94	28443	3387892	2845043	105837	90673
#农业户建房	16	10872	1258123	1153216	36919	33468
3.镇	327	99796	5121819	4208610	134151	102505
#农业户建房	42	91383	4056521	3431715	97384	80044
4.工矿区	36	1440	178483	170990	5959	5646
#农业户建房	1	398	42306	37232	1390	1233

5－34 各市地城镇和工矿区私人建房情况

(1995 年)

市地	城镇工矿区个数(个)	建房户数(户)	竣工房屋建筑面积(平方米)	#住宅	竣工房屋价值(万元)	#住宅
全省	**490**	**150304**	**11077963**	**9215142**	**325870**	**271097**
郑州市	35	6809	872309	733176	28794	26993
开封市	9	3771	407042	334722	13950	11000
洛阳市	32	8544	889630	712273	26785	24351
平顶山市	25	3393	342031	305669	12032	10907
安阳市	33	4095	430830	422020	12026	11741
鹤壁市	6	1338	206902	133128	7251	4129
新乡市	20	4097	437842	322969	11447	10325
焦作市	37	4849	705598	666626	21203	19835
濮阳市	17	2144	168130	136262	6178	5054
许昌市	23	9973	954014	884405	25409	23617
漯河市	16	9493	962691	770291	23033	18805
三门峡市	29	3890	698201	476938	30690	18470
南阳市	62	12743	1331636	966238	39207	27331
商丘地区	41	6943	580542	547907	16149	15382
周口地区	65	58910	743145	653694	15502	13132
驻马店地区	13	4508	590982	479597	17883	14351
信阳地区	27	4804	756438	669227	18331	15674

5－35 房地产开发企业基本情况

指　标	单　位	1994年	1995年
开发企业个数	个	896	880
＃国有经济	个	423	405
集体经济	个	224	205
外商投资经济	个	65	78
港澳台投资经济	个	83	85
年末职工人数	人	24885	27178
年平均职工人数	人	24162	25385
资产总计	万元	1249705	1764785
固定资产累计折旧	万元		14267
＃本年折旧	万元		5342
负债总计	万元	896817	1279978
所有者权益合计	万元	352888	484807

5－36 房地产开发固定资产投资情况

指　标	1994年	1995年
一、投资总额(万元)	**496115**	**625630**
＃商品房建设投资额	354731	433438
土地开发投资额	71406	67067
1.按构成分		
建筑、安装工程	351600	472002
设备、工具、器具购置	8259	7192
其他费用	136256	146436
2.按工程用途分		
住　宅	352217	393753
＃别墅、高级工寓	13102	39168
安居工程	10082	22545
办公楼	19587	36069
商业营业用房	72886	114636
其　他	51425	81172
3.按资金来源分		
国家预算内资金	658	2709
国内贷款	209961	254891
债　券	5353	2490
利用外资	75220	64778
自筹资金	153097	188367
其　他	51826	112395
二、新增固定资产(万元)	**187144**	**274082**
三、房屋建筑面积(万平方米)		
施工面积	1145.52	1396.39
＃住宅	900.10	1026.11
竣工面积	450.56	894.17
＃住宅	393.08	637.81
四、土地开发面积(万平方米)	**320.00**	**586.50**

5-37 各市地房地产投资完成情况

(1995年)

市地	投资总额(万元)	#建筑工程	#安装工程	新增固定资产(万元)	土地开发面积(万平方米)	土地开发投资额(万元)
全省	**625630**	**454835**	**17167**	**274082**	**587**	**67067**
郑州市	319598	228095	4467	87715	212	22817
开封市	27468	20346	3	20079		369
洛阳市	58834	43567	577	47504	120	12335
平顶山市	20010	14775	1005	12386	7	3094
安阳市	41843	31733	2233	21938	31	3753
鹤壁市	3763	3565		120	2	163
新乡市	39006	24895	1298	17212	43	11664
焦作市	25931	17491	4107	17429	29	2054
濮阳市	14352	12461	686	6444	22	600
许昌市	12765	9173	425	9876	5	2371
漯河市	6554	5619	160	6632	44	312
三门峡市	10496	8489	10	6790	9	805
南阳市	7610	5828	290	5431	13	643
商丘地区	15567	10625	1507	9622	17	3092
周口地区	7801	6338	38	3423	22	1353
驻马店地区	7531	5888	143	647	7	1535
信阳地区	6501	5947	218	834	4	107

5-38 房地产开发经营情况

指标	单位	1994年	1995年
一、经营总收入	**万元**	**187836**	**296217**
土地转让收入	万元	13908	12144
商品房屋销售收入	万元	164323	261429
房屋出租收入	万元	1026	6646
其他收入	万元	8579	15998
二、商品房屋销售额	**万元**	**164323**	**261429**
#住宅	万元	95774	208559
商品房屋销售面积	万平方米	225.04	660.29
#住宅	万平方米	198.19	484.53
#个人购买	万平方米	124.29	158.29

5—39 各市地房地产开发经营情况

(1995年)

市地	经营总收入(万元)	#土地转让收入	#商品房屋销售收入	#房屋出租收入	商品房屋销售额(万元)	#住宅	商品房屋销售面积(平方米)	#住宅
全　　省	**296217**	**12144**	**261429**	**6646**	**261429**	**208559**	**6602872**	**4845327**
郑　州　市	133869	2732	124251	3850	124251	97488	3866651	2699606
开　封　市	11484	1225	9582	417	9582	9378	138108	136253
洛　阳　市	25956	744	24134	486	24134	22737	236728	228874
平 顶 山 市	11629		10699	143	10699	10089	169327	161218
安　阳　市	23466	1731	20269	18	20269	16300	291457	261709
鹤　壁　市	2231		152		152	152	2976	2976
新　乡　市	16901	234	15938	104	15938	13757	246302	219290
焦　作　市	13796	921	11825	101	11825	9470	284883	206472
濮　阳　市	8779	96	8058	21	8058	6910	186813	164363
许　昌　市	3855		3498	87	3498	2397	95141	64082
漯　河　市	8932	2163	5131	794	5131	3454	256053	202504
三 门 峡 市	7074	4	5826	19	5826	4173	357984	198689
南　阳　市	6117	873	4235	163	4235	3032	122135	91063
商 丘 地 区	10906	980	9329	11	9329	4854	177339	111686
周 口 地 区	2994	158	2741	2	2741	1504	81704	35067
驻马店地区	2220	30	1684		1684	1466	29101	26601
信 阳 地 区	6008	253	4077	430	4077	1398	60170	34874

5—40 房地产施工、竣工面积及价值

(1995年)

指　标	施工面积(平方米)	#新开工	竣工房屋面　积(平方米)	竣工房屋价　值(万元)
总　　计	**13963919**	**5103731**	**8941676**	**437301**
1.住宅	10261074	3975591	6378076	308432
#别墅、高档公寓	364307	165467	215181	12139
安居工程	651212	381194	365674	13948
2.办公楼	788281	358877	510192	28785
3.商业营业用房	2281070	525331	1601288	77004
4.其他	633494	243932	452120	23080

主要统计指标解释

全社会固定资产投资　固定资产投资是社会固定资产再生产的主要手段。通过建造和购置固定资产的活动，可以扩大社会再生产的规模，提高社会生产的技术水平，调整经济结构，改变生产力的地区分布，增强国家的经济实力，提高和改善人民物质和文化生活水平。

固定资产投资额，又称固定资产投资完成额，是以货币形式表现的在一定时期内建造和购置固定资产的工作量以及与此有关的费用的总称。它是反映固定资产投资规模、结构和发展速度的综合性指标，又是观察工程进度和考核投资效果的重要依据。

全社会固定资产投资统计范围包括：基本建设单位及更新改造企、事业单位，国有其他固定资产投资单位，城镇集体经济、联营经济、股份制经济、外商投资经济、港澳台投资经济及其他经济的固定资产投资单位，各种经济类型的房地产开发单位，农村集体单位和个人投资，城镇私人建房投资。

基本建设投资　基本建设是指利用国家预算内拨款、自筹资金、国内外基本建设贷款以及其他专项资金进行的，以扩大生产能力（或新增工程效益）为主要目的的新建、扩建工程及有关的工作。具体包括以下几个方面：

1、为经济、科技和社会发展而平地起家的新建项目；

2、为扩大生产能力（或新增效益）而增建分厂、主要生产车间、矿井、铁路干支线、码头泊位等扩建项目；

3、为改变生产力布局而进行的全厂性迁建项目；

4、遭受各种灾害，毁坏严重，需要重建整个企、事业单位的恢复性项目；

5、没有折旧资金或固定收入的行政、事业单位增建业务用房和职工宿舍的项目。

基本建设投资额是以货币表现的基本建设完成的工作量，是反映一定时期内基本建设规模和建设进度的综合性指标。它是根据工程的实际进度按预算价格（预算价格是编制施工图预算时所用的价格）计算的工作量。没有形成工程实体的建筑材料和没有开始安装的设备，不计算投资完成额。

基本建设投资完成额与基本建设财务拨款、贷款额和资本运用是含义完全不同的指标，“基本建设投资完成额”是按预算价格计算的工作量；财务拨款、贷款额是银行根据国家计划拨给或贷给建设单位用于基本建设的资金；资金运用指标是建设单位实际支出的与投资项目有关的各种资金之和。

更新改造投资　更新改造是指利用企业折旧资金、国家更新改造预算拨款、企业自有资金、国内外技术改造贷款及资金，对现有企、事业单位原有设施进行技术改造（包括固定资产更新）以及相应配套的辅助性生产、生活福利设施等工程和有关的工作。更新改造投资是以货币表现的更新改造完成的工作量。更新改造具体包括以下几个方面：

1、为了挖掘国民经济各部门潜力，提高综合经济效益，对现有企、事业单位原有车间、生产线的工艺、工程设施和技术装备进行技术改造或设备、建筑物更新，以及与生产性主体技术改造相应配套的辅助性生产、生活福利设施；

2、为了改善原有交通运输设施、港口码头的运输条件，提高运输、装卸能力而进行的更新改造工作；

3、为了节约能源和原材料，治理“三废”污染和综合利用原材料而对现有企、事业单位进行的技术改造工程；

4、为了防止职业病和人身事故，对现有建筑和技术装备采取的劳动保护措施；

5、对城市现有供热、供气、供排水和道路、桥涵等市政设施的改造；

6、现有企、事业单位由于城市环境保护和安全生产的需要，而进行的迁建工程。

固定资产投资按构成分 固定资产投资活动按其工作内容和实现方式分为建筑、安装工程，设备、工具、器具购置，其他费用四个部分。

1、建筑工程，是指各种房屋、建筑物的建造工程，又称建筑工作量。这部分投资额必须兴工动料，通过施工活动才能实现，是固定资产投资额的重要组成部分。具体包括：

①各种房屋建造工程如厂房、仓库、办公室、住宅、商店、学校、医院、俱乐部、食堂、车库、招待所的建设，包括列入房屋工程预算内的暖气、卫生、通风、照明、煤气等设备的价值及其装设油饰工程，列入建筑工程预算内的各种管道（如蒸气、压缩空气、石油、给排水等管道）、电力、电讯电缆导线的敷设等工程。

②设备基础、支柱、操作平台、梯子、烟囱、凉水塔、水池、灰塔等建筑工程、炼焦炉、裂解炉、蒸气炉等各种窑炉的砌筑工程及金属结构工程。

③为施工而进行的建筑场地的布置，工程地质勘探，原有建筑物和障碍物的拆除，平整土地，施工临时用水、电、气、道路工程，以及完工后建筑场地的清理、环境绿化美化工作等。

④矿井的开凿，井巷掘进延伸，露天矿的剥离，石油、天然气钻井工程和铁路，公路港口、桥梁等工程。

⑤水利工程，如水库、堤坝、灌渠以及河道整治等工程。

⑥防空、地下建筑特殊工程及其他建筑工程。

2、安装工程，是指各种设备、装置的安装工程，又称安装工作量。具体包括：

①生产、动力、起重、运输、传动和医疗、实验等各种需要安装设备的装配，与设备相连的工作台、梯子、栏杆等装设工程，附属于被安装设备的管线敷设工程，被安装设备的绝缘、防腐、保温、油漆等工作。

②为测定安装工作质量，对单个设备、系统设备进行单机试运、系统联动无负荷试运工作（投料试运工作不包括在内）。

在安装工程中，不包括被安装设备本身的价值。

3、设备、工具、器具购置，是指把工业企业生产的产品转为固定资产的购置活动，包括建设单位或企、事业单位购置或自制的，达到固定资产标准的设备、工具、器具的价值。新建单位及扩建单位的新建车间，按照设计或计划要求购置或自制的全部设备、工具、器具，不论是否达到固定资产标准均计入“设备、工具、器具购置”中。

4、其他费用，是指在固定资产建造和购置过程中发生的除建筑工程、安装工程及设备、工具、器具购置以外的各种应分摊计入固定资产的费用。具体包括：旧房屋购置、基本畜禽支出、林木支出、办公生活用家具器具购置、建设单位管理费、土地征用及迁移补偿费、勘察设计费、研究实验费、可行性研究费、临时设施费、施工机构转移费、设备检验费、负荷联合试车费、土地占用、使用费、投资方向调节税、建设期应付利息、包干节余、企业债券发行费、合同公证费及工程质量监测费、国外借款手续费及承诺费、汇兑损益、调整器材调拨价格折价、坏帐损失、固定资产亏损及损失、其他。

固定资产投资按建设性质分 建设项目的性质一般分为新建、扩建、改建、迁建、恢复。基本建设按建设项目划分建设性质，更新改造、国有单位其他固定资产投资及城镇集体投资按整个企业、事业单位的建设情况确定建设性质。目前基本建设和更新改造是根据我国现行的计划管理体制区分的，所以基本建设和更新改造都可以分别按新建、扩建和改建等划分。

1、**新建** 一般是指从无到有，“平地起家”新开始建设的单位。有的单位原有的基础很小、经过建设后其新增加的固定资产价值超过原有固定资产价值(原值)三倍以上的也算新建。

2、**扩建** 一般是指为扩大原有产品的生产能力,在厂内或其他地点增建主要生产车间(或主要工程)、独立的生产线或总厂之下的分厂的企业;事业单位和行政单位在原单位增建业务用房(如学校增建教学用房、医院增建门诊部或病床用房,行政机关增建办公楼等)也作扩建。

3、**改建** 一般是指现有企业、事业单位为了技术进步,提高产品质量,增加花色品种,促进产品升级换代,降低消耗和成本,加强资源综合利用和三废治理,以及劳保安全等,采用新技术、新工艺、新设备、新材料等对现有设施、工艺条件进行技术改造或更新(包括相应配套的辅助性生产、生活福利设施),有的企业为充分发挥现有生产能力,进行填平补齐而增建不增加本单位主要产品能力的车间等,也属于改建。

施工项目 指报告期内曾进行建筑或安装施工活动的建设项目。包括报告期内新开工的项目,报告期以前开工跨入报告期继续施工的项目,报告期施过工并在报告期内全部建成投产或停缓建的项目。

全部建成投产项目 工业项目是指设计文件规定形成生产能力的主体工程及其相应配套的辅助设施全部建成,经负荷试运转,证明具备生产设计规定合格产品的条件,并经过验收鉴定合格或达到竣工验收标准,与生产性工程配套的生活福利设施可以满足近期正常生产的需要,正式移交生产的建设项目;非工业项目是指设计文件规定的主体工程和相应的配套工程全部建成,能够发挥设计规定的全部效益,经验收鉴定合格或达到竣工验收标准,正式移交使用的建设项目。

新增生产能力 指通过固定资产投资活动而增加的设计能力或工程效益,它是用实物形态表示的固定资产投资和成果。新增生产能力的计算,是以能独立发挥生产能力或效益的单项工程(或项目)为对象。当单项工程(或项目)建成,经有关部门鉴定合格,正式移交投入生产,即可计算新增生产能力。

新增生产能力或工程效益有以下几种表现形式:

1.以建设项目或单项工程建成后的年产能力表示。如煤炭开采、石油开采等。

2.以建设项目或单项工程建成后处理原料的能力表示。如选矿工程的年处理矿石能力,洗煤厂年洗原煤能力等。

3.以新增的主要设备数量或容量表示。如发电机组容量、棉纺锭枚数等。

4.以建筑物容积、容量、面积或长度表示。如铁路公路里程、水库容量等。

新增生产能力数量一般按设计能力计算。设计能力是指设计文件中规定的在正常情况下能够达到的生产能力,而不论投产后的实际产量如何。以设备数量、建筑物容积、面积、长度等表示的新增生产能力(或效益),则按建成的实际数量计算。

施工和竣工房屋建筑面积 房屋建筑面积是从房屋的外墙线算起,包括房屋结构(如柱、墙)占用的面积和地下室面积。多层建筑按各自然层面积总和计算,包括房屋内的楼隔层,突出墙面的眺望间、门斗、有柱雨罩的面积。不包括突出墙面结构的构件、艺术装饰等所占的面积,如台阶等。凹阳台、挑阳台按其水平投影面积一半计算建筑面积。

施工面积,指报告期内施工的全部房屋建筑面积。包括本期新开工的面积和上期开工跨入本期继续施工的房屋面积,以及上期已停建在本期继续施工的房屋建筑面积。

竣工面积,指在报告期内房屋建筑按照设计要求已全部完工,达到住人和使用条件,经验收鉴定合格,正式移交使用单位的建筑面积。

新增固定资产 指已经建成投入生产或交付使用的工程价值和达到固定资产标准的设备、工具、器具的投资及有关应摊入的费用。它是以价值形式表示的固定资产投资成果的综合性指标,可以综合反映不同时期、不同部门、不同地区的固定资产投资成果。

固定资产交付使用率 又称固定资产运用动用系数，是指一定时期新增固定资产与同期完成投资额的比率。其计算公式为：

固定资产交付使用率＝报告期新增固定资产/报告期固定资产投资额×100%

固定资产交付使用率是反映固定资产动用速度，衡量建设过程中宏观投资效果的综合指标。由于新增固定资产是较长时期内形成的结果，而投资则是当年完成的，因此，这一指标一般适宜于反映较长时期内固定资产的动用情况。

房地产开发投资额 又称房地产开发工作量，它是以货币表示的工作量。是指房地产开发公司、商品房建设公司及其他房地产开发单位进行土地开发工程、商品房屋建设工程所完成的投资额。它包括：

1、土地开发投资额，是指房地产开发单位进行土地开发工程所完成的投资额，如进行场地平整、道路、给水、排水、供电、供热、通讯等工程所完成的投资额。未进行开发工程、只进行单纯的土地交易活动不作为土地开发投资统计。

2、商品房建设投资额，是指房地产开发单位开发建设的供出售用的商品住宅、厂房、仓库、饭店、度假村、写字楼、办公楼等房屋工程及其配套的服务设施所完成的投资额。

商品房屋销售额 是指房屋开发公司报告期售出商品房屋的实际收入。包括正式交付的商品房在建设前期预收的定金、预收的款项及结算尾数，不包括未交付的商品房所预收的款项。收取的外汇折算在其中。如果商品房是跨年度完成的，应包括以前年度完成价值。

六、能源与物资

6—1 能源生产总量及构成

年份	能源生产总量(万吨标准煤)	占能源生产总量的%			
		原煤	原油	天然气	水电
1949	64	100.0			
1952	236	100.0			
1957	434	100.0			
1962	1182	99.9			0.1
1965	1359	100.0			
1970	2209	99.9			0.1
1975	3214	99.4			0.6
1978	4434	93.7	5.4		0.9
1979	4536	91.9	7.1		1.0
1980	4402	91.3	7.5	0.1	1.1
1981	4760	87.4	11.1	0.5	1.0
1982	4998	85.3	12.8	0.7	1.2
1983	5456	83.8	14.1	0.9	1.2
1984	5981	82.8	15.3	0.9	1.0
1985	6909	81.5	16.4	1.2	0.9
1986	7261	80.3	17.3	1.6	0.8
1987	7361	79.3	18.1	1.9	0.7
1988	7624	78.6	18.3	2.3	0.8
1989	8031	80.0	17.0	2.2	0.8
1990	8071	81.3	15.6	2.3	0.8
1991	7999	81.9	15.2	2.2	0.7
1992	8058	82.8	14.4	2.1	0.7
1993	8037	83.7	13.6	1.9	0.8
1994	8085	85.0	12.1	2.0	0.9
1995	8454	87.5	10.2	1.6	0.7

6—2 能源消费总量及构成

年份	能源消费总量（万吨标准煤）	占能源消费总量的%			
		煤炭	石油	天然气	电力
1949	24	100.0			
1952	172	100.0			
1957	325	95.6	0.6		3.8
1962	596	85.2	1.9		10.5
1965	761	85.7			12.8
1970	1290	80.6	4.5		14.9
1975	2615	75.6	5.6		12.1
1978	3353	71.6	6.8		17.1
1979	3228	68.9	6.9		19.8
1980	3389	65.1	6.8	0.2	21.3
1981	3612	66.1	6.7	0.6	20.1
1982	3560	66.7	6.7	0.9	22.2
1983	4035	66.8	6.5	1.1	20.8
1984	4474	65.2	6.4	1.2	20.0
1985	4618	65.4	6.6	1.8	19.6
1986	4709	63.1	8.0	1.9	21.8
1987	5006	61.0	7.8	2.1	22.2
1988	5292	59.7	7.6	2.6	21.0
1989	5112	55.3	11.0	2.3	26.6
1990	5206	55.2	11.4	2.4	26.9
1991	5363	54.8	9.1	1.9	28.5
1992	5583	54.3	8.0	2.3	31.8
1993	5862	50.0	9.9	1.9	31.4
1994	6225	47.6	10.7	2.2	32.5
1995	6473	45.8	11.1	1.7	34.9

6—3 综合能源平衡表

单位:万吨标准煤

项　目	1980年	1985年	1990年	1994年	1995年
可供量	**3394.91**	**4627.50**	**5209.23**	**6225.47**	**6197.38**
生产量	4402.33	6908.49	8070.94	8084.56	8454.29
外省(区、市)调入量	441.46	660.83	1003.57	1099.30	1307.98
进口量					
本省调出量	1552.40	2703.83	3309.92	3306.13	3490.06
出口量		9.21	64.34	113.59	144.20
年初年末库存差额	103.52	－228.78	－491.02	461.33	69.37
消费量	**3389.07**	**4617.80**	**5205.87**	**6225.38**	**6472.50**
一、第一产业	281.21	210.02	305.04	326.10	343.08
农林牧渔业	281.21	210.02	305.04	326.10	343.08
二、第二产业	1868.81	2805.71	3399.12	4461.37	4681.59
工业	1849.30	2735.33	3324.83	4427.03	4634.23
建筑业	19.51	70.38	74.29	34.34	47.36
三、第三产业	375.78	466.77	335.79	388.67	423.85
交通运输、仓储及邮电通信业	348.06	359.50	249.03	251.63	268.14
批发零售贸易业、餐饮业	20.40	71.90	45.90	58.92	65.35
其他	7.32	35.37	40.86	78.12	90.36
四、生活消费	863.27	1135.30	1165.92	1049.24	1023.98
在消费量中					
一、终端消费	3024.05	4079.15	4821.51	5846.94	6150.75
用作燃料、动力		3906.61	4533.38	4295.43	5807.15
用作原料、材料		172.54	288.13	286.23	343.60
二、加工转换损失量	59.48	224.93	188.56	152.26	91.08
三、损失量	305.54	313.72	195.80	226.18	230.67
平衡差额	**5.84**	**9.70**	**3.36**	**0.09**	**－275.12**

6—4 煤炭平衡表

单位:万吨

项　目	1980 年	1985 年	1990 年	1994 年	1995 年
可供量	**4403.90**	**5742.36**	**6098.62**	**7598.90**	**7586.57**
生产量	5624.50	7856.88	9080.45	9617.54	10334.01
外省(区、市)调入量	269.00	455.47	770.34	1180.18	1307.03
进口量					
本省调出量	1710.30	2250.31	2985.83	3647.94	3980.72
出口量		12.89	90.08	159.02	167.48
年初年末库存差额	220.70	−306.79	−676.26	608.14	93.73
消费量	**4380.80**	**5737.97**	**6098.62**	**7598.90**	**7960.36**
一、第一产业	139.90	72.37	123.11	101.79	71.33
农林牧渔业	139.90	72.37	123.11	101.79	71.33
二、第二产业	2833.57	3741.74	4388.79	6236.47	6700.97
工业	2818.57	3728.08	4379.40	6222.40	6690.30
建筑业	15.00	13.66	9.39	14.07	10.67
三、第三产业	258.33	432.83	147.26	113.28	72.65
交通运输、仓储及邮电通信业	248.03	375.64	96.96	101.46	61.38
批发零售贸易业、餐饮业	7.00	49.66	42.92	11.82	11.27
其他	3.30	7.53	7.38		
四、生活消费	1149.00	1491.03	1439.46	1147.36	1115.41
在消费量中					
一、中间消费	1283.40	1608.81	2169.57	3561.56	3950.75
发电	987.00	1099.35	1753.16	2547.18	3014.77
供热		66.63	112.58	472.05	276.65
炼焦	296.40	431.31	288.92	493.42	621.75
炼油					
制气		11.52	14.91	47.29	37.58
煤制品				1.62	
二、终端消费	2808.40	3659.36	3738.37	3851.87	3821.89
用作燃料、动力		1904.73	3374.48	3525.21	3485.23
用作原料、材料		1754.63	363.89	326.66	336.66
三、加工转换损失量					
四、洗选损耗		178.60	128.34	173.19	171.45
五、损失量	289.00	291.20	62.34	12.28	16.27
平衡差额	**23.10**	**4.39**			**−373.79**

6—5 原油平衡表

单位:万吨

项　目	1980年	1985年	1990年	1994年	1995年
可供量	**24.50**	**106.80**	**222.79**	**321.81**	**401.87**
生产量	230.80	793.31	882.06	688.25	601.97
外省(区、市)调入量	3.20	7.88	0.79	26.78	109.87
进口量					
本省调出量	209.60	683.92	658.87	393.12	300.01
出口量					
年初年末库存差额	0.10	−10.47	−1.19	−0.10	−9.96
消费量	**23.30**	**106.31**	**222.79**	**321.81**	**401.96**
一、第一产业					
农林牧渔业					
二、第二产业	23.30	106.31	222.79	321.81	401.96
工业	23.30	104.29	217.32	321.77	401.82
建筑业		2.02	5.47	0.04	0.14
三、第三产业					
交通运输、仓储及邮电通信业					
批发零售贸易业、餐饮业					
其他					
四、生活消费					
在消费量中					
一、中间消费	8.90	85.77	204.02	283.14	366.26
发电		0.53	1.29	2.19	2.24
供热					
炼焦					
炼油	8.90	85.24	202.73	280.95	364.02
制气					
煤制品					
二、终端消费	14.40	5.37	6.47	26.98	25.86
用作燃料、动力	14.40	5.37	6.47	26.98	25.86
用作原料、材料					
三、加工转换损失量					
四、洗选损耗					
五、损失量		15.17	12.30	11.69	9.84
平衡差额	**1.20**	**0.49**			**−0.09**

6—6 电力平衡表

单位:亿千瓦小时

项　　目	1980年	1985年	1990年	1994年	1995年
可供量	**165.50**	**227.76**	**338.81**	**500.29**	**563.01**
生产量	159.50	209.33	319.14	485.46	547.71
外省(区、市)调入量	9.20	22.72	29.96	28.45	28.60
进口量					
本省调出量	3.20	4.29	10.29	13.62	13.30
出口量					
年初年末库存差额					
消费量	**165.30**	**228.56**	**338.17**	**500.29**	**566.48**
一、第一产业	20.45	23.05	29.02	41.52	46.39
农林牧渔业	20.45	23.05	29.02	41.52	46.39
二、第二产业	135.85	190.07	270.85	389.59	442.62
工业	135.85	187.86	269.50	386.25	438.92
建筑业		2.21	1.35	3.34	3.70
三、第三产业	0.78	7.32	17.85	32.00	35.52
交通运输、仓储及邮电通信业	0.78	3.12	6.60	14.21	15.11
批发零售贸易业、餐饮业		0.18	3.25	5.92	6.98
其他		4.02	8.00	11.87	13.43
四、生活消费	8.22	8.12	20.45	37.18	41.95
在消费量中					
一、终端消费	142.62	208.57	309.25	458.41	520.03
用作燃料、动力					
用作原料、材料					
二、加工转换损失量					
三、损失量	22.68	19.99	28.92	41.88	46.45
平衡差额	**0.20**	**—0.80**	**0.64**		**—3.47**

6—7 能源消费量

（1995 年）

项　　目	能源消费总量(万吨标准煤)	煤　炭消费量(万吨)	燃料油消费量(万吨)	汽　油消费量(万吨)	煤　油消费量(万吨)	柴　油消费量(万吨)	天然气消费量(亿立方米)	电力消费量(亿千瓦小时)
消费量	**6472.50**	**7960.36**	**52.89**	**141.95**	**16.42**	**134.81**	**9.37**	**566.48**
一、第一产业	**343.08**	**71.33**		**16.57**	**0.15**	**52.36**		**46.39**
农林牧渔业	343.08	71.33		16.57	0.15	52.36		46.39
二、第二产业	**4681.59**	**6700.97**	**47.34**	**37.51**	**3.30**	**30.95**	**6.99**	**442.62**
1.工业	4634.23	6690.30	46.57	35.01	3.20	24.31	6.99	438.92
(1)轻工业	773.39	521.84	0.03	6.28	2.46	1.75	0.01	83.45
重工业	3860.84	6168.46	46.54	28.73	0.74	22.56	6.98	355.47
(2)采掘业	562.01	566.08	5.40	5.05	0.06	5.70	2.43	56.42
#煤炭采选业	352.25	558.36	0.04	1.70	0.02	0.66		32.07
石油和天然气开采业	187.17	2.72	4.36	2.65	0.01	4.43	2.43	20.76
制造业	3597.50	3072.80	40.97	28.39	3.14	14.18	4.48	276.26
#纺织业	180.83	129.04		2.63	0.16	0.16	0.01	17.67
石油加工及炼焦业	122.75	455.37	2.22	0.74	0.10	0.22	0.15	4.22
化学原料及化学制品制造业	1017.18	917.58	1.51	3.14	0.29	0.76	3.89	63.43
非金属矿物制品业	641.13	547.60	16.18	2.61	0.03	5.73	0.05	49.26
黑色金属冶炼及压延加工业	391.63	211.15	6.93	0.58		0.95		22.35
有色金属冶炼及压延加工业	349.69	219.93	9.50	0.50	0.02	0.78		34.52
电力、煤气及水的生产和供应业	474.72	3051.42	0.20	1.57		4.43	0.08	106.24
#电力、蒸气、热水的生产和供应业	451.59	3050.42	0.20	1.46		4.40		103.75
2.建筑业	47.36	10.67	0.77	2.50	0.10	6.64		3.70
三、第三产业	**423.85**	**72.65**	**5.55**	**87.87**	**6.00**	**51.50**		**35.52**
1.交通运输、仓储及邮电通信业	268.14	61.38	5.44	56.94	5.97	40.06		15.11
2.批发零售贸易业、餐饮业	65.35	11.27		11.28	0.03	8.94		6.98
3.其他	90.36		0.11	19.65		2.50		13.43
四、生活消费	**1023.98**	**1115.41**			**6.97**		**2.38**	**41.95**

6—8 能源生产弹性系数

年　份	能源生产比上年增长(%)	电力生产比上年增长(%)	国内生产总值比上年增长(%)	能源生产弹性系数	电力生产弹性系数
1980	—3.0		15.4		
1981	8.1	13.6	7.8	1.04	1.74
1982	5.0	4.1	4.3	1.16	0.95
1983	9.2	5.6	23.8	0.39	0.24
1984	9.6	5.8	10.1	0.95	0.57
1985	15.5	5.3	13.5	1.15	0.39
1986	5.1	12.3	4.6	1.11	2.67
1987	1.4	12.0	15.0	0.09	0.80
1988	3.6	0.1	9.8	0.37	0.01
1989	5.3	5.6	4.4	1.20	1.27
1990	0.5	5.4	4.5	0.11	1.20
1991	—0.9	11.3	6.9		1.64
1992	0.7	16.2	13.7	0.05	1.18
1993	—0.3	8.8	15.8		0.56
1994	0.6	10.3	13.8	0.04	0.75
1995	4.6	12.8	14.8	0.31	0.86

6—9 能源消费弹性系数

年　份	能源消费比上年增长(%)	电力消费比上年增长(%)	国内生产总值比上年增长(%)	能源消费弹性系数	电力消费弹性系数
1980	5.0		15.4	0.32	
1981	6.6	5.6	7.8	0.85	0.72
1982	—1.4	32.3	4.3		7.51
1983	13.3	—3.2	23.8	0.56	
1984	10.9	6.5	10.1	1.08	0.64
1985	3.2	5.6	13.5	0.24	0.41
1986	2.0	7.0	4.6	0.43	1.52
1987	6.3	10.6	15.0	0.42	0.71
1988	5.7	12.1	9.8	0.58	1.23
1989	—3.4	9.8	4.4		2.23
1990	1.8	2.2	4.5	0.40	0.49
1991	3.0	9.3	6.9	0.43	1.35
1992	4.1	15.7	13.7	0.30	1.15
1993	5.0	7.5	15.8	0.32	0.47
1994	6.2	8.8	13.8	0.45	0.64
1995	4.0	13.2	14.8	0.27	0.89

6—10 能源加工转换效率

单位:%

年份	总效率	发电及电站供热	炼焦	炼油
1980	50.3[illegible]	25.88	72.07	98.19
1981	46.[illegible]	25.96	72.51	93.07
1982				
1983	[illegible]4.09	32.40	61.80	72.96
1984	[illegible]2.03	31.84	62.03	78.51
1985	88.04	39.58	66.36	96.57
1986	92.69	32.67	71.22	96.64
1987	92.61	28.60	76.25	97.28
1988	94.80	32.51	81.68	99.18
1989	93.50	32.75	75.28	97.75
1990	92.30	32.45	76.14	91.38
1991	92.13	33.03	77.68	88.16
1992	92.94	32.68	76.14	92.96
1993	59.25	32.78	85.76	93.11
1994	59.48	33.01	91.45	94.07
1995	59.73	33.58	93.35	96.93

6—11 全省平均每天能源消费量

品种	单位	1980年	1985年	1990年	1994年	1995年
总计	**万吨标准煤**	**9.41**	**12.83**	**14.46**	**17.06**	**17.97**
煤炭	万吨	12.17	15.94	16.94	21.11	22.11
焦炭	万吨	0.42	0.50	0.64	1.00	1.09
原油	万吨	0.01	0.29	0.62	0.89	1.12
燃料油	万吨	0.07	0.08	0.11	0.13	0.14
汽油	万吨	0.10	0.17	0.24	0.33	0.39
煤油	万吨	0.01	0.02	0.02	0.02	0.04
柴油	万吨	0.22	0.24	0.38	0.37	0.37
天然气	万立方米	13.61	172.14	298.06	289.17	260.28
电力	亿千瓦小时	0.46	0.63	0.94	1.39	1.57

6—12 每亿元工业总产值能源消费量

(1995年)

单位:万吨

项目	能源总量(标准煤)	煤炭	焦炭	原油	汽油	燃料油	柴油	天然气(亿立方米)	电力(亿千瓦小时)
总计	**2.73**	**3.73**	**0.22**	**0.22**	**0.02**	**0.03**	**0.07**	**0.01**	**0.22**
一、按轻重工业分									
轻工业	0.66	0.65	0.01		0.01				0.10
重工业	4.42	6.25	0.38	0.40	0.03	0.05	0.12	0.01	0.31
二、按行业分									
采掘业	3.59	4.56	0.02	0.74	0.04	0.[illegible]4	0.28	0.02	0.45
#煤炭采选业	4.26	7.80	0.01		0.02		0.18		0.45
石油和天然气开采业	5.89	0.12		4.17	0.12	0.20	0.96	0.10	0.95
制造业	1.80	1.94	0.24	0.19	0.02	0.03	0.01		0.17
#食品制造业	1.01	0.73	0.09		0.01				0.11
饮料制造业	0.89	1.07			0.01				0.07
烟草加工业	0.47	0.50							0.02
纺织业	1.00	1.00			0.02				0.14
造纸及纸制品业	2.49	2.98			0.03				0.17
石油加工及炼焦业	4.16	16.40	0.38	10.65	0.03	0.08	0.01	0.01	0.15
化学原料及化学制品制造业	6.49	6.87	0.61	0.02	0.02	0.01	0.01	0.03	0.47
医药制造业	0.91	0.75	0.03		0.01		0.01		0.24
化学纤维制造业	1.47	1.27			0.05		0.03		0.22
橡胶制品业	0.77	0.85			0.04				0.06
塑料制品业	0.20	0.09			0.04				0.05
非金属矿物制品业	3.25	3.54	0.14		0.02	0.12	0.04		0.32
黑色金属冶炼及压延加工业	6.60	4.18	4.37		0.01	0.14	0.05		0.44
有色金属冶炼及压延加工业	5.14	4.40	0.40		0.01	0.19	0.03		0.69
金属制品业	0.40	0.31	0.05		0.01	0.01	0.01		0.07
普通机械制造业	0.49	0.28	0.11		0.03		0.01		0.06
电气机械及器材制造业	0.24	0.23	0.01		0.01				0.03
电子及通信设备制造业	0.29	0.17							0.04
电力、煤气及水的生产和供应业	19.47	37.44	0.01	0.03	0.02		0.80		0.74
#电力、蒸气、热水的生产和供应业	20.47	39.55	0.01	0.03	0.02		0.84		0.72
煤气生产和供应业	2.63	1.84			0.02		0.18	0.07	0.08

6—13 主要物资消费量

名　　称	单　　位	1980年	1985年	1990年	1991年	1992年	1993年	1994年	1995年
钢材	万吨	107.38	184.96	198.62	208.23	214.94	184.88	237.51	275.75
#生产用	万吨	84.12	131.30	142.71	150.50	154.67	130.39	143.09	178.59
水泥	万吨	176.76	280.22	278.80	305.26	358.96	321.84	482.62	579.42
#生产用	万吨	68.84	98.17	96.95	94.46	106.77	287.34	76.84	71.96
木材	万立方米	148.58	166.69	119.93	107.14	95.16	92.10	121.29	132.05
#生产用	万立方米	97.43	120.95	88.23	77.51	66.29	90.89	55.95	76.86
煤炭	万吨	2424.80	3013.25	3801.62	4005.06	4329.11	2679.68	5769.15	5251.69
焦炭	万吨	145.30	155.75	231.85	224.65	237.85	195.27	283.51	341.13
原油	万吨	24.00	106.85	210.50	239.13	262.03	71.44	320.07	392.12
燃料油	万吨	25.10	30.54	38.98	45.23	41.81	43.73	46.37	52.79
汽油	万吨	15.88	34.04	39.34	41.31	44.76	84.36	38.70	56.97
柴油	万吨	16.57	42.05	63.57	64.76	61.19	30.20	57.57	69.40
生铁	万吨	84.82	113.93	176.76	174.88	169.94	191.70	202.33	263.81
铜	吨	30803	49235	59447	60707	19886	60982	40354	55993
铝	吨	18073	32519	25304	28914	15277	32194	36878	46950
铅	吨	9947	14175	14017	12631	10655	9448	7196	10341
锌	吨	11190	19248	22853	21052	10886	22907	19198	15092
流酸(100%)	吨	98538	147044	269597	419323	285900	311003	368611	580970
浓硝酸(100%)	吨	1148	6456	9002	15200	24698			
烧碱(100%)	吨	72856	109622	166839	154115	160197	200600	203814	261929
纯碱	吨	82327	167783	230416	240150	135990	254573	314891	379754
橡胶	吨	17768	29912	39329	47963	52008	27886	38710	52934

注:1992年以前统计范围为县及县以上独立核算的企、事业单位;1993年统计范围为除乡镇企业局管理以外的各种经济类型的独立核算的农林牧渔业企业、工业企业、建筑业企业、运输邮电企业、批发零售贸易、餐饮业企业、服务企业和行政事业单位;1994年以后统计范围为除乡镇企业局管理以外的各种经济类型的独立核算工业企业、建筑业企业和运输邮电企业(以下两表同)。

6—14 主要物资库存量

名　　称	单　　位	1980年	1985年	1990年	1991年	1992年	1993年	1994年	1995年
钢材	万吨	89.76	98.66	125.35	121.14	98.01	47.12	118.44	109.82
水泥	万吨	9.59	12.68	26.26	25.69	119.03	12.82	147.49	220.86
木材	万立方米	43.28	74.89	63.40	40.82	22.24	12.71	20.05	16.30
煤炭	万吨	208.10	422.10	582.62	565.17	1397.86	326.23	1047.31	1019.19
焦炭	万吨	11.39	15.74	15.48	13.03	36.24	14.82	26.55	47.87
原油	万吨	0.39	6.61	6.97	8.70	12.97	8.42	14.77	85.65
燃料油	万吨	4.47	5.15	6.18	4.42	3.47	6.00	5.63	6.02
汽油	万吨	0.68	1.41	2.85	2.91	6.74	5.89	22.85	9.47
柴油	万吨	1.26	4.08	5.31	6.03	6.49	1.30	7.00	14.30
生铁	万吨	19.60	11.18	7.45	7.60	9.31	3.35	27.08	30.16
铜	吨	10266	4259	7192	6613	5947	5919	3400	4511
铝	吨	7048	8350	7065	6980	8090	1483	25043	10601
铅	吨	5210	3550	2729	3424	2720	1085	3087	2710
锌	吨	1704	5339	2702	4069	5646	2097	2803	2255
硫酸(100%)	吨	10668	15592	15810	15265	43170	10871	63246	53436
浓硝酸(100%)	吨	757	1203	1334	1827	906			
烧碱(100%)	吨	13133	17038	25077	18169	18214	7725	12948	13041
纯碱	吨	18440	25215	29323	39398	27886	20787	63240	53018
橡胶	吨	4468	7494	7905	8946	6585	3043	4075	1874

6—15 主要物资库存可供周转天数

单位:天

名　　称	1980年	1985年	1990年	1991年	1992年	1993年	1994年	1995年
钢材	305	195	230	212	166	93	133	151
水泥	20	17	35	31	121	15	66	116
木材	106	164	193	139	85	50	55	50
煤炭	31	51	56	52	118	44	44	72
焦炭	29	37	24	21	56	28	29	40
原油	6	23	12	13	18	43	13	47
燃料油	65	62	58	36	30	50	41	40
汽油	16	15	26	26	55	25	119	104
柴油	28	35	30	34	39	16	34	56
生铁	84	36	15	16	20	6	29	40
铜	122	32	44	40	109	35	31	26
铝	142	94	102	88	193	17	233	139
铅	191	91	71	99	93	42	113	102
锌	56	101	43	71	189	33	53	61
硫酸(100%)	40	39	21	13	55	13	37	37
浓硝酸(100%)	241	68	54	44	13			
烧碱(100%)	66	57	55	43	41	14	20	18
纯碱	82	55	46	60	75	30	53	56
橡胶	92	91	73	68	46	40	28	21

主要统计指标解释

能源生产总量 指一定时期内全国(地区)一次能源生产量的总和。一次能源生产量包括原煤、原油、天然气、水电及其他动力能发电量(如风能、地热能等)。不包括生物质能、太阳能等的利用和由一次能源加工转换而成的二次能源产量。能源生产总量是观察全国(地区)能源生产水平、规模、构成和发展速度的总量指标。

能源消费总量 指一定时期内全国(地区)用于生产和生活的各种能源消耗量的总和。能源消费总量包括原煤和原油及其制品、天然气、电力。不包括生产质能和太阳能等的利用。能源消费总量分为三部分,即终端能源消费量、能源加工转换损失量和损失量。它是观察能源消费水平、构成和增长速度总量指标。

(1)**终端能源消费量** 指一定时期内全国(地区)物质生产部门、非物质生产部门和生活消费的各种能源数量。不包括用于加工转换的中间能源消费量、加工转换损失量和损失量。

(2)**能源加工转换损失量** 指一定时期内全国(地区)投入加工转换的各种能源数量之和与产出各种能源产品及其他石油制品和其他焦化产品之和的差额。它是观察能源在加工转换过程中损失量变化的指标。

(3)**能源损失量** 是指一定时期内能源在生产、输送、储存过程中发生的经营管理损失和由于客观原因造成的各种损失量。不包括各种气体能源放空、放散量。

能源生产弹性系数 是研究能源生产量的增长与国民经济增长之间关系的指标。其计算公式为:

能源生产弹性系数=能源生产总量年平均增长速度/国民经济年平均增长程度

国民经济年平均增长速度一般用国内生产总值指标计算。

七、物　　价

7—1 历年各种物价总指数

（以上年价格为100）

年份	居民消费价格总指数			商品零售价格总指数			农业生产资料价格总指数	农产品收购价格总指数	农民购进工业品价格总指数	农贸市场农产品成交价格指数	工农产品综合比价（以农产品收购价格总指数为100）
	全省	城市	农村	全省	城市	农村					
1951								114.0	114.4		100.4
1952								93.4	94.5		101.2
1953								110.8	96.0		86.6
1954								103.3	102.7		99.4
1955								102.0	100.9		98.9
1956								100.3	98.2		97.9
1957				102.3	101.7	102.7	100.7	104.3	101.5		97.3
1958	99.6	98.0	100.3	99.4	97.9	100.3	97.2	101.0	98.8		97.8
1959	100.3	100.9	100.0	100.3	100.9	100.0	103.7	101.3	100.8		99.5
1960	100.8	102.0	100.3	101.0	102.0	100.3	101.6	102.0	100.3		98.3
1961	118.3	128.5	113.9	118.7	129.8	113.9	103.6	145.6	103.5	477.6	71.1
1962	96.4	86.1	100.8	100.5	84.4	100.8	99.2	72.3	100.5	48.4	139.0
1963	96.2	86.5	100.4	99.7	85.1	100.4	92.9	99.3	92.1	55.5	92.7
1964	98.5	96.2	99.5	99.5	96.1	99.5	92.6	98.2	96.3	86.9	98.1
1965	97.0	96.3	97.3	96.8	96.0	97.3	95.7	98.3	96.1	81.5	97.8
1966	99.5	98.6	99.9	99.7	98.6	99.9	95.3	103.4	98.0	89.9	94.8
1967	100.2	100.8	100.0	100.2	101.0	100.0	95.3	100.9	98.1	112.7	97.8
1968	99.9	100.0	99.9	99.9	100.0	99.9	99.6	100.3	99.9	102.2	99.6
1969	99.4	100.1	99.2	99.5	100.1	99.2	100.1	99.9	99.2	102.8	99.3
1970	99.0	99.8	98.5	98.8	99.8	98.5	99.9	100.4	98.9	108.1	98.8
1971	99.5	99.9	99.3	99.5	99.9	99.3	97.5	101.1	98.7	97.9	97.6
1972	99.7	100.0	99.6	99.7	100.0	99.6	98.6	101.6	99.2	100.2	97.6
1973	100.0	100.1	99.9	99.9	100.0	99.9	99.3	104.8	99.8	100.7	95.2
1974	100.1	100.1	100.1	100.1	100.1	100.1	99.9	97.0	100.1	100.2	103.2
1975	100.1	100.2	100.1	100.2	100.2	100.1	100.0	101.6	100.1	101.0	98.5
1976	100.2	100.3	100.1	100.1	100.3	100.1	100.7	100.6	100.3	101.3	99.7
1977	99.9	99.9	99.9	99.9	99.9	99.9	101.1	100.6	100.3	102.4	99.7
1978	100.1	100.0	100.1	100.1	100.0	100.1	97.9	104.8	99.1	94.4	94.6
1979	100.4	100.3	100.4	100.4	100.3	100.4	100.0	121.6	99.9	95.1	82.2
1980	104.6	106.0	103.8	104.9	106.4	103.8	100.1	107.1	99.9	103.5	93.3
1981	101.4	102.4	100.8	101.6	102.6	100.8	101.3	105.5	100.6	107.9	95.4
1982	101.4	101.8	101.2	101.5	101.8	101.2	102.1	99.5	101.5	102.0	102.0
1983	101.6	102.9	100.9	101.7	102.8	100.9	105.7	108.8	102.0	104.6	93.8
1984	100.8	102.2	100.1	100.9	102.0	100.0	106.1	103.7	102.3	100.6	98.6
1985	104.6	106.5	103.6	105.4	106.4	103.5	103.0	103.1	102.6	109.2	99.5
1986	105.5	106.8	104.3	105.0	106.5	104.0	105.1	104.6	103.9	109.5	99.3
1987	106.3	107.8	105.3	106.3	108.0	105.1	114.4	103.7	107.6	114.6	103.8
1988	119.4	121.5	118.1	119.7	122.1	118.2	121.8	123.6	117.7	138.3	95.2
1989	118.7	114.9	122.0	118.7	114.5	122.2	116.8	118.1	120.6	107.9	102.1
1990	100.7	100.5	100.9	100.1	99.8	100.4	98.3	92.4	100.5	94.9	108.8
1991	102.3	105.1	100.0	102.0	105.0	99.6	100.1	100.6	99.9	101.2	99.3
1992	105.4	107.7	102.9	105.0	107.5	102.2	101.2	105.7	101.0	102.2	95.6
1993	110.4	110.6	110.3	108.3	108.5	108.1	109.2	107.9	108.6	105.1	100.6
1994	125.2	127.4	123.5	120.6	118.2	122.3	124.4	150.2	117.5	132.7	78.2
1995	116.5	116.9	116.3	114.9	113.3	116.5	125.8	127.1	117.2	122.6	92.2

7—2 各种物价总指数

(1995年)

基期	居民消费价格总指数			商品零售价格总指数			农业生产资料价格总指数	农产品收购价格总指数	农民购进工业品价格总指数	工农业商品综合比价指数(以农产品收购价格总指数为100)
	全省	城市	农村	全省	城市	农村				
以1930——1936年平均价格为100								2155.7	718.9	33.4
以1950年价格为100								1021.5	277.9	27.2
以1952年价格为100	374.2	463.5	325.2	341.9	413.3	310.1	292.2	959.7	251.5	26.2
以1957年价格为100	344.5	424.7	299.6	333.0	379.8	286.1	319.4	785.4	253.1	32.2
以1965年价格为100	317.3	384.4	279.5	294.0	337.5	266.2	308.3	604.4	243.3	40.3
以1970年价格为100	323.4	385.3	287.7	306.7	337.3	274.4	338.7	578.9	256.7	44.3
以1975年价格为100	324.2	385.0	289.6	307.4	337.2	276.1	355.2	554.9	263.0	47.4
以1978年价格为100	321.2	373.8	289.6	300.0	327.4	276.1	347.8	509.5	262.5	51.5
以1980年价格为100	305.3	351.2	276.9	284.5	306.2	264.9	347.7	391.0	262.9	67.2
以1985年价格为100	277.6	301.1	260.2	254.0	261.2	248.6	291.1	320.7	240.6	75.0
以1990年价格为100	173.6	186.5	163.1	160.7	164.1	156.7	173.1	219.0	151.0	68.9
以1993年价格为100	145.9	148.9	143.6	138.6	133.9	142.5	156.5	190.9	137.7	72.1
以1994年价格为100	116.5	116.9	116.3	114.9	113.3	116.5	125.8	127.1	117.2	92.2

7—3 居民消费价格指数

(1995年,以上年价格为100)

类别及品名	全省	城市	农村
总指数	**116.5**	**116.9**	**116.3**
一、食品	122.2	123.3	121.3
1.粮食	139.4	133.4	148.4
2.淀粉及薯类	158.8	158.0	159.2
3.干豆类及豆制品	116.4	116.6	116.2
4.油脂类	114.5	113.4	115.2
5.肉禽及其制品	124.4	125.7	123.0
#猪肉	124.3	126.3	122.6
6.蛋类	116.9	117.0	116.3
#鲜蛋	116.6	116.7	115.4
7.水产品类	112.8	112.3	113.0
8.菜类	127.2	127.8	126.6
#鲜菜	126.7	128.1	125.0
9.调味品	113.6	116.6	111.8
10.糖类	128.1	128.1	128.2
11..烟草类	104.7	104.9	104.6
12.酒和饮料	109.1	112.1	107.0
13.干鲜瓜果类	130.3	131.1	126.6
#鲜果	130.7	131.5	126.9
14.糕点类	127.2	127.9	126.8
15.奶及奶制品	128.1	125.2	132.9
16.其他食品	112.5	119.2	107.1
17.饮食业	126.3	124.9	128.9
二、衣着类	114.3	113.9	114.6
1.服装	113.5	111.8	115.5
2.衣着材料	113.5	114.9	112.1
3.鞋、袜、帽及其他衣着	117.4	118.3	117.0
三、家庭设备及用品	107.4	106.9	107.8

7－3续表　　(1995年,以上年价格为100)

类别及品名	全省	城市	农村
1.耐用消费品	102.7	102.6	102.8
2.室内装饰品	104.3	103.5	106.2
3.床上用品	113.8	115.3	112.7
4.家庭日用杂品	115.1	115.0	115.3
5.其他日用品	108.1	107.1	108.5
四、医疗保健	109.6	110.5	109.1
1.医疗器具及保健用品	116.5	116.4	116.5
2.中药材及中成药	107.8	109.3	107.3
3.西药	110.2	110.5	110.0
五、交通和通讯工具	101.4	100.4	102.9
1.交通工具	101.4	100.3	103.0
2.通讯设备	101.3	101.0	101.4
六、娱乐、教育、文化用品	106.6	104.2	108.7
1.文娱用耐用消费品	101.8	98.7	104.2
2.教材及参考书	126.0	128.7	125.1
3.文化娱乐用品	107.9	108.9	105.7
七、居住	117.9	116.4	118.3
1.住房	119.6	121.1	119.4
2.水、电、燃料	114.2	113.4	114.6
八、服务项目	115.7	111.7	117.9
1.电讯费	101.4	99.8	103.4
2.邮费	100.0	100.0	100.0
3.交通费	109.6	111.6	107.8
4.洗理美容费	119.5	116.9	121.4
5.文娱费	124.5	125.4	123.1
6.学杂保育费	120.3	110.5	126.1
7.修理及其他服务费	116.7	115.8	117.5
8.医疗保健服务	107.4	101.8	109.4

7—4 商品零售及农业生产资料价格指数

(1995 年,以上年价格为 100)

类别及品名	全省	城市	农村
商品零售价格总指数	**114.9**	**113.3**	**116.5**
一、食品类	125.8	125.1	126.5
1.粮食	138.3	131.6	145.3
2.油脂类	114.6	114.6	114.5
3.肉禽蛋	122.5	122.8	122.0
#猪肉	124.1	125.7	122.8
鲜蛋	116.3	116.7	115.4
4.水产品	112.9	112.5	113.0
5.鲜菜	127.2	128.2	126.4
6.干菜	130.4	131.8	129.3
7.鲜果	128.0	129.3	125.9
8.干果	125.4	127.6	122.8
9.其他食品类	122.4	123.4	121.9
10.饮食业	126.1	125.2	127.0
二、饮料、烟酒类	107.3	109.1	106.1
1.饮料	109.7	112.4	107.8
2.烟、酒	106.8	108.5	105.9
三、服装、鞋帽类	116.9	115.8	118.1
1.服装	113.7	112.1	115.6
2.鞋	117.2	117.5	116.9
3.其他衣着	130.5	132.2	129.8
四、纺织品类	114.6	116.4	112.5
1.棉布	137.6	141.5	136.3
2.棉布化纤混纺布	115.3	114.2	116.5
3.化纤布	114.5	123.8	106.2
4.呢绒	106.7	106.8	106.5
5.绸缎	108.7	108.8	108.1
6.其他纺织品	112.3	114.6	110.4

7－4续表　　(1995年,以上年价格为100)

类别及品名	全　省	城　市	农　村
五、中、西药品类	109.5	109.8	109.1
1.中药	107.5	108.5	107.0
2.西药	109.6	109.3	109.9
六、化妆品类	106.7	107.1	106.3
七、书报、杂志类	115.4	113.0	117.8
八、文化体育用品类	110.9	108.8	112.4
1.文化用品	111.2	107.5	115.1
2.体育用品	109.8	115.1	105.8
九、日用品类	107.6	107.7	107.6
1.一般日用品	109.8	110.3	109.4
2.家具类	103.2	103.7	102.7
3.日用杂品	110.8	106.9	114.1
十、家用电器类	102.2	100.9	103.5
十一、首饰类	98.9	98.5	99.7
十二、燃料类	104.3	101.2	107.8
十三、建筑装潢材料类	113.3	107.6	118.9
十四、机电产品类	99.1	96.8	102.4
农业生产资料价格总指数	**125.8**		**125.8**
一、小农具	112.7		112.7
二、饲料	163.3		163.3
三、幼禽家畜	124.2		124.2
四、大牲畜	131.7		131.7
五、半机械化农具	110.3		110.3
六、机械化农具	123.0		123.0
七、化学肥料	131.7		131.4
八、农药及农药械	125.5		125.5
#农药	127.4		127.4
九、农用机油	101.7		101.7
十、其他	128.6		128.6

7—5 各市地居民消费价格指数

(1995年,以上年价格为100)

市地	居民消费价格总指数	食品	衣着类	家庭设备及用品	医疗保健	交通和通讯工具	娱乐教育文化用品	居住	服务项目
全省	**116.5**	**122.2**	**114.3**	**107.4**	**109.6**	**101.4**	**106.6**	**117.9**	**115.7**
郑州市	114.5	120.9	110.2	106.9	109.1	99.4	103.1	117.4	105.9
开封市	118.9	125.1	116.8	107.6	111.4	99.8	103.4	118.3	117.8
洛阳市	118.8	125.9	116.2	106.8	111.1	100.3	106.1	115.4	114.8
平顶山市	118.4	122.3	122.4	108.3	113.0	103.1	101.6	134.1	108.6
安阳市	115.8	123.3	109.6	106.2	107.2	100.3	103.6	110.5	109.4
鹤壁市	118.6	125.5	113.4	111.0	113.5	98.3	105.1	116.7	110.3
新乡市	116.5	123.5	113.3	106.4	109.8	101.2	103.7	102.8	114.1
焦作市	119.6	123.7	121.5	108.5	110.0	104.2	105.8	116.2	124.2
濮阳市	119.0	127.9	111.2	103.3	113.5	99.0	105.3	116.1	118.8
许昌市	115.1	120.2	115.5	107.8	113.7	98.7	102.3	108.3	107.5
漯河市	117.0	124.8	111.5	107.5	105.4	105.1	103.4	104.7	112.4
三门峡市	118.7	124.0	112.5	105.1	116.8	100.5	105.7	146.2	106.5
南阳市	114.8	121.7	109.3	104.7	116.6	97.4	105.2	109.7	107.9
商丘地区	116.0	122.7	112.0	104.5	109.8	101.2	107.3	115.7	108.0
周口地区	117.1	125.1	110.7	106.3	108.7	99.9	107.0	114.2	105.8
驻马店地区	117.9	142.4	112.3	107.0	112.1	103.6	105.2	111.2	119.1
信阳地区	117.4	124.2	108.0	104.0	106.9	97.6	105.3	116.6	128.0

注:本表为市、地政府所在地资料(下表同)

7—6 各市地商品零售价格指数

(1995年,以上年价格为100)

市地	商品零售价格总指数	#食品类	#服装、鞋帽类	#中、西药品类	#化妆品类	#文化体育用品类	#日用品类	#家用电器类	#燃料类	#建筑装璜材料类
全省	**114.9**	**125.8**	**116.9**	**109.5**	**106.7**	**110.9**	**107.6**	**102.2**	**104.3**	**113.3**
郑州市	110.4	121.1	122.2	106.7	107.3	107.2	106.3	99.4	89.9	109.5
开封市	113.6	127.0	116.8	112.0	107.9	111.1	108.4	101.7	104.4	96.8
洛阳市	113.2	126.5	120.6	111.1	104.2	106.9	107.5	100.6	105.2	96.9
平顶山市	115.0	124.5	121.4	110.1	109.2	109.8	113.1	100.2	106.1	119.0
安阳市	113.5	124.9	110.3	106.1	111.1	107.6	107.2	101.2	102.6	114.6
鹤壁市	117.4	127.7	112.7	112.8	115.1	118.8	110.5	105.1	109.2	114.9
新乡市	113.9	126.5	115.8	109.8	103.3	111.0	109.4	102.9	101.6	114.1
焦作市	114.4	124.9	127.2	110.3	110.1	114.7	105.2	101.6	102.6	107.4
濮阳市	114.3	132.3	114.0	106.4	100.3	106.6	104.6	100.5	102.6	90.2
许昌市	114.2	125.9	117.1	113.6	112.9	106.9	108.9	101.4	104.6	106.4
漯河市	114.4	128.3	113.8	105.6	108.7	102.5	107.1	101.8	100.3	107.8
三门峡市	113.4	126.1	114.0	114.6	104.5	115.9	107.0	101.2	104.3	102.3
南阳市	113.0	124.1	110.9	117.9	104.3	107.3	104.6	103.1	105.2	107.1
商丘地区	116.0	126.2	112.6	110.1	105.4	112.8	106.8	100.8	113.9	110.6
周口地区	115.9	127.8	113.2	107.4	107.5	109.7	110.6	103.5	110.8	109.6
驻马店地区	114.9	127.1	114.9	112.4	114.7	114.6	107.4	101.5	104.7	106.7
信阳地区	116.5	130.1	105.3	106.8	99.5	108.5	109.3	97.4	106.1	115.2

7—7 农产品收购价格分类指数

(1995年)

商品类别	以1950年价格为100	以1952年价格为100	以1978年价格为100	以1980年价格为100	以1985年价格为100	以1990年价格为100	以1994年价格为100
总指数	**1021.5**	**959.7**	**509.5**	**391.0**	**320.7**	**219.0**	**127.1**
一、粮食类	1354.5	1228.9	697.2	495.1	330.9	241.0	140.8
#小麦					278.7	226.2	136.6
玉米					496.4	294.1	157.2
籼稻						189.0	109.8
黄豆					373.0	212.4	115.2
二、经济作物类	672.1	635.0	454.0	338.5	325.3	212.9	122.7
1.食用植物油及油料	1250.2	1491.9	430.8	273.1	282.5	187.2	96.3
#花生果					243.1	174.1	88.4
花生仁					294.8	181.0	92.4
芝麻					491.1	241.3	115.6
油菜籽					310.0	182.1	97.5
2.棉花	893.4	776.3	602.3	370.6	382.4	230.2	131.0
3.麻类	592.0	614.2	362.5	361.9	372.9	216.4	159.7
#黄红麻					383.2	218.7	160.6
4.烟叶	413.6	397.0	306.7	288.7	242.7	173.5	154.9
#烤烟					249.7	173.4	155.1
5.茶叶		783.3	486.9	406.1	347.9	217.8	105.5
三、竹木材						149.3	105.5
四、工业用油漆类		2163.4	517.4	429.3	365.8	138.0	120.6
五、畜禽产品类	1482.6	1548.5	641.1	499.6	336.2	216.5	114.3
1.肉禽	1557.9	1869.6	677.3	516.7	419.3	224.8	114.5
#肥猪					380.9	208.6	110.0
2.禽蛋	1806.9	1524.6	524.4	425.6	333.0	166.6	114.5
#鲜鸡蛋					322.3	156.3	112.8
3.皮张	1669.6	1605.3	1400.2	1210.3	413.6	267.4	105.3
4.鬃毛		328.2	263.1	207.8	75.2	166.4	104.4
5.其他畜产品	816.0	1006.8	631.8	631.8	474.5	207.6	133.1
六、蚕茧蚕丝类	542.5	885.9	488.3	403.1	415.0	119.4	70.0
七、干鲜果类	1148.2	814.0	306.4	293.0	199.5	132.3	105.1
1.瓜果		536.0	379.6	348.0	223.5	126.6	104.4
2.干果	1966.5	1383.3	389.3	387.4	278.4	206.3	112.2
八、干鲜菜及调味品	635.6	534.1	415.1	392.0	341.1	239.4	133.3
#干菜						149.1	100.4
鲜菜			460.4	418.1	344.9	241.7	135.1
九、药材类	1271.8	1312.9	526.5	524.1	294.2	134.6	133.1
十、土副产品类			451.7	429.2	351.3	226.6	145.1

7—8 农贸市场农产品成交价格指数

(1995 年)

类别及品名	以1993年价格为100	以上年价格为100
总指数	**162.7**	**122.6**
一、粮食类	218.3	146.7
#小麦		
玉米		
大米	259.4	148.8
二、油脂类	181.0	114.7
植物油	180.1	110.1
动物油	204.8	121.4
三、鲜菜类	171.6	123.3
#大白菜		110.2
四、干菜类	124.1	119.2
#黑木耳	97.6	98.6
干菇	115.4	112.6
五、肉禽蛋类	162.0	120.6
#猪肉	200.1	125.0
牛肉	208.5	137.6
羊肉	150.3	119.1
鸡	147.8	118.4
鲜蛋	124.9	116.5
六、水产品	128.5	110.6
#黄花鱼		
鲤鱼	120.1	109.8
鲢鱼	124.2	106.1
七、鲜果类	150.1	127.5
#苹果		129.6
梨		132.8
柑桔		124.7
西瓜		125.9
香蕉		120.3
八、干果类	135.9	114.7
#红枣	157.6	128.3
核桃	118.1	107.4
花生米	130.8	102.1

7—9 各月居民消费价格指数

(1995年,以上年同月价格为100)

月份	居民消费价格总指数	食品	衣着类	家庭设备及用品	医疗保健	交通和通讯工具	娱乐教育文化用品	居住	服务项目
一月	124.3	136.5	116.8	108.0	107.4	102.1	106.4	122.6	119.9
二月	121.4	129.9	116.2	108.0	107.4	101.5	107.5	122.5	116.9
三月	120.9	129.8	116.4	107.9	108.7	101.1	105.8	120.4	114.7
四月	118.1	125.4	115.0	107.1	108.8	101.7	105.1	117.1	113.9
五月	117.1	124.5	113.8	107.1	108.6	102.0	104.9	117.5	114.0
六月	117.3	124.6	114.7	107.6	110.8	102.0	105.6	116.3	113.9
七月	117.0	123.8	114.8	107.8	110.9	101.5	105.4	117.2	113.6
八月	114.8	119.6	114.3	107.5	109.9	100.9	105.7	114.3	113.5
九月	114.5	118.4	113.2	107.4	110.4	101.2	108.4	113.6	117.9
十月	112.8	114.9	112.6	107.3	110.7	101.2	108.6	111.5	116.4
十一月	110.3	110.3	112.4	106.9	110.6	100.8	108.3	109.6	116.7
十二月	109.5	108.6	111.9	106.7	110.5	100.6	108.0	109.3	116.5

7—10 各月商品零售及农业生产资料价格指数

(1995年,以上年同月价格为100)

月份	商品零售价格总指数	#食品类	#服装、鞋帽类	#中、西药品类	#化妆品类	#文化体育用品类	#日用品类	#家用电器类	#燃料类	#建筑装璜材料	农业生产资料价格总指数
一月	122.1	141.5	118.1	107.2	110.8	109.3	108.4	104.0	107.8	122.7	129.5
二月	119.9	135.3	117.9	107.3	109.7	109.1	108.0	103.7	107.3	124.1	131.1
三月	119.5	135.5	118.4	108.4	109.5	109.2	108.0	101.9	107.4	121.4	133.6
四月	117.1	131.0	117.9	109.0	107.5	108.8	107.5	101.7	106.6	116.9	129.4
五月	116.0	130.1	117.3	108.7	107.1	110.5	107.9	101.4	104.7	112.2	127.2
六月	116.0	128.9	118.2	110.6	106.5	111.1	108.3	102.2	103.8	112.9	125.6
七月	115.1	127.1	118.0	110.6	105.6	111.3	108.1	102.2	102.5	111.8	119.8
八月	113.3	122.8	117.5	110.0	105.8	111.3	107.6	102.4	101.3	110.5	119.1
九月	112.5	120.6	115.9	110.2	104.2	111.8	107.6	102.3	101.9	109.1	120.3
十月	111.0	116.7	115.1	110.7	104.4	112.6	107.1	102.0	102.2	108.6	125.8
十一月	108.6	111.2	114.4	110.6	104.8	113.0	106.6	101.6	103.3	104.8	124.9
十二月	107.8	109.2	113.9	110.3	105.0	112.9	107.4	101.4	103.0	104.9	123.3

7—11 工业品出厂价格指数

(以上年价格为100)

类　　别	1990年	1991年	1992年	1993年	1994年	1995年
全部工业品	**105.5**	**104.3**	**106.2**	**118.1**	**124.1**	**115.0**
一、按轻重工业分						
轻工业(生活资料)	105.3	102.0	104.1	108.8	129.5	119.9
1.以农产品为原料	106.5	103.2	104.5	108.8	132.1	120.8
以非农产品为原料	101.8	98.5	102.4	109.0	118.0	116.0
2.食品类	102.7	103.0	107.0	110.6	121.3	115.4
衣着类	112.1	102.9	102.1	105.4	150.6	118.0
一般用品类	100.0	98.6	103.8	109.4	120.7	116.8
耐用消费品类	96.2	99.2	103.8	104.6	107.0	107.1
重工业(生产资料)	105.5	106.2	108.0	125.9	119.4	110.9
采掘工业	108.5	103.4	118.0	120.0	143.3	108.8
原料工业	107.1	111.9	108.8	135.3	117.6	106.5
加工工业	102.8	102.3	103.8	116.4	113.7	117.2
二、按行业分						
冶金工业	116.4	117.2	112.1	159.4	100.7	103.9
电力工业	102.3	106.9	103.7	116.0	130.0	106.0
煤炭及冶炼工业	103.5	105.3	118.4	120.8	144.1	108.9
石油工业	114.8	125.3	112.9	140.2	139.5	104.3
化学工业	106.8	100.7	100.8	105.7	118.4	124.8
机械工业	100.8	102.5	104.5	119.7	110.8	112.2
建筑材料工业	98.6	101.4	108.3	127.7	111.9	110.8
森林工业	95.7	107.7	102.2	122.8	114.2	108.9
食品工业	102.4	102.7	107.0	110.6	121.3	115.4
纺织工业	109.1	101.8	100.3	105.8	151.1	119.3
缝纫工业	130.9	106.0	106.6	109.0	111.7	129.1
皮革工业	99.9	111.1	110.8	104.7	113.8	126.8
造纸工业	98.4	99.9	101.7	109.0	112.3	140.5
文教艺术用品工业	97.7	102.5	103.0	104.4	100.4	100.4
其他工业	100.9	96.4	111.7	117.5	127.0	144.7

7—12 原材料、燃料、动力购进价格指数

(以上年价格为100)

类　　别	1990年	1991年	1992年	1993年	1994年	1995年
总指数	**105.5**	**104.4**	**110.0**	**133.0**	**122.0**	**114.1**
燃料、动力类	105.1	103.8	112.2	137.9	116.0	109.2
黑色金属材料类	107.7	119.8	119.9	176.5	104.5	95.0
#钢材			119.3	178.6	101.3	95.7
有色金属材料和电线类	98.6	106.5	111.9	113.3	108.5	126.7
化工原料类	89.9	105.4	100.2	114.9	113.5	123.9
木材及纸浆类	111.5	94.8	99.0	126.6	114.5	108.3
建筑材料类	104.3	98.8	114.7	144.9	101.5	100.4
非金属矿类			105.7	115.5	117.9	109.3
农副产品类	106.2	96.1	108.7	116.0	140.0	135.1
纺织原料类	123.6	109.0	99.7	102.1	163.1	116.3

主要统计指标解释

居民消费价格指数 居民消费价格是居民支付所购买生活消费品和获得的服务项目的价格。编制居民消费价格指数是根据各调查商品和服务项目的基期和报告期的平均价格采用加权算术平均公式计算。目前,编制居民消费价格指数的商品和服务项目计 333 种。权数根据住户调查中居民的实际消费构成计算,每年调整一次,基层填报单位为 17 市 10 县。

商品零售价格指数 商品零售价格是工业、商业、餐饮业和其他零售企业向城乡居民、机关团体出售生活消费品和办公用品。编制商品零售价格指数是根据各调查商品的基期和报告期的平均价格采用加权算术平均公式计算。目前,编制商品零售价格指数的商品计 314 种。权数根据典型调查、商品流转统计中商品销售构成及商品零售额计算,每三年调整一次,基层填报单位为 17 市 10 县。

农业生产资料价格指数 农业生产资料价格是工业、商业及其他单位和个人向农民出售农业生产资料的价格。农业生产资料价格指数的编制同商品零售价格指数。权数每年计算一次。商品项目 47 种,基层填报单位为 10 个县。

农产品收购价格指数 农产品收购价格是各种经济类型的工、商企业及其他单位和个人直接从农村集体农业生产单位、农民个人和国营农业生产单位收购农产品的价格。编制农产品收购价格指数是根据各调查商品的平均价格和各类调查商品的报告期收购额采用加权调和平均公式计算。商品项目包括农林牧渔业 11 大类 159 种农产品,基层填报单位为 30 个县市。

农民购进工业品价格指数 根据农业生产资料价格和农村居民消费价格中的油脂、菜制品、调味品、糖类、烟草、酒、饮料、糕点、奶及奶制品、其他食品、衣着、家庭设备、医疗保健、交通运输、娱乐教育、建材、水电等商品价格的指数加权计算。

农贸市场农产品成交价格指数 系根据直接调查的农贸市场商品价格,以成交额为权数,按加权倒数平均公式计算的指数。计算农贸市场农产品成交价格指数农产品为 67 种。基层填报单位为 17 个市。

工农业商品综合比价指数 采用农产品收购价格指数和农民购进工业品价格指数对比计算。

八、人民生活

8—1 人民物质文化生活提高情况

指　标	单　位	1985年	1990年	1994年	1995年	1995年为以下各年%		
						1985年	1990年	1994年
一、就业								
每一农村劳动力负担人数	人	1.68	1.63	1.57	1.54	91.7	94.5	98.1
每一城镇就业者负担人数	人	1.83	1.72	1.77	1.77	96.7	102.9	100.0
城镇失业率	%	2.5	3.3	2.3	2.1	84.0	63.6	91.3
二、收入								
职工平均工资	元	1015	1825	3545	4344	428.0	238.0	122.5
扣除物价因素后						142.1	127.6	104.8
城镇居民家庭人均生活费收入	元	559.85	1152.95	2398.35	3029.47	541.1	262.8	126.3
扣除物价因素后						179.6	140.8	108.0
农民家庭人均纯收入	元	328.78	526.95	909.81	1231.97	374.7	233.8	135.4
扣除物价因素后						191.6	148.3	109.5
三、支出								
城镇居民家庭人均消费性支出	元	555.74	1067.67	2155.15	2673.95	481.2	250.4	124.1
农民家庭人均生活消费支出	元	260.19	437.73	731.78	929.39	357.2	212.3	127.0
四、居民消费水平								
全部居民	元	297	523	1034	1382	169.6	151.7	110.1
农民	元	240	413	781	1075	168.5	153.3	111.8
非农业居民	元	750	1273	2476	3016	139.3	128.9	102.6
五、住房								
城市平均每人居住面积	平方米	4.9	6.7	7.2	7.4	151.0	110.4	102.8
农村平均每人居住面积	平方米	13.42	15.99	18.08	18.64	138.9	116.6	103.1
六、交通								
城市每万人拥有公交车辆	标台	2.5	2.5	3.5	4.4	176.0	176.0	125.7
城市每百户拥有自行车	辆	223.38	256.54	225.82	235.18	105.3	91.7	104.1
农村每百户拥有自行车	辆	93.38	127.57	141.95	145.19	155.5	113.8	102.3
七、储蓄								
城乡居民储蓄存款年底余额	亿元	84.23	376.12	1085.80	1456.35	1729.0	387.2	134.1
平均每人储蓄存款年底余额	元	107.34	434.87	1202.84	1600.38	1490.9	368.0	133.1
八、文化								
城镇居民每百户拥有电视机	台	73.92	105.17	108.68	109.42	148.0	104.0	100.7
农村居民每百户拥有电视机	台	3.36	26.86	65.19	73.05	2174.1	272.0	112.1
农村居民每百户拥有收录机	台	2.40	11.69	19.07	20.67	861.3	176.8	108.4
九、教育								
小学适龄人口入学率	%	96.9	98.8	99.0	99.2	102.4	100.4	100.2
每万人口拥有大学生数	人	8.86	9.41	13.10	13.59	153.4	144.4	103.7
十、卫生								
每千人口拥有医院病床数	张	1.75	1.89	1.93	1.93	110.3	102.1	100.0
每千人口拥有医生数	人	1.07	1.15	1.17	1.16	108.4	100.9	99.1

注:1.居民消费水平按当年价格计算,发展速度按可比价格计算。

2.城市平均每人居住面积系城建部门数据。

8—2 居民消费水平及指数

年份	居民消费水平(元)			居民消费水平指数					
				以上年为100			以1952年为100		
	全体居民	农业居民	非农业居民	全体居民	农业居民	非农业居民	全体居民	农业居民	非农业居民
1952	64	60	132				100.0	100.0	100.0
1953	69	65	135	108.2	108.4	102.5	108.2	108.4	102.5
1954	70	65	129	100.6	100.2	95.6	108.8	108.6	98.0
1955	72	68	121	103.1	104.1	93.7	112.2	113.1	91.8
1956	72	66	149	100.4	97.7	123.0	112.7	110.5	112.9
1957	71	62	186	97.9	94.2	125.1	110.3	104.1	141.3
1958	76	68	176	101.8	103.4	85.0	112.3	107.6	120.1
1959	68	56	179	88.7	82.8	104.0	99.6	89.1	124.9
1960	67	52	194	97.2	91.7	107.8	96.8	81.7	134.6
1961	72	54	234	107.3	105.3	118.5	103.9	86.0	159.5
1962	75	56	287	101.3	99.9	122.1	105.2	85.9	194.8
1963	74	56	298	98.7	98.3	104.0	103.9	84.5	202.6
1964	72	53	302	99.2	93.8	108.8	103.0	79.2	220.4
1965	74	55	291	103.6	104.0	100.1	106.7	82.4	220.6
1966	79	60	290	110.0	113.3	104.0	117.4	93.4	229.5
1967	85	67	291	107.7	111.2	101.5	126.5	103.8	232.9
1968	82	65	289	96.2	96.3	98.5	121.7	100.0	229.4
1969	83	65	316	102.1	100.5	109.2	124.2	100.5	250.5
1970	88	70	326	106.8	108.2	103.2	132.7	108.7	258.5
1971	92	74	294	104.6	108.4	90.2	138.8	117.9	233.2
1972	96	76	316	105.2	103.6	107.3	146.0	122.1	250.2
1973	98	78	333	102.6	102.4	105.6	149.8	125.0	264.2
1974	101	79	351	102.9	102.1	105.5	154.1	127.7	278.8
1975	102	80	362	101.5	101.0	103.1	156.4	128.9	287.4
1976	112	91	365	109.6	113.0	100.6	171.4	145.7	289.1
1977	115	94	369	102.5	103.0	100.5	175.7	150.1	290.6
1978	135	109	428	116.9	116.7	116.3	205.4	175.1	337.9
1979	159	132	447	117.6	120.8	104.4	241.6	211.6	352.8
1980	187	159	471	112.5	115.5	98.6	271.8	244.4	347.9
1981	200	169	496	106.0	106.0	102.7	288.1	259.0	357.3
1982	214	183	502	105.6	106.9	99.4	304.2	276.9	355.1
1983	218	185	523	100.4	99.7	101.4	305.4	276.1	360.1
1984	244	202	605	111.3	109.8	113.5	339.9	303.1	408.7
1985	297	240	750	116.2	114.5	116.4	395.0	347.1	475.7
1986	324	257	817	104.4	104.4	102.3	412.4	362.3	486.7
1987	353	284	898	102.8	103.0	101.4	423.9	373.2	493.5
1988	424	325	1148	102.3	100.6	105.1	433.7	375.4	518.7
1989	471	360	1256	100.0	100.3	88.7	433.7	376.6	460.1
1990	523	413	1273	101.8	101.3	111.7	441.5	381.5	513.9
1991	550	429	1362	103.2	103.3	101.8	455.6	394.1	523.1
1992	603	469	1478	105.1	103.8	106.0	478.9	409.0	554.5
1993	756	592	1762	118.4	118.4	114.4	567.0	484.3	634.4
1994	1034	781	2476	107.3	108.0	101.8	608.4	523.0	645.8
1995	1382	1075	3016	110.1	111.8	102.6	669.8	584.8	662.6

注:居民消费水平按当年价格计算,指数按可比价格计算。

8—3 各市地居民消费水平及指数

（1995年）

市地	居民消费水平（元）			指数（以上年为100）		
	全体居民	农业居民	非农业居民	全体居民	农业居民	非农业居民
全省	**1382**	**1075**	**3016**	**110.1**	**111.8**	**102.6**
郑州市	2163	1106	4573	108.5	115.9	99.2
开封市	1339	1074	2581	112.4	114.6	106.9
洛阳市	1472	857	3745	105.5	107.6	100.4
平顶山市	1414	958	3409	110.6	107.3	108.1
安阳市	1567	1219	3465	113.3	111.7	114.6
鹤壁市	1903	1350	3562	110.9	111.6	109.1
新乡市	1605	1178	3462	119.2	126.0	112.6
焦作市	1899	1342	3203	110.0	110.3	104.0
濮阳市	1425	1028	3644	116.6	115.4	112.7
许昌市	1486	1234	2887	118.1	117.3	107.4
漯河市	1687	1316	3358	118.3	109.0	137.0
三门峡市	1848	1136	4096	105.1	105.7	100.7
南阳市	1086	883	2615	105.4	103.6	105.4
商丘地区	1141	976	2878	110.6	111.2	104.5
周口地区	1139	1069	1931	126.4	131.6	100.8
驻马店地区	1119	972	2470	109.1	118.7	100.3
信阳地区	1163	1009	2272	100.5	99.5	101.8

注：居民消费水平按当年价格计算，指数按可比价格计算。

8—4 城乡居民收支

单位：元

年份	城镇居民人均		农民人均	
	生活费收入	消费性支出	纯收入	生活消费支出
1978			104.71	81.70
1979			133.56	110.83
1980			160.78	135.51
1981			215.57	165.57
1982			216.74	177.90
1983			272.00	196.35
1984			301.17	219.64
1985	559.85	555.74	328.78	260.19
1986	667.55	653.82	333.64	292.48
1987	744.25	710.49	377.72	309.90
1988	862.12	896.55	401.32	346.73
1989	1015.01	963.97	457.06	390.05
1990	1152.95	1067.67	526.95	437.73
1991	1249.50	1199.95	539.29	454.68
1992	1459.15	1342.58	588.48	472.61
1993	1792.88	1609.24	695.85	564.93
1994	2398.35	2155.15	909.81	731.78
1995	3029.47	2673.95	1231.97	929.39

8—5 城镇居民家庭基本情况

项　　目	单　位	1985年	1990年	1991年	1992年	1993年	1994年	1995年
一、调查市县数	个	21	23	25	27	27	27	27
二、调查户数	户	1800	1860	2040	2200	2200	2200	2200
三、家庭人口数	人	7394.98	6690.91	7112.02	7635.32	7536.65	7406.10	7353.67
平均每户就业人口数	人	4.11	3.60	3.49	3.47	3.43	3.37	3.34
四、就业人口数	人	4049.82	3883.88	4102.27	4471.26	4395.78	4173.11	4151.26
平均每户就业人口数	人	2.25	2.09	2.01	2.03	2.00	1.90	1.89
平均每一就业者负担人数	人	1.83	1.72	1.73	1.71	1.71	1.77	1.77
五、平均每人全年实际收入	元	603.93	1274.62	1388.93	1609.37	1963.87	2619.44	3302.14
#生活费收入	元	559.85	1152.95	1249.50	1459.15	1792.88	2398.35	3029.47
六、平均每人全年实际支出	元	593.40	1188.91	1355.56	1532.10	1870.02	2598.42	3161.27
#消费性支出	元	555.74	1067.67	1199.95	1342.58	1609.24	2155.15	2673.95
七、居住面积	平方米	62712	74625	77470	85599	86900	88586	88055
平均每户居住面积	平方米	34.84	40.12	37.97	38.91	39.50	40.27	40.03
平均每人居住面积	平方米	8.48	11.14	10.89	11.21	11.53	11.97	11.97
辅助面积	平方米	18045	19038	23093	28724	30627	32817	34444
平均每户辅助面积	平方米	10.03	10.24	11.32	13.06	13.92	14.92	15.66
平均每人辅助面积	平方米	2.44	2.84	3.25	3.76	4.07	4.44	4.68
居住间数	间	4880	5337	5552	5899	5956	6071	6050
平均每间居住人数	人	1.52	1.26	1.28	1.29	1.26	1.22	1.22

注:1.平均每一就业者负担人数包括就业者本人(下同)。
2.人均居住(辅助)面积是按家庭常住人口计算的。

8—6 城镇居民家庭生活基本情况

(1995年,按家庭人均生活费收入水平分组)

项　　目	单位	总平均	最低收入户	#更低收入	低收入户	中等偏下户	中等收入户	中等偏上户	高收入户	最高收入户
调查户数	户	2200	220	117	220	440	440	440	220	220
比重	%	100.0	10.0	5.3	10.0	20.0	20.0	20.0	10.0	10.0
家庭人口数	人	7353.67	863.72	460.06	814.88	1529.36	1463.13	1396.29	671.24	615.05
就业人口数	人	4151.26	408.46	205.62	434.38	833.20	857.87	826.31	412.32	378.72
平均每户										
家庭人口数	人	3.34	3.93	3.93	3.70	3.48	3.33	3.17	3.05	2.80
就业人口数	人	1.89	1.86	1.76	1.97	1.89	1.95	1.88	1.87	1.72
平均每一就业者负担人数	人	1.77	2.11	2.24	1.88	1.84	1.71	1.69	1.63	1.62
平均每人全年										
实际收入	元	3302.14	1678.69	1489.80	2166.01	2615.14	3137.12	3905.51	4725.41	6264.95
#生活费收入	元	3029.47	1531.01	1347.11	1992.31	2401.93	2893.56	3575.00	4328.52	5735.47
消费性支出	元	2673.95	1560.94	1467.28	1954.20	2230.02	2647.59	3127.83	3587.23	4329.95

8—7 城镇居民家庭平均每人全年现金收支情况

单位:元

项目	1992年	1993年	1994年	1995年
一、期初手存现金	**94.67**	**130.69**	**85.51**	**181.53**
二、可支配收入	**1608.03**	**1962.75**	**2618.55**	**3299.46**
三、现金收入	**1905.39**	**2331.93**	**3212.70**	**3887.27**
(一)实际收入	1609.37	1963.87	2619.44	3302.14
#生活费收入	1459.15	1792.88	2398.35	3029.47
1.国有单位职工工资	1078.74	1287.22	1657.01	2125.87
计时工资	610.22	658.33	896.29	1379.31
计件工资	12.97	29.19	63.01	87.73
奖金	183.47	242.98	258.67	242.69
津贴和补贴	253.87	336.63	401.61	376.72
加班加点工资	11.65	13.05	15.10	18.36
特殊情况下支付的工资	6.56	7.04	22.33	21.06
2.集体单位职工工资	134.38	149.06	141.18	183.51
计时工资	80.48	84.16	73.34	106.18
计件工资	11.46	15.15	24.88	32.36
奖金	15.09	17.86	14.72	14.10
津贴和补贴	23.17	27.34	21.21	24.50
加班加点工资	1.63	1.48	1.05	1.33
特殊情况下支付的工资	2.55	3.07	5.98	5.04
3.其他经济类型单位职工全部收入	0.85	1.40	3.96	9.08
4.国有、集体单位职工从单位得到的其他收入	108.15	129.92	152.38	147.53
5.个体经营者的净收益	15.99	16.32	53.46	61.09
6.个体被雇者收入	0.51	2.33	4.47	4.62
7.离退休再就业人员收入	10.29	14.00	21.57	20.69
8.其他就业者收入	1.75	1.08	2.22	1.15
9.其他劳动收入	12.88	18.73	31.99	37.37
10.财产性收入	21.21	37.00	44.82	57.76
#利息	16.64	27.04	31.23	41.50
11.转移收入	224.09	305.91	504.61	652.94
#赡养收入	14.58	15.69	24.16	25.76
赠送收入	27.00	28.45	35.41	35.14
亲友搭伙费	7.92	7.53	9.62	13.03
记帐补贴	6.50	7.08	5.26	6.99
12.家庭副业生产收入	0.53	0.90	1.77	0.53
(二)借贷收入	296.02	368.06	593.26	585.14
#提取储蓄存款	183.69	252.67	422.94	443.30
借入款	74.97	82.95	144.15	107.66
四、现金支出	**1870.98**	**2300.13**	**3117.32**	**3852.13**
(一)实际支出	1532.10	1870.02	2598.42	3161.27
#消费性支出	1342.58	1609.24	2155.15	2673.95
非消费性支出	188.19	259.67	442.42	485.87
(二)借贷支出	338.88	430.11	518.90	690.86
#存入储蓄款	209.85	293.93	386.49	560.42
归还借款	23.37	28.57	49.56	53.94
借出款	54.24	45.70	45.24	26.89
五、期末手存现金	**129.08**	**162.49**	**180.89**	**216.67**

8—8 城镇居民家庭平均每人全年消费性支出

单位:元

项目	1992年	1993年	1994年	1995年
消费性支出	**1342.58**	**1609.24**	**2155.15**	**2673.95**
一、食品	716.99	798.78	1074.18	1338.93
#粮食	135.43	155.79	224.16	295.83
油脂类	27.81	32.63	57.20	59.64
肉禽及制品	138.66	153.14	207.34	261.05
蛋类	53.81	59.98	76.34	85.63
水产品类	17.21	19.08	23.97	31.19
菜类	71.18	77.99	108.09	140.05
烟草类	51.13	53.81	56.05	63.84
酒和饮料	52.69	58.52	72.27	81.64
奶及奶制品	11.78	13.66	19.49	24.17
二、衣着	221.79	260.17	347.31	437.45
#服装	121.00	145.68	207.60	268.27
三、家庭设备、用品及服务	108.89	148.94	185.55	220.24
#耐用消费品	56.87	84.73	103.45	121.38
室内装饰品	5.88	6.32	8.74	9.47
床上用品	8.75	12.00	14.92	15.32
家庭日用杂品	23.85	28.39	37.86	48.76
四、医疗保健	38.92	50.01	70.07	96.97
#医药费	30.16	40.07	53.73	75.75
五、交通和通讯	27.53	49.29	92.86	114.35
交通	25.20	37.97	53.82	60.96
通讯	2.33	11.32	39.04	53.39
六、娱乐、教育、文化服务	102.65	136.80	159.78	200.18
#文娱用耐用消费品	33.07	42.68	40.80	48.48
教育	47.33	67.95	83.00	105.81
七、居住	67.88	96.38	131.89	159.31
住房	21.22	33.90	44.65	52.12
水电燃料及其他	46.66	62.48	87.24	107.19
八、杂项商品和服务	57.93	68.87	93.51	106.52

8—9 城镇居民家庭平均每人全年消费性支出

(1995年,按家庭人均生活费收入水平分组)　　单位:元

项目	总平均	最低收入户	#更低收入	低收入户	中等偏下户	中等收入户	中等偏上户	高收入户	最高收入户
消费性支出	**2673.95**	**1560.94**	**1467.28**	**1954.20**	**2230.02**	**2647.59**	**3127.83**	**3587.23**	**4329.95**
一、食品	1338.93	937.30	890.41	1126.96	1232.23	1325.39	1517.13	1576.41	1817.58
#粮食	295.83	252.32	245.79	279.25	286.12	299.49	312.84	311.06	339.10
油脂类	59.64	50.16	49.17	57.82	58.98	59.28	61.54	66.09	66.46
肉禽及制品	261.05	159.88	150.55	208.85	241.36	255.52	303.50	322.96	370.42
蛋类	85.63	66.63	64.81	79.90	81.53	86.29	92.76	92.01	105.36
水产品	31.19	17.52	15.59	22.96	28.93	29.50	38.49	37.24	47.69
菜类	140.05	104.88	100.05	122.55	129.65	141.70	156.05	158.22	178.38
烟草类	63.84	46.94	46.57	52.58	59.60	57.79	71.04	71.78	102.39
酒和饮料	81.64	51.93	55.38	62.29	72.10	76.81	101.02	96.93	123.52
奶及奶制品	24.17	12.73	9.77	15.74	20.03	24.76	29.80	34.84	35.83
二、衣着	437.45	202.31	190.19	297.71	350.90	460.71	527.91	612.64	716.12
#服装	268.27	117.79	106.74	175.91	208.04	281.56	330.29	382.20	454.98
三、家庭设备、用品及服务	220.24	68.90	66.98	103.37	132.24	199.81	272.62	391.23	549.52
#耐用消费品	121.38	29.74	28.23	43.64	52.65	109.22	149.98	242.55	355.73
室内装饰品	9.47	3.47	3.56	2.93	4.78	9.11	14.07	16.61	20.80
床上用品	15.32	4.30	4.97	9.77	13.52	14.14	16.25	23.70	34.13
家庭日用杂品	48.76	24.67	24.10	31.70	40.19	46.95	61.52	70.38	78.27
四、医疗保健	96.97	60.95	54.11	73.42	80.61	108.58	114.23	108.75	139.78
#医药费	75.75	50.41	45.83	59.01	61.17	88.82	89.16	80.53	103.02
五、交通和通讯	114.35	36.68	23.08	54.88	76.25	91.20	152.24	224.70	245.50
交通	60.96	20.08	18.39	32.93	39.20	54.60	74.65	117.56	131.84
通讯	53.39	16.60	4.69	21.95	37.04	36.60	77.59	107.14	113.66
六、娱乐、教育、文化服务	200.18	122.56	119.85	128.75	155.84	204.26	226.24	279.20	358.99
#文娱用耐用消费品	48.48	15.50	13.82	18.82	29.10	55.81	37.28	93.33	141.36
教育	105.81	86.41	86.40	80.03	90.34	108.15	133.40	114.10	128.49
七、居住	159.31	94.67	88.69	104.63	129.88	155.78	181.80	240.71	264.21
住房	52.12	21.04	18.76	18.47	31.41	52.93	60.60	101.22	117.11
水电燃料及其他	107.19	73.63	69.93	86.16	98.47	102.85	121.20	139.49	147.10
八、杂项商品和服务	106.52	37.57	33.97	64.48	72.07	101.86	135.66	153.59	238.25

8—10 城镇居民家庭平均每人全年购买的主要商品数量和平均每百户年末主要消费品拥有量

商品名称	单位	1985年	1990年	1991年	1992年	1993年	1994年	1995年
一、平均每人购买主要商品								
粮食	公斤	138.50	141.71	135.16	137.86	117.63	119.50	118.12
鲜菜	公斤	126.16	128.95	120.57	122.92	115.72	114.92	118.06
食用植物油	公斤	5.26	5.27	5.99	5.78	5.65	6.22	6.20
猪肉	公斤	10.50	13.86	13.91	13.04	13.08	12.21	12.86
牛羊肉	公斤	2.67	3.65	2.95	2.05	1.84	1.83	1.98
家禽	公斤	2.35	2.44	3.03	3.42	3.43	3.86	4.01
鲜蛋	公斤	7.63	9.16	10.78	12.52	11.94	13.97	13.80
鱼	公斤	2.43	3.29	3.04	2.81	3.12	3.00	3.40
食糖	公斤	1.84	1.86	1.49	1.34	1.30	1.32	1.29
卷烟	盒	39.11	46.48	46.02	39.46	37.59	34.26	33.49
白酒	公斤	2.23	2.79	3.06	2.86	2.66	2.81	2.73
啤酒	公斤	1.77	4.00	4.41	4.85	5.22	5.57	5.24
其他酒	公斤	0.74	0.71	0.66	0.71	0.28	0.25	0.26
茶叶	公斤	0.12	0.13	0.14	0.14	0.13	0.14	
鲜瓜果	公斤	46.36	44.01	49.72	49.85	52.15	49.89	48.83
鲜奶	公斤	3.15	3.30	3.33	2.86	3.08	3.25	3.49
棉布	米	3.39	1.35	1.19	0.84	0.81	0.63	0.49
化纤布	米	2.63	2.36	2.54	2.27	1.89	1.79	1.79
绸缎	米	0.36	0.51	0.52	0.37	0.34	0.36	0.25
呢绒	米	0.23	0.25	0.29	0.24	0.20	0.21	0.22
服装	件		3.65		5.12	4.93	5.14	5.70
皮鞋	双	0.42	0.56	0.66	0.62	0.64	0.67	0.75
二、平均每百户年末拥有主要消费品								
毛皮大衣	件	20.03	24.46	25.46	29.14	30.80	34.91	38.58
呢大衣	件	106.63	169.07	174.11	196.78	208.29	209.17	219.87
毛毯	条	63.23	102.24	106.12	108.25	111.02	116.13	117.32
大衣柜	个	116.33	116.18	104.39	102.34	100.84	94.75	95.32
沙发	个	138.60	182.56	179.76	194.79	205.97	233.07	242.30
写字台	张	72.13	89.15	90.41	93.83	94.67	94.01	93.34
组合家具	套	2.35	15.41	26.26	31.20	33.73	44.74	46.86
沙发床	个	2.99	13.54	18.46	26.07	30.18	38.61	39.30
自行车	辆	206.71	241.08	223.93	230.14	235.25	221.03	231.66
缝纫机	架	77.69	77.10	70.37	69.52	68.70	66.77	66.87
电风扇	台	93.32	179.66	193.15	197.50	203.67	210.70	218.18
洗衣机	台	40.43	75.23	81.31	83.18	85.65	85.66	88.06
电冰箱	台	3.38	33.98	42.58	46.74	50.34	54.86	58.84
摩托车	辆	1.27	1.48	2.00	2.17	2.78	5.43	6.46
彩色电视机	台	14.47	53.68	65.23	70.95	74.01	81.16	84.01
黑白电视机	台	59.45	51.49	39.59	35.73	34.54	27.52	25.41
立体声收录音机	台	14.57	36.87	38.00	36.30	36.55	28.37	29.90
普通收录音机	台	19.31	30.48	29.14	33.04	35.22	38.99	40.55
照相机	架	6.37	15.11	18.16	20.13	20.12	20.35	22.46
录放像机	台		0.69	2.71	4.94	5.41	9.12	10.00
组合音响	套		0.26	0.97	2.27	3.58	6.43	8.11
中高档乐器	件		8.71	7.34	6.43	6.62	4.53	5.59
空调器	台		0.31	0.73	1.39	2.87	6.11	9.70

8—11 城镇居民家庭平均每人全年购买的主要商品数量和平均每百户年末主要消费品拥有量

（1995 年，按家庭人均生活费收入水平分组）

商品名称	单位	最低收入户	#更低收入	低收入户	中等偏下户	中等收入户	中等偏上户	高收入户	最高收入户
一、平均每人购买主要商品									
粮食	公斤	107.07	106.71	115.63	116.54	119.26	122.00	119.87	127.42
鲜菜	公斤	100.05	97.24	108.49	111.74	121.22	125.31	125.27	139.89
食用植物油	公斤	5.14	5.05	6.03	6.20	6.29	6.27	7.05	6.61
猪肉	公斤	8.90	8.43	11.31	12.42	12.43	13.92	15.31	17.46
牛羊肉	公斤	0.98	0.79	1.22	1.71	1.97	2.63	2.56	2.90
家禽	公斤	2.15	2.01	3.04	3.64	4.05	4.96	4.81	5.71
鲜蛋	公斤	10.88	10.58	12.93	13.17	13.88	14.92	14.75	16.83
鱼	公斤	1.99	1.72	2.64	3.23	3.31	4.06	4.02	4.83
食糖	公斤	1.06	0.97	1.25	1.28	1.29	1.30	1.33	1.59
卷烟	盒	30.66	31.03	32.62	35.41	28.72	34.34	30.38	46.63
白酒	公斤	2.08	2.43	2.49	2.83	2.53	3.20	2.76	3.10
啤酒	公斤	3.56	3.94	4.71	4.92	4.82	6.34	5.85	6.87
其他酒	公斤	0.22	0.12	0.32	0.21	0.22	0.34	0.18	0.38
鲜瓜果	公斤	29.59	27.42	41.51	43.12	49.79	57.16	61.78	64.36
鲜奶	公斤	1.51	1.25	1.68	2.53	3.09	5.24	5.82	5.44
棉布	米	0.19	0.20	0.52	0.40	0.53	0.44	0.90	0.63
化纤布	米	0.98	0.91	1.40	1.64	1.79	1.99	2.31	2.86
绸缎	米	0.11	0.15	0.24	0.20	0.21	0.29	0.35	0.42
呢绒	米	0.09	0.10	0.11	0.18	0.26	0.24	0.32	0.37
服装	件	3.30	3.19	4.52	5.12	6.00	6.66	7.27	7.45
皮鞋	双	0.41	0.39	0.59	0.70	0.79	0.86	0.96	1.01
二、平均每百户年末拥有主要消费品									
毛皮大衣	件	20.32	15.95	29.12	32.16	33.68	44.00	51.84	64.88
呢大衣	件	185.44	168.93	194.80	206.52	227.12	232.56	247.04	239.04
毛毯	条	94.48	90.11	103.36	104.96	115.00	129.56	132.00	144.32
大衣柜	个	94.40	96.72	91.28	90.56	91.92	99.76	98.88	104.16
沙发	个	201.36	199.62	203.68	228.72	246.72	249.60	273.04	294.88
写字台	张	94.96	94.02	87.04	93.88	90.92	93.64	101.36	93.20
组合家具	套	42.72	37.16	45.68	46.88	47.08	46.92	47.20	51.20
沙发床	个	27.92	20.16	33.60	34.40	38.48	44.00	43.04	54.64
自行车	辆	227.12	213.16	221.92	229.80	236.08	233.60	241.52	227.12
缝纫机	架	71.04	77.47	72.96	70.68	61.12	64.84	65.92	65.52
电风扇	台	194.48	192.40	210.24	215.72	218.56	217.64	229.20	244.08
洗衣机	台	84.24	86.95	85.28	84.80	87.20	91.40	91.04	93.28
电冰箱	台	39.44	37.76	46.56	53.12	63.12	64.88	68.48	71.68
摩托车	辆	4.00	5.26	6.96	5.16	4.64	6.92	7.68	12.48
彩色电视机	台	71.84	70.10	74.96	79.92	88.76	85.92	90.08	94.00
黑白电视机	台	32.72	34.45	30.80	29.64	21.28	24.32	20.40	19.68
立体声收录音机	台	28.16	27.53	26.48	24.52	27.60	36.60	32.48	34.40
普通收录音机	台	32.00	34.00	42.48	44.56	39.28	38.08	44.48	42.72
照相机	架	11.12	7.22	18.00	18.16	20.84	28.76	27.20	32.72
录放像机	台	5.68	5.72	7.12	6.12	7.48	12.08	18.64	17.20
组合音响	套	5.28	4.96	5.68	6.48	7.88	8.04	12.56	12.80
中高档乐器	件	1.60	1.50	3.28	3.12	4.72	6.84	8.88	12.80
空调器	台	0.80	1.50	4.24	5.64	6.16	11.48	19.20	26.16

8—12 城镇住户居住情况

类别	1994年		1995年	
	调查户数（户）	家庭常住人数（人）	调查户数（户）	家庭常住人数（人）
总　计	**2200**	**7391**	**2200**	**7352**
一、按人均居住面积分				
无房户	1	3	1	3
4平方米以下	20	76	12	40
4—6平方米	189	716	166	648
6—8平方米	379	1359	394	1422
8—10平方米	470	1624	451	1566
10—12平方米	249	846	280	955
12—14平方米	252	804	234	732
14平方米以上	640	1963	662	1986
二、按自来水使用情况分				
无自来水	72	265	46	169
独用自来水	1937	6519	1988	6653
公用自来水	190	604	165	527
三、按卫生设备拥有情况分				
无卫生设备	694	2433	614	2134
有浴室厕所	969	3207	1131	3726
有厕所无浴室	346	1132	279	925
公用卫生设备	190	616	175	564
四、按取暖设备拥有情况分				
无取暖设备				
空调设备	30	102	26	83
暖气	349	1082	430	1363
火炕、火炉、火盆等	1820	6204	1743	5903
五、按厨房使用情况分				
无厨房	82	257	68	222
独用厨房	2106	7103	2118	7093
公用厨房	11	28	13	34
六、按燃料使用情况分				
管道煤气	376	1198	442	1412
液化石油气	269	851	274	859
煤	1547	5318	1479	5064
其他	7	21	4	14
七、按电话拥有情况分				
无电话	1803	6057	1611	5386
公费电话	186	625	237	804
自费电话	209	703	351	1159
公用电话	1	3		
八、按住房建筑式样分				
家庭单栋配套住宅	18	76	15	61
单元式配套住宅	1193	3904	1293	4238
普通楼房	301	1025	283	963
其他住宅	687	2383	608	2087

注：本表二至八项统计范围为有房户。

8—13 农民家庭基本情况

项目	单位	1980年	1985年	1990年	1991年	1992年	1993年	1994年	1995年
调查户数	户	1296	4200	4200	4200	4200	4200	4200	4200
调查户常住人口	人	7180	21468	20400	20014	19716	19447	19168	18982
平均每户常住人口	人	5.54	5.11	4.86	4.77	4.69	4.63	4.56	4.52
平均每户整、半劳动力	人	2.55	3.04	2.99	2.92	2.88	2.93	2.91	2.94
平均每个劳动力负担人口	人	2.17	1.68	1.63	1.63	1.63	1.58	1.57	1.54
平均每百个劳动力文化状况									
1.文盲半文盲人数	人		30.06	22.18	15.52	14.90	14.88	13.44	14.42
2.小学程度人数	人		30.17	31.93	33.58	33.45	31.67	31.76	29.76
3.初中程度人数	人		30.93	36.79	41.11	41.62	43.08	44.30	44.08
4.高中程度人数	人		8.60	8.65	9.26	9.40	9.65	9.68	10.84
5.中专程度人数	人		0.21	0.41	0.46	0.58	0.57	0.67	0.66
6.大专以上程度人数	人		0.03	0.04	0.07	0.05	0.15	0.15	0.24
平均每百人经营耕地面积	公顷	1.00	11.27	10.53	10.39	10.47	10.91	10.57	10.32
#承包耕地面积	公顷		10.20	9.80	9.77	9.87	10.25	9.79	9.60
自留地面积	公顷	0.84	0.87	0.60	0.44	0.40	0.52	0.59	0.53
平均每百人经营山地面积	公顷		0.47	0.40	0.24	0.27	0.18	0.26	0.19
平均每户年内新建房屋间数	间	0.37	0.43	0.27	0.29	0.22	0.20	0.18	0.19
平均每人年内新建房屋面积	平方米	0.86	1.30	0.90	1.03	0.74	0.69	0.75	0.71
#砖木结构	平方米	0.43	1.04	0.65	0.68	0.47	0.42	0.46	0.31
钢筋混凝土结构	平方米	0.02	0.13	0.22	0.30	0.22	0.22	0.24	0.36
年内平均每间新建房屋价值	元	294.05	650.73	1295.12	1389.37	1391.86	1536.32	2029.92	2564.82
年内平均每平方米新建房屋价值	元	20.68	42.36	80.89	82.55	86.59	94.39	108.16	152.55
年内平均每人新建房屋中									
生活用房面积	平方米		1.09	0.75	0.80	0.57	0.58	0.67	0.63
年内平均每人新建房屋中楼房面积	平方米		0.08	0.08	0.08	0.06	0.01	0.02	0.02
平均每人年末住房面积	平方米		13.42	15.99	16.87	17.13	18.27	18.08	18.64
#砖木结构	平方米		8.89	11.55	12.61	12.58	13.58	12.93	12.78
钢筋混凝土结构	平方米		0.41	1.23	1.83	1.81	2.33	2.79	3.19

8—14 农民家庭平均每人总收入

单位:元

项　　目	1980年	1985年	1990年	1991年	1992年	1993年	1994年	1995年
全年收入	**184.37**	**459.94**	**764.42**	**794.61**	**862.57**	**1045.76**	**1394.39**	**1862.87**
一、基本收入	157.94	434.04	734.44	763.83	821.37	1011.06	1335.38	1794.48
1.劳动者的报酬收入	90.75	44.47	79.21	75.52	90.97	100.49	116.23	163.51
(1)在集体组织中劳动者的报酬收入	89.23	13.30	17.31	16.36	17.23	17.59	28.53	32.23
(2)在企业劳动得到的报酬收入	1.52	18.70	37.10	23.60	40.82	49.83	81.05	114.35
(3)在其他单位劳动得到的报酬收入		12.47	24.80	35.56	32.92	33.07	6.65	16.93
2.家庭经营收入	67.19	389.57	655.23	688.31	730.40	910.57	1219.15	1630.97
(1)种植业收入	18.43	286.10	468.51	493.51	520.99	649.32	867.20	1218.98
#粮食收入		172.05	284.24	251.90	302.54	389.13	535.56	752.22
(2)林业收入		4.47	8.65	9.35	10.50	15.97	14.13	15.60
(3)牧业收入	32.92	50.01	90.58	103.38	112.76	127.87	182.85	222.38
(4)渔业收入		1.32	1.17	1.61	1.97	2.98	3.29	4.22
(5)手工业收入	4.01	13.88	17.87	10.00	10.98	7.40	21.58	16.85
(6)采集捕猎收入	2.13	0.96	0.86	1.06	1.01	4.46	2.11	3.96
(7)工业收入		1.48	12.03	10.73	11.94	7.49	7.00	7.45
(8)建筑业收入		7.82	12.16	11.38	11.49	17.49	21.44	28.20
(9)运输业收入		9.51	18.82	20.52	19.04	28.57	31.27	36.55
(10)商业收入			7.24	7.31	10.05	11.01	17.58	21.14
(11)饮食业收入		5.63	1.70	1.26	2.10	1.85	2.02	3.22
(12)服务业收入		2.86	5.68	4.77	4.49	6.77	8.65	12.76
(13)其他家庭经营收入	9.70	5.53	9.96	13.43	13.08	29.39	40.03	39.66
二、转移性收入	24.03	23.55	27.25	27.98	37.45	31.63	37.45	39.95
#在外人口寄回和带回	7.54	6.40	6.57	5.83	8.00	9.96	13.57	15.76
农村外部亲友赠送收入		1.81	2.99	3.29	1.92	2.24	2.80	2.29
调查补贴		4.76	5.45	4.41	5.82	4.52	4.19	4.13
三、财产性收入	2.40	2.35	2.73	2.80	3.75	3.07	21.56	28.44

8—15 农民家庭平均每人总收入构成

单位:%

项　　目	1980年	1985年	1990年	1991年	1992年	1993年	1994年	1995年
全年收入	**100.0**	**100.0**	**100.0**	**100.0**	**100.0**	**100.0**	**100.0**	**100.0**
一、基本收入	85.7	94.4	96.1	96.1	95.2	96.7	95.8	96.4
1.劳动者的报酬收入	49.2	9.7	10.4	9.5	10.5	9.6	8.3	8.8
(1)在集体组织中劳动者的报酬收入	48.4	2.9	2.3	2.0	2.0	1.7	2.0	1.7
(2)在企业劳动得到的报酬收入	0.8	4.1	4.9	3.0	4.7	4.8	5.8	6.2
(3)在其他单位劳动得到的报酬收入		2.7	3.2	4.5	3.8	3.1	0.5	0.9
2.家庭经营收入	36.5	84.7	85.7	86.6	84.7	87.1	87.5	87.6
(1)种植业收入	10.0	62.2	61.3	62.1	60.4	62.1	62.2	65.5
＃粮食收入		37.4	37.2	31.7	35.1	37.2	38.4	40.4
(2)林业收入	…	1.0	1.1	1.2	1.2	1.5	1.0	0.8
(3)牧业收入	17.9	10.9	11.8	13.0	13.1	12.2	13.1	11.9
(4)渔业收入	…	0.3	0.2	0.2	0.2	0.3	0.2	0.2
(5)手工业收入	2.2	3.0	2.3	1.3	1.3	0.7	1.6	0.9
(6)采集捕猎收入	1.2	0.2	0.1	0.1	0.1	0.4	0.2	0.2
(7)工业收入	…	0.3	1.6	1.4	1.4	0.7	0.5	0.4
(8)建筑业收入	…	1.7	1.6	1.4	1.3	1.7	1.5	1.5
(9)运输业收入	…	2.1	2.5	2.6	2.2	2.7	2.2	2.0
(10)商业收入	…	…	0.9	0.9	1.2	1.1	1.3	1.2
(11)饮食业收入	…	1.2	0.2	0.2	0.3	0.2	0.2	0.2
(12)服务业收入	…	0.6	0.8	0.6	0.5	0.7	0.6	0.7
(13)其他家庭经营收入	5.2	1.2	1.3	1.6	1.5	2.8	2.9	2.1
二、转移性收入	13.0	5.1	3.6	3.5	4.3	3.0	2.7	2.1
＃在外人口寄回和带回	4.1	1.4	0.9	0.7	0.9	1.0	1.0	0.8
农村外部亲友赠送收入		0.4	0.4	0.4	0.2	0.2	0.2	0.1
调查补贴		1.0	0.7	0.6	0.7	0.4	0.3	0.2
三、财产性收入	1.3	0.5	0.3	0.4	0.5	0.3	1.5	1.5

8—16 农民家庭平均每人总支出

单位:元

项目	1980年	1985年	1990年	1991年	1992年	1993年	1994年	1995年
全年支出	**164.48**	**404.18**	**688.18**	**736.24**	**764.39**	**935.46**	**1254.22**	**1604.77**
一、家庭经营费用支出	21.71	97.17	174.82	185.55	195.21	273.53	382.27	505.63
1.种植业生产支出		58.96	112.93	118.82	125.07	171.86	228.83	325.28
2.林业生产支出		1.03	0.79	0.77	1.27	3.25	2.76	2.65
3.牧业生产支出		26.70	40.58	41.40	46.38	48.89	95.96	137.40
4.渔业生产支出		0.36	0.13	0.38	0.51	1.06	0.96	3.38
5.手工业生产支出		4.74	5.49	3.27	3.59	7.87	15.16	3.69
6.工业生产支出		0.41	4.94	4.29	4.17	7.08	3.03	4.12
7.建筑业支出		0.40	0.38	1.77	1.27	1.78	1.96	1.59
8.运输业支出		2.33	5.74	7.23	6.62	14.85	16.88	15.99
9.商业支出			0.38	1.80	1.45	1.49	2.69	4.84
10.饮食业支出		0.51	0.07	0.39	0.71	0.43	0.52	0.61
11.服务业支出		0.29	0.72	1.17	0.62	1.56	2.38	1.60
12.其他经营支出		1.44	2.67	4.26	3.55	13.41	11.14	4.48
二、购置生产性固定资产支出		18.71	19.43	26.53	19.00	27.78	38.67	55.73
#大中型铁木农具		1.31	1.36	0.94	0.96	0.38	1.10	1.06
农林牧渔业机械		5.15	8.04	12.14	8.03	6.35	14.04	29.56
工业机械		1.01	1.20	0.99	0.68	1.00	1.38	2.03
三、缴纳税款	0.09	5.41	8.56	8.79	9.13	7.83	14.94	15.39
四、上交集体的承包任务、提留和摊派	1.79	14.07	32.78	37.42	43.60	38.68	49.46	64.73
五、生活消费支出	135.51	260.19	437.73	454.68	472.61	564.93	731.78	929.39
六、其他非借贷性支出	5.38	8.63	14.86	23.27	24.84	22.71	37.10	33.90
#寄给和带给在外人口	0.43	0.71	0.67	0.72	0.88	0.48	0.71	1.15
赠送农村以外亲友		2.61	1.86	4.40	3.84	1.00	1.19	1.40

8—17 农民家庭平均每人总支出构成

单位：%

项　目	1980年	1985年	1990年	1991年	1992年	1993年	1994年	1995年
全年支出	**100.0**	**100.0**	**100.0**	**100.0**	**100.0**	**100.0**	**100.0**	**100.0**
一、家庭经营费用支出	13.2	24.0	25.4	25.2	25.5	29.3	30.5	31.5
1.种植业生产支出		14.6	16.4	16.2	16.3	18.4	18.3	20.3
2.林业生产支出		0.3	0.1	0.1	0.2	0.3	0.2	0.2
3.牧业生产支出		6.6	5.9	5.7	6.0	5.2	7.7	8.6
4.渔业生产支出		0.1	…	…	0.1	0.1	0.1	0.2
5.手工业生产支出		1.2	0.8	0.4	0.5	0.9	1.2	0.2
6.工业生产支出		0.1	0.7	0.6	0.5	0.8	0.2	0.3
7.建筑业支出		0.1	0.1	0.2	0.1	0.2	0.2	…
8.运输业支出		0.6	0.8	1.0	0.9	1.6	1.3	1.0
9.商业支出		0.0	0.1	0.2	0.2	0.2	0.2	0.3
10.饮食业支出		0.1	…	…	0.1	…	…	…
11.服务业支出		…	0.1	0.2	0.1	0.2	0.2	0.1
12.其他经营支出		0.3	0.4	0.6	0.5	1.4	0.9	0.3
二、购置生产性固定资产支出		4.6	2.8	3.6	2.5	3.0	3.1	3.5
#大中型铁木农具		0.3	0.2	0.1	0.1	…	0.1	0.1
农林牧渔业机械		1.3	1.2	1.6	1.1	0.7	1.1	1.8
工业机械		0.2	0.2	0.1	0.1	0.1	0.1	0.1
三、缴纳税款	0.1	1.3	1.2	1.2	1.2	0.8	1.2	1.0
四、上交集体的承包任务、提留和摊派	1.1	3.6	4.8	5.1	5.7	4.1	3.9	4.0
五、生活消费支出	82.4	64.4	63.6	61.7	61.8	60.4	58.3	57.9
六、其他非借贷性支出	3.2	2.1	2.2	3.2	3.3	2.4	3.0	2.1
#寄给和带给在外人口	0.3	0.2	0.1	0.1	0.1	0.1	0.1	0.1
赠送农村以外亲友		0.6	0.3	0.6	0.5	0.1	0.1	0.1

8—18 农民家庭平均每人纯收入及构成

项目	1980年	1985年	1990年	1991年	1992年	1993年	1994年	1995年
平均每人纯收入(元)	**160.78**	**328.78**	**526.95**	**539.29**	**588.48**	**695.85**	**909.81**	**1231.97**
一、按来源分								
(一)基本收入	136.13	307.64	502.42	512.92	553.10	665.67	855.00	1167.71
1.劳动者的报酬收入	90.75	44.47	79.21	75.52	90.97	100.49	116.23	163.51
2.家庭经营收入	45.38	263.17	423.21	437.40	462.13	565.18	738.77	1004.20
(二)转移性收入	22.25	18.79	21.80	23.57	31.63	27.11	33.26	35.82
(三)财产性收入	2.40	2.35	2.73	2.80	3.75	3.07	21.55	28.44
纯收入构成(%)	100.0	100.0	100.0	100.0	100.0	100.0	100.0	100.0
(一)基本收入	84.7	93.6	95.3	95.1	94.0	95.7	94.0	94.8
1.劳动者的报酬收入	56.5	13.5	15.0	14.0	15.5	14.5	12.8	13.3
2.家庭经营收入	28.2	80.1	80.3	81.1	78.5	81.2	81.2	81.5
(二)转移性收入	13.8	5.7	4.2	4.4	5.4	3.9	3.6	2.9
(三)财产性收入	1.5	0.7	0.5	0.5	0.6	0.4	2.4	2.3
二、按性质分								
(一)生产性收入	136.13	305.07	497.46	509.31	549.22	660.46	848.75	1156.55
(二)非生产性收入	24.65	23.71	29.49	29.98	39.26	35.39	61.06	75.42
纯收入构成(%)	100.0	100.0	100.0	100.0	100.0	100.0	100.0	100.0
(一)生产性收入	84.7	92.8	94.4	94.4	93.3	94.9	93.3	93.9
(二)非生产性收入	15.3	7.2	5.6	5.6	6.7	5.1	6.7	6.1

8—19 农民家庭平均每人纯收入水平分组的户数构成

单位:%

项目	1980年	1985年	1990年	1991年	1992年	1993年	1994年	1995年
100元以下的户		0.9	0.3	1.1	0.3	0.2	0.1	0.1
100—150元的户	75.0	4.2	0.8	2.4	0.9	0.2	0.3	…
150—200元的户		10.6	2.0	3.1	1.8	0.5	0.5	0.2
200—300元的户	19.0	32.2	11.7	12.1	8.9	4.2	2.0	0.5
300—400元的户		27.8	19.6	16.7	14.4	9.5	3.5	0.8
400—500元的户		12.8	19.4	16.6	16.8	14.3	6.3	1.8
500—600元的户		6.1	15.8	13.3	15.8	14.8	8.7	3.1
600—800元的户		3.9	16.3	17.8	21.2	25.9	22.4	13.3
800—1000元的户	6.0	0.8	7.9	8.8	10.3	15.2	22.7	18.0
1000—1500元的户		0.6	5.0	6.5	7.4	11.7	24.0	37.4
1500—2000元的户		0.1	0.9	1.2	1.6	2.3	6.3	15.2
2000元以上的户			0.3	0.4	0.6	1.2	3.2	9.6

8—20 农民家庭平均每人生活消费支出

单位:元

项　　目	1980年	1985年	1990年	1991年	1992年	1993年	1994年	1995年
生活消费支出	**135.51**	**260.19**	**437.73**	**454.68**	**472.61**	**564.93**	**731.78**	**929.39**
一、食品	78.49	145.83	240.93	248.15	269.29	334.52	426.17	544.26
主食	53.96	88.94	124.55	121.89	141.30	154.72	242.77	321.59
副食	19.12	38.10	71.61	80.88	81.46	91.11	118.95	139.85
其他食品		15.76	33.75	35.33	35.94	76.10	48.18	61.27
在外饮食	5.41	3.03	5.33	4.73	5.32	6.03	8.94	13.06
食品加工费			5.69	5.32	5.27	6.56	7.33	8.49
二、衣着	18.48	28.38	43.22	47.00	44.49	46.02	62.55	77.07
三、居住	21.41	51.68	80.68	72.90	69.92	74.95	98.96	131.94
#住房	14.49	34.17	56.36	49.85	45.13	30.37	53.78	69.37
电费		0.90	3.31	3.72	4.51	6.37	8.54	10.01
燃料	6.92	16.61	21.01	19.33	20.28	36.95	34.24	49.43
四、家庭设备、用品及服务	6.40	12.10	23.87	27.75	25.23	30.08	36.73	43.76
五、医疗保健	4.30	8.25	18.02	21.19	22.24	22.67	29.02	34.43
#医疗卫生保健用品		5.68	11.52	12.30	14.12	17.33	19.64	22.85
医疗保健服务费		2.27	5.89	7.77	8.11	5.33	9.22	11.36
六、交通和通讯	2.30	4.20	5.55	7.85	5.33	8.77	15.58	17.37
#交通费			2.30	2.39	2.72	4.31	4.97	5.52
邮电费			0.09	0.08	0.09	0.11	0.20	0.18
七、文化、教育、娱乐用品及服务	3.80	7.14	22.30	25.89	30.12	39.22	48.11	63.53
文化、教育、娱乐用品		3.71	9.91	11.17	11.20	11.21	14.82	20.68
文化、教育、娱乐服务		3.43	12.39	14.72	18.92	28.01	33.29	42.85
八、其他商品和服务	0.33	2.61	3.16	3.95	5.99	8.70	14.66	17.03
商品性支出		0.26	0.25	0.35	0.48	0.71	1.73	1.99
服务支出		2.35	2.91	3.60	5.51	7.99	12.93	15.04

8—21 农民家庭平均每人生活消费支出构成

单位:%

项　　目	1980年	1985年	1990年	1991年	1992年	1993年	1994年	1995年
生活消费支出	**100.0**	**100.0**	**100.0**	**100.0**	**100.0**	**100.0**	**100.0**	**100.0**
一、食品	57.9	56.0	55.0	54.6	57.0	59.2	58.2	58.6
主食	39.8	34.2	28.4	26.8	29.9	27.4	33.2	34.6
副食	14.1	14.6	16.4	17.8	17.2	16.1	16.2	15.1
其他食品		6.0	7.7	7.8	7.6	13.5	6.6	6.6
在外饮食	4.0	1.2	1.2	1.0	1.2	1.1	1.2	1.4
食品加工费			1.3	1.2	1.1	1.1	1.0	0.9
二、衣着	13.6	10.9	9.9	10.3	9.4	8.2	8.6	8.3
三、居住	15.8	19.9	18.4	16.1	14.8	13.3	13.5	14.2
#住房	10.7	13.1	12.9	11.0	9.5	5.4	7.3	7.4
电费		0.3	0.7	0.8	1.0	1.1	1.2	1.1
燃料	5.1	6.4	4.8	4.3	4.3	6.5	4.7	5.3
四、家庭设备、用品及服务	4.7	4.7	5.5	6.1	5.3	5.3	5.0	4.7
五、医疗保健	3.2	3.2	4.1	4.7	4.7	4.0	4.0	3.7
#医疗卫生保健用品		2.2	2.6	2.7	3.0	3.1	2.7	2.5
医疗保健服务费		0.9	1.3	1.7	1.7	0.9	1.3	1.2
六、交通和通讯	1.7	1.6	1.3	1.6	1.1	1.6	2.1	1.9
#交通费			0.5	0.5	0.6	0.8	0.7	0.6
邮电费			…	…	…	…	…	…
七、文化、教育、娱乐用品及服务	2.8	2.7	5.1	5.7	6.4	6.9	6.6	6.8
文化、教育、娱乐用品		1.4	2.3	2.5	2.4	2.0	2.0	2.2
文化、教育、娱乐服务		1.3	2.8	3.2	4.0	4.9	4.6	4.6
八、其他商品和服务	0.3	1.0	0.7	0.9	1.3	1.5	2.0	1.8
商品性支出		0.1	0,1	0.1	0.1	0.1	0.2	0.2
服务支出		0.9	0.6	0.8	1.2	1.4	1.8	1.6

8—22 农民家庭平均每人主要消费品消费量和每百户主要耐用消费品年末拥有量

品　名	单位	1980年	1985年	1990年	1991年	1992年	1993年	1994年	1995年
一、平均每人主要消费品消费量									
粮食(原粮)	公斤	221.60	236.86	253.96	236.63	229.44	245.18	238.77	235.67
#细粮	公斤	123.03	209.73	222.92	205.07	198.63	217.73	207.05	206.96
稻谷	公斤	20.64	22.41	18.54	17.44	16.55	19.00	16.76	17.54
小麦	公斤	102.39	187.32	204.38	187.63	182.08	198.73	190.29	189.42
疏菜	公斤	75.08	78.80	85.00	81.01	81.80	63.58	59.67	52.76
食用油	公斤	1.50	2.45	3.17	3.55	3.52	3.40	3.35	3.32
植物油	公斤	1.00	2.04	2.60	3.07	2.92	3.03	2.99	2.97
动物油	公斤	0.50	0.41	0.57	0.48	0.60	0.37	0.36	0.35
肉类	公斤	4.10	4.93	5.22	5.46	4.68	4.91	4.26	4.20
猪肉	公斤	3.83	4.61	4.75	4.98	4.39	4.62	3.99	3.98
牛羊肉	公斤	0.27	0.32	0.47	0.38	0.29	0.29	0.27	0.22
奶及奶制品	公斤		…	0.02	0.04	0.07	0.13	0.11	0.09
家禽	公斤	0.23	0.43	0.46	0.48	0.56	0.37	0.36	0.35
蛋类及制品	公斤	1.03	1.66	2.19	2.58	2.76	2.39	2.76	2.71
鱼虾	公斤	0.27	0.26	0.22	0.16	0.20	0.26	0.35	0.39
糖类	公斤	0.67	1.23	1.71	1.49	1.68	1.51	1.38	1.41
卷烟	盒		30.33	33.84	29.14	27.03	22.89	23.17	23.37
酒	公斤	0.67	1.40	2.27	2.32	2.19	2.36	2.53	2.80
茶叶	公斤		0.02	0.03	0.02	0.03	0.03	0.05	0.04
糕点	公斤		1.13	1.33	1.22	1.23	1.62	1.64	1.59
干鲜瓜果类	公斤		2.95	3.11	3.10	3.75	13.23	12.80	11.04
棉布	米		2.64	1.03	1.10	0.81	0.73	0.55	0.37
化纤布	米		2.55	1.74	1.71	1.63	1.91	1.98	1.81
呢绒	米		0.20	0.07	0.12	0.10	0.05	0.07	0.06
绸缎	米		0.07	0.10	0.03	0.04	0.02	0.02	0.02
毛线及毛线制品	公斤		0.06	0.07	0.10	0.08	0.11	0.13	0.15
皮鞋、球鞋、胶鞋	双		0.43	0.59	0.65	0.65	0.40	0.41	0.43
二、平均每百户耐用消费品年末拥有量									
自行车	辆	36.01	93.38	127.57	124.14	127.62	137.33	141.95	145.19
缝纫机	架	29.53	55.67	69.50	70.10	74.00	77.24	77.74	79.36
钟	只	14.51	23.28	42.43	37.05	43.12	53.19	63.10	62.07
手表	只	15.90	87.62	135.98	116.64	120.76	111.81	109.60	108.03
收音机	台	40.11	75.48	74.14	46.86	49.98	51.60	49.17	50.26
黑白电视机	台		2.98	24.05	35.14	42.83	49.62	56.69	60.98
彩色电视机	台		0.38	2.81	3.74	4.29	7.07	8.50	12.07
收录机	台		2.40	11.69	13.57	14.12	18.05	19.07	20.67
照相机	架		0.12	0.24	0.38	0.81	0.43	0.52	0.60
电风扇	台		3.36	27.83	44.76	53.17	62.93	76.00	83.74
洗衣机	台		0.21	4.02	6.43	7.24	8.57	10.07	11.36
电冰箱	台			0.24	0.43	0.48	1.05	1.40	2.17
摩托车	辆		0.24	0.52	0.64	0.29	0.52	0.83	1.43
大型家具	件		102.95	191.36	256.43	259.62	648.05	671.71	653.40
#沙发	个		11.38	39.79	46.55	49.43	52.36	55.79	57.57
大衣柜	个		40.93	72.86	81.55	85.55	86.55	86.90	85.05
写字台	张		24.57	45.24	61.57	64.69	72.90	76.05	77.76

8—23 各市地农民人均纯收入

单位:元

市地	1985年	1990年	1991年	1992年	1993年	1994年	1995年
郑州市	376	692	710	796	924	1181	1555
开封市	359	612	660	633	722	840	1167
洛阳市	256	439	424	468	605	792	1040
平顶山市	320	520	540	579	659	824	1174
安阳市	344	615	650	701	783	1007	1299
鹤壁市	349	527	578	679	777	1012	1285
新乡市	352	601	693	697	858	1067	1467
焦作市	377	664	721	817	972	1211	1733
濮阳市	238	538	620	697	750	900	1114
许昌市	337	573	624	659	755	1060	1518
漯河市	284	531	589	642	736	1123	1530
三门峡市	306	537	540	601	735	927	1183
南阳市	317	487	511	546	633	874	1124
商丘地区	257	438	478	505	578	710	980
周口地区	296	514	530	568	662	831	1245
驻马店地区	316	449	322	462	571	711	1086
信阳地区	240	450	362	476	599	771	1056

主要统计指标解释

居民消费水平 从国内生产总值使用角度出发计算的消费总额与平均人口的比值。用农业居民平均人口和非农业居民平均人口分别除以农业居民消费额和非农业居民消费额，即得农业居民消费水平和非农业居民消费水平。

城镇居民家庭人口 指居住在一起，经济上合在一起共同生活的家庭成员，即在同一家庭内共同生活、共同消费的成员。

城镇居民家庭常住人口 是指经常住在家庭中的人口数，包括家庭成员中(仅指直系亲属)在部队服役的战士(不包括干部)，户口在本市学校或工作单位住单身宿舍的学生或职工、入全托的儿童。对于职工家庭中已成家、经济自立，连用饭也不在一起的子女，虽因住房问题，现住在一户内，不计算为家庭人口，对于职工家庭中已婚，不在一起居住，而户口未迁出的子女，也不计算为该户的“家庭常住人口”。

城镇居民家庭就业人口 指城镇居民从事社会劳动并取得劳动报酬或经营收入的人口。就业人口包括通过国家统筹规划和指导由劳动部门介绍就业，自愿组织起来就业和自谋职业等方式，在国有单位、集体单位、中外合资、中外合作、外资在华独资的企事业单位和私营企业单位工作或从事个体劳动的有固定性职业或临时性职业的人口。被聘用和留用的离退休人员也计入就业人口。它是反映城镇居民的就业情况，计算就业面、负担系数的重要资料。

城镇居民家庭实际收入 指调查户的全部实际的现金收入，包括经常或固定得到的收入和一次性收入；不包括借贷收入，如提取银行存款、向亲友借入款、收回借出款以及其他各种暂收款。

城镇居民家庭生活费收入 指调查户家庭实际收入中能用于安排日常生活的收入。即用实际收入减掉“赡养支出”、“赠送支出”。调查户记帐所得的“记帐补贴”、非家庭人口中的经常用饭人口所交的“搭伙费”以及“家庭副业生产支出”。

城镇居民家庭消费性支出 指调查户用于日常生活的全部支出，包括食品、衣着、家庭设备用品及服务、医疗保健、交通和通讯、娱乐教育文化服务、居住、杂项商品和服务等八大类支出，均按用途划分归类。

城镇居民家庭非消费性支出 包括直接税、消费性贷款利息支出、经常性转移支出等支出。

农民家庭总收入 指农户年内从各种来源得到的全部实际收入(包括现金收入和实物收入)。由基本收入、转移性收入和财产性收入三部分组成。

农民家庭纯收入 指农民家庭总收入扣除相应的各项费用性支出后，归农民所有的收入。它既可用于生产、非生产投资，改善物质和文化生活，又可以用于再分配支出及用于结余的收入，是观察农民家庭实际收入水平，以及农民扩大再生产和改善生活的能力的主要指标。其计算公式为：

纯收入＝总收入－家庭经营费用支出－生产用固定资产折旧－税收－上交集体承包任务－集体提留和摊派－调查补贴

农民家庭生活消费支出 指农民家庭年内用于物质生活和精神生活方面的实际支出。它直接反映农民的生活水平，是研究农民消费结构变化的基本指标。它包括食品、衣着、居住、家庭设备、用品及服务、医疗保健、交通和通讯、文化教育娱乐用品及服务、其他商品和服务等八大类支出。

九、城市概况

9-1 城市社会经济主要指标

(1995年)

指　标	单　位	全省总计	城市市区合　计	城市市区合计为全省总计%
国内生产总值	亿元	3002.74	1525.56	50.8
第一产业	亿元	762.99	152.20	19.9
第二产业	亿元	1420.25	870.26	61.3
第三产业	亿元	819.50	503.09	61.4
国有经济固定资产投资	亿元	545.80	291.64	53.4
地方财政收入	亿元	124.63	69.75	56.0
地方财政支出	亿元	207.28	89.87	43.4
农林牧渔业总产值	亿元	1304.25	262.19	20.1
蔬菜产量	万吨	1660.80	498.01	30.0
猪牛羊肉产量	万吨	295.86	58.00	19.6
工业总产值(新规定)	亿元	4393.87	2374.41	54.0
#乡及乡以上	亿元	2441.40	1634.42	66.9
独立核算工业企业				
产品销售收入	亿元	2213.96	1523.11	68.8
利润总额	亿元	105.89	69.83	65.9
年底邮电局所	个	3368	1099	32.6
邮电业务总量	万元	302583	221613	73.2
年底电话机数	万部	184.93	145.53	78.7
全年用电量	亿千瓦时	571.48	351.81	61.6
#工业用电	亿千瓦时	441.26	267.99	60.7
城乡居民生活用电	亿千瓦时	41.95	26.75	63.8
批零贸易业商品销售总额	亿元	1820.14	1033.41	56.8
批零贸易业、餐饮业网点数	万个	85.44	30.49	35.7
批零贸易业、餐饮业人员数	万人	232.23	97.86	42.1
社会消费品零售总额	亿元	906.67	546.46	60.3
实际利用外资金额	万美元	102842	47188	45.9
#外商直接投资	万美元	47981	37017	77.1
城乡居民储蓄存款年底余额	亿元	1456.35	880.61	60.5
职工工资总额	亿元	347.70	231.33	66.5
职工平均工资	元	4344	4834	111.3
在校学生数				
普通高等学校	万人	12.24	12.24	100.0
中等专业学校	万人	21.43	18.70	87.3
普通中学	万人	417.86	124.05	29.7
农、职业中学	万人	45.86	21.02	45.8
小学	万人	1039.56	267.76	25.8
卫生机构数	个	7661	4142	54.1
#医院	个	2965	1081	36.5
医院床位数	万张	17.54	9.81	55.9
卫生技术人员数	万人	25.50	14.47	56.7
#医生	万人	10.57	6.37	60.3

注:本表价值量指标除邮电业务总量按1990年不变价格计算外,其他均按当年价格计算。

9-2 十三个省辖市市区社会经济主要指标

(1995年)

指标	单位	郑州	开封	洛阳	平顶山	安阳	鹤壁
年底总人口	万人	192.10	73.35	132.32	78.38	67.12	40.19
#非农业人口	万人	135.95	54.48	91.57	54.13	47.00	24.45
年底全部从业人员数	万人	131.78	47.82	78.90	53.26	41.79	21.80
#职工人数	万人	75.29	28.56	47.13	31.58	28.76	14.20
土地面积	平方公里	1010	362	544	459	247	513
#建成区土地面积	平方公里	108	49	69	35	39	27
国内生产总值	亿元	200.33	43.15	133.19	71.10	68.30	25.77
#第二产业	亿元	89.01	24.16	80.86	51.43	48.62	16.61
第三产业	亿元	106.75	16.36	49.60	18.07	18.36	7.00
国有经济固定资产投资	亿元	53.38	7.52	24.49	16.59	12.28	4.10
城镇集体经济固定资产投资	亿元	2.60	0.22	0.69	0.52	0.56	1.20
地方财政收入	亿元	11.23	4.37	6.97	3.96	3.80	1.01
地方财政支出	亿元	10.79	4.09	8.45	5.07	6.41	2.11
农林牧渔业总产值	亿元	8.34	4.58	4.66	2.78	2.25	3.46
工业总产值(新规定)	亿元	232.77	77.79	245.36	116.79	112.85	39.91
#乡及乡以上	亿元	200.79	69.85	217.78	102.32	107.25	33.64
独立核算工业企业							
产品销售收入	亿元	195.11	63.80	215.63	99.83	104.36	29.29
利润总额	亿元	6.37	0.23	13.60	7.06	11.29	0.52
年底邮电局所	个	128	52	99	41	21	16
邮电业务总量	万元	65269	9209	20599	8572	10400	3234
年底电话机数	万部	44.04	6.98	16.27	6.50	6.87	2.28
全年用电量	亿千瓦时	59.90	11.40	28.75	22.63	24.84	6.44
#工业用电	亿千瓦时	37.06	10.32	20.35	18.14	20.69	5.66
城乡居民生活用电	亿千瓦时	6.71	0.75	2.84	1.23	1.67	0.31
批零贸易业商品销售总额	亿元	345.35	70.34	71.01	39.49	48.30	16.32
批零贸易业、餐饮业网点数	万个	2.14	1.55	2.51	1.14	1.05	0.48
批零贸易业、餐饮业人员数	万人	11.31	6.01	13.31	3.54	3.81	1.45
社会消费品零售总额	亿元	118.61	27.75	59.16	22.24	23.37	8.21
实际利用外资金额	万美元	14881	2741	10175	695	2002	667
#外商直接投资	万美元	13703	282	7878	671	731	667
城乡居民储蓄存款年底余额	亿元	172.13	36.00	95.67	52.68	41.23	15.62
职工工资总额	亿元	41.93	11.49	27.99	18.82	15.27	6.08
职工平均工资	元	5667	396	5954	6069	5454	4345
在校学生数							
普通高等学校	万人	5.92	1.14	1.33	0.27	0.34	
中等专业学校	万人	5.63	1.09	1.50	0.65	0.87	0.11
普通中学	万人	8.09	3.71	7.19	3.88	3.24	2.08
农、职业中学	万人	1.57	0.90	0.51	1.61	0.92	0.42
小学	万人	16.58	7.33	11.56	7.59	6.14	5.01
卫生机构数	个	584	270	253	193	184	128
#医院	个	105	57	93	41	24	16
医院床位数	万张	1.33	0.65	1.10	0.49	0.36	0.18
卫生技术人员数	万人	2.17	0.82	1.39	0.74	0.62	0.30
#医生	万人	1.02	0.36	0.60	0.28	0.29	0.13

9－2续表　　　　　　　　(1995年)

指　　标	单　位	新乡	焦作	濮阳	许昌	漯河	三门峡	南阳
年底总人口	万人	68.28	67.87	42.28	32.53	28.58	23.53	155.89
＃非农业人口	万人	54.42	49.72	24.68	23.99	26.38	17.15	41.18
年底全部从业人员数	万人	35.06	43.95	25.12	19.69	12.40	14.79	80.81
＃职工人数	万人	25.37	25.55	18.88	12.76	8.46	10.16	21.96
土地面积	平方公里	187	370	260	97	60	185	1981
＃建成区土地面积	平方公里	47	43	23	21	24	18	31
国内生产总值	亿元	53.12	48.02	66.30	22.53	20.37	16.68	73.34
＃第二产业	亿元	33.95	29.94	50.12	13.73	12.37	7.61	38.77
第三产业	亿元	17.63	16.42	13.76	8.05	7.51	8.62	22.21
国有经济固定资产投资	亿元	16.56	11.28	24.33	4.76	7.27	9.03	17.39
城镇集体经济固定资产投资	亿元	0.51	0.74	0.33	0.21	0.46	0.07	1.00
地方财政收入	亿元	3.83	2.73	2.60	2.00	1.12	0.94	3.49
地方财政支出	亿元	4.72	4.53	3.74	2.45	2.00	1.98	5.77
农林牧渔业总产值	亿元	2.61	3.10	4.09	1.34	0.96	0.76	22.44
工业总产值	亿元	101.02	83.72	77.15	40.43	43.96	22.40	77.29
＃乡及乡以上	亿元	91.83	75.50	74.70	34.15	39.90	21.17	54.16
独立核算工业企业								
产品销售收入	亿元	92.87	72.22	72.87	33.49	37.91	19.14	46.79
利润总额	亿元	6.83	1.13	－3.09	0.17	1.62	－0.65	1.53
年底邮电局所	个	22	29	34	13	8	12	68
邮电业务总量	万元	11076	6841	5082	5231	4874	4345	9002
年底电话机数	万部	9.38	5.31	3.02	3.02	2.20	2.88	7.28
全年用电量	亿千瓦时	15.25	26.57	19.45	4.47	4.27	8.89	16.18
＃工业用电	亿千瓦时	11.60	24.99	18.84	2.94	3.55	7.31	14.84
城乡居民生活用电	亿千瓦时	2.01	0.46	0.39	0.79	0.22	0.28	0.31
批零贸易业商品销售总额	亿元	36.70	23.66	11.14	21.87	17.11	15.96	61.43
批零贸易业、餐饮业网点数	万个	1.02	0.56	0.61	0.88	1.07	0.40	1.15
批零贸易业、餐饮业人员数	万人	3.30	2.36	1.68	2.48	3.02	1.70	6.24
社会消费品零售总额	亿元	23.29	14.03	5.66	13.78	5.67	7.79	33.58
实际利用外资金额	万美元	3438	870	280	381	1913	686	1081
＃外商直接投资	万美元	3106	761	280	381	1633	241	873
城乡居民储蓄存款年底余额	亿元	40.05	31.05	31.95	15.58	13.29	12.14	28.18
职工工资总额	亿元	11.34	12.19	12.04	4.73	3.90	4.23	9.48
职工平均工资	元	4538	4876	6337	3636	4879	4229	4310
在校学生数								
普通高等学校	万人	1.07	0.50	0.06	0.21			0.40
中等专业学校	万人	0.94	0.81	0.58	0.78	0.38	0.24	1.18
普通中学	万人	3.22	3.26	1.60	1.69	1.28	1.20	8.53
农、职业中学	万人	0.59	0.84	0.42	0.82	1.13	0.43	1.96
小学	万人	6.21	5.54	5.66	2.36	1.99	1.97	16.34
卫生机构数	个	266	262	83	124	81	54	238
＃医院	个	45	77	26	26	11	13	50
医院床位数	万张	0.55	0.65	0.28	0.24	0.15	0.12	0.41
卫生技术人员数	万人	0.85	0.93	0.43	0.30	0.20	0.18	0.70
＃医生	万人	0.42	0.41	0.19	0.14	0.08	0.08	0.28

9—3 城市建设基本情况

项　　目	单　位	1985年	1990年	1991年	1992年	1993年	1994年	1995年
城市个数	个	18	26	27	27	28	36	36
城市人口数	万人	882.1	1471.0	989.6	1012.6	1056.0	1294.0	1336.2
＃非农业人口	万人	497.8	649.3	658.3	677.8	712.6	826.8	866.7
城市面积	平方公里	7235	16643	5449	5534	5582	7654	7686.5
＃建成区面积	平方公里	426	605	631	631	673	783	854.3
年底房屋建筑面积	万平方米	8734	17941	19162	19950	20919	23496	25593
＃住宅	万平方米	4026	8544	9187	9690	10246	11703	12977
年底住宅居住面积	万平方米	2370	4257	4548	4812	5075	5795	6389
年底人均住宅居住面积	平方米	4.9	6.7	7.0	7.1	7.1	7.2	7.4
年底自来水生产能力	万吨/日	198	512	536	601	668	768	878.1
自来水全年供水总量	万吨	66240	153682	162579	173747	187226	206817	207049
＃生活用水量	万吨	26840	47570	52373	52736	53228	62478	66943
平均每人生活用水量	升/人日	162.1	179.3	185.7	170.8	165.1	169.3	175.4
用水普及率	%	91.1	91.6	93.2	95.0	94.4	94.5	95.8
公共交通标准运营车辆	标台	1224	1646	2147	2259	2548	2888	3804
平均每万人拥有公交车辆	标台	2.5	2.5	3.3	3.3	3.6	3.5	4.4
人工煤气家庭用量	万立方米	2	2040	2282	2723	4066	4598	7976
天然气家庭用量	万立方米	568	8084	6125	7001	7939	8391	8496
液化石油气家庭用量	吨	6223	42141	49147	58478	64495	76678	86207
用气人口气化率	%	9.1	41.0	41.1	44.2	42.7	43.6	46.6
集中供热面积	万平方米		225	457	660	1124	1364	1757
铺设道路长度	公里	1632	2586	2694	2831	3051	3613	3845
铺设道路面积	万平方米	1672	2859	3021	3260	3681	4651	4967
排水管道长度	公里	1556	2662	2909	3129	3405	3917	4472
建成区绿化覆盖面积	公顷			14820	15516	16204	17368	16334
建成区绿化覆盖率	%			23.5	24.6	24.1	22.2	19.1
公共绿地面积	公顷	1056	1922	1982	2151	2308	2406	2338
人均公共绿地面积	平方米	2.1	3.0	3.0	3.2	3.2	2.9	2.7
公园个数	个	35	59	64	68	76	86	83
公园面积	公顷	861	1057	1073	1150	1266	1396	1682
生活垃圾粪便清运量	万吨	296	384	442	440	440	498	496
垃圾粪便无害化处理率	%		0.5	1.7	37.0	42.0	46.5	53.9

注：1.1985、1990年城市人口和城市面积为行政辖区内全部人口和面积。

2.1993年本表各项指标均未包括偃师、项城、长葛三市。

9-4 三十六个城市市区房屋建筑及住房情况

(1995年)

城市名称	年底实有房屋建筑面积(万平方米)	#住宅	年底实有住宅使用面积(万平方米)	#居住	人均住宅居住面积(平方米)
郑州	4656	2148	1503.6	1077.5	7.87
开封	1503	806	564.3	403.1	7.40
洛阳	2751	1372	960.4	686.0	7.49
平顶山	1414	707	511.0	336.5	6.22
安阳	1453	716	508.0	358.0	7.62
鹤壁	616	348	243.6	158.3	6.38
新乡	1308	613	446.0	307.0	6.14
焦作	1232	678	474.0	339.0	7.88
濮阳	576	280	203.0	136.0	6.63
许昌	708	372	260.5	186.6	7.78
漯河	523	240	168.0	108.0	5.22
三门峡	407	204	147.5	98.7	6.67
南阳	1241	674	471.7	313.3	7.60
商丘	535	268	188.1	124.4	6.04
周口	496	248	173.6	119.1	6.77
驻马店	427	225	160.7	112.5	6.86
信阳	583	292	225.0	158.0	7.18
巩义	212	141	101.5	70.5	8.01
荥阳	252	123	86.1	61.5	7.59
新郑	235	122	86.0	61.0	7.35
登封	279	126	90.7	56.7	10.50
新密	265	112	85.1	56.0	6.59
偃师	190	76	54.7	38.0	7.60
汝州	245	135	97.2	67.5	7.67
舞钢	165	83	60.0	39.3	5.04
林州	178	112	80.0	51.0	7.08
卫辉	203	120	86.0	57.4	6.52
辉县	287	188	135.4	93.1	8.10
济源	1025	550	385.0	275.0	18.46
沁阳	172	100	72.0	47.6	8.35
禹州	320	190	133.0	92.0	9.11
长葛	265	131	92.0	65.5	7.12
义马	224	120	86.4	60.0	6.12
灵宝	205	106	76.3	50.2	6.44
邓州	257	136	97.9	68.0	6.80
项城	185	115	83.5	56.9	6.25

9－5 三十六个城市市区供、排水情况

(1995年)

城市名称	年底自来水生产能力(万吨/日)	自来水全年供水总量(万吨)	#生活用量	生活用水人口(万人)	人均生活用水(升/人日)	用水普及率(%)	排水管道长度(公里)
郑州	101.2	32506	14346	186.0	211.3	100.0	861
开封	54.4	15954	3620	71.0	139.7	96.7	290
洛阳	80.0	21123	9585	111.4	235.7	96.8	237
平顶山	36.1	11325	4818	69.0	191.3	92.4	114
安阳	101.5	24958	3597	52.3	188.4	100.0	290
鹤壁	34.1	5841	1526	31.4	133.1	97.1	79
新乡	78.2	13563	2947	60.4	133.7	100.0	298
焦作	56.5	12034	3960	66.5	163.1	99.4	189
濮阳	23.5	4136	2383	24.8	263.3	100.0	138
许昌	17.8	3870	1517	30.6	135.8	95.8	114
漯河	27.8	6473	1680	25.8	178.4	94.3	165
三门峡	18.6	2518	1067	21.1	138.5	97.7	102
南阳	36.0	7695	2910	45.0	177.2	96.1	261
商丘	24.4	3777	1076	22.4	131.6	100.0	71
周口	19.3	4893	806	17.4	126.9	74.6	76
驻马店	12.0	3326	1282	17.5	200.7	91.8	87
信阳	19.3	5750	2239	25.0	245.4	97.8	86
巩义	9.0	1756	487	11.2	119.1	97.3	36
荥阳	7.0	794	392	8.0	134.2	100.0	33
新郑	2.9	954	414	10.4	109.1	98.8	70
登封	2.0	220	120	3.5	93.9	97.0	40
新密	2.2	622	360	5.8	170.1	96.2	26
偃师	6.7	805	328	6.0	149.8	100.0	52
汝州	8.6	1385	312	7.7	111.0	95.8	85
舞钢	10.9	2693	640	8.5	206.3	84.2	17
林州	3.5	1133	392	7.2	149.2	100.0	76
卫辉	4.7	1380	400	8.8	124.5	87.5	45
辉县	15.6	1392	453	13.5	91.9	84.1	63
济源	9.0	2595	611	15.0	111.6	100.0	123
沁阳	6.9	714	175	7.3	65.7	83.6	105
禹州	4.8	972	499	8.5	160.8	84.8	57
长葛	8.3	1012	403	10.9	101.3	81.4	25
义马	1.1	210	152	9.2	45.3	73.6	29
灵宝	6.7	2117	626	8.3	206.6	92.4	51
邓州	10.3	2773	400	9.5	115.4	81.8	21
项城	17.2	3780	420	8.5	135.4	75.0	60

9－6 三十六个城市市区道路、交通情况

(1995 年)

城市名称	年底实有铺设道路长度(公里)	年底实有铺设道路面积(万平方米)	年底实有公共汽(电)车营运车辆(辆)	全年公共汽(电)车客运总数(万人次)	年底实有出租汽车(辆)
郑　州	563	680	649	13399	6907
开　封	243	248	126	2030	1293
洛　阳	227	272	357	9432	1596
平顶山	103	114	272	4372	1838
安　阳	230	264	147	2051	1550
鹤　壁	138	150	171	1307	308
新　乡	190	212	154	3672	1236
焦　作	124	163	411	3324	767
濮　阳	131	178	206	641	513
许　昌	95	133	86	523	54
漯　河	117	170	158	327	169
三门峡	107	79	89	2573	170
南　阳	244	316	75	3365	708
商　丘	92	189	72	1125	670
周　口	75	85	73	1016	22
驻马店	81	130	12	62	54
信　阳	92	112	91	738	213
巩　义	53	66			68
荥　阳	47	70	67	12	69
新　郑	55	88	170	63	269
登　封	54	72	153	600	70
新　密	28	42	131	284	102
偃　师	29	51			43
汝　州	83	80	126	511	90
舞　钢	30	27	35	250	25
林　州	65	107			70
卫　辉	49	66			
辉　县	76	97	112	261	80
济　源	87	237	98	587	80
沁　阳	81	90	81	87	14
禹　州	38	61	22	27	83
长　葛	40	66			70
义　马	25	30	31	252	20
灵　宝	68	85	13	202	86
邓　州	50	74	144	39	22
项　城	35	63			40

9—7 三十六个城市市区供气情况

(1995 年)

城市名称	煤气(人工、天然气)供气总量(万立方米)	#家庭用量	家庭用煤气人口(万人)	液化石油气供气总量(吨)	#家庭用量	家庭用液化气人口(万人)
郑州	5012	4360	70.1	11660	10768	37.8
开封	834	739	12.0	1710	1655	6.1
洛阳	1827	1827	2.8	20454	19745	46.9
平顶山	4031	3187	33.0	200	200	0.4
安阳	5310	1290	21.0	4062	4062	15.7
鹤壁	823	823	6.2	854	854	2.6
新乡	804	804	5.7	2729	2721	10.4
焦作	1673	1327	7.6	3452	3452	12.9
濮阳	1147	977	7.2	17372	17372	15.5
许昌				1318	1234	4.5
漯河				1800	1700	4.5
三门峡				653	653	2.8
南阳	580	552	5.2	3964	3714	13.6
商丘				3000	3000	8.0
周口				455	455	1.2
驻马店				2937	2937	11.3
信阳				2613	2503	8.3
巩义				278	278	1.2
荥阳				231	198	0.9
新郑				550	300	0.8
登封						
新密				274	274	1.1
偃师				720	590	2.4
汝州	47	46	0.8			
舞钢	540	540	1.1	180	180	0.6
林州				630	630	2.1
卫辉				300	300	1.2
辉县				200	200	0.8
济源				650	620	1.7
沁阳						
禹州				960	960	4.5
长葛				1902	1602	6.5
义马						
灵宝				2650	2650	3.3
邓州				400	400	1.8
项城						

9-8 三十六个城市市区绿化情况

(1995年)

城市名称	建成区绿化覆盖面积(公顷)	建成区绿化覆盖率(%)	人均公共绿地面积(平方米)	公园个数(个)	公园面积(公顷)
郑州	3223	29.8	3.2	10	405
开封	860	17.6	3.3	11	177
洛阳	1041	15.1	1.0	5	61
平顶山	923	26.0	3.9	3	134
安阳	1160	29.5	2.9	4	67
鹤壁	669	25.2	2.0	2	49
新乡	1035	22.0	2.3	6	90
焦作	1310	30.4	3.3	6	124
濮阳	762	32.6	4.4	4	48
许昌	715	34.2	1.2	3	25
漯河	205	8.5	0.8	2	15
三门峡	366	20.2	6.3	2	101
南阳	671	21.6	4.4	3	24
商丘	275	9.2	3.3	2	42
周口	396	25.4	1.2	2	14
驻马店	511	28.1	1.6	3	21
信阳	366	18.3	2.4	1	20
巩义	25	2.0	0.1		
荥阳	48	3.8			
新郑	89	7.4	3.5	1	27
登封	80	6.7	3.6		
新密	20	0.9	1.5		
偃师	31	2.7			
汝州	48	5.2	1.0	1	3
舞钢	32	2.7	0.1		
林州	119	9.2	13.9	1	100
卫辉	185	10.9	1.6	1	14
辉县	248	27.0	7.1	2	43
济源	460	24.1	5.1	4	55
沁阳	169	13.5	2.9	1	5
禹州	44	3.9	0.5		
长葛	78	7.8	0.1	1	1
义马	15	1.2	0.1		
灵宝	83	8.1	2.4	1	13
邓州	38	3.2	0.5	1	4
项城	34	2.4			

主要统计指标解释

年底自来水生产能力　指年底城建部门管理的自来水厂和社会单位自备水源的取水、净化、送水、出厂输水干管等环节的实际生产能力。

年底供水管道长度　指从送水泵至用户水表之间所有管道的长度。

全年供水总量　指公用自来水厂和社会单位自备水源全年的供水总量，包括有效供水量及损失水量。

生活用水量　指居民日常生活与公共福利设施的用水量。包括饮食店、旅馆、医院、理发店、浴池、洗衣店、游泳池、商店、学校、机关、部队等单位。

天然气(液化气)供气总量　指售给各类用户的全部天然气(液化气)量。包括工业用量、家庭用量和其他用量。

铺设道路长度　指除土路外，路面经过铺设宽度在3.5米以上的道路，包括高级、次高级道路和普通道路。

公共运营车辆　指年底可参加营运的全部车辆数，包括年营运车辆数和库存查封未参加营运车辆，不包括非营运车辆，如架线车、油罐车、工程车、货车及其他专用车辆和借入的客运车辆。

城市园林绿地面积　指城市公共绿地、专用绿地、防护绿地、郊区风景名胜区的全部面积。

公共绿地　指供游览休息的各种公园、动物园、植物园、陵园以及花园、游园和供游览休息用的林荫道绿地、广场绿地。不包括一般栽植的行道树及林荫道的面积。

城市人口用水普及率　指城市用水的非农业人口数(不包括临时人口和流动人口)与城市非农业人口数之比。

十、农林牧渔业

10－1 农村基本情况

（年底数）

指　　标	单　位	1990年	1991年	1992年	1993年	1994年	1995年
一、农村基层组织							
1.乡镇	个	2127	2135	2142	2143	2143	2138
#镇	个	387	393	402	437	526	578
2.村民委员会	个	47804	47988	48004	48063	48187	48274
3.村民小组	个	403561	406100	406953	407656	408996	410093
二、农村社会基础设施							
1.自来水受益村数	个		10253	11191	11500	12460	13331
2.通汽车村数	个		28468	30555	33066	35845	38066
3.通电话村数	个		13507	13464	13597	14438	17916
三、农村人口、劳动力资源及行业分布							
乡村户数	万户	1735	1781	1815	1830	1860	1880
乡村人口数	万人	7376	7525	7614	7637	7690	7715
劳动年龄内的人数	万人				3673	3740	3821
#劳动年龄内上学的学生数	万人				131	160	193
劳动年龄内丧失劳动能力的人数	万人				91	96	109
不足或超过劳动年龄而参加劳动的人数	万人				231	250	263
乡村劳动力	万人	3424	3511	3601	3658	3717	3773
1.按性别分							
男劳动力	万人	1820	1855	1895	1922	1952	1983
女劳动力	万人	1604	1656	1706	1736	1765	1790
2.按行业分							
农林牧渔业	万人	2820	2913	2947	2902	2859	2808
工业	万人	172	176	198	223	239	265
建筑业	万人	144	142	151	177	200	224
交通运输、邮电通信业和仓储业	万人	51	53	56	59	75	87
批发零售贸易业、餐饮业	万人	57	56	62	71	88	98
其他	万人	179	170	188	226	256	291
#外出合同工、临时工	万人		69	81	123	159	195

10—2 各市地农村基本情况

（1995年底）

市地	乡镇（个）	#镇	乡村户数（万户）	乡村人口数（万人）	乡村劳动力（万人）	男	女
全省	**2138**	**578**	**1880.42**	**7715.17**	**3772.97**	**1983.34**	**1789.63**
郑州市	120	40	102.43	409.13	191.45	99.94	91.51
开封市	93	15	84.48	353.88	170.30	89.26	81.04
洛阳市	159	42	115.75	473.87	236.87	124.65	112.22
平顶山市	115	34	112.22	451.08	228.49	122.54	105.95
安阳市	95	31	113.60	428.95	182.91	97.04	85.87
鹤壁市	25	8	24.47	99.07	44.45	23.55	20.90
新乡市	153	36	97.75	410.33	180.51	94.42	86.09
焦作市	97	32	66.87	279.78	128.24	65.89	62.35
濮阳市	78	15	64.27	284.10	121.13	64.95	56.18
许昌市	67	24	74.10	301.74	157.84	81.75	76.09
漯河市	52	14	48.69	200.08	110.90	56.99	53.91
三门峡市	76	22	39.60	162.90	78.29	42.18	36.11
南阳市	227	76	228.76	920.38	424.43	228.92	195.51
商丘地区	198	39	165.16	690.46	359.52	186.38	173.14
周口地区	181	67	207.55	887.51	451.81	231.69	220.12
驻马店地区	192	40	169.55	710.72	374.13	196.59	177.54
信阳地区	210	43	165.17	651.19	331.70	176.60	155.10

市地	农林牧渔业	工业	建筑业	交通运输、邮电通信业和仓储业	批发零售贸易业、餐饮业	其他	#外出合同工、临时工
全省	**2808.00**	**265.07**	**224.14**	**87.31**	**97.43**	**291.02**	**195.21**
郑州市	124.60	29.49	11.17	7.58	6.53	12.08	3.62
开封市	144.50	5.08	8.42	2.38	2.92	7.00	3.65
洛阳市	174.90	22.53	14.25	6.91	6.89	11.39	5.58
平顶山市	178.81	12.53	10.75	6.72	6.68	13.00	7.55
安阳市	121.98	17.23	25.19	5.03	5.05	8.43	4.20
鹤壁市	33.60	3.03	2.59	1.52	1.23	2.48	1.12
新乡市	135.83	14.91	12.12	4.41	4.03	9.21	4.76
焦作市	81.45	20.12	6.59	6.96	4.87	8.25	3.46
濮阳市	95.65	5.82	8.41	2.46	2.88	5.91	2.72
许昌市	110.91	18.86	8.81	4.81	4.97	9.48	4.93
漯河市	72.12	10.42	10.28	3.32	4.08	10.68	8.89
三门峡市	58.95	5.24	3.39	3.01	3.33	4.37	1.95
南阳市	322.01	30.99	20.74	8.53	11.02	31.14	19.50
商丘地区	274.76	15.93	22.21	5.89	7.97	32.76	27.27
周口地区	355.11	19.02	23.90	6.07	8.23	39.48	30.73
驻马店地区	280.78	20.67	20.24	6.30	8.57	37.57	27.97
信阳地区	242.04	13.20	15.08	5.41	8.18	47.79	37.31

10—3 全省农村劳动力转移情况

单位:万人

指 标	1990年	1991年	1992年	1993年	1994年	1995年
一、农村总劳动力	**3423.7**	**3510.8**	**3601.3**	**3658.0**	**3717.3**	**3773.0**
#二、三产业劳动力	603.8	597.4	654.1	756.0	858.6	965.0
二、当年由农业转向二、三产业的劳动力	**169.6**	**133.1**	**210.6**	**270.8**	**315.7**	**319.6**
1.按性别分组						
(1)男劳动力	131.9	101.6	159.2	199.2	226.1	223.5
(2)女劳动力	37.7	31.5	51.4	71.6	89.6	96.1
2.按文化程度分组						
(1)文盲或半文盲	6.3	5.0	8.0	15.9	6.5	9.5
(2)小学程度	50.3	37.4	57.3	63.4	59.6	51.1
(3)初中程度	81.7	69.3	108.3	139.7	188.1	190.1
(4)高中程度	25.1	20.4	36.4	49.1	59.6	66.3
(5)中专程度	5.0	0.9	0.6	2.6	1.9	2.6
(6)大专程度	1.2	0.1		0.1		
3.按是否受过专业培训分组						
(1)受过各种专业培训的劳动力	31.4	22.5	53.9	52.8	92.3	95.7
(2)没有受过专业培训的劳动力	138.2	110.6	156.7	218.0	223.4	223.9
4.按转向行业分组						
(1)转向工业	37.7	33.4	57.0	64.4	95.4	96.4
(2)转向建筑业	62.8	45.4	71.6	98.3	99.2	105.4
(3)转向交通、运输邮电业	18.8	8.2	15.7	24.7	16.5	21.5
(4)转向商业、饮食服务业	25.1	25.9	35.9	49.6	70.4	61.6
(5)转向教育文化艺术和广播电影电视事业	6.3	2.6	4.6	2.4	1.9	1.2
(6)转向卫生体育和社会福利事业	0.1	1.8	4.1	0.8	0.8	1.8
(7)转向其他非农行业	18.8	15.8	21.7	30.6	31.5	31.7
5.按转向地域分组						
(1)本省内部转移	138.2	109.7	170.7	191.6	233.4	217.4
#转向城市	50.3	41.9	55.0	83.1	126.9	98.7
(2)转向外省	31.4	23.4	39.9	79.2	82.3	102.2
①转向东部地区	12.6	6.6	14.4	41.8	50.4	60.0
#转向城市	6.3	4.7	10.8	29.5	43.7	52.1
②转向中部地区	12.6	9.4	13.5	22.6	20.4	26.2
#转向城市	6.3	6.1	7.8	18.7	19.6	19.1
③转向西部地区	6.2	7.4	12.0	14.8	11.5	16.0
#转向城市	6.2	2.8	9.4	10.1	10.4	12.1
三、当年由二、三产业返回农业的劳动力	**37.7**	**28.9**	**53.6**	**52.4**	**68.1**	**81.3**

10－4 历年农林牧渔业总产值

单位:亿元

年份	农林牧渔业总产值	农业	#种植业	林业	牧业	渔业
1949	17.19	15.32	13.67	…	1.86	0.01
1950	19.94	17.90	15.59	0.01	2.02	0.01
1951	27.44	24.91	21.26	0.02	2.46	0.05
1952	27.74	24.51	21.04	0.03	3.16	0.04
1953	31.54	27.59	24.06	0.03	3.88	0.04
1954	33.57	29.65	26.00	0.05	3.83	0.04
1955	36.02	32.91	29.19	0.09	2.98	0.04
1956	34.61	31.54	28.08	0.14	2.89	0.04
1957	31.57	27.92	25.52	0.20	3.38	0.07
1958	33.78	31.43	30.19	0.26	2.01	0.08
1959	32.46	30.09	28.74	0.26	2.01	0.10
1960	28.94	27.12	25.79	0.18	1.55	0.09
1961	24.81	22.89	22.18	0.11	1.72	0.09
1962	28.13	24.68	23.96	0.16	3.22	0.07
1963	25.33	21.77	21.19	0.29	3.19	0.08
1964	32.20	28.61	27.44	0.26	3.24	0.09
1965	42.17	36.87	33.47	0.35	4.84	0.11
1966	49.65	43.10	39.49	0.72	5.74	0.09
1967	58.02	51.16	47.38	0.74	6.01	0.11
1968	54.95	47.89	43.91	0.75	6.21	0.10
1969	57.73	50.29	46.05	0.74	6.58	0.12
1970	67.18	57.26	53.09	1.79	8.07	0.06
1971	71.21	60.57	56.25	2.68	7.87	0.09
1972	72.50	60.74	57.22	2.35	9.30	0.11
1973	83.31	71.76	68.09	1.70	9.70	0.15
1974	83.21	71.84	67.76	1.79	9.42	0.16
1975	85.98	74.35	70.20	2.49	8.99	0.15
1976	87.17	75.24	73.76	2.63	9.15	0.15
1977	82.70	71.07	69.59	1.61	9.87	0.15
1978	95.38	81.74	79.74	2.58	10.87	0.19
1979	113.48	96.91	94.64	2.16	14.18	0.23
1980	134.62	113.17	107.97	3.88	17.28	0.29
1981	151.24	130.60	122.83	3.70	16.66	0.28
1982	151.06	128.71	117.16	3.75	18.25	0.35
1983	187.02	164.92	155.68	4.09	17.57	0.44
1984	208.68	176.39	165.06	6.88	24.78	0.63
1985	241.54	188.79	175.49	10.29	41.19	1.27
1986	259.49	202.87	183.65	12.92	42.20	1.50
1987	323.62	257.23	229.74	13.24	51.24	1.91
1988	370.67	270.78	239.90	17.25	79.91	2.73
1989	449.88	336.62	302.22	19.80	90.59	2.87
1990	502.01	372.19	333.70	20.77	105.17	3.88
1991	531.05	381.49	340.93	22.17	123.19	4.20
1992	573.65	403.47	357.67	25.13	140.15	4.90
1993	671.69	475.52	423.90	28.32	161.98	5.87
1994	883.32	609.62	556.26	29.37	237.76	6.57
1995	1304.25	865.82	792.71	38.32	391.08	9.03

注:本表按当年价格计算。

10－5 历年农林牧渔业总产值指数

(以1952年为100)

年份	农林牧渔业	农业	#种植业	林业	牧业	渔业
1949	62.0	62.6	65.2	10.5	58.7	17.9
1950	71.9	73.1	74.3	33.2	63.7	26.8
1951	98.9	101.6	101.0	54.9	77.8	127.9
1952	100.0	100.0	100.0	100.0	100.0	100.0
1953	105.6	104.5	106.2	120.2	113.7	108.9
1954	110.8	110.7	113.1	189.6	110.6	107.5
1955	119.0	123.0	127.1	314.9	86.2	113.9
1956	113.1	116.7	121.0	482.4	82.7	115.9
1957	121.9	123.2	122.7	562.4	107.3	147.7
1958	126.7	134.8	141.1	713.7	61.9	170.9
1959	115.8	122.8	127.9	697.3	58.9	180.2
1960	101.2	108.4	112.4	456.7	44.5	171.2
1961	68.7	72.4	76.4	231.6	38.9	124.1
1962	79.3	79.4	84.2	318.9	74.3	105.4
1963	72.2	70.8	75.3	585.1	74.5	130.0
1964	92.6	94.0	98.4	540.6	76.0	154.1
1965	118.7	118.5	117.4	728.8	111.6	162.6
1966	136.4	135.1	135.1	1459.0	129.3	130.1
1967	155.8	156.7	158.3	1447.4	132.2	162.0
1968	144.1	143.2	143.3	1434.3	133.3	134.6
1969	147.9	146.9	146.7	1397.0	138.0	154.7
1970	163.1	163.2	164.2	1483.7	145.5	92.8
1971	170.9	171.7	173.0	2204.7	140.9	127.0
1972	172.6	170.8	174.6	1913.7	165.1	150.7
1973	195.2	198.6	204.5	1368.3	169.6	208.2
1974	195.2	199.0	203.6	1435.3	165.0	209.9
1975	201.3	205.4	210.4	1995.1	156.9	199.4
1976	202.7	206.4	219.6	2092.9	158.3	200.8
1977	191.1	193.8	205.8	1276.7	169.7	207.6
1978	209.5	213.6	224.1	1400.5	178.7	209.1
1979	212.0	213.6	226.3	1351.8	198.0	215.3
1980	222.6	227.3	240.8	1593.8	185.5	245.5
1981	251.5	262.8	268.3	1340.4	183.3	240.1
1982	245.5	254.1	251.9	1245.2	191.6	273.7
1983	299.5	320.4	325.7	1394.6	184.3	291.8
1984	324.7	341.9	345.3	1705.6	222.1	410.8
1985	338.6	337.8	337.3	2034.8	318.9	536.1
1986	324.1	318.5	306.9	2669.6	307.7	570.9
1987	383.7	389.5	364.0	2421.3	321.5	619.4
1988	377.9	371.2	339.2	2399.5	377.4	709.8
1989	415.3	405.7	371.3	2472.4	431.7	737.6
1990	447.7	434.1	399.8	2596.4	483.1	883.7
1991	449.9	418.9	383.8	2928.7	539.1	944.6
1992	461.1	420.2	380.0	3078.1	583.3	1006.0
1993	512.3	472.7	437.8	3225.8	631.1	1203.2
1994	529.2	461.4	426.0	3409.7	749.1	1346.4
1995	622.3	522.7	480.5	3617.7	962.6	1552.4

注:本表按可比价格计算。

10-6 历年农林牧渔业总产值指数

（以上年为100）

年份	农林牧渔业	农业	#种植业	林业	牧业	渔业
1949	100.0	100.0	100.0	100.0	100.0	100.0
1950	116.0	116.8	114.0	316.2	108.5	149.7
1951	137.6	139.0	135.9	165.4	122.1	477.2
1952	101.1	98.4	99.0	182.1	128.5	78.1
1953	105.6	104.5	106.2	120.2	113.7	108.9
1954	104.9	105.9	106.5	157.7	97.3	98.7
1955	107.4	111.1	122.3	166.1	77.9	106.0
1956	95.0	94.9	95.2	153.2	95.9	101.8
1957	107.8	105.6	101.4	116.6	129.7	127.4
1958	103.9	109.4	115.0	126.9	57.7	115.7
1959	91.4	91.1	90.6	97.7	95.2	105.4
1960	87.4	88.3	87.9	65.5	75.6	95.0
1961	67.9	66.8	68.0	50.7	87.4	72.5
1962	115.4	109.7	110.2	137.7	191.0	84.9
1963	91.0	89.2	89.4	183.5	100.3	123.3
1964	128.3	132.8	130.7	92.4	102.0	118.5
1965	128.2	126.1	119.3	134.8	146.8	105.5
1966	114.9	114.0	115.1	200.2	115.9	80.0
1967	114.2	116.0	117.2	99.2	102.2	124.5
1968	92.5	91.4	90.5	99.1	100.8	83.1
1969	102.6	102.6	102.4	97.4	103.5	114.9
1970	110.3	111.1	111.9	106.2	105.4	60.0
1971	104.8	105.2	105.4	148.6	96.8	136.9
1972	101.0	99.5	100.9	86.8	117.2	118.7
1973	113.1	116.3	117.1	71.5	102.7	138.2
1974	100.0	100.2	99.6	104.9	97.3	100.8
1975	103.1	103.2	103.3	139.0	95.1	95.0
1976	100.7	100.5	104.4	104.9	100.9	100.7
1977	94.3	93.9	93.7	61.0	107.2	103.4
1978	109.6	110.2	108.9	109.7	105.3	100.7
1979	101.2	100.0	101.0	96.5	110.8	103.0
1980	105.0	106.4	106.4	117.9	93.7	114.0
1981	113.0	115.6	111.4	84.1	98.8	97.8
1982	97.6	96.7	93.9	92.9	104.5	114.0
1983	122.0	126.1	129.3	112.0	96.2	106.6
1984	108.4	106.7	106.0	122.3	120.5	140.8
1985	104.3	98.8	97.7	119.3	143.6	130.5
1986	95.7	94.3	91.0	131.2	96.5	106.5
1987	118.4	122.3	118.6	90.7	104.5	108.5
1988	98.5	95.3	93.2	99.1	117.4	114.6
1989	109.9	109.3	109.4	103.0	114.4	103.9
1990	107.8	107.0	107.7	105.0	111.9	119.8
1991	100.5	96.5	96.0	112.8	111.6	106.9
1992	102.5	100.3	99.0	105.1	108.2	106.5
1993	111.1	112.5	115.2	104.8	108.2	119.6
1994	103.3	97.6	97.3	105.7	118.7	111.9
1995	117.6	113.3	112.8	106.1	128.5	115.3

注：本表按可比价格计算。

10－7 农林牧渔业总产值、商品产值及增加值

指　　标	1985年	1990年	1991年	1992年	1993年	1994年	1995年
农林牧渔业总产值(亿元)	**241.54**	**502.01**	**531.05**	**573.65**	**671.69**	**883.32**	**1304.25**
农业	188.79	372.19	381.49	403.47	475.52	609.62	865.82
＃种植业	175.49	333.70	340.93	357.67	423.90	556.26	792.71
林业	10.29	20.77	22.17	25.13	28.32	29.37	38.32
牧业	41.19	105.17	123.19	140.15	161.98	237.76	391.08
渔业	1.27	3.88	4.20	4.90	5.87	6.57	9.03
非农行业产值(亿元)	**125.75**	**526.46**	**627.03**	**962.82**	**1603.02**	**2480.73**	**3273.54**
农村工业	64.30	327.81	407.83	644.33	1142.50	1780.00	2414.90
农村建筑业	31.62	74.44	84.56	126.81	192.99	308.78	376.40
农村运输业	14.11	65.70	71.63	98.71	148.06	217.65	254.43
农村批零贸易、餐饮业	15.72	58.51	63.01	92.97	119.47	174.30	227.81
农林牧渔业商品产值(亿元)	**115.80**	**264.85**	**284.57**	**308.95**	**364.37**	**506.42**	**741.40**
农业	89.19	191.86	199.84	209.57	246.87	320.57	450.06
＃种植业	77.51	156.73	162.47	167.87	199.56	273.44	384.56
林业	3.12	6.42	6.83	7.85	10.34	12.39	16.93
牧业	22.53	63.93	74.92	88.11	102.93	168.25	267.19
渔业	0.96	2.64	2.98	3.42	4.23	5.21	7.22
农林牧渔业商品产值占总产值比重(％)	**47.9**	**52.8**	**53.6**	**53.9**	**54.2**	**57.3**	**56.8**
农业	47.2	51.5	52.4	51.9	51.9	52.6	52.0
＃种植业	44.2	47.0	47.7	46.9	47.1	49.2	48.5
林业	30.3	30.9	30.8	31.2	36.5	42.2	44.2
牧业	54.7	60.8	60.8	62.9	63.5	70.8	68.3
渔业	75.6	68.0	71.0	69.8	72.1	79.3	80.0
农林牧渔业增加值(亿元)	**173.43**	**325.77**	**334.61**	**353.92**	**410.45**	**546.68**	**762.99**
农业	139.96	251.82	242.38	246.22	291.90	369.15	512.10
＃种植业	131.46	231.30	212.85	218.27	263.49	338.57	476.42
林业	9.19	16.61	16.77	20.56	21.81	22.94	28.55
牧业	23.07	54.08	72.03	83.11	92.49	149.75	215.85
渔业	1.21	3.26	3.43	4.03	4.25	4.84	6.49
农林牧渔业增加值占总产值比重(％)	**71.8**	**64.9**	**63.1**	**61.7**	**61.1**	**61.9**	**58.5**
农业	74.1	67.7	63.5	61.0	61.3	60.6	59.1
＃种植业	74.9	69.3	62.4	61.0	62.2	60.9	60.1
林业	89.3	80.0	75.6	81.8	76.9	78.1	74.5
牧业	56.0	51.4	58.5	59.3	57.1	63.0	55.2
渔业	95.3	84.0	81.6	82.2	72.5	73.7	71.9

注：1、本表按当年价格计算。

2、农林牧渔业商品产值、增加值占总产值比重按原始计量单位(万元)计算。

10－8 农林牧渔业分项产值

指标	绝对数(亿元)		构成（%）		1995年为1994年%
	1994年	1995年	1994年	1995年	
农林牧渔业总产值	**883.32**	**1304.25**	**100.0**	**100.0**	**117.6**
一、农业产值	**609.62**	**865.82**	**69.0**	**66.4**	**113.3**
（一）种植业	556.26	792.71	63.0	60.8	112.8
＃粮食作物产值	326.82	441.46	37.0	33.8	104.8
1.主产品产值	537.44	749.91	60.9	57.5	112.8
＃谷物	269.67	355.99	30.5	27.3	104.6
豆类	20.88	23.90	2.4	1.8	97.1
油料	51.06	67.69	5.8	5.2	132.1
棉花	68.34	107.80	7.7	8.3	122.6
麻类	1.47	3.31	0.2	0.3	126.5
薯类	19.56	27.17	2.2	2.1	112.6
蔬菜、瓜类	74.20	103.58	8.4	7.9	110.2
茶、桑、果	24.33	38.43	2.8	2.9	124.3
2.副产品产值	18.82	42.80	2.1	3.3	113.0
＃谷物副产品	14.46	30.38	1.6	2.3	110.9
（二）其他农业	53.36	73.11	6.0	5.6	116.6
1.采集	2.94	4.06	0.3	0.3	104.9
2.农民家庭兼营商品性工业	50.42	69.05	5.7	5.3	117.4
二、林业产值	**29.37**	**38.32**	**3.3**	**2.9**	**106.1**
（一）营林	10.53	14.04	1.2	1.0	114.0
（二）林产品	4.14	6.12	0.5	0.5	107.7
（三）竹木采伐	14.70	18.16	1.6	1.4	101.9
三、牧业产值	**237.76**	**391.08**	**26.9**	**30.0**	**128.5**
（一）牲畜	152.26	262.19	17.2	20.1	129.7
1.大牲畜繁殖、增长、增重	25.91	44.93	2.9	3.4	124.1
2.猪	113.38	188.97	12.8	14.5	128.6
3.羊	12.97	28.29	1.5	2.2	155.6
（二）家禽的饲养	17.80	33.00	2.0	2.5	123.2
（三）活的畜禽产品	64.46	90.49	7.3	7.0	127.4
（四）捕猎	0.40	0.45	0.1	…	114.3
（五）其他动物及产品	2.84	4.95	0.3	0.4	152.8
四、渔业产值	**6.57**	**9.03**	**0.8**	**0.7**	**115.3**
＃养殖	5.92	8.40	0.7	0.6	119.1

注：本表绝对数、构成按当年价格计算，发展速度按可比价格计算。

10—9 各市地农林牧渔业总产值

(1995年)

单位:万元

市地	农林牧渔业	农业	#种植业	林业	牧业	渔业
全省	**13042523**	**8658165**	**7927106**	**383182**	**3910864**	**90312**
郑州市	514582	322077	302701	10006	172399	10100
开封市	756895	510224	480419	25421	217595	3655
洛阳市	396630	215689	178876	22583	153560	4798
平顶山市	647070	361729	339009	22180	260536	2625
安阳市	715735	473596	456938	22644	21810	685
鹤壁市	246871	146118	134070	5124	94607	1022
新乡市	899847	645771	542810	23643	224481	5952
焦作市	715698	473861	338859	15888	224383	1566
濮阳市	497308	375797	328852	6935	112983	1593
许昌市	541669	398446	334485	14746	127122	1355
漯河市	452785	310307	264555	5486	135321	1671
三门峡市	254384	174085	163143	17907	61715	677
南阳市	1686216	1093966	1003118	64612	518317	9321
商丘地区	1242781	868540	832080	30083	339689	4469
周口地区	1493166	1073372	1057347	26868	383063	9863
驻马店地区	1237486	846311	803296	23173	358282	9720
信阳地区	1082779	705749	664249	53145	290073	33812

注:本表按当年价格计算。

10—10 各市地农林牧渔业总产值指数

(1995年,以上年为100)

市地	农林牧渔业	农业	#种植业	林业	牧业	渔业
全省	**117.6**	**113.3**	**112.8**	**106.1**	**128.5**	**115.3**
郑州市	104.0	97.9	95.4	110.7	114.1	115.0
开封市	119.8	111.3	113.9	111.4	142.5	131.2
洛阳市	99.9	91.6	81.1	110.1	110.8	115.0
平顶山市	113.4	103.5	105.1	116.7	128.1	112.9
安阳市	109.3	99.8	98.1	143.5	125.6	113.5
鹤壁市	108.0	95.2	92.6	96.1	129.2	148.0
新乡市	117.2	111.6	108.6	108.8	133.4	144.9
焦作市	116.8	112.2	105.3	110.4	128.5	77.0
濮阳市	112.2	108.9	109.5	111.7	122.8	144.2
许昌市	117.9	114.5	108.4	102.4	131.6	121.5
漯河市	121.9	120.0	121.6	111.7	126.9	124.2
三门峡市	106.0	99.2	100.0	112.2	129.0	106.3
南阳市	118.0	109.2	108.1	137.5	135.8	114.8
商丘地区	118.4	126.8	126.5	105.6	103.7	135.6
周口地区	129.4	136.7	137.8	76.6	122.0	116.1
驻马店地区	131.3	131.7	134.1	107.7	132.7	127.9
信阳地区	114.8	116.7	117.7	104.0	114.2	110.8

注:本表按可比价格计算。

10－11 各市地农林牧渔业商品产值

(1995年)

单位:万元

市地	农林牧渔业	农业	#种植业	林业	牧业	渔业
全省	**7414035**	**4500599**	**3845620**	**169308**	**2671878**	**72250**
郑州市	309671	159206	142072	4997	136189	9279
开封市	450889	304720	279777	11669	131006	3494
洛阳市	216063	98145	62103	10520	103519	3879
平顶山市	361944	181453	159056	9642	168724	2125
安阳市	421296	242693	226102	11336	166642	625
鹤壁市	158366	80604	69355	1889	75118	755
新乡市	535096	359884	280306	13186	157532	4494
焦作市	522464	339557	207846	8038	173557	1312
濮阳市	275039	190275	146504	3855	79515	1394
许昌市	307583	207118	144707	7477	92113	875
漯河市	288793	185537	142614	2813	99067	1376
三门峡市	169219	118898	109406	8905	40802	614
南阳市	932298	604417	530445	28558	292399	6924
商丘地区	695610	471685	437303	11769	208578	3578
周口地区	786844	489793	476299	23237	269271	4543
驻马店地区	694055	430377	395256	11542	245419	6717
信阳地区	515651	320299	285833	25982	152578	16792

注:本表按当年价格计算。

10－12 各市地农林牧渔业商品产值占总产值的比重

(1995年,以各业总产值为100)

市地	农林牧渔业	农业	#种植业	林业	牧业	渔业
全省	**56.8**	**52.0**	**48.5**	**44.2**	**68.3**	**80.0**
郑州市	60.2	49.4	46.9	49.9	79.0	91.9
开封市	59.6	59.7	58.2	45.9	60.2	95.6
洛阳市	54.5	45.5	34.7	46.6	67.4	80.8
平顶山市	55.9	50.2	46.9	43.5	64.8	81.0
安阳市	58.9	51.2	49.5	50.1	76.2	91.2
鹤壁市	64.1	55.2	51.7	36.9	79.4	73.9
新乡市	59.5	55.7	51.6	55.8	70.2	75.5
焦作市	73.0	71.7	61.3	50.6	77.3	83.8
濮阳市	55.3	50.6	44.6	55.6	70.4	87.5
许昌市	56.8	52.0	43.3	50.7	72.5	64.6
漯河市	63.8	59.8	53.9	51.3	73.2	82.3
三门峡市	66.5	68.3	67.1	49.7	66.1	90.7
南阳市	55.3	55.3	52.9	44.2	56.4	74.3
商丘地区	56.0	54.3	52.6	39.1	61.4	80.1
周口地区	52.7	45.6	45.0	86.5	70.3	46.1
驻马店地区	56.1	50.9	49.2	49.8	68.5	69.1
信阳地区	47.6	45.4	43.0	48.9	52.6	49.7

注:本表按当年价格计算。

10—13 各市地农林牧渔业增加值

(1995年)

单位:万元

市　　地	农林牧渔业	农　业	#种植业	林　业	牧　业	渔　业
全　　省	**7629934**	**5121006**	**4764196**	**285543**	**2158471**	**64914**
郑 州 市	285100	181352	169292	5539	92892	5317
开 封 市	424303	319964	309123	20793	81701	1845
洛 阳 市	225949	114907	92160	17797	90301	2944
平 顶 山 市	382772	211032	198955	15188	154628	1924
安 阳 市	410623	295439	288064	14776	99949	459
鹤 壁 市	138807	85936	81197	2629	49528	714
新 乡 市	538912	413506	351198	15496	106297	3613
焦 作 市	390689	250450	221357	11308	127965	966
濮 阳 市	286554	230421	208839	4605	50472	1056
许 昌 市	308817	222991	191662	10564	74294	968
漯 河 市	264271	201016	177346	4375	57670	1210
三 门 峡 市	161946	114550	107257	12341	34561	494
南 阳 市	988260	671156	618232	47928	262316	6860
商 丘 地 区	739183	540257	523349	25265	169872	3789
周 口 地 区	884319	669758	667538	21728	184122	8711
驻马店地区	722213	500950	484007	14970	199249	7044
信 阳 地 区	661632	471068	445181	40824	122689	27051

注:本表按当年价格计算。

10—14 各市地农林牧渔业增加值占总产值的比重

(1995年,以各业总产值为100)

市　　地	农林牧渔业	农　业	#种植业	林　业	牧　业	渔　业
全　　省	**58.5**	**59.1**	**60.1**	**74.5**	**55.2**	**71.9**
郑 州 市	55.4	56.3	55.9	55.4	53.9	52.6
开 封 市	56.1	62.7	64.3	81.8	37.5	50.5
洛 阳 市	57.0	53.3	51.5	78.8	58.8	61.4
平 顶 山 市	59.2	58.3	58.7	68.5	59.3	73.3
安 阳 市	57.4	62.4	63.0	65.3	45.7	67.0
鹤 壁 市	56.2	58.8	60.6	51.3	52.4	69.9
新 乡 市	59.9	64.0	64.7	65.5	47.4	60.7
焦 作 市	54.6	52.9	65.3	71.2	57.0	61.7
濮 阳 市	57.6	61.3	63.5	66.4	44.7	66.3
许 昌 市	57.0	56.0	57.3	71.6	58.4	71.4
漯 河 市	58.4	64.8	67.0	79.7	42.6	72.4
三 门 峡 市	63.7	65.8	65.7	68.9	56.0	73.0
南 阳 市	58.6	61.4	61.6	74.2	50.6	73.6
商 丘 地 区	59.5	62.2	62.9	84.0	50.0	84.8
周 口 地 区	59.2	62.4	63.1	80.9	48.1	88.3
驻马店地区	58.4	59.2	60.3	64.6	55.6	72.5
信 阳 地 区	61.1	66.7	67.0	76.8	42.3	80.0

注:本表按当年价格计算。

10—15 耕地面积变动情况

指标	单位	1980年	1985年	1990年	1991年	1992年	1993年	1994年	1995年
一、年底实有耕地面积	**千公顷**	**7128.1**	**7033.2**	**6933.2**	**6920.0**	**6887.8**	**6871.0**	**6830.0**	**6805.8**
1.水田	千公顷	423.7	397.4	397.6	426.5	440.8	432.0	443.5	446.6
占年底耕地面积比重	%	5.9	5.6	5.7	6.2	6.4	6.3	6.5	6.6
2.旱地	千公顷	6704.4	6635.8	6535.6	6493.5	6447.0	6439.0	6386.5	6359.2
占年底耕地面积比重	%	94.1	94.4	94.3	93.8	93.6	93.7	93.5	93.4
二、当年增加耕地面积	**千公顷**	**7.9**	**2.5**	**3.1**	**8.3**	**4.1**		**22.8**	**6.8**
#新开荒地面积	千公顷	2.4	1.4	1.6	1.0	1.2		2.2	2.5
占增加耕地面积比重	%	30.4	56.0	51.6	12.0	29.3		9.6	36.8
三、当年减少耕地面积	**千公顷**	**20.1**	**49.2**	**14.4**	**21.5**	**36.7**	**17.0**	**63.7**	**31.0**
#国家基建占地	千公顷	6.7	10.3	4.1	4.6	6.6	3.0	5.3	4.5
占减少耕地面积比重	%	33.3	20.9	28.5	21.4	18.0	17.6	8.3	14.5
乡村集体基建占地	千公顷		6.9	2.4	0.8	1.3	4.0	2.2	2.0
占减少耕地面积比重	%		14.0	16.7	3.7	3.5	23.5	3.5	6.5
农民个人建房占地	千公顷		8.7	1.6	2.0	2.2	1.0	2.3	2.1
占减少耕地面积比重	%		17.7	11.1	9.3	6.0	5.9	3.6	6.8
四、平均每人占有耕地面积	**公顷/人**	**0.10**	**0.09**	**0.08**	**0.08**	**0.08**	**0.08**	**0.08**	**0.07**

10—16 各市地耕地面积变动情况

(1995年)

单位:千公顷

市地	年底实有耕地面积	#水田	平均每人占有耕地面积(公顷/人)	当年增加耕地面积	#新开荒	当年减少耕地面积	#国家基建占地	#乡村集体基建占地	#农民个人建房占地
全省	**6805.76**	**446.56**	**0.07**	**6.75**	**2.49**	**31.03**	**4.45**	**1.97**	**2.05**
郑州市	300.61	15.27	0.05	1.18	0.46	2.51	0.41	0.19	0.10
开封市	360.24	8.33	0.08	0.12	0.08	4.73	0.12	0.20	0.12
洛阳市	370.03	5.99	0.06	0.43	0.27	5.23	0.37	0.30	0.48
平顶山市	323.01	3.37	0.06	0.20	0.13	1.00	0.08	0.08	0.08
安阳市	366.26	0.21	0.07	0.18	0.17	1.05	0.20	0.09	0.03
鹤壁市	100.34		0.08	0.01		0.72	0.25	0.11	0.05
新乡市	377.66		0.07	0.04	0.01	1.34	0.14	0.03	0.12
焦作市	211.98	1.31	0.06	0.03	0.01	0.99	0.31	0.06	0.11
濮阳市	250.03	5.01	0.08			1.21	0.10		
许昌市	253.68		0.07	0.06	0.02	0.71	0.32	0.11	0.05
漯河市	166.88		0.07	0.18	0.01	0.68	0.16	0.11	0.09
三门峡市	171.65		0.08	0.19	0.14	1.27	0.13	0.07	0.10
南阳市	871.00	53.31	0.08	1.79	0.48	4.30	0.53	0.20	0.24
商丘地区	627.35	0.14	0.08	0.20	0.02	1.91	0.70	0.09	0.11
周口地区	779.76	0.60	0.08	0.53	0.44	1.29	0.17	0.04	0.04
驻马店地区	751.50	34.13	0.10	0.11	0.01	0.72	0.21	0.06	0.11
信阳地区	523.78	318.89	0.07	1.50	0.24	1.37	0.25	0.23	0.22

10－17 农用机械和农产品加工机械拥有量

（年底数）

机械名称	单　位	1980年	1985年	1990年	1991年	1992年	1993年	1994年	1995年
农用机械总动力	亿瓦特	117.80	159.00	226.40	233.04	242.44	262.40	278.05	311.54
#柴油发动机动力	亿瓦特		104.60	158.86	163.04	169.96	188.21	201.49	230.80
汽油发动机动力	亿瓦特		9.50	9.46	10.79	10.52	10.52	10.98	12.02
电动机动力	亿瓦特		44.90	58.08	59.21	61.96	63.67	65.58	68.71
大中型拖拉机	台	59666	60211	49288	48348	47054	47139	47774	49278
	亿瓦特	21.69	20.59	17.43	17.18	16.60	16.58	16.66	17.01
小型拖拉机	万台	12.77	38.71	82.20	87.05	90.43	100.66	105.16	115.64
	亿瓦特	11.11	34.52	75.84	80.51	84.54	94.54	99.82	111.53
大中型拖拉机配套农具	万部	7.41	6.93	6.57	6.85	7.15	7.04	6.98	7.08
小型拖拉机配套农具	万部	4.76	23.05	83.34	94.83	103.91	123.44	128.66	150.87
农用排灌动力机械	万台	80.52	71.97	86.93	91.05	93.51	96.05	99.03	104.50
	亿瓦特	57.46	49.84	60.96	62.88	65.63	66.59	69.15	72.75
#电动机	万台	37.02	44.73	54.29	56.90	58.48	60.17	62.20	65.52
	亿瓦特	21.81	26.41	31.40	32.43	34.34	34.30	35.51	37.23
农用水泵	万台	56.53	53.68	79.51	84.98	89.60	93.51	100.21	107.92
喷灌机械	万套	2.64	3.89	8.89	11.31	12.12	13.13	13.81	14.74
联合收割机	台	799	1060	837	1088	1755	2711	3999	4952
	千瓦	28000	40000	38000	39000	47000	62828	62072	84523
机动收割机	台	5500	23400	2400		3700	4524	5411	5682
	千瓦						16326	23959	25838
机动脱粒机	万台	11.93	18.64	34.96	40.64	43.73	46.93	50.01	52.76
机动喷雾(粉)机	万部	0.52	1.60	3.32	5.52	6.01	6.85	7.54	8.53
	千瓦	10000	25000	54000	85094	94314	107470	117258	139202
农产品加工机械动力	万千瓦	223.80	270.40	355.10	357.30	360.40	381.33	391.52	411.79
碾米机	台	88500	68800	71100	68700	68000	68281	68779	66430
磨面机	台	227000	210500	205800	202500	203000	205811	206590	203596
轧花机	台	50700	37500	35700	37400	37700	38152	36923	37176
榨油机	台	48600	42200	50700	52100	53900	54377	54965	56682
农用载重汽车	辆	6631	33806	44582	43278	43000	42925	45562	49758
	万千瓦	40.00	214.20	321.40	313.00	301.40	304.46	323.07	348.02
农用运输车	辆						6763	7632	11017
	万千瓦						15.14	19.36	29.87

10—18 各市地农用机械和农产品加工机械拥有量

(1995年底)

市地	农用机械总动力(万千瓦)	#柴油发动机	#汽油发动机	#电动机	大中型拖拉机(台)	大中型拖拉机(万千瓦)	小型拖拉机(万台)	小型拖拉机(万千瓦)
全省	**3115.39**	**2308.02**	**120.24**	**687.13**	**49278**	**170.09**	**115.64**	**1115.31**
郑州市	212.62	132.00	23.74	56.88	3959	14.67	4.58	44.69
开封市	195.38	145.22	4.14	46.02	1020	3.64	8.91	82.70
洛阳市	189.48	123.30	13.56	52.62	1853	7.73	5.22	44.31
平顶山市	121.49	86.15	2.98	32.36	958	3.42	4.29	40.50
安阳市	250.29	167.58	7.53	75.18	3311	11.96	5.84	57.24
鹤壁市	102.00	77.98	4.83	19.19	1233	5.13	5.12	50.53
新乡市	292.17	211.31	8.84	72.02	6796	25.73	8.43	87.98
焦作市	218.50	150.71	15.31	52.48	7636	30.32	4.42	45.94
濮阳市	150.03	106.12	3.01	40.90	2064	6.29	3.81	34.73
许昌市	147.92	114.69	1.47	31.76	1467	5.75	6.13	60.39
漯河市	80.59	64.16	0.72	15.71	1017	4.21	4.04	38.89
三门峡市	72.07	38.73	12.11	21.23	322	1.38	1.48	15.45
南阳市	177.97	125.22	5.12	47.63	2720	7.53	7.06	61.31
商丘地区	222.14	185.98	2.81	33.35	2866	9.07	8.55	83.84
周口地区	288.02	240.28	5.13	42.61	2735	10.25	14.28	137.34
驻马店地区	273.88	243.36	5.55	24.97	5494	14.99	17.79	176.32
信阳地区	120.84	95.23	3.39	22.22	3827	8.02	5.69	53.15

市地	大中型拖拉机配套农具(台)	小型拖拉机配套农具(台)	农用排灌动力机械(万台)	农用排灌动力机械(万千瓦)	#电动机(万台)	#电动机(万千瓦)	农用水泵(万台)	喷灌机械(套)
全省	**70772**	**1508716**	**104.50**	**727.46**	**65.52**	**372.34**	**107.92**	**147352**
郑州市	7353	56152	6.00	45.31	4.79	36.15	4.87	3269
开封市	890	126716	8.35	44.64	6.45	27.15	11.90	3350
洛阳市	3706	66407	3.37	31.12	2.49	23.15	2.38	4304
平顶山市	1205	56184	4.21	28.16	2.80	15.54	3.80	6366
安阳市	4897	70398	13.12	96.18	8.40	48.71	11.71	171
鹤壁市	1815	61546	3.09	22.63	2.08	13.20	4.24	155
新乡市	10920	104333	13.13	84.68	8.73	43.96	12.87	777
焦作市	14276	46568	6.88	41.79	6.27	36.43	5.66	305
濮阳市	3097	55815	9.36	67.16	5.07	29.59	7.68	2048
许昌市	2904	64341	4.09	16.61	3.60	12.91	6.39	5662
漯河市	1756	48359	2.98	24.23	1.43	9.24	3.47	2891
三门峡市	481	16385	0.99	11.38	0.84	10.25	0.93	2208
南阳市	3712	102661	4.55	34.63	2.84	18.68	4.74	10836
商丘地区	1686	81783	8.40	55.22	3.99	15.56	8.69	17111
周口地区	3414	164161	10.12	74.52	3.86	18.38	12.52	54222
驻马店地区	7582	308884	3.12	25.35	0.99	5.76	3.48	32024
信阳地区	1078	78023	2.74	23.85	0.89	7.68	2.59	1653

10－18 续表 （1995 年底）

市地	联合收割机		机动收割机		机动脱粒机（台）	机动喷雾（粉）机		农产品加工机械动力（万千瓦）
	（台）	（千瓦）	（台）	（千瓦）		（部）	（千瓦）	
全省	**4952**	**84523**	**5682**	**25838**	**527572**	**85337**	**139202**	**411.79**
郑州市	922	5833	999	6853	39921	2273	4765	21.57
开封市	35	914	10	34	57533	2817	4514	23.23
洛阳市	506	7984	1011	2815	82129	6239	10310	33.18
平顶山市	100	991	205	1500	21901	1505	2750	18.47
安阳市	553	9443	2067	4797	42136	7088	9298	29.79
鹤壁市	178	7565	3	131	7855	1982	2694	6.58
新乡市	853	7755	438	2980	27805	5291	12633	30.14
焦作市	721	5095	134	406	32868	3450	5289	16.30
濮阳市	43	608	236	1859	26730	2666	3279	12.88
许昌市	293	2225	29	120	19328	4049	5929	20.48
漯河市	205	11678	56	480	9849	1897	4197	7.87
三门峡市	52	431	155	1036	19158	1978	8201	13.04
南阳市	28	1004	94	425	24812	11731	17246	40.77
商丘地区	77	909	3	26	42268	5686	8785	35.17
周口地区	239	13866	27	491	55999	14723	18435	37.67
驻马店地区	143	8023	132	1689	12578	8948	15643	35.84
信阳地区	4	199	83	196	4702	3014	5234	28.81

市地	碾米机（台）	磨面机（台）	轧花机（台）	榨油机（台）	农用载重汽车		农用运输车	
					（辆）	（万千瓦）	（辆）	（万千瓦）
全省	**66430**	**203596**	**37176**	**56682**	**49758**	**348.02**	**11017**	**29.87**
郑州市	4397	10142	1420	1677	8541	57.91	2535	8.80
开封市	1222	8179	2231	3358	1259	9.06	339	0.52
洛阳市	6277	18412	2028	2242	7456	52.50	2319	3.52
平顶山市	2550	14609	984	1963	2702	18.59	300	0.90
安阳市	5343	12517	3923	4180	4183	30.23	258	0.59
鹤壁市	1313	3403	670	888	1376	10.00	6	0.02
新乡市	5558	8705	2403	2775	3101	20.36	57	0.26
焦作市	1826	7019	831	1172	5634	41.05	600	1.43
濮阳市	3404	7035	2039	3078	649	5.30	106	0.26
许昌市	329	5202	387	1754	2376	15.07	156	0.52
漯河市	717	4997	818	1108	378	2.59	264	0.25
三门峡市	2000	4924	485	986	2746	21.26	1046	4.60
南阳市	8338	18312	2743	4299	3137	19.20	686	2.42
商丘地区	1423	18237	5255	6106	1791	12.71	1036	3.97
周口地区	904	30247	6183	10808	1669	13.23	961	1.06
驻马店地区	2933	17728	3261	6591	1918	13.69	194	0.23
信阳地区	17896	13928	1515	3697	842	5.27	154	0.52

10－19 农业机械化、电气化、化学化及水利情况

指　　标	单　位	1980年	1985年	1990年	1991年	1992年	1993年	1994年	1995年
一、农业机械化情况									
1. 当年实际机耕面积	千公顷	3323.34	2498.12	4409.58	4576.05	4667.14	4742.53	4761.89	4864.64
占耕地面积比重	%	46.6	35.5	63.6	66.1	67.8	69.0	69.7	71.5
2. 当年机械播种面积	千公顷	520.02	337.94	809.77	1194.75	1404.11	1681.70	1934.74	2412.80
占农作物播种面积比重	%	4.8	2.9	6.8	10.0	11.8	13.9	16.0	19.8
3. 当年机械收割面积	千公顷	116.75	386.18	1629.07	1750.11	2104.17	2421.13	2732.72	3064.09
占农作物播种面积比重	%	1.1	3.3	13.7	14.6	17.6	20.1	22.6	25.2
二、农村电气化情况									
1. 农村用电量	亿千瓦小时	17.23	28.33	46.93	52.06	59.58	61.10	70.54	85.07
2. 乡、村及村以下办电站个数	个	1290	910	630	534	501	465	539	576
装机容量	万千瓦	7.60	8.09	5.82	9.74	11.90	6.00	6.44	7.09
实际发电量	亿千瓦小时					0.83	0.61	0.57	0.49
三、农业化学化情况									
1. 农用化肥施用实物量	万吨	386.23	662.72	965.73	1060.56	1097.37	1170.84	1235.73	1323.75
每公顷耕地平均施用量	公斤	541.80	942.30	1392.90	1532.60	1593.21	1704.03	1809.25	1945.04
2. 农用化肥施用折纯量	万吨	72.52	143.58	213.18	239.74	251.13	288.21	292.47	322.21
每公顷耕地平均施用量	公斤	101.70	204.10	307.50	346.45	364.60	419.46	428.21	473.44
3. 农用塑料薄膜使用量	万吨			2.75	3.15	3.45	3.84	4.87	5.32
4. 农药施用实物量	万吨			3.31	3.88	4.76	5.44	6.53	7.56
四、农田水利基本情况									
1. 农田有效灌溉面积	千公顷	3536.23	3189.97	3550.09	3676.59	3779.72	3868.33	3931.30	4044.19
#机电灌溉面积	千公顷	2774.00	2396.59	2595.83	2798.53	2861.86	2947.39	3025.07	3128.34
机灌面积	千公顷			1059.21	1220.02	1263.95	1295.77	1346.22	1386.14
电灌面积	千公顷			1536.62	1578.51	1597.91	1651.62	1678.85	1742.20
有效灌溉面积占耕地面积比重	%	49.6	45.4	51.2	53.1	54.9	56.3	57.6	59.4
机电灌溉面积占有效灌溉面积比重	%	78.4	75.1	73.1	76.1	75.7	76.2	76.9	77.4
2. 机电井数	万眼	61.30	60.35	69.58	72.57	76.03	79.23	81.46	86.21
#已配套的井数	万眼	43.64	41.86	60.21	63.61	67.03	70.08	72.43	77.20
配套井占机电井数的比重	%	71.2	69.4	86.5	87.7	88.2	88.5	88.9	89.5
3. 旱涝保收农田面积	千公顷	1958.86	2512.21	2671.43	2839.03	2943.45	3043.83	3116.03	3212.34

10—20 水库、灌区情况

指　标	单　位	1980年	1985年	1990年	1991年	1992年	1993年	1994年	1995年
年底水库数	**座**	**2486**	**2443**	**2427**	**2430**	**2430**	**2432**	**2430**	**2408**
大型水库(1亿立方米以上)	座	16	15	16	16	16	17	17	19
中型水库(1千万至1亿立方米)	座	90	91	94	97	97	97	98	97
小型水库(10万至1千万立方米)	座	2380	2337	2317	2317	2317	2318	2315	2292
水库库容量	**亿立方米**	**487.53**	**493.38**	**499.96**	**502.34**	**502.54**	**509.64**	**510.77**	**265.10**
大型水库	亿立方米	440.98	447.24	453.38	455.69	455.90	462.65	462.65	218.13
中型水库	亿立方米	26.95	26.09	26.66	26.90	26.89	26.97	27.42	26.61
小型水库	亿立方米	19.60	20.05	19.92	19.75	19.75	20.02	20.70	20.36
水库灌溉面积	**千公顷**	**715.89**	**716.29**	**612.02**	**665.75**	**529.01**	**516.43**	**528.62**	**545.48**
大型水库	千公顷	391.67	394.70	349.75	441.85	367.74	369.28	372.21	377.24
中型水库	千公顷	174.27	173.60	140.27	144.68	161.27	147.15	156.41	168.24
年底灌区数	**处**	**180**	**177**	**146**	**164**	**155**	**154**	**154**	**157**
#3.3万公顷以上	处	6	6	6	6	6	6	6	6
灌区有效灌溉面积	**千公顷**	**1016.46**	**1043.33**	**923.10**	**963.17**	**944.18**	**1005.86**	**1007.87**	**1040.41**
#3.3万公顷以上	千公顷	376.67	378.00	306.40	316.79	318.00	321.84	324.71	324.40

注:包括三门峡水库(库容354亿立方米);水库灌溉面积不包括小型水库灌溉面积。

10—21 除涝、治水、治碱情况

指　标	单　位	1980年	1985年	1990年	1991年	1992年	1993年	1994年	1995年
易涝面积	千公顷	2093.19	2102.72	2111.61	2108.87	2108.87	2108.88	2108.88	2108.88
除涝面积	千公顷	1498.10	1598.11	1562.51	1606.39	1638.21	1673.08	1682.49	1716.82
占易涝面积比重	%	71.6	76.0	74.0	76.2	77.7	79.3	79.8	81.4
水土流失面积	平方公里	61122	61417	60568	60568	60568	60568	60568	60568
治理水土流失面积	平方公里	37857	39025	28966	30275	31284	32160	33074	34009
占水土流失面积比重	%	61.9	63.5	47.8	50.0	51.7	53.1	54.6	56.2
盐碱耕地面积	千公顷	795.44	797.49	798.59	798.53	798.52	798.54	798.55	798.56
治碱面积	千公顷	575.35	599.45	630.05	636.38	640.87	644.46	646.50	654.71
占盐碱耕地面积	%	72.3	75.2	78.9	79.7	80.3	80.7	81.0	82.0
堤防长度	公里	11709	11790	12377	12816	13228	13345	13444	14941
堤防保护面积	千公顷	4302.90	5168.00	5716.67	3494.21	3484.17	3557.40	3163.64	3308.39

10—22 各市地农业机械化和电气化情况

(1995年)

市地	农业机械化情况			农村电气化情况		
	机耕面积(千公顷)	机播面积(千公顷)	机收面积(千公顷)	农村用电量(万千瓦小时)	乡、村及村以下办水电站	
					个数	装机容量(万千瓦)
全省	**4864.64**	**2412.80**	**3064.09**	**850651.12**	**576**	**7.09**
郑州市	217.01	61.12	106.73	167060.00		
开封市	308.20	134.64	167.26	26514.62		
洛阳市	214.07	90.07	104.58	68304.14	64	0.73
平顶山市	234.32	179.42	194.01	30895.07	15	0.13
安阳市	253.37	117.31	159.78	75234.13	96	2.18
鹤壁市	82.87	66.24	56.35	13056.00	15	0.20
新乡市	297.22	163.72	173.79	94373.77	29	0.70
焦作市	166.18	144.84	126.49	94978.00	32	0.78
濮阳市	196.10	70.31	115.43	23634.17		
许昌市	201.67	107.55	125.68	31019.00		
漯河市	141.58	136.67	118.44	23749.00		
三门峡市	90.80	73.65	36.33	20300.68	44	0.47
南阳市	595.36	109.03	178.07	63251.10	155	1.09
商丘地区	442.05	148.77	367.23	30809.03		
周口地区	570.58	241.63	484.59	32657.00		
驻马店地区	649.17	498.68	476.62	30539.93		
信阳地区	204.09	69.15	72.71	24275.48	126	0.81

10—23 各市地农用化肥施用量

(1995年)

单位:万吨

市地	农用化肥施用量		#氮肥		#磷肥		#钾肥	
	实物量	折纯量	实物量	折纯量	实物量	折纯量	实物量	折纯量
全省	**1323.75**	**322.21**	**732.77**	**176.76**	**436.09**	**76.69**	**49.75**	**20.50**
郑州市	55.36	14.32	28.63	7.04	15.61	2.81	2.41	1.03
开封市	62.86	14.62	33.47	7.92	23.75	3.72	2.47	1.23
洛阳市	60.70	14.39	34.79	7.30	19.22	3.42	1.61	0.75
平顶山市	63.78	15.41	36.16	9.73	18.80	2.48	2.42	0.91
安阳市	63.05	17.56	35.18	10.69	20.37	3.36	2.06	0.89
鹤壁市	22.11	4.92	12.00	2.83	8.77	1.28	0.43	0.15
新乡市	87.45	20.88	51.31	12.28	25.89	5.22	2.56	1.26
焦作市	57.93	14.22	33.47	7.56	16.56	3.22	1.43	0.59
濮阳市	54.04	13.90	30.10	8.20	19.34	4.14	1.95	0.56
许昌市	47.06	11.76	25.25	5.84	14.34	2.55	2.01	0.57
漯河市	37.19	7.04	23.92	4.36	10.42	1.43	0.75	0.29
三门峡市	32.83	8.16	16.56	3.18	10.31	1.79	2.25	0.97
南阳市	174.29	39.45	90.30	18.24	59.66	9.98	8.77	3.66
商丘地区	127.16	31.12	65.01	17.11	47.59	8.42	7.30	3.25
周口地区	161.72	37.90	90.04	22.79	61.40	10.95	3.45	1.20
驻马店地区	117.87	36.44	63.98	18.36	32.00	6.63	6.51	2.54
信阳地区	98.35	20.12	62.60	13.33	32.06	5.29	1.37	0.65

10—24 各市地农田水利情况

(1995年)

市　地	农田有效灌溉面积(千公顷)	#机灌	#电灌	有效灌溉面积占耕地面积%	机电灌溉面积占有效灌溉面积%	机电井数(万眼)	#已配套的	旱涝保收农田面积(千公顷)
全　　省	**4044.19**	**1386.14**	**1742.20**	**59.4**	**77.4**	**86.21**	**77.20**	**3212.34**
郑　州　市	177.82	16.36	136.63	59.2	86.0	4.28	3.94	157.25
开　封　市	302.69	79.12	206.77	84.0	94.4	7.82	7.35	234.96
洛　阳　市	135.41	7.55	69.44	36.6	56.9	1.68	1.54	113.61
平顶山市	200.48	38.47	80.85	62.1	59.5	3.42	2.86	155.44
安　阳　市	272.47	46.77	189.12	74.4	86.6	6.80	6.62	187.36
鹤　壁　市	82.96	22.16	59.41	82.7	98.3	1.98	1.92	66.77
新　乡　市	324.33	81.66	193.15	85.9	84.7	6.87	6.29	273.00
焦　作　市	179.37	1.21	139.89	84.6	78.7	4.14	3.93	156.99
濮　阳　市	226.83	69.72	113.07	90.7	80.6	4.90	4.56	181.40
许　昌　市	176.47	38.93	121.02	69.6	90.6	5.15	5.01	148.26
漯　河　市	124.55	86.58	31.74	74.6	95.0	3.80	3.64	109.19
三门峡市	41.37	2.50	17.16	24.1	47.5	0.35	0.32	33.78
南　阳　市	347.93	73.49	89.14	39.9	46.7	4.69	4.25	252.70
商丘地区	390.74	229.98	160.76	62.3	100.0	10.59	10.22	334.51
周口地区	431.38	391.89	38.09	55.3	99.7	11.40	8.88	330.03
驻马店地区	280.82	181.54	30.99	37.4	75.7	7.72	5.49	217.73
信阳地区	348.57	18.21	64.97	66.5	23.9	0.62	0.38	259.36

10—25 各市地水利设施和除涝治碱面积

(1995年)

市　地	水库数(座)	水库库容量(亿立方米)	易涝面积(千公顷)	除涝面积(千公顷)	除涝面积占易涝面积%	盐碱耕地面积(千公顷)	治碱面积(千公顷)	治碱面积占盐碱耕地面积%
全　　省	**2408**	**265.10**	**2108.88**	**1716.82**	**81.4**	**798.56**	**654.71**	**82.0**
郑　州　市	160	5.42	47.37	44.62	94.2	13.73	13.45	98.0
开　封　市			126.95	108.94	85.8	93.71	70.91	75.7
洛　阳　市	236	17.66	10.61	8.42	79.4	4.31	3.09	71.7
平顶山市	174	19.15	83.69	72.12	86.2	0.47	0.09	19.1
安　阳　市	93	4.44	86.34	62.96	72.9	79.29	62.33	78.6
鹤　壁　市	20	0.23	33.66	25.69	76.3	29.20	26.40	90.4
新　乡　市	23	1.99	210.20	172.65	82.1	162.52	124.71	76.7
焦　作　市	46	1.87	86.38	82.04	95.0	40.87	39.49	96.6
濮　阳　市			93.24	84.74	90.9	78.76	70.39	89.4
许　昌　市	23	4.30	69.33	57.59	83.1	20.13	18.73	93.0
漯　河　市			105.62	89.04	84.3	1.80	1.71	95.0
三门峡市	88	2.88						
南　阳　市	495	23.53	224.69	182.91	81.4			
商丘地区			212.26	199.18	93.8	213.38	178.12	83.5
周口地区			373.21	282.93	75.8	60.39	45.29	75.0
驻马店地区	164	33.99	233.33	180.62	77.4			
信阳地区	884	41.88	112.00	62.37	55.7			

注:全省水库数、水库库容量含部属数(水库2座、库容107.75亿立方米)。

10—26 农村固定资产结构

(1995年底)

单位:亿元

指标	合计	乡级	村级	村以下
年末固定资产原价	**1793.97**	**182.09**	**239.40**	**1372.48**
农林牧渔业固定资产	306.53	10.33	29.83	266.37
工业固定资产	360.04	117.23	143.32	99.49
建筑业固定资产	31.97	7.55	8.06	16.36
运输业固定资产	83.90	3.62	5.74	74.54
商业饮食服务业固定资产	42.79	4.89	9.52	28.38
住宅	902.86	25.31	23.35	854.20
其他固定资产	65.88	13.16	19.58	33.14

10—27 农民家庭平均每户生产性固定资产原价

(年底数)

单位:元

指标	1985年	1990年	1991年	1992年	1993年	1994年	1995年
总计	**754.98**	**1156.14**	**1368.88**	**1432.03**	**1760.04**	**2308.43**	**2781.09**
1.役畜、产品畜	367.21	377.67	347.96	373.99	443.76	633.36	753.86
2.大中型铁木农具	53.59	67.05	85.47	86.27	111.24	149.45	137.67
3.农林牧渔业机械	48.35	195.74	377.70	411.24	568.21	639.83	907.22
4.工业机械	12.07	40.95	26.11	30.99	47.71	52.13	51.71
5.运输机械	109.73	219.85	235.49	228.30	243.21	244.44	300.52
6.生产用房	135.60	203.07	208.17	212.08	309.59	405.62	461.92
7.其他	28.43	51.81	87.98	89.16	36.32	183.60	168.19

注:本表为农村住户抽样调查资料(下表同)。

10—28 农民家庭平均每百户拥有主要生产性固定资产数量

(年底数)

指标	单位	1985年	1990年	1991年	1992年	1993年	1994年	1995年
汽车	辆	0.05	0.25	0.24	0.22	0.31	0.32	0.26
大中型拖拉机	台	0.49	0.40	0.70	0.65	1.03	1.28	1.46
小型和手扶拖拉机	台	2.67	7.22	10.40	11.77	14.86	15.97	18.50
机动脱粒机	台	0.85	2.30	4.00	4.88	6.02	5.59	6.53
胶轮大车	辆	2.54	5.12	5.51	6.36	6.02	6.36	7.11
架子车	辆	71.40	73.51	65.08	62.48	74.51	81.77	73.00
抽水机	台	0.75	1.03	1.74	2.42	3.20	3.18	3.92
水泵	台	1.85	5.63	8.15	9.61	11.86	13.95	15.80
役畜	头	58.72	57.65	45.94	43.88	60.59	83.59	51.42
产品畜	头	13.15	14.67	10.62	11.45	19.37	34.25	26.81

10—29 农作物播种面积

单位：千公顷

指　　标	1978年	1980年	1985年	1990年	1991年	1992年	1993年	1994年	1995年
播种面积总计	**10966.7**	**10788.2**	**11685.3**	**11889.7**	**12001.9**	**11936.3**	**12068.0**	**12087.7**	**12136.8**
一、粮食作物	**9123.3**	**8858.9**	**9029.3**	**9316.1**	**9040.4**	**8804.7**	**8969.0**	**8810.9**	**8810.0**
#谷物	6901.7	6756.3	7219.8	7767.0	7693.0	7468.9	7494.0	7361.5	7433.3
粮食作物占总播种面积%	83.2	82.1	77.3	78.4	75.3	73.8	74.3	72.9	72.6
1.夏收粮食	4125.8	4140.4	4696.3	4888.8	4891.9	4792.4	4913.0	4896.7	4888.5
小麦	3849.7	3926.9	4567.8	4782.7	4796.7	4713.2	4840.0	4817.5	4814.0
夏杂粮	276.1	213.5	128.5	106.1	95.2	79.2	73.0	79.2	74.5
2.秋收粮食	4997.5	4718.5	4333.0	4427.3	4148.5	4012.3	4056.0	3914.2	3921.5
稻谷	428.9	416.8	435.5	439.5	476.9	507.8	444.0	446.9	450.5
玉米	1684.0	1680.1	1663.7	2176.9	2087.6	1964.3	1957.0	1871.5	1957.5
大豆	871.4	918.1	880.3	639.6	514.9	498.8	618.0	656.3	559.4
薯类	1350.2	1127.2	763.1	746.1	707.6	724.6	719.0	649.0	698.7
高粱	164.1	139.3	107.4	47.8	38.5	30.7	24.0	27.5	20.9
谷子	294.5	263.9	214.8	148.5	127.1	121.6	110.0	101.1	112.8
其他秋杂粮（含绿豆）	204.4	173.1	268.2	228.9	195.9	164.5	184.0	161.9	121.7
二、经济作物	**1357.3**	**1536.7**	**2155.2**	**2024.5**	**2440.8**	**2569.7**	**2442.0**	**2427.8**	**2463.8**
占总播种面积%	12.4	14.3	18.4	17.0	20.3	21.5	20.2	20.1	20.3
1.棉花	612.0	626.7	814.3	823.0	1193.2	1247.9	974.0	966.7	1000.1
2.油料	465.6	710.2	793.7	876.4	896.0	908.6	1075.0	1242.0	1271.5
#花生	65.3	207.5	360.5	441.1	449.1	481.6	596.0	757.4	767.3
油菜籽	171.8	222.0	180.0	226.2	246.4	198.0	202.0	236.2	274.4
芝麻	227.3	279.9	252.3	207.9	198.2	228.3	254.0	246.0	228.7
3.麻类	86.5	60.5	240.9	80.4	71.8	71.3	74.0	55.1	48.2
#黄红麻	65.9	44.7	224.6	76.8	70.0	69.5	74.0	52.7	46.7
苎麻	0.2		1.2	0.1				0.1	0.2
大麻（线麻）	5.5	3.7	2.4	1.5	1.1	1.3	3.0	1.9	1.2
4.烟叶	142.1	96.2	250.9	211.7	247.6	277.8	229.0	143.7	126.4
#烤烟	136.3	94.3	247.1	207.8	244.8	275.9	226.0	141.8	123.3
5.糖料	3.3	2.7	5.0	2.7	2.1	2.7	2.0	5.6	5.0
#甘蔗	2.5	1.7	4.3	2.7	2.1	2.7	2.0	5.6	5.0
6.药材	14.7	7.8	19.5	3.6	5.6	18.7	21.0	14.7	12.6
7.其他经济作物	33.1	32.6	30.9	26.7	24.5	42.7	67.0		
三、其他农作物	**486.1**	**392.6**	**500.8**	**549.1**	**520.7**	**561.9**	**657.0**	**849.0**	**863.0**
占总播种面积%	4.4	3.6	4.3	4.6	4.4	4.7	5.5	7.0	7.1
#蔬菜	204.7	192.2	295.5	408.9	395.6	418.5	488.0	617.2	607.4
果用瓜	63.5	56.3	125.2	80.5	74.4	97.3	131.0	136.1	145.5
青饲料	13.9	15.2	7.1	8.9	2.5	2.7		18.3	7.7
绿肥	202.3	125.1	72.6	50.7	47.0	43.4	38.0		

10—30 主要农产品产量

单位:万吨

指　　标	1978年	1980年	1985年	1990年	1991年	1992年	1993年	1994年	1995年
粮食	2097.40	2148.68	2710.53	3303.66	3010.30	3109.61	3639.21	3253.80	3466.50
#谷物	1662.50	1700.93	2384.45	2948.43	2702.99	2789.77	3221.92	2879.02	3059.27
夏收粮食	910.89	922.47	1556.58	1666.46	1574.10	1670.37	1943.51	1822.01	1776.83
小麦	868.18	890.37	1528.23	1639.86	1554.28	1650.67	1922.13	1798.42	1754.18
夏杂粮	42.71	32.10	28.35	26.60	19.82	19.70	21.38	23.59	22.65
秋收粮食	1186.51	1226.21	1153.95	1637.20	1436.20	1439.24	1695.70	1431.79	1689.67
稻谷	194.77	177.85	226.34	269.96	242.93	278.73	287.80	268.84	295.82
玉米	468.94	533.23	537.26	960.52	849.10	806.56	947.10	754.27	957.77
大豆	69.53	92.10	103.21	86.74	66.13	61.96	105.00	109.14	106.69
薯类	367.18	352.42	208.62	253.74	230.91	249.49	296.20	254.00	286.04
高粱	20.96	14.53	18.02	10.08	7.73	5.72	7.40	6.25	6.12
谷子	49.10	41.33	36.50	33.62	22.86	22.15	28.40	25.36	22.10
其他秋杂粮（含绿豆）	16.03	14.75	24.00	22.54	16.54	14.63	23.80	13.93	15.13
棉花	22.42	40.62	54.73	67.61	94.77	65.85	66.01	62.81	77.00
油料	24.16	46.20	96.18	152.29	127.62	133.63	204.50	225.00	298.00
#花生	6.50	24.76	60.30	106.05	93.78	95.23	155.89	179.85	233.65
油菜籽	7.43	13.39	21.34	31.87	21.38	23.36	30.58	28.70	43.51
芝麻	10.18	8.00	14.46	14.25	11.74	13.37	17.90	16.37	20.67
麻类	7.93	8.49	44.91	17.65	7.98	13.68	16.79	8.99	11.34
#黄红麻	6.63	7.40	42.78	17.12	7.71	13.33	16.08	8.62	11.02
苎麻	0.01		0.01	0.01					0.02
大麻(线麻)	0.44	0.38	0.33	0.27	0.17	0.27	0.67	0.27	0.28
烟叶	29.95	18.89	53.89	40.86	45.98	45.80	38.90	23.91	22.26
#烤烟	29.36	18.70	53.19	40.33	45.57	45.39	37.27	23.60	21.82
糖料	8.67	7.00	17.94	10.07	6.70	9.32	15.33	23.21	20.66
#甘蔗	8.07	5.36	17.05	10.06	6.67	9.31	15.33	23.21	20.66
蔬菜	613.83	575.00	654.95	913.21	884.96	978.92	1262.37	1527.80	1660.80
果用瓜	71.49	65.49	244.18	173.86	163.69	226.63	392.01	373.99	430.44

10—31 主要农产品单位面积产量

（按播种面积计算）

单位:公斤/公顷

指　　标	1978年	1980年	1985年	1990年	1991年	1992年	1993年	1994年	1995年
粮食	2310	2430	3000	3540	3330	3532	4058	3693	3935
＃谷物	2409	2336	3303	3796	3514	3735	4299	3911	4116
夏收粮食	2205	2235	3315	3405	3225	3485	3956	3721	3635
小麦	2250	2265	3345	3435	3240	3502	3971	3733	3644
夏杂粮	1545	1500	2205	2505	2085	2487	2929	2980	3042
秋收粮食	2370	2595	2670	3705	3465	3587	4181	3658	4309
稻谷	4545	4275	5190	6135	5100	5489	6482	6015	6566
玉米	2790	3180	3225	4410	4065	4106	4840	4030	4893
大豆	795	1005	1170	1350	1290	1242	1699	1663	1907
薯类	2730	3135	2730	3405	3270	3443	4120	3914	4094
高粱	1275	1050	1680	2115	2010	1863	3083	2277	2925
谷子	1665	1575	1695	2265	1800	1822	2582	2509	1959
其他秋杂粮（含绿豆）	795	1005	960	990	840	889	1293	860	1244
棉花	375	645	675	825	795	528	678	650	770
油料	525	660	1215	1740	1425	1471	1902	1812	2344
＃花生	1005	1200	1665	2400	2085	1977	2616	2375	3045
油菜籽	435	600	1185	1410	870	1180	1514	1215	1586
芝麻	450	285	570	690	585	586	705	666	904
麻类	915	1410	1860	2190	1110	1918	2269	1633	2353
＃黄红麻	1005	1665	1905	2235	1110	1919	2264	1635	2361
苎麻	630	315	105	975	1650				1278
大麻（线麻）	765	1005	1350	1830	1485	2105	2247	1392	2295
烟叶	2115	1965	2145	1935	1860	1649	1699	1664	1761
＃烤烟	2160	1980	2160	1935	1860	1645	1649	1664	1770
糖料	25845	25815	35835	36825	31320	34503	76637	41745	41506
＃甘蔗	32955	32355	39585	37620	31260	34490	76629	41745	41506
蔬菜	29850	29925	22170	22335	22365	23391	25868	24756	27342
果用瓜	11250	11625	19500	21585	21705	23291	29924	27457	29583

注:本表单位面积产量均按原始计量单位计算,故与表10—29、10—30的计算结果略有出入。

10—32 按人口平均的主要农产品产量

单位:公斤/人

指　　标	1978年	1980年	1985年	1990年	1991年	1992年	1993年	1994年	1995年
粮　　食	299.13	296.90	347.86	385.49	345.77	352.88	408.72	362.08	382.47
＃谷　物	237.09	247.75	306.01	344.04	306.73	316.59	361.85	320.37	337.54
棉　　花	3.20	5.61	7.02	7.89	10.89	7.47	7.41	6.99	8.50
油　　料	3.45	6.38	12.34	17.77	14.66	15.16	22.97	25.04	32.88
猪、牛、羊肉	6.27	7.33	8.66	14.43	16.23	17.35	20.23	24.75	32.64
水 产 品	0.35	0.40	0.82	1.22	1.24	1.31	1.55	1.76	2.00
蔬　　菜	87.54	79.45	84.05	106.56	101.65	111.09	141.78	170.01	183.24
果 用 瓜	10.20	9.05	31.34	20.29	18.80	25.72	44.03	41.62	47.49
水　　果	6.72	6.02	6.84	7.46	7.31	9.96	14.05	18.98	23.35

10－33 各市地主要农作物播种面积

(1995 年)

单位:千公顷

市地	粮食	夏收粮食	#小麦	秋收粮食	#稻谷	#玉米	#大豆	#薯类	棉花
全　　省	**8809.97**	**4888.49**	**4814.03**	**3921.48**	**450.53**	**1957.45**	**559.39**	**698.70**	**1000.08**
郑　州　市	414.82	211.99	211.85	202.83	11.48	113.66	22.40	32.73	13.69
开　封　市	439.76	290.84	290.59	148.92	7.23	77.33	27.43	28.74	93.11
洛　阳　市	466.54	232.91	232.81	233.63	2.63	104.65	17.39	67.37	7.27
平顶山市	467.73	227.82	227.23	239.91	2.56	126.03	36.43	65.06	5.86
安　阳　市	464.70	269.89	269.04	194.81	0.07	129.07	20.70	19.48	86.18
鹤　壁　市	145.88	81.85	81.75	64.03		49.80	5.57	2.83	16.19
新　乡　市	495.93	283.04	275.95	212.89	34.89	125.38	26.81	16.44	76.62
焦　作　市	282.10	147.27	147.10	134.83	3.01	108.40	13.66	7.43	16.11
濮　阳　市	330.05	187.93	186.87	142.12	12.49	71.17	34.19	15.77	45.16
许　昌　市	338.60	183.95	183.40	154.65	0.01	82.92	18.31	48.05	47.71
漯　河　市	244.34	129.95	128.15	114.39	0.19	74.25	22.72	16.35	25.28
三门峡市	163.14	107.63	107.63	55.51		29.59	10.37	7.26	3.36
南　阳　市	1067.47	579.56	568.01	487.91	46.62	163.33	84.61	150.51	175.23
商丘地区	819.00	490.61	480.05	328.39		230.89	37.56	50.06	138.00
周口地区	1007.88	614.16	611.55	393.72	0.50	249.74	62.75	61.50	205.02
驻马店地区	940.79	555.65	534.57	385.14	20.25	201.33	93.09	52.17	54.03
信阳地区	666.99	293.44	277.48	373.55	308.60	16.69	18.85	23.15	43.23

市地	油料	#花生	#油菜籽	#芝麻	麻类	#黄红麻	烟叶	#烤烟	蔬菜	果用瓜
全　　省	**1271.54**	**767.31**	**274.44**	**228.70**	**48.20**	**46.67**	**126.36**	**123.30**	**607.41**	**145.50**
郑　州　市	47.24	37.73	6.44	3.07			2.33	2.33	33.95	5.97
开　封　市	92.70	86.40	4.73	1.56	0.23	0.17	0.03	0.03	25.05	11.50
洛　阳　市	31.40	21.29	4.47	5.58			14.08	13.74	16.77	1.75
平顶山市	37.54	21.05	10.73	5.69	0.13	0.10	27.45	27.45	29.64	4.61
安　阳　市	44.79	39.69	3.78	1.21	0.05	0.05			28.95	2.66
鹤　壁　市	14.47	12.83	1.30	0.34					6.49	0.26
新　乡　市	61.59	52.36	8.10	1.13	0.01				31.81	3.18
焦　作　市	17.53	14.80	2.03	0.69			1.02	0.87	23.58	2.63
濮　阳　市	35.07	32.67	1.81	0.52	0.06	0.05			20.81	5.39
许　昌　市	26.95	20.90	4.16	1.89	0.09	0.08	8.58	8.58	20.56	2.42
漯　河　市	22.57	9.65	7.11	5.80	0.14	0.11	6.52	6.52	24.41	8.30
三门峡市	10.47	5.81	3.21	0.76			10.58	10.58	8.96	2.27
南　阳　市	166.17	89.10	24.84	52.23	1.36	1.32	27.19	25.80	81.60	11.25
商丘地区	99.24	65.70	23.28	10.26	1.49	1.46	7.18	7.17	77.24	25.49
周口地区	115.70	75.40	8.17	32.12	0.76	0.76	13.54	13.54	65.59	20.29
驻马店地区	329.80	155.15	76.06	98.57	5.79	5.75	6.47	5.30	66.02	27.01
信阳地区	118.31	26.78	84.22	7.28	38.09	36.82	1.39	1.39	45.98	10.52

注:1.粮食面积因个别市地调整,故各市地加总不等于全省;

2.全省棉花面积系抽样调查推算数。

10－34 各市地主要农产品产量

（1995年）

单位：万吨

市地	粮食	#谷物	夏收粮食	#小麦	秋收粮食	#稻谷	#玉米	#大豆	#薯类	棉花
全省	**3466.50**	**3059.27**	**1776.83**	**1754.18**	**1689.67**	**295.82**	**957.77**	**106.69**	**286.04**	**77.00**
郑州市	140.09	121.03	61.34	61.31	78.75	7.21	48.98	4.58	14.08	1.07
开封市	188.00	167.42	117.22	117.16	70.78	4.12	44.13	6.37	13.86	8.47
洛阳市	99.46	78.45	43.06	43.06	56.40	1.43	29.81	1.20	18.95	0.30
平顶山市	172.37	133.90	72.29	72.10	100.08	1.51	58.32	6.52	31.51	0.40
安阳市	210.89	196.25	122.00	121.66	88.89	0.04	69.08	4.55	9.94	5.74
鹤壁市	71.61	69.45	43.13	43.10	28.48		25.27	0.93	1.17	0.90
新乡市	252.75	238.83	142.40	139.67	110.35	23.50	71.24	5.64	8.11	5.98
焦作市	180.31	170.89	87.60	87.49	92.71	2.22	80.89	3.74	5.55	1.50
濮阳市	161.04	144.83	96.36	95.97	64.68	4.56	38.73	7.16	8.81	3.27
许昌市	162.53	130.76	78.29	78.06	84.24	…	50.88	3.79	27.82	4.46
漯河市	112.88	99.21	55.89	55.15	56.99	0.15	42.98	5.17	8.44	2.91
三门峡市	28.04	25.29	20.61	20.61	7.43		4.46	0.92	1.51	0.15
南阳市	359.64	272.92	163.69	161.33	195.95	33.32	73.48	17.31	64.18	15.16
商丘地区	297.05	265.81	158.86	155.23	138.19		106.59	7.62	22.10	12.31
周口地区	464.60	420.73	281.55	280.39	183.05	0.27	137.31	14.21	27.64	15.45
驻马店地区	350.84	309.31	191.50	184.27	159.34	11.35	104.58	17.12	22.44	3.92
信阳地区	320.13	304.47	82.82	79.11	237.31	214.34	7.29	3.90	10.76	2.70

市地	油料	#花生	#油菜籽	#芝麻	麻类	#黄红麻（折熟麻）	烟叶	#烤烟	蔬菜	果用瓜
全省	**298.00**	**233.65**	**43.51**	**20.67**	**11.34**	**11.02**	**22.26**	**21.82**	**1660.80**	**430.44**
郑州市	9.77	9.01	0.58	0.18			0.42	0.42	95.03	16.65
开封市	25.00	24.24	0.62	0.13	0.05	0.03	0.01	0.01	64.17	29.56
洛阳市	3.22	2.69	0.26	0.27			1.54	1.50	45.36	2.22
平顶山市	7.43	5.57	1.30	0.56	0.02	0.01	5.62	5.63	114.61	16.88
安阳市	13.52	12.90	0.49	0.09	0.02	0.02			89.42	9.00
鹤壁市	3.84	3.66	0.16	0.01					24.82	0.71
新乡市	17.60	16.32	1.20	0.07	…				117.25	8.82
焦作市	5.22	4.87	0.30	0.05			0.09	0.05	102.66	8.99
濮阳市	11.50	11.21	0.24	0.05	0.01	0.01			61.61	15.77
许昌市	7.85	6.99	0.63	0.23	0.03	0.03	1.92	1.92	56.47	7.76
漯河市	5.26	3.03	1.63	0.60	0.04	0.04	1.58	1.58	80.38	28.47
三门峡市	0.97	0.54	0.29	0.05			1.10	1.10	24.10	4.06
南阳市	37.05	28.25	3.50	5.30	0.34	0.33	4.46	4.26	247.87	37.65
商丘地区	27.80	21.20	5.35	1.25	0.46	0.46	1.42	1.42	157.13	67.71
周口地区	29.33	24.75	1.98	2.59	0.20	0.20	2.83	2.83	180.97	71.81
驻马店地区	74.69	51.73	14.42	8.54	1.50	1.49	1.03	0.86	120.93	75.90
信阳地区	17.95	6.69	10.56	0.70	8.67	8.40	0.24	0.24	78.02	28.46

注：全省粮食、棉花、油料总产量系抽样调查推算数据，均不等于各市地加总。

10－35 各市地主要农产品单位面积产量

（1995年，按播种面积计算）　　单位：公斤/公顷

市　地	粮食	谷物	夏收粮食	小麦	秋收粮食	稻谷	玉米	大豆	薯类	棉花
全　　省	**3935**	**4116**	**3635**	**3644**	**4309**	**6566**	**4893**	**1907**	**4094**	**770**
郑　州　市	3377	3412	2893	2894	3882	6283	4310	2046	4301	785
开　封　市	4275	4394	4030	4032	4753	5692	5706	2321	4824	909
洛　阳　市	2132	2143	1849	1849	2414	5456	2848	689	2812	417
平顶山市	3685	3697	3173	3173	4172	5882	4628	1789	4844	681
安　阳　市	4538	4647	4520	4522	4563	5214	5352	2200	5105	666
鹤　壁　市	4909	5079	5270	5272	4447		5074	1672	4125	559
新　乡　市	5096	5289	5031	5061	5183	6737	5682	2103	4933	780
焦　作　市	6392	6567	5948	5948	6876	7367	7462	2734	7476	932
濮　阳　市	4879	5198	5127	5135	4551	6049	5441	2094	5589	724
许　昌　市	4800	4822	4256	4256	5447	2300	6136	2070	5790	935
漯　河　市	4620	4841	4301	4304	4982	8021	5788	2276	5160	1153
三门峡市	1719	1806	1915	1915	1338		1506	888	2075	451
南　阳　市	3369	3428	2824	2840	4016	7148	4499	2046	4264	865
商丘地区	3627	3679	3238	3234	4208		4617	2028	4415	892
周口地区	4610	4840	4584	4585	4649	5376	5498	2264	4494	754
驻马店地区	3729	3952	3446	3447	4137	5604	5195	1839	4301	726
信阳地区	4800	4918	2822	2851	6353	6946	4371	2069	4646	624

市　地	油料	花生	油菜籽	芝麻	麻类	黄红麻（折熟麻）	烟叶	烤烟	蔬菜	果用瓜
全　　省	**2344**	**3045**	**1586**	**904**	**2353**	**2361**	**1761**	**1770**	**27342**	**29583**
郑　州　市	2068	2387	901	592			1812	1812	27991	27888
开　封　市	2697	2806	1316	854	2135	2082	4100	4100	25618	25707
洛　阳　市	1026	1263	586	485			1093	1090	27050	12681
平顶山市	1980	2648	1211	978	1108	1300	2049	2049	38666	36626
安　阳　市	3019	3250	1298	774	4000	4000			30887	33847
鹤　壁　市	2655	2852	1266	541					38246	27523
新　乡　市	2858	3118	1486	642	500				36858	27742
焦　作　市	2977	3291	1470	713			886	625	43535	34181
濮　阳　市	3280	3431	1293	1013	1783	1960			29608	29254
许　昌　市	2911	3345	1513	1192	3011	3238	2242	2242	27466	32060
漯　河　市	2330	3143	2288	1034	2693	3418	2423	2423	32930	34300
三门峡市	924	930	892	649			1039	1039	26900	17897
南　阳　市	2229	3170	1409	1014	2524	2502	1639	1652	30376	33470
商丘地区	2802	3227	2298	1215	3115	3140	1974	1974	20343	26562
周口地区	2535	3282	2426	808	2643	2643	2088	2088	27590	35393
驻马店地区	2265	3334	1896	866	2598	2600	1585	1619	18317	28100
信阳地区	1517	2496	1253	956	2276	2281	1722	1719	16969	27053

注：本表按原始计量单位计算，故与表3－33、3－34计算结果有出入。

10－36 茶园、果园面积和茶叶、蚕茧、水果产量

指　标	单位	1978年	1980年	1985年	1990年	1991年	1992年	1993年	1994年	1995年
一、面积										
茶园面积	千公顷	13.1	10.9	15.9	14.7	14.0	14.2	22.0	17.4	17.9
果园面积	千公顷	149.4	143.2	159.5	233.6	215.1	235.2	279.0	371.6	440.0
苹果园	千公顷	90.8	85.8	90.7	134.5	130.9	154.1	209.0	280.0	339.0
梨园	千公顷	11.6	13.3	10.8	9.6	8.5	8.1	5.0	16.0	22.1
葡萄园	千公顷	3.8	2.7	7.6	5.2	3.8	4.6	3.0	10.0	9.4
枣园	千公顷	29.1		29.8	28.0	25.5	24.3	23.0	25.8	28.8
柿园	千公顷			2.6	3.0	3.9	3.4	3.0	5.1	5.3
桃园	千公顷		4.0	8.3	18.0	15.2	13.2	13.0	19.4	20.3
柑桔园	千公顷			1.1	6.0	6.3	4.0	4.0	2.9	3.2
其他果园	千公顷			8.6	29.3	21.0	23.5	19.0	12.4	11.9
二、产量										
茶叶产量	吨	1061	1325	1804	3567	3366	2653	3026	3693	4521
蚕茧产量	吨	3879	7166	5049	6745	5949	7418	8481	15135	20383
#桑蚕茧	吨	1334	912	412	1343	2564	5241	7323	13215	17606
柞蚕茧	吨	2498	6235	4634	5402	3384	2168	1154	1920	2777
水果产量	万吨	47.11	43.55	53.33	63.92	63.67	87.79	125.12	170.54	211.66
苹果	万吨	15.71	15.47	26.05	35.85	38.05	53.07	87.10	119.10	155.34
梨	万吨	5.37	5.28	4.39	3.73	3.05	4.56	4.62	8.47	11.10
葡萄	万吨	0.62	0.91	2.28	3.07	2.39	3.77	5.58	6.83	7.60
鲜枣	万吨	5.45	5.16	7.63	5.35	4.68	6.40	7.81	10.36	10.18
柿	万吨	15.74	11.52	9.32	8.24	7.35	7.48	7.54	10.15	10.14
桃	万吨	1.89	1.91	1.76	4.71	4.54	6.43	9.19	11.37	12.79
柑桔	万吨			0.02	0.13	0.19	0.03	0.09	0.20	0.25
其他水果	万吨	2.33	3.30	1.88	2.84	3.42	6.05	3.19	4.06	4.26

10－37 各市地果园面积

（1995年）

单位：千公顷

市地	合计	#苹果园	#梨园	#葡萄园	#枣园	#柿园	#桃园
全　　省	**439.98**	**339.01**	**22.10**	**9.44**	**28.82**	**5.34**	**20.33**
郑州市	41.51	28.46	1.61	1.05	7.17	0.39	2.33
开封市	16.91	14.62	0.69	0.33	0.37	0.30	0.47
洛阳市	45.16	41.89	0.56	0.39	0.29	0.34	1.56
平顶山市	12.33	9.26	0.52	0.20	0.02	0.75	1.36
安阳市	51.12	32.68	1.17	0.62	12.23	1.11	1.22
鹤壁市	5.53	3.26	0.04	0.09	1.69	0.08	0.21
新乡市	15.96	13.29	0.46	0.36	0.21	0.09	1.31
焦作市	18.06	16.07	0.46	0.13	0.02	0.21	0.78
濮阳市	12.28	8.29	0.26	0.34	2.67	0.12	0.59
许昌市	3.38	2.92	0.05	0.21	0.03	0.04	0.12
漯河市	12.61	9.58	0.21	1.95	0.04	0.04	0.79
三门峡市	54.09	48.04	0.22	0.31	1.28	0.34	1.22
南阳市	46.07	27.37	5.89	0.66	0.39	0.94	3.05
商丘地区	59.57	51.09	5.96	0.81	0.18	0.04	1.19
周口地区	26.36	21.38	0.68	0.95	1.63	0.16	1.52
驻马店地区	15.77	10.67	2.05	0.75	0.57	0.18	1.36
信阳地区	3.27	0.14	1.27	0.29	0.03	0.21	1.25

10－38 各市地水果产量

（1995年）

单位：吨

市地	合计	#苹果	#梨	#葡萄	#枣	#柿	#桃
全　　省	**2116560**	**1553362**	**111033**	**76004**	**101793**	**101368**	**127930**
郑州市	141492	75551	3092	3883	25674	11703	14477
开封市	84776	73266	1758	3698	1441	787	3699
洛阳市	76798	60809	780	4612	602	5810	3673
平顶山市	29484	15308	1558	2157	251	4346	5633
安阳市	174028	86393	3929	2188	41837	25442	9182
鹤壁市	38472	22622	535	1997	9144	1598	1861
新乡市	47049	30905	657	2404	622	2974	8800
焦作市	114145	99775	885	1596	91	4001	6818
濮阳市	39669	27614	978	3514	5235	277	2051
许昌市	34263	29100	143	3581	222	293	912
漯河市	47518	20841	465	2698	279	771	9665
三门峡市	568611	499723	4485	4020	4216	31418	11386
南阳市	87487	45989	9346	6381	4394	6990	11330
商丘地区	407900	310053	67472	13069	2693	995	13607
周口地区	184208	149992	2317	13586	3652	907	13715
驻马店地区	22991	5140	5901	5307	867	679	4977
信阳地区	17669	281	6732	1313	573	2377	6144

10－39 林业生产情况

指　　标	单　位	1990年	1991年	1992年	1993年	1994年	1995年
一、营林情况							
1.当年造林面积	千公顷	163.35	137.52	180.72	230.00	292.80	292.72
人工造林	千公顷	126.61	110.62	121.60	178.55	218.25	255.81
飞机播种造林	千公顷	36.74	26.90	59.12	51.45	74.55	36.91
按用途分的造林面积							
用材林	千公顷	91.83	75.96	96.61	92.99	96.19	122.47
#速生丰产林面积	千公顷				10.80	13.19	13.00
经济林	千公顷	40.11	31.00	53.98	107.33	161.01	102.44
防护林	千公顷	25.19	26.65	23.61	27.53	32.81	65.95
薪炭林	千公顷	5.67	3.79	5.82	1.84	2.67	1.67
特种用材林	千公顷				0.31	0.12	0.19
2.迹地更新面积	千公顷	9.96	12.05	13.63	8.47	10.84	18.21
3.零星(四旁)植树	万株	15125.40	15393.01	14843.88	10600.18	23188.71	25038.34
4.育苗面积	千公顷	23.73	19.03	18.21	22.99	22.51	24.19
5.幼林抚育作业面积	千公顷次	408.55	394.87	503.65	587.39	739.44	851.95
6.成林抚育面积	千公顷	200.90	229.05	237.18	282.27	348.88	422.70
二、主要林产品产量							
生漆	吨	58	67	150	136	133	122
油桐籽	吨	11329	12334	12227	13564	17911	16390
油茶籽	吨	3565	3480	4013	2355	2654	2747
乌桕籽	吨	1759	1561	1451	1567	1608	2172
五倍子	吨	81	84	136	140	194	359
核桃	吨	7424	7292	6505	8424	10905	13439
木耳(按干重计算)	吨				1435	2014	2713
板栗	吨	7672	9569	13082	9621	27019	27666
猕猴桃	吨				5384	5802	6043
山楂	吨				48588	47588	59456
花椒	吨				2055	2174	3943
白果	吨				401	378	489
三、村及村以下竹木采伐量							
木竹	万立方米	222.85	304.33	320.61	300.71	285.97	290.94
竹材	万根	14.27	33.20	26.55	35.26	15.85	39.79

10—40 各市地林业生产情况

(1995年)

单位:千公顷

市地	当年造林面积	人工造林	飞播造林	#用材林	#经济林	#防护林
全省	**292.72**	**255.81**	**36.91**	**122.47**	**102.44**	**65.95**
郑州市	8.33	8.33		0.84	6.63	0.85
开封市	7.96	7.96		0.09	7.24	0.63
洛阳市	38.04	29.12	8.92	29.93	6.53	0.68
平顶山市	15.24	15.24		7.11	8.13	
安阳市	26.13	24.51	1.62	3.81	9.69	12.63
鹤壁市	15.13	14.05	1.08	3.85	4.83	6.45
新乡市	22.77	20.38	2.39	0.83	8.93	13.01
焦作市	26.32	21.42	4.90	1.62	2.42	22.28
濮阳市	1.38	1.38			1.38	
许昌市	5.31	5.31		1.20	4.11	
漯河市	1.87	1.87			1.87	
三门峡市	54.61	40.80	13.81	43.93	10.68	…
南阳市	31.37	27.18	4.19	13.78	10.13	6.88
商丘地区	1.22	1.22		0.33	0.88	0.01
周口地区	2.19	2.19		0.53		1.66
驻马店地区	14.14	14.14		9.91	4.23	
信阳地区	20.71	20.71		4.71	14.76	0.87

市地	#薪炭林	迹地更新面积	零星(四旁)植树(万株)	育苗面积	幼林抚育作业面积(千公顷次)	成林抚育面积
全省	**1.67**	**18.21**	**25038.34**	**24.19**	**851.95**	**422.70**
郑州市		0.71	709.15	0.43	23.69	11.52
开封市		1.43	2867.02	0.57	10.93	10.12
洛阳市	0.81	0.55	1227.00	2.67	32.30	13.69
平顶山市		2.07	2367.14	1.77	60.91	38.65
安阳市		1.42	1316.93	0.58	58.88	42.99
鹤壁市		0.03	252.10	0.37	12.02	8.82
新乡市		0.27	1106.16	0.59	57.57	28.05
焦作市			526.03	0.66	46.70	1.00
濮阳市			144.00	0.32	16.78	16.55
许昌市		0.07	405.10	0.69	17.65	14.63
漯河市			162.00	0.17	12.58	3.08
三门峡市		5.37	562.23	1.18	30.55	40.51
南阳市	0.59	4.92	2997.02	1.93	257.65	113.08
商丘地区		0.40	1449.70	1.42	14.81	26.60
周口地区			3710.00	6.47	23.97	17.18
驻马店地区			2099.00	1.75	69.09	11.34
信阳地区	0.27	0.97	3137.76	2.62	105.87	24.89

10－41 大牲畜头数

单位：万头

指 标	1978年	1980年	1985年	1990年	1991年	1992年	1993年	1994年	1995年
大牲畜年底头数	**515.03**	**541.99**	**886.35**	**1116.33**	**1102.10**	**1135.50**	**1211.00**	**1329.18**	**1420.45**
#役畜	401.70	423.75	664.55	798.30	782.25	794.90	843.00	919.79	985.76
1.牛	339.02	339.63	609.86	892.50	887.52	934.90	1037.00	1150.25	1253.61
黄牛	309.33	307.83	577.59	857.08	852.05	900.10	999.00	1109.07	1208.97
乳牛	0.57	0.88	1.95	1.88	1.39	1.00	2.00	2.10	2.08
水牛	29.12	30.92	30.32	33.54	34.08	33.80	36.00	39.08	42.56
2.马	49.15	52.15	58.09	39.26	37.50	37.80	34.00	38.72	39.67
3.驴	77.45	94.30	151.14	120.88	112.99	102.90	94.00	88.02	79.28
4.骡	49.41	55.91	67.26	63.69	64.09	59.90	46.00	52.19	47.89

10－42 肉类产量和猪、牛、羊头(只)数

指 标	单位	1978年	1980年	1985年	1990年	1991年	1992年	1993年	1994年	1995年
猪牛羊肉产量	**万吨**	**44.00**	**53.02**	**67.47**	**123.66**	**141.31**	**152.86**	**180.14**	**222.38**	**295.86**
猪肉	万吨		49.45	61.08	97.45	108.73	119.23	137.60	165.81	210.37
牛肉	万吨		0.69	3.01	18.16	24.82	25.67	32.64	44.00	64.39
羊肉	万吨		2.88	3.38	8.05	7.76	7.96	9.90	12.57	21.10
猪牛羊出栏头(只)数										
猪	万头	721.30	684.66	785.86	1182.44	1323.06	1437.20	1638.00	2001.23	2614.16
牛	万头		8.95	29.91	167.87	212.65	220.80	271.00	352.10	440.29
羊	万只	147.30	289.07	342.53	834.00	864.96	838.80	1015.00	1319.53	1916.82
猪年底存栏头数	**万头**	**1724.90**	**1474.24**	**1621.74**	**1750.32**	**1820.80**	**1959.70**	**2085.00**	**2325.17**	**2667.72**
羊年底只数	**万只**	**989.70**	**1147.74**	**661.45**	**1279.51**	**1185.93**	**1234.20**	**1435.00**	**1701.41**	**2298.27**
山羊	万只	633.10	764.79	534.70	1129.54	1042.96	1100.20	1296.00	1525.21	2093.83
绵羊	万只	356.60	382.95	126.75	149.97	142.97	134.00	139.00	176.20	204.44

10—43 牧业生产情况

指　　标	单　位	1990年	1991年	1992年	1993年	1994年	1995年
牲畜年底头数							
一、大牲畜	万头	1116.33	1102.10	1135.50	1211.00	1329.18	1420.45
#役畜	万头	798.30	782.25	794.90	843.00	919.79	985.76
1.牛	万头	892.50	887.52	934.90	1037.00	1150.25	1253.61
黄牛	万头	857.08	852.05	900.10	999.00	1109.07	1208.97
乳牛	万头	1.88	1.39	1.00	2.00	2.10	2.08
水牛	万头	33.54	34.08	33.80	36.00	39.08	42.56
2.马	万头	39.26	37.50	37.80	34.00	38.72	39.67
3.驴	万头	120.88	112.99	102.90	94.00	88.02	79.28
4.骡	万头	63.69	64.09	59.90	46.00	52.19	47.89
二、猪	万头	1750.32	1820.80	1959.70	2085.00	2325.17	2667.72
三、羊	万只	1279.51	1185.93	1234.20	1435.00	1701.41	2298.27
1.山羊	万只	1129.54	1042.96	1100.20	1296.00	1525.21	2093.83
2.绵羊	万只	149.97	142.97	134.00	139.00	176.20	204.44
四、养禽	万只	19849.94	21678.50	22528.30	25074.00	29658.31	32803.95
五、养兔	万只	361.54	382.41	786.10	961.00	998.64	970.45
畜产品产量							
一、猪牛羊出栏头(只)数							
猪	万头	1182.44	1323.06	1437.20	1638.00	2001.23	2614.16
牛	万头	167.87	212.65	220.80	271.00	352.10	440.29
羊	万只	834.00	864.96	838.80	1015.00	1319.53	1916.82
二、肉类总产量	万吨	134.86	157.95	171.66	203.51	253.31	333.00
#猪肉	万吨	97.45	108.73	119.23	137.60	165.81	210.37
牛肉	万吨	18.16	24.82	25.67	32.64	44.00	64.39
羊肉	万吨	8.05	7.76	7.96	9.90	12.57	21.10
禽肉	万吨	9.40	14.13	16.14	19.31	25.69	31.01
兔肉	万吨	0.30	0.34	0.45	0.86	1.17	1.30
三、其他畜产品产量							
1.奶类产量	吨	74137	82369	72200	74827	88587	97474
#牛奶	吨	26824	31437	30472	34803	49810	54904
2.山羊毛	吨	1372	1190	1107	1541	2400	2143
3.绵羊毛	吨	5373	5327	4873	4700	5680	5266
#细羊毛	吨	2674	3253	2098	1298	1732	1837
4.羊绒	吨	102	60	44	73	121	83
5.蜂蜜	吨	11908	13752	15092	12405	13075	11400
6.禽蛋	万吨	59.58	73.81	79.28	95.58	125.28	140.01

10—44 各市地牲畜饲养情况

（1995 年底）

市地	大牲畜年底头数（万头）	#役畜	牛（万头）	#黄牛	#水牛	马（万头）	驴（万头）
全省	**1420.45**	**985.76**	**1253.61**	**1208.97**	**42.56**	**39.67**	**79.28**
郑州市	42.21	30.90	31.74	31.33	0.03	1.48	5.30
开封市	71.75	42.30	58.95	58.73	0.01	1.52	6.64
洛阳市	75.74	51.22	72.40	72.08	0.01	0.93	1.46
平顶山市	93.94	62.27	85.86	85.80	0.03	2.53	3.95
安阳市	53.17	31.18	37.92	37.82		3.20	6.60
鹤壁市	7.37	5.24	3.58	3.58		0.50	1.43
新乡市	77.21	50.61	46.74	46.63		4.26	13.32
焦作市	40.99	21.26	35.25	35.09		0.88	2.17
濮阳市	34.55	22.67	20.61	20.55		4.22	6.90
许昌市	30.74	21.86	25.89	25.86		0.98	1.92
漯河市	24.91	16.61	19.76	19.74		1.58	1.26
三门峡市	43.11	30.62	42.36	42.28	0.01	0.09	0.37
南阳市	246.06	159.10	238.64	235.08	3.29	2.72	3.97
商丘地区	179.43	118.38	161.02	160.96		4.91	10.61
周口地区	246.33	149.12	234.96	234.79		4.30	5.63
驻马店地区	169.58	107.20	156.03	154.84	1.14	5.08	6.86
信阳地区	83.36	65.22	81.90	43.81	38.04	0.49	0.89

市地	骡（万头）	猪年底头数（万头）	羊年底只数（万只）	山羊	绵羊	家禽（万只）	兔（万只）
全省	**47.89**	**2667.72**	**2298.27**	**2093.83**	**204.44**	**32803.95**	**970.45**
郑州市	3.69	122.64	71.47	59.38	12.09	1644.14	38.66
开封市	4.64	148.32	167.41	161.40	6.01	1543.57	25.29
洛阳市	0.95	169.99	51.69	38.92	12.77	1253.07	20.67
平顶山市	1.60	205.89	108.19	82.01	26.18	1989.81	33.13
安阳市	5.45	110.94	116.30	102.09	14.21	2385.57	73.93
鹤壁市	1.86	43.97	30.67	27.71	2.96	856.40	14.22
新乡市	12.89	132.77	114.49	99.72	14.77	3131.36	54.74
焦作市	2.69	128.44	43.91	9.84	34.07	1934.40	72.99
濮阳市	2.82	79.97	152.41	129.83	22.58	1216.77	58.31
许昌市	1.95	128.65	62.23	57.73	4.50	907.98	16.97
漯河市	2.31	115.27	32.98	30.99	1.99	896.02	68.03
三门峡市	0.29	54.69	30.06	22.93	7.13	522.07	2.95
南阳市	0.73	348.33	358.04	323.82	34.22	4505.81	157.01
商丘地区	2.89	222.07	375.79	368.41	7.38	2391.65	50.40
周口地区	1.44	258.14	301.29	300.76	0.53	2493.27	188.58
驻马店地区	1.61	264.03	215.31	212.32	2.99	2721.50	78.28
信阳地区	0.08	233.61	66.03	65.97	0.06	2410.56	16.30

注：全省大牲畜及役畜、牛、黄牛和猪、羊、山羊的年末存栏系科学评估数，不等于各市地加总。

10—45 各市地畜产品产量

(1995 年)

市 地	猪牛羊出栏头(只)数			肉类总产量(万吨)	#猪肉	#牛肉	#羊肉
	猪(万头)	牛(万头)	羊(万只)				
全 省	**2614.16**	**440.29**	**1916.82**	**333.00**	**210.37**	**64.39**	**21.10**
郑州市	118.21	10.44	51.77	13.08	9.34	1.30	0.54
开封市	155.38	18.95	149.13	17.91	12.45	2.54	1.56
洛阳市	117.67	19.29	24.49	13.34	9.52	2.62	0.29
平顶山市	196.85	26.96	79.42	22.93	15.97	3.71	0.95
安阳市	103.74	15.79	110.26	16.50	8.53	2.18	1.18
鹤壁市	45.86	1.03	27.85	6.60	3.76	0.14	0.27
新乡市	123.92	14.64	60.23	14.53	9.96	1.80	0.65
焦作市	129.09	12.96	26.82	14.92	10.34	1.79	0.40
濮阳市	72.52	7.91	119.12	8.86	5.79	1.01	0.73
许昌市	129.38	6.39	49.81	12.98	10.66	0.76	0.55
漯河市	124.05	9.57	25.64	12.72	9.89	1.24	0.29
三门峡市	41.52	10.50	17.80	5.07	3.27	1.30	0.20
南阳市	353.94	89.29	298.31	46.70	26.33	11.83	3.81
商丘地区	217.08	65.41	353.89	33.93	17.44	9.06	3.80
周口地区	228.04	72.14	272.23	34.71	18.24	10.35	2.93
驻马店地区	254.13	53.39	169.60	34.22	21.43	6.42	1.96
信阳地区	202.78	14.63	80.45	26.50	20.01	1.82	0.99

市 地	奶类总产量(吨)	#牛奶	蜂蜜(吨)	禽蛋(吨)	绵羊毛(吨)	#细羊毛	山羊毛(吨)
全 省	**97474**	**54904**	**11400**	**1400134**	**5266**	**1837**	**2143**
郑州市	38884	14542	710	88591	627	586	67
开封市	13246	7201	115	93698	269	112	
洛阳市	9710	6836	164	60455	114	27	103
平顶山市	829	829	250	96798	613	41	271
安阳市	2945	2519	486	122557	277	22	26
鹤壁市	96	96	106	53065	160	19	195
新乡市	2082	1662	281	135537	400	95	133
焦作市	4721	3681	778	134252	699	72	76
濮阳市	590	533	39	60543	462	178	172
许昌市	829	811	160	38570	274	227	105
漯河市	897	695	103	35094	55		
三门峡市	1110	1063	1015	21634	88	1	116
南阳市	16031	9211	3802	176007	1100	428	874
商丘地区	3882	3606	10	108365	5		
周口地区	336	336	181	122694	17	4	5
驻马店地区	1032	1029	1966	112315	106	25	
信阳地区	254	254	1234	95959			

注:全省主要畜产品产量系省评估数据,不等于各市地加总。

10—46 水产品产量和养殖面积

指　　标	单位	1978年	1980年	1985年	1990年	1991年	1992年	1993年	1994年	1995年
一、水产品产量	**吨**	**24693**	**29135**	**63663**	**104753**	**107695**	**115521**	**138332**	**158442**	**180939**
按类别分										
1.鱼类	吨	24644	28524	62451	102167	104815	112116	134239	153963	176839
2.虾蟹类	吨	43	389	696	1727	1770	1875	2108	2175	2274
3.贝类及其他	吨	6	222	516	859	1110	1530	1985	2304	1826
按生产性质分										
1.天然生产	吨	1437	7945	9909	10922	11117	10693	10668	11750	11795
2.人工养殖	吨	23256	21190	53754	93831	96578	104828	127664	146692	169144
池塘养殖	吨	18641	15617	43433	79294	81484	89497	110739	126374	146481
湖泊养殖	吨	660	653	2036	2360	2009	2110	2337	2382	2692
水库养殖	吨	3749	3624	5619	9453	9758	10173	12298	14727	16404
河沟养殖	吨	206	1296	1290	2173	2162	2350	1859	2180	2379
其他养殖	吨			1376	551	1165	698	431	1029	1188
二、养殖面积	**千公顷**	**131.2**	**147.6**	**163.6**	**161.8**	**162.8**	**161.6**	**168.1**	**171.1**	**174.3**
池塘面积	千公顷	47.5	57.5	69.4	70.8	71.6	73.2	76.1	79.0	82.2
湖泊面积	千公顷	1.9	3.9	3.0	3.7	3.4	3.4	3.6	3.5	3.6
水库面积	千公顷	77.2	82.1	86.3	81.6	82.6	79.9	84.1	84.3	84.8
河沟面积	千公顷	4.6	4.1	3.6	3.9	4.2	4.2	3.7	3.7	3.2
其他面积	千公顷			1.3	1.8	1.0	0.9	0.6	0.6	0.5

10—47 各市地水产品产量和养殖面积

（1995年）

市　地	水产品产量（吨）	天然生产	人工养殖	鱼　类	虾蟹类	贝类及其他	养殖面积（千公顷）
全　省	**180939**	**11795**	**169144**	**176839**	**2274**	**1826**	**174.27**
郑州市	17253	210	17043	17114	26	113	4.62
开封市	6348	366	5982	6325	11	12	2.07
洛阳市	9000	99	8901	8992		8	5.49
平顶山市	5250	153	5097	5152	89	9	11.75
安阳市	1463	176	1287	1459	4		1.26
鹤壁市	1202	120	1082	1178	15	9	0.35
新乡市	9124	459	8665	9111	9	4	3.39
焦作市	3013	107	2906	3004	9		1.38
濮阳市	3050	182	2868	3050			1.23
许昌市	2730	210	2520	2530	200		1.05
漯河市	2675	603	2072	2612	20	43	1.13
三门峡市	1305	106	1199	1302		3	1.49
南阳市	18602	1749	16853	18336	132	134	42.99
商丘地区	7044	295	6749	6972	48	24	5.06
周口地区	12834	1182	11652	12675	105	54	6.36
驻马店地区	16685	335	16350	16556	87	42	24.80
信阳地区	63361	5443	57918	60471	1519	1371	59.85

10—48　农民家庭平均每人生产和出售的主要农林产品

单位:公斤

指　标	生产量				出售量			
	1985年	1990年	1994年	1995年	1985年	1990年	1994年	1995年
粮食(原粮)	469.21	553.41	522.56	540.52	114.05	140.78	172.26	130.98
棉花	11.27	9.84	8.48	10.01	7.80	7.68	4.80	6.43
油料	22.36	31.04	39.74	46.15	12.36	16.11	15.48	18.80
麻类	13.64	7.70	3.41	4.88	9.48	7.72	2.72	4.70
糖料	3.32	4.11	1.01	0.83	2.42	1.50	0.16	0.27
烟叶	7.78	4.27	3.30	2.80	5.97	4.05	2.33	2.13
蔬菜	105.95	124.89	129.61	122.61	28.83	44.34	56.39	56.32
果用瓜	35.16	30.11	45.07	40.85	22.79	20.61	27.56	27.65
水果	5.24	9.23	17.10	22.43	3.52	5.45	9.78	13.14
茶叶	0.01	0.01	…	…	0.01	0.01	…	…
核桃	0.05	0.13	0.08	0.15	0.05	0.09		

注:本表为农村住户抽样调查资料(下表同)。

10—49　农民家庭平均每人出售畜禽产品情况

指　标	单　位	1985年	1990年	1994年	1995年
1.出售肉猪头数	头	0.10	0.12	0.17	0.15
金额	元			80.20	99.39
出售猪肉数量	公斤	7.98	10.96	0.39	0.34
金额	元	19.30	40.15	2.12	2.99
2.出售肉牛数量	头			0.01	0.01
金额	元			11.86	12.49
出售牛肉数量	公斤	0.50	1.45	0.03	…
金额	元	4.79	6.15	0.23	0.05
3.出售菜羊只数	只	0.08	0.11	0.08	0.10
金额	元			8.19	11.64
出售羊肉数量	公斤	0.78	1.15	0.01	0.01
金额	元	2.39	4.46	0.09	0.07
4.出售家禽只数	只	0.56	0.61	0.57	0.45
金额	元	1.42	4.03	4.87	4.90
5.出售蛋类数量	公斤	2.14	1.80	1.61	2.07
金额	元	4.39	7.64	7.80	11.63
6.出售兔的数量	只	0.05		0.02	0.02
金额	元	0.64	0.01	0.15	0.27
7.出售水产品数量	公斤	0.28	0.75	0.29	0.33
金额	元	0.57	2.63	1.35	2.03

注:1993年以前出售猪肉、牛肉、羊肉的数量,包括出售猪、牛、羊的毛重按胴体重折肉量。

10—50 农村自然灾害情况

指标	单位	1994年	1995年	项目	单位	1994年	1995年
一、受灾面积	**千公顷**	**8687.19**	**5858.99**	**三、经济作物减产面积**	**千公顷**	**1468.41**	**787.74**
#成灾	千公顷	5915.52	3686.91	1.3成以上至5成	千公顷	658.04	466.87
1.旱灾	千公顷	6409.10	3061.17	2.5成以上至8成	千公顷	508.98	232.54
#成灾	千公顷	4515.47	1962.63	3.8成以上至绝收	千公顷	301.39	88.33
2.水灾	千公顷	568.10	509.12	**四、因灾损失**			
#成灾	千公顷	423.80	345.22	1.死亡人口	人	282.00	137.00
3.风雹灾	千公顷	406.84	465.08	2.减产粮食	万吨	877.85	537.77
#成灾	千公顷	250.22	330.08	3.减产棉花	万吨	22.06	11.10
4.霜灾	千公顷	311.89	449.19	4.减产油料	万吨	53.80	22.16
#成灾	千公顷	172.79	250.16	5.减产烤烟	万吨		
5.病虫	千公顷	949.23	1233.88	**五、成灾人口**	**万人**	**3878.82**	**3036.99**
#成灾	千公顷	532.44	708.56	1.特重灾民	万人	920.52	462.36
6.其他	千公顷	42.03	140.55	2.重灾民	万人	1334.31	1001.32
#成灾	千公顷	20.80	90.26	3.轻灾民	万人	1623.99	1573.31
二、粮食作物减产面积	**千公顷**	**4447.11**	**2881.19**	**六、因灾缺粮**			
1.3成以上至5成	千公顷	2088.14	1625.53	1.缺粮数量	万吨	136.15	94.31
2.5成以上至8成	千公顷	1307.69	806.96	2.缺粮人口	万人	2251.09	2070.00
3.8成以上至绝收	千公顷	1051.28	448.70	**七、得到国家救济的人次数**	**万人次**	**500.18**	**692.77**

10—51 各市地受灾面积和成灾面积

(1995年)　　单位:千公顷

市地	受灾面积	#成灾面积	成灾面积占受灾面积%	#水灾		#旱灾		#病虫	
				受灾面积	#成灾面积	受灾面积	#成灾面积	受灾面积	#成灾面积
全省	**5858.99**	**3686.91**	**62.9**	**509.12**	**345.22**	**3061.17**	**1962.63**	**1233.88**	**708.56**
郑州市	311.29	219.86	70.6	44.91	24.73	221.41	172.61	29.09	16.69
开封市	168.70	118.74	70.4	47.52	30.41	65.23	44.55	22.17	13.17
洛阳市	413.81	359.60	86.9	4.13	3.12	356.54	318.66	14.91	8.39
平顶山市	325.54	199.95	61.4	43.29	25.55	217.34	133.39	27.26	15.17
安阳市	192.65	105.41	54.7	10.00	8.00	59.31	32.22	59.47	23.55
鹤壁市	89.86	68.17	75.9	6.65	5.03	29.83	21.92	40.08	29.24
新乡市	278.18	190.05	68.3	39.80	31.58	116.31	78.44	84.50	50.57
焦作市	187.75	117.11	62.4	4.66	2.83	140.94	94.14	26.29	11.54
濮阳市	135.74	96.10	70.8	5.78	4.26	14.06	11.53	55.74	35.33
许昌市	266.53	96.49	36.2	1.12	0.91	183.30	69.62	46.23	15.47
漯河市	136.68	94.02	68.8	45.46	34.48	11.00	1.01	67.87	47.47
三门峡市	188.30	167.68	89.0	0.71	0.59	179.82	164.56	5.38	0.96
南阳市	974.60	701.27	72.0	44.93	27.23	662.20	526.53	145.81	68.07
商丘地区	538.29	354.61	65.9	60.00	35.20	83.23	53.70	100.05	44.18
周口地区	377.17	86.00	22.8	5.31	5.09	209.56	31.18	23.96	13.12
驻马店地区	950.20	530.97	55.9	103.78	77.10	330.52	113.96	393.31	264.51
信阳地区	323.70	180.88	55.9	41.07	29.11	180.57	94.61	91.76	51.13

10－52　农垦系统国有农场基本情况

项　　目	单位	1985 年	1990 年	1991 年	1992 年	1993 年	1994 年	1995 年
一、农场数	**个**	**94**	**96**	**96**	**96**	**97**	**97**	**97**
职工人数	人	39875	40218	42228	42672	43732	43473	43494
二、耕地面积	**千公顷**	**20.8**	**21.9**	**22.1**	**22.4**	**22.8**	**22.4**	**20.5**
三、农业机械总动力	**万瓦**	**9333**	**12842**	**12649**	**12565**	**12446**	**12673**	**13897**
大中型农用拖拉机	台	936	911	886	835	812	797	797
	万瓦特	3784	3573	3871	3656	3693	3675	3675
小型及手扶拖拉机	台	500	2698	2956	3060	3150	3315	3697
	万瓦特	443	2549	2797	2840	2937	3260	3709
农用排灌动力机械	台	2279	2665	2591	3034	3140	2700	3195
	万瓦特	1995	2197	2200	2393	2359	2180	2079
联合收割机	台	294	321	329	326	328	353	346
农用载重汽车	辆	239	252	333	276	254	297	297
农用化肥施用实物量	吨	19563	32503	33350	35771	37009	37889	43041
农场用电量	万千瓦小时	1714	4738	4992	4588	4347	4658	3233
四、农林牧渔业总产值								
按当年价格计算	万元	5124	14084	15353	17564	21951	32299	43278
按 1990 年不变价格计算	万元	8158	14383		15706	18343	19395	22127
五、农作物总播种面积	**千公顷**	**29.3**	**36.1**	**36.6**	**36.8**	**36.9**	**37.3**	**38.5**
＃粮食作物播种面积	千公顷	23.3	31.6	29.9	29.9	32.2	32.0	32.8
每公顷粮食产量	公斤	3013	3464	3270	3314	3655	3405	4180
粮食总产量	吨	70213	109476	97866	99093	117684	109534	136902
＃棉花播种面积	千公顷	1.6	1.3	2.8	2.6	1.1	1.1	1.6
每公顷棉花产量	公斤	693	751	765	372	732	525	679
棉花总产量	吨	1109	976	2093	968	805	615	782
＃油料播种面积	千公顷	1.8	2.2	2.6	3.2	2.6	3.3	3.7
每公顷油料产量	公斤	1331	1863	1815	1408	2009	2220	2290
油料总产量	吨	2397	4100	4669	4508	5223	7227	8508
六、年末实有果园面积	**千公顷**	**3.7**	**3.9**	**3.9**	**3.2**	**3.3**	**3.3**	**3.3**
水果总产量	吨	13788	19677	21345	31771	31007	34554	31385
＃苹果	吨	9714	13457	16043	25734	24764	29666	25902
葡萄	吨	2368	3204	2881	3019	3180	2031	2219
梨	吨	1535	2277	1701	1973	1788	2009	2334
七、当年造林面积	**公顷**	**212.7**	**80.3**	**52.5**	**50.0**	**19.5**	**36.0**	**22.0**
八、粮食交售量	**吨**	**41961**	**81780**	**74207**	**71047**	**90455**	**58051**	**102014**
肉类交售量	吨	911	2010	2051	2385	3325	4190	5169
盈利农场个数	个	77	84	67	67	65	74	79
盈亏总额	万元	778	500	135	1396	1995	1415	1875

主要统计指标解释

农林牧渔业总产值 是指以货币表现的农林牧渔业全部产品总量。它反映一定时期内农林牧渔业生产的总成果和总规模。

农林牧渔四业的统计范围是：

1、农业，包括种植业和其他农业。

种植业包括谷物种植业，油料和豆类作物种植业，棉、麻等植物性纺织原料种植业，糖料作物种植业，烟草种植业，药材种植业，蔬菜、瓜类和薯类作物种植业，茶、桑、果树种植业及其他种植业。

其他农业包括采集野生植物的果实、纤维、树胶、树脂、油料以及野生药材、菌类、柴草等，以及农村集体、个体从事的不够工业生产条件的工业生产活动。

2、林业，包括采种、育苗、植树、造林、森林抚育、迹地更新、森林保护、天然林场的经营管理以及橡胶、漆树、油桐、咖啡、花椒、胡椒等林树种植及其林产品的采集。

3、畜牧业，包括各种牲畜（如猪、羊、牛、马、驴、骡、骆驼以及特种经济动物等）的饲养与放牧、家禽及珍禽的饲养、狩猎、野生动物产品的采集及其他畜牧业。

4、渔业，包括在海水和淡水水域进行的各种水生动植物养殖和捕捞。

农林牧渔业总产值的计算方法，一般采用“产品法”进行计算，即凡是有产品产量的，都按产品产量乘以其产品单价求得每一种农产品的产值，然后将四业产品的产值相加求得。

1992 年以前的农林牧渔业总产值统称为农业总产值，且包括农林牧副渔五业，从 1993 年开始，将副业中的采集和农民家庭兼营商品性手工业划为农业中的其他农业，捕猎野兽、野禽划为牧业。本《年鉴》农林牧渔业总产值均按现行统计制度统一进行了调整。

农林牧渔业商品产值 是指本生产年度内全部农林牧渔业生产单位（包括国有、农村集体经济组织和农户）全年生产的农副产品产量中实际出售商品的价值。是以货币形式表现的农林牧渔业商品产量，它反映商品生产的规模，是农林牧渔业总产值的一部分，其计算范围和价格应与农林牧渔业总产值一致。计算农林牧渔业商品产值，统一规定按农林牧渔业生产单位在日历年度内实际出售商品的价值来计算。不论是出售给国家的，还是直接出售给城镇居民的或农民之间交换的，都应计为商品产值。

农林牧渔业增加值 是指农林牧渔业生产单位在一定时期内生产经营或劳务活动的最终成果。在量值上等于农林牧渔业总产出扣除中间消耗后的余额。

耕地面积 指可以用来种植农作物、经常进行耕锄的田地，除包括熟地、当年新开荒地、连续撂荒未满三年的耕地和当年的休闲地（轮歇地）外，还包括在种植农作物为主并附带种植桑树、茶树、果树和其他林木的土地，以及沿海、沿湖地已围垦利用的“海涂”、“湖田”等面积。但不包括属于专业性的桑园、茶园、果园、果木苗圃、林地、芦苇地、天然或人工草地面积。

农用机械总动力 指主要用于农、林、牧、渔业的各种动力机械的动力总和，包括耕作机械、农用排灌机械、收获机械、植保机械、畜牧机械、渔业机械、农产品加工机械、农用运输机械、其他农业机械。按能源又分为柴油、汽油、电力和其他动力。

农田有效灌溉面积 指具有一定的水源，地块比较平整，灌溉工程或设备已经配套，在一般年景下当年能够进行正常灌溉的耕地面积。在一般情况下，有效灌溉面积应等于灌溉工程或设备已经配套，能够进行正常灌溉的水田和水浇地面积之和。

农作物播种面积 指实际播种或移植有农作物的面积。凡是实际种植有农作物的面积，不论种植在耕地还是非耕地上，也不论面积大小，均包括在农作物播种面积中，同时还包括因遭灾而重新改种和补种的农作物面积。

粮食产量 指全社会的产量。包括国营农场等国有经营的、集体统一经营的和农民家庭经营的粮食产量，还包括工矿企业家属办的农场和其他生产单位的产量。粮食除包括稻谷、小麦、玉米、高梁、谷子及其他杂粮外，还包括薯类和大豆。其产量计算方法，豆类按去豆荚后的干豆计算；薯类(包括甘薯和马铃薯，不包括芋头和木薯)1963 年以前按每 4 公斤鲜薯折 1 公斤粮食计算，从 1964 年以后按 5 公斤鲜薯折 1 公斤粮食计算。其他粮食一律按脱粒后的原粮计算。

谷物产量 谷物包括稻谷、小麦、玉米、谷子、高粮和其他谷物，不包括薯类和大豆。谷类作物一律按脱粒后的原粮计算(玉米按脱粒后的粒子计算)。

造林面积 指在报告期内在荒山、荒地、沙丘等一切可以造林的土地上，采用人工播种、植苗、飞机播种等方法新植的成片乔木林和灌木林，经过检查验收符合“造林技术规程”要求株数，成活率达 85 以上的面积。四旁植树如一侧在四行以上，连续面积 0.066 公顷(一亩)以上，应统计在造林面积内。

在造林面积中，不包括补植面积、治沙种草面积、经济林垦复面积，迹地更新面积和低产林改造面积。

猪牛羊肉产量 指当年出栏并已屠宰的猪、牛、羊肉产量。即屠宰后除去头蹄下水后带骨肉(即胴体重)的重量。

水产品产量 指人工养殖的水产品和天然生长的水产品的捕捞量。包括海水的鱼类、虾蟹类、贝类和藻类以及淡水的鱼类、虾蟹类和贝类，不包括淡水水生植物。

受灾面积 指报告期内因自然灾害(旱灾、水灾、风雹灾、霜冻、病虫害和其他自然灾害)使农作物的产量较常年产量减产一成以上的农作物播种面积。受灾面积不得重复计算，即同一土地上如先后遭受几种或几次灾害，按其受灾最重的一次统计其面积。

成灾面积 在遭受自然灾害影响的受灾面积中，农作物收获量较常年减产三成以上的播种面积。

十一、工　　业

11-1 历年工业总产值

单位:亿元

年份	工业总产值	国有工业	集体工业	#乡办	城乡个体	其他各种经济类型	轻工业	重工业	乡及乡以上工业企业单位数(个)
1949	2.98	0.25	0.65		1.71	0.37	2.49	0.49	2646
1950	4.33	0.55	0.73		2.46	0.59	3.53	0.80	2690
1951	6.25	1.12	0.85		3.49	0.79	5.03	1.22	3482
1952	9.98	2.40	1.25		5.09	1.24	8.15	1.83	4246
1953	11.90	3.23	1.63		5.52	1.52	9.65	2.25	4824
1954	13.65	4.60	2.23		5.25	1.57	10.76	2.89	6665
1955	14.49	5.77	2.89		4.40	1.43	11.11	3.38	8351
1956	16.11	8.44	4.39		1.68	1.60	11.52	4.59	4705
1957	16.63	7.50	4.80		2.26	2.07	11.91	4.72	4561
1958	33.17	27.89	5.28	3.93			19.47	13.70	22442
1959	50.16	40.86	9.30	7.84			26.75	23.41	15429
1960	58.41	48.73	9.68	5.54			27.01	31.40	10698
1961	31.20	26.13	5.07	0.81			15.71	15.49	7173
1962	23.93	19.51	4.29	0.14	0.13		13.10	10.83	5927
1963	26.65	22.37	4.18		0.10		14.61	12.04	5621
1964	32.27	27.72	4.45		0.10		18.05	14.22	5639
1965	42.24	36.86	5.38				23.54	18.70	5341
1966	49.30	42.12	7.18				26.28	23.02	5492
1967	46.15	38.39	7.76				24.78	21.37	5434
1968	42.37	34.94	7.43				24.94	17.43	5757
1969	54.25	45.57	8.68				30.03	24.22	5918
1970	73.68	63.71	9.97	1.97			34.68	39.00	7576
1971	91.54	78.32	13.22	2.07			37.74	53.80	8185
1972	100.75	84.82	15.93	2.91			45.20	55.55	7895
1973	106.07	87.19	18.88	3.37			49.45	56.62	8340
1974	115.62	92.83	22.79	4.48			53.78	61.84	9154
1975	130.46	101.04	29.42	6.16			61.10	69.36	10880
1976	107.99	73.43	34.56	8.47			54.01	53.98	12668
1977	161.69	113.85	47.84	11.79			76.01	85.68	14191
1978	170.82	126.48	44.34	11.20			78.65	92.17	14677
1979	193.49	146.41	47.08	10.72			91.17	102.32	14958
1980	209.23	155.97	53.20	10.86	0.05	0.01	106.91	102.32	15858
1981	223.50	168.32	55.05	11.12	0.09	0.04	123.77	99.73	15893
1982	246.28	184.82	61.24	12.03	0.16	0.06	130.36	115.92	16429
1983	268.14	198.85	68.95	13.65	0.26	0.08	134.12	134.02	16776
1984	307.58	219.24	87.72	15.88	0.52	0.10	150.01	157.57	17274
1985	401.32	263.90	123.05	19.73	14.08	0.29	193.06	208.26	17626
1986	478.09	293.19	154.13	23.48	30.30	0.47	223.60	254.49	18996
1987	594.64	351.13	192.67	27.69	49.99	0.85	276.86	317.78	19338
1988	779.90	446.28	259.81	41.67	72.29	1.52	361.97	417.93	19464
1989	953.56	536.79	324.75	55.90	89.21	2.81	435.61	517.95	20220
1990	1036.73	572.03	358.44	63.49	102.05	4.21	473.13	563.60	20213
1991	1222.68	649.89	412.78	80.02	150.90	9.11	555.03	667.65	20211
1992	1628.63	792.80	591.76	121.46	226.94	17.13	716.05	912.58	20538
1993	2434.37	1030.87	959.65	194.47	370.96	72.89	998.80	1435.57	21556
1994	3436.80	1194.87	1434.71	309.35	583.95	223.27	1438.12	1998.68	24285
1995	4716.26	1600.75	1898.33	476.19	887.25	329.93	2048.78	2667.48	27321
	(4393.87)	(1401.16)	(1816.17)	(436.80)	(887.25)	(289.29)	(1899.19)	(2494.68)	

注:1、本表按当年价格计算,集体工业包括城乡合作经营工业和村办工业。

2、1995年括号内为新规定,括号外为原规定。

11－2 历年工业总产值指数

（以 1952 年为 100）

年份	工业总产值	国有工业	集体工业	乡办工业	城乡个体工业	其他各种经济类型工业	轻工业	重工业
1949	29.9	9.5	58.6		33.8		30.6	26.7
1950	43.3	22.5	64.9		48.3		43.3	43.3
1951	62.6	44.7	73.9		68.6		61.6	66.7
1952	100.0	100.0	100.0		100.0		100.0	100.0
1953	120.3	142.5	123.4		108.4		119.4	124.4
1954	140.0	217.8	160.4		103.1		135.2	161.6
1955	151.1	279.3	209.0		86.4		141.8	192.6
1956	177.7	401.8	426.1		33.0		154.8	279.3
1957	188.0	438.2	376.6		44.4		166.6	283.8
1958	377.5	1182.3	499.0	100.0			271.2	853.0
1959	568.1	1733.4	848.8	189.2			370.2	1453.5
1960	665.8	2052.4	948.1	143.9			376.9	1957.9
1961	338.9	1055.8	462.7	23.1			210.7	914.3
1962	259.9	792.4	383.1	3.9	2.4		174.4	644.6
1963	280.5	874.3	372.8		2.2		188.9	693.0
1964	340.5	1088.0	395.9		2.0		233.9	821.2
1965	466.1	1514.3	487.7		1.6		318.5	1130.7
1966	567.3	1802.0	694.5				370.5	1453.0
1967	537.2	1661.5	759.1				353.4	1362.9
1968	503.4	1543.5	742.4				363.3	1131.2
1969	667.5	2083.7	899.8				452.3	1632.3
1970	947.8	3046.4	1076.2	55.8			545.1	2750.5
1971	1100.4	3549.0	1221.5	69.5			556.0	3537.1
1972	1202.8	3808.1	1484.1	77.8			598.2	3919.1
1973	1258.1	3888.1	1751.2	99.1			649.1	3974.0
1974	1371.3	4140.8	2110.2	135.1			706.8	4335.6
1975	1546.9	4505.2	2724.3	186.2			802.2	4868.9
1976	1280.8	3270.8	3206.5	256.0			710.0	3788.0
1977	1886.6	4987.9	4373.7	369.7			982.6	5916.9
1978	2030.0	5651.3	4120.0	347.9			1034.7	6490.8
1979	2226.9	6267.3	4375.4	331.2			1162.0	6971.1
1980	2434.0	6749.9	4996.7	345.4	1.0	100.0	1378.1	7047.8
1981	2555.7	7181.9	5041.7	341.3	2.0	300.0	1553.1	6829.4
1982	2775.5	7720.5	5631.6	353.2	3.1	600.0	1637.0	7683.0
1983	3028.1	8338.2	6318.7	389.9	5.3	800.0	1709.0	8781.7
1984	3442.9	9080.3	7582.4	453.5	100.0	1000.0	1917.5	10116.5
1985	4224.4	10487.7	10266.6	515.2	206.5	2500.0	2378.8	12281.5
1986	4832.7	10838.4	12894.8	620.3	520.2	3900.0	2658.5	14369.4
1987	5702.6	12301.6	15319.0	753.7	803.7	6600.0	3102.5	17114.0
1988	6860.2	14134.5	19164.1	1004.7	1107.5	11100.0	3676.5	20879.1
1989	7573.7	14870.1	22307.0	1183.5	1296.9	17200.0	4036.8	23154.9
1990	8096.3	15345.9	24528.8	1523.2	1792.3	19244.2	4315.3	24752.6
1991	9335.0	16788.4	28085.5	1955.8	2659.8	42529.7	4962.6	28614.0
1992	11827.4	19202.3	39074.1	2958.3	3792.7	78209.0	6233.0	36358.7
1993	15363.8	21256.9	56540.2	4555.8	5123.9	310724.4	8383.4	45921.0
1994	19604.2	21745.8	74520.0	6888.4	7296.4	896129.2	10613.4	59008.5
1995	23779.9	25751.1	90914.4	8913.6	9120.5	1170519.8	13365.1	69612.8

注：1、本表按可比价格计算，集体工业包括城乡合作经营工业和村办工业。

2、1995 年指数按原规定计算。

11—3 历年工业总产值指数

（以上年为 100）

年份	工业总产值	国有工业	集体工业	乡办工业	城乡个体工业	其他各种经济类型工业	轻工业	重工业
1950	144.9	238.5	115.4		143.0	148.4	141.5	162.5
1951	144.4	198.4	113.9		141.9	132.6	142.2	153.8
1952	159.8	223.6	135.4		145.8	144.3	162.2	150.0
1953	120.3	142.5	123.4		108.4	115.9	119.4	124.4
1954	116.4	152.8	129.9		95.1	73.5	113.2	129.9
1955	107.9	128.2	130.3		83.8	61.3	104.9	119.2
1956	117.6	143.9	203.9		38.2	2.2	109.2	145.0
1957	105.8	109.0	88.4		134.5		107.6	101.6
1958	200.8	269.8	132.5				162.8	300.6
1959	150.5	146.9	170.1	189.2			136.5	170.4
1960	117.2	118.4	111.7	76.1			101.8	134.7
1961	50.9	51.4	48.8				55.9	46.7
1962	76.7	75.1	82.8				82.8	70.5
1963	107.9	110.3	97.3		91.7		108.3	107.5
1964	121.4	124.4	106.2		90.9		123.8	118.5
1965	136.9	139.3	123.2		80.0		136.2	137.7
1966	121.7	119.0	142.4				116.3	128.5
1967	94.7	92.2	109.3				95.4	93.8
1968	93.7	92.8	97.8				102.8	83.0
1969	132.6	135.0	121.2				124.5	144.3
1970	142.0	146.3	119.6				120.5	168.5
1971	116.1	116.5	113.5				102.0	128.6
1972	109.3	107.3	121.5	111.9			107.6	110.8
1973	104.6	102.1	118.0	127.4			108.5	101.4
1974	109.0	106.5	120.5	136.3			108.9	109.1
1975	112.8	108.8	129.1	137.8			113.5	112.3
1976	82.8	72.6	117.7	137.5			88.5	77.8
1977	147.3	152.5	136.4	144.4			138.4	156.2
1978	107.6	113.3	94.2	94.1			105.3	109.7
1979	109.7	110.9	106.2	95.2			112.3	107.4
1980	109.3	107.7	114.2	104.3			118.6	101.1
1981	105.0	106.4	100.9	98.8	200.0	300.0	112.7	96.9
1982	108.6	107.5	111.7	103.5	155.0	200.0	105.4	112.5
1983	109.1	108.0	112.2	110.4	171.0	133.3	104.4	114.3
1984	113.7	108.9	120.0	116.3	1886.8	125.0	112.2	115.2
1985	122.7	115.5	135.4	113.6	206.5	250.0	123.9	121.4
1986	114.4	103.3	125.6	120.4	251.9	156.0	111.9	117.0
1987	118.0	113.5	118.8	121.5	154.5	169.2	116.7	119.1
1988	120.3	114.9	125.1	133.3	137.8	168.2	118.5	122.0
1989	110.4	105.2	116.4	117.8	117.1	155.0	109.8	110.9
1990	106.9	103.2	110.0	128.7	138.2	111.9	106.9	106.9
1991	115.3	109.4	114.5	128.4	148.4	221.0	115.0	115.6
1992	126.7	114.4	139.1	151.3	142.6	183.9	125.6	127.8
1993	129.9	110.7	144.7	142.0	135.1	397.3	134.5	126.3
1994	127.6	102.3	131.8	151.2	142.4	288.4	126.6	128.5
1995	121.3	118.4	122.0	129.4	125.0	130.6	125.9	118.0

注：1、本表按可比价格计算，集体工业包括城乡合作经营工业和村办工业。

2、1995 年指数按原规定计算。

11－4 工业企业单位数、总产值及指数

项 目	1990年	1991年	1992年	1993年	1994年	1995年（新规定）	1995年（原规定）
企业单位数(个)	**810810**	**850574**	**914056**	**1035544**	**1165607**	**736838**	
＃大中型企业	415	418	920	1012	1041	1106	
一、按经济类型分							
国有工业	4574	4561	4575	4892	4849	5456	
集体工业	117866	97718	106540	122904	118772	143409	
＃乡办工业	8413	8501	8973	8478	9918	11127	
村办工业	32305	34207	39449	44389	32089	43652	
城乡个体工业	688319	748245	802806	907157	1040439	585879	
其他各种经济类型	51	50	135	591	1547	2094	
二、按轻重工业分							
轻工业	513154	527649	497965	449909	527725	495920	
重工业	297656	322925	416091	585635	637882	240918	
工业总产值(亿元)	**1036.73**	**1222.68**	**1628.63**	**2434.37**	**3436.80**	**4393.87**	**4716.26**
＃大中型企业	360.44	416.25	653.10	890.18	1103.12	1317.24	1512.22
一、按经济类型分							
国有工业	572.03	649.89	792.80	1030.87	1194.87	1401.16	1600.75
集体工业	358.44	412.78	591.76	959.65	1434.71	1816.17	1898.33
＃乡办工业	63.49	80.02	121.46	194.47	309.35	436.80	476.19
村办工业	108.99	137.01	226.39	424.02	667.44	847.17	848.32
城乡个体工业	102.05	150.90	226.94	370.96	583.95	887.25	887.25
其他各种经济类型	4.21	9.11	17.13	72.89	223.27	289.29	329.93
二、按轻重工业分							
轻工业	473.13	555.03	716.04	998.80	1438.12	1899.19	2048.78
重工业	563.60	667.65	912.59	1435.57	1998.68	2494.68	2667.48
工业总产值指数(以上年为100)	**106.9**	**115.3**	**126.7**	**129.9**	**127.6**	**121.3**	
＃大中型企业	104.3	109.3	117.5	121.1	111.8	121.2	
一、按经济类型分							
国有工业	103.2	109.4	114.4	110.7	102.3	118.4	
集体工业	110.7	114.5	139.1	152.0	131.8	122.0	
＃乡办工业	114.7	128.4	151.3	142.0	151.2	129.4	
村办工业	111.5	126.2	156.7	180.9	136.8	116.6	
城乡个体工业	112.8	148.4	142.6	115.5	142.4	125.0	
其他各种经济类型	192.4	221.0	183.9	397.3	288.4	130.6	
二、按轻重工业分							
轻工业	106.9	115.0	125.6	134.5	126.6	125.9	
重工业	106.9	115.6	127.8	126.3	128.5	118.0	

注：本表工业总产值按当年价格计算，指数按原规定可比价格计算。

11－5 各市地工业企业单位数

（1995年底） 单位：个

市地	合计	按经济类型分				按轻重工业分		按企业规模分		
		国有工业	集体工业	城乡个体工业	其他各种经济类型	轻工业	重工业	大型企业	中型企业	小型企业
全省	**736838**	**5456**	**143409**	**585879**	**2094**	**495920**	**240918**	**292**	**814**	**735732**
郑州市	47239	530	12980	33208	521	18916	28323	45	75	47119
开封市	15054	277	4821	9878	78	11031	4023	23	46	14985
洛阳市	28655	390	9236	18916	113	13176	15479	37	66	28552
平顶山市	47883	320	9112	38386	65	29605	18278	17	33	47833
安阳市	28521	290	13038	15135	58	20217	8304	20	65	28436
鹤壁市	6201	127	3668	2361	45	3552	2649	4	23	6174
新乡市	25317	313	7415	17518	71	16564	8753	28	80	25209
焦作市	47509	409	10745	36244	111	31851	15658	25	74	47410
濮阳市	23657	181	6744	16656	76	19483	4174	4	20	23633
许昌市	31834	180	6462	25118	74	17998	13836	9	44	31781
漯河市	18710	148	1432	17065	65	13652	5058	5	31	18674
三门峡市	15034	299	3282	11346	107	6323	8711	15	21	14998
南阳市	188664	481	16711	171015	457	134609	54055	23	63	188578
商丘地区	49564	352	13165	35972	75	37713	11851	16	33	49515
周口地区	67270	373	9462	57357	78	53591	13679	7	63	67200
驻马店地区	55886	342	7713	47762	69	40725	15161	5	29	55852
信阳地区	39840	444	7423	31942	31	26914	12926	9	48	39783

11－6 各市地工业总产值

（1995年，新规定） 单位：亿元

市地	合计	按经济类型分				按轻重工业分		按企业规模分		
		国有工业	集体工业	城乡个体工业	其他各种经济类型	轻工业	重工业	大型企业	中型企业	小型企业
全省	**4393.87**	**1401.16**	**1816.17**	**887.25**	**289.29**	**1899.19**	**2494.68**	**919.51**	**397.73**	**3076.63**
郑州市	605.89	160.25	258.47	118.16	69.01	194.08	411.81	130.89	36.25	438.74
开封市	153.74	58.71	56.47	29.29	9.27	84.56	69.19	31.74	20.70	101.30
洛阳市	418.92	186.97	118.91	69.17	43.87	131.99	286.93	183.91	25.76	209.26
平顶山市	270.83	106.08	90.42	71.07	3.26	87.97	182.86	77.56	16.80	176.46
安阳市	310.84	103.58	157.24	30.70	19.32	121.88	188.95	75.93	32.40	202.50
鹤壁市	83.30	30.70	40.58	5.93	6.09	28.35	54.95	12.87	10.49	59.94
新乡市	368.68	102.77	175.16	64.69	26.06	180.93	187.76	71.24	37.03	260.42
焦作市	509.15	116.50	290.45	84.52	17.68	206.35	302.81	55.36	45.47	408.33
濮阳市	136.86	83.66	38.60	13.29	1.31	42.51	94.35	63.25	10.43	63.18
许昌市	200.01	37.16	97.50	52.48	12.87	80.72	119.29	17.23	19.88	162.90
漯河市	146.36	29.14	59.45	33.97	23.80	95.55	50.81	30.93	19.76	95.66
三门峡市	121.29	47.90	46.41	21.61	5.37	21.52	99.77	29.44	7.22	84.63
南阳市	402.53	118.52	124.74	131.11	28.16	210.77	191.76	58.61	39.17	304.74
商丘地区	143.32	50.93	55.52	31.16	5.71	86.08	57.24	24.10	12.43	106.79
周口地区	209.67	76.67	78.30	46.33	8.37	149.16	60.52	35.76	27.98	145.93
驻马店地区	188.58	41.08	85.26	55.31	6.93	114.93	73.65	7.12	17.51	163.94
信阳地区	123.90	50.55	42.70	28.45	2.20	61.87	62.04	13.56	18.45	91.90

注：本表按当年价格计算。

11—7 各市地工业总产值

(1995年,原规定)

单位:亿元

市地	合计	按经济类型分				按轻重工业分		按企业规模分		
		国有工业	集体工业	城乡个体工业	其他各种经济类型	轻工业	重工业	大型企业	中型企业	小型企业
全省	**4716.26**	**1600.75**	**1898.33**	**887.25**	**329.93**	**2048.78**	**2667.48**	**1062.02**	**450.20**	**3204.04**
郑州市	647.92	179.99	271.89	118.16	77.88	212.76	435.15	151.87	37.10	458.94
开封市	167.97	67.73	60.70	29.29	10.25	92.81	75.16	35.69	24.15	108.13
洛阳市	463.00	218.90	123.73	69.17	51.20	144.73	318.27	219.06	28.36	215.58
平顶山市	289.75	120.16	94.80	71.07	3.72	94.19	195.56	88.37	19.48	181.91
安阳市	339.48	124.48	161.66	30.70	22.64	133.22	206.26	88.69	40.46	210.34
鹤壁市	90.42	34.55	43.00	5.93	6.94	30.61	59.81	14.78	11.53	64.11
新乡市	397.74	117.80	185.04	64.69	30.21	197.00	200.74	82.43	42.77	272.55
焦作市	543.61	137.28	301.85	84.52	19.96	216.29	327.32	64.47	52.50	426.64
濮阳市	148.85	94.30	39.85	13.29	1.41	44.51	104.34	70.82	12.08	65.95
许昌市	210.83	41.06	102.65	52.48	14.64	86.60	124.23	19.93	21.40	169.50
漯河市	155.50	31.79	62.14	33.97	27.60	102.72	52.78	35.43	21.65	98.42
三门峡市	129.72	55.06	47.08	21.61	5.97	24.25	105.46	33.74	8.46	87.51
南阳市	430.67	136.10	131.84	131.11	31.62	228.18	202.49	69.29	43.56	317.82
商丘地区	152.21	57.14	57.33	31.16	6.58	91.76	60.45	27.43	14.06	110.73
周口地区	222.04	83.24	83.16	46.33	9.31	161.07	60.96	36.94	31.72	153.38
驻马店地区	195.58	45.64	87.01	55.31	7.62	120.75	74.83	7.98	19.91	167.69
信阳地区	130.97	55.52	44.62	28.45	2.38	67.33	63.64	15.11	21.01	94.85

注:本表按当年价格计算。

11—8 工业增加值

单位:亿元

项目	1994年	1995年	1995年为1994年%
总计	**958.00**	**1274.89**	**117.7**
一、按经济类型分			
国有工业	387.43	477.04	113.3
集体工业	376.28	504.24	118.5
城乡个体工业	140.71	212.97	125.0
其他各种经济类型	53.58	80.64	133.0
二、按轻重工业分			
轻工业	357.00	492.00	121.8
重工业	601.00	782.89	115.1

注:本表绝对数按当年价格计算,发展速度按可比价格计算。

11—9 乡及乡以上工业增加值

单位:亿元

项目	1994年	1995年	1995年为1994年%
总计	**611.00**	**780.15**	**115.1**
一、按经济类型分			
国有工业	387.43	477.04	113.3
集体工业	169.99	222.47	115.7
其他各种经济类型	53.58	80.64	133.0
二、按轻重工业分			
轻工业	232.38	276.59	114.4
重工业	378.62	503.56	115.6

注:本表绝对数按当年价格计算,发展速度按可比价格计算。

11—10 乡及乡以上工业企业单位数

单位:个

项 目	1990年	1991年	1992年	1993年	1994年	1995年
总 计	**20213**	**20211**	**20538**	**21556**	**24285**	**27321**
一、按轻重工业分						
轻工业	10849	10753	10867	10950	12297	13856
以农产品为原料	8038	7904	7931	8213	9194	10488
以非农产品为原料	2811	2849	2936	2737	3103	3368
重工业	9364	9458	9671	10606	11988	13465
采掘工业	851	905	909	946	1105	1311
原料工业	1682	1704	1784	2028	2412	2801
加工工业	6831	6849	6978	7632	8471	9353
二、按企业规模分						
大型工业	130	132	206	230	232	292
中型工业	285	286	714	782	809	814
小型工业	19798	19793	19618	20544	23244	26215
三、按经济类型分						
(一)国有工业	4574	4561	4575	4892	4849	5456
1.中央企业	218	217	216	244	257	233
地方企业	4356	4344	4359	4648	4592	5223
2.轻工业	2544	2543	2560	2728	2668	3145
以农产品为原料	2047	2035	2030	2208	2119	2554
以非农产品为原料	497	508	530	520	549	591
重工业	2030	2018	2015	2164	2181	2311
采掘工业	160	169	170	183	185	202
原料工业	556	561	562	588	589	642
加工工业	1314	1288	1283	1393	1407	1467
3.大型工业	128	129	197	213	204	252
中型工业	272	272	631	674	679	663
小型工业	4174	4160	3747	4005	3966	4541
(二)集体工业	15588	15600	15828	16073	17889	19771
#县属工业	2183	2247	2122	3415	3610	4424
城(镇)街道工业	1431	1451	1456	1576	1553	1537
乡办工业	8413	8501	8973	8478	9918	11127
轻工业	8274	8180	8224	7877	8561	9522
以农产品为原料	5965	5844	5846	5765	6021	7084
以非农产品为原料	2309	2336	2378	2112	2540	2438
重工业	7314	7420	7604	8196	9328	10249
采掘工业	691	736	737	752	873	1021
原料工业	1121	1137	1208	1377	1549	1929
加工工业	5502	5547	5659	6067	6906	7299
(三)其他各种经济类型	51	50	135	591	1547	2094

11-11 乡及乡以上工业总产值

单位:亿元

项目	1990年	1991年	1992年	1993年	1994年	1995年（新规定）	1995年（原规定）
总计	**764.60**	**885.32**	**1107.13**	**1518.42**	**1994.94**	**2441.40**	**2763.79**
一、按轻重工业分							
轻工业	339.86	394.43	470.27	588.00	831.08	1023.79	1173.38
以农产品为原料	270.76	310.86	365.37	458.82	640.76	803.88	921.28
以非农产品为原料	69.10	83.57	104.90	129.18	190.32	219.91	252.10
重工业	424.74	490.89	636.86	930.42	1163.86	1417.61	1590.41
采掘工业	74.59	83.38	108.87	154.04	201.32	253.44	281.75
原料工业	147.79	170.83	221.78	344.42	412.69	508.32	570.60
加工工业	202.36	236.68	306.21	431.96	549.85	655.85	738.06
二、按企业规模分							
大型工业	238.60	276.55	423.81	612.87	744.71	919.51	1062.02
中型工业	121.84	139.70	229.29	277.30	358.41	397.73	450.20
小型工业	404.16	469.07	454.03	628.25	891.82	1124.16	1251.57
三、按经济类型分							
(一)国有工业	572.03	649.89	792.80	1030.87	1194.87	1401.16	1600.75
1.中央企业	170.81	196.11	245.16	326.06	375.79	379.22	439.79
地方企业	401.22	453.78	547.64	704.81	819.08	1021.94	1160.96
2.轻工业	237.33	268.45	313.04	358.54	406.62	494.09	579.85
以农产品为原料	191.42	213.43	245.99	291.54	347.06	399.40	470.03
以非农产品为原料	45.91	55.02	67.05	67.00	59.56	94.69	109.82
重工业	334.70	381.44	479.76	672.33	788.25	907.07	1020.90
采掘工业	62.35	70.73	91.14	126.31	152.94	187.40	211.52
原料工业	127.50	146.15	186.50	281.41	321.80	385.68	432.48
加工工业	144.85	164.56	202.12	264.61	313.51	333.99	376.90
3.大型工业	237.73	273.15	413.84	577.43	636.03	768.91	887.51
中型工业	117.36	133.69	206.44	247.10	304.08	318.23	359.31
小型工业	216.94	243.05	172.52	206.34	254.76	314.03	353.93
(二)集体工业	188.36	226.32	297.20	414.66	576.80	750.95	833.11
#县属工业	44.38	55.26	63.77	105.03	144.56	176.67	200.68
城(镇)街道工业	9.61	12.28	16.56	40.26	34.79	31.19	35.58
乡办工业	63.49	80.02	121.46	194.47	309.35	436.80	476.19
轻工业	100.14	122.70	148.84	186.85	260.40	358.78	398.25
以农产品为原料	77.19	94.46	114.32	138.00	190.46	291.64	323.34
以非农产品为原料	22.95	28.24	34.52	48.85	69.94	67.14	74.91
重工业	88.22	103.62	148.36	227.81	316.40	392.17	434.86
采掘工业	12.24	12.65	17.73	27.62	47.11	63.43	67.36
原料工业	20.25	24.54	34.70	55.15	66.71	93.31	104.09
加工工业	55.73	66.43	95.93	145.04	202.58	235.43	263.40
(三)其他各种经济类型	4.21	9.11	17.13	72.89	223.27	289.29	329.93

注:本表按当年价格计算。

11—12 乡及乡以上工业总产值指数

(以上年为100)

项　目	1990年	1991年	1992年	1993年	1994年	1995年
总　计	**105.5**	**112.2**	**119.3**	**121.2**	**121.0**	**119.9**
一、按轻重工业分						
轻工业	105.7	112.8	118.0	118.9	125.0	119.7
以农产品为原料	104.7	110.6	115.3	120.1	120.0	119.4
以非农产品为原料	109.0	121.3	127.5	115.2	141.7	120.6
重工业	105.3	111.7	120.4	123.0	117.9	120.0
采掘工业	103.3	102.4	108.0	111.3	114.5	111.9
原料工业	105.7	109.8	119.5	121.4	113.7	123.2
加工工业	105.6	116.3	124.9	127.2	121.0	120.3
二、按企业规模分						
大型工业	102.1	107.5	116.9	118.2	109.5	130.7
中型工业	108.4	112.6	118.6	109.3	116.0	112.8
小型工业	106.5	114.9	121.7	129.9	132.3	115.6
三、按经济类型分						
(一)国有工业	103.2	109.4	114.4	110.7	102.3	118.4
1.中央企业	111.2	105.9	109.3	107.7	101.3	98.9
地方企业	100.2	111.0	116.5	111.9	102.6	125.5
2.轻工业	103.1	110.2	114.9	109.6	94.8	107.0
以农产品为原料	102.0	108.2	112.2	112.5	96.7	109.2
以非农产品为原料	106.5	118.7	124.9	99.8	87.3	100.7
重工业	106.5	108.8	114.0	111.6	107.9	128.2
采掘工业	103.3	100.7	102.1	101.9	102.7	133.3
原料工业	101.6	108.2	116.0	111.8	106.9	159.1
加工工业	105.5	112.9	117.1	114.8	110.2	110.7
3.大型工业	102.5	106.5	115.5	112.7	95.4	128.8
中型工业	102.0	112.0	118.4	107.4	108.5	105.8
小型工业	106.5	111.2	107.0	110.4	110.3	102.5
(二)集体工业	110.3	118.3	130.5	131.6	131.8	118.5
#县属工业	107.6	116.7	115.2	158.8	124.3	115.8
城(镇)街道工业	112.2	124.9	134.0	204.3	98.6	92.4
乡办工业	114.7	128.4	151.3	154.0	151.2	122.7
轻工业	111.0	118.6	121.6	118.6	131.4	121.4
以农产品为原料	109.8	116.2	120.9	117.4	124.2	128.2
以非农产品为原料	114.4	126.7	123.9	122.3	152.6	102.2
重工业	109.6	118.0	141.1	144.9	132.2	116.0
采掘工业	115.7	112.9	140.5	148.1	143.2	113.7
原料工业	106.8	118.7	137.0	149.2	119.3	87.5
加工工业	109.6	118.7	142.6	142.9	134.6	131.7
(三)其他各种经济类型	192.8	221.0	183.9	397.3	288.4	130.6

注:本表按可比价格计算,1995年指数按原规定计算。

11－13 乡及乡以上工业企业分行业单位数、总产值

（1995 年）

行业	单位数（个）	#国有工业	#集体工业	工业总产值（新规定）（亿元）	#国有工业	#集体工业
总计	**27321**	**5456**	**19771**	**2441.40**	**1401.16**	**750.95**
煤炭采选业	502	93	398	123.00	90.06	32.20
石油和天然气开采业	2	2		82.83	82.83	
黑色金属矿采选业	91	6	78	2.84	0.28	2.32
有色金属矿采选业	283	53	201	34.78	13.07	20.70
非金属矿采选业	421	46	337	9.38	1.03	7.90
其他矿采选业	12	1	8	0.60	0.12	0.30
木材及竹材采运业	4	2	2	0.02	0.02	
食品加工业	2666	1114	1387	192.36	94.30	44.09
食品制造业	1022	327	584	73.96	35.21	30.00
饮料制造业	589	193	322	70.15	50.65	14.40
烟草加工业	79	57	21	55.37	51.54	3.58
纺织工业	1678	274	1296	218.13	110.16	87.83
服装及其他纤维制品制造业	716	46	585	18.75	1.11	15.01
皮革、毛皮、羽绒及其制品业	630	65	478	46.73	6.84	29.25
木材加工及竹、藤、棕、草制品业	550	52	443	11.50	2.01	7.24
家具制造业	486	45	416	6.62	0.60	4.81
造纸及纸制品业	1059	135	865	57.60	18.22	35.72
印刷业、记录媒介的复制	819	188	580	17.02	7.26	7.63
文教体育用品制造业	206	15	173	2.48	0.12	1.91
石油加工及炼焦业	188	19	149	63.18	53.07	9.82
化学原料及化学制品制造业	1719	345	1229	169.69	113.81	45.01
医药制造业	330	149	128	54.35	38.72	9.70
化学纤维制造业	48	11	32	26.80	22.10	1.73
橡胶制品业	209	40	149	28.23	19.80	5.10
塑料制品业	834	86	650	29.33	3.75	19.74
非金属矿物制品业	4201	477	3483	193.90	67.26	103.44
黑色金属冶炼及压延加工业	307	51	233	87.40	73.97	11.77
有色金属冶炼及压延加工业	263	46	176	73.01	54.65	12.25
金属制品业	1279	107	1093	44.61	7.31	33.01
普通机械制造业	1282	214	1008	91.17	45.87	34.97
专用设备制造业	1371	276	1032	146.54	90.34	49.39
交通运输设备制造业	821	215	534	86.04	38.74	17.63
武器弹药制造业	13	13		7.18	7.18	
电气机械及器材制造业	873	148	644	83.04	27.34	23.59
电子及通信设备制造业	148	31	76	31.20	12.16	1.21
仪器、仪表及文化办公用机械制造业	173	38	115	7.06	3.81	1.84
其他制造业	956	113	751	26.89	2.15	20.12
电力、蒸气、热水的生产和供应业	334	230	92	159.42	146.28	5.41
煤气生产和供应业	24	16	7	2.64	1.93	0.26
自来水生产和供应业	133	117	16	5.59	5.51	0.07

11—13 续表　　　　　　(1995年)

行　业	工业总产值（原规定）(亿元)	#国有工业	#集体工业	工业总产值指数(上年=100)	#国有工业	#集体工业
总　计	**2763.79**	**1600.75**	**833.11**	**119.9**	**118.4**	**118.5**
煤炭采选业	137.82	101.95	34.97	120.6	152.8	110.6
石油和天然气开采业	94.04	94.04		90.2	166.5	
黑色金属矿采选业	2.99	0.31	2.44	136.3	24.8	337.4
有色金属矿采选业	36.13	13.98	21.09	114.9	83.5	196.0
非金属矿采选业	10.08	1.09	8.52	97.6	22.2	242.3
其他矿采选业	0.68	0.13	0.34	107.7	47.3	193.8
木材及竹材采运业	0.02	0.02		157.0	151.0	
食品加工业	224.49	114.96	47.98	123.6	94.6	88.4
食品制造业	81.50	38.37	32.90	144.8	129.2	175.3
饮料制造业	78.50	57.12	15.57	121.7	161.0	75.1
烟草加工业	64.87	59.95	4.86	112.2	193.5	21.8
纺织工业	252.82	131.88	97.97	105.8	103.0	120.7
服装及其他纤维制品制造业	21.70	1.40	17.34	102.3	12.4	241.7
皮革、毛皮、羽绒及其制品业	51.14	7.77	31.92	115.7	28.3	219.8
木材加工及竹、藤、棕、草制品业	12.38	2.35	7.72	116.4	43.2	212.4
家具制造业	7.40	0.75	5.32	103.4	18.9	223.9
造纸及纸制品业	64.48	20.88	39.35	121.2	71.2	224.7
印刷业、记录媒介的复制	20.82	9.41	8.82	103.8	94.5	119.0
文教体育用品制造业	2.69	0.15	2.02	90.6	8.0	206.5
石油加工及炼焦业	73.29	62.15	10.83	114.0	155.6	86.5
化学原料及化学制品制造业	188.49	125.64	50.44	117.8	137.7	102.4
医药制造业	63.48	45.66	11.05	141.8	185.5	63.9
化学纤维制造业	30.95	25.70	1.96	189.5	279.7	42.9
橡胶制品业	33.24	23.53	5.98	122.5	163.1	59.2
塑料制品业	32.72	4.23	22.01	122.1	28.3	246.5
非金属矿物制品业	217.90	78.20	113.77	117.6	74.4	189.6
黑色金属冶练及压延加工业	102.00	86.64	13.35	103.9	155.3	53.5
有色金属冶练及压延加工业	93.27	72.54	13.85	131.2	174.7	77.9
金属制品业	50.24	8.53	36.94	119.1	38.4	260.2
普通机械制造业	104.13	52.93	39.79	111.6	104.0	130.4
专用设备制造业	165.24	101.96	54.99	126.3	139.1	132.5
交通运输设备制造业	98.76	44.15	20.00	138.4	112.4	91.9
武器弹药制造业	8.10	8.10		153.4	283.4	
电气机械及器材制造业	95.64	31.32	27.06	118.1	71.1	102.7
电子及通信设备制造业	35.46	13.79	1.41	147.7	132.5	15.6
仪器、仪表及文化办公用机械制造业	7.88	4.25	2.07	105.9	110.8	81.8
其他制造业	29.79	2.36	22.10	112.8	15.5	247.9
电力、蒸气、热水的生产和供应业	160.12	144.92	6.04	128.2	219.1	14.1
煤气生产和供应业	2.60	1.79	0.27	172.4	180.2	87.4
自来水生产和供应业	5.94	5.86	0.08	98.1	178.2	4.1

注：本表工业总产值按当年价格计算，指数按原规定可比价格计算。

11－14 各市地乡及乡以上工业企业单位数

（1995年底）

单位：个

市地	合计	按经济类型分			按轻重工业分		按企业规模分		
		国有工业	集体工业	其他各种经济类型	轻工业	重工业	大型企业	中型企业	小型企业
全省	**27321**	**5456**	**19771**	**2094**	**13856**	**13465**	**292**	**814**	**26215**
郑州市	3206	530	2155	521	1377	1829	45	75	3086
开封市	1842	277	1487	78	926	916	23	46	1773
洛阳市	1599	390	1096	113	662	937	37	66	1496
平顶山市	1397	320	1012	65	662	735	17	33	1347
安阳市	1671	290	1323	58	892	779	20	65	1586
鹤壁市	724	127	552	45	291	433	4	23	697
新乡市	1588	313	1204	71	739	849	28	80	1480
焦作市	1616	409	1096	111	758	858	25	74	1517
濮阳市	908	181	651	76	503	405	4	20	884
许昌市	1057	180	803	74	537	520	9	44	1004
漯河市	643	148	430	65	421	222	5	31	607
三门峡市	1271	299	865	107	525	746	15	21	1235
南阳市	2576	481	1638	457	1369	1207	23	63	2490
商丘地区	1567	352	1140	75	904	663	16	33	1518
周口地区	1720	373	1269	78	1095	625	7	63	1650
驻马店地区	1920	342	1509	69	1128	792	5	29	1886
信阳地区	2016	444	1541	31	1067	949	9	48	1959

11－15 各市地乡及乡以上工业总产值

（1995年，新规定）

单位：亿元

市地	合计	按经济类型分			按轻重工业分		按企业规模分		
		国有工业	集体工业	其他各种经济类型	轻工业	重工业	大型企业	中型企业	小型企业
全省	**2441.40**	**1401.16**	**750.95**	**289.29**	**1023.79**	**1417.61**	**919.51**	**397.73**	**1124.16**
郑州市	329.20	160.25	99.95	69.01	116.18	213.03	130.89	36.25	162.06
开封市	102.02	58.71	34.03	9.27	53.60	48.42	31.74	20.70	49.58
洛阳市	264.43	186.97	33.59	43.87	68.45	195.98	183.91	25.76	54.76
平顶山市	154.02	106.08	44.68	3.26	41.73	112.29	77.56	16.80	59.66
安阳市	163.75	103.58	40.86	19.32	66.03	97.72	75.93	32.40	55.42
鹤壁市	55.09	30.70	18.30	6.09	19.13	35.96	12.87	10.49	31.73
新乡市	197.16	102.77	68.33	26.06	92.35	104.81	71.24	37.03	88.89
焦作市	228.01	116.50	93.83	17.68	70.54	157.47	55.36	45.47	127.18
濮阳市	101.83	83.66	16.86	1.31	18.96	82.87	63.25	10.43	28.15
许昌市	88.71	37.16	38.68	12.87	36.48	52.23	17.23	19.88	51.60
漯河市	91.07	29.14	38.13	23.80	63.83	27.24	30.93	19.76	40.38
三门峡市	77.43	47.90	24.16	5.37	14.55	62.88	29.44	7.22	40.77
南阳市	208.58	118.52	61.89	28.16	111.94	96.64	58.61	39.17	110.80
商丘地区	80.50	50.93	23.86	5.71	52.80	27.70	24.10	12.43	43.97
周口地区	132.82	76.67	47.78	8.37	99.36	33.46	35.76	27.98	69.08
驻马店地区	88.53	41.08	40.51	6.93	57.42	31.11	7.12	17.51	63.90
信阳地区	78.25	50.55	25.50	2.20	40.46	37.80	13.56	18.45	46.24

注：本表按当年价格计算。

11－16 各市地乡及乡以上工业总产值

（1995年，原规定）　　单位：亿元

市　地	合　计	按经济类型分			按轻重工业分		按企业规模分		
		国有工业	集体工业	其他各种经济类型	轻工业	重工业	大型企业	中型企业	小型企业
全　省	**2763.79**	**1600.75**	**833.11**	**329.93**	**1173.38**	**1590.41**	**1062.02**	**450.20**	**1251.57**
郑州市	371.23	179.99	113.36	77.88	134.86	236.37	151.87	37.10	182.26
开封市	116.24	67.73	38.27	10.25	61.85	54.40	35.69	24.15	56.40
洛阳市	308.50	218.90	38.40	51.20	81.18	227.32	219.06	28.36	61.08
平顶山市	172.94	120.16	49.07	3.72	47.94	125.00	88.37	19.48	65.09
安阳市	192.40	124.48	45.27	22.64	77.37	115.03	88.69	40.46	63.25
鹤壁市	62.21	34.55	20.71	6.94	21.39	40.82	14.78	11.53	35.90
新乡市	226.22	117.80	78.21	30.21	108.42	117.80	82.43	42.77	101.02
焦作市	262.46	137.28	105.23	19.96	80.48	181.98	64.47	52.50	145.49
濮阳市	113.82	94.30	18.10	1.41	20.96	92.85	70.82	12.08	30.92
许昌市	99.54	41.06	43.84	14.64	42.37	57.17	19.93	21.40	58.21
漯河市	100.21	31.79	40.83	27.60	71.00	29.21	35.43	21.65	43.13
三门峡市	85.85	55.06	24.81	5.97	17.28	68.57	33.74	8.46	43.65
南阳市	236.72	136.10	69.00	31.62	129.35	107.37	69.29	43.56	123.87
商丘地区	89.40	57.14	25.69	6.58	58.48	30.92	27.43	14.06	47.91
周口地区	145.19	83.24	52.63	9.31	111.27	33.91	36.94	31.72	76.53
驻马店地区	95.53	45.64	42.27	7.62	63.24	32.29	7.98	19.91	67.64
信阳地区	85.32	55.52	27.43	2.38	45.92	39.40	15.11	21.01	49.20

注：本表按当年价格计算。

11－17 各市地乡及乡以上工业总产值指数

（1995年，以上年为100）

市　地	合　计	按经济类型分			按轻重工业分		按企业规模分		
		国有工业	集体工业	其他各种经济类型	轻工业	重工业	大型企业	中型企业	小型企业
全　省	**119.9**	**118.4**	**118.5**	**130.6**	**119.7**	**120.0**	**130.7**	**112.8**	**115.6**
郑州市	114.0	108.3	111.8	132.7	107.9	118.2	112.2	100.3	118.6
开封市	118.4	114.7	120.3	146.2	117.3	119.7	112.7	123.5	120.0
洛阳市	118.8	118.9	111.8	124.1	116.0	120.2	136.0	111.3	87.4
平顶山市	108.6	109.6	116.1	50.0	107.3	109.2	109.3	100.5	110.8
安阳市	107.7	104.8	99.0	148.9	104.2	110.7	115.2	115.7	96.2
鹤壁市	131.1	118.0	136.3	200.2	139.8	127.2	125.9	106.4	142.4
新乡市	129.7	134.0	120.2	138.9	120.5	139.6	186.0	97.0	118.8
焦作市	129.1	126.2	139.1	106.0	130.3	128.6	125.6	126.4	131.5
濮阳市	98.8	101.2	92.2	111.1	110.3	94.6	92.0	118.0	99.8
许昌市	120.8	105.2	124.0	162.5	108.0	132.5	119.2	113.1	124.0
漯河市	143.3	114.0	162.9	159.7	155.9	118.5	208.9	130.8	118.0
三门峡市	110.1	113.8	91.9	222.1	105.3	111.6	157.4	88.1	95.0
南阳市	124.4	118.2	119.4	174.3	128.0	119.2	122.5	118.6	127.5
商丘地区	122.6	118.5	113.1	323.6	118.5	133.1	145.8	102.4	119.1
周口地区	123.4	176.6	115.6	41.6	128.8	107.9	159.9	127.5	108.1
驻马店地区	122.8	122.5	117.1	174.4	120.3	128.5	157.6	121.3	119.3
信阳地区	116.5	125.9	105.3	88.2	121.4	111.0	185.4	116.3	104.3

注：本表按原规定可比价格计算。

11－18 主要工业产品产量

产品名称	单位	1978年	1980年	1985年	1990年	1991年	1992年	1993年	1994年	1995年
自行车	万辆	6.30	21.28	153.46	75.72	104.10	138.72	185.03	205.71	188.92
缝纫机	万架	7.40	20.07	11.52	14.75	21.07	22.25	12.51	15.03	16.25
表	万只	4.66	33.51	90.10	126.99	135.69	146.59	159.36	140.63	123.03
照相机	架		85	50879	39590	4827	18344	22484	41521	3952
电视机	万台	0.36	3.35	31.78	35.49	29.94	35.68	34.23	32.22	39.58
收音机	万台	21.06	94.55	33.95	26.52	20.76	13.38	10.31	10.33	6.40
录音机	万台		0.08	4.15	8.36	7.49	14.85	18.07	49.93	29.99
电风扇	万台	4.57	11.46	31.38	36.07	27.96	21.37	21.30	26.35	37.68
家用电冰箱	台		200	9537	123134	163802	144303	260188	516200	721249
化学纤维	吨	9929	13199	38480	63663	68272	71675	74248	77951	101418
纱	万吨	16.28	20.17	22.92	31.45	31.95	37.45	47.65	35.20	41.03
布	亿米	7.39	9.06	9.36	11.17	10.62	12.66	13.51	13.71	16.64
丝	吨	446	264	136	222	291	657	916	1317	1308
丝织品	万米	1583	2188	3450	3659	3532	942	3368	4270	6135
呢绒	万米	41.00	157.94	885.00	1046.34	1077.61	1244.31	1648.47	1108.14	1036.00
毛线	吨	956	1345	3013	3979	4535	4342	3510	3899	6687
服装	万件				15984	11336	8978	9923	11205	13772
原盐	吨				41900	21637	72203	99843		
卷烟	万箱	161.70	231.60	316.20	291.49	293.68	298.71	297.51	295.51	298.30
饮料酒	万吨	13.04	14.68	36.73	63.41	67.57	79.75	84.20	98.00	123.20
罐头	吨			48297	40573	51470	83523	79290	83206	158355
乳制品	吨				1674	2809	2940	3737	3844	5803
配、混合饲料	万吨			32.79	101.07	91.54	92.41	62.67	88.08	103.91
机制纸及纸板	万吨	17.13	23.88	79.73	148.41	168.28	250.71	225.48	270.90	328.85
合成洗涤剂	吨	12415	16683	62775	92275	89312	99956	112352	118343	164482
日用精铝制品	吨	1155	807	1476	3010	3518	3876	4734	6075	7804
日用陶瓷器	万件	16497	10737	12536	24539	44788	43004	53730	61161	71122
日用玻璃制品	万吨		4.53	12.96	19.42	23.51	23.37	33.03	60.69	65.61
塑料制品	万吨	2.74	3.20	8.28	14.95	13.19	17.21	16.10	18.10	53.00
＃农用薄膜	万吨	0.97	1.04		2.54			3.35	3.47	6.10
火柴	万件	108.30	118.00	181.30	197.03	240.84	357.41	273.84	290.11	335.67
肥皂	吨	19276	31715	40563	39287	32609	36230	31280	33019	34899
干电池(折手电池)	万只	14279	23394	42493	56491	54581	53997	48639	40330	45556
原煤	万吨	5845	5625	7857	9080	8973	9027	9279	9618	10334
原油	万吨	167.44	230.89	793.31	882.06	848.32	810.13	764.07	688.25	601.96
原油加工量	万吨		21.74	85.16				253.96	240.57	51.44
汽油(不包括溶剂油)	万吨	2.55	3.43	28.77	80.80	85.79	90.22	106.35	109.60	138.68
煤油	吨	46.00	805.00	18.00	4.19	5.74	5.71	13.23	13.79	21.10
柴油	万吨	4.12	5.29	27.91	68.82	73.86	74.23	80.69	84.88	121.69
润滑油	吨	25399	24833	48255	75771	58367	55997	51367	44579	105117

11—18 续表

产品名称	单位	1978年	1980年	1985年	1990年	1991年	1992年	1993年	1994年	1995年
天然气(万立方米)				61778	138914	130177	126072	116667	120668	113776
发电量(亿千瓦小时)		130.68	159.45	209.34	319.14	356.49	405.17	440.65	485.46	547.71
铁矿石(原矿量)	万吨	271.37	180.11	145.39	187.87	152.41	196.19	207.16	242.81	263.94
生铁	万吨	109.72	95.63	112.81	171.33	176.79	204.41	248.28	275.76	322.06
钢	万吨	54.22	64.50	97.26	168.98	186.12	212.87	239.39	241.30	280.98
成品钢材	万吨	30.94	44.76	79.67	134.01	149.32	179.34	219.81	226.29	261.11
铁合金	吨	16222	14827	23592	49606	53343	66254	55294	76755	119291
焦炭	万吨	66.27	68.67	68.53	113.05	219.16	241.39	269.32	362.10	488.74
十种有色金属	吨		62635	84459	106491	116667	134909	185365	217515	319583
铜材	吨	28475		43709	45424	46504	44504	41591	35536	39804
铝材	吨	928		6374	8949	9897	12015	13712	18592	187365
氧化铝	万吨	40.02	40.60	53.30	60.07	62.06		71.95	74.45	79.09
硫铁矿(生产量)	万吨	12.30	5.34	9.08	15.26	20.34	10.33	12.59	22.09	68.36
硫酸	万吨	18.94	17.22	16.33	36.38	48.09	51.63	48.29	69.21	84.25
浓硝酸	吨	1747			6302	8195	16553	25124	24582	24054
纯碱	万吨	0.53	0.57	3.08	16.33	17.24	20.91	23.01	25.39	28.71
烧碱	万吨	4.65	5.41	7.31	12.21	12.56	16.12	19.36	22.82	26.94
电石(折合量)	吨	49414	59535	83474	87099	78156	82749	105344	93705	151828
纯苯	吨		3448	4245	3923	4268	4891	4542	5129	12762
冰醋酸	吨	1758		3467	5155	5447	6109	5641	6535	15092
合成氨	万吨	73.48	92.19	112.52	168.16	188.68	209.26	202.65	230.99	266.89
农用化肥(折纯量)	万吨	51.92	65.06	81.43	140.58	156.50	169.78	164.84	189.70	219.19
化学农药(原药)	吨	12288	11351	1218	5441	6649	22489	4260	6239	7521
油漆	吨	11817	15815	23330	26868	30682	39903	38180	40345	73348
染料	吨	3308	2852	4056	6168	4073	4397	3481	4956	10734
化学医药(原药)	吨	697	622	796	5871	8355	8038	4097	9324	27855
轮胎外胎	万条	40.09	47.06	88.24	212.54	281.37	304.80	271.56	334.58	412.79
塑料	吨	5645	8882	14689	29306	38573	64538	72105	92609	129477
人造板(立方米)		6286	11689	25293	41540	40383	153986	118600	219319	1214187
水泥	万吨	352.85	406.07	764.77	1178.91	1401.82	1879.75	2228.68	3003.75	3349.27
平板玻璃(万重量箱)		184.20	294.61	595.73	904.80	1014.20	1132.95	1299.13	1604.21	2127.41
发电设备	千瓦		25000	1800	32300	23850	13305	7270	5250	273548
交流电动机(万千瓦)		137.20	103.90	164.50	166.49	171.62	213.86	280.15	239.36	239.49
工业锅炉(蒸发量吨)		1531	1828	2789	1234	1892	2959	2839	2669	4573
金属切削机床	台	10714	3300	2758	1214	2015	2402	2855	1313	1634
汽车	辆	1358	2081	3691	3341	3598	8265	19103	15464	18394
大中型拖拉机	台	19751	19433	4481	10348	11400	12301	6462	10637	12468
小型拖拉机	万台	2.23	1.95	9.42	16.58	18.44	15.76	9.90	15.62	24.07
内燃机（商品量，万千瓦）		89.26	52.15		208.55	322.05	408.69	398.28	479.99	760.00

11—19 各市地乡及乡以上主要工业产品产量

(1995 年)

市 地	化学纤维(吨)	纱(吨)	布(万米)	丝织品(万米)	服装(万件)	卷烟(万箱)	饮料酒(吨)	罐头(吨)
全 省	**95551**	**392784**	**126044**	**4057**	**8614**	**298**	**1062557**	**96749**
郑州市	9591	86005	36240	296	1348	95	103865	2969
开封市	457	18741	1881	136	326	15	83848	230
洛阳市	1805	16340	6390	128	131	14	55572	588
平顶山市	34796	13745	8021	170	181	19	45706	797
安阳市	6829	40966	5948	130	982	21	17260	8635
鹤壁市	1112	20422	859	15	307		11572	
新乡市	33619	42653	17447	657	912	6	66716	17083
焦作市	1844	11223	9664	457	411		66734	3518
濮阳市		5661	2206		321		29534	
许昌市	149	10932	4138	147	439	31	6253	36
漯河市	1682	5585	2521		305	11	62802	28896
三门峡市	214	8937	3932		184		35471	2021
南阳市	1816	50730	11101	725	552	44	114208	1114
商丘地区		8748	604	1	387	2	175902	20887
周口地区	395	33266	10072	874	304	3	70744	8663
驻马店地区		11323	3457	246	530	23	36138	58
信阳地区	1242	7507	1564	75	992	15	80232	1254

市 地	乳制品(吨)	配、混合饲料(吨)	机制纸及纸板(万吨)	合成洗涤剂(吨)	日用陶瓷器(万件)	肥皂(吨)	原煤(万吨)	发电量(亿千瓦小时)
全 省	**5231**	**897708**	**146**	**127716**	**25634**	**32547**	**8088**	**547.35**
郑州市	3710	23517	14	18868	1509	17340	1687	65.44
开封市	127	141317	4	44377		3852		24.24
洛阳市	112	20032	3	30725	3022		215	53.63
平顶山市	222	50446	6	756	532		3111	95.90
安阳市	27	43838	6	19231	758	1894	231	33.87
鹤壁市		81986	4	652			717	31.60
新乡市	292	64102	13	569	56		76	44.71
焦作市	14	68499	37	930	11817		625	115.71
濮阳市		8323	4	1494	1			8.78
许昌市		11046	3	40	5416		370	11.38
漯河市		18977	15	2047	313	6338	16	2.45
三门峡市	6	18011	2	78		611	1019	23.69
南阳市	700	55018	8	739	1049	2262		1.01
商丘地区		10573	4					5.63
周口地区	21	12606	7	890	3			12.79
驻马店地区		129637	14	5171	101	250		3.24
信阳地区		139780	4	1149	1059		21	13.28

11—19 续表　　　　　　　　　　　（1995 年）

市　地	生铁（吨）	钢（吨）	成品钢材（吨）	焦炭（机焦）（万吨）	硫酸（吨）	纯碱（吨）	烧碱（吨）	电石（折纯量）（吨）
全　　省	**3034121**	**2725740**	**2387123**	**337**	**767184**	**241082**	**269355**	**106068**
郑　州　市	9874	76667	110546		133400	48300	90905	17808
开　封　市		24219	1988		250265		27493	2812
洛　阳　市	13899	449776	213904	2	63249			3761
平 顶 山 市	104156	198604	203248	207			11277	15430
安　阳　市	1918211	1778526	1491036	115	9825		1170	7072
鹤　壁　市	13139	2036	10617		28413			3057
新　乡　市	21065	1372	140650				14100	12007
焦　作　市	270029	164446	156233	6	75494	157166	41182	40435
濮　阳　市	229554	414	726				14308	
许　昌　市	13173		9588		13081			
漯　河　市	4500	1100	9172					
三 门 峡 市	15955	2516	1080	6	69786		10076	1228
南　阳　市	184093	5166	11910		23241	35616	25954	1134
商 丘 地 区	3228	16752	3193		16192			1324
周 口 地 区	342	932	17935		44153		924	
驻马店地区	20509		4776	1				
信 阳 地 区	212395	3214	521		40085		31966	

市　地	合成氨（万吨）	农用化肥（折纯量）（万吨）	化学农药（原药）（吨）	塑料制品（吨）	人造板（立方米）	水泥（万吨）	平板玻璃（重量箱）	小型拖拉机（台）
全　　省	**264**	**214**	**7512**	**298975**	**624040**	**2422**	**20044938**	**239711**
郑　州　市	16	12	1976	46386	75155	420	101436	41916
开　封　市	15	13	408	40123	25319	3	439278	51600
洛　阳　市	21	19		18439	12656	201	8866147	94364
平 顶 山 市	14	10		6101	7962	187	1077408	600
安　阳　市	14	12	388	19773	20845	175	463201	100
鹤　壁　市	3	4	120	2936	108	61	56784	3910
新　乡　市	29	23		18046	27357	354	155600	34500
焦　作　市	17	17		29194	15461	277	2538038	2770
濮　阳　市	28	21	100	11090	9958	21	186300	
许　昌　市	4	3	363	16119	5860	90	5200	6628
漯　河　市	13	8		11212	44645	34	335127	3300
三 门 峡 市	9	7	18	3000	4020	75	94243	
南　阳　市	23	19	1242	20148	56292	281	100134	23
商 丘 地 区	5	5		3163	28364	46	4544403	
周 口 地 区	21	14	379	18150	263426	6	360040	
驻马店地区	16	12	19	24270	19901	112	713186	
信 阳 地 区	16	15	2499	10826	6711	79	8413	

11－20 独立核算工业企业单位数、总产值

项目	企业单位数(个)		工业总产值(亿元)			
	1994年	1995年	1994年	1995年 新规定	1995年 原规定	1995年为1994年%
总计	**21407**	**23440**	**1926.59**	**2344.10**	**2655.42**	**119.8**
一、按轻重工业分						
轻工业	10275	11246	774.82	944.96	1085.57	120.1
以农产品为原料	7568	8378	590.22	728.77	837.58	119.3
以非农产品为原料	2707	2868	184.60	216.18	247.99	122.2
重工业	11132	12194	1151.77	1399.14	1569.86	119.7
采掘工业	1072	1233	200.68	251.82	279.98	111.4
原料工业	2265	2562	409.99	504.21	565.93	122.9
加工工业	7795	8399	541.10	643.11	723.95	119.9
二、按企业规模分						
大型工业	232	292	744.71	919.51	1062.02	130.7
中型工业	809	814	358.41	397.73	450.20	112.8
小型工业	20366	22334	823.47	1026.86	1143.20	115.2
三、按经济类型分						
(一)国有工业	3930	4147	1174.35	1367.92	1562.13	117.8
1.中央企业	176	179	374.66	378.04	438.43	98.8
地方企业	3754	3968	799.69	989.88	1123.71	124.8
2.轻工业	1973	2158	387.91	467.15	548.37	123.7
以农产品为原料	1537	1689	329.51	373.51	439.70	115.2
以非农产品为原料	436	469	58.40	93.64	108.67	158.9
重工业	1957	1989	786.44	900.77	1013.77	114.0
采掘工业	177	186	152.87	187.32	211.43	110.1
原料工业	550	573	321.71	384.15	430.71	120.6
加工工业	1230	1230	311.86	329.30	371.63	110.4
3.大型工业	204	252	636.03	768.91	887.51	128.8
中型工业	679	663	304.08	318.23	359.31	105.8
小型工业	3047	3232	234.24	280.78	315.31	109.9
(二)集体工业	15984	17289	532.76	688.63	765.23	118.9
1.#县属工业	2970	3268	120.44	131.48	150.58	109.3
城(镇)街道工业	1479	999	34.19	27.02	30.91	82.1
乡办工业	9832	10800	307.71	431.35	470.28	122.0
2.轻工业	7290	7955	224.56	307.99	343.10	125.1
以农产品为原料	5031	5881	158.54	243.41	271.03	140.1
以非农产品为原料	2259	2074	66.02	64.59	72.07	92.8
重工业	8694	9334	308.20	380.63	422.13	114.1
采掘工业	851	966	46.56	61.96	65.77	111.7
原料工业	1448	1766	65.27	90.86	101.32	128.5
加工工业	6395	6602	196.37	227.81	255.04	110.3
3.大型企业	7	14	10.44	26.87	30.47	271.5
中型企业	90	98	32.41	45.62	52.42	143.8
小型企业	15887	17177	489.91	616.13	682.34	114.3
(三)其他各种经济类型	1493	2004	219.48	287.55	328.07	131.3

注:本表工业总产值按当年价格计算,发展速度按原规定可比价格计算。

11－21 独立核算工业企业增加值及增加值率

项目	工业增加值(亿元)		工业增加值率(%)	
	1994年	1995年	1994年	1995年
总计	**591.51**	**722.96**	**30.7**	**27.33**
一、按轻重工业分				
轻工业	224.97	245.34	29.0	23.11
以农产品为原料	175.13	191.50	29.7	23.45
以非农产品为原料	49.84	53.84	27.0	21.96
重工业	366.54	477.62	31.8	30.15
采掘工业	83.40	124.08	41.6	44.12
原料工业	129.20	172.02	31.5	29.46
加工工业	153.94	181.52	28.4	25.25
二、按企业规模分				
大型工业	250.71	338.83	33.7	31.81
中型工业	111.72	119.27	31.2	26.33
小型工业	229.08	264.86	27.8	23.49
三、按经济类型分				
(一)国有工业	378.86	463.45	32.3	29.56
1.中央企业	139.44	172.75	37.2	39.53
地方企业	239.42	290.70	29.9	25.71
2.轻工业	119.80	129.75	30.9	24.35
以农产品为原料	103.19	106.54	31.3	25.07
以非农产品为原料	16.61	23.21	28.4	21.53
重工业	259.06	333.69	32.9	32.24
采掘工业	69.83	103.19	45.7	48.48
原料工业	103.04	136.77	32.0	30.42
加工工业	86.19	93.73	27.6	25.17
3.大型工业	219.15	294.18	34.5	33.02
中型工业	95.07	97.33	31.3	26.90
小型工业	64.64	71.94	27.6	22.83
(二)集体工业	148.77	180.23	27.9	24.01
1.＃县属工业	35.90	33.52	29.8	22.70
城(镇)街道工业	9.77	5.67	28.6	19.24
乡办工业	84.78	113.47	27.6	24.61
2.轻工业	61.32	75.53	27.3	22.52
以农产品为原料	42.57	59.98	26.8	22.67
以非农产品为原料	18.75	15.55	28.4	21.93
重工业	87.45	104.70	28.4	25.21
采掘工业	13.15	20.23	28.2	30.86
原料工业	18.57	24.42	28.5	24.25
加工工业	55.73	60.06	28.4	24.11
3.大型企业	3.52	9.10	33.7	30.25
中型企业	9.53	12.12	29.4	23.22
小型企业	135.72	159.01	27.7	23.79
(三)其他各种经济类型	63.88	79.29	29.1	24.23

注:1、本表按当年价格计算。

2、本表工业增加值率1994年按工业增加值/工业总产值(原规定)计算,1995年按工业增加值/{工业总产值(新规定)＋销项税}计算(下同)。

11－22 独立核算工业企业分行业总产值、增加值

(1995年)　　单位:亿元

行　业	工　业 总产值 (新规定)	工　业 增加值	销项税	工业增 加值率 (%)
总　计	**2344.10**	**722.96**	**301.63**	**27.33**
煤炭采选业	122.04	65.89	16.83	47.45
石油和天然气开采业	82.83	43.97	10.89	46.91
黑色金属矿采选业	2.69	0.70	0.14	24.74
有色金属矿采选业	34.73	10.76	0.88	30.20
非金属矿采选业	8.98	2.60	0.48	27.46
其他矿采选业	0.55	0.16	0.18	22.70
木材及竹材采运业				
食品加工业	166.29	30.38	13.44	16.90
食品制造业	71.72	19.19	8.84	23.82
饮料制造业	69.43	20.31	9.99	25.58
烟草加工业	54.75	28.57	9.58	44.40
纺织工业	178.64	42.30	25.92	20.68
服装及其他纤维制品制造业	17.99	4.17	1.94	20.91
皮革、毛皮、羽绒及其制品业	45.86	11.69	3.67	23.60
木材加工及竹、藤、棕、草制品业	10.76	2.61	0.77	22.61
家具制造业	5.92	1.45	0.48	22.62
造纸及纸制品业	56.58	15.38	6.71	24.30
印刷业、记录媒介的复制	15.38	4.33	1.96	24.99
文教体育用品制造业	2.19	0.54	0.13	23.20
石油加工及炼焦业	62.84	23.06	10.09	31.62
化学原料及化学制品制造业	168.05	46.16	16.21	25.05
医药制造业	53.72	11.84	6.81	19.56
化学纤维制造业	26.78	8.30	4.66	26.41
橡胶制品业	28.14	7.01	4.45	21.50
塑料制品业	28.33	5.83	3.30	18.44
非金属矿物制品业	188.45	61.38	20.36	29.39
黑色金属冶练及压延加工业	86.40	29.00	14.36	28.78
有色金属冶练及压延加工业	72.62	19.75	11.05	23.61
金属制品业	41.30	9.78	4.47	21.37
普通机械制造业	90.13	25.35	11.90	24.85
专用设备制造业	145.65	37.40	19.33	22.67
交通运输设备制造业	84.58	22.18	12.60	22.83
武器弹药制造业	7.18	1.75	1.05	21.27
电气机械及器材制造业	81.99	20.53	11.66	21.92
电子及通信设备制造业	31.09	11.99	4.40	33.77
仪器、仪表及文化办公用机械制造业	6.99	2.01	1.01	25.18
其他制造业	25.29	7.71	1.90	28.37
电力、蒸气、热水的生产和供应业	159.01	63.32	28.37	33.79
煤气生产和供应业	2.64	0.99	0.42	32.24
自来水生产和供应业	5.57	2.65	0.37	44.65

注:1、本表按当年价格计算。

2、工业增加值率按原始计量单位(千元)计算(下同)。

11－23 独立核算国有工业企业分行业总产值、增加值

(1995年) 单位:亿元

行业	工业总产值(新规定)	工业增加值	销项税	工业增加值率(%)
总计	**1367.92**	**463.45**	**199.80**	**29.56**
煤炭采选业	90.02	54.15	14.07	52.02
石油和天然气开采业	82.83	43.97	10.89	46.91
黑色金属矿采选业	0.28	0.07	0.02	24.89
有色金属矿采选业	13.07	4.64	0.45	34.30
非金属矿采选业	1.00	0.32	0.09	29.41
其他矿采选业	0.12	0.03	0.01	26.79
木材及竹材采运业				
食品加工业	73.26	10.98	4.75	14.07
食品制造业	34.20	9.92	4.75	25.46
饮料制造业	50.34	15.50	7.94	26.59
烟草加工业	51.02	27.77	9.05	46.23
纺织工业	109.43	25.96	17.07	20.52
服装及其他纤维制品制造业	0.91	0.22	0.14	21.25
皮革、毛皮、羽绒及其制品业	6.66	1.72	0.63	23.60
木材加工及竹、藤、棕、草制品业	1.67	0.39	0.26	19.95
家具制造业	0.49	0.13	0.06	23.79
造纸及纸制品业	18.04	5.50	2.81	26.37
印刷业、记录媒介的复制	6.24	1.96	0.88	27.46
文教体育用品制造业	0.07	0.02	0.01	26.67
石油加工及炼焦业	53.05	20.38	8.89	32.90
化学原料及化学制品制造业	113.53	32.11	9.86	26.02
医药制造业	38.17	8.15	4.98	18.90
化学纤维制造业	22.09	7.54	3.94	28.95
橡胶制品业	19.80	4.82	3.27	20.91
塑料制品业	3.64	0.73	0.77	16.51
非金属矿物制品业	65.60	25.02	10.27	32.98
黑色金属冶练及压延加工业	73.23	26.10	12.79	30.34
有色金属冶练及压延加工业	54.50	15.93	9.09	25.06
金属制品业	5.84	1.64	0.85	24.58
普通机械制造业	45.50	13.65	6.92	26.04
专用设备制造业	89.87	22.21	13.48	21.49
交通运输设备制造业	38.19	9.48	5.85	21.52
武器弹药制造业	7.18	1.75	1.05	21.27
电气机械及器材制造业	27.09	6.72	4.24	21.45
电子及通信设备制造业	12.09	2.89	1.89	20.64
仪器、仪表及文化办公用机械制造业	3.80	1.02	0.57	23.30
其他制造业	1.48	0.42	0.16	25.91
电力、蒸气、热水的生产和供应业	146.18	56.33	26.33	32.65
煤气生产和供应业	1.93	0.68	0.35	29.72
自来水生产和供应业	5.50	2.62	0.36	44.66

注:本表按当年价格计算。

11—24 独立核算集体工业企业分行业总产值、增加值

(1995年)　　单位:亿元

行　业	工　业 总产值 (新规定)	工　业 增加值	销项税	工业增 加值率 (%)
总　计	**688.63**	**180.23**	**62.17**	**24.01**
煤炭采选业	31.36	11.60	2.69	34.06
石油和天然气开采业				
黑色金属矿采选业	2.17	0.56	0.11	24.69
有色金属矿采选业	20.65	5.84	0.39	27.76
非金属矿采选业	7.53	2.17	0.38	27.42
其他矿采选业	0.25	0.05	0.01	19.25
木材及竹材采运业				
食品加工业	39.55	8.59	1.63	20.86
食品制造业	28.80	7.67	2.71	24.34
饮料制造业	13.98	3.49	1.45	22.62
烟草加工业	3.48	0.71	0.51	17.87
纺织工业	49.52	11.40	6.02	20.53
服装及其他纤维制品制造业	14.46	3.40	1.30	21.54
皮革、毛皮、羽绒及其制品业	28.57	7.36	1.80	24.24
木材加工及竹、藤、棕、草制品业	6.85	1.63	0.26	22.99
家具制造业	4.23	1.04	0.26	23.15
造纸及纸制品业	34.88	8.78	3.33	22.97
印刷业、记录媒介的复制	7.02	1.84	0.80	23.56
文教体育用品制造业	1.67	0.41	0.06	23.68
石油加工及炼焦业	9.49	2.62	1.18	24.54
化学原料及化学制品制造业	43.75	11.13	4.71	22.98
医药制造业	9.61	2.32	1.12	21.61
化学纤维制造业	1.71	0.30	0.22	15.52
橡胶制品业	5.01	1.34	0.67	23.63
塑料制品业	18.92	3.91	1.90	18.77
非金属矿物制品业	99.92	28.42	7.59	26.43
黑色金属冶练及压延加工业	11.53	2.65	1.32	20.62
有色金属冶练及压延加工业	12.01	2.38	1.32	17.83
金属制品业	31.20	7.27	3.08	21.21
普通机械制造业	34.32	9.15	3.61	24.13
专用设备制造业	48.97	13.16	5.04	24.36
交通运输设备制造业	16.84	4.43	1.81	23.75
武器弹药制造业				
电气机械及器材制造业	22.79	5.31	2.34	21.12
电子及通信设备制造业	1.16	0.22	0.16	16.56
仪器、仪表及文化办公用机械制造业	1.78	0.53	0.24	26.07
其他制造业	19.20	6.01	1.33	29.29
电力、蒸气、热水的生产和供应业	5.10	2.35	0.74	40.19
煤气生产和供应业	0.26	0.15	0.03	50.92
自来水生产和供应业	0.07	0.03	…	43.51

注:本表按当年价格计算。

11—25 独立核算乡办工业企业分行业总产值、增加值

(1995年)

单位:亿元

行业	工业总产值(新规定)	工业增加值	销项税	工业增加值率(%)
总计	**470.72**	**124.48**	**33.58**	**24.68**
煤炭采选业	25.62	8.98	1.99	32.53
石油和天然气开采业				
黑色金属矿采选业	1.99	0.53	0.09	25.60
有色金属矿采选业	18.96	5.34	0.20	27.84
非金属矿采选业	7.60	2.19	0.37	27.44
其他矿采选业	0.28	0.06	0.01	20.35
木材及竹材采运业				
食品加工业	37.28	8.13	1.55	20.94
食品制造业	16.37	3.90	1.29	22.11
饮料制造业	11.38	2.66	1.00	21.43
烟草加工业	0.01	…	…	12.53
纺织工业	16.77	3.91	1.32	21.59
服装及其他纤维制品制造业	5.82	1.51	0.26	24.81
皮革、毛皮、羽绒及其制品业	28.25	7.72	2.01	25.51
木材加工及竹、藤、棕、草制品业	6.50	1.55	0.21	23.08
家具制造业	2.28	0.54	0.06	22.97
造纸及纸制品业	24.64	6.28	2.08	23.50
印刷业、记录媒介的复制	4.02	1.06	0.43	23.94
文教体育用品制造业	1.40	0.37	0.05	25.76
石油加工及炼焦业	3.21	0.76	0.30	21.67
化学原料及化学制品制造业	21.93	5.32	1.81	22.39
医药制造业	4.41	0.97	0.30	20.65
化学纤维制造业	0.94	0.24	0.10	22.77
橡胶制品业	2.63	0.69	0.35	23.00
塑料制品业	10.81	2.59	0.91	22.08
非金属矿物制品业	89.35	25.79	5.70	27.13
黑色金属冶练及压延加工业	7.85	1.90	0.72	22.15
有色金属冶练及压延加工业	7.63	1.71	0.64	20.65
金属制品业	16.47	3.87	1.27	21.81
普通机械制造业	23.72	6.11	2.14	23.62
专用设备制造业	33.87	9.07	3.02	24.58
交通运输设备制造业	12.32	3.43	1.65	24.53
武器弹药制造业				
电气机械及器材制造业	9.81	2.39	0.81	22.48
电子及通信设备制造业	0.31	0.07	0.02	21.59
仪器、仪表及文化办公用机械制造业	0.20	0.05	0.02	24.65
其他制造业	14.05	4.15	0.68	28.16
电力、蒸气、热水的生产和供应业	1.30	0.34	0.11	23.89
煤气生产和供应业	0.70	0.31	0.07	39.77
自来水生产和供应业	0.06	0.02	…	40.08

注:本表按当年价格计算。

11—26 独立核算其他各种经济类型工业企业分行业总产值、增加值

(1995年)　　单位:亿元

行业	工业总产值(新规定)	工业增加值	销项税	工业增加值率(%)
总计	**287.55**	**79.29**	**39.66**	**24.23**
煤炭采选业	0.66	0.14	0.06	19.26
石油和天然气开采业				
黑色金属矿采选业	0.23	0.06	0.01	25.08
有色金属矿采选业	1.01	0.28	0.05	26.38
非金属矿采选业	0.45	0.11	0.01	23.63
其他矿采选业	0.18	0.08	0.15	23.80
木材及竹材采运业				
食品加工业	53.49	10.81	7.06	17.86
食品制造业	8.72	1.60	1.38	15.83
饮料制造业	5.11	1.32	0.60	23.18
烟草加工业	0.25	0.08	0.02	30.49
纺织工业	19.70	4.93	2.83	21.89
服装及其他纤维制品制造业	2.62	0.55	0.50	17.63
皮革、毛皮、羽绒及其制品业	10.63	2.60	1.23	21.96
木材加工及竹、藤、棕、草制品业	2.24	0.59	0.25	23.57
家具制造业	1.20	0.28	0.17	20.43
造纸及纸制品业	3.65	1.10	0.56	26.12
印刷业、记录媒介的复制	2.13	0.54	0.27	22.33
文教体育用品制造业	0.44	0.10	0.06	20.98
石油加工及炼焦业	0.30	0.06	0.02	19.34
化学原料及化学制品制造业	10.77	2.91	1.65	23.45
医药制造业	5.94	1.36	0.71	20.52
化学纤维制造业	2.98	0.47	0.51	13.41
橡胶制品业	3.32	0.84	0.51	21.87
塑料制品业	5.77	1.19	0.62	18.68
非金属矿物制品业	22.93	7.93	2.50	31.20
黑色金属冶练及压延加工业	1.64	0.24	0.25	12.89
有色金属冶练及压延加工业	6.11	1.44	0.63	21.37
金属制品业	4.25	0.87	0.55	18.08
普通机械制造业	10.31	2.55	1.37	21.81
专用设备制造业	6.81	2.03	0.81	26.63
交通运输设备制造业	29.55	8.28	4.94	23.99
武器弹药制造业				
电气机械及器材制造业	32.11	8.50	5.07	22.87
电子及通信设备制造业	17.84	8.88	2.35	43.99
仪器、仪表及文化办公用机械制造业	1.41	0.47	0.20	29.17
其他制造业	4.61	1.28	0.41	25.42
电力、蒸气、热水的生产和供应业	7.74	4.64	1.30	51.39
煤气生产和供应业	0.45	0.16	0.04	32.79
自来水生产和供应业				

注:本表按当年价格计算。

11－27 各市地独立核算工业企业单位数

（1995年底）　　单位：个

市地	合计	按经济类型分			按轻重工业分		按企业规模分		
		国有工业	集体工业	其他各种经济类型	轻工业	重工业	大型企业	中型企业	小型企业
全省	**23440**	**4147**	**17289**	**2004**	**11246**	**12194**	**292**	**814**	**22334**
郑州市	2731	413	1812	506	1133	1598	45	75	2611
开封市	1599	222	1299	78	779	820	23	46	1530
洛阳市	1440	320	1013	107	566	874	37	66	1337
平顶山市	1147	228	859	60	503	644	17	33	1097
安阳市	1196	209	932	55	580	616	20	65	1111
鹤壁市	694	116	533	45	263	431	4	23	667
新乡市	1446	282	1095	69	662	784	28	80	1338
焦作市	1408	314	984	110	631	777	25	74	1309
濮阳市	828	159	594	75	441	387	4	20	804
许昌市	936	145	720	71	462	474	9	44	883
漯河市	575	122	393	60	361	214	5	31	539
三门峡市	1092	222	767	103	426	666	15	21	1056
南阳市	2261	371	1462	428	1152	1109	23	63	2175
商丘地区	1385	264	1051	70	739	646	16	33	1336
周口地区	1370	254	1043	73	809	561	7	63	1300
驻马店地区	1627	225	1339	63	896	731	5	29	1593
信阳地区	1705	281	1393	31	843	862	9	48	1648

11－28 各市地独立核算工业企业总产值

（1995年，新规定）　　单位：亿元

市地	合计	按经济类型分			按轻重工业分		按企业规模分		
		国有工业	集体工业	其他各种经济类型	轻工业	重工业	大型企业	中型企业	小型企业
全省	**2344.10**	**1367.92**	**688.63**	**287.55**	**944.96**	**1399.14**	**919.51**	**397.73**	**1026.86**
郑州市	320.84	157.90	94.31	68.63	111.82	209.01	130.89	36.25	153.69
开封市	96.81	57.41	30.13	9.27	49.42	47.39	31.74	20.70	44.36
洛阳市	262.08	185.40	33.00	43.68	67.74	194.34	183.91	25.76	52.41
平顶山市	150.72	104.37	43.12	3.22	39.73	110.98	77.56	16.80	56.35
安阳市	158.68	102.48	36.88	19.32	62.25	96.43	75.93	32.40	50.35
鹤壁市	54.01	30.62	17.30	6.09	18.05	35.96	12.87	10.49	30.66
新乡市	192.36	101.38	64.96	26.01	90.25	102.11	71.24	37.03	84.09
焦作市	222.85	113.70	91.47	17.67	67.10	155.75	55.36	45.47	122.03
濮阳市	98.82	82.80	14.72	1.30	16.19	82.63	63.25	10.43	25.13
许昌市	85.41	36.73	35.83	12.84	33.59	51.82	17.23	19.88	48.30
漯河市	89.70	28.87	37.05	23.78	62.51	27.19	30.93	19.76	39.01
三门峡市	76.48	47.26	23.90	5.31	14.03	62.45	29.44	7.22	39.81
南阳市	192.45	115.99	49.10	27.36	96.80	95.65	58.61	39.17	94.66
商丘地区	72.65	49.41	17.55	5.69	45.16	27.49	24.10	12.43	36.12
周口地区	114.91	69.84	36.76	8.31	82.38	32.53	35.76	27.98	51.17
驻马店地区	82.93	37.59	38.48	6.85	52.45	30.47	7.12	17.51	58.29
信阳地区	72.42	46.16	24.05	2.20	35.48	36.94	13.56	18.45	40.41

注：本表按当年价格计算。

11－29 各市地独立核算工业企业总产值

（1995年，原规定）　　单位：亿元

市地	合计	按经济类型分			按轻重工业分		按企业规模分		
		国有工业	集体工业	其他各种经济类型	轻工业	重工业	大型企业	中型企业	小型企业
全省	**2655.42**	**1562.13**	**765.23**	**328.07**	**1085.57**	**1569.86**	**1062.02**	**450.20**	**1143.20**
郑州市	362.85	177.15	108.23	77.47	130.86	231.99	151.87	37.10	173.87
开封市	110.56	66.17	34.14	10.25	57.32	53.23	35.69	24.15	50.71
洛阳市	305.80	217.09	37.73	50.98	80.37	225.44	219.06	28.36	58.39
平顶山市	169.10	118.11	47.31	3.67	45.59	123.51	88.37	19.48	61.25
安阳市	186.77	123.23	40.90	22.64	73.17	113.60	88.69	40.46	57.62
鹤壁市	61.00	34.46	19.59	6.94	20.18	40.82	14.78	11.53	34.69
新乡市	220.69	116.19	74.34	30.16	105.98	114.71	82.43	42.77	95.50
焦作市	255.92	133.35	102.61	19.96	75.92	180.01	64.47	52.50	138.95
濮阳市	110.50	93.34	15.76	1.40	17.91	92.60	70.82	12.08	27.61
许昌市	95.82	40.58	40.63	14.61	39.15	56.67	19.93	21.40	54.49
漯河市	98.73	31.51	39.64	27.58	69.57	29.16	35.43	21.65	41.65
三门峡市	84.80	54.34	24.54	5.92	16.71	68.09	33.74	8.46	42.60
南阳市	217.80	132.61	54.43	30.76	111.50	106.30	69.29	43.56	104.95
商丘地区	80.73	55.53	18.65	6.55	50.03	30.70	27.43	14.06	39.24
周口地区	125.50	75.91	40.33	9.25	92.61	32.89	36.94	31.72	56.84
驻马店地区	89.76	41.84	40.38	7.54	58.13	31.63	7.98	19.91	61.87
信阳地区	79.08	50.71	26.00	2.38	40.58	38.51	15.11	21.01	42.96

注：本表按当年价格计算。

11－30 各市地独立核算工业企业增加值

（1995年）　　单位：亿元

市地	合计	按经济类型分			按轻重工业分		按企业规模分		
		国有工业	集体工业	其他各种经济类型	轻工业	重工业	大型企业	中型企业	小型企业
全省	**722.96**	**463.45**	**180.23**	**79.29**	**245.34**	**477.62**	**338.83**	**119.27**	**264.86**
郑州市	101.09	57.28	24.99	18.83	30.43	70.66	49.24	10.56	41.30
开封市	24.85	15.65	6.72	2.47	12.25	12.61	9.13	6.23	9.49
洛阳市	80.85	58.47	11.02	11.36	16.96	63.88	57.77	8.69	14.39
平顶山市	55.19	43.02	11.73	0.44	10.45	44.73	34.87	5.86	14.46
安阳市	52.10	35.86	7.25	8.99	12.53	39.56	33.54	8.66	9.90
鹤壁市	18.01	11.41	5.03	1.57	5.64	12.37	5.25	3.82	8.93
新乡市	52.55	29.44	15.89	7.22	24.16	28.39	22.29	9.74	20.52
焦作市	61.26	33.02	23.63	4.61	16.35	44.91	17.61	12.87	30.78
濮阳市	47.13	42.49	4.34	0.30	3.92	43.21	35.69	4.28	7.16
许昌市	27.70	13.15	10.15	4.40	11.24	16.46	7.65	5.66	14.39
漯河市	23.48	8.70	10.35	4.43	15.52	7.95	7.58	5.83	10.06
三门峡市	24.57	17.16	6.15	1.26	2.59	21.98	11.86	2.59	10.11
南阳市	60.35	37.62	14.58	8.14	27.81	32.53	20.11	12.61	27.62
商丘地区	19.66	14.58	3.84	1.24	10.20	9.47	8.72	2.81	8.14
周口地区	34.15	21.24	10.48	2.43	24.68	9.47	11.52	8.26	14.36
驻马店地区	20.07	10.68	8.15	1.23	12.50	7.57	1.86	5.79	12.42
信阳地区	19.98	13.69	5.93	0.37	8.12	11.86	4.14	5.01	10.83

注：本表按当年价格计算。

11—31 各市地独立核算工业企业增加值率

(1995年)

单位:%

市地	合计	按经济类型分			按轻重工业分		按企业规模分		
		国有工业	集体工业	其他各种经济类型	轻工业	重工业	大型企业	中型企业	小型企业
全省	**27.33**	**29.56**	**24.01**	**24.23**	**23.11**	**30.15**	**31.81**	**26.33**	**23.49**
郑州市	27.45	30.94	23.78	24.13	23.67	29.48	32.00	25.22	23.94
开封市	22.84	23.90	20.20	24.65	22.27	23.42	25.60	25.94	19.31
洛阳市	26.69	27.23	29.43	22.35	21.61	28.46	26.90	29.85	24.36
平顶山市	32.17	35.64	24.78	12.52	23.30	35.32	38.53	30.54	23.38
安阳市	28.66	30.07	18.01	40.39	17.82	35.51	37.62	23.13	17.94
鹤壁市	29.84	32.66	26.47	24.44	28.22	30.64	35.51	32.03	26.56
新乡市	24.12	25.58	21.93	23.82	23.43	24.74	27.20	23.06	21.90
焦作市	24.46	25.42	23.47	23.15	22.19	25.40	27.45	24.95	22.84
濮阳市	42.76	45.59	27.78	21.43	22.48	46.56	50.42	34.64	26.43
许昌市	28.74	30.92	25.97	29.80	29.46	28.27	37.82	24.64	27.06
漯河市	23.71	27.50	26.03	16.04	22.29	27.09	21.42	27.13	23.89
三门峡市	29.49	32.37	25.24	21.19	16.10	32.69	35.38	32.96	24.13
南阳市	27.96	28.44	27.57	26.60	25.76	30.17	29.64	28.18	26.77
商丘地区	24.29	26.01	20.80	19.31	20.34	30.70	31.29	20.16	20.78
周口地区	26.48	26.68	26.31	25.48	26.63	26.08	28.10	26.03	25.55
驻马店地区	22.31	25.05	20.34	17.01	21.91	22.99	22.21	29.08	20.13
信阳地区	25.27	26.53	23.59	15.67	21.01	29.34	27.23	24.31	25.04

注:本表按当年价格计算。

11—32 独立核算工业企业全员劳动生产率

单位:元/人·年

项目	合计		国有工业		集体工业		其他各种经济类型	
	1994年	1995年	1994年	1995年	1994年	1995年	1994年	1995年
总计	**14235**	**16309**	**14937**	**17579**	**10734**	**12179**	**27424**	**25024**
一、按轻重工业分								
轻工业	14614	14492	15257	14726	10808	11685	30577	24207
以农产品为原料	15128	14805	16494	15704	11046	12057	30070	21247
以非农产品为原料	13056	13478	10408	11454	10268	10441	31809	31467
重工业	14013	17431	14794	19011	10684	12563	24384	25916
采掘工业	11891	17051	12879	18489	8383	12287	18372	13416
原料工业	22473	27381	25452	31598	13589	15744	24511	26870
加工工业	11492	13115	10719	12264	10615	11691	24508	26140
二、按企业规模分								
大型工业	20889	24990	19598	23545	21275	25801	42854	49942
中型工业	13955	15011	13580	14499	15407	16886	18427	19078
小型工业	10633	11603	9002	10052	10380	11583	22284	17465

注:本表全员劳动生产率按当年价格工业增加值计算(下同)。

11－33 各市地独立核算工业企业全员劳动生产率

(1995 年)　　单位:元/人·年

市地	合计	按经济类型分			按轻重工业分		按企业规模分		
		国有工业	集体工业	其他各种经济类型	轻工业	重工业	大型企业	中型企业	小型企业
全省	**16309**	**17579**	**12179**	**25024**	**14492**	**17431**	**24990**	**15011**	**11603**
郑州市	18138	19738	13327	23632	16105	19181	25355	14871	14135
开封市	11252	11911	8454	24990	10949	11564	16998	13257	7900
洛阳市	19979	19899	12209	55197	18263	20490	27697	14705	10502
平顶山市	15485	20138	8600	6881	13245	16122	24222	16298	8193
安阳市	18290	18566	9528	57631	9493	25891	35439	12718	8104
鹤壁市	12965	12739	12125	19962	16032	11925	11482	16732	12706
新乡市	17947	16640	16179	40884	18000	17903	28642	13610	14308
焦作市	15657	14261	17575	18251	14583	16088	16387	13234	16500
濮阳市	25613	31649	9403	8352	9655	30126	40749	20934	9424
许昌市	15714	15629	13392	26924	16943	14972	27465	12195	14109
漯河市	21633	19578	20648	31687	22084	20803	39986	22423	15832
三门峡市	12571	11674	17181	9951	7365	13712	11392	12820	14227
南阳市	15242	17783	11470	14229	15205	15274	21325	20905	11449
商丘地区	11939	15730	5932	17145	10877	13341	26494	11500	7578
周口地区	15877	17162	13358	18860	17238	13167	31626	15546	11445
驻马店地区	12723	15849	9858	16189	14686	10423	29214	20429	10095
信阳地区	10609	12332	7908	15375	9059	12016	19500	11805	8688

11－34 独立核算工业企业分行业全员劳动生产率

（1995 年）　　　　单位：元/人 · 年

市　　地	合　计	按经济类型分			按轻重工业分		按企业规模分		
		国有工业	集体工业	其他各种经济类型	轻工业	重工业	大型企业	中型企业	小型企业
总　　计	**16309**	**17579**	**12179**	**25024**	**14492**	**17431**	**24990**	**15011**	**11603**
煤炭采选业	12596	13479	9669	10069		12596	14949	8904	8831
石油和天然气开采业	37759	37759				37759	37759		
黑色金属矿采选业	11628	9916	11141	31188		11628			11628
有色金属矿采选业	21003	14720	31869	20107		21003	7978	17792	26913
非金属矿采选业	8645	4540	10210	6250	－460	8717		4857	8756
其他矿采选业	15268	5243	32500	30449		15268		5243	31206
木材及竹材采运业									
食品加工业	22170	13522	24033	53756	22170		64084	11078	18028
食品制造业	17849	18497	18064	14005	17849		34877	5710	10450
饮料制造业	19914	20162	19433	18465	19914		27801	20845	13431
烟草加工业	81519	90390	17389	38670	81519		136128	75683	19262
纺织工业	9263	8733	8992	15159	9263		11613	7809	8457
服装及其他纤维制品制造业	6530	3270	6907	7011	6530			8151	6431
皮革、毛皮、羽绒及其制品业	15670	9213	17535	18718	15670		20279	19006	14677
木材加工及竹、藤、棕、草制品业	10357	8428	10075	13421	7700	11397	－13169	6024	11176
家具制造业	7261	4226	6766	18450	7261			7015	7271
造纸及纸制品业	12435	11771	12624	14855	12435		10958	14929	11823
印刷业、记录媒介的复制	7522	6426	8141	11764	7522		14509	10780	6624
文教体育用品制造业	7071	7617	8214	4529	7071				7071
石油加工及炼焦业	71139	126456	17248	5483		71139	186997	25992	17050
化学原料及化学制品制造业	16482	16549	16268	16568	14882	16745	24546	16126	13263
医药制造业	14209	13492	15943	16382	14209		22915	15221	10286
化学纤维制造业	33515	41541	9072	14049	33515		55432	9404	15115
橡胶制品业	15908	18386	11269	14256	8880	19095	42459	11132	11142
塑料制品业	10732	7472	10809	14178	9470	12450	16308	13601	10236
非金属矿物制品业	12451	13948	10524	18243	8159	12903	23686	13369	10346
黑色金属冶炼及压延加工业	25627	28787	14032	6790		25627	39269	16895	12444
有色金属冶炼及压延加工业	24437	25169	21239	22777		24437	26067	45369	17781
金属制品业	9632	7670	10015	11535	10259	8983	10220	11094	9378
普通机械制造业	10923	9958	11299	18214		10923	13862	8784	10225
专用设备制造业	12164	10733	14802	17460	7041	12313	12925	10062	12373
交通运输设备制造业	15914	10091	14620	54557	24504	13299	20152	10245	13762
武器弹药制造业	4206	4206				4206	3467	6066	49474
电气机械及器材制造业	15864	11031	12319	33468	22724	13316	26435	10059	11150
电子及通信设备制造业	38031	13786	7692	114695	3366	42355	56732	15313	14974
仪器、仪表及文化办公用机械制造业	6593	4963	7778	14432	4749	7093	4584	8673	7745
其他制造业	7581	6257	7065	12935	7601	6809	70376	12228	6666
电力、蒸气、热水的生产和供应业	43658	42517	32626	86657		43658	73868	39793	29246
煤气生产和供应业	20297	16429	75404	29650		20297	38998	9845	19674
自来水生产和供应业	11315	11365	8313		11315		23786	13990	5730

11－35 独立核算工业企业主要财务指标

（1995 年）

单位:亿元

指标	合计	按经济类型分 国有工业	集体工业	#乡办	其他各种经济类型
企业单位数(个)	23440	4147	17289	10800	2004
#亏损企业	4846	1150	3156	1061	540
工业总产值(新规定)					
按当年价格计算	2344.10	1367.92	688.63	431.35	287.55
按 1990 年不变价格计算	1792.45	974.40	567.35	343.81	250.70
工业增加值(生产法)	722.96	463.45	180.23	113.47	79.29
工业中间投入	1722.88	973.65	529.04	328.79	220.20
资本金	851.74	568.73	167.57	89.62	115.44
#外商资本金	42.55	4.21	0.81	0.35	37.53
年末资产总计	3162.48	2267.82	548.09	258.31	346.56
流动资产合计	1381.40	913.39	292.71	134.63	175.30
#存货	503.52	306.06	128.89	60.33	68.57
产成品	212.93	117.89	66.62	32.82	28.42
流动资产年平均余额	1288.40	861.05	271.40	124.78	155.94
长期投资	68.06	50.41	10.46	4.34	7.19
固定资产合计	1624.08	1245.99	228.70	112.18	149.39
固定资产原价	1992.91	1571.00	258.19	128.59	163.72
#生产经营用	1639.62	1281.81	213.27	104.01	144.53
累计折旧	587.00	494.06	58.25	27.58	34.70
#本年折旧	101.76	78.22	14.45	7.60	9.08
固定资产净值	1405.91	1076.94	199.94	101.00	129.02
固定资产净值年平均余额	1190.75	889.25	186.15	95.80	115.35
无形资产合计	23.22	11.64	2.56	1.05	9.02
递延资产合计	50.45	42.05	7.00	1.97	1.40
年末负债合计	2095.72	1503.55	380.00	163.90	212.16
#流动负债	1377.58	948.23	278.39	117.78	150.96
长期负债	705.99	551.89	95.15	42.14	58.96
流动负债年平均余额	1259.37	876.29	249.52	106.32	133.55
年末所有者权益合计	1066.75	764.27	168.09	94.41	134.40
实收资本	768.15	515.19	147.25	76.34	105.71
#外商资本	39.03	3.85	0.69	0.35	34.49
产品销售收入	2213.96	1323.85	622.02	390.44	268.09
#产品销售费用	63.45	31.14	23.11	16.74	9.19
产品销售税金及附加	51.38	40.62	7.55	4.99	3.21
产品销售利润	353.42	216.66	92.00	60.07	44.77
管理费用	166.73	120.36	31.29	13.56	15.08
#税金	5.62	3.23	2.08	1.24	0.32
劳动待业保险费	26.89	23.32	2.30	0.52	1.27
财务费用	105.11	66.41	25.37	13.61	13.32
#利息支出	99.48	64.67	23.00	11.94	11.81
营业利润	97.71	40.50	38.67	33.71	18.54
利润总额	105.89	48.25	36.63	32.26	21.00
利税总额	259.03	158.05	64.83	48.17	36.15
所得税	23.66	15.36	6.09	4.10	2.21
净利润	82.30	32.90	30.61	28.23	18.79
应付利润(已分配利润)	26.18	14.40	4.69	3.75	7.09
#应付外商利润	2.78	0.00	0.03	0.01	2.75
本年应交增值税	100.56	69.16	19.52	9.83	11.88
本年销项税额	301.63	199.80	62.17	29.72	39.66
本年进项税额	207.96	134.25	44.81	21.24	28.90
本年实交税金总额	182.41	128.38	36.36	21.26	17.67
本年应付工资额	194.86	133.67	46.24	24.86	14.94
本年应付福利费总额	25.42	17.98	5.51	2.63	1.94

11－35 续表　　(1995 年)　　单位:亿元

指　标	按轻重工业分		按企业规模分		
	轻工业	重工业	大型企业	中型企业	小型企业
企业单位数(个)	11246	12194	292	814	22334
#亏损企业	2552	2294	62	164	4620
工业总产值(新规定)					
按当年价格计算	944.96	1399.14	919.51	397.73	1026.86
按 1990 年不变价格计算	806.12	986.34	651.13	329.37	811.96
工业增加值(生产法)	245.34	477.62	338.83	119.27	264.86
工业中间投入	733.39	989.49	632.34	296.76	793.79
资本金	267.09	584.65	407.89	125.39	318.46
#外商资本金	27.53	15.02	15.40	4.14	23.01
年末资产总计	1023.36	2139.12	1504.76	591.28	1066.44
流动资产合计	521.29	860.11	604.13	258.03	519.24
#存货	211.14	292.37	199.26	90.45	213.81
产成品	99.05	113.89	64.99	41.15	106.80
流动资产年平均余额	482.59	805.81	570.76	238.35	479.29
长期投资	19.90	48.16	40.44	11.36	16.26
固定资产合计	453.75	1170.33	818.91	308.12	497.05
固定资产原价	498.72	1494.19	1100.02	350.11	542.78
#生产经营用	405.09	1234.53	909.36	283.69	446.56
累计折旧	112.22	474.78	387.74	89.66	109.60
#本年折旧	22.50	79.26	58.99	16.36	26.41
固定资产净值	386.50	1019.41	712.28	260.45	433.18
固定资产净值年平均余额	330.90	859.85	599.97	208.83	381.95
无形资产合计	6.94	16.28	11.08	3.86	8.28
递延资产合计	14.80	35.65	29.10	8.37	12.98
年末负债合计	746.85	1348.87	910.95	425.59	759.19
#流动负债	559.30	818.27	540.64	299.63	537.31
长期负债	181.87	524.13	369.56	124.67	211.76
流动负债年平均余额	501.73	757.64	510.77	269.48	479.12
年末所有者权益合计	276.51	790.24	593.81	165.70	307.24
实收资本	222.07	546.08	390.40	108.62	269.13
#外商资本	25.47	13.57	15.03	3.98	20.02
产品销售收入	867.12	1346.84	921.51	372.17	920.28
#产品销售费用	24.98	38.47	21.44	9.05	32.96
产品销售税金及附加	34.09	17.29	28.18	12.47	10.73
产品销售利润	113.31	240.11	158.64	60.64	134.14
管理费用	49.69	117.04	80.07	31.27	55.39
#税金	2.05	3.57	2.01	0.89	2.72
劳动待业保险费	6.92	19.98	17.39	4.60	4.90
财务费用	39.69	65.41	41.14	21.74	42.22
#利息支出	36.56	62.92	39.55	21.15	38.77
营业利润	30.49	67.23	43.46	10.32	43.93
利润总额	33.77	72.12	52.18	12.43	41.28
利税总额	101.64	157.38	132.02	43.20	83.81
所得税	5.89	17.77	11.15	4.18	8.33
净利润	27.89	54.41	41.03	8.25	33.02
应付利润(已分配利润)	7.22	18.97	16.26	2.85	7.08
#应付外商利润	1.93	0.86	1.78	0.01	0.99
本年应交增值税	33.26	67.30	51.66	18.31	30.60
本年销项税额	116.80	184.83	145.59	55.30	100.74
本年进项税额	87.11	120.85	96.44	37.81	73.71
本年实交税金总额	75.81	106.61	93.00	35.84	53.58
本年应付工资额	57.79	137.07	91.83	32.65	70.38
本年应付福利费总额	7.47	17.95	12.09	4.41	8.92

11－36 独立核算“三资”工业企业主要财务指标

（1995年） 单位:亿元

指标	合计	按经济类型分					
		外商投资经济	中外合资	中外合作	外资企业	港澳台投资经济	与大陆合资
企业单位数(个)	1239	499	447	25	27	740	625
＃亏损企业	436	170	152	12	6	266	220
工业总产值(新规定)							
按当年价格计算	214.91	106.90	104.72	1.67	0.52	108.01	101.32
按1990年不变价格计算	180.55	91.04	89.00	1.61	0.43	89.51	83.22
工业增加值(生产法)	58.53	26.63	26.30	0.21	0.13	31.90	31.05
工业中间投入	164.95	83.92	82.01	1.51	0.40	81.02	75.12
年末累计客商协议投资额	46.68	25.74	24.12	1.55	0.07	20.94	19.10
年末累计客商实际投资额	52.49	27.15	25.17	1.74	0.25	25.34	22.75
年末资产总计	263.57	115.62	111.02	4.10	0.51	147.95	140.99
流动资产合计	132.00	60.64	59.36	0.98	0.30	71.36	67.94
＃存货	50.86	25.68	25.09	0.52	0.06	25.18	23.01
年末负债合计	148.79	58.17	56.49	1.44	0.23	90.62	86.30
＃流动负债	104.26	43.34	42.09	1.07	0.18	60.92	57.59
年末所有者权益合计	114.78	57.46	54.52	2.66	0.28	57.32	54.69
实收资本	97.68	49.53	46.51	2.78	0.25	48.15	45.50
＃中方资本	54.33	26.56	25.23	1.34	…	27.77	27.28
港澳台工商业者投资	21.32	2.73	2.40	0.13	0.20	18.59	16.46
外国投资	19.74	19.64	18.29	1.31	0.04	0.10	0.10
产品销售收入	198.91	99.06	97.04	1.52	0.50	99.85	94.18
＃出口产品销售收入	24.95	9.03	8.74	0.20	0.10	15.92	12.06
营业利润	15.06	6.48	6.47	－0.02	0.03	8.57	8.67
利润总额	17.25	7.98	8.00	－0.06	0.03	9.27	9.38
利税总额	28.68	14.04	13.90	0.07	0.07	14.64	14.65
所得税	0.99	0.71	0.70	…	…	0.28	0.27
净利润	16.26	7.27	7.30	－0.06	0.03	8.99	9.12
已分配股利	5.37	2.93	2.91	0.01	…	2.45	2.39
＃中方股利	2.34	1.42	1.41	0.01	…	0.92	0.90
港澳台工商业者股利	1.31	0.03	0.03	…	…	1.28	1.24
外国股利	1.47	1.47	1.47	…	…	…	…
进口用汇(万美元)	3.11	0.54	0.54	…	…	2.57	2.27
出口创汇(万美元)	2.91	0.78	0.77	0.01	…	2.14	1.70
企业外汇收支差额(万美元)	－0.10	0.25	0.25	…	…	－0.36	－0.50
本年应交增值税	8.57	3.66	3.59	0.05	0.01	4.91	4.85
本年应付工资额	8.61	4.42	4.28	0.11	0.04	4.19	3.94
本年应付福利费总额	1.08	0.56	0.54	0.01	…	0.52	0.49

11－36 续表　　(1995 年)　　单位:亿元

指　　标			按轻重工业分		按企业规模分		
	与大陆合作	独资企业	轻工业	重工业	大型企业	中型企业	小型企业
企业单位数(个)	26	89	767	472	10	14	1215
＃亏损企业	5	41	284	152	3	3	430
工业总产值(新规定)							
按当年价格计算	1.74	4.94	141.64	73.27	70.87	11.29	132.75
按 1990 年不变价格计算	1.87	4.42	120.64	59.91	62.55	8.13	109.86
工业增加值(生产法)	0.30	0.55	31.80	26.73	21.80	3.45	33.28
工业中间投入	1.48	4.42	114.58	50.36	52.74	8.31	103.90
年末累计客商协议投资额	0.23	1.60	27.96	18.73	10.43	2.37	33.88
年末累计客商实际投资额	0.21	2.39	31.64	20.85	10.98	3.30	38.21
年末资产总计	2.17	4.79	136.69	126.88	59.66	15.35	188.57
流动资产合计	0.95	2.47	73.68	58.32	37.93	7.59	86.48
＃存货	0.52	1.65	32.67	18.18	12.50	3.09	35.27
年末负债合计	1.71	2.62	73.09	75.71	31.02	8.19	109.58
＃流动负债	1.04	2.29	59.59	44.67	23.00	6.96	74.31
年末所有者权益合计	0.46	2.17	63.60	51.18	28.63	7.15	78.99
实收资本	0.66	2.00	59.15	38.53	17.74	5.18	74.76
＃中方资本	0.48	…	31.62	22.71	8.78	2.39	43.16
港澳台工商业者投资	0.17	1.96	11.43	9.89	2.44	2.21	16.67
外国投资	…	…	14.97	4.77	6.47	0.53	12.74
产品销售收入	1.64	4.03	132.90	66.01	70.97	9.91	118.03
＃出口产品销售收入	0.87	2.98	16.76	8.19	1.10	1.78	22.07
营业利润	0.04	0.14	6.28	8.78	8.01	1.10	5.95
利润总额	0.05	0.16	7.31	9.94	10.14	1.17	5.94
利税总额	0.09	0.10	14.66	14.02	15.54	1.79	11.35
所得税	0.01	…	0.53	0.45	0.37	…	0.62
净利润	0.04	0.16	6.77	9.49	9.78	1.17	5.32
已分配股利	0.02	0.03	3.76	1.61	3.38	0.46	1.53
＃中方股利	0.01	…	1.84	0.50	1.60	0.23	0.50
港澳台工商业者股利	0.01	0.03	0.48	0.83	0.37	…	0.93
外国股利	…	…	1.44	0.04	1.40	…	0.07
进口用汇(万美元)	0.06	0.24	2.92	0.19	0.55	0.04	2.52
出口创汇(万美元)	0.08	0.36	2.24	0.67	0.13	0.06	2.72
企业外汇收支差额(万美元)	0.02	0.12	0.46	0.36	0.14	0.02	0.02
本年应交增值税	0.04	0.02	4.75	3.82	3.66	0.48	4.43
本年应付工资额	0.12	0.13	4.93	3.68	1.78	0.40	6.43
本年应付福利费总额	0.02	0.01	0.61	0.47	0.20	0.05	0.83

11－37 独立核算工业企业分行业主要财务指标

(1995 年)

单位:亿元

行业	企业单位数(个)	资本金合计	资产总计	流动资产合计	流动资产年平均余额	固定资产合计	固定资产原价	固定资产净值	固定资产净值年平均余额
总计	**23440**	**851.74**	**3162.48**	**1381.40**	**1288.40**	**1624.08**	**1992.91**	**1405.91**	**1190.75**
一、按轻重工业分									
轻工业	11246	267.09	1023.36	521.29	482.59	453.75	498.72	386.50	330.90
以农产品为原料	8378	184.65	758.40	385.74	359.16	337.42	366.96	286.44	243.13
以非农产品为原料	2868	82.44	264.96	135.54	123.43	116.33	131.76	100.05	87.77
重工业	12194	584.65	2139.12	860.11	805.81	1170.33	1494.19	1019.41	859.85
采掘工业	1233	132.68	444.05	140.23	131.25	271.62	424.78	246.69	211.79
原料工业	2562	235.34	825.82	272.96	262.73	520.33	609.84	447.26	383.36
加工工业	8399	216.62	869.25	446.92	411.83	378.38	459.57	325.46	264.69
二、按企业规模分									
大型企业	292	407.89	1504.76	604.13	570.76	818.91	1100.02	712.28	599.97
中型企业	814	125.39	591.28	258.03	238.35	308.12	350.11	260.45	208.83
小型企业	22334	318.46	1066.44	519.24	479.29	497.05	542.78	433.18	381.95
三、按行业分									
煤炭采选业	470	59.57	207.03	67.79	62.24	132.34	169.57	123.55	95.12
石油和天然气开采业	2	59.77	189.67	53.29	50.95	113.08	228.00	101.55	97.07
黑色金属矿采选业	87	0.69	1.73	0.81	0.74	0.85	0.99	0.79	0.72
有色金属矿采选业	275	10.28	38.17	14.95	14.17	21.70	22.14	17.63	15.92
非金属矿采选业	392	2.25	7.07	3.19	3.02	3.48	3.85	2.99	2.82
其他矿采选业	10	0.21	0.53	0.22	0.15	0.29	0.34	0.28	0.19
木材及竹材采运业	1	…	…	…	…	…	…	…	…
食品加工业	1840	33.44	129.76	70.38	64.96	53.18	55.10	46.17	38.38
食品制造业	836	17.95	69.67	30.47	26.04	35.62	34.34	29.47	23.97
饮料制造业	534	23.24	85.58	45.35	40.99	36.65	39.63	32.32	28.66
烟草加工业	43	14.16	72.42	37.58	40.80	32.95	30.97	25.83	20.84
纺织工业	1237	41.85	208.61	101.27	93.08	97.07	114.03	81.60	70.76
服装及其他纤维制品制造业	628	5.46	16.79	9.69	9.13	6.38	6.90	5.35	4.83
皮革.毛皮.羽绒及其制品业	571	11.50	41.40	27.47	24.75	11.43	13.61	10.50	8.81
木材加工及竹、藤、棕、草制品业	457	3.86	12.98	5.27	4.64	7.06	7.23	6.63	5.82
家具制造业	396	1.82	6.41	3.68	3.43	2.37	2.72	2.05	1.71
造纸及纸制品业	983	15.33	59.56	24.22	22.39	32.27	33.98	26.80	22.41
印刷业、记录媒介的复制	633	6.66	21.66	9.59	8.81	10.90	12.77	9.70	8.36
文教体育用品制造业	138	0.61	1.89	1.07	1.07	0.71	0.78	0.65	0.59
石油加工及炼焦业	174	13.15	58.27	23.66	20.97	33.01	37.16	27.05	28.10
化学原料及化学制品制造业	1568	49.29	205.15	80.93	72.79	115.53	135.44	97.92	78.80
医药制造业	301	15.19	67.82	34.97	32.64	30.23	32.50	26.25	23.52
化学纤维制造业	44	19.03	41.75	19.10	18.88	19.97	25.85	16.55	15.88
橡胶制品业	190	6.77	28.19	15.12	14.49	12.16	13.50	9.56	7.57
塑料制品业	726	9.81	28.42	13.42	12.76	13.30	15.72	12.23	11.35
非金属矿物制品业	3796	73.35	282.35	125.32	111.81	137.64	149.59	114.70	95.85
黑色金属冶练及压延加工业	270	36.09	140.73	65.70	65.64	67.13	78.70	53.84	42.40
有色金属冶练及压延加工业	243	30.54	119.81	44.19	47.90	72.12	73.14	54.92	55.99
金属制品业	1140	12.09	41.96	23.38	22.23	17.02	19.69	15.00	14.18
普通机械制造业	1202	28.56	122.40	71.54	66.61	45.34	58.31	39.79	33.46
专用设备制造业	1292	43.34	171.42	93.06	86.88	70.17	90.65	57.85	42.78
交通运输设备制造业	621	26.02	111.12	59.49	53.62	45.43	47.27	36.67	29.77
武器弹药制造业	13	14.29	28.70	9.86	10.05	18.44	24.30	17.38	14.74
电气机械及器材制造业	772	28.07	104.13	63.10	58.41	37.51	43.33	31.71	25.94
电子及通信设备制造业	128	6.43	48.73	30.92	26.65	15.04	20.03	13.50	12.47
仪器、仪表及文化办公用机械制造业	157	3.39	15.76	7.66	7.60	6.94	8.81	6.31	4.43
其他制造业	807	5.76	21.03	14.22	12.60	6.09	6.87	5.43	5.14
电力、蒸气、热水的生产和供应业	312	107.79	327.07	73.19	68.53	242.74	312.07	227.56	185.96
煤气生产和供应业	23	3.54	8.07	2.91	2.82	4.82	5.34	4.24	3.92
自来水生产和供应业	128	10.60	18.68	3.37	3.17	15.14	17.67	13.58	11.52

11—37续表 (1995年) 单位:亿元

行业	流动负债合计	长期负债合计	所有者权益	产品销售收入	产品销售费用	产品销售税金及附加	产品销售利润	利润总额	利税总额
总计	**1377.58**	**705.99**	**1066.75**	**2213.96**	**63.45**	**51.38**	**353.42**	**105.89**	**259.03**
一、按轻重工业分									
轻工业	559.30	181.87	276.51	867.12	24.98	34.09	113.31	33.77	101.64
以农产品为原料	435.73	139.65	178.60	669.29	18.47	31.25	81.75	21.95	79.06
以非农产品为原料	123.57	42.21	97.91	197.83	6.50	2.84	31.55	11.82	22.58
重工业	818.27	524.13	790.24	1346.84	38.47	17.29	240.11	72.12	157.38
采掘工业	121.00	157.16	165.33	246.60	4.94	3.67	46.95	10.86	27.45
原料工业	280.21	216.72	326.26	497.53	14.10	8.62	82.63	31.45	73.10
加工工业	417.06	150.25	298.65	602.71	19.43	4.99	110.53	29.81	56.84
二、按企业规模分									
大型企业	540.64	369.56	593.81	921.51	21.44	28.18	158.64	52.18	132.02
中型企业	299.63	124.67	165.70	372.17	9.05	12.47	60.64	12.43	43.20
小型企业	537.31	211.76	307.24	920.28	32.96	10.73	134.14	41.28	83.81
三、按行业分									
煤炭采选业	66.95	55.63	84.10	120.44	3.08	1.61	25.64	8.53	18.57
石油和天然气开采业	32.76	89.51	67.40	82.34	0.04	1.63	10.62	—2.70	2.48
黑色金属矿采选业	0.74	0.17	0.78	2.35	0.12	0.05	0.38	0.16	0.30
有色金属矿采选业	16.97	10.42	10.72	32.72	1.22	0.29	9.06	4.36	5.14
非金属矿采选业	3.43	1.37	2.16	8.35	0.45	0.08	1.16	0.47	0.85
其他矿采选业	0.21	0.10	0.22	0.43	0.03	0.01	0.08	0.03	0.09
木材及竹材采运业	…	…	…	…	…	…	…	…	…
食品加工业	76.22	17.42	35.02	153.60	4.46	0.58	14.17	4.58	8.66
食品制造业	36.78	15.68	16.74	67.62	2.42	0.43	10.56	4.70	7.44
饮料制造业	47.55	16.17	21.34	61.13	3.31	6.02	7.61	1.84	11.17
烟草加工业	47.56	11.63	13.21	54.90	0.37	21.76	1.95	0.27	26.08
纺织工业	128.28	41.34	38.13	166.94	2.07	0.82	19.61	0.66	8.05
服装及其他纤维制品制造业	9.57	3.27	3.81	15.60	0.50	0.11	1.81	0.15	0.71
皮革.毛皮.羽绒及其制品业	25.59	5.58	9.84	39.16	1.46	0.47	7.01	3.32	4.62
木材加工及竹、藤、棕、草制品业	5.50	3.77	3.65	9.79	0.36	0.09	1.49	0.61	1.01
家具制造业	3.94	0.86	1.56	5.17	0.26	0.06	0.79	0.15	0.41
造纸及纸制品业	26.02	17.96	15.23	50.87	1.61	0.50	8.02	2.62	5.49
印刷业、记录媒介的复制	9.87	3.89	7.63	13.87	0.48	0.12	2.47	0.41	1.11
文教体育用品制造业	1.02	0.29	0.56	2.06	0.07	0.02	0.29	0.12	0.19
石油加工及炼焦业	22.06	12.02	24.16	61.77	0.70	5.08	11.15	5.65	15.00
化学原料及化学制品制造业	93.28	52.17	59.04	157.57	3.49	1.01	29.16	7.98	14.28
医药制造业	36.94	13.28	17.37	44.63	2.07	0.26	8.52	2.52	4.59
化学纤维制造业	12.58	6.62	22.48	26.93	0.24	0.18	5.93	2.82	4.44
橡胶制品业	14.54	3.62	9.97	27.23	0.70	1.04	3.42	0.53	2.64
塑料制品业	14.28	5.55	8.41	26.02	0.73	0.11	3.24	0.43	1.25
非金属矿物制品业	114.80	60.35	105.58	173.96	8.84	2.12	34.35	12.97	24.07
黑色金属冶练及压延加工业	58.41	15.12	67.12	85.68	0.87	0.55	11.52	4.73	10.42
有色金属冶练及压延加工业	49.44	38.01	32.26	73.79	0.75	0.46	13.49	4.47	9.22
金属制品业	25.86	5.53	9.95	36.98	1.25	0.29	4.97	0.92	2.45
普通机械制造业	69.21	15.51	37.27	82.67	2.72	0.57	14.50	2.58	6.24
专用设备制造业	89.20	24.14	57.72	140.18	4.62	1.00	23.36	3.83	9.10
交通运输设备制造业	55.21	16.07	39.40	77.81	1.77	2.10	11.37	4.86	9.82
武器弹药制造业	8.79	3.62	16.29	6.89	0.15	0.04	0.74	—0.57	—0.22
电气机械及器材制造业	51.76	17.67	34.28	76.66	3.26	0.37	13.68	4.03	7.34
电子及通信设备制造业	24.86	9.49	13.92	28.80	0.71	0.07	8.96	4.94	6.98
仪器、仪表及文化办公用机械制造业	7.23	4.35	4.18	6.47	0.30	0.05	1.42	—0.25	0.18
其他制造业	11.40	2.52	6.85	21.20	0.71	0.24	4.03	1.74	2.88
电力、蒸气、热水的生产和供应业	73.62	102.83	149.27	163.49	6.94	1.04	25.74	11.43	25.26
煤气生产和供应业	2.62	0.72	4.73	2.57	0.10	0.07	0.23	0.17	0.46
自来水生产和供应业	2.55	1.73	14.37	5.35	0.20	0.07	0.91	—0.19	0.25

11－38 各市地独立核算工业企业主要财务指标

(1995年)　　单位:亿元

市　地	企业单位数(个)	资本金合计	资产总计	流动资产合计	流动资产年平均余额	固定资产合计	固定资产原价	固定资产净值	固定资产净值年平均余额
全　省	**23440**	**851.74**	**3162.48**	**1381.40**	**1288.40**	**1624.08**	**1992.91**	**1405.91**	**1190.75**
郑州市	2731	116.17	470.28	216.42	204.21	228.66	266.99	191.06	160.81
开封市	1599	25.08	107.14	57.67	54.88	46.45	57.42	39.92	31.59
洛阳市	1440	103.11	413.05	180.01	162.60	207.08	240.51	174.12	128.21
平顶山市	1147	84.57	247.80	102.03	101.77	137.51	183.27	125.30	105.48
安阳市	1196	48.72	228.79	109.02	101.25	108.43	127.62	89.27	71.45
鹤壁市	694	21.47	65.95	28.84	23.45	35.24	43.64	31.76	28.39
新乡市	1446	72.87	212.42	96.07	88.40	108.76	123.25	93.08	79.49
焦作市	1408	74.53	263.65	105.05	102.52	147.19	172.67	129.80	120.05
濮阳市	828	68.65	218.33	62.06	58.68	131.63	235.65	117.96	110.45
许昌市	936	27.39	99.42	47.17	45.59	49.03	53.94	41.93	33.19
漯河市	575	19.77	76.76	35.80	32.72	36.94	39.71	31.89	27.76
三门峡市	1092	33.81	139.55	46.64	45.08	86.83	99.24	77.13	69.46
南阳市	2261	66.02	244.54	111.65	100.33	124.08	153.67	108.37	92.06
商丘地区	1385	23.31	95.64	44.82	42.09	46.31	49.28	39.98	34.19
周口地区	1370	29.41	122.90	63.97	56.18	53.75	59.20	48.04	40.03
驻马店地区	1627	17.69	69.77	33.36	31.11	33.82	38.22	29.98	27.03
信阳地区	1705	19.21	86.47	40.80	37.53	42.32	48.63	36.33	31.14

市　地	流动负债合计	长期负债合计	所有者权益	产品销售收入	产品销售费用	产品销售税金及附加	产品销售利润	利润总额	利税总额
全　省	**1377.58**	**705.99**	**1066.75**	**2213.96**	**63.45**	**51.38**	**353.42**	**105.89**	**259.03**
郑州市	222.38	104.12	141.71	307.77	9.01	12.12	47.55	9.51	37.89
开封市	66.84	15.96	23.91	90.21	2.31	1.53	12.01	1.89	6.98
洛阳市	169.89	78.96	164.04	258.88	5.72	8.92	44.48	15.47	37.27
平顶山市	100.13	50.25	96.64	145.87	4.22	2.85	24.59	5.88	17.48
安阳市	102.64	35.34	90.34	152.99	3.40	2.42	28.28	12.89	24.55
鹤壁市	29.81	15.90	19.70	48.48	1.11	0.50	8.47	1.91	4.54
新乡市	90.98	32.44	88.10	182.43	6.64	1.26	28.55	12.43	20.50
焦作市	100.64	70.12	90.78	203.02	6.10	2.58	32.52	13.52	25.27
濮阳市	50.10	98.04	69.61	94.63	0.99	1.39	13.21	－2.79	2.82
许昌市	46.24	17.42	35.07	78.45	2.53	3.18	12.24	2.31	8.70
漯河市	37.93	16.29	22.28	83.02	3.41	1.27	9.63	3.39	7.17
三门峡市	50.99	45.50	42.87	71.13	2.37	0.86	15.10	4.23	7.79
南阳市	111.92	47.56	84.02	178.46	5.37	4.96	29.57	7.06	20.56
商丘地区	48.48	22.51	24.18	66.65	2.48	2.24	9.06	2.60	7.86
周口地区	67.28	22.32	32.26	107.17	3.26	1.72	18.49	9.29	15.01
驻马店地区	36.40	13.04	20.07	77.75	2.21	2.67	10.54	4.51	9.66
信阳地区	44.92	20.22	21.17	67.05	2.31	0.92	9.13	1.79	4.99

11－39 独立核算国有工业企业分行业主要财务指标

（1995 年） 单位：亿元

行　　业	企业单位数（个）	资本金合计	资产总计	流动资产合计	流动资产年平均余额	固定资产合计	固定资产原价	固定资产净值	固定资产净值年平均余额
总　　计	**4147**	**568.73**	**2267.82**	**913.39**	**861.05**	**1245.99**	**1571.00**	**1076.94**	**889.25**
一、按轻重工业分									
轻工业	2158	133.01	625.61	304.48	286.94	295.03	327.44	248.95	202.85
以农产品为原料	1689	90.83	474.79	233.50	219.62	222.85	243.66	187.28	150.82
以非农产品为原料	469	42.18	150.83	70.99	67.33	72.18	83.78	61.67	52.02
重工业	1989	435.72	1642.21	608.91	574.11	950.96	1243.56	828.00	686.40
采掘工业	186	117.97	400.80	120.28	112.01	250.40	400.91	227.82	193.83
原料工业	573	190.01	677.68	212.93	206.51	439.78	522.13	377.01	322.32
加工工业	1230	127.74	563.73	275.69	255.59	260.78	320.52	223.17	170.26
二、按企业规模分									
大型企业	252	367.96	1350.31	519.40	496.67	759.96	1030.54	662.87	555.17
中型企业	663	102.38	491.78	209.99	194.98	262.07	299.70	222.46	175.34
小型企业	3232	98.39	425.73	184.00	169.40	223.96	240.76	191.61	158.74
三、按行业分									
煤炭采选业	86	51.50	181.16	56.75	51.17	118.96	154.60	111.83	84.08
石油和天然气开采业	2	59.77	189.67	53.29	50.95	113.08	228.00	101.55	97.07
黑色金属矿采选业	6	0.05	0.29	0.11	0.11	0.16	0.19	0.16	0.12
有色金属矿采选业	52	6.03	26.85	8.87	8.64	16.81	16.64	13.24	11.68
非金属矿采选业	40	0.49	2.52	1.14	1.04	1.22	1.26	0.87	0.79
其他矿采选业	1	0.13	0.38	0.15	0.10	0.22	0.27	0.22	0.13
木材及竹材采运业									
食品加工业	510	11.88	72.34	36.95	33.74	33.15	34.15	28.95	21.40
食品制造业	262	9.19	41.85	19.03	15.17	20.90	20.19	17.53	13.24
饮料制造业	173	17.90	70.17	37.67	33.64	30.30	32.63	26.52	23.33
烟草加工业	25	13.18	67.43	35.34	38.71	30.29	28.70	23.80	19.35
纺织工业	253	22.24	142.63	65.81	61.66	70.27	83.77	58.10	47.92
服装及其他纤维制品制造业	34	0.43	2.29	1.17	1.06	1.03	0.93	0.70	0.59
皮革.毛皮.羽绒及其制品业	53	1.94	10.71	7.03	6.26	3.23	4.32	3.04	2.28
木材加工及竹、藤、棕、草制品业	23	0.69	4.76	1.04	0.86	3.54	3.63	3.42	2.77
家具制造业	27	0.21	1.15	0.56	0.54	0.57	0.67	0.53	0.32
造纸及纸制品业	120	4.54	29.16	11.50	11.00	16.08	16.47	13.02	10.12
印刷业、记录媒介的复制	143	2.34	11.60	4.90	4.56	6.10	7.43	5.38	4.20
文教体育用品制造业	8	0.04	0.11	0.06	0.06	0.04	0.05	0.04	0.04
石油加工及炼焦业	18	9.33	47.03	17.64	15.30	28.39	32.28	23.47	24.70
化学原料及化学制品制造业	317	31.34	154.27	56.58	50.65	92.62	109.22	78.38	61.19
医药制造业	132	8.13	46.26	25.70	24.20	18.88	20.44	15.72	13.44
化学纤维制造业	10	17.03	33.76	16.36	16.36	15.20	21.49	13.04	12.64
橡胶制品业	38	4.55	20.20	10.43	10.26	9.21	10.15	7.14	5.33
塑料制品业	67	1.14	4.90	2.32	2.14	2.31	2.83	2.18	1.83
非金属矿物制品业	396	30.31	156.45	66.29	58.56	79.48	83.49	64.38	50.22
黑色金属冶炼及压延加工业	42	33.37	128.85	59.10	59.21	62.17	73.53	49.59	38.45
有色金属冶炼及压延加工业	38	23.65	101.67	36.43	40.86	62.66	64.81	47.57	49.80
金属制品业	79	2.01	9.33	4.92	4.68	4.12	4.99	3.73	3.23
普通机械制造业	192	17.37	83.92	47.39	44.39	32.38	42.24	28.67	23.13
专用设备制造业	258	28.46	129.06	67.20	62.80	56.18	72.26	45.44	31.26
交通运输设备制造业	148	15.05	69.56	35.54	33.53	29.70	31.57	23.74	17.93
武器弹药制造业	13	14.29	28.70	9.86	10.05	18.44	24.30	17.38	14.74
电气机械及器材制造业	124	9.21	46.96	27.58	26.36	17.80	20.79	14.83	11.07
电子及通信设备制造业	25	2.94	21.64	13.15	11.72	7.22	8.97	5.95	4.84
仪器、仪表及文化办公用机械制造业	36	2.29	11.00	5.00	5.03	5.20	6.63	4.85	3.17
其他制造业	48	0.49	2.57	1.61	1.54	0.90	0.98	0.81	0.72
电力、蒸气、热水的生产和供应业	217	101.44	290.53	62.87	58.30	217.67	283.68	203.80	167.05
煤气生产和供应业	16	3.23	7.48	2.73	2.65	4.42	4.87	3.87	3.60
自来水生产和供应业	115	10.55	18.60	3.34	3.14	15.08	17.59	13.53	11.47

11—39续表　　　　　　　　　　　　　　　　(1995年)　　　　　　　　　　　　　　　　单位:亿元

行　　业	流动负债合计	长期负债合计	所有者权益	产品销售收入	产品销售费用	产品销售税金及附加	产品销售利润	利润总额	利税总额
总　计	**948.23**	**551.89**	**764.27**	**1323.85**	**31.14**	**40.62**	**216.66**	**48.25**	**158.05**
一、按轻重工业分									
轻工业	360.51	120.07	143.48	432.62	10.05	28.48	56.15	9.29	57.13
以农产品为原料	292.10	92.08	89.23	345.64	7.37	27.93	40.05	5.24	48.20
以非农产品为原料	68.41	27.99	54.25	86.98	2.68	0.55	16.09	4.06	8.93
重工业	587.72	431.81	620.79	891.23	21.09	12.14	160.51	38.96	100.92
采掘工业	101.22	151.20	148.33	184.86	2.43	2.69	36.47	5.70	19.05
原料工业	215.61	179.64	281.08	387.11	10.45	7.17	63.91	24.34	59.06
加工工业	270.89	100.98	191.37	319.27	8.20	2.29	60.13	8.92	22.81
二、按企业规模分									
大型企业	476.26	344.84	528.78	773.58	16.61	25.81	132.82	37.41	107.46
中型企业	251.55	104.23	135.05	301.53	7.35	11.88	47.77	8.40	35.01
小型企业	220.42	102.82	100.44	248.74	7.18	2.93	36.07	2.44	15.58
三、按行业分									
煤炭采选业	54.14	52.01	74.99	89.24	2.07	0.99	21.24	7.28	15.07
石油和天然气开采业	32.76	89.51	67.40	82.34	0.04	1.63	10.62	—2.70	2.48
黑色金属矿采选业	0.14	0.06	0.09	0.27	0.01	…	0.05	0.02	0.03
有色金属矿采选业	12.62	8.95	5.26	12.02	0.25	0.06	4.34	1.14	1.45
非金属矿采选业	1.44	0.65	0.42	0.90	0.06	0.01	0.19	—0.05	0.02
其他矿采选业	0.15	0.06	0.17	0.11	…	…	0.02	…	…
木材及竹材采运业									
食品加工业	48.57	11.64	11.56	62.96	1.59	0.25	4.64	—0.55	0.42
食品制造业	24.00	8.76	9.03	32.22	0.94	0.10	6.37	3.55	4.85
饮料制造业	40.83	13.90	15.32	44.81	2.32	5.26	5.32	0.54	8.48
烟草加工业	45.21	10.41	11.81	51.53	0.27	21.60	1.59	0.23	25.79
纺织工业	89.74	30.90	21.67	104.30	0.89	0.41	12.72	—0.64	3.95
服装及其他纤维制品制造业	1.33	0.81	0.15	0.88	0.01	…	0.08	—0.08	—0.05
皮革.毛皮.羽绒及其制品业	7.56	1.10	2.06	5.12	0.19	0.01	0.85	0.02	0.11
木材加工及竹、藤、棕、草制品业	1.64	2.33	0.79	1.50	0.02	0.01	0.19	—0.03	0.07
家具制造业	0.89	0.08	0.18	0.44	0.01	0.01	0.09	—0.02	0.01
造纸及纸制品业	14.24	9.33	5.42	16.93	0.33	0.10	3.39	0.68	1.86
印刷业、记录媒介的复制	5.60	2.66	3.30	5.65	0.12	0.03	1.10	—0.02	0.29
文教体育用品制造业	0.07	0.01	0.03	0.06	…	…	0.01	0.01	0.01
石油加工及炼焦业	16.15	10.34	20.53	52.42	0.47	4.97	9.75	5.33	14.03
化学原料及化学制品制造业	68.07	43.66	42.49	107.38	1.72	0.42	20.88	5.46	9.21
医药制造业	27.78	9.45	8.93	31.93	1.43	0.17	6.38	1.91	3.47
化学纤维制造业	9.40	4.26	20.03	22.60	0.15	0.16	5.30	2.73	4.18
橡胶制品业	10.40	2.60	7.19	19.52	0.35	0.93	2.19	0.25	1.93
塑料制品业	2.79	1.15	0.94	3.41	0.06	0.01	0.39	…	0.13
非金属矿物制品业	59.28	36.93	60.06	62.22	3.24	0.56	15.27	4.69	9.90
黑色金属冶练及压延加工业	50.83	12.99	64.99	73.51	0.62	0.48	10.29	4.61	9.84
有色金属冶练及压延加工业	40.58	34.82	26.26	58.08	0.50	0.38	11.31	3.50	7.84
金属制品业	5.79	1.46	2.01	5.33	0.15	0.04	0.91	—0.08	0.20
普通机械制造业	48.19	11.46	24.27	43.20	1.33	0.17	8.85	0.92	2.87
专用设备制造业	67.56	19.27	42.22	90.95	2.50	0.32	15.20	0.63	3.65
交通运输设备制造业	35.47	11.12	22.94	35.83	0.87	0.27	5.56	0.61	2.25
武器弹药制造业	8.79	3.62	16.29	6.89	0.15	0.04	0.74	—0.57	—0.22
电气机械及器材制造业	27.05	8.34	11.29	25.53	1.13	0.13	5.17	0.29	1.54
电子及通信设备制造业	13.29	4.56	3.79	10.84	0.40	0.05	1.75	0.12	0.62
仪器、仪表及文化办公用机械制造业	4.90	3.39	2.71	3.72	0.16	0.02	0.77	—0.38	—0.14
其他制造业	1.75	0.55	0.22	1.17	0.04	0.01	0.18	—0.02	0.04
电力、蒸气、热水的生产和供应业	64.29	86.47	138.65	150.84	6.44	0.92	21.92	8.91	21.28
煤气生产和供应业	2.43	0.56	4.49	1.92	0.08	0.03	0.13	0.14	0.35
自来水生产和供应业	2.53	1.73	14.32	5.28	0.20	0.06	0.90	—0.20	0.24

11－40 各市地独立核算国有工业企业主要财务指标

(1995年)

单位:亿元

市地	企业单位数(个)	资本金合计	资产总计	流动资产合计	流动资产年平均余额	固定资产合计	固定资产原价	固定资产净值	固定资产净值年平均余额
全省	**4147**	**568.73**	**2267.82**	**913.39**	**861.05**	**1245.99**	**1571.00**	**1076.94**	**889.25**
郑州市	413	59.80	262.31	112.11	106.05	138.39	165.33	114.71	92.63
开封市	222	14.04	73.69	36.38	35.20	35.40	44.70	29.99	22.28
洛阳市	320	77.77	328.66	135.85	123.86	171.34	200.96	142.94	99.41
平顶山市	228	68.45	199.39	79.01	79.37	115.31	158.49	105.65	86.69
安阳市	209	34.31	168.08	74.66	70.36	84.83	98.89	68.05	51.28
鹤壁市	116	14.82	46.69	18.25	13.91	27.36	35.26	25.07	22.12
新乡市	282	46.38	142.96	58.64	54.95	79.63	90.53	67.32	55.81
焦作市	314	50.07	190.20	67.40	67.26	115.60	135.41	101.97	95.24
濮阳市	159	61.21	198.59	52.17	49.74	123.00	226.18	110.40	103.09
许昌市	145	11.37	56.06	24.18	25.36	30.30	33.86	25.81	18.46
漯河市	122	6.83	32.39	15.53	14.44	15.45	18.14	13.76	11.79
三门峡市	222	25.00	115.18	34.03	33.35	76.43	88.39	68.26	61.01
南阳市	371	44.14	182.30	78.31	71.18	98.68	124.87	85.52	72.01
商丘地区	264	13.39	72.39	32.82	31.39	36.46	39.54	31.84	26.73
周口地区	254	18.91	86.13	43.16	37.53	39.87	43.60	35.21	27.65
驻马店地区	225	9.14	44.99	20.71	19.25	22.85	26.23	20.11	17.70
信阳地区	281	13.09	67.80	30.18	27.84	35.11	40.59	30.34	25.34

市地	流动负债合计	长期负债合计	所有者权益	产品销售收入	产品销售费用	产品销售税金及附加	产品销售利润	利润总额	利税总额
全省	**948.23**	**551.89**	**764.27**	**1323.85**	**31.14**	**40.62**	**216.66**	**48.25**	**158.05**
郑州市	119.71	57.87	84.27	157.71	3.16	10.55	24.91	4.62	25.73
开封市	47.23	12.06	14.38	54.62	1.22	1.22	7.52	0.78	4.37
洛阳市	129.35	69.29	130.02	186.51	3.64	6.86	34.41	9.84	25.85
平顶山市	76.12	42.59	80.45	102.46	2.94	2.30	18.89	4.81	13.90
安阳市	72.20	25.93	69.89	101.33	1.73	2.03	16.77	7.08	15.67
鹤壁市	19.76	13.55	13.29	29.12	0.45	0.20	5.48	0.76	2.51
新乡市	62.49	23.21	56.83	100.73	3.93	0.53	16.61	6.09	10.12
焦作市	69.38	56.79	62.93	107.73	2.33	1.18	16.61	3.17	10.02
濮阳市	38.73	95.75	64.05	80.20	0.54	1.18	11.79	−2.95	2.03
许昌市	26.28	10.01	19.75	35.13	0.68	2.80	4.47	0.05	4.68
漯河市	18.62	5.02	8.73	25.69	1.26	0.74	3.20	0.99	2.43
三门峡市	40.45	41.45	33.24	43.70	1.12	0.54	9.79	1.30	4.14
南阳市	81.35	37.83	62.69	108.25	2.61	4.39	17.25	2.70	12.79
商丘地区	37.91	18.96	15.41	45.70	1.80	1.87	6.14	1.27	5.57
周口地区	47.55	16.50	21.81	66.00	1.67	1.25	11.49	5.59	9.67
驻马店地区	25.91	8.69	10.36	36.09	0.79	2.28	5.12	1.29	5.33
信阳地区	35.18	16.40	16.18	42.88	1.28	0.68	6.22	0.85	3.24

11－41　独立核算集体工业企业分行业主要财务指标

（1995 年）

单位：亿元

行　　业	企业单位数（个）	资本金合计	资产总计	流动资产合计	流动资产年平均余额	固定资产合计	固定资产原价	固定资产净值	固定资产净值年平均余额
总　计	**17289**	**167.57**	**548.09**	**292.71**	**271.40**	**228.70**	**258.19**	**199.94**	**186.15**
一、按轻重工业分									
轻工业	7955	71.24	235.13	128.16	118.51	94.49	104.29	81.94	76.64
以农产品为原料	5881	53.00	175.43	95.86	88.18	70.02	76.32	60.05	55.58
以非农产品为原料	2074	18.24	59.69	32.30	30.32	24.46	27.97	21.89	21.07
重工业	9334	96.33	312.97	164.55	152.90	134.21	153.90	118.00	109.51
采掘工业	966	13.63	40.85	19.09	18.39	19.86	22.62	17.75	16.88
原料工业	1766	27.56	88.25	38.89	36.15	44.92	49.19	38.62	34.98
加工工业	6602	55.15	183.87	106.56	98.36	69.43	82.10	61.64	57.65
二、按企业规模分									
大型企业	14	7.90	31.59	11.96	11.88	16.99	18.39	14.62	13.66
中型企业	98	11.74	51.25	24.34	22.28	24.46	27.21	20.86	18.01
小型企业	17177	147.93	465.25	256.41	237.24	187.25	212.59	164.46	154.48
三、按行业分									
煤炭采选业	376	7.76	25.01	10.76	10.80	12.83	14.52	11.33	10.65
石油和天然气开采业									
黑色金属矿采选业	74	0.54	1.28	0.64	0.57	0.59	0.70	0.54	0.50
有色金属矿采选业	197	3.82	10.43	5.68	5.13	4.51	5.15	4.07	3.93
非金属矿采选业	314	1.53	4.14	1.96	1.88	1.99	2.30	1.86	1.78
其他矿采选业	7	0.03	0.07	0.05	0.02	0.01	0.02	0.01	0.02
木材及竹材采运业	1	…	…	…	…	…	…	…	…
食品加工业	1178	6.95	15.91	9.09	8.42	6.09	6.73	5.50	5.64
食品制造业	470	5.73	19.95	7.98	7.66	10.86	10.37	8.67	7.63
饮料制造业	288	2.63	9.47	4.84	4.81	3.60	4.17	3.21	2.81
烟草加工业	17	0.62	3.85	2.03	1.91	1.75	1.37	1.13	0.74
纺织工业	879	13.11	46.73	26.66	23.86	17.23	19.78	15.12	14.60
服装及其他纤维制品制造业	513	3.16	10.56	6.48	6.03	3.60	4.10	2.97	2.70
皮革.毛皮.羽绒及其制品业	432	5.31	19.52	13.29	12.29	4.76	5.41	4.21	3.88
木材加工及竹、藤、棕、草制品业	384	1.89	4.55	2.31	2.32	2.10	2.21	1.94	1.86
家具制造业	345	1.28	3.92	2.30	2.15	1.42	1.59	1.17	1.11
造纸及纸制品业	806	7.76	24.22	10.69	9.45	12.73	14.00	11.01	9.84
印刷业、记录媒介的复制	447	2.50	6.50	3.10	2.97	3.10	3.45	2.71	2.61
文教体育用品制造业	115	0.38	1.33	0.80	0.82	0.44	0.50	0.39	0.34
石油加工及炼焦业	136	3.52	10.72	5.84	5.50	4.32	4.73	3.43	3.26
化学原料及化学制品制造业	1111	12.81	36.51	18.44	16.51	15.51	17.17	13.36	12.52
医药制造业	116	4.34	13.16	5.38	4.82	7.34	7.80	6.91	6.62
化学纤维制造业	29	0.70	2.46	1.05	0.87	1.32	1.36	1.12	1.08
橡胶制品业	132	1.17	4.10	2.49	2.13	1.50	1.73	1.29	1.19
塑料制品业	563	4.92	16.24	8.06	7.56	7.10	8.36	6.26	6.02
非金属矿物制品业	3170	28.41	83.70	42.14	38.04	37.65	43.50	33.04	30.46
黑色金属冶练及压延加工业	206	2.16	9.47	5.40	5.17	3.83	4.18	3.45	3.17
有色金属冶练及压延加工业	164	2.82	9.38	4.07	3.71	5.06	4.72	4.12	3.26
金属制品业	988	7.49	26.08	15.37	14.56	9.80	11.43	8.59	8.40
普通机械制造业	951	7.66	27.87	18.11	16.90	8.75	11.11	7.74	7.23
专用设备制造业	971	10.70	35.70	22.22	20.72	11.74	14.88	10.50	9.85
交通运输设备制造业	405	3.25	14.34	8.98	8.27	4.90	5.31	4.02	3.80
武器弹药制造业									
电气机械及器材制造业	568	5.97	22.82	12.57	12.30	9.51	10.80	8.75	8.21
电子及通信设备制造业	63	0.32	1.30	0.93	0.86	0.28	0.28	0.22	0.22
仪器、仪表及文化办公用机械制造业	102	0.76	2.47	1.46	1.49	0.81	1.02	0.67	0.61
其他制造业	669	3.80	13.91	9.51	8.91	3.91	4.59	3.50	3.37
电力、蒸气、热水的生产和供应业	83	1.67	10.17	1.91	1.87	7.64	8.70	7.01	6.08
煤气生产和供应业	6	0.06	0.19	0.09	0.09	0.09	0.10	0.09	0.09
自来水生产和供应业	13	0.04	0.08	0.03	0.02	0.05	0.08	0.05	0.05

11－41 续表 (1995 年) 单位:亿元

行业	流动负债合计	长期负债合计	所有者权益	产品销售收入	产品销售费用	产品销售税金及附加	产品销售利润	利润总额	利税总额
总计	**278.39**	**95.15**	**168.09**	**622.02**	**23.11**	**7.55**	**92.00**	**36.63**	**64.83**
一、按轻重工业分									
轻工业	122.23	43.68	66.00	276.89	9.54	3.00	38.32	15.93	27.01
以农产品为原料	90.45	34.95	47.72	218.25	7.45	2.47	29.83	13.11	22.00
以非农产品为原料	31.78	8.72	18.28	58.64	2.08	0.53	8.49	2.82	5.01
重工业	156.16	51.47	102.08	345.13	13.58	4.54	53.67	20.70	37.82
采掘工业	18.78	5.57	16.10	59.36	2.39	0.96	10.12	5.07	8.19
原料工业	44.10	18.00	25.27	82.47	2.60	1.30	12.41	4.14	9.00
加工工业	93.28	27.90	60.72	203.30	8.59	2.29	31.14	11.49	20.62
二、按企业规模分									
大型企业	11.23	7.47	12.75	24.81	1.05	0.47	5.06	1.92	3.37
中型企业	25.20	11.27	14.45	41.14	1.01	0.31	6.69	1.82	4.28
小型企业	241.96	76.41	140.89	556.07	21.05	6.77	80.25	32.89	57.18
三、按行业分									
煤炭采选业	12.36	3.44	8.87	30.57	0.99	0.61	4.35	1.26	3.49
石油和天然气开采业									
黑色金属矿采选业	0.57	0.10	0.59	1.84	0.09	0.05	0.29	0.11	0.24
有色金属矿采选业	3.96	1.37	5.08	19.79	0.93	0.22	4.54	3.16	3.61
非金属矿采选业	1.88	0.65	1.57	7.04	0.36	0.07	0.93	0.52	0.83
其他矿采选业	0.02	0.01	0.04	0.11	0.01	0.01	0.02	0.01	0.02
木材及竹材采运业	…	…	…	…	…	…	…	…	…
食品加工业	7.12	2.20	6.06	37.18	1.04	0.26	4.73	2.84	3.75
食品制造业	8.56	5.97	5.02	26.74	0.92	0.27	3.40	1.11	2.16
饮料制造业	4.10	1.64	3.55	12.72	0.76	0.47	1.68	1.16	2.05
烟草加工业	2.05	0.74	1.06	3.20	0.09	0.14	0.34	0.04	0.26
纺织工业	28.85	7.75	9.62	44.64	0.91	0.28	4.82	0.95	2.74
服装及其他纤维制品制造业	5.90	1.90	2.64	12.24	0.41	0.09	1.45	0.46	0.89
皮革.毛皮.羽绒及其制品业	11.63	3.22	4.42	25.42	1.08	0.35	4.85	2.97	3.86
木材加工及竹、藤、棕、草制品业	1.88	0.75	1.88	6.29	0.24	0.05	0.93	0.50	0.70
家具制造业	2.13	0.69	1.07	3.64	0.17	0.05	0.51	0.11	0.29
造纸及纸制品业	9.55	7.61	6.90	30.68	1.18	0.31	3.99	1.68	3.10
印刷业、记录媒介的复制	2.86	1.03	2.57	6.40	0.32	0.08	1.03	0.35	0.65
文教体育用品制造业	0.70	0.23	0.39	1.57	0.05	0.01	0.22	0.11	0.16
石油加工及炼焦业	5.69	1.68	3.34	9.10	0.22	0.11	1.37	0.34	0.97
化学原料及化学制品制造业	19.30	6.36	10.30	39.77	1.48	0.52	6.33	2.04	4.02
医药制造业	4.98	1.84	6.27	7.88	0.25	0.07	1.21	0.51	0.79
化学纤维制造业	1.41	0.54	0.52	1.59	0.05	0.01	0.19	－0.04	0.03
橡胶制品业	2.04	0.63	1.36	4.61	0.18	0.07	0.68	0.21	0.49
塑料制品业	8.72	3.30	4.06	17.39	0.50	0.09	2.27	0.38	0.90
非金属矿物制品业	39.61	15.19	27.59	90.66	4.25	1.39	14.56	6.18	10.86
黑色金属冶炼及压延加工业	6.09	1.66	1.70	10.49	0.23	0.06	1.13	0.15	0.57
有色金属冶炼及压延加工业	4.32	2.75	2.28	10.02	0.17	0.06	1.23	0.56	0.78
金属制品业	15.81	3.41	6.34	28.10	0.97	0.24	3.70	1.20	2.28
普通机械制造业	15.58	3.27	8.66	29.91	1.23	0.36	4.02	1.21	2.76
专用设备制造业	18.28	4.16	12.96	43.55	1.96	0.57	7.11	2.98	4.89
交通运输设备制造业	7.86	1.98	4.45	14.63	0.54	0.14	2.21	0.69	1.29
武器弹药制造业									
电气机械及器材制造业	11.10	4.36	7.23	19.89	0.73	0.17	2.96	0.80	1.68
电子及通信设备制造业	0.77	0.27	0.26	1.07	0.04	0.01	0.12	－0.01	0.04
仪器、仪表及文化办公用机械制造业	1.31	0.42	0.73	1.57	0.07	0.02	0.26	－0.01	0.10
其他制造业	7.43	1.67	4.61	16.40	0.56	0.18	3.23	1.50	2.35
电力、蒸气、热水的生产和供应业	3.82	2.33	4.02	5.03	0.09	0.11	1.28	0.57	1.15
煤气生产和供应业	0.11	0.04	0.04	0.20	0.01	0.04	0.03	0.04	0.09
自来水生产和供应业	0.02	…	0.06	0.07	…	…	0.01	0.01	0.01

11—42 各市地独立核算集体工业企业主要财务指标

(1995年)

单位:亿元

市地	企业单位数(个)	资本金合计	资产总计	流动资产合计	流动资产年平均余额	固定资产合计	固定资产原价	固定资产净值	固定资产净值年平均余额
全省	**17289**	**167.57**	**548.09**	**292.71**	**271.40**	**228.70**	**258.19**	**199.94**	**186.15**
郑州市	1812	26.17	93.18	51.16	48.04	37.37	41.62	31.40	30.18
开封市	1299	7.69	25.25	16.55	14.96	7.90	9.38	7.16	6.84
洛阳市	1013	11.00	41.14	19.12	18.15	20.02	23.93	18.32	16.74
平顶山市	859	13.10	41.38	20.76	20.13	17.92	20.32	15.68	15.16
安阳市	932	9.26	32.02	18.15	17.25	12.55	14.20	11.01	9.95
鹤壁市	533	3.69	13.67	7.85	7.16	5.25	5.75	4.30	4.07
新乡市	1095	15.59	47.36	23.25	21.57	22.18	24.92	19.52	18.26
焦作市	984	17.79	54.64	29.85	27.57	21.79	26.18	19.23	17.41
濮阳市	594	6.16	17.62	8.82	7.94	7.70	8.52	6.71	6.63
许昌市	720	8.80	27.32	14.47	13.52	11.85	13.05	10.47	9.72
漯河市	393	6.40	25.90	11.30	10.20	13.22	12.58	10.20	8.68
三门峡市	767	5.16	15.57	8.64	7.77	6.29	6.43	5.37	5.23
南阳市	1462	10.74	34.52	20.38	17.99	12.61	14.98	11.61	9.81
商丘地区	1051	6.30	14.30	7.71	7.39	5.87	6.66	5.41	4.86
周口地区	1043	7.45	28.20	15.08	13.55	11.30	12.75	10.41	10.00
驻马店地区	1339	6.83	19.33	10.05	9.46	8.34	9.46	7.69	7.33
信阳地区	1393	5.44	16.70	9.57	8.75	6.53	7.46	5.48	5.29

市地	流动负债合计	长期负债合计	所有者权益	产品销售收入	产品销售费用	产品销售税金及附加	产品销售利润	利润总额	利税总额
全省	**278.39**	**95.15**	**168.09**	**622.02**	**23.11**	**7.55**	**92.00**	**36.63**	**64.83**
郑州市	54.47	16.88	21.04	84.39	3.38	1.29	11.41	1.71	6.04
开封市	15.30	3.12	6.44	26.80	0.83	0.19	3.37	0.74	1.93
洛阳市	20.59	7.55	13.00	31.48	0.87	0.37	6.11	1.99	4.08
平顶山市	20.95	6.27	13.77	40.59	1.22	0.54	5.37	1.23	3.65
安阳市	19.17	3.72	8.80	33.49	1.40	0.34	4.24	0.99	2.34
鹤壁市	7.52	1.92	4.00	14.42	0.46	0.28	2.15	0.89	1.68
新乡市	21.91	7.27	17.73	57.36	1.55	0.58	7.64	3.53	6.43
焦作市	23.67	10.31	19.72	79.72	3.25	1.22	13.57	8.72	12.95
濮阳市	10.36	2.19	4.58	13.29	0.41	0.18	1.40	0.30	0.87
许昌市	12.65	4.25	9.81	31.90	1.35	0.30	5.27	1.61	2.70
漯河市	9.94	8.86	6.88	33.89	1.37	0.41	3.89	1.25	2.29
三门峡市	6.45	2.52	6.52	22.53	1.15	0.28	4.48	2.95	3.43
南阳市	17.76	5.48	11.03	44.83	1.87	0.41	8.09	2.98	5.01
商丘地区	6.27	2.78	4.89	15.94	0.54	0.29	1.88	0.81	1.47
周口地区	14.64	4.96	7.84	33.48	1.35	0.37	5.77	3.20	4.52
驻马店地区	8.13	3.46	7.67	35.85	1.19	0.27	4.63	2.88	3.80
信阳地区	8.59	3.62	4.37	22.06	0.93	0.24	2.73	0.87	1.65

11—43 独立核算“三资”工业企业分行业主要财务指标

(1995年)

单位:亿元

行业	企业单位数(个)	资产总计	#流动资产	固定资产原价	固定资产净值	负债合计	#流动负债	所有者权益合计	#实收资本
总计	**1239**	**263.57**	**132.00**	**123.65**	**105.17**	**148.79**	**104.26**	**114.78**	**97.68**
一、按轻重工业分									
轻工业	767	136.69	73.68	59.15	51.35	73.09	59.59	63.60	59.15
以农产品为原料	553	93.88	47.95	43.65	37.83	52.81	42.87	41.07	40.50
以非农产品为原料	214	42.81	25.73	15.50	13.52	20.27	16.72	22.54	18.65
重工业	472	126.88	58.32	64.50	53.82	75.71	44.67	51.18	38.53
采掘工业	21	1.55	0.53	0.68	0.61	0.96	0.67	0.59	0.75
原料工业	141	46.38	16.40	27.07	23.31	30.78	16.08	15.60	13.61
加工工业	310	78.95	41.39	36.75	29.90	43.96	27.92	34.99	24.17
二、按企业规模分									
大型企业	10	59.66	37.93	23.56	17.94	31.02	23.00	28.63	17.74
中型企业	14	15.35	7.59	6.22	5.14	8.19	6.96	7.15	5.18
小型企业	1215	188.57	86.48	93.88	82.10	109.58	74.31	78.99	74.76
三、按行业分									
煤炭采选业	3	0.77	0.22	0.36	0.31	0.51	0.36	0.26	0.32
石油和天然气开采业									
黑色金属矿采选业	1	0.01	…	0.01	0.01	0.01	…	…	0.01
有色金属矿采选业	7	0.64	0.27	0.24	0.22	0.37	0.28	0.27	0.33
非金属矿采选业	10	0.13	0.04	0.08	0.07	0.07	0.03	0.06	0.10
其他矿采选业									
木材及竹材采运业									
食品加工业	74	31.48	18.35	12.09	9.92	17.50	14.53	13.98	13.79
食品制造业	80	13.14	6.20	6.40	6.02	6.89	6.05	6.25	5.45
饮料制造业	52	6.68	3.01	3.70	3.31	3.79	2.64	2.88	3.31
烟草加工业	1	1.14	0.20	0.90	0.89	0.80	0.29	0.34	0.32
纺织工业	84	15.04	6.73	8.65	7.30	8.61	7.23	6.44	6.40
服装及其他纤维制品制造业	65	4.84	2.15	2.54	2.36	3.02	2.46	1.82	2.18
皮革.毛皮.羽绒及其制品业	73	9.62	6.20	3.30	2.76	6.59	5.48	3.03	2.97
木材加工及竹、藤、棕、草制品业	33	7.34	2.73	2.05	1.88	4.97	3.73	2.37	2.03
家具制造业	15	1.21	0.76	0.39	0.29	0.96	0.87	0.25	0.25
造纸及纸制品业	30	2.77	0.88	1.36	1.25	1.12	0.74	1.65	1.73
印刷业、记录媒介的复制	31	4.72	1.61	3.15	2.74	1.64	1.29	3.08	2.88
文教体育用品制造业	12	0.39	0.19	0.20	0.18	0.28	0.24	0.11	0.16
石油加工及炼焦业	10	0.33	0.11	0.03	0.03	0.09	0.09	0.23	0.25
化学原料及化学制品制造业	93	7.09	3.10	3.81	3.31	3.72	2.77	3.37	4.24
医药制造业	34	4.20	1.59	2.20	2.02	3.00	1.88	1.19	1.86
化学纤维制造业	5	2.08	0.52	0.98	0.93	1.09	0.79	0.99	0.79
橡胶制品业	9	0.81	0.46	0.34	0.29	0.45	0.41	0.36	0.36
塑料制品业	64	5.54	2.13	3.46	3.06	3.09	2.16	2.45	2.85
非金属矿物制品业	97	20.35	6.64	12.47	11.35	11.13	6.64	9.22	8.51
黑色金属冶练及压延加工业	12	0.62	0.23	0.38	0.36	0.36	0.27	0.26	0.34
有色金属冶练及压延加工业	31	8.06	3.42	3.33	2.96	4.67	4.20	3.39	2.91
金属制品业	47	3.66	1.61	2.08	1.82	2.64	2.27	1.01	1.27
普通机械制造业	35	6.82	3.83	3.07	2.40	3.01	1.39	3.81	3.34
专用设备制造业	40	8.57	5.80	2.99	2.38	4.92	3.12	3.64	2.81
交通运输设备制造业	49	29.42	16.13	10.96	9.49	15.21	11.39	14.21	9.30
武器弹药制造业									
电气机械及器材制造业	38	16.31	11.36	4.52	3.68	5.55	4.43	10.76	8.42
电子及通信设备制造业	31	22.93	15.01	10.08	6.76	13.52	9.24	9.41	3.04
仪器、仪表及文化办公用机械制造业	8	0.24	0.20	0.03	0.02	0.12	0.12	0.12	0.09
其他制造业	56	4.04	2.77	1.15	0.99	2.19	1.91	1.85	1.23
电力、蒸气、热水的生产和供应业	9	22.56	7.57	16.35	13.81	16.89	4.98	5.67	3.88
煤气生产和供应业									
自来水生产和供应业									

11－43 续表　　(1995 年)　　单位:亿元

行业	外商投资	产品销售收入	#出口产品销售收入	产品销售税金	利润总额	已分配股利	#外商股利	出口创汇	外汇收支差额
总计	**41.06**	**198.91**	**24.95**	**2.86**	**17.25**	**5.37**	**2.78**	**2.91**	**－0.10**
一、按轻重工业分									
轻工业	26.41	132.90	16.76	2.61	7.31	3.76	1.91	2.24	－0.46
以农产品为原料	17.45	89.25	11.59	0.90	2.65	1.15	0.52	1.74	－0.51
以非农产品为原料	8.95	43.66	5.17	1.70	4.65	2.61	1.39	0.51	0.05
重工业	14.66	66.01	8.19	0.26	9.94	1.61	0.87	0.67	0.36
采掘工业	0.35	0.71	0.03	0.01	－0.05	…	…	…	…
原料工业	5.69	18.37	2.20	0.08	2.42	1.31	0.76	0.11	0.10
加工工业	8.62	46.93	5.96	0.17	7.57	0.30	0.11	0.56	0.26
二、按企业规模分									
大型企业	8.91	70.97	1.10	1.73	10.14	3.38	1.78	0.13	－0.14
中型企业	2.73	9.91	1.78	0.15	1.17	0.46		0.06	0.02
小型企业	29.41	118.03	22.07	0.98	5.94	1.53	1.00	2.72	0.02
三、按行业分									
煤炭采选业	0.14	0.33	…	…	－0.04	…	…	…	…
石油和天然气开采业									
黑色金属矿采选业	…	0.03	…	…	0.01	…	…	…	…
有色金属矿采选业	0.13	0.33	0.02	0.01	0.02	…	…	…	…
非金属矿采选业	0.08	0.03	…	…	－0.03	…	…	…	…
其他矿采选业									
木材及竹材采运业									
食品加工业	7.02	45.38	1.19	0.04	1.52	0.90	0.43	0.08	－0.07
食品制造业	2.67	8.78	1.48	0.04	0.17	0.07	0.03	0.77	－1.05
饮料制造业	1.83	4.53	0.04	0.41	0.21	0.01	…	…	…
烟草加工业	0.09	0.17	0.02	0.02	…	…	…	…	…
纺织工业	2.01	12.67	4.60	0.13	0.24	0.01	0.01	0.55	0.47
服装及其他纤维制品制造业	0.84	2.17	1.20	0.01	－0.25	…	…	0.03	0.02
皮革.毛皮.羽绒及其制品业	0.93	8.17	2.04	0.12	0.30	0.05	0.02	0.26	0.09
木材加工及竹、藤、棕、草制品业	0.59	2.36	0.92	0.03	0.25	0.04	0.02	0.09	0.11
家具制造业	0.11	0.98	…	…	0.05	0.04	0.01	…	…
造纸及纸制品业	0.73	1.37	0.07	0.07	0.02	0.01	0.01	…	…
印刷业、记录媒介的复制	0.83	2.51	0.06	…	0.17	0.02	0.01	…	…
文教体育用品制造业	0.09	0.14	0.04	…	－0.02	0.01	…	0.01	…
石油加工及炼焦业	0.06	0.05	…	…	－0.01	…	…	…	…
化学原料及化学制品制造业	1.18	4.08	0.57	0.04	0.21	0.07	0.05	0.05	0.02
医药制造业	0.95	2.10	0.30	0.01	0.04	0.02	0.01	0.06	0.06
化学纤维制造业	0.41	0.86	…	…	0.06	…	…	…	…
橡胶制品业	0.13	0.51	0.09	…	…	…	…	0.01	…
塑料制品业	1.02	2.55	0.08	0.01	－0.01	0.05	0.03	0.01	0.01
非金属矿物制品业	3.53	9.13	2.06	0.09	1.11	0.03	0.01	0.09	0.07
黑色金属冶炼及压延加工业	0.11	0.33	…	…	－0.02	…	…	…	…
有色金属冶炼及压延加工业	1.29	5.06	1.21	0.02	0.38	0.46	…	0.01	…
金属制品业	0.48	1.90	0.13	0.01	－0.27	0.01	…	…	…
普通机械制造业	1.30	3.58	0.60	0.02	0.08	0.05	0.02	0.07	0.05
专用设备制造业	1.20	6.13	0.25	0.05	0.55	0.02	0.01	0.24	0.17
交通运输设备制造业	3.69	27.31	0.16	1.67	3.46	1.68	0.89	0.02	0.03
武器弹药制造业									
电气机械及器材制造业	4.13	19.49	2.46	0.01	2.38	1.00	0.51	0.28	－0.15
电子及通信设备制造业	0.83	15.87	2.96	…	4.65	…	…	0.18	－0.01
仪器、仪表及文化办公用机械制造业	0.05	0.13	…	…	0.02	0.01	…	…	…
其他制造业	0.51	3.11	2.40	0.04	0.24	0.02	0.01	0.11	0.07
电力、蒸气、热水的生产和供应业	2.10	6.79	…	…	1.77	0.78	0.72	…	…
煤气生产和供应业									
自来水生产和供应业									

11－44 各市地独立核算“三资”工业企业主要财务指标

(1995年)

单位:亿元

市地	企业单位数(个)	资产总计	#流动资产	固定资产原价	固定资产净值	负债合计	#流动合计	所有者权益合计	#实收资本
全省	**1239**	**263.57**	**132.00**	**123.65**	**105.17**	**148.79**	**104.26**	**114.78**	**97.68**
郑州市	353	63.54	27.06	34.36	28.93	42.57	23.55	20.97	18.89
开封市	54	5.00	2.70	2.31	2.03	2.91	2.50	2.09	2.45
洛阳市	103	43.24	26.97	15.75	13.00	20.89	16.14	22.34	18.47
平顶山市	52	8.23	2.56	5.34	4.84	4.78	3.29	3.44	3.90
安阳市	35	23.11	13.08	11.86	8.49	13.05	8.30	10.05	3.79
鹤壁市	34	4.32	1.98	2.30	2.08	2.42	1.84	1.90	1.89
新乡市	69	28.48	15.42	10.07	8.65	11.29	8.93	17.19	14.04
焦作市	95	15.08	5.67	9.01	7.79	8.56	5.54	6.52	5.63
濮阳市	50	1.64	0.89	0.67	0.59	0.87	0.76	0.77	0.85
许昌市	60	10.33	5.65	4.49	4.08	7.10	5.30	3.23	3.15
漯河市	30	14.45	6.55	7.85	7.08	8.43	6.76	6.02	6.37
三门峡市	70	3.48	1.27	1.96	1.83	1.94	1.28	1.54	2.22
南阳市	96	11.84	5.38	5.89	5.10	6.57	5.19	5.27	5.43
商丘地区	33	8.26	4.03	2.62	2.32	4.58	3.92	3.68	2.92
周口地区	45	18.39	10.66	7.41	6.79	10.61	9.10	7.78	5.99
驻马店地区	42	2.78	1.38	1.31	1.19	1.33	1.15	1.44	1.19
信阳地区	18	1.43	0.76	0.46	0.40	0.90	0.73	0.53	0.49

市地	外商投资	产品销售收入	#出口产品销售收入	产品销售税金	利润总额	已分配股利	#外商股利	出口创汇	外汇收支差额
全省	**41.06**	**198.91**	**24.95**	**2.86**	**17.25**	**5.37**	**2.78**	**2.91**	**－0.10**
郑州市	7.39	30.23	5.51	0.20	1.63	0.93	0.79	0.26	0.08
开封市	1.50	6.40	0.38	0.08	0.16	0.10	0.05	0.03	0.03
洛阳市	9.16	45.60	2.91	1.76	3.55	1.58	0.88	0.50	0.20
平顶山市	1.31	2.97	0.26	0.01	－0.16	0.01	…	…	…
安阳市	1.30	14.12	0.55	…	4.60	0.02	…	0.13	0.07
鹤壁市	0.78	2.74	0.40	0.02	0.11	…	…	0.01	…
新乡市	5.99	25.65	2.23	0.12	3.03	1.12	0.54	0.12	－0.14
焦作市	1.50	13.80	2.44	0.16	1.51	0.09	0.03	0.26	0.24
濮阳市	0.26	0.52	0.02	…	－0.13	…	…	…	－0.01
许昌市	1.30	5.52	1.67	0.04	0.31	0.03	0.01	0.08	0.05
漯河市	3.17	18.63	0.61	0.13	0.89	0.76	0.38	0.05	…
三门峡市	0.82	1.29	0.35	0.02	－0.07	0.01	…	…	…
南阳市	2.24	7.94	2.73	0.12	0.13	0.10	0.03	0.45	0.39
商丘地区	1.23	4.50	2.38	0.07	0.53	0.48	0.01	0.07	0.07
周口地区	2.27	13.74	1.65	0.11	0.85	0.09	0.03	0.92	－1.02
驻马店地区	0.59	3.75	0.80	0.01	0.21	0.01	0.01	0.03	－0.09
信阳地区	0.23	1.51	0.07	…	0.10	0.04	0.01	0.01	0.01

11－45 独立核算工业企业分行业主要经济效益指标

（1995年）

行　　业	固定资产原价利税率(%)	资　金利税率(%)	产　值利税率(%)	销售收入利税率(%)	成本费用利润率(%)	流动资产周转次数(次/年)
总　　计	**13.00**	**10.45**	**11.06**	**11.70**	**5.11**	**1.95**
一、按轻重工业分						
轻工业	20.38	12.49	10.78	11.72	4.18	2.04
以农产品为原料	21.54	13.13	10.85	11.81	3.53	2.11
以非农产品为原料	17.14	10.69	10.52	11.42	6.33	1.84
重工业	10.53	9.45	11.26	11.69	5.70	1.90
采掘工业	6.46	8.00	10.90	11.13	4.58	2.10
原料工业	11.99	11.31	14.52	14.69	6.86	2.20
加工工业	12.37	8.40	8.84	9.43	5.23	1.65
二、按企业规模分						
大型企业	12.00	11.28	14.36	14.33	6.13	1.87
中型企业	12.34	9.66	10.86	11.61	3.53	1.79
小型企业	15.44	9.73	8.18	9.11	4.74	2.13
三、按行业分						
煤炭采选业	10.95	11.80	15.22	15.42	7.30	2.21
石油和天然气开采业	1.09	1.67	2.99	3.01	－3.31	1.83
黑色金属矿采选业	30.48	20.83	11.25	12.90	7.39	3.36
有色金属矿采选业	23.23	17.09	14.81	15.72	15.34	2.37
非金属矿采选业	22.05	14.56	9.46	10.17	5.98	2.93
其他矿采选业	27.20	26.71	16.92	21.42	8.03	4.03
木材及竹材采运业						
食品加工业	15.72	8.38	5.21	5.64	3.07	2.57
食品制造业	21.65	14.87	10.37	11.00	7.45	2.94
饮料制造业	28.18	16.03	16.09	18.27	3.41	1.73
烟草加工业	84.22	42.31	47.64	47.51	0.77	1.58
纺织工业	7.06	4.91	4.50	4.82	0.40	2.07
服装及其他纤维制品制造业	10.33	5.11	3.97	4.57	0.95	1.92
皮革.毛皮.羽绒及其制品业	33.95	13.77	10.07	11.80	9.37	1.73
木材加工及竹、藤、棕、草制品业	14.02	9.70	9.43	10.37	6.73	2.28
家具制造业	15.17	8.05	6.98	8.00	3.13	1.65
造纸及纸制品业	16.14	12.24	9.73	10.78	5.49	2.57
印刷业、记录媒介的复制	8.72	6.49	7.25	8.03	3.05	1.80
文教体育用品制造业	24.36	11.47	8.72	9.22	6.14	2.06
石油加工及炼焦业	40.36	30.57	23.87	24.28	10.98	3.43
化学原料及化学制品制造业	10.54	9.42	8.53	9.06	5.34	2.39
医药制造业	14.13	8.18	8.81	10.29	5.98	1.58
化学纤维制造业	17.18	12.78	16.59	16.49	11.66	1.67
橡胶制品业	19.55	11.97	9.38	9.69	2.07	2.19
塑料制品业	7.95	5.18	4.41	4.80	1.67	2.30
非金属矿物制品业	16.09	11.59	12.78	13.84	8.07	1.74
黑色金属冶炼及压延加工业	13.24	9.64	12.06	12.16	5.87	1.52
有色金属冶炼及压延加工业	12.60	8.87	12.69	12.49	6.47	1.77
金属制品业	12.42	6.72	5.92	6.61	2.57	1.86
普通机械制造业	10.71	6.24	6.93	7.55	3.23	1.42
专用设备制造业	10.04	7.02	6.25	6.49	2.91	1.84
交通运输设备制造业	20.78	11.78	11.62	12.62	6.59	1.69
武器弹药制造业	－0.90	－0.88	－3.03	－3.16	－7.01	0.79
电气机械及器材制造业	16.93	8.70	8.95	9.57	5.53	1.51
电子及通信设备制造业	34.85	17.85	22.45	24.24	19.97	1.25
仪器、仪表及文化办公用机械制造业	2.09	1.53	2.63	2.85	－3.65	0.98
其他制造业	41.88	16.23	11.38	13.58	9.22	1.83
电力、蒸气、热水的生产和供应业	8.09	9.93	15.88	15.45	7.58	2.80
煤气生产和供应业	8.60	6.82	17.40	17.91	6.59	1.06
自来水生产和供应业	1.39	1.67	4.41	4.59	－3.44	1.80

注：1、本表产值利税率是按新规定工业总产值计算的(下同)。

2、流动资产周转次数＝(产品销售收入＋销项税)/流动资产年平均余额(下同)。

11－46 独立核算国有工业企业分行业主要经济效益指标

（1995 年）

行　　业	固定资产原价利税率(%)	资　金利税率(%)	产　值利税率(%)	销售收入利税率(%)	成本费用利润率(%)	流动资产周转次数(次/年)
总　计	**10.06**	**9.03**	**11.57**	**11.94**	**3.87**	**1.77**
一、按轻重工业分						
轻工业	17.45	11.66	12.27	13.20	2.32	1.74
以农产品为原料	19.78	13.01	12.90	13.94	1.65	1.81
以非农产品为原料	10.66	7.48	9.70	10.27	4.82	1.50
重工业	8.12	8.01	11.21	11.32	4.60	1.79
采掘工业	4.75	6.23	10.17	10.30	3.14	1.88
原料工业	11.31	11.17	15.40	15.26	6.83	2.19
加工工业	7.12	5.36	6.93	7.14	2.89	1.42
二、按企业规模分						
大型企业	10.43	10.22	13.98	13.89	5.22	1.80
中型企业	11.68	9.45	11.00	11.61	2.94	1.77
小型企业	6.47	4.75	5.59	6.26	0.99	1.67
三、按行业分						
煤炭采选业	9.75	11.14	16.74	16.89	8.32	2.02
石油和天然气开采业	1.09	1.67	2.99	3.01	－3.31	1.83
黑色金属矿采选业	15.10	12.46	10.34	10.82	7.19	2.59
有色金属矿采选业	8.70	7.12	11.07	12.04	10.28	1.44
非金属矿采选业	1.21	0.84	1.52	1.70	－5.18	0.94
其他矿采选业	1.12	1.33	2.66	2.74	0.44	1.20
木材及竹材采运业						
食品加工业	1.23	0.76	0.57	0.67	－0.86	2.01
食品制造业	24.01	17.06	14.18	15.05	12.18	2.44
饮料制造业	25.99	14.89	16.85	18.93	1.38	1.57
烟草加工业	89.86	44.42	50.54	50.04	0.74	1.56
纺织工业	4.72	3.61	3.61	3.79	－0.61	1.97
服装及其他纤维制品制造业	－5.72	－3.21	－5.86	－6.03	－8.60	0.97
皮革.毛皮.羽绒及其制品业	2.45	1.24	1.59	2.07	0.33	0.92
木材加工及竹、藤、棕、草制品业	2.06	2.06	4.46	4.99	－1.69	2.03
家具制造业	1.32	1.01	1.79	1.99	－3.97	0.92
造纸及纸制品业	11.27	8.79	10.29	10.96	4.23	1.79
印刷业、记录媒介的复制	3.95	3.36	4.71	5.20	－0.41	1.43
文教体育用品制造业	21.82	10.42	14.97	16.60	8.70	1.24
石油加工及炼焦业	43.47	35.09	26.45	26.77	12.55	4.01
化学原料及化学制品制造业	8.44	8.24	8.15	8.58	5.32	2.31
医药制造业	17.00	9.23	9.49	10.88	6.37	1.52
化学纤维制造业	19.44	14.40	18.91	18.47	13.73	1.62
橡胶制品业	19.05	12.39	9.76	9.90	1.34	2.22
塑料制品业	4.68	3.34	3.64	3.89	－0.06	1.95
非金属矿物制品业	11.85	9.10	15.09	15.90	8.08	1.24
黑色金属冶练及压延加工业	13.38	10.08	13.44	13.39	6.71	1.46
有色金属冶练及压延加工业	12.09	8.64	14.38	13.49	6.43	1.64
金属制品业	4.07	2.57	3.48	3.81	－1.40	1.32
普通机械制造业	6.79	4.25	6.30	6.64	2.17	1.13
专用设备制造业	5.04	3.88	4.06	4.01	0.72	1.66
交通运输设备制造业	7.14	4.38	5.90	6.29	1.70	1.24
武器弹药制造业	－0.90	－0.88	－3.03	－3.16	－7.01	0.79
电气机械及器材制造业	7.41	4.11	5.69	6.03	1.13	1.13
电子及通信设备制造业	6.87	3.72	5.10	5.69	1.10	1.09
仪器、仪表及文化办公用机械制造业	－2.06	－1.66	－3.59	－3.67	－9.01	0.85
其他制造业	4.23	1.83	2.80	3.53	－1.69	0.86
电力、蒸气、热水的生产和供应业	7.50	9.44	14.56	14.11	6.35	3.04
煤气生产和供应业	7.18	5.59	18.11	18.20	7.17	0.86
自来水生产和供应业	1.35	1.62	4.31	4.49	－3.58	1.80

11－47 独立核算集体工业企业分行业主要经济效益指标

（1995年）

行　　业	固定资产原价利税率(%)	资　金利税率(%)	产　值利税率(%)	销售收入利税率(%)	成本费用利润率(%)	流动资产周转次数(次/年)
总　　计	**25.11**	**14.17**	**9.42**	**10.42**	**6.35**	**2.52**
一、按轻重工业分						
轻工业	25.90	13.84	8.78	9.75	6.18	2.57
以农产品为原料	28.83	15.31	9.05	10.08	6.48	2.71
以非农产品为原料	17.90	9.74	7.75	8.54	5.10	2.14
重工业	24.57	14.41	9.94	10.96	6.48	2.48
采掘工业	36.23	23.23	13.23	13.80	9.49	3.42
原料工业	18.31	12.66	9.92	10.92	5.38	2.55
加工工业	25.12	13.22	9.06	10.14	6.07	2.28
二、按企业规模分						
大型企业	18.34	13.20	12.55	13.59	8.53	2.36
中型企业	15.73	10.62	9.38	10.40	4.62	2.14
小型企业	26.90	14.60	9.29	10.28	6.38	2.56
三、按行业分						
煤炭采选业	24.04	16.27	11.13	11.42	4.39	3.08
石油和天然气开采业						
黑色金属矿采选业	34.23	22.19	10.99	12.96	6.58	3.41
有色金属矿采选业	69.98	39.81	17.46	18.22	19.11	3.94
非金属矿采选业	36.11	22.66	11.02	11.77	8.11	3.95
其他矿采选业	145.03	56.50	9.46	20.70	10.78	5.41
木材及竹材采运业						
食品加工业	55.67	26.64	9.47	10.07	8.41	4.61
食品制造业	20.85	14.14	7.51	8.08	4.36	3.85
饮料制造业	49.20	26.94	14.68	16.13	10.30	2.94
烟草加工业	19.15	9.85	7.51	8.17	1.16	1.94
纺织工业	13.84	7.12	5.53	6.13	2.18	2.12
服装及其他纤维制品制造业	21.66	10.16	6.14	7.25	3.94	2.25
皮革.毛皮.羽绒及其制品业	71.33	23.87	13.51	15.18	13.55	2.22
木材加工及竹、藤、棕、草制品业	31.55	16.72	10.19	11.09	8.81	2.83
家具制造业	17.91	8.74	6.75	7.83	3.09	1.81
造纸及纸制品业	22.16	16.08	8.94	10.12	5.86	3.60
印刷业、记录媒介的复制	18.88	11.66	9.30	10.18	5.86	2.42
文教体育用品制造业	31.45	13.49	9.32	9.92	7.58	2.00
石油加工及炼焦业	20.54	11.10	10.24	10.69	3.85	1.87
化学原料及化学制品制造业	23.39	13.83	9.19	10.10	5.49	2.69
医药制造业	10.19	6.95	8.27	10.09	6.86	1.87
化学纤维制造业	2.16	1.50	1.72	1.84	－2.64	2.07
橡胶制品业	28.36	14.78	9.80	10.65	4.75	2.48
塑料制品业	10.74	6.61	4.75	5.16	2.23	2.55
非金属矿物制品业	24.96	15.85	10.88	11.98	7.41	2.58
黑色金属冶练及压延加工业	13.54	6.78	4.91	5.40	1.50	2.28
有色金属冶练及压延加工业	16.51	11.18	6.48	7.77	5.96	3.06
金属制品业	19.98	9.95	7.32	8.13	4.52	2.14
普通机械制造业	24.83	11.44	8.05	9.23	4.30	1.98
专用设备制造业	32.85	15.98	9.98	11.22	7.48	2.34
交通运输设备制造业	24.37	10.71	7.68	8.84	5.05	1.99
武器弹药制造业						
电气机械及器材制造业	15.55	8.19	7.37	8.44	4.25	1.81
电子及通信设备制造业	13.95	3.58	3.33	3.64	－0.74	1.42
仪器、仪表及文化办公用机械制造业	10.11	4.88	5.76	6.55	－0.77	1.21
其他制造业	51.22	19.15	12.25	14.34	10.41	1.99
电力、蒸气、热水的生产和供应业	13.20	14.44	22.53	22.84	12.93	3.08
煤气生产和供应业	87.93	49.04	33.69	43.72	30.15	2.56
自来水生产和供应业	10.92	11.77	12.23	12.44	8.67	2.91

11－48 各市地独立核算工业企业主要经济效益指标

(1995年)

市地	固定资产原价利税率(%)	资金利税率(%)	产值利税率(%)	销售收入利税率(%)	成本费用利润率(%)	流动资产周转次数(次/年)
全省	**13.00**	**10.45**	**11.06**	**11.70**	**5.11**	**1.95**
郑州市	14.19	10.38	11.87	12.31	3.28	1.74
开封市	12.15	8.07	7.21	7.73	2.16	1.86
洛阳市	15.50	12.82	14.22	14.40	6.46	1.84
平顶山市	9.54	8.43	11.60	11.98	4.19	1.64
安阳市	19.23	14.21	15.47	16.04	9.24	1.74
鹤壁市	10.40	8.75	8.41	9.36	4.05	2.34
新乡市	16.64	12.21	10.66	11.24	7.50	2.35
焦作市	14.64	11.35	11.36	12.45	7.12	2.25
濮阳市	1.20	1.67	2.87	2.98	－2.93	1.81
许昌市	16.13	11.04	10.19	11.09	3.20	1.96
漯河市	18.05	11.85	7.99	8.63	4.28	2.82
三门峡市	7.85	6.80	10.19	10.96	6.29	1.73
南阳市	13.38	10.69	10.68	11.52	4.29	2.01
商丘地区	15.95	10.31	10.82	11.80	4.19	1.78
周口地区	25.35	15.60	13.06	14.00	9.56	2.16
驻马店地区	25.27	16.61	11.65	12.42	6.37	2.73
信阳地区	10.26	7.27	6.89	7.44	2.76	1.96

11－49 各市地独立核算国有工业企业主要经济效益指标

(1995年)

市地	固定资产原价利税率(%)	资金利税率(%)	产值利税率(%)	销售收入利税率(%)	成本费用利润率(%)	流动资产周转次数(次/年)
全省	**10.06**	**9.03**	**11.57**	**11.94**	**3.87**	**1.77**
郑州市	15.56	12.95	16.46	16.31	3.17	1.74
开封市	9.77	7.60	7.61	8.00	1.47	1.78
洛阳市	12.86	11.58	13.94	13.86	5.70	1.74
平顶山市	8.77	8.37	13.31	13.56	4.90	1.50
安阳市	15.85	12.88	15.29	15.47	7.61	1.68
鹤壁市	7.13	6.97	8.21	8.63	2.60	2.40
新乡市	11.18	9.14	9.99	10.05	6.71	2.08
焦作市	7.40	6.17	8.81	9.30	3.00	1.84
濮阳市	0.90	1.33	2.47	2.53	－3.65	1.82
许昌市	13.81	10.67	12.73	13.31	0.14	1.61
漯河市	13.41	9.28	8.43	9.47	4.02	1.97
三门峡市	4.68	4.39	8.76	9.47	3.01	1.48
南阳市	10.24	8.93	11.03	11.82	2.68	1.75
商丘地区	14.08	9.58	11.27	12.19	2.96	1.67
周口地区	22.18	14.84	13.85	14.65	9.34	2.02
驻马店地区	20.31	14.42	14.17	14.76	3.98	2.14
信阳地区	7.98	6.09	7.02	7.56	2.03	1.74

11－50 各市地独立核算集体工业企业主要经济效益指标

(1995年)

市　地	固定资产原价利税率(%)	资金利税率(%)	产值利税率(%)	销售收入利税率(%)	成本费用利润率(%)	流动资产周转次数(次/年)
全　省	**25.11**	**14.17**	**9.42**	**10.42**	**6.35**	**2.52**
郑州市	14.52	7.72	6.41	7.16	2.10	1.98
开封市	20.53	8.84	6.39	7.19	2.84	2.00
洛阳市	17.06	11.71	12.38	12.97	6.73	1.98
平顶山市	17.95	10.34	8.46	8.99	3.15	2.23
安阳市	16.48	8.60	6.35	6.99	3.07	2.14
鹤壁市	29.23	14.94	9.71	11.65	6.72	2.25
新乡市	25.81	16.15	9.90	11.21	6.63	3.01
焦作市	49.47	28.79	14.21	16.24	12.45	3.23
濮阳市	10.20	5.96	5.90	6.54	2.29	1.79
许昌市	20.68	11.61	7.54	8.46	5.51	2.60
漯河市	18.22	12.14	6.19	6.76	3.88	3.59
三门峡市	53.37	26.39	14.35	15.22	15.26	2.96
南阳市	33.41	18.01	10.20	11.17	7.41	2.70
商丘地区	22.06	11.99	8.37	9.22	5.43	2.28
周口地区	35.42	19.18	12.29	13.49	10.61	2.70
驻马店地区	40.13	22.63	9.87	10.59	8.76	3.96
信阳地区	22.14	11.76	6.87	7.49	4.17	2.64

11－51 各市地独立核算工业企业经济效益综合指数

(1995年)

市　地	综合指数(%)	产品销售率(%)	资金利税率(%)	成本费用利润率(%)	增加值率(%)	全员劳动生产率(元/年.人)	流动资产周转次数(次)
全　省	**99.43**	**94.45**	**10.45**	**5.11**	**27.33**	**10395.84**	**1.95**
郑州市	95.85	95.93	10.38	3.28	27.45	11561.70	1.74
开封市	78.43	93.19	8.07	2.16	22.84	7172.36	1.86
洛阳市	111.90	98.78	12.82	6.46	26.69	12735.21	1.84
平顶山市	90.67	96.78	8.43	4.19	32.17	9870.60	1.64
安阳市	118.12	96.41	14.21	9.24	28.66	11658.59	1.74
鹤壁市	92.86	89.76	8.75	4.05	29.84	8264.28	2.34
新乡市	113.79	94.84	12.21	7.50	24.12	11439.95	2.35
焦作市	106.52	91.10	11.35	7.12	24.46	9980.24	2.25
濮阳市	78.36	95.77	1.67	－2.93	42.76	16326.49	1.81
许昌市	95.90	91.85	11.04	3.20	28.74	10016.57	1.96
漯河市	114.99	92.55	11.85	4.28	23.71	13789.52	2.82
三门峡市	87.24	93.01	6.80	6.29	29.49	8013.13	1.73
南阳市	97.28	92.73	10.69	4.29	27.96	9715.71	2.01
商丘地区	88.21	91.74	10.31	4.19	24.29	7610.28	1.78
周口地区	121.71	93.26	15.60	9.56	26.48	10120.47	2.16
驻马店地区	117.22	93.76	16.61	6.37	22.31	8110.02	2.73
信阳地区	78.81	92.59	7.27	2.76	25.27	6762.49	1.96

注:本表计算全员劳动生产率使用的工业增加值是按不变价格计算。

11—52 独立核算工业企业主要产品生产能力

(1995年)

产品名称	单位	年初生产能力	本年新增能力	#基本建设	#更新改造	本年减少能力	年末生产能力
原煤(核定能力)	万吨	8341	269	115	98	69	8541
天然气	万立方米	117439				14540	102899
铁矿石原矿	实物吨	3202729	215314		190000	156000	3262043
硫铁矿(折35%)	折合吨	123311					123311
磷矿(折30%)	折合吨	30000					30000
原盐	吨	5000					5000
大米	吨	492131	5000			100	497031
小麦粉	吨	6147828	328575	81640	112911	187111	6289292
食用植物油	吨	1183586	63847	35000	20491	2282	1245151
畜肉制品	吨	463460	19131	6291	6910	24300	458291
禽肉制品	吨	27590	1556	1556		1400	27746
加工盐	吨	500000	50000	50000			550000
罐头	吨	167163	14167	440	11100	919	180411
味精	吨	88050	20200	20000	200		108250
白酒	吨	401416	85396	15810	63880	3240	483572
啤酒	吨	1017260	79000		69000	6000	1090260
碳酸饮料	吨	171349	39229	16600	12343	8074	202504
卷烟	箱	3672142	251858	182012	69846	502528	3421472
化学纤维合计	吨	104134	2915	540	1500	34	107015
印染布	万米	126643	6875		2075	1394	132124
毛毯	条	831052	350500			60	1181492
胶合板	立方米	272324	37411	500	2540	2244	307491
家具	件	4731669	183032	71108	41673	16183	4898518
机制纸浆	吨	1215711	128291	35600	55145	13760	1330242
硫酸(折100%)	吨	799490	228620	136370	81250		1028110
浓硝酸(折100%)	吨	40000					40000
氢氧化钠(烧碱)(折100%)	吨	272500	44000	8000	31000		316500
合成氨	吨	3022500	293057	75000	212500		3315557
农用化学肥料	吨	2897564	321395	97250	193345	1900	3217059
1.氮肥(折100%)	吨	2180314	238946	74950	163996	900	2418360
2.磷肥(折100%)	吨	717250	82449	22300	29349	1000	798699
合成复合肥料	吨	325000					325000
化学农药原药(折100%)	吨	21051	2100	100	1840	8	23143
染料	吨	14085	250	50	100	50	14285
化学试剂	吨	5407	820	100			6227
磁带(折6.30毫米)	万米	131472					131472
肥皂	吨	89750	4900		4900	17000	77650
合成洗涤剂	吨	257344	27240	500	16500	11506	273078
化妆品类	吨	5953	3719	3700			9672
化学原料药	吨	68812	8492	193	7922	380	76924

11—52 续表　　　　　　　　(1995 年)

产品名称	单 位	年初生产能力	本年新增能力	#基本建设	#更新改造	本年减少能力	年末生产能力
针剂	万支	746839	121196	68000	40391	37100	830935
中成药	吨	36633	5290	2511	2253	540	41383
橡胶鞋	万双	12117	1481	700	371	329	13269
塑料制品(按两班生产计算)	吨	464298	34930	14662	5652	5247	493981
水泥熟料	吨	20836344	2207215	1105785	842598	17308	23026251
水泥	吨	30796743	4209178	2428000	1437148	104361	34901560
大理石板材	平方米	4886433	588065	100000	21200	124317	5350181
平板玻璃	重量箱	21475430	982595	270055	7540	39341	22418684
日用玻璃制品	吨	578610	93746	37638	20230	1440	670916
釉面砖	平方米	8194300	543253	180000		100000	8637553
日用陶瓷	件	284633750	29720080	3360080	13330000	370875	313982955
生铁	吨	2624905	583400	80000	501700	3220	3205085
钢	吨	3288585	75900	900	75000	660	3363825
成品钢材	吨	3402959	452944	26567	426137	7554	3848349
黄金冶炼能力	千克	10035	35		35		10070
铜材加工能力	吨	119550	3410	1650	1760	20	122940
工业锅炉	台	9100	483	131	203	92	9491
内燃机	千瓦	12016525	737750		737750		12754275
泵	台	1072929	59235	5750	26561	6350	1125814
制冷设备	台	4758	200		200	1140	3818
纺织机械	台	20050					20050
造纸机械	台	12304	1018	15	258	1	13321
水泥设备	吨	31714	1171	60	880	158	32727
包装机械	台	4520	2603	100	2503	54	7069
大中型拖拉机	台	16600	100		100		16700
小型拖拉机	台	275700	108900		108900		384600
四轮农用运输车	辆	28680	17342	6090	10650	40	45982
摩托车	辆	611284	173350	70500	101800		784634
自行车(按两班生产计算)	辆	2136000	520000		520000	200000	2456000
变压器	千伏安	6440052	674324	275900	389675	21123	7093253
蓄电池	千伏安时	1456625	34446	5000	25310	20161	1470910
普通灯泡	万只	17635	1547		1477		19182
家用电冰箱	台	950000	600000	600000			1550000
冷冻箱	台	338000	230000		230000		568000
电风扇	台	445000	104000	4000	50000		549000
房间空气调节器	台	321257	8000		8000		329257
电烤箱	个	120000					120000
彩色电视机	部	450030					450030
黑白电视机	部	740010					740010
照像机	台	300000					300000

11—53 独立核算工业企业原材料、能源消费与库存

（1995 年）

产品名称	单　位	年　初 库存量	本　年 消费量	#工业 生产	#建筑 施工	#运输 邮电	年　末 库存量
总　　值	**万元**	**1335363**	**11446660**	**11243020**	**118353**	**18353**	**1438158**
一、能源类	万元	88167	2475494	2430174	7160	11442	114961
二、原材料类	万元	1247196	8971166	8812846	111193	6911	1323197
黑色金属材料类	万元	266145	1400369	1360548	33961	160	278990
有色金属材料类	万元	42469	477046	464388	1036	2	55835
化工类	万元	119603	1374122	1365187	2308	758	131211
建材类	万元	27807	276126	225987	49456	20	32330
木材类	万元	54999	85507	80650	4288	10	14680
一次转移价值的机电产品类	万元	196866	950566	934709	11595	1302	226353
金属制品类	万元	33931	133980	128894	4656	37	38368
农副产品类	万元	243181	2003210	1999762	1		255530
其他类	万元	262195	2270240	2252721	3892	4622	289900
主要原材料、能源消费与库存实物量							
原煤	万吨	323.43	5685.84	5637.39	1.14	1.16	418.29
焦炭	吨	144325	3364030	3346781	38	122	218256
汽油	吨	12473	225130	178728	4122	38091	12657
柴油	吨	20125	227087	209167	2246	11522	23654
燃料油	吨	58675	465670	443986		19	38851
电力	亿千瓦小时	0.69	400.76	391.31	1.13	0.08	0.53
生铁	吨	69074	2574933	2572006	861	2	47880
钢材	万吨	44.90	188.80	178.61	9.43	0.04	50.72
铜	吨	1898	55662	55414	19		2902
铝	吨	1811	45298	45213			2700
铅	吨	1276	10248	10239	2		922
锌	吨	1285	14719	14718			896
锡	吨	88	217	216	1		104
硫酸(折纯)	吨	14635	580934	564411	1		22956
烧碱(折纯)	吨	9274	261850	260185	3		8577
纯碱	吨	48829	379676	379012	1	4	21557
合成橡胶	吨	1352	28245	28028	36		1437
水泥	吨	49296	1162516	719631	424748	503	31170
平板玻璃	重量箱	71113	526173	480331	41712	99	63282
原木	立方米	86100	656048	619292	26726	44	89850
#原木直接消费	立方米	40572	383982	364124	16925	40	39899
原木加工锯材消费	立方米	10913	118986	107242	6816	4	10272
锯材	立方米	20272	109342	105563	2673		21476
小麦	万吨	12.52	198.57	198.17			20.18
烟叶	吨	151445	187049	182573			115315
天然橡胶	吨	2171	37896	37896			2369
糖	吨	11105	156225	155422			5397
纱	吨	64313	323160	323120		2	106933
布	万米	1563.46	33633.19	33621.81	0.01	0.05	1747.08

11—54 独立核算工业企业主要工业设备拥有量

（1995年底）

产品名称	单位	设备数量								年末设备能力
		国产设备出厂年限				进口设备出厂年限				
		合计	90年代	80年代	70年代及以前	合计	90年代	80年代	70年代及以前	
大中型电子计算机	台									
小型电子计算机	台	14	12	2		35	22	12	1	
微型电子计算机	台	6885	5067	1678	140	6953	5623	1310	20	
自动化生产线	条	282	172	103	7	128	84	36	8	
#机电控制	条	178	102	69	7	53	32	13	8	
电子计算机控制	条	66	48	18		58	38	20		
半自动化生产线	条	1608	1034	500	74	321	224	89	8	
#机电控制	条	927	587	287	53	186	133	46	7	
电子计算机控制	条	237	186	51		54	40	13	1	
机械手	台	583	334	189	60	611	544	64	3	
#气动	台	183	138	35	10	497	462	32	3	
滚压	台	146	68	40	38	85	59	26		
电工	台	109	29	68	12	23	23			
工业机器人	台	2	2			1	1			
数控	台	2	2							
可变程序控制	台					1	1			
示教模拟再现	台									
智能	台									
动力机械总动力	万千瓦									2976
原动机	万千瓦									1400
#用于推动发电机的	万千瓦									272
发电机	万千瓦									498
电动机	万千瓦									1472
电气器械	万千瓦									376

11－55 独立核算工业企业分行业主要设备拥有量

（1995 年底）

行　　业	大中型电子计算机（台）	小型电子计算机（台）	微型电子计算机（台）	自动化生产线（条）	半自动化生产线（条）	机械手（台）	工业机器人（台）
总　计		**49**	**13838**	**410**	**1929**	**1194**	**3**
一、按轻重工业分							
轻工业		8	1890	198	1095	738	
以农产品为原料		2	1243	167	767	415	
以非农产品为原料		6	647	31	328	323	
重工业		41	11948	212	834	456	3
采掘工业		14	3051	2	38		
原料工业		12	4491	76	251	35	
加工工业		15	4406	134	545	421	3
二、按企业规模分							
大型企业		48	10354	119	487	692	3
中型企业		1	1983	73	410	288	
小型企业			1501	218	1032	214	
三、按行业分							
煤炭采选业			1102	2	27		
石油和天然气开采业		14	1908				
黑色金属矿采选业							
有色金属矿采选业			41		11		
非金属矿采选业							
其他矿采选业							
木材及竹材采运业							
食品加工业			140	41	173	50	
食品制造业			34	76	140		
饮料制造业			85	14	203	3	
烟草加工业			237	2	16		
纺织工业		2	351	6	72	360	
服装及其他纤维制品制造业			11	2	33		
皮革.毛皮.羽绒及其制品业			62	2	15		
木材加工及竹、藤、棕、草制品业			4	6	25		
家具制造业			5		11		
造纸及纸制品业			34	11	55		
印刷业、记录媒介的复制			206	9	16		
文教体育用品制造业			1	1	4		
石油加工及炼焦业			339	6	4		
化学原料及化学制品制造业		3	503	28	164	204	
医药制造业		1	127	3	82		
化学纤维制造业		3	101	1	18	2	
橡胶制品业			71	5	21	4	
塑料制品业			29	25	125		
非金属矿物制品业		2	559	75	253	169	
黑色金属冶练及压延加工业		4	863	6	28		
有色金属冶练及压延加工业			383		21		
金属制品业			70	6	34	9	
普通机械制造业		1	840	22	21	125	
专用设备制造业		7	883	4	67	54	3
交通运输设备制造业		2	641	11	67	15	
武器弹药制造业			266		2		
电气机械及器材制造业			757	21	156	166	
电子及通信设备制造业		2	396	10	36	19	
仪器、仪表及文化办公用机械制造业			142	1	8		
其他制造业			12		8		
电力、蒸气、热水的生产和供应业		8	2480	8	10	14	
煤气生产和供应业			29	4	1		
自来水生产和供应业			126	2	2		

11—56 独立核算工业企业分行业动力机械总能力

(1995 年底)　　　　单位:万千瓦

行业	动力机械总动力	原动机	#用于推动发电机的	发电机	电动机	电气器械
总计	**2976**	**1400**	**272**	**498**	**1472**	**376**
一、按轻重工业分						
轻工业	560	52	11	57	458	61
以农产品为原料	446	35	8	49	375	44
以非农产品为原料	115	17	3	7	83	17
重工业	2416	1348	262	441	1015	315
采掘工业	532	239	50	38	303	39
原料工业	1251	1026	194	373	292	128
加工工业	633	84	18	30	419	147
二、按企业规模分						
大型企业	1577	903	86	230	595	166
中型企业	510	241	59	116	264	64
小型企业	889	257	127	153	614	145
三、按行业分						
煤炭采选业	291	46	21	12	240	26
石油和天然气开采业	210	181	27	24	46	10
黑色金属矿采选业	2	1			1	
有色金属矿采选业	21	8	1	1	12	3
非金属矿采选业	6	3		1	3	1
其他矿采选业	1					
木材及竹材采运业						
食品加工业	58	6	2	25	52	2
食品制造业	22	4	1	5	16	3
饮料制造业	20	5	1	2	14	3
烟草加工业	9	2			7	1
纺织工业	89	8	1	3	77	5
服装及其他纤维制品制造业	16	1		5	15	
皮革.毛皮.羽绒及其制品业	9	2		1	7	1
木材加工及竹、藤、棕、草制品业	11	1			10	
家具制造业	3	1		1	2	
造纸及纸制品业	66	4	2	2	59	4
印刷业、记录媒介的复制	98	1		1	72	25
文教体育用品制造业	1					
石油加工及炼焦业	27	13	2	2	14	1
化学原料及化学制品制造业	201	33	13	14	150	31
医药制造业	28	4		1	22	2
化学纤维制造业	24	1			21	2
橡胶制品业	16	2			13	1
塑料制品业	16	1		1	14	1
非金属矿物制品业	217	22	4	6	167	32
黑色金属冶炼及压延加工业	114	26	2	2	58	32
有色金属冶炼及压延加工业	106	19	6	6	53	39
金属制品业	28	4	1	1	18	7
普通机械制造业	93	11	1	9	50	33
专用设备制造业	123	16	2	3	75	35
交通运输设备制造业	56	8	1	1	29	19
武器弹药制造业	28	6	1	2	14	10
电气机械及器材制造业	36	6	1	4	22	8
电子及通信设备制造业	8	2			4	1
仪器、仪表及文化办公用机械制造业	11	1			5	5
其他制造业	34	1		6	33	
电力、蒸气、热水的生产和供应业	854	949	180	358	54	31
煤气生产和供应业	2	1			1	1
自来水生产和供应业	21	2			18	

11－57 大中型工业企业主要指标

(1995年) 单位:万元

企业名称	平均职工人数(人)	工业增加值	资本金	资产合计	固定资产净值平均余额	流动资产平均余额	销售收入	利税总额
地方国营禹州市方山煤矿	1049	181	485	1880	889	685	470	－61
地方国营禹州市风翅山煤矿	1150	674	911	1721	923	361	976	83
地方国营禹州市白庙煤矿	1350	1726	530	2519	840	822	2466	475
河南省新峰矿务局	8565	6178	4800	21064	7273	5842	9617	1247
禹州市中锋(吕沟)企业集团公司	2445	1812	2050	7948	4007	2133	3454	623
河南省安阳矿务局	13184	8312	8516	27299	14333	8864	18944	1682
安阳市小太阳实业总公司	1283	742	1064	3359	1610	1020	1398	121
林州市大众煤矿	1367	1912	3346	9486	2497	1796	2821	476
洛阳市龙门煤矿	1779	1440	1797	5852	1985	2233	1735	127
河南省偃师市焦村煤矿	1750	1046	3302	8347	2563	612	879	40
河南省孟津县五一煤矿	795	130	594	4031	3381	457	119	1
河南省新乡市陈召煤矿	2103	326	1791	7078	4328	1084	1968	－262
辉县市吴村煤矿	4342	6506	9491	24052	6679	9182	21518	1296
鹤壁矿务局	41748	45172	36761	121912	55635	4437	82082	12550
浚县安林煤矿	2177	1335	1717	5091	2612	1863	2647	280
河南省三门峡英豪煤矿	4093	2020	1690	5977	1973	2806	2832	439
义马矿务局	64972	66093	53883	260649	148683	73787	101950	15948
宝丰县苗李煤矿	1361	850	653	3467	591	1450	1570	202
平顶山市香山煤矿	1777	1154	2358	5701	2669	1846	2097	180
河南省郏县景家洼煤矿	2270	528	1699	4493	1486	2357	1284	58
汝州市胡沟煤矿	970	830	788	3312	1517	951	1162	160
河南省平顶山市梨园矿务局	6036	5038	6689	18157	9171	6952	10291	1192
河南省朝川矿务局	5906	2581	6384	17481	8493	8338	7159	498
平顶山矿务局香山多种经营公司	2378	1713	527	4348	995	1281	3270	238
平顶山矿务局	79086	223325	146206	577114	235128	184681	312723	69408
平顶山梁洼矿务局	6702	5701	6114	19901	8784	8414	9430	1133
河南省平顶山市韩庄矿务局	3126	3198	3375	8796	3753	4882	5042	712
河南省济源市五星集团公司	1467	1638	5000	8532	3495	3087	4017	629
焦作矿务局	42486	44108	42506	188881	89935	58182	85678	10765
焦作市白庄煤矿	1937	3526	3373	10558	4949	3015	4797	1369
河南省焦作市济源煤矿	3593	2646	3307	10049	5283	3784	5818	430
焦作市方庄煤矿	4776	5272	4398	15263	5398	2824	10251	1274
永城矿务局	6893	17562	20000	59134	29077	9450	26469	5757
郑州矿务局	41575	49671	71290	227634	118745	56495	93009	15210
郑州市大峪沟矿务局	4033	5242	11818	21705	10082	7406	7695	741
郑州市新中煤矿	2162	1103	3920	9046	4998	2449	2914	196
郑州金山企业集团公司	1350	1341	1730	3840	1565	1225	3865	451
登封市新新煤矿	1445	623	466	5583	539	4468	1327	200
登封市新登煤矿	1847	3738	4024	9813	5228	1863	5409	1372
平顶山市洗煤厂	670	3199	632	8370	3397	4273	13259	1332
河南石油勘探局	32942	107376	132655	444227	220749	166676	259509	24446
中原石油勘探局	83505	332308	465021	1452429	749998	342866	563850	346
河南省南阳大河铜矿	1239	956	2240	5618	2675	2307	2138	298
河南省栾川县有色金属公司	2255	－895	2924	20959	6942	6952	5684	－1593
栾川康山金矿	542	－174	601	4269	2597	651	853	－493
地方国营河南省嵩县祁雨沟金矿	762	1599	600	4663	2264	826	3666	607
河南省洛宁县上宫金矿	1204	1436	2076	10796	5833	3764	3789	336
地方国营河南灵宝市金矿	394	429	588	3449	649	1868	1608	21
河南省灵宝市樊岔金矿	622	1219	1179	4905	1440	2878	2796	6
河南省灵宝市枪马金矿	689	1864	1547	5661	1475	3125	5081	575
河南文峪金矿	5542	4783	9348	38086	14179	17545	8011	560
河南省灵宝市大湖金矿	562	892	1198	6090	1240	835	2722	318
河南秦岭金矿	3592	2479	5833	23318	12961	5740	8671	175
河南省灵宝市藏珠金矿	531	1773	696	6296	1322	1962	4712	280
三门峡市金渠金矿	1018	3100	36	7818	3807	2491	7166	2035

11—57 续表 1　　(1995 年)　　单位:万元

企业名称	平均职工人数(人)	工业增加值	资本金	资产合计	固定资产净值平均余额	流动资产平均余额	销售收入	利税总额
河南省灵宝市安底金矿	543	1656	1230	5973	2584	1497	3550	425
灵宝市灵湖金矿	481	1230	538	5234	2019	822	2119	447
桐柏县银洞坡金矿	1706	3586	1483	21097	8144	6773	6556	2205
河南省栾川县矿产公司	766	2872	5630	7854	4756	1147	4494	1180
河南省栾川县冶金化工公司	916	3759	2700	7246	3385	2658	6470	1820
沁阳市矿山公司	439	291	82	1787	716	906	410	74
西峡县钢铁炉料公司	415	124	56	1767	339	717	488	—79
信阳县明港莹石矿	663	348	1285	3849	1266	1049	1119	31
许昌市面粉厂	215	43	287	1686	948	132	145	—28
林州市昌达粮油实业公司	340	331	268	3113	1304	2028	2224	15
内黄县粮食局面粉厂	210	726	74	1370	1139	763	4128	241
洛阳面粉厂	906	1177	1073	10439	1991	4553	6373	126
洛阳市第二面粉厂	182	758	637	5352	2135	1709	4825	77
孟津县面粉厂	288	143	234	2269	718	1300	802	70
商水县粮食局第二面粉厂	274	356	250	5768	1042	3973	3208	111
平顶山第一面粉厂	619	610	261	4218	2341	2433	5074	101
河南省夏邑县面粉厂	140	37	37	873	367	583	1259	—36
驻马店市粮油加工厂	313	197	1004	3710	1378	1565	5340	63
河南省遂平县植物油厂	310	391	74	3199	1598	1473	2569	—201
郑州面粉厂	499	—222	1852	15217	901	7247	2639	—1774
郑州海嘉食品有限公司	465	—421	6244	23432	4455	12355	19723	—398
邓州市面粉厂	334	600	514	1977	1027	657	7292	238
濮阳市面粉厂	325	1184	3878	8484	5076	4321	3687	13
汤阴县饲料公司	364	—118	219	2969	1254	1614	3089	—762
开封正大有限公司	585	13644	7548	16240	3762	16447	48054	2074
开封县上禾集团	543	1139	1000	10137	2614	7212	6950	342
河南省扶沟县粮食局油脂加工厂	293	220	710	2573	896	1724	2604	61
商水县粮食局油厂	163	237	308	4258	900	2601	1073	9
驻马店市食品油脂厂	366	698	3500	7908	5029	1498	2835	479
国营汝南油脂厂	250	1224	151	5868	1596	2996	3804	64
平舆县油厂	256	406	639	2933	919	1681	895	51
邓州市油厂	280	291	346	6037	752	1331	6803	151
开封肉类联合加工厂	1270	324	1676	8699	2657	4861	4276	—111
河南省信阳肉类联合加工厂	996	684	1010	7770	1309	5101	9468	30
河南省淮滨县三和实业集团公司	360	2865	66	5856	3566	1270	9929	614
潢川华英禽业总公司	793	3490	259	9358	4093	2634	14447	1002
河南省安阳肉类联合加工厂	724	131	1134	5374	1711	2555	3240	—234
洛阳市春都集团股份有限公司	4992	40165	50081	165294	34214	90785	153060	21668
河南省周口肉类联合加工厂	748	622	516	6098	2337	3343	1798	116
河南省外贸粮油食品漯河贸易实业公司	297	1740	506	3266	968	2146	4213	14
华懋双汇实业(集团)有限公司	2223	25514	25400	69560	26748	37328	152374	17134
商丘地区福源食品有限公司	1663	50	1267	12091	4162	6855	25373	73
郑州郑荣食品有限公司	1620	4072	10011	28500	8516	15592	19287	—1924
河南省南阳肉类联合加工厂	1476	693	2522	9607	3104	2235	2881	—124
洛阳市三乐食品集团股份有限公司	1459	2494	2500	16566	5711	5320	8976	787
河南省中原工贸公司	9716	33021	11000	74212	26418	17968	85666	5313
河南省栾川县罐头厂	331	40	348	1376	492	417	418	—1220
周口市罐头食品总厂	1964	3305	990	22229	1970	17244	9480	34
漯河罐头食品股份有限公司	1551	4922	2605	14276	4463	7943	38498	2739
河南省商丘县罐头食品总厂	947	971	247	4891	1097	2670	3886	169
周口地区味精厂	14647	69078	49063	194357	61053	54651	190238	47320
许昌市柠檬酸厂	1236	34	2629	15976	4073	4551	3763	—1692
夏邑县柠檬酸厂	771	92	888	3410	1021	1264	1733	—59
杞县莲花周杞味精有限公司	1496	901	981	6692	4520	3417	2696	115
安阳市汤阴玉米综合利用试验厂	735	1546	1650	10671	2515	5363	5684	619

11—57 续表 2　　(1995 年)　　单位:万元

企业名称	平均职工人数(人)	工业增加值	资本金	资产合计	固定资产净值平均余额	流动资产平均余额	销售收入	利税总额
淮阳县食品厂	448	39	350	2192	1041	784	336	
焦作市第三制药厂	470	527	600	3042	580	2266	2377	254
商丘市淀粉糖厂	636	585	216	5755	2608	1977	4355	169
洛阳青海康尔素食品厂	431	342	440	1858	631	760	1222	44
郑州黄河儿童食品厂	169	−23	31	3651	2060	587	121	−96
新乡市酒精厂	546	800	1202	4002	1209	1289	3138	233
辉县市百泉春酒厂	450	780	1344	2316	1051	1064	3763	361
河南省信阳市酿酒工业公司	759	1631	643	8190	1023	4627	5251	1017
汝州市宋宫酒厂	870	318	4973	7388	2490	4109	1068	85
商丘市酿酒总厂	915	1923	1578	9948	2670	3841	3789	454
河南省商丘酒精总厂	840	2092	222	6861	2373	4316	7934	651
柘城县酿酒总厂	327	660	249	4410	1624	1690	2086	230
郑州市酒精厂	570	−53	930	7600	982	4541	4062	625
河南省南阳酒精总厂	1845	9113	4223	40928	8156	14489	35162	5495
濮阳市八都酒厂	460	924	1180	5311	1708	2229	3008	575
河南省许昌姚花春酒厂	569	1783	1372	4239	903	1501	5409	804
河南省汝阳县杜康酒厂	3646	6253	30500	31579	17267	10769	12203	3866
河南省伊川县杜康酒厂	2720	595	4091	20382	7800	9099	816	−20
河南省君利酒业股份有限公司	268	1214	1050	2330	1097	868	4337	654
周口市酿酒总厂	949	1447	185	9247	990	6859	3888	992
河南省宋河酒厂	5775	19522	22387	66822	25070	37547	44288	11462
舞阳县宝瑞集团公司	570	2810	254	5522	2458	2454	8788	1120
河南省淮滨县乌龙酒厂	562	747	267	4054	978	1599	2231	566
河南仰韶酒总公司	1326	4058	2508	17456	5495	7780	14576	3246
宝丰县酒厂	1678	3208	2982	20006	2342	13402	9035	2273
河南省响河酒厂	540	1123	480	4345	845	2286	2989	612
商丘县林河酒厂	3024	11067	5814	31168	9765	20175	27508	8229
宁陵县张弓酒厂	4572	19503	6536	36200	12355	19824	50692	13082
河南省睢州酒厂	1267	1954	1830	13063	2586	7764	4775	1309
柘城县王贡酒厂	459	202	82	3740	1221	1445	822	176
商丘地区粮食局酒厂	608	358	6000	5150	1669	3155	1291	266
河南省倖皇酒厂	412	1194	644	3986	1219	2693	3886	838
河南省豫坡酒厂	425	2059	3000	8892	2712	5040	4670	1606
河南省天中酒厂	501	401	127	3318	713	1607	993	324
河南省永乐仙酒厂	379	481	540	1826	479	1324	1219	407
河南省赊店酒厂	1208	8362	886	26551	9827	12167	30952	4209
河南省安阳市啤酒厂	603	958	449	6733	3751	2020	2926	30
洛阳市啤酒厂	651	1747	8392	13271	3427	2850	3579	902
洛阳龙门啤酒厂	565	698	627	3897	1558	1730	1656	470
开封亚太啤酒有限公司	1015	1425	6650	12981	9491	2359	3840	920
河南新乡亚洲脾酒股份有限公司	785	3230	5093	10776	4581	5550	8991	1774
河南省漯河啤酒厂	755	639	677	3504	2387	992	2032	222
信阳啤酒集团公司	1890	3554	1927	18453	8340	7788	10583	1706
平顶山市啤酒总厂	702	1032	5662	14105	7641	2891	3028	673
河南省商丘啤酒厂	1206	4285	2389	17110	7191	8354	10724	3120
河南金星啤酒集团有限公司	1800	7428	2000	16524	4866	11026	18621	5406
河南南阳啤酒厂	1185	1895	783	12199	6405	5288	5019	350
濮阳市中原啤酒厂	338	1081	1424	4750	1296	1599	2595	721
濮阳市啤酒厂	670	266	4234	2492	1325	1151	810	54
河南省宝塔葡萄酒(集团)公司	1351	1724	1418	14607	2971	10167	2825	267
西峡县果酒厂	980	2112	528	5318	1014	3017	6295	1059
郑州市食品总厂	878	548	335	4441	125	181	1890	126
洛阳春都集团冬夏食品饮料公司	506	1314	3550	9301	2393	3629	3658	792
国营许昌烤烟厂	2003	1516	833	24955	4243	16566	10373	1559
许昌卷烟厂	3189	36368	20403	80285	26774	63808	58477	30142

11－57 续表 3　　　　(1995 年)　　　　单位:万元

企业名称	平均职工人数(人)	工业增加值	资本金	资产合计	固定资产净值平均余额	流动资产平均余额	销售收入	利税总额
安阳卷烟厂	2549	16734	3001	68919	9290	30577	31561	16590
洛阳卷烟厂	1312	8734	7254	30012	11459	21226	21202	10854
开封卷烟厂	2314	8012	2541	32338	8398	18410	18307	7533
漯河卷烟厂	1498	3041	2562	25984	10686	12287	10306	5984
河南汝州卷烟厂	1236	15593	16998	42427	10540	25310	28361	14896
商丘地区卷烟厂	1011	36	629	14910	5409	7178	1341	－269
驻马店卷烟厂	1707	26104	10902	56243	17355	29181	42844	23566
郑州卷烟厂	3409	58902	18248	89441	26614	52066	108166	55681
河南省新郑卷烟厂	3023	60606	26140	95117	33352	55729	108169	56587
南阳卷烟厂	2299	29737	13615	47003	14050	21928	51751	27512
邓州卷烟厂	792	3398	2193	8883	1980	4913	5088	2145
许昌豫中纺织厂	2355	3329	4890	10157	3330	2589	10919	646
禹州市第一棉纺织厂	740	806	127	3217	1468	1859	2154	93
安阳市化纤纺织厂	3228	－1342	2274	27251	16429	9905	15351	142
河南省豫北棉纺织厂	7661	6330	4197	37145	7203	14427	27742	916
林州市纺纱厂	902	2722	3080	11729	3725	4033	8589	721
河南省安阳县纺织总厂	1985	1994	600	8959	5674	2344	10900	802
洛阳白马集团公司	9263	8095	12174	58136	16928	31543	59599	1659
开封纱厂	2875	3047	2887	7649	1645	5448	13873	695
周口地区周口棉纺织印染厂	9812	13395	8189	65908	18116	24311	44045	1740
周口地区项城市棉纺织厂	2673	4098	2897	10545	2769	6949	12882	2473
河南省太康县棉纺织厂	1875	2208	509	4133	1495	1509	5813	745
淮阳县棉纺织厂	5919	3498	770	9350	1892	5491	12226	581
河南省中原棉纺织厂	5142	4599	864	20571	7234	6479	15543	648
延津县棉纺织厂	2318	2460	2219	4579	1891	2920	8520	725
淇县棉麻纺织厂	3060	10675	1157	24595	9896	10813	20832	3105
河南省光山苎麻纺织厂	933	884	4000	7438	2933	3113	2212	77
河南省罗山县纺织总厂	1760	1381	441	6628	3220	2099	4170	99
潢川县棉麻纺织厂	3965	3087	1454	14432	4069	7412	14584	1038
河南第一绢麻纺织印染厂	3398	869	2332	20698	12264	8786	11121	113
河南天使(集团)股份有限公司	4615	5771	13109	38616	19431	11759	20649	938
博爱县棉纺厂	1206	1003	1185	6820	2851	3755	5828	393
焦作市纺织厂	3433	2379	2019	11509	3439	4473	8079	219
商丘市纺织厂	3484	2495	2974	7776	1981	5545	14631	797
河南省西平县棉纺织实业总公司	392	286	270	1430	618	588	2233	106
河南嵩岳纺织工业集团郑州第三棉纺织厂	8498	12055	16480	52983	17563	20856	39209	1494
河南嵩岳纺织工业集团郑州第四棉纺厂	8420	11236	3790	45837	17716	17429	39416	1750
国营郑州第二棉纺织厂	3968	5163	805	23541	9454	10302	14190	1249
国营郑州第五棉纺织厂	8549	10715	8403	49510	15898	18033	35114	2123
河南嵩岳纺织工业集团郑州第一棉纺织厂	5933	12394	5001	32032	12142	14765	27518	1930
河南嵩岳纺织工业集团郑州第六棉纺织厂	8828	11618	6202	47647	17066	17835	36447	1940
河南省南阳棉纺织厂	5722	9971	2769	36281	17725	11540	39168	3168
河南新野纺织(集团)股份有限公司	7625	19109	7462	42916	22057	13345	54810	6854
河南省安阳市织染厂	1368	409	585	4113	834	1503	1454	－72
开封化纤染织总厂	1660	130	3780	5409	644	4185	1041	－627
商水县市被厂	473	304	276	1975	259	1537	1354	57
河南省周口地区豫东卫生材料厂	946	315	1350	3037	1342	1385	1101	18
河南省淮阳县棉织厂	888	1285	416	2050	459	1448	6372	173
地方国营河南省新乡市染织厂	1406	1541	1168	5760	2204	2719	5172	253
新乡市灯芯绒厂	718	2233	1127	5062	1607	2470	10648	1129
卫辉市华新棉纺织厂	8917	7777	12195	32989	10255	15856	28192	1860
潢川县织染厂	412	283	209	1457	187	1007	970	14
三门峡会兴纺织(集团)股份有限公司	5841	5832	2964	23778	5004	13609	22931	1176
焦作市棉织五厂	550	335	227	1351	628	375	1630	22
武陟县棉织厂	1422	1646	562	6500	1367	2874	5502	443

11—57 续表 4　　　　　　　　(1995 年)　　　　　　　　单位:万元

企业名称	平均职工人数(人)	工业增加值	资本金	资产合计	固定资产净值平均余额	流动资产平均余额	销售收入	利税总额
地方国营温县棉织厂	1101	627	203	1552	316	978	1903	66
河南省焦作市棉织二厂	1219	432	448	8710	690	2913	3411	27
河南省焦作市卫生材料厂	1562	1587	619	4506	1019	3146	7568	398
驻马店地区棉纺织厂	4325	2956	863	12707	3950	7688	20172	1146
河南嵩岳纺织工业集团郑州色织印染厂	1440	1023	920	4600	1801	1246	2075	—222
河南省南阳市色织厂	1063	548	460	2955	670	1610	3160	121
南阳市化纤纺织厂	1404	583	441	3872	888	1982	2049	63
河南省许昌印染厂	381	1089	982	3622	1612	1940	8157	54
安阳印染厂	1218	1876	465	7548	3075	3188	8204	245
洛阳市印染厂	344	153	813	1437	642	756	861	—42
开封印染厂	1022	—15	67	2784	1110	1242	182	—414
新乡市漂染厂	1263	681	3665	7104	3135	2696	2581	—55
新乡市化纤纺织厂	1944	1768	2121	7755	1615	3506	4972	240
河南省新乡印染厂	2397	2438	4530	24559	8709	8917	15300	271
辉县市纺织印染厂	720	1357	262	2007	675	776	7007	424
潢川县印染厂	599	1953	84	6181	3194	2238	7096	315
河南第二印染厂	2296	—1588	9935	17077	6036	8127	6843	—2259
郑州第二印染厂	978	1013	1131	8643	2905	4284	6337	3
河南嵩岳纺织工业集团郑州印染厂	2830	161	3029	32504	11046	19065	27921	—1468
许昌市毛巾被单厂	965	924	607	3425	1308	819	3510	118
安阳市针织厂	1550	—12	95	3661	1386	1308	521	—615
河南省安阳市装饰织物总厂	1027	555	79	5067	1868	1902	1427	16
河南省林州市华裕织染有限公司	465	116	508	1589	487	617	603	16
河南省汝阳县毛巾被单厂	617	239	461	1771	733	908	970	31
开封通达纺织总厂	2051	1715	65	6010	2104	1287	8118	436
周口市毛巾床单厂	927	527	107	1126	165	889	2206	105
地方国营周口市棉织厂	570	247	140	881	156	483	847	37
新乡市棉织厂	1824	112	1916	4895	1755	2131	431	—529
新乡市印织厂	982	1183	320	3548	1169	1623	5046	208
信阳县毛巾被单厂	825	437	469	1899	895	801	1705	100
河南省罗山县床单厂	911	259	317	2304	763	1037	796	42
潢川县针织厂	799	296	407	1512	447	793	969	—3
平顶山市被单厂	1573	1009	1133	8529	3200	4500	10930	9
郑州毛巾床单厂	867	228	943	2413	1217	542	540	—53
地方国营许昌市毛纺织厂	1039	573	291	4519	1056	2509	1306	137
河南省安阳市毛纺织厂	644	129	346	1091	375	696	535	—42
河南省第二毛纺织厂	1601	2000	3214	12095	3515	5220	4756	538
河南第一毛纺织厂	3326	2449	3231	16932	3910	9388	6082	661
开封毛纺织总厂	3975	4752	1400	30423	4688	18975	13066	526
新乡市毛纺厂	508	939	1941	3024	850	1168	764	747
淇县毛纺厂	1600	1944	409	5667	1261	3265	4466	661
河南省焦作市第一毛纺织厂	1078	1481	648	3175	710	1877	2990	844
商丘市毛纺厂	1610	786	615	5353	1667	2659	1689	190
商丘市第三毛纺厂	2469	2740	1632	18439	2776	7835	7689	1199
郑州市毛纺织厂	1458	247	389	6875	2793	2789	992	20
河南省长葛市毛纺织厂	1736	681	980	5918	1870	3683	1671	—11
商水县毛纺厂	927	11	90	3713	660	3115	186	—31
河南省长葛市通宇无纺制品总公司	559	92	335	1835	919	513	318	15
周口市万盛企业集团公司	2169	1002	1444	6753	3040	2708	3144	227
河南省信阳麻纺织厂	1763	491	1105	5017	1519	2126	1911	110
河南省固始县麻纺织厂	2419	1488	680	5271	1458	2899	4735	652
潢川县第二麻纺织厂	855	372	52	1507	428	1118	1198	131
驻马店市麻纺织厂	3202	1404	1355	9367	2328	5177	4293	266
周口市丝绒印染总公司	643	543	45	2399	1148	802	1908	—33
郸城县少春丝绸有限公司	1086	1007	323	5174	691	3730	1398	87

11—57 续表 5　　(1995 年)　　单位:万元

企业名称	平均职工人数(人)	工业增加值	资本金	资产合计	固定资产净值平均余额	流动资产平均余额	销售收入	利税总额
郑州市丝织厂	866	333	280	3256	1780	903	1014	37
南阳市丝织厂	1142	333	627	7820	4102	3031	2679	2
新乡市丝绸总厂	1536	1663	3400	15926	6032	4527	6530	351
安阳内衣厂	1921	850	328	10385	3308	5172	2414	—96
开封针织厂	1057	—139	285	2890	682	2093	274	—488
开封针织内衣厂	1243	—77	100	2432	1380	116	101	—316
新乡市针织厂	1261	538	2269	7994	2989	3555	3758	—295
漯河市针织化纤厂	1289	313	1767	11030	6155	3482	5092	—293
河南省信阳市针织品工业公司	528	475	415	1698	943	828	2505	113
商丘针织内衣厂	1290	599	91	3137	1186	1756	2409	31
驻马店河南省驻马店地区内衣厂	1083	225	1224	1940	792	569	817	30
河南省镇平县鑫发实业集团有限公司	1526	848	857	8308	3319	3220	4512	211
卫辉市人造毛皮厂	177	400	553	2044	890	824	1241	278
地方国营河南省新乡市织袜厂	667	97	824	4721	2620	777	393	—133
河南省信阳市织袜厂	482	166	143	1234	330	547	598	35
吉雄(漯河)万得制衣有限公司	669	28	3210	2974	2345	608	167	—93
许昌美菊鞋业集团公司	2732	2718	2491	7532	1601	4849	11594	347
辉县市鞋厂	270	245	232	925	255	550	1086	62
开封制革联合工业公司	395	740	541	5762	1329	2845	1143	76
周口市制革厂	454	680	1184	2913	544	1421	2079	50
河南鞋城皮革制品有限公司	840	11626	4617	29247	3867	21700	36000	4804
河南省新乡市制革厂	894	513	588	7191	2499	2729	1515	—191
河南省信阳市制革厂	424	100	195	3268	712	2098	125	—78
河南省平顶山市制革厂	496	257	1006	3947	1785	1835	1086	68
焦作市制革厂	716	293	844	4578	1151	2360	3067	36
河南祥鸿鞋业有限公司	1072	1576	602	4376	1257	2492	4949	870
漯河市鞋业集团股份有限公司	1817	1499	1084	12808	2141	6210	5820	708
中国人民解放军第三五一五工厂	4719	9523	5756	35948	4569	22465	23301	1586
河南省通达皮鞋厂	1482	1189	363	2991	1013	1047	4442	275
河南省平顶山市金泰利股份有限公司	618	690	1012	1975	533	1085	3669	332
周口市皮毛工艺厂	592	1022	863	4726	669	3082	3172	370
河南省金鸳鸯羽绒制品厂	612	249	454	1620	347	1116	365	—160
光山县绒毛制品加工厂	631	537	2500	2628	485	1840	2688	55
洛阳人造板厂	615	371	1163	5768	1944	1338	1202	81
商丘桐木制品实业有限责任公司	717	—944	2180	22653	18769	1468	1011	—505
许昌大观家具厂	746	523	611	4270	753	2061	1812	99
河南省息县红麻造纸厂	597	1604	1300	7167	3784	2449	4271	1061
河南省许昌造纸厂	608	614	372	3288	853	674	2662	180
鄢陵县第一造纸厂	780	692	349	3001	1270	1024	1500	106
河南省长葛市洁鹤纸业公司	888	136	374	4276	2129	1853	377	—88
安阳市造纸厂	917	1093	813	6501	1830	3044	3478	190
河南省滑县纸业股份有限公司	1763	3486	1277	14034	2550	6196	9670	1522
河南省开封裕安实业总公司	1025	2438	4841	11711	2857	5873	9008	606
周口市造纸厂	1038	588	610	8077	2017	3483	1974	202
河南省太康县造纸厂	334	92	76	3138	1131	911	236	23
卫辉市造纸总厂	1502	2044	1251	7937	1251	5201	5537	525
舞阳县冠军集团公司	1479	3688	3500	9911	1587	447	6023	745
漯河市第二造纸厂	980	724	1318	8879	2958	2420	4346	347
漯河市制浆造纸股份有限公司	955	2858	7032	19711	6757	5007	7588	1933
浚县造纸厂	410	672	380	2409	921	999	2393	348
淇县造纸厂	1265	3406	1101	5227	1891	1842	7602	1083
河南省信阳造纸厂	694	648	839	4291	1209	1954	1520	140
地方国营河南省武陟县第二造纸厂	855	803	232	6262	3740	1017	1923	112
地方国营温县造纸厂	605	825	595	5787	1979	2418	3253	154
孟县造纸厂	1582	1001	863	10076	3006	5428	3657	238

11－57 续表 6　　(1995 年)　　单位:万元

企业名称	平均职工人数(人)	工业增加值	资本金	资产合计	固定资产净值平均余额	流动资产平均余额	销售收入	利税总额
沁阳市第一造纸厂	1200	639	698	4185	1417	1609	1662	115
河南省焦作市造纸厂	1495	－83	1909	11131	3130	3528	2752	－383
睢县豫东纸业有限公司	483	260	57	4786	3347	754	2331	－166
商丘悦隆纸业有限公司	320	280	2400	5885	350	950	1054	89
永城县纸业公司	625	69	130	1208	865	287	642	－34
驻马店市第一造纸厂	737	2388	1212	5000	1877	1600	6385	2205
遂平县造纸厂	913	1124	497	6329	2392	1086	2982	496
河南省上蔡县造纸厂	450	748	1305	4097	1605	1450	2693	405
河南省中牟造纸厂	2240	2849	1363	21605	6532	7833	8295	673
郑州市造纸厂	745	182	575	5705	1060	2393	665	－19
新密天达造纸总公司	654	2053	576	5459	1755	305	4788	622
南阳市第一造纸厂	834	1218	867	6761	1147	1741	3432	661
河南省南阳市造纸厂	865	1470	201	3565	1223	1580	4499	450
内乡县制浆造纸股份有限公司	873	2010	1816	5133	2027	1762	4678	1226
台前县造纸厂	557	1000	220	2682	1301	987	2461	439
洛阳万千股份有限公司	1146	1945	1368	5275	2049	2860	4125	309
开封市第一印刷厂	445	622	473	2106	895	946	1846	131
周口地区第二印刷厂	500	64	700	952	560	310	44	－5
河南第一新华印刷厂	1497	1693	2624	12422	3789	3300	4534	413
河南第二新华印刷厂	959	1059	1475	6881	2958	1494	2190	308
郑州市印刷厂	611	709	505	2792	964	1218	2577	108
安阳市长虹彩印厂	1194	3172	7940	10960	5913	1763	10150	1940
洛阳市印刷厂	1248	846	1338	9713	4111	3451	4549	－84
河南省汝阳县印刷厂	742	573	1043	5017	1781	1948	1604	139
开封胶印厂	869	1095	721	5659	3595	2436	4803	270
新乡市德腾包装有限公司	340	542	1719	5169	2038	1392	2335	90
安阳印铁厂	518	710	706	4603	2326	1589	2009	142
中国石化洛阳石油化工总厂	6102	180977	74489	352929	199424	103165	443542	128919
郑州古海石油化工厂	275	309	282	2440	633	1289	1508	88
范县炼油厂	1163	6253	7769	21789	8051	5235	13793	2456
洛阳市石油化工厂	872	－207	1122	4670	1470	2569	1818	－497
河南省汝州焦化厂	1083	2456	1795	22078	4336	11121	11624	2117
平顶山炼焦化学工业(集团)有限公司	4036	8600	5144	58457	30332	26070	31953	4029
博爱县柏山硫铁矿	1678	628	1752	9214	6529	1153	1816	206
焦作市化工总厂	1970	2454	1976	7683	2047	3118	7845	901
郑州市化工冶炼总厂	461	845	630	4699	2331	1845	1955	94
河南信阳化工总厂	2813	5294	6153	18483	6167	9930	18789	1700
河南省陕县化工厂	890	1405	652	4254	1741	1431	4055	355
郑州化工厂	1344	3383	582	14068	5901	5148	12183	1150
南阳市石油化工厂	1132	3339	1167	6713	3035	3142	7984	1525
河南恒达集团有限公司	1219	1815	5000	4717	1711	1864	5982	972
河南金山化工总厂	1270	3669	3180	14456	4276	10603	10865	1204
焦作市化工三厂	2537	4624	4041	23322	8278	9885	15274	2160
河南省南阳吴城盐碱矿	873	1400	272	7341	2927	2958	3134	498
开封东大化工集团有限公司	2082	4067	706	15749	4693	3765	10592	2016
河南省新乡市第一化工厂	803	1299	1337	7042	3818	2089	3495	339
南阳市第二化工厂	392	403	1825	4825	2990	540	1710	82
新乡市予北化工厂	694	414	563	2101	330	1172	2032	74
三门峡金虹化工有限责任公司	1005	853	1118	6582	2094	3867	4690	－100
焦作市化工二厂	2231	6960	3723	26093	7558	9230	25142	2213
郑州锌品厂	1379	1553	520	23700	931	3225	5617	172
淅川县豫淅鹏程化冶总公司	1826	1437	1313	8684	1995	4974	5798	304
河南省南乐县吉乐化工厂	815	1120	744	4293	1594	1598	4248	207
河南省禹州市化工总厂	1075	1510	951	4076	584	1229	4618	174
河南省安阳化肥厂	2857	5914	9912	33312	11315	9997	21516	1768

11－57 续表 7 (1995 年) 单位:万元

企业名称	平均职工人数(人)	工业增加值	资本金	资产合计	固定资产净值平均余额	流动资产平均余额	销售收入	利税总额
河南省偃师化肥厂	1053	3433	1649	11645	5270	2552	9493	1205
河南省孟津县化肥厂	969	1530	857	4752	2501	1359	5070	368
新安县化肥厂	946	996	899	5155	1678	1932	3712	210
河南省嵩县化肥厂	728	1328	461	5921	2105	2154	5273	538
河南省汝阳县化肥厂	1000	1698	792	5329	2376	1782	7483	601
洛阳氮肥厂	3147	3836	7731	45885	10047	2610	17101	56
河南省伊川县氮肥厂	586	439	242	3883	1404	1335	3081	35
河南省杞县第二化肥厂	996	1185	620	4703	1388	1455	3803	751
河南省开封化肥厂	6393	13035	13750	59957	13079	12014	38032	4224
项城市化肥厂	540	1787	160	9390	3079	3142	6510	809
周口地区西华县化肥厂	625	1128	501	3944	1222	1863	5204	216
商水县化肥厂	1142	1619	4508	4508	1292	223	5578	647
化学工业部太康化肥厂	1183	1612	799	14053	9560	3017	5296	23
郸城县化肥厂	978	1452	1311	10712	2755	4441	5850	1109
淮阳县化肥厂	1174	1379	579	5573	1445	1830	4044	12
河南省新乡市燃料化肥总厂	1038	1133	1615	4605	2584	1666	4925	310
河南省新乡化肥总厂	1416	3108	4375	16037	4298	2649	9405	1512
获嘉县化肥厂	1024	1102	1050	4463	1188	2063	3230	199
河南省双阳化肥厂	1110	1190	5032	7234	4905	1030	5308	106
延津县化肥厂	1006	3338	378	5168	2058	1919	6652	1749
封丘县化肥厂	1450	1286	2981	14993	9101	4149	9158	894
卫辉市第一化肥厂	670	1102	370	4277	1632	2187	4302	404
新乡市大有集团	2345	5177	5083	24916	9578	6285	15020	1966
舞阳县天马集团公司	710	2258	904	5901	3525	1390	4907	284
临颍县化肥厂	1005	5189	845	11280	3647	3658	13002	753
郾城县第二化肥厂	880	3001	913	5446	2890	1233	7790	648
漯河迎丰化工有限责任公司	980	4225	911	8302	3229	3545	10148	805
地方国营河南省浚县化肥厂	1029	1077	522	3176	1652	1215	4471	227
河南省光山县化肥厂	647	774	597	3567	1665	1250	3031	155
河南省罗山县化肥厂	1686	1051	1003	17140	11254	1447	7037	178
河南省息县化肥厂	817	2608	975	4961	1792	1678	7333	838
河南省固始县化肥厂	581	901	300	3436	1401	1360	3960	151
潢川县化肥厂	851	1083	168	3257	1285	1499	3971	190
三门峡化肥厂	1480	4161	1984	16209	8900	3512	11933	2163
灵宝市化学工业(集团)公司化肥总厂	600	1377	1255	6973	1455	1779	5646	262
汝州市化肥厂	798	1277	1540	5004	1987	1975	4129	651
河南省平顶山化肥厂	2708	7230	11523	23039	12171	6995	17779	2002
修武县东方化工公司	1069	1277	1193	9054	4666	3235	5144	220
河南玉源化学工业有限公司	1796	1690	1035	10351	6028	2716	5837	574
河南省武陟县化肥厂	1879	2535	14863	14863	6335	3678	7804	672
温县化肥厂	1675	1967	2400	10819	2404	3249	10228	550
河南省济源市化肥厂	2506	2773	4568	17828	7177	3792	10247	719
沁阳市化肥厂	1821	2230	1067	7752	3459	2067	6103	618
河南省商丘县化肥厂	809	1873	1122	5009	1704	1872	5354	300
驻马店地区化工总厂	1148	3365	1361	14952	7823	4636	10870	1028
河南省遂平县化肥厂	695	1970	747	5207	2672	1755	6096	801
河南省西平县化肥公司	803	660	810	2035	984	880	3630	225
郑州水晶股份有限公司	1460	2105	1782	15688	7426	5830	9727	742
河南省中牟县化肥厂	1209	2581	2150	9219	7104	1897	8078	317
新密市化肥工业总公司	1410	2309	537	12785	6719	5178	6647	600
河南省新郑化学工业总公司	771	1827	672	5661	3240	1297	7128	658
南阳市氮肥厂	624	1767	2306	5319	3129	843	4800	534
南阳市宛丰化肥厂	1247	1617	814	7551	3088	3153	6042	507
方城县化肥厂	542	964	158	2552	1504	982	3411	375
地方国营内乡县化肥厂	945	1261	1844	5313	4966	1393	4322	553

11－57 续表 8　　(1995 年)　　单位:万元

企业名称	平均职工人数(人)	工业增加值	资本金	资产合计	固定资产净值平均余额	流动资产平均余额	销售收入	利税总额
河南省淅川县化肥厂	1108	1496	314	4539	1929	1405	4606	506
唐河县化肥厂	1317	1811	504	9251	2974	3037	6504	542
河南省新野化工(集团)股份有限公司	1110	2015	947	6142	1833	2257	6261	695
郑州市第一化肥厂	680	1622	970	7549	788	3835	5276	904
郑州市第二化肥厂	1225	3176	1281	10651	4363	7016	10105	1508
濮阳县化肥厂	1010	1535	1195	5011	2803	1332	2956	517
河南省中原化肥厂	2497	23727	44346	141051	111587	27757	57090	5669
河南省长葛化工总厂	691	270	247	3212	1376	1167	970	23
洛阳市泰和实业总公司	623	291	1569	6301	2466	2446	2190	12
河南省孟津县磷肥厂	862	743	788	3018	1078	1578	5285	79
河南省华鑫实业集团公司	1656	3829	776	8437	2600	2637	10224	362
漯河市磷肥厂	1322	2071	1169	10887	3878	4720	9373	86
鹤壁市化工一厂	1194	604	532	11198	3107	2303	4308	－168
信阳磷肥总厂	2563	4019	6545	14204	4160	3390	17786	483
沁阳市磷肥厂	497	504	1132	3641	1069	1263	2343	58
商邱洁达化工有限公司	365	62	307	1924	574	666	391	－14
安阳林药厂	695	－205	512	6935	2730	1704	1963	－149
周口地区农药厂	213	166	614	1629	976	414	297	12
郑州农药厂	1555	1164	4460	16314	4757	5276	12189	12
安阳市塑料厂	716	450	829	5165	1558	2687	2032	－36
淇县化工总厂	842	1842	30	4766	2436	1774	3909	861
河南开普化工股份有限公司	3322	10148	5292	32375	9413	9531	29291	3624
濮阳市甲醇厂	706	2644	419	14852	7255	2054	5208	1030
郑州市油漆厂	1208	2365	1720	9857	1432	6304	10778	631
南阳市油漆化工厂	212	1831	1303	2502	448	1673	8811	211
河南省新乡化工总厂	784	1078	1801	7882	1988	4503	4079	300
河南新乡染化总厂	536	2369	2179	6409	1336	2423	12664	867
河南省安阳染料厂	1263	655	1222	7214	2588	2853	3332	96
河南省沈丘县有机化工厂	294	229	2778	5045	2582	1057	2462	90
开封油脂化工厂	810	1593	261	3749	721	1894	4727	176
新乡市树脂厂	1286	3298	2840	6097	3622	1484	10307	1055
河南省平顶山市树脂厂	1285	2343	936	8300	3747	2571	6579	1362
河南省济源市树脂厂	1093	3797	4118	11016	3338	3741	8209	1902
河南省安阳市助剂厂	624	395	2255	4596	1994	2038	1953	148
滑县化工厂	346	719	1683	3256	1745	1322	3717	245
开封化工三厂	1360	4897	2127	18434	3301	9663	13989	1259
鹤壁市助剂一厂	373	612	670	1581	353	923	2171	324
焦作鑫达化工有限公司	1711	1506	2767	10142	3487	4321	7130	791
濮阳中原石油化工厂	900	1247	2191	10873	3094	3683	4854	247
濮阳市第二石油化工厂	679	24	706	5712	1041	3882	550	－256
鹤壁市树脂厂	561	303	1049	3015	774	2115	1530	129
地方国营河南省汤阴县化工厂	509	1129	175	1888	523	832	1542	401
河南省工农机械厂(9645)	832	1117	1123	3724	1327	2323	3327	288
河南省前进化工厂(9654)	1268	1081	1277	3811	1312	1925	2228	304
郑州磁带厂	535	325	1625	7459	2883	2191	648	2
中国乐凯胶片公司第二胶片厂	3452	6743	12308	50671	17785	19684	30570	2291
安阳市日用化工厂	1076	1582	1570	9274	1171	3641	4570	526
洛阳合成洗涤剂厂	644	1559	3143	8803	2742	4853	9835	729
开封日用化工厂	1141	4993	2195	10081	1863	4274	15151	1468
郑州油脂化学厂	1642	3431	2043	26579	7548	12650	19486	694
周口市化工总厂	250	101	65	1144	312	785	184	9
河南省安阳火柴厂	2109	1441	1973	8177	3264	2370	5036	453
开封火柴厂	2094	2134	1788	3686	1603	1854	5803	531
河南省焦作金箭实业总公司	470	1076	1416	3132	2998	1184	4346	249
唐河县东方胶化实业公司	192	63	287	691	455	260	257	－40

11—57 续表 9 (1995 年) 单位:万元

企业名称	平均职工人数(人)	工业增加值	资本金	资产合计	固定资产净值平均余额	流动资产平均余额	销售收入	利税总额
河南省平原制药厂	3363	3307	3502	27120	7608	15596	14029	512
安阳市九州制药厂	1325	947	1001	16751	7521	5314	3149	94
河南省安阳予北制药厂	1227	769	1585	7728	1404	5192	4461	—841
安阳市化学制药厂	434	335	325	2604	878	1578	1769	70
开封市抗生素厂	575	500	500	6175	1271	3558	2683	
开封制药厂	3228	4892	1090	19376	7244	8752	16200	870
河南省开封黄龙制药厂	265	58	135	3013	1066	612	569	—74
中国人民解放军第九七三五工厂	540	475	696	1850	593	847	1858	98
河南省东方医药化工集团	583	5116	2522	11056	4035	4809	17557	4033
河南省新乡制药厂	1195	1424	3407	8806	4545	2738	5616	238
河南省新乡百泉制药集团	408	1294	1235	6448	2781	3537	5870	596
吉雄(漯河)药业有限公司	392	—21	4907	5217	4315	538	2011	—98
河南省信阳豫南制药厂	1025	486	348	6672	2744	2603	3293	116
商丘市豫东制药厂	999	465	145	6140	2544	2524	626	28
郑州市嵩山制药厂	678	—104	255	3907	1199	1467	1295	—179
南阳制药有限公司	560	2708	3609	9050	4097	2533	7721	1491
南阳市第二制药厂	1206	2091	48	9841	3186	5157	6491	814
南阳市化学制药厂	1049	6530	1629	18599	8744	4308	21041	2999
许昌药业集团股份有限公司	575	350	463	3415	913	2030	1921	12
河南省安阳市第一制药厂	1778	1757	570	10760	2000	8989	3760	53
河南省中州制药厂	1331	1624	1500	7012	1866	3442	5961	258
河南省华鑫制药厂	1115	6917	3437	12685	2619	11790	21543	5455
周口地区第一制药厂	1145	555	210	4900	1192	279	1040	306
河南省新谊医药集团公司	1651	4110	3283	26867	3333	22394	10203	2101
河南新星药业股份有限公司	615	1415	722	7462	1525	5046	3806	352
新乡市新辉医药集团	1450	2131	2022	14160	4286	7554	11390	1183
河南省信阳制药厂	1269	1103	577	6762	2223	3307	2981	148
河南省固始县制药厂	593	909	282	4054	986	2225	5222	499
平顶山市制药厂	654	1657	382	6661	1489	3633	6147	576
焦作市康力药业有限公司(第一制药厂)	1158	1720	776	10475	4169	5318	4467	444
商丘市制药厂	626	327	273	4075	1257	2098	2178	53
驻马店河南省华中医药集团公司	2057	8914	2488	20185	6120	10736	39380	4537
郑州市化学制药厂	750	562	426	4594	490	539	2773	—5
河南省镇平县东风制药厂	540	1180	54	5879	2228	1951	3747	638
河南省淅川制药集团有限公司	1265	3323	2850	16866	3711	12312	7224	1656
濮阳市制药厂	888	284	285	5998	851	2969	4614	—131
河南省禹州市制药厂	845	488	345	3234	901	1497	1569	36
河南省安阳第三制药厂	1397	593	607	10063	2915	5733	2744	45
开封市中药制药厂	662	618	678	3982	1888	2150	1206	342
周口市药胶厂	378	1027	327	3831	1001	2544	2400	243
郑州市中药制药厂	610	159	1100	5602	704	2699	868	—95
河南省宛西制药厂	1142	3950	12500	16893	1852	8005	8047	1566
郑州生物药厂	598	830	993	3274	901	924	1206	46
南阳地区南杭浆粕厂	649	921	3217	7552	2909	3149	5104	330
安阳化学纤维工业股份有限公司	1780	1755	7700	24272	11970	9141	12199	1036
国营新乡化学纤维厂	6790	33205	23023	83037	36127	32055	81542	15530
中国神马帘子布(集团)公司	5390	34312	130365	199754	71874	109959	108562	24048
河南省光山化纤总公司	702	150	1652	5792	2476	1436	2237	—503
郑州银河股份有限公司	965	1314	3517	19386	7953	3666	9612	267
方城县化纤总厂	1160	990	2244	7540	2338	2960	4173	115
洛阳市华帝卷烟滤材厂	464	382	242	5662	3256	1302	2527	129
河南省平顶山市东风塑料厂	451	252	773	1887	989	774	1199	36
许昌市第一橡胶厂	1305	1996	1084	11734	1524	6605	12561	77
洛阳轮胎厂	1750	2497	2752	13979	3474	7370	13836	1041
河南省轮胎厂孟县内胎分厂	390	1073	537	2426	755	1638	5208	752

11—57 续表 10　　(1995年)　　单位:万元

企业名称	平均职工人数(人)	工业增加值	资本金	资产合计	固定资产净值平均余额	流动资产平均余额	销售收入	利税总额
国营河南轮胎厂	3435	23476	23396	72185	19074	33552	78377	12868
郑州中原轮胎橡胶股份有限公司	1140	2404	3000	14504	2965	8379	10372	1010
安阳市第一橡胶厂	1450	1476	1847	9316	2515	5835	7724	353
许昌市第二橡胶厂	592	529	1118	5305	1113	3268	1893	53
安阳市第二橡胶厂	913	467	499	4315	1317	2074	2370	123
洛阳市橡胶制品厂	553	423	1057	3129	1143	1489	1417	118
河南省地方国营尉氏县橡胶厂	976	2928	1171	4960	1320	2279	8894	700
开封橡胶厂	1529	2509	961	12056	3539	5821	9096	785
商丘市橡胶厂	714	612	1087	3301	1068	1456	1224	86
安阳市第三橡胶厂	130	2	50	1037	201	1011	16	—17
安阳市胶鞋厂	1052	566	532	6126	1385	3611	1973	60
洛阳市胶鞋厂	1267	234	1087	6492	2437	2683	4791	—281
上海胶鞋七厂开封分厂	533	1353	412	2323	520	1522	4682	281
新乡豫升实业股份有限公司	1684	1796	1916	7308	1904	4784	6557	323
鹤壁飞鹤股份有限公司	1021	1585	843	4164	993	1733	4582	438
河南省焦作市橡胶一厂	1650	1710	1129	3623	1363	2149	6674	303
中国人民解放军3519工厂	1010	—625	1632	10617	1035	5528	9846	204
河南省宜阳县塑料厂	341	72	467	2286	1066	678	1203	5
开封塑料厂	798	385	663	3093	700	925	1850	—96
淮阳县周口地区塑料总厂	248	1488	800	4176	1295	2357	6044	2
新乡市塑料厂	280	30	128	882	156	464	130	—43
漯河市塑料厂	389	617	1391	9280	5633	3224	6961	187
信阳市塑料制品厂	406	612	1121	4638	1510	1868	2874	28
河南塑胶股份有限公司	515	1886	5072	8035	2727	4677	11701	822
南阳市塑料厂	883	925	1342	11081	6011	2786	9465	63
河南大同塑胶有限公司	190	652	781	5082	2143	1983	1503	33
郑州市塑料五厂	176	350	471	1268	734	506	1109	91
平顶山市第一塑料制品厂	550	195	808	3267	790	1445	771	—30
驻马店市南丰实业集团公司	750	177	4246	12816	6598	4526	4195	—854
濮阳市编织袋厂	426	390	1341	2889	1020	1253	1941	81
郑州市塑料三厂	320	889	1744	4224	1215	1908	4754	235
新乡市塑胶制品股份有限公司	265	123	387	984	291	613	784	20
新乡市第二塑料厂	487	1038	1408	4942	1011	3193	5985	167
河南禹灵集团股份有限公司	1390	3775	1388	8141	5255	1835	5990	1025
中国人民解放军九四一二工厂	1122	1075	731	6858	1620	3828	4769	134
河南省地方国营林州市水泥厂	971	2330	1618	16552	3360	2631	5580	530
林州市冶建总公司	2727	4647	5058	15990	5318	7850	13903	1209
偃师市水泥二厂	855	2170	493	5151	1924	1769	3619	1186
河南省偃师水泥厂	929	2004	1640	6246	1785	1438	3820	848
洛阳市特种水泥厂	1174	946	1795	9949	1023	1281	1591	312
洛阳水泥厂	3043	4086	3232	37111	9802	9451	10879	1221
河南省汝阳县水泥厂	1090	1671	965	7578	5210	1469	3982	431
河南省伊川县水泥厂	716	558	404	1775	714	837	1361	112
洛阳市龙门水泥厂	885	1481	760	4113	1999	1067	3395	370
周口地区建材总厂	597	465	1003	2039	876	597	1376	91
河南新乡水泥厂	1462	2493	8885	20056	13111	5364	5679	577
新乡豫新水泥总厂	1070	1683	1356	5223	2265	2117	4508	393
卫辉市水泥总厂	1856	2972	1979	26485	21653	6000	7653	1438
河南省新乡市李固水泥厂	1208	1861	2914	7584	2632	3531	4380	556
舞阳县昆峰建材集团公司	828	1937	401	9378	4212	3296	6588	522
鹤壁市水泥厂	525	515	523	3465	712	1452	2208	482
淇县水泥厂	839	1472	611	6938	2163	4154	3706	623
信阳豫南强山建材集团总公司	921	2195	980	5756	1724	2036	4501	1507
河南省息县国营水泥厂	382	1240	178	4927	2841	891	3472	648
渑池县水泥厂	956	1914	2600	12578	4825	1087	3454	1012

11－57 续表 11　　(1995 年)　　单位:万元

企业名称	平均职工人数(人)	工业增加值	资本金	资产合计	固定资产净值平均余额	流动资产平均余额	销售收入	利税总额
汝州市磊裕水泥股份有限公司	1797	2250	6000	21453	13875	3411	6915	649
河南省平顶山水泥厂	1640	3514	8002	25632	7403	7320	8027	1342
地方国营修武县水泥厂	389	891	2304	4250	2553	1043	2244	301
河南省博爱县建材股份有限公司	705	909	867	5211	2570	2194	2210	296
焦作市第一水泥厂	1127	1366	1701	8862	2359	1485	3553	552
河南省焦作水泥厂	2400	1761	7493	33503	5383	5260	6459	－4
永城水泥厂	863	1149	459	4704	2175	1151	3056	185
驻马店地区秀山水泥厂	1016	887	945	4278	1450	1279	4457	577
驻马店地区龙山水泥厂	796	2432	785	5867	4069	1012	6030	1305
河南省遂平县水泥厂	732	1343	976	6815	2285	3378	3920	545
郑州建材实业总公司	2891	2330	2862	12894	3380	4533	7104	646
河南省南阳水泥厂	954	2393	2746	18304	3818	1065	6008	873
方城县水泥总厂	818	562	304	5147	1315	1870	1871	192
唐河县水泥总厂	606	1118	1760	4445	2660	1279	3093	617
河南光达水泥(集团)股份有限公司	1228	4526	2642	14401	5750	3880	9776	2125
桐柏县水泥厂	519	583	172	2637	1930	566	2163	205
濮阳市水冶水泥厂	1000	1371	1381	4233	1911	1873	2604	241
漯河宏泰(集团)实业总公司	1270	752	1704	6774	2052	3397	2644	－117
铁道部平顶山轨枕厂	880	1278	4046	7839	4479	2878	4293	－189
新乡市综合建材厂	959	396	1132	8662	4530	866	1033	－73
新乡市建筑防水材料厂	379	470	1701	2875	962	1261	2259	116
中国洛阳浮法玻璃集团公司	12757	52027	50916	342019	39045	191967	76688	35678
河南省建华玻璃厂	932	7153	9860	26920	10729	9900	17191	2799
平顶山矿务局十矿玻璃厂	672	671	190	1233	517	543	1925	333
河南济源玻璃总厂	2093	4597	6792	20108	8255	6519	8168	2435
沁阳市第一玻璃厂	1421	2005	2034	12129	3793	5072	5428	1190
河南省振华玻璃厂	1531	17357	15127	78663	26860	35829	44880	10084
河南省遂平县玻璃厂一分厂	850	553	50	3005	1242	1420	2755	－364
河南省安阳药用玻璃厂	1922	1264	304	6424	1940	3820	2658	196
开封注射器厂	876	176	233	3836	2002	1055	267	15
开封第二玻璃厂	1020	1492	415	6597	2531	3836	4780	311
开封玻璃厂	2370	2264	806	12806	3774	6546	7719	92
平顶山市玻璃焦化总公司	839	574	755	6581	2236	3602	1273	167
郑州玻璃厂	1382	1925	680	13812	7389	3750	5570	596
许昌市玻璃厂	901	732	386	2716	698	1105	1608	159
安阳市保温器皿厂	451	1054	870	4156	670	2832	4944	906
新乡市保温瓶厂	2191	3889	1047	6631	2097	2064	10678	1137
河南洁达陶瓷集团股份有限公司	1220	1631	691	6353	1431		2062	218
洛阳市陶瓷厂	1151	501	287	7189	4308	2307	2202	－193
洛阳市建筑陶瓷厂	990	1069	468	4719	2412	1457	1536	223
洛阳市卫生陶瓷厂	784	972	1133	5315	1690	1012	1308	328
河南省新乡金轮实业总公司	756	1102	3728	18097	9587	3456	2419	270
鹤壁市瓷件厂	928	472	1061	2387	627	1446	706	67
新美陶瓷工业有限公司	649	2154	1787	17288	7935	2828	4374	843
河南省焦作市陶瓷二厂	1150	487	1448	7577	1848	1324	836	28
河南省红星电瓷厂	888	1108	1370	13306	3385	2248	3260	266
地方国营禹州市瓷厂	1470	202	555	1752	820	560	729	－120
河南省宜阳县第一陶瓷厂	1345	163	443	2329	858	912	466	－70
河南省罗山县瓷厂	1130	354	325	4212	1039	1875	895	20
河南焦作市建筑陶瓷厂	1063	704	142	1751	1091	703	2219	249
焦作市陶瓷四厂	750	535	265	2769	1759	739	1115	175
焦作市陶瓷三厂	2527	1366	1540	5833	3389	2303	4038	30
焦作市陶瓷一厂	2204	1190	1860	5231	2826	1659	4137	8
郑州瓷厂	1479	7	852	5847	1768	2725	588	－219
洛阳耐火材料厂	5824	11501	12000	65219	15234	27384	27827	2812

11－57 续表 12 (1995 年) 单位:万元

企业名称	平均职工人数(人)	工业增加值	资本金	资产合计	固定资产净值平均余额	流动资产平均余额	销售收入	利税总额
河南省新乡市伯马集团耐火材料厂	1157	3006	3835	14018	4116	7068	10857	711
卫辉市熔金耐火材料股份有限公司	352	607	1100	2481	881	1178	1805	241
三门峡电熔刚玉有限责任公司	530	974	394	9173	2944	4965	4058	530
河南省三门峡新源热工装备集团公司	531	－15	557	5317	1925	1664	1257	－132
平顶山市新型耐火材料厂	959	828	1100	5237	2823	2285	2300	383
河南景弘(集团)有限公司	2841	4011	2532	21456	8201	10352	9956	1701
焦作市耐火材料厂	2424	2393	3202	10924	3427	5832	6303	979
焦作市轻工耐火材料厂	1675	1115	605	10765	5625	2854	2513	128
河南中州企业集团	2064	7405	7158	21847	7772	9806	25818	3848
新星实业集团股份有限公司	420	35	1061	6068	1780	3866	3689	658
新密第二耐火材料厂	619	1930	860	6580	1298	4252	3409	849
新密耐火材料厂	500	2581	621	5547	1699	3552	3973	1384
河南省中州炭素股份有限公司	846	738	3344	4961	2832	2097	1671	182
河南省安阳炭素厂	1255	969	3596	4383	1652	2104	2369	246
郑州白鸽(集团)股份有限公司	7339	11255	22269	97839	8993	45766	43812	5067
郑州铝城实业开发总公司	2693	3798	2407	9531	2280	5709	13592	1230
河南省安阳市林州市钢铁公司	1200	3589	1900	13453	3560	5376	7855	992
河南省信阳钢铁厂	5011	6872	21545	52157	9754	22886	22593	1448
河南省焦作市钢铁公司	4748	7766	10478	58155	18386	28650	27181	2700
河南省南阳市云阳钢铁总厂	3315	5062	4501	29815	8415	17355	20571	1591
濮阳市林州钢铁总厂	5084	10837	9512	41645	10410	21329	22448	2772
安阳钢铁集团有限责任公司	34119	194803	159326	604322	155118	267082	397189	99532
洛阳钢厂	6494	11778	14948	63741	15147	21258	54646	2069
冶金工业部舞阳钢铁公司	8633	－9822	82939	269541	118872	137463	53255	－21041
河南省洛阳市钢管厂	429	3	441	2262	728	1363	1111	－102
河南省新乡钢厂	3600	5071	2299	24113	6011	10479	27976	718
孟县无缝钢管厂	650	583	1776	7654	2214	4289	3401	136
河南省焦作市钢厂	3471	8209	5187	26685	10244	8205	26381	1967
郑州第一钢厂	1661	2213	2617	17453	3144	10887	19134	617
郑州钢铁股份有限公司	1571	1914	1518	16137	4698	9256	11125	438
河南省南阳钢厂	364	167	370	2219	524	623	716	52
河南省信阳铁合金厂	1321	1397	1176	12131	5106	6565	6278	891
济源市矿灯厂	2730	5948	4980	26943	3871	14142	21965	3668
三门峡铝厂	2797	7659	6154	36583	11358	12218	41162	3999
河南省焦作市铝厂	3187	19214	11660	82552	95729	81809	69963	11749
中国长城铝业公司中州铝厂	6010	－3711	55000	192389	157418	21182	29235	－8953
永城县铝厂	916	7322	13969	42857	10874	13620	21629	6421
中国长城铝业公司	21011	86719	96881	346889	128013	146508	218669	54878
郑州市中原铝厂	1415	5092	2466	11904	4630	6230	12844	1267
河南中原黄金冶炼厂	1344	2895	1334	28300	16581	10106	31956	47
洛阳栾川钼业公司	4799	7437	13360	34650	9397	9374	15560	2511
河南省豫北铜加工厂	1130	3103	951	9640	2419	6208	8195	1159
洛阳铜加工厂	10246	11021	29821	158279	31256	71040	73786	2339
河南新乡金龙铜业公司	942	3043	4077	33213	9203	10400	14501	186
洛阳单晶硅厂(740)	1664	1142	684	15719	7280	5590	3461	164
河南第一工具厂	936	1163	580	4770	1600	2714	1884	289
新乡市海达股份有限公司	368	326	482	1276	186	781	1002	68
河南省新乡市工具厂	815	746	1209	5321	1601	2183	1878	172
河南省卫辉市工具总厂	1837	1572	2301	5775	1951	2200	4112	277
周口市内燃机配件厂	260	400	57	2296	1220	949	1613	127
河南省信阳市金属容器厂	234	105	198	950	134	754	627	－9
国营汴京机械厂	708	291	1495	3423	1487	1410	1642	－103
开封造纸网厂	687	1135	64	6244	4298	2236	2645	292
新乡市封丘县铝合金窗纱总厂	320	212	292	1123	297	754	732	5
博爱县线材厂	900	1527	837	4301	1185	2473	6562	523

11—57 续表 13　　(1995 年)　　单位:万元

企业名称	平均职工人数(人)	工业增加值	资本金	资产合计	固定资产净值平均余额	流动资产平均余额	销售收入	利税总额
方城县第一丝钉厂	1468	1624	1791	5609	1293	4021	8550	312
新乡市建筑五金总厂	399	18	386	1595	303	835	184	—20
河南省沈丘县新亚总公司	2494	3117	1188	11359	3368	6272	13612	3369
河南省信阳市豫南机械总厂	619	422	233	3218	862	2216	1443	66
开封搪瓷厂	1299	2610	980	5032	1262	3025	7515	458
商丘市金瓷股份有限公司	634	805	1010	1847	577	927	2795	302
郑州海燕搪瓷股份有限公司	1479	479	2189	14144	1726	7999	3941	413
平顶山市荣利达铝制品股份有限公司	729	311	1745	4199	2040	2061	614	—71
河南省上蔡锅厂	724	1106	1326	5047	2511	2261	3264	376
郑州市电焊条厂	521	918	845	2122	502	1410	2225	145
开封市锅炉厂	1391	654	100	4250	844	2463	2529	205
郑州锅炉厂	1173	2811	1806	9882	2221	6407	6144	900
开封汽车发动机厂	1191	160	113	3997	756	2614	640	—220
开封柴油机厂	1848	4282	1017	12068	2060	6038	17673	1453
新乡内燃机厂	996	12300	7522	26135	7741	11038	43285	5431
河南省信阳金桥桥箱制造股份有限公司	1105	991	3150	7688	2819	4049	2315	103
郑州飞马(集团)股份有限公司	2603	5920	1807	20163	3612	11117	21794	1185
郑州金牛(集团)股份有限公司	2224	8683	1200	19439	6445	8839	41203	2007
南阳柴油机厂	2045	1636	1409	9412	2223	4959	5693	466
中州汽轮机厂	1266	—342	4514	14197	7496	6252	1229	—1859
河南省沈丘县轴承厂	350	153	275	1660	369	719	549	—13
许昌内燃机配件厂	1024	663	828	5356	1391	2186	2412	14
洛阳油泵油咀厂	1050	190	778	4480	1063	1603	797	—237
开封内燃机电器厂	3095	—7	1291	11009	3800	6465	2954	—1725
河南省信阳内燃机配件总厂	418	657	707	4329	1584	1785	1861	501
中原内燃机配件总厂	2312	2789	1654	8611	2646	5043	9271	1171
郑州市油泵油嘴厂	857	702	449	2560	539	1190	1253	106
河南省安阳机床厂	2859	2208	3375	20434	2791	9486	3902	290
安阳第二机床厂	2000	2142	756	10878	1399	6295	7287	475
开封黄河机床厂	1040	208	80	2754	923	1451	725	—315
新乡机床厂	2196	3617	4886	23245	7372	10797	20864	1106
豫西机床厂	1462	360	1637	8106	2244	4192	1339	—537
安阳锻压机械工业股份有限公司	1248	781	1490	6862	1010	4144	2410	161
洛阳机床厂	910	691	690	2986	1152	863	1011	119
漯河铸造机械厂	899	409	1435	4892	1316	2144	922	—76
河南省地方国营林州市东方红机械厂	379	315	58	1828	210	743	539	32
新乡市起重设备厂	842	1089	800	4851	1051	3127	4831	216
鹤壁通用机械股份有限公司	1480	1000	1056	7889	1640	5505	2644	209
焦作市起重运输机械总厂	1505	1093	957	7803	1188	5952	4044	148
洛阳市水泵厂	600	790	544	3255	647	2408	2439	36
河南省豫通企业(集团)公司	3341	3897	10790	18412	7716	9274	9709	734
漯河市潜水泵厂	316	361	729	3627	452	1975	1408	54
郑州电力机械厂	739	1323	1510	4916	1835	2664	2373	304
郑州市水泵厂	646	842	439	6050	1031	2866	1680	188
郑州市潜水泵厂	881	508	593	3110	365	2638	1976	117
周口市风机厂	965	962	573	2711	616	1382	1850	207
开封空分设备厂	4378	8421	6241	38668	5548	24987	17945	3529
国内贸易部洛阳制冷机械厂	919	1718	3272	12312	1555	5843	6510	601
开封通用机械厂	1349	1363	1151	6558	1074	3872	3546	127
三门峡市四达化工集团有限责任公司	2578	2650	3344	16382	4977	8306	7139	681
河南省安阳轴承厂	1068	294	332	3757	538	2275	774	—11
洛阳轴承(集团)公司	24699	25875	40000	195046	54825	115259	95576	4768
河南省钢球厂	422	1428	2300	10480	2375	5277	5637	696
洛阳东风轴承厂	1027	903	426	5497	632	3229	2406	154

11—57 续表 14　　　　　　　　（1995 年）　　　　　　　　单位：万元

企业名称	平均职工人数（人）	工业增加值	资本金	资产合计	固定资产净值平均余额	流动资产平均余额	销售收入	利税总额
洛阳轴承集团保持器有限责任公司	1590	1793	3242	8242	1758	5058	5215	301
河南省伊川县轴承厂	598	617	330	1756	244	1062	2261	245
开封轴承厂	1250	829	618	3771	1748	1955	1970	—29
周口市轴承厂	515	677	449	2321	488	1517	2190	246
豫西轴承厂	1029	619	512	5659	1362	3674	2020	80
洛阳轴承工业联营公司中原轴承厂	805	237	256	3357	594	1745	916	73
洛阳轴承工业联营公司平顶山兴州机械厂	1501	1159	3241	6815	3162	3476	2751	256
河南省豫东轴承厂	462	320	334	3611	827	2499	1001	50
河南省西平县轴承总厂	2000	1434	820	8972	2592	5208	4215	289
郑州轴承厂	1112	853	363	7314	1572	4444	3779	181
新密中州轴承厂	645	656	542	2932	664	2199	2225	200
洛轴集团濮阳市轴承厂	290	216	739	1068	366	623	480	35
开封高压伐门厂	3126	3027	4820	17953	5199	9386	6006	573
周口市阀门厂	913	717	318	3100	269	1407	1411	179
河南省鹤壁标准件厂	979	897	1589	5681	1983	3324	3778	251
商丘市标准件厂	303	94	467	1588	798	469	316	12
河南省安阳齿轮厂	841	1491	1089	5406	1677	3000	5134	814
河南省罗山县齿轮厂	450	525	262	2104	906	965	1634	99
郑州市齿轮厂	987	1366	267	5929	1327	3815	4562	325
漯河市钢珠厂	300	133	11	1423	708	413	586	1
河南省焦作市制动器厂	1407	1386	2441	10934	1536	4818	3620	657
商丘市铸造股份有限公司	532	232	724	2017	647	1067	1729	62
河南中原机械厂	2250	1617	3945	18043	7318	7134	5170	360
河南省南乐县玛钢厂	380	303	146	1216	250	750	800	64
电力工业部三门峡水工机械厂	1694	1377	1282	10520	2346	4857	3363	373
郑州高科技电站辅机保温材料有限公司	259	299	912	2223	1052	910	442	34
濮阳铸钢厂	350	270	668	2510	1019	1079	707	113
许昌煤矿机械总厂	1073	458	795	5953	1850	2382	1635	98
中信重型机械公司	21101	24665	18359	152267	19286	88512	54410	2430
洛阳风动工具厂	1278	1164	609	5272	1397	2374	3085	261
河南省平顶山煤矿机械厂	1291	668	1761	6591	1287	2649	2640	—66
温县煤矿机械总厂	1379	651	314	4545	1086	3212	2651	194
焦作矿山机器股份有限公司	3498	3242	2650	20352	3771	10141	7291	631
河南省焦作市液压机械厂	1198	674	1938	4037	1076	2243	1661	57
河南省焦作市风动机械厂	976	181	379	2881	846	1714	309	—147
焦作市群英机械厂	1220	705	479	6519	1049	4062	2283	140
郑州煤矿机械厂	4600	2115	7077	27927	6478	16245	8930	—1950
漯河冶金机械设备集团股份有限公司	955	841	1179	6526	1451	3150	2069	177
鹤壁无线电专用设备厂	553	380	596	3208	891	1548	1627	70
河南石油勘探局南阳石油机械厂	2835	1605	8665	32461	13525	19052	10426	—959
濮阳市第一机械厂	1252	—350	5793	11689	7139	1989	899	—1202
第一拖拉机工程机械公司许昌通用机械厂	1560	—315	878	11814	2046	4939	2132	—2103
河南省新乡市石油化工机械厂	822	631	872	4439	768	2808	1351	97
新乡市利民机械工业公司	1728	1747	1015	7630	3277	2721	45227	360
新乡市塑料机械厂	861	1055	389	1565	67	1260	2848	222
驻马店地区塑料设备厂	720	890	1018	4202	1591	2264	2120	259
漯河林业机械厂	727	250	1016	3341	1380	1332	1262	—88
信阳木工机械厂	1736	3598	2291	15417	2625	10371	9112	884
洛阳建材机械厂	533	2189	1286	6162	1153	4726	4546	1321
河南省水利机械厂	459	—33	447	4174	1064	1452	487	4
中国烟草总公司许昌烟草工业机械厂	1748	4192	3591	17730	5007	9545	7243	788
河南省新乡轻工机械制造厂	1177	1616	1377	9598	1752	5169	4013	581
郑州市第一食品机械厂	470	254	198	3011	289	1882	611	37
洛阳市汝阳液压机械有限公司	432	410	176	1920	742	821	1125	150

11—57 续表 15　　(1995 年)　　单位:万元

企业名称	平均职工人数(人)	工业增加值	资本金	资产合计	固定资产净值平均余额	流动资产平均余额	销售收入	利税总额
开封市第二粮食机械厂	574	1109	1000	2816	1100	1212	2951	455
地方国营河南省沈丘县机械厂	798	703	315	1797	612	788	3385	213
信阳市三维企业集团公司	614	750	1500	3797	1293	1648	1637	119
三门峡油脂机械总厂	924	－244	318	4746	1029	2807	386	－758
河南修武永乐粮机集团有限责任公司	1798	4470	4736	8842	3485	4193	18481	1822
南阳光辉机械厂	1105	2418	816	6723	1959	1924	6004	894
郑州粮机股份有限公司	696	1249	770	4143	1804	1671	2742	161
周口市包装机械厂	335	537	455	1942	841	563	1242	186
河南省宇航包装机械厂	736	768	393	3472	998	1836	3850	115
淮阳县纺织机械厂	2079	599	1181	4619	1083	2791	1564	130
河南省第二纺织机械厂	1230	999	2860	5523	1653	3079	2040	183
河南第二纺织器材厂	1977	1292	2556	9706	2759	4648	2853	－209
博爱县纺织机械厂	688	397	861	2033	911	1126	1327	78
武陟县纺织机械厂	404	161	249	523	52	508	222	－7
河南省济源纺织机械厂	862	354	794	4283	1595	2285	1403	24
河南第一纺织器材厂	1016	712	678	2870	1002	1696	1973	137
国营郑州纺织机械厂	6892	8995	16180	64719	14713	24887	22795	2218
河南纺织机械厂	2577	759	4242	9807	3403	6178	3416	－1560
郑州市通达纺织机械(集团)公司	1609	1041	614	5787	1136	3243	2334	270
河南省新乡市电光机械厂	813	763	636	3840	1293	2278	1400	197
中国轻工机械总公司安阳机械厂	1270	811	2731	6073	2121	3136	2412	107
沁阳市机械厂	939	1022	1570	5433	1766	1949	1587	81
河南省钧州机械厂	1808	1327	380	4360	737	2889	4823	50
中国第一拖拉机工程机械公司	45819	59601	106645	358360	87273	142466	331742	15227
开封机械厂	2362	8765	3142	12777	2090	6869	50902	3191
新乡市第一拖拉机厂	2465	6448	2860	11774	3957	5659	46793	907
燎原集团公司	795	3696	912	4333	1682	1591	10100	531
河南省浚县拖拉机厂	559	1478	316	2227	357	1149	4110	164
郑州拖拉机厂	1735	2917	2819	16325	4170	5830	17658	16
郑州第二拖拉机厂	1706	1069	2021	11733	1927	3266	2991	－385
首钢开封联合收割机厂	2778	－429	2411	10242	3526	6990	3246	－2451
开封豫鹰农用车辆总厂	509	62	13	2062	281	1607	972	－37
舞阳县惠方集团公司	810	2603	1697	5706	1698	2969	8120	1413
临颍县机械厂	720	791	726	4043	1566	1995	1985	32
商丘市机引农具厂	1808	693	668	5988	1874	2936	2642	33
河南省南阳市宏大机械厂	652	443	662	3139	963	1239	809	60
南阳康远机器总厂	736	718	212	5872	2360	1146	2054	317
电力工业部郑州水工机械厂	1788	2796	3367	13680	3839	9434	8461	721
河南省林州市八一拖拉机配件厂	534	309	328	4495	939	1694	963	40
中国第一拖拉机工程机械公司配件厂	1286	1855	1651	3118	932	2028	6648	582
开封拨叉厂	804	795	350	4363	1153	1451	1987	276
河南省中原轴件厂	892	1167	235	6565	1339	2478	3808	433
商丘地区油嘴油泵厂	750	63	289	2822	755	1798	126	－81
郑州锻压厂	514	411	290	4230	649	1953	1402	118
许昌机器制造厂	1965	5843	2057	21892	3954	8114	20002	1619
周口地区项城市机械厂	496	538	156	2963	1209	599	999	242
河南黄河实业集团公司	2566	6222	10628	34044	14826	16792	17065	1952
郑州工程机械制造厂	3223	5840	4073	37178	5386	23116	15013	2274
开封缝纫机总厂	2346	1452	1400	10527	1905	6297	6097	429
林州市除尘设备厂	509	1175	2100	6363	744	5277	3246	457
河南中新能源环保(集团)公司	166	227	383	2583	891	2226	1382	64
中国建材工业建设总公司平顶山电收尘器厂	760	2332	1220	11570	1495	9614	7459	721
商丘市机械厂	743	648	895	2493	1186	740	2126	176
郑州勘察机械厂	758	761	909	8035	1660	3639	2594	249

11－57 续表 15　　(1995 年)　　单位:万元

企业名称	平均职工人数(人)	工业增加值	资本金	资产合计	固定资产净值平均余额	流动资产平均余额	销售收入	利税总额
解放军 6456 工厂	1120	831	2772	9667	4160	3482	2232	115
东风汽车工业联营公司郑州轻型汽车制造厂	1861	17752	2680	91716	4674	59659	86534	3188
南阳汽车制造厂	1654	－674	4219	8032	1709	6869	1365	－1131
洛阳凌空汽车制造厂(5408 厂)	1140	－266	2261	4346	1260	3353	1101	－745
鹤壁无线电四厂	1283	1463	869	10013	1374	6217	4306	402
漯河车辆总厂	695	2086	1845	9525	2688	6232	6620	781
驻马店市车辆铸造总厂	750	866	264	5614	1651	3900	5007	303
郑州市拖车厂	730	3256	1207	5398	1369	3516	10731	1777
许昌汽车传动轴总厂	2908	4839	4219	22087	6412	11016	10090	1191
开封汽车配件厂	1124	1122	53	4050	1145	2356	3227	293
河南省气缸盖厂	1521	1592	880	3757	1190	1617	3976	459
中国航空工业总公司第一一六厂	3350	4682	25176	53706	12751	15058	9563	1103
国营豫北机械厂	1874	1585	956	9912	4153	3572	2958	181
鹤壁市汽车电器厂	1096	2695	6133	18227	6537	8633	4639	832
河南省虞城县汽车配件厂	293	233	86	1485	412	964	543	40
郑州车辆厂	1072	－223	647	6326	852	3616	1193	－382
南阳威克达汽车齿轮股份有限公司	1097	1199	2982	9993	2621	4164	3344	277
唐河县汽车变速箱总厂	430	338	317	3491	731	1732	592	54
洛阳北方摩托车厂(5111 厂)	2412	5688	12269	48933	7398	11727	28475	8207
邮电部偃师摩托车厂(538)	1288	563	1255	6087	2426	2110	3094	7
洛阳北方易初摩托车有限公司	4074	49660	36891	124067	28353	55265	167094	45516
国营华原机械厂(国营九六七六厂)	960	1798	1408	5506	2201	1273	3666	723
河南省黄河机械厂(856)	1318	578	721	2678	1177	983	1952	21
河南新乡市三利股份有限公司	932	1489	1054	4567	1151	1888	3812	414
河南华夏光学电子仪器厂	2860	2818	1678	30043	12754	7593	6291	392
安阳飞鹰工业总公司	11298	8199	7601	68777	16073	43723	66109	5357
国营河南柴油机厂(407 厂)	7171	5052	11895	45570	10514	27330	17489	－1009
洛阳航空电器厂(158 厂)	1182	1167	7814	12822	4953	4623	2381	295
国营巴山机械厂	1079	817	1000	6628	3257	2126	2628	323
国营豫新机械厂	3998	3146	7804	28873	10405	15156	7547	239
中国航空工业部郑州飞机工业公司	6238	2317	5230	21062	6941	11096	6773	－1085
铁道部洛阳机车工厂	7159	8409	18728	40171	19728	11140	20290	1382
中国人民解放军第五七一五工厂	1008	875	2774	4272	1200	2886	2251	－161
商丘市车辆厂	1403	758	729	6915	1157	4192	6682	48
河南庆华机器厂	2533	1656	3607	10926	3952	6081	3358	191
河南江河机械厂	4173	1830	18769	29472	10991	12054	9048	125
河南中原特殊钢厂	5750	4934	26188	68181	38329	25846	19471	1255
河南中州机械厂	2969	3224	4040	17333	6659	6159	4551	395
国营河南兴华机械制造厂	3553	－95	4128	23450	12648	8645	1425	－1533
河南中南机械厂	2137	391	19779	26610	19257	5686	2408	－351
国营长江机械厂	1051	355	320	3062	1509	1590	2018	12
国营东风机械厂	1110	837	2603	7001	1580	3640	3458	398
河南红宇机械厂	3797	1035	10025	17976	8593	8029	5851	197
河南星光机械厂	3198	1946	9210	24339	11872	7467	3766	183
河南红阳机械厂	5187	－422	26358	30131	20222	6494	3729	－2187
河南向东机械厂	5760	－223	17325	24777	11093	7405	7269	－2401
郑州电气装备总厂	1705	1731	5234	18352	4017	10191	8847	488
河南省郑州市发电设备厂	1379	68	625	6226	588	4387	1479	－595
河南安阳煤矿电机厂	932	521	309	4927	888	3102	1844	164
开封博达〔集团〕股份有限公司	2296	3519	2600	16911	1435	10216	9039	1467
周口地区电机厂	977	830	650	4785	1068	3293	3493	243
新乡新兰贝克振动电机有限公司	155	185	800	1938	930	802	355	22
河南省电机厂	1416	2047	3650	8035	2845	4849	6059	401
南阳市防爆电机厂	3117	5161	3656	26227	4666	14926	13512	1099

11－57 续表 16　　　　(1995 年)　　　　单位:万元

企业名称	平均职工人数(人)	工业增加值	资本金	资产合计	固定资产净值平均余额	流动资产平均余额	销售收入	利税总额
许昌市微型电机厂	440	559	977	3998	983	2243	1892	126
河南省南阳变压器股份有限公司	632	1338	1025	10161	2493	4232	5405	345
温县中原电力电容器厂	533	508	309	1840	489	1172	1313	202
开开电器股份有限公司	723	1199	425	5328	976	2913	3602	495
新乡电力开关总厂	254	129	415	1772	607	606	576	50
河南省获嘉县协力电器股份有限公司	567	610	630	2782	1383	1742	1450	143
信阳高压开关厂	1408	1469	280	10335	1353	5037	3784	299
河南省平顶山高压开关厂	4966	9182	6950	53837	9200	34084	45461	3905
河南省济源煤炭高压开关厂	808	633	2034	4185	1992	1597	1237	160
郑州市亚力电器设备有限公司	310	200	513	3571	397	3219	589	5
许继电气股份有限公司	3733	11244	13397	50913	12277	25374	26504	5397
开封电缆厂	1037	878	1644	5268	1808	3161	3542	163
周口市电缆厂	473	250	1956	4720	2560	1716	1017	53
周口市康鑫企业集团有限公司	1108	3021	2000	38982	26505	12713	6500	484
新乡市电缆厂	384	677	849	2986	865	1678	2448	223
新乡市漆包线厂	351	330	448	1691	307	1139	1426	32
焦作铁路电缆工厂	1610	1537	10328	19804	8570	9656	13243	－10
焦作市电缆厂	1527	4082	2462	29585	11082	10868	8665	1308
郑州电缆股份有限公司	6263	7851	10068	76947	15232	51974	56758	1400
郑州电磁线厂	783	1989	2467	12273	3134	7579	9486	750
许昌市绝缘材料总厂	667	481	1555	4613	1206	2410	2344	－2
河南省安阳市蓄电池厂	890	64	556	4820	1499	2994	492	－89
国营风云电器厂	3795	4803	9068	25932	5646	13841	14112	628
安阳电池厂	2338	1294	1932	11650	1822	8215	12681	52
新乡市电池厂	2581	1963	1790	21368	4027	12771	7776	201
开封电冰箱厂	721	－493	545	4605	1019	3004	2412	－899
河南新飞电器集团	3428	47630	66826	111438	11765	68062	155907	30101
河南省冷柜厂	1210	5338	6100	23362	4509	17024	17682	3169
安阳市一都空调器厂	310	1887	2200	4610	2285	2005	9600	1247
河南省新乡中州股份有限公司	1036	569	973	5859	1979	2407	1335	70
新乡市科隆电器股份有限公司	462	1868	347	2415	1078	1152	6138	964
河南省安阳灯泡厂	2033	927	300	12973	3297	5613	2566	163
河南省华星照明电器总厂	486	144	149	6635	1673	1388	759	－109
河南省亚星荧光灯厂	794	597	572	4220	1392	2282	1075	88
郑州市灯泡厂	1126	1337	111	4406	887	1946	2679	217
安阳灯头厂	528	559	164	2174	690	761	2580	88
新乡市灯具总厂	563	182	239	2940	1414	1475	860	3
安阳天牌电器工业(集团)有限责任公司	1746	1966	72	7625	1644	4128	6607	583
国营红原无线电厂(632)	1047	237	3000	12726	2813	3734	250	－349
国营燎原无线电厂	4852	9387	8205	68593	12224	39192	53242	1249
邮电部洛阳电话设备厂	2588	12307	5028	57446	8569	38392	30374	5740
郑州欧丽电子(集团)股份有限公司	1144	2666	1698	20583	4003	12445	6289	169
国营许昌华昌通讯器材厂	373	1106	656	2512	450	1833	2442	50
河南安阳彩色显像管玻壳有限公司	2160	73109	17900	184741	62342	93591	124162	60910
国营中原专用材料厂(744)	1861	－4	2772	14358	5384	5904	6356	－1091
河南省新乡市半导体厂	704	439	529	5153	1870	2261	1140	103
鹤壁市无线电二厂	1537	1504	1276	9389	3734	3985	2210	522
国营华中器材厂	1321	926	2584	10958	3504	4469	2775	244
河南省信阳广播器材厂	706	424	778	4739	966	1664	1364	84
南阳市晶体管厂	497	206	396	2223	328	1069	601	155
南阳金冠电器(集团)股份有限公司	818	3242	3104	11418	1703	4160	5599	2268
安阳市电子工业公司	1996	998	1426	15312	4450	8424	3707	－257
开封无线电一厂	1043	－4	245	1765	395	1010	148	－347
开封仪表厂	1908	1687	1915	9077	2838	6011	3270	77

11—57 续表 17 (1995 年) 单位:万元

企业名称	平均职工人数(人)	工业增加值	资本金	资产合计	固定资产净值平均余额	流动资产平均余额	销售收入	利税总额
河南省金雀电气(集团)有限公司	1127	1412	315	8607	2585	3009	5266	288
河南平原光学电子仪器厂	5145	1871	9147	33183	9769	14059	12239	—2730
河南中南光电仪器厂	1539	1207	3143	19064	5898	6134	4176	687
河南川光电子光学仪器厂	2386	633	1388	9747	3626	5015	3003	—640
开封量具刃具厂	363	183	223	905	226	497	303	10
中原量仪股份有限公司	1055	1322	1340	4220	1507	1606	1771	283
新乡市衡器厂	611	987	598	3315	1355	1667	2340	318
郑州照相机厂	929	644	1466	5216	1562	3015	2453	196
洛阳手表厂	1998	548	2133	6071	1438	3350	1225	—150
河南省新乡市钟表总厂	1541	683	1139	5894	2051	2969	2044	66
郑州手表厂	665	194	1073	4259	1428	1569	243	—36
河南省信阳市地毯总厂	341	339	177	1395	235	913	1040	76
河南省泌阳县丝毯厂	1100	1423	450	2522	1240	1785	2767	805
河南省镇平县地毯集团工业公司	1350	9395	5604	14712	5272	9123	12509	6744
许昌市热电厂	647	1450	1761	8245	6101	1458	3642	261
禹州市第一火力发电厂	2108	5298	8393	20517	9058	4882	9690	1639
安阳市热电厂	956	232	9140	14101	11127	1020	5633	—1340
安阳电厂	1631	8327	8000	16759	12391	4225	28712	3549
林州市电力集团有限公司	1820	3904	7240	37452	21633	5917	9069	1099
洛阳热电厂	1374	3836	2005	9175	3628	3152	19351	—610
洛阳首阳山电厂	2113	10427	35767	260116	53392	7302	33164	—116
洛阳市新安电厂	1740	13360	5003	57179	33698	8275	21203	8330
开封火电厂	1831	7979	11752	21266	15461	3806	27169	3555
周口地区电厂	1579	6746	6916	18548	9312	7990	13098	2132
周口市热电厂	609	414	905	3157	1537	847	1412	99
周口地区项城市热电厂	1062	4247	4198	23589	10493	3583	9970	2100
周口地区西华县热电厂	398	413	98	2820	1614	612	1318	132
太康县热电厂	360	254	901	3142	2280	489	1127	96
郸城县热电厂	315	287	1312	3396	1301	1036	2163	179
河南省沈丘县发电厂	831	584	299	2030	1534	578	1746	38
河南省新乡火电厂	1552	32311	136376	134137	90487	10975	63026	22993
辉县市电厂	1349	2207	6176	12881	7920	3298	5088	708
鹤壁火力发电厂	1152	4934	66400	78886	73057	8012	37773	—3072
信阳地区电业管理局	3285	14135	7500	69166	44500	17335	33858	4234
平顶山电厂	1312	7346	9732	30831	24709	5556	22648	288
河南省平顶山姚孟电厂	2164	33151	104443	128503	108183	19133	95310	7140
武陟县电业总公司	926	1259	2167	6876	2631	2399	5758	649
河南省济源电厂	998	4371	4909	25188	9906	3195	10481	2030
沁阳市铝电集团公司	1868	5362	8152	47060	22204	8540	17266	3381
焦作丹河电厂	1205	5769	8882	14963	12389		16632	2138
焦作电厂	2999	27227	52716	119769	101938	8167	85230	8439
商丘地区电厂	1608	1791	2593	15028	6344	3715	5983	—256
郑州热电厂	1182	875	3144	15059	3298	6807	9542	256
巩义市第二电厂	1236	5127	6000	18603	10693	5862	7065	2603
新密坑口电厂	656	1730	714	11753	4938	3121	4365	620
登封市电厂	2047	13640	6816	70761	26490	9456	25113	5582
濮阳市热电厂	1356	5270	3117	61571	41753	4646	15670	—1550
水利部黄河水利委员会								
三门峡水利枢纽管理局	2151	7635	49000	109776	88737	13545	10514	1423
许昌市电业管理局	542	4811	3017	15764	5723	6221	28697	1214
许昌县电业管理局	241	1147	1360	3927	2471	1227	3599	224
禹州市电力工业公司	895	3491	870	7996	3885	2863	11995	859
长葛市电业管理局	411	1579	1542	6144	2795	2025	7302	585
安阳市电业局	952	10333	6354	42741	22393	12854	21350	7451

11－57 续表 17　　（1995 年）　　单位:万元

企业名称	平均职工人数（人）	工业增加值	资本金	资产合计	固定资产净值平均余额	流动资产平均余额	销售收入	利税总额
林州市电业局	612	1010	5350	15110	5701	2582	11875	585
滑县电业管理公司	410	1187	922	5686	2129	2986	6990	726
内黄县电业局	253	812	976	4497	2354	1564	3674	354
市电业局	1117	13414	11291	43207	22379	16099	28680	9171
栾川县电业局	298	797	1782	4102	2249	1419	5587	309
偃师市电业局	421	2601	1488	6668	1961	2257	8297	780
开封电业局	624	5672	5499	22887	13892	4296	7118	3975
周口地区电业局	660	3753	2625	18597	7133	7098	32391	1909
周口市供电局	452	602	816	3191	807	1167	3038	139
周口地区项城市电业局	765	2345	4330	8649	1391	3330	10701	1352
新乡市电业局	781	10267	19155	32010	20279	5765	16867	7222
新乡县电业局	242	1595	4139	6689	2966	3051	7793	518
获嘉县电业综合公司	272	1059	984	3395	1569	1265	3992	310
卫辉市电业局	695	1184	2930	6721	1944	1996	5274	475
辉县市光泰电力公司	1851	4298	2653	21661	6077	10501	22464	1327
河南省郾城县电力公司	376	2594	1785	5426	1570	1980	4866	370
漯河市电业局	483	5489	7740	17879	10982	5712	10114	3698
鹤壁市电业局	427	1899	1322	10914	6490	3178	2752	1082
浚县电业局	322	1342	1037	2791	1965	651	4674	394
河南省信阳地区信阳县电业管理局	531	4260	1672	4889	1623	1441	6281	438
三门峡市电业局	1102	8323	10749	38173	24322	12684	13130	5012
灵宝市电业局	351	1881	2558	12608	2198	2738	3052	1654
平顶山市电业局	1392	13113	1442	41429	27069	12811	15056	9637
修武县电业管理局	375	1085	1516	5976	2055	3043	4768	603
孟县电力管理综合公司	452	1450	1150	4822	1685	2264	6910	924
济源市电业综合公司	598	2108	5039	11452	4122	4575	10277	1128
沁阳市电业综合公司	357	1680	1981	9004	4235	2166	9483	1043
焦作市电业局	1174	12765	10570	45120	27684	20009	19533	9228
永城县电业局	588	3041	1919	3787	1638	2035	10627	456
驻马店河南省驻马店地区电业局	2046	5435	5552	25708	13380	7970	25672	2474
郑州市电业局	2206	30113	32662	122466	70205	24515	34261	13566
巩义市电业局	600	4634	5596	22690	9053	8138	20414	1509
荥阳市电业局	310	2656	2718	7486	3158	3817	8459	1156
新密电业管理局	922	1876	2602	13653	3678	4776	14843	746
登封市电业局	396	3358	2221	7331	2149	3685	11103	1284
南阳市电业局	2085	8993	8650	27580	19648	9908	14308	7255
南阳市电业局郊区供电局	484	890	1251	3815	865	1003	4970	495
淅川县电业局	643	3832	2178	11153	4500	4262	10337	2085
邓州市电业局	731	2024	2199	4778	2145	2076	5775	465
濮阳市电业局	665	7715	6283	22174	15920	4512	8452	5916
郑州市热力总公司	811	－141	20362	23798	14039	4191	3207	－14
安阳市天然气公司	522	2036	2150	13203	7917	1924	4735	583
平顶山市煤气公司	718	707	6620	11976	7216	2899	1539	－241
安阳市自来水公司	543	1268	2702	9976	3517	2723	2844	280
洛阳市自来水公司	1022	3031	9471	24683	9160	2036	3903	767
开封市自来水公司	1097	1485	5137	7585	6203	1478	3148	－14
信阳市自来水公司	433	821	1133	3685	2677	470	1461	256
平顶山市自来水公司	1274	1763	5618	7752	6205	1635	2710	294
河南省焦作市自来水公司	1139	995	6089	6646	4484	932	2522	258
商丘市自来水公司	630	553	1206	1857	1258	315	1124	84
郑州市自来水总公司	2347	6107	23678	36972	28637	4946	13201	1066
新乡市自来水公司	792	1801	7897	15682	7493	3590	3903	－127
鹤壁市自来水公司	319	535	2336	4172	2299	8	1048	141
南阳市自来水公司	943	763	5643	7420	5615	1409	1794	－84

主要统计指标解释

工业 指从事自然资源的开采，对采掘品和农产品进行加工和再加工的物质生产部门。具体包括：①对自然资源的开采，如采矿、晒盐、森林采伐等(但不包括禽兽捕猎和水产捕劳)；②对农副产品的加工、再加工，如粮油加工、食品加工、轧花、缫丝、纺织、制革等；③对采掘品的加工、再加工，如炼铁、炼钢、轧钢、化工生产、石油加工、机器制造、木材加工等，以及电力、自来水、煤气的生产和供应等；④对工业品的修理、翻新，如机器设备的修理、交通运输工具(包括小卧车)的修理等。

工业统计调查单位 工业统计调查单位分为两类：独立核算法人工业企业和工业活动单位。

独立核算法人工业企业 是指从事工业生产经营活动的单位。独立核算法人工业企业应同时具备以下条件：①依法成立，有自己的名称、组织机构和场所，能够承担民事责任；②独立拥有和使用资产，承担负债，有权与其他单位签订合同；③独立核算盈亏，并能编制资产负债表。

工业活动单位 是指在一个场所从事一种或主要从事一种工业生产活动的经济单位。它包括独立核算工业企业按主营业务活动(即工业生产活动)划分的主营业务活动单位和非工业企业所属的工业生产活动单位(即原非独立核算工业生产单位)。工业活动单位，一般应同时具备以下三个条件：①具有一个场所，从事一种或主要从事一种工业活动；②单独组织工业生产、经营或业务活动；③单独核算收入和支出。

村及村以下工业 包括农村村办工业、农村合作经营工业、农村个体工业。

轻工业 指主要提供生活消费品和制作手工工具的工业，是为满足人们吃、穿、用需要的工业，按其所使用的原料不同，可分为两大类：①以农产品为原料的轻工业，是指直接或间接以农产品为基本原料的轻工业。主要包括食品制造、饮料制造、烟草加工、纺织、缝纫、皮革和毛皮制作、造纸以及印刷等工业；②以非农产品为原料的轻工业，是指以工业品为原料的轻工业。主要包括文教体育用品、化学药品制造、合成纤维制造、日用化学制品、日用玻璃制品、日用金属制品、手工工具制造、医疗器械制造、文化和办公用机械制造等工业。

重工业 是指为国民经济各部门提供物质技术基础的主要生产资料的工业。按其生产和产品用途，可以分为下列三类：①采掘(伐)工业，是指对自然资源的开采，包括石油开采、煤炭开采、金属矿开采、非金属矿开采和木材采伐等工业；②原材料工业，是指提供国民经济各部门使用的原料、动力和燃料的工业。包括金属冶炼及加工、炼焦及焦炭化学、化工原料、水泥、人造板及电力、石油和煤炭加工等工业；③加工工业，是指对原材料进行加工制造的工业。包括装备国民经济各部门的机械设备制造工业、金属结构、水泥制品等工业，以及为农业提供的生产资料和化肥、农药等工业。根据上述划分原则，修理业中修理作业对象是重工业的划为重工业，否则划为轻工业。

大、中、小型企业 大、中、小型企业的划分标准有下列两类：

①按企业产品的年生产能力划分。凡产品比较单一的行业，如电力、原煤、石油、钢铁、有色金属、硫酸、烧碱、纯碱、合成氨、汽车、拖拉机、水泥、平板玻璃、纺织、造纸、制糖、手表、缝

纫机、自行车等均以产品生产能力作为划分大、中、小型的标准(生产多种产品的企业,以其主要产品的生产能力来划分)。

②按企业拥有的固定资产原价划分。凡产品种类繁多,难以按生产能力划分的,则以企业的固定资产原价作为划分大、中、小型的标准。

1992年因执行新的大中小型工业企业划分标准和大中小型工业企业的重新划类,故按大中小型分类的各项指标数据与以前年度不可比。

工业总产值 是以货币形式表现的,工业企业在一定时期内生产的工业最终产品或提供工业性劳务的总价值量。计算工业总产值时应遵循工业生产、最终产品两个原则。

原规定工业总产值的内容包括:在本企业内不再进行加工,经检验、包装入库的成品价值;工业性作业价值;自制半成品、在制品期末期初差额价值(生产周期较长的企业计算)。

新规定工业总产值针对原规定工业总产值计算方法上的缺陷,作了四方面的调整:一是凡自备原材料,不论其加工繁简程度如何,一律按全价,即包括自备原材料的价值;二是凡来料加工,加工企业一律按财务上结算的加工费计算工业总产值,即不包括定货来料价值;三是自制半成品、在制品期末期初差额价值,原则上计入工业总产值,但如果会计产品成本核算中不计算自制半成品、在制品成本,则亦不计入工业总产值。四是计算工业总产值、中间投入中的中间物质消耗价值,直接利用现有会计核算资料,一律按不含增值税的价格计算。

新规定工业总产值的内容包括:在本企业内不再进行加工,经检验、包装入库的成品价值;对外加工费收入;自制半成品、在制品期末期初差额价值。

工业总产值原规定与新规定的区别:一是全价与加工费的计算原则不同。新规定凡自备原材料,不论其加工繁简程度如何,一律按全价计算总产值,凡来料加工,一律按加工费计算总产值;原规定则对此有一些特殊规定。二是自制半成品、在制品期末期初差额价值的计算原则不同。新规定要求,凡会计产品核算时计算了成本的差额价值,总产值中就应包括,否则不包括;原规定则区分了生产周期六个月的界限确定是否计入。三是计算价格不同。新规定按不含增值税(销项税额)的价格计算;原规定按含增值税(销项税额)的价格计算。

工业总产值采用"工厂法"计算,即以工业企业作为一个整体,按企业工业生产活动的最终成果来计算,企业内部不允许重复计算,不能把企业内部各个车间(分厂)生产的成果相加。但在企业之间、行业之间、地区之间存在着重复计算。轻重工业总产值的划分也是按"工厂法"计算的,即一个工业企业在正常情况下生产的主要产品的性质属于轻工业,则该企业的全部总产值作为轻工业总产值;一个工业企业生产的主要产品的性质属于重工业,则该企业的全部总产值作为重工业总产值。

工业增加值 是工业企业在报告期内以货币表现的工业生产活动的最终成果。工业增加值有两种计算方法,一是生产法,二是收入法。本《年鉴》所列的工业增加值按生产法计算。

固定资产原价 是指工业企业在建造、购置、安装、改建、扩建、技术改造某项固定资产时所支出的全部货币总额。它一般包括买价、包装费、运杂费和安装费等。

固定资产净值 是指固定资产原价减去历年已提折旧额后的净额。

流动资产 是指可以在一年或者超过一年的一个营业周期内变现或者耗用的资产,包括现金及各种存款、短期投资、应收及预付货款、存货等。

利润和税金总额 指企业产品销售税金及附加和利润总额之和。

工业企业经济效益综合指数 指反映工业企业经济效益综合水平的指标,是以一组经济效益指标分别除以各项指标的全省标准值,乘以各自的权数,加总后除以总权数求得,经济效益指标选择以下六项:

①工业产品销售率(%)

=现价工业销售产值/现价工业总产值×100%

②工业资金利税率(%)

=报告期实现利税总额/(固定资产净值平均余额+流动资产平均余额)×100%

③工业成本利润率(%)

=报告期实现利润总额/报告期销售工厂成本×100%

④工业增加值率(%)

=工业增加值(现价)/工业总产值(现价)×100%

⑤工业劳动生产率(元/人)

=报告期工业增加值/报告期全部职工平均人数

⑥流动资产周转次数(次)

=(产品销售收入+销项税)/全部流动资产平均余额

综合指数计算公式如下:

工业企业经济效益综合指数(%)

=(某项经济效益指标报告期数值/该项指标全省标准值×权数)÷总权数

全省标准值的确定是根据上述指标"七五"期间的年度数据加权平均计算的。权数是上述六项工业经济效益指标各自在综合经济效益中的重要程度,是根据专家权数法分别确立的。

十二、建　筑　业

12—1 建筑业生产情况

指　　标	单　位	合　　计		#国　有		#城镇集体	
		1994年	1995年	1994年	1995年	1994年	1995年
企业个数	个	1332	1384	418	465	842	830
计算建筑业全员劳动生产率的平均人数	万人	60.38	67.38	38.69	41.06	20.60	24.91
建筑业总产值	亿元	145.52	182.07	112.74	141.25	30.59	37.70
建筑工程	亿元	121.15	150.52	92.92	115.35	26.51	32.70
安装工程	亿元	21.45	28.17	17.54	23.45	3.45	4.08
房屋构筑物修理	亿元	1.06	1.29	0.49	0.53	0.56	0.75
非标准设备制造	亿元	1.86	2.09	1.79	1.92	0.07	0.17
建筑业增加值	亿元	40.86	58.53	32.03	45.13	8.13	12.44
建筑业竣工产值	亿元	89.90	122.07	66.90	91.93	21.29	27.98
全员劳动生产率							
按建筑业总产值计算	元/人	24100	27021	29138	34400	14849	15136
按建筑业增加值计算	元/人	6767	8686	8277	10990	3949	4996
单位工程施工个数	个	18647	20626	11255	12386	6997	7815
#本年新开工	个	11050	12345	6100	6735	4699	5322
单位工程竣工个数	个	11583	12187	6286	6776	5026	5156
#优良工程个数	个	3637	4455	2534	3158	1049	1210
房屋建筑施工面积	万平方米	2966.28	3386.46	1810.12	2056.46	1107.61	1250.51
#本年新开工	万平方米	1349.69	1596.85	786.47	898.66	533.89	643.14
房屋建筑竣工面积	万平方米	1322.53	1533.55	708.41	821.69	584.29	665.55
#优良工程	万平方米	357.79	533.44	219.90	293.32	132.19	218.37
房屋竣工率	%	44.6	45.3	39.1	40.0	52.8	53.2
工程质量优良品率							
按单位工程个数计算	%	31.4	36.6	40.3	46.6	20.9	23.5
按房屋竣工面积计算	%	27.1	34.8	31.0	35.7	22.6	32.8
年底自有机械设备总台数	台	136080	171821	82978	98179	51062	68385
年底自有机械设备总功率	万千瓦	228.31	249.26	175.22	185.45	47.29	58.29
#施工机械	万千瓦	159.01	174.88	114.67	122.75	39.24	47.13
年底自有机械设备净值	亿元	17.56	26.65	14.10	21.40	3.24	4.65

注：1.本表统计范围为除乡镇企业以外各种经济类型的独立核算的建筑业企业(表12—2至表12—22同)。

2.本表中的部分指标是按原始计量单位计算的(下同)。

12—2 建筑业生产情况

(1995 年)

指 标	单 位	合 计	土木工程建筑业	#房屋建筑业	#铁路、公路、遂道、桥梁建筑业	线路管道设备安装业	建筑物装修装饰业
企业个数	个	1384	1017	836	82	157	210
计算建筑业全员劳动生产率的平均人数	万人	67.38	59.70	49.37	5.40	5.81	1.88
建筑业总产值	亿元	182.07	151.50	104.99	30.23	26.91	3.66
建筑工程	亿元	150.52	142.51	99.77	29.88	4.94	3.07
安装工程	亿元	28.17	7.38	3.84	0.34	20.28	0.51
房屋构筑物修理	亿元	1.29	1.16	1.05	0.01	0.05	0.08
非标准设备制造	亿元	2.09	0.45	0.33		1.64	
建筑业增加值	亿元	58.53	47.16	32.02	8.55	10.04	1.33
建筑业竣工产值	亿元	122.07	99.79	71.68	19.25	19.67	2.61
全员劳动生产率							
按建筑业总产值计算	元/人	27021	25377	21266	55988	46316	19457
按建筑业增加值计算	元/人	8686	7899	6486	15826	17272	7104
单位工程施工个数	个	20626	15122	11623	1384	4408	1096
#本年新开工	个	12345	8676	6327	800	2884	785
单位工程竣工个数	个	12187	8650	6217	958	2728	809
#优良工程个数	个	4455	2866	1537	683	1421	168
房屋建筑施工面积	万平方米	3386.46	3257.72	3091.60	70.85	25.26	103.48
#本年新开工	万平方米	1596.85	1541.61	1447.36	36.21	16.12	39.12
房屋建筑竣工面积	万平方米	1533.55	1475.47	1390.43	30.72	13.00	45.08
#优良工程	万平方米	533.44	515.11	475.67	13.49	4.65	13.68
房屋竣工率	%	45.3	45.3	45.0	43.4	51.5	43.6
工程质量优良品率							
按单位工程个数计算	%	36.6	33.1	24.7	71.3	52.1	20.8
按房屋竣工面积计算	%	34.8	34.9	34.2	43.9	35.8	30.3
年底自有机械设备总台数	台	171821	148763	122694	11961	16148	6910
年底自有机械设备总功率	万千瓦	249.26	209.47	121.72	46.15	31.97	7.82
#施工机械	万千瓦	174.88	152.01	89.15	36.02	16.06	6.81
年底自有机械设备净值	亿元	26.65	22.32	11.24	5.19	3.93	0.40

12—3 建筑业主要财务指标

单位:万元

指标	合计		#国有		#城镇集体	
	1994年	1995年	1994年	1995年	1994年	1995年
一、资本金合计	**367142.8**	**492087.9**	**269762.7**	**346919.0**	**84585.5**	**128444.6**
二、年末资产负债						
资产总计	1474420.1	1865928.5	1148544.7	1444095.9	1679.0	390231.3
流动资产合计	1021439.7	1253153.8	781859.5	954509.7	225484.0	278694.7
#存货	366589.0	431256.7	239688.6	296933.8	119349.5	126128.8
#在建工程	184824.1	230928.0	89239.0	144761.3	90145.8	81608.9
固定资产合计	359060.6	509742.8	288093.0	403853.0	66205.1	96117.4
固定资产原价合计	475654.8	667879.9	388123.9	538894.9	82222.7	117751.1
#生产经营用	314500.1	437932.8	256771.5	350506.6	54386.8	78790.0
累计折旧	130713.6	216314.6	109485.5	185058.2	20520.7	29639.9
#本年折旧	26539.3	35493.9	22099.9	29104.3	4143.2	5833.3
无形及递延资产合计		23672.4		16972.1		5929.7
#无形资产		17048.3		11400.8		5080.0
负债合计	1069604.0	1326289.2	842784.0	1040145.3	215455.0	267130.7
流动负债	987313.9	1227590.0	778987.5	961492.5	197647.6	249895.0
长期负债	82290.1	98699.2	63796.5	78652.8	17807.4	17235.7
所有者权益合计	404816.1	539639.3	305760.7	403950.6	90741.1	123100.6
#股本	8010.2	14779.2	5700.3	8080.6	1703.9	3087.7
三、损益及分配						
工程结算收入	1305954.4	1649625.9	1033358.3	1301372.6	254765.5	320294.8
工程结算成本	1148831.9	1432950.3	910198.6	1128461.7	224470.0	280737.4
工程结算税金及附加	35750.5	47750.8	25497.6	36599.9	9243.9	10333.7
工程结算利润	121372.0	168924.8	97662.1	136311.0	21051.6	29223.7
管理费用	96582.4	125619.7	78965.6	102591.4	16141.3	20776.6
#税金	4123.5	4054.2	2414.0	2379.2	1564.6	1629.9
劳动、待业保险金	16331.9	29338.7	15138.1	28057.5	1027.7	1224.3
营业利润		41203.0		32363.4		7863.6
利润总额	14695.5	20707.2	7203.6	11608.7	6954.2	8530.0
应交所得税	4329.9	5495.8	2444.7	3389.3	1782.7	2049.2
转作奖金的利润	299.6	1722.6	112.3	1522.7	177.6	190.6
应付利润	1893.4	5334.6	1235.3	3561.3	568.1	1354.2
#已分配股利	63.6	642.7	6.8	572.6	46.4	48.0
利税总额	54569.5	72512.2	35115.2	50587.8	17762.7	20493.6
四、工资、福利费						
本年应付工资总额	196812.9	281126.8	152907.2	208595.1	41306.2	67820.3
本年应付福利费总额	20531.7	31029.0	17240.6	22072.0	3184.8	8618.0

12—4 建筑业主要财务指标

(1995年)　　单位:万元

指标	合计	土木工程建筑业	#房屋建筑业	#铁路、公路、遂道、桥梁建筑业	线路管道设备安装业	建筑物装修装饰业
一、资本金合计	**492087.9**	**406390.1**	**266903.6**	**68637.7**	**63443.9**	**22253.9**
二、年末资产负债						
资产总计	1865928.5	1498797.5	971583.3	298116.8	325874.0	41257.0
流动资产合计	1253153.8	1004985.1	667638.8	199110.7	221241.0	26927.7
#存货	431256.7	350013.3	229146.4	84592.2	72243.1	9000.3
#在建工程	230928.0	201683.0	126746.1	59290.6	21423.6	7821.4
固定资产合计	509742.8	411008.7	249523.5	85578.8	86781.4	11952.7
固定资产原价合计	667879.9	529381.6	316188.0	113895.8	124181.8	14316.5
#生产经营用	437932.8	349797.1	197621.9	85897.3	79586.0	8549.7
累计折旧	216314.6	171240.1	96352.8	49957.6	39102.0	5972.5
#本年折旧	35493.9	27518.1	15346.6	6884.7	7054.8	921.0
无形及递延资产合计	23672.4	22249.3	21241.2	392.3	332.8	1090.3
#无形资产	17048.3	16157.5	15643.8	93.1	117.5	773.3
负债合计	1326289.2	1062715.9	686363.4	224957.2	241713.4	21859.9
流动负债	1227590.0	991736.0	644227.5	212092.5	215679.0	20175.0
长期负债	98699.2	70979.9	42135.9	12864.7	26034.4	1684.9
所有者权益合计	539639.3	436081.6	285219.9	73159.6	84160.6	19397.1
#股本	14779.2	13916.4	12663.5	1210.9	480.0	382.8
三、损益及分配						
工程结算收入	1649625.9	1372638.1	931363.4	290335.5	239268.2	37719.6
工程结算成本	1432950.3	1203502.7	828098.7	250332.1	196780.7	32666.9
工程结算税金及附加	47750.8	39262.8	29248.0	6119.2	7202.7	1285.3
工程结算利润	168924.8	129872.6	74016.7	33884.2	35284.8	3767.4
管理费用	125619.7	93362.3	54269.1	21643.1	29372.8	2884.6
#税金	4054.2	3472.7	2794.8	227.1	465.9	115.6
劳动、待业保险金	29338.7	23564.6	11928.9	5834.7	5656.6	117.5
营业利润	41203.0	34432.4	15993.4	12292.8	6019.9	750.7
利润总额	20707.2	16040.0	8560.1	5198.6	3913.3	753.9
应交所得税	5495.8	3843.4	2944.0	447.7	1393.0	259.4
转作奖金的利润	1722.6	1604.3	335.5	1091.2	60.5	57.8
应付利润	5334.6	4841.7	3114.0	1028.3	226.2	266.7
#已分配股利	642.7	642.7	638.7			
利税总额	72512.2	58775.5	40602.9	11544.9	11581.9	2154.8
四、工资、福利费						
本年应付工资总额	281126.8	230976.5	172403.8	30839.4	43493.3	6657.0
本年应付福利费总额	31029.0	24729.8	18222.8	2908.3	5748.9	550.3

12—5 各市地建筑业企业个数

(1995年底)

单位:个

市地	企业个数	#国有	#地方	#大中型	#城镇集体	#大中型
全省	**1384**	**465**	**393**	**73**	**830**	**3**
郑州市	259	75	47	21	137	2
开封市	60	18	15	3	36	
洛阳市	84	24	13	12	57	
平顶山市	77	15	7	6	58	
安阳市	73	31	31	5	39	
鹤壁市	40	18	15	2	22	
新乡市	67	27	25	2	40	
焦作市	81	23	21	4	57	
濮阳市	56	35	32	3	18	
许昌市	45	17	17		22	
漯河市	38	11	11		25	
三门峡市	141	35	32	1	102	
南阳市	124	52	44	6	70	
商丘地区	58	29	28	3	27	1
周口地区	56	16	16		35	
驻马店地区	54	22	22	1	32	
信阳地区	71	17	17	4	53	

12—6 各市地建筑业职工平均人数

(1995年)

单位:人

市地	计算全员劳动生产率的平均人数	#国有	#地方	#大中型	#城镇集体	#大中型
全省	**673805**	**410624**	**282615**	**226200**	**249065**	**2553**
郑州市	151925	95308	59316	57538	51725	393
开封市	31139	20537	14878	15546	9450	
洛阳市	69893	51196	26734	45277	17896	
平顶山市	51494	37203	7794	32927	13928	
安阳市	40606	31401	31401	13127	8219	
鹤壁市	12297	10322	7840	3511	1975	
新乡市	41174	29272	24246	9823	11902	
焦作市	24951	13494	7868	9129	11067	
濮阳市	41578	28669	26225	8041	10544	
许昌市	16691	9754	9754		4816	
漯河市	12378	4448	4448		7580	
三门峡市	18470	11298	4889	4070	6986	
南阳市	46190	22826	17038	11345	23199	
商丘地区	55228	18440	13728	7774	36608	2160
周口地区	25994	11896	11896		14003	
驻马店地区	12603	6304	6304	1921	6299	
信阳地区	21194	8256	8256	6171	12868	

12－7 各市地建筑业总产值

（1995年）

单位：万元

市地	总产值	#国有	#地方	#大中型	#城镇集体	#大中型
全省	**1820658.5**	**1412526.6**	**706094.7**	**998623.3**	**376983.1**	**7953.3**
郑州市	422739.2	330165.0	159448.2	241858.7	83621.4	4083.3
开封市	97086.6	76135.8	41300.9	63993.4	18318.3	
洛阳市	322516.2	280869.9	90959.3	259251.3	40339.9	
平顶山市	158533.3	135510.7	19690.3	125827.7	22443.3	
安阳市	99872.0	79630.5	79630.5	39421.1	16411.5	
鹤壁市	22360.2	18828.7	15571.7	5717.5	3531.5	
新乡市	107849.0	87923.7	61126.7	33603.4	19925.3	
焦作市	74692.9	53623.1	16987.1	46175.1	20290.8	
濮阳市	97365.4	80909.8	50186.7	37911.8	12647.6	
许昌市	41842.6	25250.1	25250.1		8621.0	
漯河市	17907.7	5468.4	5468.4		12026.3	
三门峡市	61865.1	49249.7	14117.8	31227.0	12359.1	
南阳市	123229.1	88713.0	48709.8	63888.6	34325.1	
商丘地区	70336.1	44423.6	21822.6	29648.1	25612.5	3870.0
周口地区	47065.2	25317.7	25317.7		21635.5	
驻马店地区	19515.7	10237.8	10237.8	3460.1	9277.9	
信阳地区	35882.2	20269.1	20269.1	16639.5	15596.1	

12－8 各市地建筑业总产值中建筑工程产值

（1995年）

单位：万元

市地	竣工产值	#国有	#地方	#大中型	#城镇集体	#大中型
全省	**1505184.6**	**1153480.4**	**643810.9**	**794772.4**	**326973.6**	**3870.0**
郑州市	353671.4	273102.5	145416.0	202586.7	72189.0	
开封市	60410.1	43967.2	41060.9	32140.2	15201.0	
洛阳市	267876.4	231562.5	81518.9	211873.0	35007.5	
平顶山市	116017.1	97345.7	17850.3	89163.6	18092.1	
安阳市	86646.7	70924.8	70924.8	37105.2	12145.9	
鹤壁市	19993.6	17466.2	14653.7	5298.5	2527.4	
新乡市	103296.3	86119.1	59322.1	33603.4	17177.2	
焦作市	47656.3	28539.9	15530.9	22065.4	18337.4	
濮阳市	79127.7	69255.6	42093.3	35279.7	9872.1	
许昌市	39429.9	24106.7	24106.7		7532.6	
漯河市	15456.6	4646.4	4646.4		10420.2	
三门峡市	56860.6	46244.0	13672.6	29073.7	10368.3	
南阳市	101569.2	70403.2	45818.7	49572.7	30975.0	
商丘地区	66325.4	42411.2	19810.2	29013.1	23784.2	3870.0
周口地区	40974.5	20419.8	20419.8		20442.7	
驻马店地区	17807.0	9174.2	9174.2	3460.1	8632.8	
信阳地区	32065.8	17791.4	17791.4	14537.1	14268.2	

12—9 各市地建筑业增加值

(1995 年)

单位:万元

市　　地	增加值	#国　有	#地　方	#大中型	#城镇集体	#大中型
全　　省	**585293.5**	**451271.4**	**223445.1**	**321174.9**	**124434.3**	**2687.6**
郑　州　市	136312.0	111388.9	53437.9	81592.5	21453.4	2105.1
开　封　市	31648.0	24855.1	13212.9	21809.9	6042.3	
洛　阳　市	101164.5	87965.9	33031.8	81814.1	12869.2	
平 顶 山 市	60412.5	52725.5	6710.7	47814.6	7626.4	
安　阳　市	29491.2	22733.7	22733.7	10240.8	5126.0	
鹤　壁　市	7881.6	6232.3	3873.3	3267.6	1649.3	
新　乡　市	34967.0	28644.9	18974.1	11132.8	6322.1	
焦　作　市	25637.0	18811.4	5781.5	16214.6	6540.4	
濮　阳　市	25535.2	20314.5	14276.4	7159.0	4989.6	
许　昌　市	11264.7	6837.8	6837.8		2252.1	
漯　河　市	4859.2	1617.0	1617.0		3138.6	
三 门 峡 市	18946.1	14441.3	4259.8	8576.5	4354.5	
南　阳　市	34348.9	24379.1	14827.7	16119.4	9921.5	
商 丘 地 区	30744.3	13301.4	6847.9	8837.1	17209.7	582.5
周 口 地 区	13626.6	7257.9	7257.9		6346.2	
驻马店地区	5789.8	2907.9	2907.9	973.5	2881.9	
信 阳 地 区	12664.9	6856.8	6856.8	5622.5	5711.1	

12—10 各市地建筑业竣工产值

(1995 年)

单位:万元

市　　地	竣工产值	#国　有	#地　方	#大中型	#城镇集体	#大中型
全　　省	**1220713.7**	**919306.1**	**475426.6**	**630677.8**	**279759.4**	**4465.5**
郑　州　市	252504.6	193341.3	90533.8	123656.3	54210.3	3231.5
开　封　市	83747.8	67678.9	31138.5	59325.7	13827.1	
洛　阳　市	214282.6	180489.6	51521.4	174945.3	32720.6	
平 顶 山 市	101541.5	81615.7	11397.0	76757.9	19346.5	
安　阳　市	83235.8	69423.5	69423.5	30633.1	10696.0	
鹤　壁　市	12142.0	9596.5	8773.5	1206.0	2545.5	
新　乡　市	63569.8	47351.2	35591.3	16658.4	16218.6	
焦　作　市	49102.5	33894.7	8197.5	28752.6	14718.6	
濮　阳　市	84164.1	69911.7	38118.2	39992.0	11125.4	
许　昌　市	30433.0	20046.4	20046.4		5000.2	
漯　河　市	12930.3	3602.2	3602.2		9126.6	
三 门 峡 市	26743.8	12318.3	9776.6	977.6	14132.2	
南　阳　市	89422.4	65933.7	35539.3	48441.1	23487.7	
商 丘 地 区	36544.9	18925.4	16590.4	7441.9	17449.5	1234.0
周 口 地 区	31209.3	15363.6	15363.6		15845.7	
驻马店地区	15489.4	8160.3	8160.3	2701.8	7329.1	
信 阳 地 区	33649.9	21653.1	21653.1	19188.1	11979.8	

12－11 各市地建筑业全员劳动生产率

(1995 年)

单位:元/人

市地	全员劳动生产率		国有		地方国有		城镇集体	
	按总产值计算	按增加值计算	按总产值计算	按增加值计算	按总产值计算	按增加值计算	按总产值计算	按增加值计算
全省	**27021**	**8686**	**34400**	**10990**	**24984**	**7906**	**15136**	**4996**
郑州市	27826	8972	34642	11687	26881	9009	16167	4148
开封市	31178	10163	37073	12103	27760	8881	19384	6394
洛阳市	46144	14474	54862	17182	34024	12356	22541	7191
平顶山市	30787	11732	36425	14172	25263	8610	16114	5476
安阳市	24595	7263	25359	7240	25359	7240	19968	6237
鹤壁市	18183	6409	18241	6038	19862	4940	17881	8351
新乡市	26193	8492	30037	9786	25211	7826	16741	5312
焦作市	29936	10275	39738	13941	21590	7348	18335	5910
濮阳市	23418	6142	28222	7086	19137	5444	11995	4732
许昌市	25069	6749	25887	7010	25887	7010	17901	4676
漯河市	14467	3926	12294	3635	12294	3635	15866	4141
三门峡市	33495	10258	43592	12782	28877	8713	17691	6233
南阳市	26679	7436	38865	10680	28589	8703	14796	4277
商丘地区	12736	5567	24091	7213	15896	4988	6996	4701
周口地区	18106	5242	21283	6101	21283	6101	15451	4532
驻马店地区	15485	4594	16240	4613	16240	4613	14729	4575
信阳地区	16930	5976	24551	8305	24551	8305	12120	4438

12－12 各市地建筑业单位工程施工、竣工个数

(1995 年)

单位:个

市地	施工个数	#国有	#地方	#城镇集体	竣工个数	#国有	#地方	#城镇集体
全省	**20626**	**12386**	**7295**	**7815**	**12187**	**6776**	**4111**	**5156**
郑州市	4455	2969	1210	1363	2245	1510	665	665
开封市	963	677	428	252	492	333	228	156
洛阳市	2261	1595	635	635	1226	774	266	427
平顶山市	1988	1446	229	533	1072	656	92	408
安阳市	980	576	576	359	727	426	426	262
鹤壁市	745	200	181	545	602	117	108	485
新乡市	1032	732	705	300	507	306	298	201
焦作市	1116	613	306	492	825	487	224	333
濮阳市	998	754	656	208	807	612	532	179
许昌市	705	293	293	332	470	178	178	244
漯河市	325	90	90	219	180	44	44	126
三门峡市	684	226	151	445	518	120	89	386
南阳市	1826	1060	757	760	1050	560	363	488
商丘地区	794	339	262	441	469	179	124	279
周口地区	604	285	285	318	323	162	162	161
驻马店地区	563	296	296	267	326	184	184	142
信阳地区	587	235	235	346	348	128	128	214

12—13 各市地建筑业房屋建筑施工、竣工面积

(1995年)　　单位:万平方米

市地	施工面积	#国有	#地方	#城镇集体	竣工面积	#国有	#地方	#城镇集体
全省	**3386.46**	**2056.46**	**1648.47**	**1250.51**	**1533.55**	**821.69**	**714.38**	**665.55**
郑州市	730.21	435.20	386.75	278.31	279.38	157.01	139.80	113.00
开封市	147.93	95.07	88.78	47.65	66.66	38.49	36.98	25.82
洛阳市	483.18	381.06	212.31	100.30	140.21	84.25	55.24	54.29
平顶山市	174.21	123.68	28.18	49.64	67.13	35.60	14.06	30.83
安阳市	262.59	196.69	196.69	42.35	162.41	123.51	123.51	17.72
鹤壁市	49.10	38.70	37.10	10.40	21.34	16.87	16.08	4.47
新乡市	238.71	168.80	167.08	69.91	109.35	68.81	67.75	40.55
焦作市	131.66	44.32	43.32	84.93	67.00	18.77	18.21	47.05
濮阳市	110.32	94.52	94.52	15.80	83.27	69.37	69.37	13.90
许昌市	126.71	62.52	62.52	39.26	51.20	23.03	23.03	20.11
漯河市	63.19	17.64	17.64	43.29	33.58	9.76	9.76	22.98
三门峡市	64.58	38.08	24.01	25.71	41.21	23.50	14.82	17.03
南阳市	361.72	173.22	107.70	187.88	209.64	72.01	46.10	137.63
商丘地区	116.45	59.03	53.94	57.42	47.98	24.31	23.28	23.67
周口地区	139.17	63.37	63.37	75.50	74.58	30.99	30.99	43.59
驻马店地区	109.93	38.66	38.66	71.28	36.72	16.23	16.23	20.49
信阳地区	76.78	25.90	25.90	50.89	41.87	9.18	9.18	32.40

12—14 各市地建筑业工程质量优良品率

(1995年)　　单位:%

市地	按单位工程个数计算	#国有	#地方	#城镇集体	按房屋建筑竣工面积计算	#国有	#地方	#城镇集体
全省	**36.6**	**46.6**	**28.8**	**23.5**	**34.8**	**35.7**	**32.9**	**32.8**
郑州市	46.0	56.2	23.6	25.6	26.3	27.1	25.7	26.3
开封市	37.8	43.5	30.3	26.3	27.6	28.9	29.1	28.0
洛阳市	47.5	66.3	27.8	15.7	34.6	43.7	33.9	20.7
平顶山市	36.3	45.1	20.7	22.8	32.2	48.9	27.0	13.6
安阳市	24.8	32.9	32.9	4.6	41.6	39.1	39.1	29.1
鹤壁市	50.3	12.0	13.0	59.6	19.5	21.3	22.3	13.0
新乡市	27.6	31.0	31.9	22.4	35.1	38.6	39.2	29.1
焦作市	39.4	54.0	3.1	18.0	11.9	10.1	10.2	11.4
濮阳市	47.8	52.3	51.3	36.3	44.8	46.0	46.0	38.9
许昌市	27.4	37.6	37.6	17.2	39.9	28.1	28.1	44.9
漯河市	15.6	18.2	18.2	15.9	18.8	20.4	20.4	18.8
三门峡市	33.8	39.2	34.8	31.3	36.1	46.6	48.2	20.2
南阳市	24.2	37.5	24.2	9.0	57.0	41.3	32.3	65.2
商丘地区	29.2	48.6	31.5	14.0	35.7	37.2	34.4	34.1
周口地区	24.8	28.4	28.4	21.1	29.4	28.2	28.2	30.3
驻马店地区	19.9	14.7	14.7	26.8	21.2	25.9	25.9	17.4
信阳地区	18.4	25.0	25.0	14.0	19.4	20.3	20.3	19.4

12—15 各市地建筑业自有机械设备总功率

(1995年底)　　单位:万千瓦

市地	总功率	#国有	#地方	#大中型	#城镇集体	#大中型
全省	**249.26**	**185.45**	**97.43**	**117.11**	**58.29**	**0.68**
郑州市	64.32	51.32	27.40	37.56	10.78	0.37
开封市	10.44	8.21	3.54	6.58	1.70	
洛阳市	26.63	20.64	8.40	16.32	5.87	
平顶山市	26.98	22.24	2.37	20.10	4.56	
安阳市	18.36	14.08	14.08	4.50	3.32	
鹤壁市	5.62	3.94	2.14	1.11	1.68	
新乡市	14.53	12.18	8.69	2.16	2.35	
焦作市	7.90	4.71	2.46	3.67	3.11	
濮阳市	11.68	10.13	4.84	5.78	1.52	
许昌市	5.60	3.56	3.56		0.98	
漯河市	2.91	1.01	1.01		1.69	
三门峡市	12.91	10.38	1.37	8.02	2.45	
南阳市	12.17	7.02	4.39	4.33	5.09	
商丘地区	8.91	5.61	2.77	3.53	3.30	0.31
周口地区	9.01	3.86	3.86		5.14	
驻马店地区	4.27	2.86	2.86	0.47	1.42	
信阳地区	7.04	3.70	3.70	2.99	3.34	

12—16 各市地建筑业自有机械设备净值

(1995年底)　　单位:万元

市地	自有设备净值	#国有	#地方	#大中型	#城镇集体	#大中型
全省	**266518.9**	**213963.9**	**90196.1**	**154616.8**	**46529.3**	**324.9**
郑州市	60444.4	44159.6	22682.3	35029.7	13659.5	14.9
开封市	7720.4	6881.8	3639.5	5445.6	817.2	
洛阳市	38622.0	34258.5	10375.7	30266.1	4198.2	
平顶山市	48633.5	46255.5	2479.3	44193.4	2229.3	
安阳市	17271.9	14033.0	14033.0	6454.6	2011.7	
鹤壁市	3480.1	3108.9	2160.3	1528.4	371.2	
新乡市	14365.1	10879.9	5771.9	858.1	3485.2	
焦作市	8859.9	6476.2	2507.2	5249.8	2377.4	
濮阳市	13087.4	11928.7	5776.2	6693.2	1125.7	
许昌市	7069.9	5201.0	5201.0		527.6	
漯河市	3671.7	1486.7	1486.7		2088.3	
三门峡市	14590.8	12076.5	1574.0	9356.5	2200.3	
南阳市	9547.2	5597.2	3341.0	3332.2	3907.9	
商丘地区	5734.2	4069.4	1617.0	2679.8	1660.8	310.0
周口地区	4276.8	2239.2	2239.2		2037.2	
驻马店地区	2662.3	1811.3	1811.3	359.7	851.0	
信阳地区	6481.3	3500.5	3500.5	3169.7	2980.8	

12—17 各市地建筑业资本金

（1995 年）

单位:万元

市　　地	资本金合计	#国　有	#地　方	#大中型	#城镇集体	#大中型
全　　省	**492087.9**	**346919.0**	**198328.4**	**215148.9**	**128444.6**	**2630.7**
郑　州　市	125077.0	89665.6	46575.4	67442.1	28424.1	1130.7
开　封　市	18595.5	11824.1	6095.3	8646.6	6182.7	
洛　阳　市	46996.2	34660.0	15940.3	27622.1	11856.7	
平 顶 山 市	42456.2	36792.3	4977.8	33641.7	5353.7	
安　阳　市	28666.1	19431.3	19431.3	5205.7	6636.8	
鹤　壁　市	6874.5	5664.5	4028.7	1848.1	1210.0	
新　乡　市	40012.5	32749.6	27644.1	14165.5	7262.9	
焦　作　市	19555.7	9564.0	5353.3	6339.3	9791.7	
濮　阳　市	34091.0	28339.1	19381.1	9944.3	4558.8	
许　昌　市	10923.3	7246.8	7246.8		1745.0	
漯　河　市	4573.8	1643.1	1643.1		2827.9	
三 门 峡 市	32804.7	26286.7	4450.5	20532.0	5883.0	
南　阳　市	27518.5	14798.1	9289.1	8898.3	11911.4	
商 丘 地 区	18014.1	9377.9	7395.7	2765.0	7876.2	1500.0
周 口 地 区	14168.4	7365.8	7365.8		6690.2	
驻马店地区	6657.5	2974.3	2974.3	1158.5	3683.2	
信 阳 地 区	15102.9	8535.8	8535.8	6939.7	6550.3	

12—18 各市地建筑业流动资产

（1995 年底）

单位:万元

市　　地	流动资产合计	#国　有	#地　方	#大中型	#城镇集体	#大中型
全　　省	**1253153.8**	**954509.7**	**468656.2**	**723075.6**	**278694.7**	**11804.8**
郑　州　市	283263.0	230192.7	95953.4	196729.1	46836.8	8164.8
开　封　市	50772.5	39104.9	23246.1	34682.3	10533.9	
洛　阳　市	208040.8	179204.7	71167.9	159846.7	28332.6	
平 顶 山 市	128742.7	110209.1	12697.8	103099.3	18459.6	
安　阳　市	75754.6	52373.7	52373.7	42216.9	17842.1	
鹤　壁　市	13113.3	9168.0	7302.4	3889.0	3945.3	
新　乡　市	88676.1	66960.8	50868.0	26774.4	21715.3	
焦　作　市	53025.0	36375.7	12766.4	31120.8	16141.6	
濮　阳　市	31156.0	24222.9	14617.5	12418.3	6348.6	
许　昌　市	29319.1	20184.4	20184.4		5354.3	
漯　河　市	15075.5	6944.6	6944.6		7753.8	
三 门 峡 市	62525.8	52690.8	11076.6	34254.0	9619.1	
南　阳　市	79251.2	59251.5	37830.2	39580.4	19861.7	
商 丘 地 区	42509.1	28218.9	12220.2	20914.4	13714.9	3640.0
周 口 地 区	26454.8	13303.0	13303.0		13039.8	
驻马店地区	27306.3	11314.4	11314.4	5342.6	15991.9	
信 阳 地 区	38168.0	14789.6	14789.6	12207.4	23203.4	

12—19 各市地建筑业固定资产原价

(1995年底)　　单位:万元

市地	固定资产原价	#国有	#地方	#大中型	#城镇集体	#大中型
全省	**667879.9**	**538894.9**	**271335.4**	**396698.1**	**117751.1**	**3053.0**
郑州市	167812.7	137299.7	59852.4	116445.7	27096.8	2046.0
开封市	26827.0	20840.2	10764.4	17218.0	5359.3	
洛阳市	107686.6	95730.6	45643.6	87711.3	11532.0	
平顶山市	68076.4	60659.3	9453.1	54622.7	7261.6	
安阳市	29741.4	24003.4	24003.4	12600.3	3564.3	
鹤壁市	8580.8	7649.8	4822.6	4338.8	931.0	
新乡市	41008.4	34053.0	24911.2	13344.2	6955.4	
焦作市	29179.8	21245.4	9505.7	17229.7	7578.3	
濮阳市	33170.4	29214.3	17363.1	12652.8	3584.9	
许昌市	19022.8	14646.4	14646.4		1419.6	
漯河市	5043.8	1976.8	1976.8		3000.5	
三门峡市	40548.3	34510.7	5610.7	25909.7	5603.6	
南阳市	30569.8	20455.2	13214.0	13518.0	10050.6	
商丘地区	20662.8	13908.6	6866.5	8406.3	6622.7	1007.0
周口地区	12395.7	5941.9	5941.9		6449.2	
驻马店地区	8564.3	4633.3	4633.3	2273.9	3931.0	
信阳地区	18988.9	12126.3	12126.3	10426.7	6810.3	

12—20 各市地建筑业企业工程结算收入

(1995年)　　单位:万元

市地	工程结算收入	#国有	#地方	#大中型	#城镇集体	#大中型
全省	**1649625.9**	**1301372.6**	**634231.5**	**934327.2**	**320294.8**	**11447.3**
郑州市	382641.6	299717.4	143647.0	223179.5	73303.3	8346.8
开封市	90268.1	67413.2	37356.6	58164.2	20980.4	
洛阳市	310322.3	275215.3	88111.8	254874.5	33271.2	
平顶山市	154800.9	137295.0	20846.8	127142.8	17408.1	
安阳市	80625.4	66260.3	66260.3	29086.7	10798.5	
鹤壁市	20038.3	16289.1	13056.2	4928.4	3749.2	
新乡市	99824.0	83086.3	54801.0	31779.9	16737.7	
焦作市	64576.7	47997.7	15809.7	41394.0	16114.7	
濮阳市	75680.2	63880.4	42877.9	27177.5	11479.8	
许昌市	38510.8	22896.1	22896.1		7650.2	
漯河市	14558.3	4422.4	4422.4		9870.2	
三门峡市	50348.7	40520.5	11758.0	24993.9	9542.9	
南阳市	114074.6	81739.5	39988.3	58555.5	32245.1	
商丘地区	61263.3	41514.1	19274.1	29298.0	18266.4	3100.5
周口地区	39231.3	19588.9	19588.9		19642.4	
驻马店地区	17773.3	9984.9	9984.9	3821.6	7788.4	
信阳地区	35088.1	23551.5	23551.5	19930.7	11446.3	

12—21 各市地建筑业利润总额

(1995年)

单位:万元

市地	利润总额	#国有	#地方	#大中型	#城镇集体	#大中型
全省	**20707.2**	**11608.7**	**6261.9**	**6477.2**	**8530.0**	**402.9**
郑州市	8036.0	6674.0	3893.6	4403.8	1227.3	402.7
开封市	182.8	40.1	−232.1	326.8	154.5	
洛阳市	1914.6	1173.7	599.0	1413.0	768.8	
平顶山市	−148.4	−223.3	−254.7	−66.4	79.0	
安阳市	273.1	−39.8	−39.8	−260.6	112.9	
鹤壁市	−907.4	−961.5	−63.7	−853.5	54.1	
新乡市	2021.4	513.7	490.6	15.8	1507.7	
焦作市	1160.3	712.9	186.1	573.3	430.1	
濮阳市	1915.7	1857.2	1147.7	656.8	52.0	
许昌市	−349.2	−441.1	−441.1		−114.1	
漯河市	63.0	33.4	33.4		35.2	
三门峡市	666.1	374.0	251.9	30.1	300.7	
南阳市	1933.4	1223.9	142.4	579.6	709.7	
商丘地区	2154.6	388.0	265.1	195.4	1704.6	0.2
周口地区	1550.8	639.5	639.5		911.3	
驻马店地区	147.5	−226.1	−226.1	−300.0	373.6	
信阳地区	92.9	−129.9	−129.9	−236.9	222.6	

12—22 各市地建筑业利税总额

(1995年)

单位:万元

市地	利税总额	#国有	#地方	#大中型	#城镇集体	#大中型
全省	**72512.2**	**50587.8**	**26463.6**	**33353.5**	**20493.6**	**774.9**
郑州市	20993.6	16510.4	8987.6	10694.3	4054.8	630.2
开封市	3103.9	2139.4	1022.4	2172.5	921.6	
洛阳市	10805.9	8834.6	3305.2	8535.6	1939.6	
平顶山市	5318.4	4407.2	441.0	4173.9	909.8	
安阳市	3000.0	2178.6	2178.6	738.3	502.1	
鹤壁市	−248.4	−461.5	342.1	−692.4	213.1	
新乡市	4638.5	2514.3	2144.2	1030.2	2124.2	
焦作市	3237.9	2240.1	667.9	1863.5	965.2	
濮阳市	4509.6	3904.1	2624.6	1345.8	591.4	
许昌市	577.3	−23.0	−23.0		163.1	
漯河市	531.4	144.9	144.9		381.2	
三门峡市	1895.6	1245.7	592.1	457.6	651.4	
南阳市	5409.1	3740.0	1315.4	2417.7	1666.3	
商丘地区	3646.4	1288.2	795.8	753.7	2247.9	144.7
周口地区	3223.8	1473.0	1473.0		1750.8	
驻马店地区	900.6	193.7	193.7	−169.8	706.9	
信阳地区	968.6	258.1	258.1	32.6	704.2	

12—23 附营建筑业施工单位生产情况

（1995 年）

指 标	单 位	合 计	#国 有	#地 方	#城镇集体
企业个数	个	375	145	108	218
计算全员劳动生产率的平均人数	万人	2.84	1.67	0.49	1.16
建筑业总产值	亿元	13.88	10.42	1.42	3.45
建筑工程	亿元	9.90	7.73	0.73	2.17
安装工程	亿元	3.43	2.56	0.68	0.87
房屋构造物修理	亿元	0.34	0.01	0.01	0.32
非标准设备制造	亿元	0.21	0.12	…	0.09
竣工产值	亿元	18.55	15.80	8.34	2.74
按建筑业总产值计算的全员劳动生产率	元/人	48873	62395	28980	29756
单位工程施工个数	个	2764	1266	768	1483
#本年新开工	个	2294	978	587	1303
单位工程竣工个数	个	2386	1060	645	1311
#优良工程	个	652	307	140	339
房屋建筑施工面积	万平方米	69.02	30.24	15.36	38.41
#本年新开工	万平方米	42.24	20.20	10.17	21.67
房屋建筑竣工面积	万平方米	42.41	17.96	10.38	24.07
#优良工程	万平方米	9.22	4.16	2.08	4.80
#住宅	万平方米	22.01	9.44	5.30	12.44
自有机械设备年末总台数	台	5977	3468	1102	2493
自有机械设备年末总功率	万千瓦	23.22	8.96	1.00	14.26
#施工机械功率	万千瓦	18.26	4.36	0.74	13.90

指 标	单 位	土木工程建筑业	#房屋建筑业	#铁路、公路、隧道、桥梁建筑业	线路、管道设备安装业	建筑业装修装饰业
企业个数	个	185	107	16	71	118
计算全员劳动生产率的平均人数	万人	2.42	1.24	0.06	0.22	0.20
建筑业总产值	亿元	11.97	3.30	0.23	1.11	0.80
建筑工程	亿元	9.59	2.84	0.22	0.13	0.18
安装工程	亿元	2.01	0.23	0.01	0.88	0.54
房屋构造物修理	亿元	0.16	0.14		0.10	0.08
非标准设备制造	亿元	0.21	0.09		…	
竣工产值	亿元	9.81	2.61	0.19	8.14	0.60
按建筑业总产值计算的全员劳动生产率	元/人	49447	26612	37890	50455	39797
单位工程施工个数	个	1504	816	47	580	680
#本年新开工	个	1274	653	42	458	562
单位工程竣工个数	个	1249	649	39	521	616
#优良工程	个	488	220	5	101	63
房屋建筑施工面积	万平方米	60.51	50.60	0.08	3.12	5.39
#本年新开工	万平方米	35.01	28.85	0.04	2.86	4.37
房屋建筑竣工面积	万平方米	37.48	30.78	0.07	1.62	3.30
#优良工程	万平方米	8.62	6.03		0.24	0.36
#住宅	万平方米	20.06	16.46	0.04	0.49	1.46
自有机械设备年末总台数	台	5134	3217	113	437	406
自有机械设备年末总功率	万千瓦	20.64	12.17	0.16	0.58	2.00
#施工机械功率	万千瓦	15.91	11.10	0.07	0.49	1.87

主要统计指标解释

建筑业 是国民经济中专门从事建筑安装工程施工的物质生产部门。它是以工农业产品为原料，经过建筑安装活动形成各种用途的固定资产。其主要活动包括：

1、各种房屋、建筑物和构筑物的建造；

2、各种线路、管道和机械设备的安装；

3、原有房屋、建筑物和构筑物的修理；

4、部分非标准设备的制造。

建筑业总产值 也是自行完成施工产值。是以货币表现的建筑安装企业和附营施工单位在一定时期内生产的建筑业产品的总和。是反映建筑业生产规模、发展速度、经营成果的重要标志，也是用以计算建筑业经济效益、劳动生产率和建筑业在国民经济中所占比重的依据。它包括建筑工程产值、设备安装工程产值、房屋构筑物修理产值及非标准设备制造产值。

建筑业增加值 是建筑业企业在报告期内以货币表现的建筑业生产经营活动的最终成果。其计算方法有两种：一是生产法，即建筑业总产出减去建筑业中间消耗后的余额；二是分配法（收入法），即从收入的角度出发，根据生产要素在生产过程中应得到的收入份额计算，具体构成项目有固定资产折旧、劳动者报酬、生产税净额、营业盈余。本《年鉴》建筑业增加值是按分配法计算的。

考虑到独立核算企业和内部单独核算附营单位的会计资料不完全一致，其计算公式为：

独立核算企业建筑业增加值的计算公式为：

建筑业增加值＝本年提取的固定资产折旧＋主营业务应付工资＋主营业务应付福利费＋管理费用中的劳动待业保险费＋工程结算税金及附加＋管理费用中的税金＋工程结算利润－转作奖金的利润

附营单位建筑业增加值的计算公式为：

建筑业增加值＝本年提取的固定资产折旧＋从业人员报酬＋本年应付福利费（推算数）＋工程结算税金及附加＋工程结算利润

建筑业竣工产值 是以货币表现的建筑业生产所形成的成品的价值，反映建筑业的成就，是考核建筑业施工速度和经济效益的依据之一。它一般是以单位工程为对象，当该工程按照设计所规定的工程内容全部完成，达到了设计规定的交工条件，经有关部门检查验收鉴定合格的单位工程价值。

年底自有机械设备总功率 是指建筑业企业自有施工机械、生产设备、运输设备以及其他设备等列为在册固定资产的生产性机械设备年底总功率，按设定能力或查定能力计算。包括机械本身的动力和为该机械服务的单独动力设备。

资本金 是指企业在工商行政管理部门登记注册的资金。企业筹集的资本金按其投资主体一般分为国家资本金、法人资本金、个人资本金及外商资本金等。

1、**国家资本金** 指有权代表国家投资的政府部门或者机构以国有资产投入企业形成的资本金。

2、**法人资本金** 指其他法人单位以其依法可以支配的资产投入企业形成的资本金。

3、**个人资本金** 指社会个人或者企业内部职工以个人合法财产投入企业形成的资本金。

4、**外商资本金** 指外国投资者以及我国香港、澳门和台湾地区投资者投入企业形成的资金。

流动资产 是指可以在一年或者超过一年

的一个营业周期内变现或者耗用的资产，包括现金及各种存款、短期投资应收及预付款项、存货等。

固定资产原价 指建筑业企业在建造、购置、安装、改建扩建、技术改造某项固定资产时所支出的全部货币总额。它一般包括买价、包装费、运杂费和安装费等。

利税总额 指建筑业企业实现利润与上缴税金(利前税)之和，包括利润总额、工程结算税金及附加、管理费用中的税金。

十三、交通运输、邮电通信业

13－1 铁路、公路、内河通车通航里程

（年底数） 单位:公里

指　标	1978年	1980年	1985年	1990年	1994年	1995年
一、铁路	3212	3192	3248	3536	3350	3382
#电气化				384	786	3061
中央铁路	2104	2133	1926	2179	2086	2089
地方铁路	1108	1059	1322	1357	1264	1293
二、公路	31549	36423	38840	43150	47704	49707
#晴雨通车	18951	20002	23811	29793	36676	38734
#高级、次高级路面	12726	13839	16626	20991	27940	30299
三、内河	2202	1361	1110	1110	1104	1104
#通机动船	1453	1361	997	1110	1104	1104

注:铁路通车里程为营业里程;1995年铁路电气化里程为郑州铁路局全局数据。

13－2 地方铁路分线路里程

（1995年底） 单位:公里

线路名称	起止地点	长度
总计		**1292.7**
漯皂线(准轨)	漯河——宋阁(省界)	136.6
漯舞线(准轨)	漯河——舞阳	69.3
风郸线	风翅山——郸城	265.8
朝杞线	朝阳沟——杞县	186.6
汤濮线(准轨)	汤阴——濮阳	93.0
辉长线	辉县——长垣	0.9
克温线	克井——温县	95.1
方修线	方庄——修武	19.3
辉吴线	辉县——吴村	46.2
新白线(准轨)	新乡——小白屯	4.7
商芒线	商丘——芒山	94.0
驻平线	驻马店——平舆	84.0
南保线	南阳——保安	73.3
明堡线	明港——堡子	55.5
泌堡线	泌阳——堡子	24.1
竖开线	开封——竖岗	44.3

13−3 各市地公路线路里程

（1995 年底）　　　　单位：公里

市　地	总　计	等级公路	高　速	一　级	二　级	三　级	四　级
全　省	**49707.3**	**46641.9**	**230.0**	**78.0**	**5726.4**	**11051.6**	**29555.9**
郑州市	5233.9	5191.9	169.0	31.0	689.6	1649.3	2653.0
开封市	1989.6	1946.6	34.0		312.1	459.5	1141.0
洛阳市	4301.6	3939.4	27.0		374.9	1033.1	2504.4
平顶山市	2876.3	2836.3			372.6	553.6	1910.1
安阳市	2089.0	1920.8			307.1	741.3	872.4
鹤壁市	958.7	958.7			121.0	378.5	459.2
新乡市	2911.1	2724.4		47.0	408.8	379.0	1889.6
焦作市	2563.6	2420.5			338.4	447.2	1634.9
濮阳市	1611.4	1611.4			303.0	523.0	785.4
许昌市	1276.0	1263.5			257.5	176.1	829.9
漯河市	1483.6	1483.6			132.1	232.7	1118.8
三门峡市	2629.7	2485.9			207.1	405.8	1873.0
南阳市	5768.7	4601.7			512.1	793.7	3295.9
商丘地区	3125.6	3093.6			391.3	974.1	1728.2
周口地区	3029.8	3029.8			375.9	800.5	1853.4
驻马店地区	3331.1	3304.1			307.0	602.4	2394.7
信阳地区	4527.6	3829.7			315.9	901.8	2612.0

市　地	等外公路	有路面公路	#高级、次高级	无路面里程
全　省	**3065.4**	**42840.5**	**30299.3**	**6866.8**
郑州市	42.0	5152.7	4408.4	81.2
开封市	43.0	1336.6	1319.6	653.0
洛阳市	362.2	3309.6	1723.4	992.0
平顶山市	40.0	2808.3	1623.6	68.0
安阳市	168.2	1970.7	1656.0	118.3
鹤壁市		954.8	895.2	3.9
新乡市	186.7	2638.7	2376.4	272.4
焦作市	143.1	2304.1	1726.1	259.5
濮阳市		1573.8	1573.8	37.6
许昌市	12.5	1225.0	1078.8	51.0
漯河市		1455.3	1442.3	28.3
三门峡市	143.8	2199.5	709.1	430.2
南阳市	1167.0	4577.1	1279.8	1191.6
商丘地区	32.0	2169.6	2142.6	956.0
周口地区		2670.5	2506.4	359.3
驻马店地区	27.0	2775.4	2217.9	555.7
信阳地区	697.9	3718.8	1619.9	808.8

13－4 交通运输工具拥有量

（年底数）

指　标	单　位	1978年	1980年	1985年	1990年	1994年	1995年
一、铁路							
中央铁路							
蒸气机车	台	1084	1025	978	708	449	412
内燃机车	台	168	223	357	561	757	815
电力机车	台	156	165	214	528	842	887
客车	辆	1264	1949	2565	3532	3906	4077
地方铁路							
蒸气机车	台	106	123	101	77	54	59
内燃机车	台	56	76	80	83	72	80
客车	辆	72	79	91	93	86	87
货车	辆	1240	1611	1881	1577	1431	1459
二、公路							
普通货车	辆	49402	64816	130186	210886	265262	251586
大货车	辆	49270	64494	119013	168634	186744	172797
小货车	辆	132	322	11173	42252	78518	78789
客车	辆	10439	15222	38787	82262	165311	196851
大客车	辆	3246	4285	9452	15840	20471	22124
小客车	辆	7193	10937	29335	66422	144840	174727
特种车	辆	3124	5099	9275	7023	9256	8275
三、内河							
机动船	艘	69	110	60	3445	3121	3091
驳船	艘	430	315	304	319	342	352
木帆船	艘	1881	1582	2655			20

13－5 各种民用车辆和运输船舶拥有量

(1995年底)

指标	合计		#私人		#交通系统	
	辆(艘)数	吨(客)位	辆(艘)数	吨(客)位	辆(艘)数	吨(客)位
一、民用汽车	**469337**		**121835**		**18728**	
1.载客汽车	196851	2937591	58667	772013	9554	367431
#大型	22124	886567	4050	154090	7715	338817
2.普通载货汽车	251586	1046522	62731	269282	8938	57422
#大型	172797	880639	43764	226137	8270	55264
3.专用载货汽车	7006	36136	273	1343	236	1235
4.其他专用汽车	5619		77			
5.特种汽车	8275		87			
二、轮胎式拖拉机	**932336**		**909000**		**408**	
#手扶拖拉机	383188		380406		54	
三、摩托车	**534175**		**463501**		**25**	
#两轮摩托车	418836		365243			
四、其他机动车	**133020**		**116868**		**151**	
五、载货挂车	**54234**		**25403**		**4580**	**21649**
六、民用运输船舶						
1.货船	2962	271278	110	1224	2852	270054
2.客货船	55	1173/3489	34	529/1235	21	644/2254
3.客船	24	1795	5	108	14	1477
4.拖船	50				47	
5.驳船	352	33366/2925	2	14/0	350	33352/2925
6.帆船	20					

注:客货船吨(客)位的单位为吨位/客位;拖船的吨(客)位为千瓦。

13－6 各市地民用汽车拥有量

（1995年底）

市地	民用汽车（辆）	普通载货汽车				专用载货汽车	
		辆数	#大型	吨位	#大型	辆数	吨位
全省	**469337**	**251586**	**172797**	**1046522**	**830639**	**7006**	**36136**
郑州市	84408	31604	27773	121274	111630	449	2224
开封市	18731	8840	5793	41548	30402	778	7002
洛阳市	48129	25544	14901	97067	70034	404	2343
平顶山市	29547	14336	10358	54461	47105	321	1638
安阳市	25998	18150	9811	56061	44796	150	900
鹤壁市	12683	7407	5250	28407	26250	78	468
新乡市	35123	20952	11587	83570	69522		
焦作市	26545	17469	13367	80357	68171	224	1075
濮阳市	28881	14981	9279	63560	46400	2024	8144
许昌市	21089	12833	9257	67485	48518	155	680
漯河市	8236	3648	2280	14592	11400	173	339
三门峡市	28510	18004	10813	65353	52409	172	1240
南阳市	27024	13625	9865	68125	51298	860	4305
商丘地区	17101	9772	6364	34920	28638	496	2480
周口地区	30587	20697	16171	86788	72769	263	1152
驻马店地区	14429	7489	5702	51779	25941	160	800
信阳地区	12316	6235	4226	31175	25356	299	1346

市地	载客汽车				其他专用汽车（辆）	特种汽车（辆）
	辆数	#大型	客位	#大型		
全省	**196851**	**22124**	**2937591**	**886567**	**5619**	**8275**
郑州市	50369	3003	435426	147678	618	1368
开封市	8436	1326	210782	36640	477	200
洛阳市	20417	2141	224587	59948	604	1160
平顶山市	13866	1190	211202	49609	227	797
安阳市	6821	935	115788	39270	152	725
鹤壁市	4864	470	45164	18800	49	285
新乡市	12182	1374	118350	48090	1089	900
焦作市	8450	1616	143650	75952	122	280
濮阳市	10459	1157	232626	46280	1057	360
许昌市	7605	888	150594	37214	78	418
漯河市	4245	386	55185	11580	19	151
三门峡市	10096	1502	148757	61340		238
南阳市	11689	1975	397426	79000	303	547
商丘地区	6507	1053	64354	40014	91	235
周口地区	9273	837	130963	37665	25	329
驻马店地区	6173	1177	90767	48257	499	108
信阳地区	5399	1094	161970	49230	209	174

13－7 历年旅客和货物周转量、邮电业务总量

年份	旅客周转量（亿人公里）	＃铁路	＃公路	＃水运	货物周转量（亿吨公里）	＃铁路	＃公路	＃水运	邮电业务总量（万元）
1949	6.46	6.45	0.01		16.53	16.00	0.21	0.32	161
1950	14.79	14.62	0.17		17.86	17.14	0.32	0.40	312
1951	19.19	19.00	0.19		26.86	25.47	0.46	0.93	383
1952	15.62	15.26	0.36		39.12	36.56	0.88	1.68	502
1953	19.67	18.85	0.82		49.11	46.41	1.18	1.52	646
1954	21.30	20.35	0.95		59.71	56.21	1.45	2.05	793
1955	22.98	21.80	1.17	0.01	71.79	67.42	1.97	2.40	908
1956	32.02	29.82	2.17	0.03	101.20	95.55	2.88	2.77	1139
1957	33.23	30.85	2.33	0.05	112.68	106.68	3.13	2.87	1193
1958	37.74	33.67	4.00	0.07	154.85	145.39	5.91	3.55	1648
1959	47.48	41.81	5.62	0.05	207.12	190.89	12.32	3.91	2446
1960	59.38	52.84	6.48	0.06	242.09	225.00	13.08	4.01	3011
1961	85.81	78.72	7.03	0.06	164.80	156.42	5.86	2.52	2392
1962	90.02	82.01	7.98	0.03	131.21	125.02	4.08	2.11	2084
1963	48.07	41.01	7.05	0.01	139.65	132.71	4.67	2.27	2102
1964	45.66	38.43	7.21	0.01	165.83	157.75	5.38	2.70	2222
1965	46.46	37.79	8.65	0.02	227.88	219.56	6.07	2.25	2300
1966	51.14	39.89	11.24	0.01	263.05	254.16	7.44	1.45	3167
1967	62.42	50.05	12.36	0.01	192.85	184.22	6.98	1.65	3043
1968	73.06	59.31	13.74	0.01	169.02	161.51	6.03	1.48	2985
1969	81.53	66.57	14.90	0.06	245.14	236.88	7.00	1.25	3193
1970	80.54	64.74	15.66	0.14	332.55	322.03	8.74	1.78	3502
1971	84.87	68.64	16.13	0.10	354.20	343.26	9.32	1.62	3757
1972	94.59	76.87	17.56	0.16	363.83	351.53	10.64	1.66	4082
1973	99.83	80.13	19.54	0.15	376.22	363.34	11.20	1.68	4410
1974	103.77	82.57	21.06	0.14	368.64	353.87	13.06	1.71	4545
1975	105.23	82.18	22.90	0.15	390.80	372.67	16.29	1.84	4902
1976	107.14	83.31	23.71	0.12	343.13	324.15	17.11	1.87	5061
1977	115.36	87.21	28.02	0.13	447.97	423.19	22.77	2.01	5321
1978	123.22	92.62	30.47	0.13	508.53	484.91	21.57	2.05	7120
1979	140.25	105.73	34.37	0.15	528.92	507.48	19.77	1.67	7540
1980	163.98	122.40	41.35	0.23	547.65	525.31	21.01	1.33	8062
1981	176.99	126.76	49.98	0.25	563.45	537.75	24.45	1.25	8390
1982	195.70	135.60	59.87	0.23	617.77	578.55	37.41	1.81	8666
1983	226.31	155.09	70.96	0.26	674.22	624.37	47.86	1.99	9024
1984	253.11	171.10	81.71	0.30	702.70	643.53	55.88	3.29	9647
1985	323.50	209.77	113.36	0.37	838.22	728.25	105.72	4.25	11057
1986	358.20	228.54	129.34	0.32	881.90	777.12	99.73	5.05	11977
1987	400.06	249.01	150.75	0.30	1020.81	880.94	133.83	6.04	14675
1988	484.77	290.16	194.24	0.37	1079.26	932.37	139.64	7.25	18349
1989	488.56	280.00	208.16	0.40	1157.63	1007.00	142.70	7.93	22805
1990	423.46	229.90	193.10	0.46	1169.44	1001.79	160.66	6.99	48983
1991	459.53	249.52	209.64	0.37	1199.31	1022.17	170.03	7.11	59324
1992	511.40	275.46	235.56	0.38	1302.34	1085.18	209.03	8.13	80685
1993	538.45	295.85	242.15	0.45	1337.03	1099.61	227.37	10.05	122245
1994	566.29	305.35	260.74	0.20	1432.97	1164.43	258.41	9.60	188902
1995	573.85	304.66	262.11	0.24	1538.92	1233.75	295.18	9.32	302583

注：1. 旅客周转量不包括市内交通，铁路运输包括中央和地方铁路，水运不包括远洋和沿海。

2. 邮电业务总量1990年以后按1990年不变价格计算，以前年度按1980年不变价格计算。

13－8 客货运量及周转量

指　标	1990年	1991年	1992年	1993年	1994年	1995年
一、运输量						
(一)客运量(万人)	53567	53836	58096	61285	62686	61964
铁路	4429	4223	4271	4602	4563	4288
中央铁路	4063	3883	3931	4240	4243	4031
地方铁路	366	340	340	362	320	257
公路	48977	49494	53703	56511	57996	57522
#交通系统	34626		38417	36634	36621	34204
水运	150	119	106	146	81	82
民用航空	11	10	16	26	46	72
(二)货运量(万吨)	38111	39923	44018	47347	50988	53582
铁路	9038	9193	9343	9811	9974	10373
中央铁路	8343	8483	8623	8998	9246	9522
地方铁路	695	710	720	813	728	851
公路	28818	30486	34404	37182	40428	42692
#交通系统	3719	3447	3266	3057	2390	2972
水运	255	244	271	354	395	324
民用航空	…	…	…	…	…	1
管道	…	…			191	192
二、周转量						
(一)旅客周转量(百万人公里)	42346	45953	51140	53845	56629	57385
铁路	22990	24952	27546	29585	30535	30466
中央铁路	22878	24844	27440	29452	30417	30371
地方铁路	112	108	106	133	118	95
公路	19310	20964	23556	24215	26074	26211
#交通系统	14721		18445	16692	17217	16048
水运	46	37	38	45	20	24
民用航空	…	…				684
(二)货物周转量(百万吨公里)	116944	119931	130234	133703	143297	153892
铁路	100179	102217	108518	109961	116443	123374
中央铁路	99716	101705	107928	109257	115801	122648
地方铁路	463	512	590	704	642	726
公路	16066	17003	20903	22737	25841	29518
#交通系统	2009	2005	2094	1826	1811	2068
水运	699	711	813	1005	960	932
民用航空	…	…			…	15
管道	…	…			53	53

13－9 客货运量、周转量及构成

(1995年)

指标	客运		货运	
	客运量(万人)	旅客周转量(百万人公里)	货运量(万吨)	货物周转量(百万吨公里)
总计	**61964**	**57385**	**53582**	**153892**
一、交通系统	38646	47222	13670	126389
铁路	4288	30466	10373	123374
中央铁路	4031	30371	9522	122648
地方铁路	257	95	851	726
公路	34204	16048	2972	2068
水运	82	24	324	932
民用航空	72	684	1	15
二、非交通系统	23318	10163	39912	27503
公路	23318	10163	39720	27450
机关厂矿	1900	1415	24281	19486
私人	21418	8748	15439	7964
水运				
管道			192	53
构成(%)	**100.0**	**100.0**	**100.0**	**100.0**
一、交通系统	62.4	82.3	25.5	82.1
铁路	6.9	53.1	19.4	80.2
中央铁路	6.5	52.9	17.8	79.7
地方铁路	0.4	0.2	1.6	0.5
公路	55.2	28.0	5.5	1.3
水运	0.2	…	0.6	0.6
民用航空	0.1	1.2	…	…
二、非交通系统	37.6	17.7	74.5	17.9
公路	37.6	17.7	74.1	17.8
机关厂矿	3.1	2.5	45.3	12.7
私人	34.5	15.2	28.8	5.1
水运				
管道			0.4	0.1

13－10 各市地客货运量

（1995 年）

市　　地	客运量（万人）	#公　路	交通系统	非交通系统	货运量（万吨）	#公　路	交通系统	非交通系统
全　　省	**57604**	**57522**	**34204**	**23318**	**43016**	**42692**	**2972**	**39720**
郑 州 市	6870	6870	2814	4056	9502	9502	117	9385
开 封 市	2242	2242	1392	850	1440	1440	126	1314
洛 阳 市	6941	6941	4923	2018	3869	3869	174	3695
平顶山市	3016	3016	1820	1196	1859	1859	73	1786
安 阳 市	3109	3109	1796	1313	2359	2359	153	2206
鹤 壁 市	819	819	641	178	463	463	111	352
新 乡 市	2161	2161	1507	654	3135	3135	91	3044
焦 作 市	3336	3336	2602	734	2749	2749	280	2469
濮 阳 市	2154	2154	626	1528	960	951	11	940
许 昌 市	1529	1529	1315	214	741	741	237	504
漯 河 市	1513	1513	1386	127	1129	1118	192	926
三门峡市	4252	4252	1466	2786	3801	3801	60	3741
南 阳 市	4660	4603	3881	722	3443	3380	119	3261
商丘地区	2157	2157	1285	872	1700	1635	209	1426
周口地区	3521	3521	2654	867	1693	1672	266	1406
驻马店地区	5615	5615	2375	3240	2307	2228	479	1749
信阳地区	3709	3684	1721	1963	1866	1790	274	1516

注：本表不包括铁路和民航（下表同）。

13－11 各市地客货周转量

（1995 年）

市　　地	旅客周转量（万人公里）	#公　路	交通系统	非交通系统	货物周转量（万吨公里）	#公　路	交通系统	非交通系统
全　　省	**2623500**	**2621064**	**1604752**	**1016312**	**3045009**	**2951834**	**206835**	**2744999**
郑 州 市	306738	306738	161964	144774	457379	457379	12369	445010
开 封 市	147051	147051	93450	53601	105475	105475	11266	94209
洛 阳 市	263957	263957	161910	102047	203026	203026	27197	175829
平顶山市	99862	99862	47755	52107	155548	155548	6466	149082
安 阳 市	153088	153088	81853	71235	204313	204313	9341	194972
鹤 壁 市	44593	44593	37789	6804	40331	40331	8790	31541
新 乡 市	127024	127024	97366	29658	279663	279663	8173	271490
焦 作 市	104955	104955	79532	25423	256585	256585	45251	211334
濮 阳 市	104406	104406	39923	64483	135019	135006	1597	133409
许 昌 市	74305	74305	57666	16639	75765	75765	10431	65334
漯 河 市	83950	83950	66763	17187	91052	85003	9749	75254
三门峡市	152435	152435	49722	102713	215006	215006	836	214170
南 阳 市	267242	265128	216684	48444	287460	280192	11665	268527
商丘地区	136448	136448	99311	37137	109553	108680	8813	99867
周口地区	167456	167456	94478	72978	139154	130469	19387	111082
驻马店地区	193867	193867	81578	112289	182875	158736	7914	150822
信阳地区	196123	195801	137008	58793	106805	60657	7590	53067

13—12 铁路、公路分货类运输量

(1995 年)

货类	铁路		货类	公路	
	货运量(万吨)	货物周转量(百万吨公里)		货运量(万吨)	货物周转量(万吨公里)
焦　炭	883	5475	煤炭及制品	930	93220
石　油	1451	7818	石油、天燃气及制品	8	553
钢　铁	3041	20460	金属矿石	41	3350
金属矿石	1280	6227	钢　铁	189	10234
非金属矿石	1723	8699	矿物性建筑材料	83	6681
矿建材料	1888	9804	水　泥	82	4582
水　泥	476	1697	木　材	142	3399
木　材	554	3927	非金属矿石	35	955
化肥和农药	1185	8095	化学肥料及农药	191	6710
粮　食	2081	15579	盐	35	660
棉　花	63	529	粮　食	324	10495
盐	293	1614	机械、设备、电器	71	16450
其　他	7756	64399	化工原料及制品	22	2013
＃农副土特产品			有色金属	7	471
鲜活易腐货物			轻工医药产品	84	6820
			农林牧渔业产品	41	2756
			其　他	687	37485

注：铁路为郑州铁路局全局数，公路为交通系统数。

13—13 铁路运输主要技术经济指标

指　标	单　位	1990 年	1991 年	1992 年	1993 年	1994 年	1995 年
货运机车日车公里	公里		435	414	412	415	420
货运机车平均牵引总量	吨	2747	2809	2840	2856	2907	2983
蒸气机车	吨	2596	2633	2609	2549	2515	2511
内燃机车	吨	2930	2998	2996	2959	2970	3025
电力机车	吨	2676	2755	2861	2907	2966	3042
货运机车日产量	万吨公里	102.0	102.9	102.0	101.7	103.2	107.5
蒸气机车	万吨公里	78.0	80.0	78.8	74.8	70.9	67.6
内燃机车	万吨公里	143.0	143.0	130.9	114.6	110.7	115.5
电力机车	万吨公里				107.1	109.4	112.6
蒸气机车每万吨公里耗煤	公斤	93.0	88.0	84.9	93.8	101.3	106.8
内燃机车每万吨公里耗油	公斤	21.0	21.0	21.6	22.9	22.6	22.3
电力机车每万吨公里耗电	千瓦小时				105.9	105.2	103.7
旅客列车出发正点率	%	98.0	99.0	99.0	99.1	93.4	93.3
旅客列车运行正点率	%	94.0	96.0	95.2	96.4	93.9	93.4
旅客列车技术速度	公里/小时				59.3	59.5	60.5
旅客列车旅行速度	公里/小时				49.6	49.8	50.7
货物列车出发正点率	%	89.0	90.0	91.3	92.1	99.0	99.6
货物列车运行正点率	%	92.0	93.0	91.1	94.0	96.7	97.1
货物列车技术速度	公里/小时				44.3	44.2	44.7
货物列车旅行速度	公里/小时	28.0	28.0	28.0	29.0	28.3	29.0
货物列车周转时间	天	3.00	3.12	3.15	3.08	3.26	3.14
货物列车一次作业停留时间	小时	20.0	21.0	19.8	20.1	20.4	19.8
货物列车中转停留时间	小时	4.0	5.0	4.7	4.6	4.9	4.8
货物列车载重力利用率	%		97.0	98.0	98.5		99.1

13－14 交通系统公路、水运主要技术经济指标

指　　标	单　位	1990年	1991年	1992年	1993年	1994年	1995年
一、公　路							
1.载客汽车							
完好率	%	88.7	90.2	91.1	91.4	92.6	93.6
工作率	%	78.2	79.4	80.6	77.4	75.2	79.7
实载率	%	79.9	64.3	75.8	68.2	70.9	63.1
车座年产量	人公里	49973	51447	54240	47565	48275	41256
每百车公里耗汽油	升	29.00	27.60	27.40	27.20	26.90	25.90
每百车公里耗柴油	升	28.30	27.60	27.20	26.10	25.40	20.30
每百人公里耗汽油	升	0.82	0.81	0.82	0.91	0.92	0.97
每百人公里耗柴油	升	0.62	0.62	0.62	0.68	0.71	0.76
2.载货汽车							
完好率	%	88.1	88.2	89.6	92.0	91.4	90.4
工作率	%	63.0	60.8	61.6	57.3	65.3	69.5
实载率	%	60.3	59.9	61.2	61.9	63.4	65.4
车座年产量	吨公里	29680	28721	30721	27967	31091	36377
每百车公里耗汽油	升	36.30	35.80	34.90	34.20	34.10	34.30
每百车公里耗柴油	升	34.90	34.60	35.40	34.80	30.30	34.10
每百吨公里耗汽油	升	6.80	6.80	6.60	6.40	6.10	5.90
每百吨公里耗柴油	升	5.50	5.30	5.20	5.50	4.60	5.10
二、水　运							
拖轮每千瓦小时拖带量	吨	4.1	4.8	4.8	4.8	4.9	6.3
航运率	%	15.1	19.6	21.8	28.4	23.0	29.6
营运率	%	99.2	91.2	94.6	96.4	98.0	99.8

13－15 铁路主要站客货发送量

(1995年)

站　　名	旅客发送量(万人)	货物发送量(万吨)
郑　　州	962	6
开　　封	118	68
洛　　阳	318	97
平 顶 山	43	63
安　　阳	187	62
鹤　　壁	2	9
新　　乡	239	114
焦　　作	71	333
许　　昌	86	206
漯　　河	183	179
三 门 峡	81	70
南　　阳	106	76
商　　丘	196	50
驻 马 店		
信　　阳	216	127

注:本表数据均为各站本身数据,不包括所辖区域内其他站数据。

13—16 独立核算运输企业主要财务指标

(1995 年)　　　　单位:万元

指　　标	合　计	国有经济	集体经济	其他各种经济类型	公　路运　输	水　上运　输
企业个数(个)	448	248	188	12	427	21
＃亏损企业	148	81	62	5	145	3
资本金合计	110396	67588	38457	4351	104094	6302
流动资产合计	91099	54181	36034	884	89305	1794
＃存货	12628	8843	3599	186	12551	77
固定资产合计	192330	149177	41862	1291	186660	5670
固定资产原价年底余额	262998	199254	62556	1188	255760	7238
＃生产经营用	148788	106770	41223	795	146023	2765
累计折旧	94169	67152	26752	265	92294	1875
＃本年折旧	16923	12507	4331	85	16682	241
无形及递延资产合计	3592	3020	570	2	3572	20
＃无形资产	2406	2231	173	2	2406	
资产合计	290747	209249	79305	2193	283215	7532
流动负债合计	122861	85100	36664	1097	120639	2222
长期负债合计	41017	32923	8070	24	40057	960
负债合计	163878	118023	44734	1121	160696	3182
所有者权益合计	126869	91226	34571	1072	122519	4350
＃股本	5051	2867	1865	319	5051	
营运业务收入	173317	105581	66170	1566	167774	5543
营运业务成本	133889	81138	51543	1208	130354	3535
营运费用	7382	3963	3339	80	6537	845
营运税金及附加	5863	3743	2079	41	5717	146
营运业务利润	26183	16737	9209	237	25166	1017
管理费用	27392	18022	9254	116	26979	413
＃税金	1361	937	417	7	1325	36
劳动、待业保险金	3888	2364	1524		3763	125
营业利润	243	—820	918	145	—414	657
利润总额	1365	502	742	121	697	668
应交所得税	1301	903	327	71	1257	44
转作奖金的利润	11	3	8		11	
应付利润	274	105	4	165	274	
＃已分配股利	129	70		59	129	
本年应付工资总额	33101	24548	8366	187	32381	720
本年应付福利费总额	4333	3296	1013	24	4310	23

13－17 铁路运输主要财务指标

单位:万元

指标	1994年			1995年		
	总计	中央铁路	地方铁路	总计	中央铁路	地方铁路
运输总收入	706028	695551	10477	762227	750296	11931
客运收入	205420	204558	862	241761	241057	704
货运收入	428964	420193	8771	436035	426134	9901
行李包裹收入				16038	16038	
邮运收入				1945	1945	
其他收入				66448	65122	1326
运输总支出	856591	846818	9773	916701	909768	6933
工资	147773	145048	2725	171807	168297	3510
材料	76308	75619	689	94412	93647	765
燃料	90443	89169	1274	91905	90519	1386
电力	83681	83681		88184	88184	
折旧				107411	106139	1272
其他				362982	362982	
营业外收支净额				51231	51312	－81
实现利润	－50053	－50776	723	－121774	－122114	340
应交税费				28844	28202	642
#营业税				26113	26113	
固定资产原价年底余额	4915922	4871077	44845	5188273	5119738	68535
#生产用固定资产	2272287	2234954	37333	4999616	4945027	54589
#机车车辆				797725	789483	8242
线路				2893351	2864369	28982
通信线路				71949	70920	1029
通信信号线路				161812	161658	154
机械动力设备				132347	130189	2158
运输设备				40596	39759	837
传导设备				123383	123175	208
非生产用固定资产				102270	97562	4708
固定资产折旧				1973877	1951080	22797
固定资产净值年底余额	3145604	3113845	31759	3214396	3168658	45738

注:本表中央铁路数为郑州铁路局数。

13—18 邮 电 通 信 网

(年底数)

指　　标	单位	1978年	1980年	1985年	1990年	1991年	1992年	1993年	1994年	1995年
邮电局、所	处	2442	2450	2596	2810	2830	3196	3682	4432	3368
邮路及农村投递线路总长度	万公里	19	19	21	23	23	22	24	25	24
电报电路	路	283	394	446	489	508	521	546	586	603
长话电路	路	845	942	1688	4103	5551	7655	14341	25190	27314
市话交换机总容量	万门			11.92	24.92	38.05	47.45	80.85	137.80	194.46
#程　控	万门				4.25	17.04	23.23	64.98	135.87	194.46
市内电话机	万部	8.58	10.62	17.61	37.51	44.34	56.43	78.06	116.41	164.03
农村电话机	万部	7.33	6.73	5.60	6.43	6.81	7.52	8.96	12.50	20.90

注:1993—1995年市话交换机总容量为中央国有局用交换机总容量。

13—19 邮 电 业 务 总 量

指　　标	单位	1978年	1980年	1985年	1990年	1991年	1992年	1993年	1994年	1995年
邮电业务总量	**万元**	**7120**	**8062**	**11057**	**27872 (48983)**	**59324**	**80685**	**122245**	**188902**	**302583**
一、中央国营业务总量	**万元**	**5551**	**6420**	**9370**	**24262 (44008)**	**53652**	**73851**	**112736**	**173936**	**273747**
1.国内业务										
函件	万件	11629	14230	20304	21954	17261	17721	20168	21868	21857
包件	万件	273	299	327	442	395	430	667	685	648
汇票	万张	407	482	585	575	560	580	616	634	640
订销报纸期发数	万份	267	368	726	632	489	544	569	508	509
订销报纸累计数	万份	75270	82191	118481	80302	85661	91810	98061	94680	98104
订销杂志期发数	万份	274	467	886	513	564	665	564	473	488
订销杂志累计数	万份	2971	5599	11631	6739	7542	8129	8101	7495	7808
报刊流转额	万元	3054	4133	8939	16246	18718	22036	25488	33142	38208
电报	万份	687	778	1191	1459	1462	1556	1410	1011	676
传真	份			528	5761	11026	27316	62487	78701	127884
用户电报	万次				9.15	10.32	9.42	7.02	6.83	7.40
长途电话	万张	703	853	1291	2404	3885	7235	12576	22032	34595
市话期末到达数	户	42664	47934	74999	175250	217085	303345	478964	780773	1167158
电信出租代维及其他	万元			282	911	1224	1656	2789	4665	8687
2.国际及港澳业务										
函件	万件				78	74	74	92	95	101
包件	件				1906	1874	2671	4597	5701	5599
特快专递	件				12102	14765	20383	33180	51575	41757
公众电报	份				7937	6147	6388	5264	4480	2995
用户电报	次				89117	80633	63505	42599	23349	19804
传真	份				1481	3024	7902	12976	7732	6869
国际电话	万张				19	25	37	58	82	114
港澳电话	万张				4	23	38	59	75	103
二、地方国营业务总量	**万元**	**1569**	**1642**	**1687**	**3610 (4975)**	**5672**	**6834**	**9509**	**14966**	**28835**
农话期末到达数	户	77853	81635	81684	52359	56000	63201	78058	112320	190220
农话通话张数	万张				1932	2002	2429	3302	6695	16517
出租代维及其他	万元				2372	2641	2319	4970	6914	11018

注:1、1990年邮电业务总量有两个不变价格,括号外为1980年不变价格,括号内为1990年不变价格。

2、1991年以后邮电业务总量按1990年不变价格计算,以前年度按1980年不变价格计算。

13—20 各市地邮电通信网

(1995年底)

市　　地	邮电局、所(处)	邮路及农村投递路线长度(公里)	电报电路(路)	长话电路(路)	市内电话机(部)	农村电话机(部)
全　　省	**3368**	**242785**	**603**	**27314**	**1640301**	**209032**
郑州市	340	43905	515	20879	452340	22704
开封市	163	10613	33	1560	83241	6809
洛阳市	353	15277	68	1985	199209	20251
平顶山市	199	11525	35	1283	94058	8035
安阳市	164	10280	36	1965	80931	15753
鹤壁市	53	3085	10	853	29208	4003
新乡市	181	11896	30	1973	104332	20679
焦作市	145	8901	28	1167	91028	13311
濮阳市	126	7493	14	982	42724	3738
许昌市	103	8160	70	1562	45567	7291
漯河市	68	4389	12	824	33958	4277
三门峡市	104	5759	21	699	55923	10796
南阳市	367	30130	44	1406	102307	24849
商丘地区	216	18706	20	1211	51222	8214
周口地区	309	18668	25	1014	53857	9712
驻马店地区	214	15832	30	944	54030	10421
信阳地区	263	18166	27	1862	66366	18189

注：电报电路、长话电路省内地区间电路在全省汇总时折半，全省总计不等于市地电路合计。

13—21 各市地邮电业务总量

(1995年)

市　　地	邮电业务总量(万元)	国内函件(万件)	国内报刊期发数(万份)	国内公众电报(万份)	国内长途电话(万张)	市话期末到达数(户)	农话期末到达数(户)
全　　省	**302582.57**	**21856.99**	**997.22**	**675.75**	**34595.24**	**1167158**	**190220**
郑州市	83467.16	6540.26	110.82	86.99	9612.30	295413	21059
开封市	13472.75	856.40	51.37	26.23	1548.31	61683	6489
洛阳市	28771.88	2103.43	112.97	52.75	3204.94	140751	13935
平顶山市	15644.21	818.37	62.53	37.54	1880.61	68004	7948
安阳市	17833.43	1226.74	53.24	32.10	1750.03	53645	12921
鹤壁市	5239.32	733.28	20.83	8.87	611.12	21682	3953
新乡市	21964.93	1403.19	81.92	32.74	2316.98	75467	19655
焦作市	17348.80	874.48	64.05	29.46	1949.38	62619	12571
濮阳市	8006.35	571.25	34.62	21.42	1107.49	26371	3713
许昌市	9431.87	638.04	26.62	22.73	1283.21	34462	6766
漯河市	7635.29	307.27	20.56	16.36	945.35	28605	4223
三门峡市	10528.77	932.27	30.09	24.21	983.45	38098	9223
南阳市	18831.79	1678.90	102.72	82.35	2025.81	73925	22667
商丘地区	11273.80	661.28	57.22	39.08	1176.87	41902	8130
周口地区	11293.43	649.94	53.37	52.64	1537.61	43646	9690
驻马店地区	10112.78	838.51	37.09	48.21	1374.50	46010	10411
信阳地区	11726.01	1023.38	77.20	62.07	1287.28	54875	16866

注：邮电业务总量按1990年不变价格计算。

13－22　邮电通信企业主要财务指标

单位:万元

指　　标	1994年	1995年
全部邮电企业		
业务收入	178955.89	277283.81
业务成本	150798.68	250286.08
收支差额	27096.94	48955.26
固定资产原价	671573.03	876063.44
固定资产净值	531422.60	612578.99
中央国有邮电企业		
业务收入	163108.81	246200.23
邮政收入	40713.34	52088.78
长途电信收入	57345.29	83162.23
本地电话收入	65050.18	110949.22
业务成本	134645.00	218867.25
#工资	19683.00	31918.46
职工福利费	3345.60	4468.58
折旧费	64477.50	106617.25
邮件运输费	1820.20	2014.59
修理费	19598.60	33798.60
低值易耗品	2612.10	5288.47
业务费用	23107.60	34761.30
管理费用	48182.90	54621.43
财务费用	1664.44	11907.49
收支差额总计	26339.03	47575.88
固定资产原价	619983.04	789121.17
固定资产净值	487205.66	542259.56
地方国有邮电企业		
业务收入	15847.08	31083.58
业务成本	16153.68	31418.83
收支差额	757.91	1379.38
固定资产原价	51589.99	86942.27
固定资产净值	44216.94	70319.43

13—23 邮电通信服务水平

指　　标	单　位	1994年	1995年
进入长途自动网的县(市)	个	112	112
＃直拨国际港澳的	个	106	112
开通无线寻呼的县(市)	个	111	111
开通移动通信的县(市)	个	76	95
设有邮电局、所的乡(镇)	个	1894	1914
占全部乡(镇)的比重	%	88.4	89.3
开办邮储业务的乡(镇)	个	1568	1626
占全部乡(镇)的比重	%	73.2	75.9
已通电话的乡(镇)	个	2027	2042
占全部乡(镇)的比重	%	94.6	95.3
已装农话交换机的乡(镇)	个	1669	1592
占全部乡(镇)的比重	%	77.9	74.3
＃装自动交换机的	个	1117	1557
＃程控	个	1104	1555
进入长话自动网的乡(镇)	个	1308	1931
占全部乡(镇)的比重	%	61.0	90.1
＃直拨国际及港澳	个	1036	1645
已通电话的行政村	个	17514	19755
占全部行政村的比重	%	36.8	41.4
已装交换机的行政村	个	92	90
占全部行政村的比重	%	0.2	0.2
地方国营电话交换点	处	1804	1665
＃邮电局经营的	处	1689	1611
邮政储蓄市场占有率	%	5.0	5.4

主要统计指标解释

铁路营业里程 指办理客货运输业务的铁路正线总长度。凡是全线或部分建成双线及以上的线路，以第一线的实际长度计算；复线、站线、段管线、岔线和特别用途线以及不计算运费的联络线都不计算营业里程。铁路营业里程是反映铁路运输业基础设施发展水平的重要指标，也是计算客货周转量、运输密度和机车车辆运用效率等指标的基础资料。本《年鉴》铁路通车里程为营业里程。

公路里程 也称"公路通车里程"，是指实际达到《公路工程技术标准 JTJ101－88》规定的等级公路，并经公路管理部门正式验收交付使用的公路里程数。它包括大中城市的市区公路以及通过小城镇街道的公路里程，也包括桥梁、渡口的长度，但不包括城市的街道以及厂矿、林区和农业生产用道的里程。两条或多条公路共同经由同一路段，只计算一次，不得重复计算里程长度。公路里程是反映公路建设发展规模的重要指标，也是计算运输网密度等指标的基础资料。

货(客)运量 指运输业实际运送的货物(旅客)数量。是反映运输业为国民经济和人民生活服务的数量指标，也是制定和检查运输生产计划，研究运输发展规模和速度的重要指标。货运按吨计算，客运按人计算。货物不论运输距离长短，货物类别，均按实际重量统计；旅客不论行程远近或票价多少，均按一人一次作为客运量统计。半价票、小孩票也按一人统计。

货物(旅客)周转量 指运输业运送的货物(旅客)数量与其相应运输距离的乘积之总和。是反映运输业生产总成果的重要指标，也是编制和检查运输生产计划、计算运输效率、劳动生产率以及核算运输单位成本的主要基础资料。通常以吨公里和人公里为计算单位。计算货物周转量通常按发出站与到达站之间的最短距离，也就是计费距离计算。本《年鉴》货物(旅客)周转量数据均不包括民航运输。其计算公式为：

货物周转量＝$\sum$(每批货物量×该批货物的运程)

旅客周转量＝$\sum$(实际运送的每一旅客×该旅客起程与到达站间距离)

铁路货运机车日产量 指平均每台货运机车在一昼夜内所完成的总重吨公里数。它既包括载运货物的重量，也包括车辆本身的自重，它从时间和牵引能力两方面反映了机车运用效率。计算公式为：

货运机车平均日产量＝货运总重吨公里数/货运机车台日数

邮电业务总量 指以货币表现的邮电部门为用户传递信息和提供其他邮电服务的总量。它综合反映了一定时期邮电工作的总成果，是研究邮电业务量构成和发展趋势的重要指标。它用各种邮电分类业务量，如函件件数、电报份数、长话张数、市内电话和农村电话的年均户数、订销报刊累计份数等，分别乘以相应的平均单价(不变价)，加总后再加上出租电路和设备的收入、代用户维护电话交换机和线路等设备的收入、其他业务收入求得。

十四、批发零售贸易业、餐饮业

14－1 批发零售贸易、餐饮业机构、网点及人员

(1995年底)

项目	法人机构(个)	#市	#县	网点(个)	#市	#县	人员(人)	#市	#县
总计	**19520**	**9482**	**4502**	**854370**	**217237**	**193986**	**2322270**	**857392**	**577275**
一、批发贸易业	**10620**	**5236**	**2707**	**118645**	**38740**	**36380**	**710276**	**334829**	**218394**
1.按经济类型分									
国有经济	5549	2459	1770	25446	10113	10873	354023	181366	119826
集体经济	4691	2494	899	27954	6477	4949	208626	92237	54672
个体经济				64082	21346	20310	131209	47156	42067
其他各种经济类型	380	283	38	1163	804	248	16418	14070	1829
2.按企业规模分									
大型企业	43	40	3	652	623	29	13665	13464	201
中型企业	1012	641	345	8861	4730	3644	169748	116395	50247
小型企业	9565	4555	2359	107207	31866	32530	513580	194041	166479
附营单位				1925	1521	177	13283	10929	1467
二、零售贸易业	**7084**	**3206**	**1438**	**583932**	**133343**	**122619**	**1232830**	**373433**	**270042**
1.按经济类型分									
国有经济	2522	909	734	11551	4028	4974	167006	92283	56010
集体经济	4335	2140	672	29637	8154	3714	146676	55894	26958
个体经济				542293	120861	113832	897251	204664	186111
其他各种经济类型	227	157	32	451	300	99	21897	20592	963
2.按企业规模分									
大型企业	15	15		60	60		13595	13595	
中型企业	1303	522	337	15220	4592	3659	161281	89807	42087
小型企业	5766	2669	1101	566314	127005	118588	1042968	259010	225855
附营单位				2338	1686	372	14986	11021	2100
三、餐饮业	**1816**	**1040**	**357**	**151793**	**45154**	**34987**	**379164**	**149130**	**88839**
1.按经济类型分									
国有经济	308	122	156	1108	387	691	19528	14397	4926
集体经济	1382	823	185	1589	949	244	17589	12993	2462
个体经济				148963	43716	34036	337704	117681	81330
其他各种经济类型	126	95	16	133	102	16	4343	4059	121
2.按企业规模分									
大型企业	116	91	25	569	463	106	18055	17115	940
中型企业	298	150	126	821	174	624	7441	2829	4282
小型企业	360	192	88	149360	43924	34146	341489	119646	82651
附营单位	1042	607	118	1043	593	111	12179	9540	966

14－2 各市地批发零售贸易、餐饮业机构、网点及人员

(1995年底)

项目	法人机构(个)	#市	#县	网点(个)	#市	#县	人员(人)	#市	#县
全省	**19520**	**9482**	**4502**	**854370**	**217237**	**193986**	**2322270**	**857392**	**577275**
郑州市	2913	2485	64	57658	27021	13220	203330	144061	26638
开封市	1078	699	219	53197	15454	7396	135423	60152	23256
洛阳市	1371	695	309	60264	25138	7858	237112	133141	37423
平顶山市	737	331	206	60964	23839	24712	142913	66419	44920
安阳市	1182	615	259	48846	13822	4415	120061	48560	15828
鹤壁市	677	369	222	12283	4791	3970	33630	14532	13073
新乡市	1493	955	223	44468	13869	5841	123055	55987	21157
焦作市	1317	642	320	28221	9691	6601	91396	39632	23917
濮阳市	616	169	274	41250	6289	17744	97548	18451	46936
许昌市	736	517	56	39329	17609	2083	96118	53776	8970
漯河市	388	153	123	29044	9766	5979	80253	31000	18140
三门峡市	1514	903	181	27081	9022	3116	68571	31356	9055
南阳市	1596	471	565	68546	11258	17007	191826	66221	53800
商丘地区	985	145	315	69842	5401	22798	168680	19173	67127
周口地区	914	240	317	76628	17405	17975	208788	44113	65904
驻马店地区	1085	216	393	76551	614	24767	165990	9688	67768
信阳地区	992	92	397	57892	5696	8201	149916	16934	36916

注:因市地和省实行分级抽样推算,市地合计不等于全省(表14－3、14－4同)。

14－3 各市地批发零售贸易业机构、网点及人员

(1995年底)

项目	法人机构(个)	#市	#县	网点(个)	#市	#县	人员(人)	#市	#县
全省	**17704**	**8442**	**4145**	**702577**	**172083**	**158999**	**1943106**	**708262**	**488436**
郑州市	2572	2247	64	48195	22452	11031	168960	122119	20611
开封市	981	609	212	43382	11451	6117	117863	52088	21094
洛阳市	1192	594	286	48460	18939	4766	174938	88835	24950
平顶山市	676	298	192	50747	19280	20816	114607	51386	35638
安阳市	963	487	226	41023	11253	3517	101566	41839	14005
鹤壁市	591	318	204	9722	3721	3033	29129	12585	11266
新乡市	1369	839	216	34984	9163	4900	104304	46146	19202
焦作市	1174	549	277	23097	7744	5590	77981	32816	21643
濮阳市	593	161	259	33921	5386	15084	81742	16416	40514
许昌市	703	490	56	31848	14480	1855	79747	45455	8270
漯河市	352	138	108	24294	7648	5173	67543	26170	15449
三门峡市	1289	782	165	20114	6595	2377	54676	25810	7671
南阳市	1478	430	509	59305	10112	13903	172113	61914	46165
商丘地区	943	139	285	58925	3778	19452	147971	16226	59444
周口地区	869	222	296	60315	14596	13895	170212	39363	54498
驻马店地区	1025	180	378	63850	578	20816	141125	9296	59557
信阳地区	975	91	381	48090	4219	6487	130556	14210	32878

14—4 各市地餐饮业机构、网点及人员

(1995 年底)

项　目	法人机构(个)	#市	#县	网点(个)	#市	#县	人员(人)	#市	#县
全　省	**1816**	**1040**	**357**	**151793**	**45154**	**34987**	**379164**	**149130**	**88839**
郑州市	341	238		9463	4569	2189	34370	21942	6027
开封市	97	90	7	9815	4003	1279	17560	8064	2162
洛阳市	179	101	23	11804	6199	3092	62174	44306	12473
平顶山市	61	33	14	10217	4559	3896	28306	15033	9282
安阳市	219	128	33	7823	2569	898	18495	6721	1823
鹤壁市	86	51	18	2561	1070	937	4501	1947	1807
新乡市	124	116	7	9484	4706	941	18751	9841	1955
焦作市	143	93	43	5124	1947	1011	13415	6816	2274
濮阳市	23	8	15	7329	903	2660	15806	2035	6422
许昌市	33	27		7481	3129	228	16371	8321	700
漯河市	36	15	15	4750	2118	806	12710	4830	2691
三门峡市	225	121	16	6967	2427	739	13895	5546	1384
南阳市	118	41	56	9241	1146	3104	19713	4307	7635
商丘地区	42	6	30	10917	1623	3346	20709	2947	7683
周口地区	45	18	21	16313	2809	4080	38576	4750	11406
驻马店地区	60	36	15	12701	36	3951	24865	392	8211
信阳地区	17	1	16	9802	1477	1714	19360	2724	4038

14—5 社会消费品零售总额

单位:亿元

指　标	1990 年	1991 年	1992 年	1993 年	1994 年	1995 年
社会消费品零售总额	**314.31**	**352.51**	**414.53**	**517.33**	**702.46**	**906.67**
1.按销售地区分						
市的零售额	140.85	161.80	197.00	254.23	348.20	443.74
县的零售额	76.21	85.99	98.23	119.37	155.27	197.16
县以下的零售额	97.25	104.72	119.30	143.73	198.99	265.77
2.按经济类型分						
国有经济	132.72	152.49	186.26	216.80	246.72	289.22
集体经济	88.32	91.31	92.96	117.58	149.70	171.18
个体经济	67.81	78.51	101.10	127.63	215.84	316.15
其他各种经济类型	25.46	30.20	34.21	55.32	90.20	130.12
3.按行业分						
批发零售贸易业	215.09	242.62	291.07	352.30	455.86	565.48
餐饮业	16.42	18.94	24.55	31.12	53.67	82.42
制造业	43.33	45.52	52.17	74.88	104.50	126.52
其　他	39.47	45.43	46.74	59.03	88.43	132.25
#农民对非农业居民零售	25.36	29.94	33.72	42.00	58.66	87.73

14－6 各市地社会消费品零售总额

（1995 年）　　　　单位:万元

市地	社会消费品零售总额	国有经济	集体经济	个体经济	其他各种经济类型	市
郑州市	1640664	611032	267354	293197	469081	1385045
开封市	438684	111199	128444	151447	47594	277522
洛阳市	825019	280498	111512	271170	161839	591634
平顶山市	495383	205616	79276	140707	69784	306065
安阳市	484039	162245	106310	139806	75678	246134
鹤壁市	134297	51941	48898	21924	11534	82105
新乡市	600594	193255	173530	167223	66586	303461
焦作市	569377	236969	123580	142472	66356	260744
濮阳市	248139	71324	51186	98007	27622	53621
许昌市	376058	117234	79286	151716	27822	226539
漯河市	287302	76868	39111	136854	34469	98250
三门峡市	292480	89342	56046	91928	55164	143552
南阳市	930487	348129	241733	242985	97640	334576
商丘地区	468739	156806	48396	208637	54900	111052
周口地区	464667	132159	73832	216659	42017	109599
驻马店地区	477793	118945	99911	197503	61434	94432
信阳地区	503006	158586	76508	194528	73384	135824

市地	县	县以下	批发零售贸易业	餐饮业	制造业	其他	#农民对非农业居民零售
郑州市	27050	228569	1109484	81621	172036	277523	171462
开封市	78124	83038	317401	30522	41489	49272	36664
洛阳市	111012	122373	492232	74579	113714	144494	100625
平顶山市	76750	112568	324813	39457	46435	84678	67325
安阳市	104032	133873	293165	37197	70450	83227	62964
鹤壁市	24175	28017	76693	12362	29804	15438	11409
新乡市	90626	206507	428833	41800	68534	61427	54447
焦作市	123174	185459	360066	37919	111268	60124	36175
濮阳市	106284	88234	186764	17851	21871	21653	17064
许昌市	25139	124380	240236	36224	50350	49248	21135
漯河市	97869	91183	172972	35560	55584	23186	15268
三门峡市	31197	117731	194720	26094	21226	50440	42398
南阳市	239207	356704	547143	57853	190701	134790	76274
商丘地区	192563	165124	308350	41280	62758	56351	42980
周口地区	146381	208687	317102	58388	61042	28135	20079
驻马店地区	184342	199019	290271	39536	85832	62154	43256
信阳地区	164289	202893	308265	30251	62091	102399	57796

14－7 全社会批发零售贸易业商品购、销、存总额

单位:亿元

指 标	1994年	1995年	1995年为1994年%
一、商品购进总额	**1331.03**	**1621.49**	**121.8**
从生产者购进	789.01	996.13	126.3
#农副产品购进	167.51	205.49	122.7
从批发零售贸易业购进	515.17	584.44	113.4
进 口	7.21	15.42	213.9
其 他	19.64	25.50	129.8
二、商品销售总额	**1406.02**	**1820.14**	**129.5**
批 发	950.16	1254.67	132.0
对生产经营单位批发	433.67	551.51	127.2
#对农民农业生产资料批发	72.62	129.61	178.5
对批发零售贸易业批发	446.36	611.62	137.0
出 口	70.13	91.54	130.5
零 售	455.86	565.47	124.0
三、年末库存总额	**377.08**	**351.77**	**93.3**

14－8 全社会批发零售贸易业商品购、销、存总额

(1995年)

单位:亿元

指 标	总额	国有经济	集体经济	个体经济	其他各种经济类型	大型企业	中型企业	小型企业、附营单位
一、商品购进总额	**1621.49**	**885.72**	**399.00**	**237.93**	**98.84**	**264.81**	**691.95**	**664.73**
从生产者购进	996.13	614.91	240.12	67.65	73.45	207.70	427.59	360.84
#农副产品购进	205.49	116.89	65.90	19.65	3.05	13.59	81.84	110.06
从批发零售贸易业购进	584.44	248.40	152.51	158.86	24.67	51.55	248.78	284.11
进 口	15.42	15.06	0.04		0.32	4.08	11.06	0.28
其 他	25.50	7.35	6.33	11.42	0.40	1.48	4.52	19.50
二、商品销售总额	**1820.14**	**990.06**	**427.58**	**297.26**	**105.24**	**315.03**	**752.64**	**752.47**
批 发	1254.67	782.66	337.02	57.70	77.29	282.42	603.39	368.86
对生产经营单位批发	551.51	292.70	195.96	29.98	32.87	80.49	264.86	206.16
#对农民农业生产资料批发	129.61	43.65	79.04	6.09	0.83	0.58	77.43	51.60
对批发零售贸易业批发	611.62	400.04	140.75	27.72	43.11	147.86	304.38	159.38
出 口	91.54	89.92	0.31		1.31	54.07	34.15	3.32
零 售	565.47	207.40	90.56	239.56	27.95	32.61	149.25	383.61
三、年末库存总额	**351.77**	**190.00**	**103.32**	**34.21**	**24.24**	**24.53**	**141.08**	**186.16**

14－9 各市地批发零售贸易业商品购、销、存总额

(1995年)

单位:万元

市地	商品购进总额	从生产者购进	#农副产品购进	从批发零售贸易业购进	进口	其他	商品销售总额
郑州市	3696214	2606376	100460	921363	148469	20006	4010295
开封市	911666	675160	145729	234237	383	1886	906275
洛阳市	845450	533241	40277	309903		2306	971539
平顶山市	629176	437133	70394	190597	32	1414	726112
安阳市	776617	528257	105746	240331	1092	6937	834793
鹤壁市	251568	173323	50654	74134		4111	270947
新乡市	857459	566956	123654	264759	499	25245	1093432
焦作市	701982	482253	73743	200818	97	18814	752512
濮阳市	277573	173689	41510	100521	1	3362	292169
许昌市	476302	315059	69127	158477	142	2624	531295
漯河市	332738	191045	68725	101196	3120	37377	317375
三门峡市	338768	188074	27489	149254		1440	385251
南阳市	1145402	733982	292360	399044	400	11976	1267997
商丘地区	553782	377166	138600	173639		2977	624200
周口地区	760043	484569	197961	274286		1188	817066
驻马店地区	692789	466844	202670	218280	5848	1817	703094
信阳地区	640060	388275	103081	251036		749	739693

市地	批发	对生产经营单位批发	#对农民农业生产资料批发	对批发零售贸易业批发	出口	零售	年末库存总额
郑州市	3387603	1077651	46334	1532382	777570	622692	686566
开封市	760130	435328	62709	304400	20402	146145	194501
洛阳市	710463	322955	44557	385136	2372	261076	171335
平顶山市	549348	320560	58431	222319	6469	176764	123011
安阳市	646331	290712	60729	354162	1457	188462	141654
鹤壁市	215691	107765	18216	96412	11514	55256	64871
新乡市	878670	336989	73730	537356	4325	214762	193904
焦作市	489573	250037	54409	181094	58442	262939	132377
濮阳市	217160	131194	67983	83371	2595	75009	111984
许昌市	379431	187045	54874	188966	3420	151864	121450
漯河市	270690	130579	64130	140111		46685	81557
三门峡市	256897	131120	24149	125777		128354	75204
南阳市	881771	429981	98710	444414	7376	386226	326908
商丘地区	482744	256878	106178	213377	12489	141456	163033
周口地区	661672	371479	154961	287793	2400	155394	220589
驻马店地区	565465	213650	92428	339139	12676	137629	168897
信阳地区	590889	222284	135519	368605		148804	187896

注:本表不含个体批发零售贸易业。

14—10 全社会批发零售贸易业商品分类销售、库存总额

（1995 年）

单位：万元

类别	批发额	大中型企业	#对生产经营单位批发	#出口	小型企业、附营单位	#对生产经营单位批发
总计	**12546741**	**8858106**	**3453501**	**882213**	**3688635**	**2061608**
食品类	3329049	2251615	216641	118845	1077434	552420
纺织品类	508270	363933	118496	142156	144337	32731
服装、鞋帽类	354028	219144	8688	150818	134884	6061
日用品类	370482	232672	38115	22215	137810	22857
家用电器类	433633	327634	17770	2791	105999	4205
文化体育用品类	95434	66404	22974	22238	29030	2700
化妆品类	73573	56143	298		17430	82
首饰类	10234	9378		792	856	65
中西药品类	132897	78226	10372	1249	54671	7066
书报、杂志类	98550	67450	8832		31100	3134
石油及制品类	793765	678485	363062		115280	90790
煤炭及制品类	187186	96412	80799	12482	90774	74816
化工材料及制品类	1416656	989037	468909	35543	427619	342205
木材类	78780	28785	11924	11471	49995	30498
建筑材料类	182850	51427	22802	15436	131423	71669
黑色金属材料类	1030075	696544	421500	50299	333531	274665
有色金属材料类	109805	50894	33048	6880	58911	54950
机电设备类	1163803	913520	539391	66679	250283	174812
其他类	2177671	1680403	1069880	222319	497268	315882
#生活消费品	106010	52611	21515	8634	53399	33056

类别	零售额	大中型企业	小型企业、附营单位	年末库存额	大中型企业	#出口	小型企业、附营单位
总计	**5654677**	**1818560**	**3836117**	**3517685**	**1656104**	**58596**	**1861581**
食品类	1592214	354635	1237579	870654	252273	2533	618381
纺织品类	379146	66393	312753	227499	106950	16057	120549
服装、鞋帽类	701236	168401	532835	172385	66434	7226	105951
日用品类	495542	168313	327229	179538	94504	1028	85034
家用电器类	547892	245619	302273	238324	142671	353	95653
文化体育用品类	87315	38751	48564	106059	24601	123	81458
化妆品类	78258	27197	51061	31993	14739		17254
首饰类	29989	26601	3388	15346	12379	87	2967
中西药品类	227762	124671	103091	119021	55836		63185
书报、杂志类	86716	38701	48015	40136	27677		12459
石油及制品类	158157	93634	64523	44691	22923		21768
煤炭及制品类	60194	16195	43999	18630	8875	363	9755
化工材料及制品类	115016	31740	83276	191816	109229	364	82587
木材类	37015	8338	28677	19469	3693	50	15776
建筑材料类	229274	6652	222622	68533	9306	1792	59227
黑色金属材料类	143162	55532	87630	222338	111712	519	110626
有色金属材料类	17698	766	16932	10428	5077		5351
机电设备类	359454	206979	152475	253707	133284	1377	120423
其他类	308637	139442	169195	687119	453941	26724	233178
#生活消费品	54474	16061	38413	83285	8135	1299	75150

14-11 大中型批发零售贸易企业商品销售、库存数量

(1995年)

商品名称	单位	批发	#对生产经营单位批发	#出口	零售	年末库存	#出口
粮食	万吨	137.40	81.84	1.91	61.61	60.45	7.73
食用植物油	万吨	7.06	1.45	0.36	2.40	4.21	
猪和猪肉	万吨	5.27	1.75	1.89	1.30	0.24	0.06
鲜蛋	吨	5957.23	1220.35	2579.55	326.38	73.58	
水产品	吨	4947.33	43.12	2.00	980.51	2777.02	
盐	万吨	38.28	8.47		2.83	10.01	
食糖	万吨	23.85	4.89		1.12	1.27	
卷烟	万箱	375.68	15.12	1.90	30.27	26.62	0.09
酒	万吨	17.58	6.26		1.42	2.73	
棉花	万吨	42.28	29.84	1.34	0.20	18.62	0.48
布	万米	14780.73	1908.34	10022.03	1475.96	4668.24	3086.92
服装	万件	8495.15	84.50	7499.01	3805.00	6410.39	3300.64
针织内衣裤	万件	993.85	58.94	440.14	3681.62	1481.90	44.89
自行车	万辆	512.07	3.88	2.76	53.90	40.41	0.84
摩托车	辆	182863	9561		79401	27555	
电视机	万台	117.80	12.47	0.30	34.84	31.17	0.60
#彩色电视机	万台	48.18	8.05	0.01	23.29	16.42	
录音机	万台	33.76	0.10	0.02	11.93	16.55	
录像机	台	8146	439	50	25892	9752	
照像机	架	37701	2425	42	59740	39225	
家用电风扇	万台	145.01	20.94	0.04	47.97	64.91	0.01
家用洗衣机	台	371382	18281	72	202893	127418	3
家用电冰箱	台	170798	9255	50	179693	86463	
房间空调器	台	57444	2573	110	65160	47014	
抽油烟机	台	47030	1908	135	47810	65799	
化学肥料	万吨	591.40	233.29	0.02	148.45	99.79	0.21
化学农药	吨	36387	16779		18614	16081	8
农用塑料薄膜	吨	17073	5719		1659	4751	3
汽车	辆	71710	29411		17430	9073	
生铁	万吨	21.69	3.47	17.81	0.06	0.42	0.01
钢材	万吨	197.78	129.05	9.39	12.57	29.57	0.03
铜材	吨	1351	1232		47	601	
铝材	吨	896	837		353	349	
水泥	万吨	27.11	20.99	4.29	0.86	1.01	
平板玻璃	万重量箱	42.96	39.11		0.33	5.49	
原木	万立方米	9.67	6.51		2.28	1.66	
锯材	万立方米	2.72	1.77	0.36	0.20	0.46	
煤炭	万吨	726.26	640.87	11.45	127.40	84.85	3.04
焦炭	万吨	20.67	3.48	17.19		1.19	
汽油	万吨	123.15	68.70		17.33	4.77	−0.76
柴油	万吨	185.83	94.02		11.21	5.87	−0.62

14—12 批发零售贸易企业主要财务指标

(1995 年)

单位:万元

指　　标	总　　计	国有经济	集体经济	其他各种经济类型	大中型企　业	小型企业
一、资本金合计	**1644549**	**891072**	**623507**	**129970**	**731078**	**913471**
二、年末资产负债						
流动资产合计	7479620	4777274	2334789	367557	3797082	3682538
#存　货	2881206	1726247	1006235	148724	1506508	1374698
固定资产合计	2123808	1548410	442573	132825	1167198	956610
固定资产原价	2259797	1653965	500813	105019	1172676	1087121
#生产经营用	1251168	929167	245439	76562	723380	527788
累计折旧	462891	317175	130350	15366	238060	224831
#本年提取折旧	71452	48497	19738	3217	40978	30474
资产合计	10222315	6602228	3081129	538958	5340352	4881963
流动负债合计	8059771	5367313	2312106	380352	4054616	4005155
长期负债合计	939869	638437	267569	33863	416554	523315
所有者权益合计	1222675	596478	501454	124743	869181	353494
#股本	154565	12533	83189	58843	93151	61414
三、损益及分配						
商品销售收入(营业收入)	13011611	8400253	3678936	932422	8286451	4725160
商品销售成本(营业成本)	11619546	7456071	3311934	851541	7469216	4150330
经营费用(营业费用)	626066	443677	145339	37050	341997	284069
商品销售税金及附加费	40686	22684	15385	2617	16002	24684
主营业务利润	669394	430458	198394	40542	421919	247475
管理费用	573589	388738	151085	33766	295422	278167
#税金	16183	9457	5978	748	7218	8965
劳动、待业保险费	32623	20366	11218	1039	18123	14500
利润总额	－75621	－92185	9620	6944	－12176	－63445
应交所得税	28237	18066	5619	4552	22178	6059
转作奖金的利润	1253	611	617	25	715	538
应付利润	13800	8591	3825	1384	6694	7106
#已分配股利	698	903	－744	539	1153	－455
四、工资福利及增值税						
本年应付工资总额	312859	191786	101624	19449	150829	162030
本年应付福利费总额	40203	24594	10011	5598	18559	21644
本年应缴增值税	46799	32338	6336	8125	46141	658
本年进项增值税	1000970	734553	146252	120165	994774	6196
本年销项增值税	1013250	732728	151957	128565	1006281	6969

注:本表不含附营单位和个体。

14—13 各市地大中型批发零售贸易企业主要财务指标

(1995年)　　单位:万元

市　地	资本金合计	#国家	流动资产合计	#存货	固定资产合计	固定资产原价	资产合计	商品销售收入(营业收入)
全　省	**731078**	**589387**	**3797082**	**1506508**	**1167198**	**1172676**	**5340352**	**8286451**
郑州市	235782	202122	1341879	413046	333179	308464	1845793	2875732
开封市	21293	17115	168122	67202	44710	39867	221348	299380
洛阳市	57075	45651	250148	101641	121897	131647	385192	540243
平顶山市	39515	36704	225994	96529	69891	78071	300496	427868
安阳市	40292	30342	170961	63517	65175	67472	248482	468499
鹤壁市	5971	5191	38045	15120	10337	11688	49234	82243
新乡市	33501	25894	161415	65073	61407	68103	228553	422203
焦作市	51258	32301	111036	42103	63543	62685	180191	391449
濮阳市	28629	24922	80512	25892	25835	24271	151387	128475
许昌市	24321	20490	111864	56215	47409	51007	162535	276171
漯河市	15067	10209	78841	31729	32091	22263	119760	158179
三门峡市	20845	11225	73406	29508	40378	38018	119090	170235
南阳市	57535	50187	361425	215921	99793	97784	486143	627230
商丘地区	23543	17523	159804	63367	35561	41252	204346	318094
周口地区	33835	21100	230539	111104	45040	51611	281878	381827
驻马店地区	19387	16539	127578	57979	36864	41109	176567	309491
信阳地区	19985	18630	81667	32871	32508	36195	117690	218261

市　地	商品销售收入净额	商品销售成本(营业成本)	商品销售税金及附加费	商品销售利润	管理费用	#税金	利润总额	应缴增值税
全　省	**8244109**	**7469216**	**16002**	**416894**	**295422**	**7218**	**—12176**	**46141**
郑州市	2855257	2600732	4435	129892	88515	1427	2502	5597
开封市	299180	270393	447	13935	12033	219	—3845	1241
洛阳市	537587	480407	1068	28773	24966	583	—7458	6050
平顶山市	423932	368440	1029	32454	21326	483	—1002	5556
安阳市	467951	429477	910	19323	15545	364	—1378	3482
鹤壁市	82160	74422	202	4569	3065	42	749	806
新乡市	421258	386041	681	19121	16037	317	—1638	1166
焦作市	389046	351759	922	22103	11405	468	407	1905
濮阳市	125200	116565	261	5871	5305	253	—2029	1475
许昌市	274484	247663	517	14938	11939	176	—421	3752
漯河市	157742	138852	334	10579	6164	110	760	1950
三门峡市	170228	151430	488	10767	8378	187	—2045	2792
南阳市	620347	557088	1108	37573	26665	1497	1691	952
商丘地区	316930	285741	1546	14777	10942	384	—572	1464
周口地区	381259	343148	885	22662	14682	170	1136	1806
驻马店地区	306285	278515	639	16781	9455	310	930	1961
信阳地区	217965	199394	299	10599	8510	216	—667	1366

14—14 餐饮企业主要财务指标

（1995 年）

单位：万元

指　　标	总　　计	国有经济	集体经济	其他各种经济类型	大中型企　业	小型企业
一、资本金合计	**57195**	**12176**	**12499**	**32520**	**15881**	**41314**
二、年末资产负债						
流动资产合计	39342	12652	9278	17412	12689	26653
＃存货	6680	2981	1239	2460	3380	3300
固定资产合计	73703	36136	15337	22230	31592	42111
固定资产原价	75071	38670	16773	19628	34499	40572
＃生产经营用	55325	25759	11637	17929	24528	30797
累计折旧	21688	16812	1521	3355	14801	6887
＃本年提取折旧	4150	857	272	3021	948	3202
资产合计	134117	50831	34161	49125	51155	82962
流动负债合计	70046	24302	23162	22582	22875	47171
长期负债合计	16930	8146	3712	5072	7453	9477
所有者权益合计	47141	18383	7288	21470	20827	26314
＃股本	4727	9	1291	3427	3321	1406
三、损益及分配						
商品销售收入（营业收入）	65608	32775	19285	13548	30942	34666
商品销售成本（营业成本）	37447	19058	11316	7073	16605	20842
经营费用（营业费用）	14011	7303	3580	3128	8241	5770
商品销售税金及附加费	2807	1491	654	662	1602	1205
主营业务利润	11142	4722	3735	2685	4494	6648
管理费用	13925	5358	3399	5168	5000	8925
＃税金	491	172	290	29	154	337
劳动、待业保险费	1458	1040	301	117	853	605
利润总额	－5525	－312	－783	－4430	－580	－4945
应交所得税	93	33	46	14	33	60
转作奖金的利润	116	77	32	7	78	38
应付利润	291	45	215	31	10	281
＃已分配股利	127		104	23		127
四、工资福利及增值税						
本年应付工资总额	9924	5000	2948	1976	5174	4750
本年应付福利费总额	1047	512	289	246	540	507
本年应缴增值税	35	35			35	
本年进项增值税	575	575			575	
本年销项增值税	610	610			610	

注：本表不含附营单位和个体。

14－15 各市地大中型餐饮企业主要财务指标

（1995 年）

单位：万元

市 地	资本金合计	＃国家	流动资产合计	＃存货	固定资产合计	固定资产原价	资产合计	商品销售收入（营业收入）
全 省	**15881**	**8603**	**12689**	**3380**	**31592**	**34499**	**51155**	**30942**
郑州市	3616	1412	2680	659	2578	2947	6530	6508
开封市	927	460	752	156	1444	1174	2271	2300
洛阳市	3117	1650	3294	1084	9547	10208	14340	10109
平顶山市	1069	1027	1813	455	4077	4276	6003	3626
安阳市	2312	519	619	195	2567	2917	3234	1892
鹤壁市								
新乡市	765	765	820	84	3215	3938	4098	942
焦作市	348	348	840	229	2902	3244	3818	1296
濮阳市								
许昌市	251	251	183	17	681	646	864	328
漯河市	820	480	463	185	295	315	4187	936
三门峡市	300	200	67	22	95	97	162	63
南阳市	1251	1106	570	130	547	666	1334	1051
商丘地区	319	39	156	67	1954	2369	2162	513
周口地区	400		86	8	472	477	557	528
驻马店地区								
信阳地区	385	346	348	88	1221	1227	1596	850

市 地	商品销售收入净额	商品销售成本（营业成本）	商品销售税金及附加费	商品销售利润	管理费用	＃税金	利润总额	应缴增值税
全 省	**30879**	**16605**	**1602**	**4478**	**5000**	**154**	**－580**	**35**
郑州市	6508	4010	311	475	715	37	－133	
开封市	1381	1319	123	240	213		20	
洛阳市	10109	5476	457	1673	1643	41	－297	27
平顶山市	3626	1880	153	582	602	25	－31	10
安阳市	1892	1083	82	174	341	6	－76	4
鹤壁市								
新乡市	942	379	52	194	387	12	－41	
焦作市	1296	707	67	237	271	5	11	7
濮阳市								
许昌市	328	82	18	123	147	1	6	
漯河市	936	294	48	220	275	1	－163	
三门峡市		36	3		19		－2	
南阳市	1051	555	48	81	97	1	－11	1
商丘地区	513	183	22	196	112		22	
周口地区	528	230	142	147	39	15	113	
驻马店地区								
信阳地区	850	370	77	137	140	10	3	

14－16 城乡集市贸易市场个数、成交额及成交量

指　标	1994年			1995年		
	合　计	城　市	乡　村	合　计	城　市	乡　村
一、集市贸易市场个数(个)	**5266**	**799**	**4467**	**5419**	**1040**	**4379**
二、集市贸易成交额(万元)	**3562917**	**1577983**	**1984934**	**4918223**	**2323627**	**2594596**
粮食类	190924	43500	147424	305430	85767	219663
油脂油料类	169769	37443	132326	235833	84846	150987
棉烟麻类	29308	5086	24222	23946	7290	16656
肉食禽蛋类	553065	204965	348100	776795	360814	415981
水产品类	91295	45104	46191	153475	96216	57259
蔬菜类	268135	105114	163021	456894	230022	226872
干鲜果类	216448	99687	116761	322771	175119	147652
日用杂品类	39325	18605	20720			
柴草类	3326	142	3184			
饲料农具种苗类	23036	1152	21884			
大牲畜类	64195	2449	61746	75341	3582	71759
家禽牲畜类	49317	3524	45793	59507	2257	57250
工业品类	1426861	882001	544860	1810771	992083	818688
废品类	95389	45787	49602			
其他类	342524	83424	259100	697461	285632	411829
三、主要商品成交量(吨)						
粮食(贸易粮)	1191320	153482	1037838	1101334	244816	856518
食用植物油	231724	38742	192982	227772	68166	159606
猪和猪肉	350534	107397	243137	348521	129762	218759
牛羊肉	141303	40276	101027	140632	55967	84665
家　禽	127243	77027	50216	73225	23503	49722
鲜　蛋	222440	62897	159543	254781	86455	168326
水产品	139812	57488	82324	197072	101221	95851
蔬　菜	3033662	1289601	1744061	2959019	1360146	1598873
大牲畜(万头)	94	2	92	73		73

14－17 各市地城乡集市贸易市场个数

单位:个

市地	1994年市场个数	城市	乡村	1995年市场个数	城市	乡村
全省	**5266**	**799**	**4467**	**5419**	**1040**	**4379**
郑州市	314	86	228	374	148	226
开封市	318	78	240	337	84	253
洛阳市	306	89	217	332	125	207
平顶山市	290	69	221	265	57	208
安阳市	194	65	129	190	100	90
鹤壁市	77	37	40	77	37	40
新乡市	271	33	238	281	37	244
焦作市	183	39	144	203	94	109
濮阳市	248	39	209	254	39	215
许昌市	252	33	219	275	49	226
漯河市	154	38	116	138	27	111
三门峡市	122	16	106	98	22	76
南阳市	556	63	493	573	105	468
商丘地区	445	34	411	517	33	484
周口地区	638	21	617	638	23	615
驻马店地区	413	24	389	421	24	397
信阳地区	485	35	450	446	36	410

14－18 各市地城乡集市贸易成交额

单位:万元

市地	1994年成交额	城市	乡村	1995年成交额	城市	乡村
全省	**3562917**	**1577983**	**1984934**	**4918223**	**2323627**	**2594596**
郑州市	784552	651334	133218	931560	737436	194124
开封市	205953	153520	52433	313785	238668	75117
洛阳市	446354	127227	319127	669809	195964	473845
平顶山市	194652	67252	127400	237992	85532	152460
安阳市	220192	106358	113834	466798	295092	171706
鹤壁市	26245	9231	17014	44121	20019	24102
新乡市	257831	23918	233913	170477	49560	120917
焦作市	145935	48020	97915	230410	131466	98944
濮阳市	86199	42633	43566	132180	55598	76582
许昌市	154685	58907	95778	297264	82976	214288
漯河市	93862	62088	31774	140759	56757	84002
三门峡市	62355	25845	36510	85169	46019	39150
南阳市	219384	57461	161923	286429	75034	211395
商丘地区	181852	64497	117355	246514	98175	148339
周口地区	129662	21859	107803	223770	79114	144656
驻马店地区	184713	31095	153618	231011	42121	188890
信阳地区	168491	26738	141753	210175	34096	176079

14—19 百家批发额最大贸易业企业

（1995年） 单位：万元

位次	单位名称	法人代表	销售总额	#批发额
1	新乡市外贸粮油食品公司	赵华新	199836	199836
2	开封市机电设备总公司	姚福顺	198818	198818
3	河南省农业生产资料总公司	窦全友	171925	171925
4	郑州百文依力服装有限公司	张敏辉	161244	153919
5	河南省机电设备总公司	张　翔	149319	136719
6	郑州卷烟厂供销公司	周朝琦	130486	130486
7	河南省粮油食品进出口公司	郑胜庭	87167	87167
8	洛阳市物资集团有限总公司	卜道广	93321	82110
9	河南省服装进出口公司	伍光灿	81013	81013
10	南阳市棉麻公司	王有发	73462	73462
11	开封市汽车贸易公司		72519	72519
12	周口地区棉麻公司	王芷珠	72009	72009
13	河南省烟草公司驻马店分公司	付　瑜	69908	69908
14	河南省纺织工业总公司	王国林	68508	68508
15	河南省纱布进出口公司	白义礼	57164	57164
16	平顶山市烟草公司	罗广善	55833	55618
17	郑州亚细亚集团股份有限公司配送中心	王遂舟	53140	53140
18	河南省丝绸进出口公司	樊松奎	48548	48548
19	中国燕兴郑州公司	郭忠林	48259	46910
20	河南省金属材料总公司	孙家增	45659	45659
21	济源市外贸公司	李占元	45056	45056
22	河南省石油总公司	陈天源	43571	43546
23	河南省轻工业品进出口公司	屈政河	41045	41045
24	河南省烟草公司安阳卷烟调拨站		39515	39515
25	河南省烟草公司洛阳分公司	丁本立	38977	38929
26	洛阳摩托车经销公司		46157	38141
27	河南省畜产品进出口公司	刘明长	38058	38058
28	河南省新华书店	王英明	37960	37960
29	河南省土产进出口公司	李清树	37270	37270
30	商丘地区棉麻公司	史俊杰	37181	37181

14—19 续表 1　　(1995 年)　　单位:万元

位次	单位名称	法人代表	销售总额	#批发额
31	河南省印刷物资总公司	郭趁意	37074	37074
32	郑州中原贸易中心	王奇民	36354	36354
33	河南省烟草公司郑州分公司	牛长江	34217	34217
34	郑州高新技术产业开发区发展总公司	陈松强	34148	34148
35	河南省棉麻公司	吴昌奎	33298	32883
36	河南省石油总公司新乡分公司	孙立法	32837	32806
37	洛阳市实华贸易公司		35613	32613
38	扶沟县棉麻公司	张明亮	32040	32040
39	河南省化纤毛麻进出口公司	李玉正	30199	30199
40	平顶山矿务局物资公司		30000	30000
41	河南省南阳市煤炭总公司	孙中宽	32377	29303
42	河南省五金矿产进出口公司	宋燕谱	28357	28357
43	河南省石油公司周口分公司	徐生文	27740	27627
44	河南省新乡市棉麻公司	李庆敏	27622	27597
45	襄城县烟草公司	李福兴	25123	24923
46	中原国际经济贸易公司	张凤岐	24800	24800
47	南阳市宛城区棉麻公司	李明宏	24676	24676
48	河南省化工总公司	翁支生	24340	24340
49	新乡市第一机电设备总公司	史国强	23978	23978
50	安阳市棉麻公司	马天福	23876	23876
51	郑州市机电设备总公司	钦安文	70510	23079
52	安阳市蓝盾实业总公司	魏玉科	23002	23002
53	中国抽纱河南进出口公司	韩禄珍	22866	22866
54	河南省石油总公司郑州分公司	万德全	27296	22855
55	洛阳市物资贸易中心	谢国华	22037	22037
56	河南石油总公司开封分公司	郑立刚	22414	22013
57	开封棉麻总公司	梁泰山	22381	21980
58	洛阳市农业机械供应公司	马令斌	20827	20827
59	河南省烟草公司漯河分公司	高发昌	20855	20704
60	太康县棉麻集团公司	黄德福	20430	20430
61	新乡市第二机电设备总公司	张好政	37327	20000
62	唐河县棉麻公司	袁明乾	20073	19705
63	中国石油物资郑州公司	范秋茂	19296	19296
64	郑州市金属材料总公司	王贵生	20524	19223
65	河南省工艺进出口公司	朱东辉	19169	19169

14—19 续表 2 (1995 年) 单位:万元

位次	单位名称	法人代表	销售总额	#批发额
66	河南石油总公司南阳分公司	陈天源	19050	18735
67	河南省电子工业总公司	张保钧	24286	18688
68	中国烟草河南进出口公司	孟喜朝	18670	18670
69	潢川县农业生产资料公司	詹志超	18454	18454
70	延津县烟草公司	刘保良	18089	18089
71	河南省石油总公司平顶山分公司	彭茹敏	21376	17882
72	南阳市副食品总公司	刘太辛	18895	17684
73	商丘地区农业机械总公司	潘金品	17224	17224
74	郑州市棉麻公司	田西法	17206	17206
75	河南省石油总公司洛阳分公司	朱运领	17606	17177
76	中国煤炭物资郑州公司	李国林	18422	16854
77	河南省国际经济贸易公司	邓才献	16835	16835
78	河南省石油股份有限公司漯河分公司	万德全	16504	16488
79	郑州市农业生产资料总公司	赵惠清	16361	16346
80	安阳市糖业烟酒公司	乔炳林	18951	16291
81	河南省油脂公司	常运广	16356	16289
82	河南省石油总公司许昌分公司	银海军	18497	16240
83	平顶山市金属材料总公司	韩东生	16114	16114
84	济源市商业集团有限责任公司	段同林	25600	16100
85	河南仰韶酒总公司销售公司		17000	16040
86	郑州市烟草公司	高敬富	15935	15935
87	河南省商城大厦(集团)股份有限公司	赵国昌	40014	15921
88	洛阳百货总公司	卫广立	18034	15921
89	河南省邮电器材公司	李成章	15822	15822
90	郑州碧莎集团股份有限公司	杨连清	44474	15731
91	河南省鄢陵县棉麻公司	贾顺海	15842	15722
92	洛阳市副食品集团公司	张龙根	16917	15586
93	新乡市农业机械公司	张向东	15398	15398
94	河南省机械设备进出口公司	李超锋	15359	15359
95	南阳市农业生产资料公司	赵明礼	15302	15302
96	郑州市糖酒盐业总公司	马英资	18402	15212
97	南阳市五金交电化工采购供应站	王书祥	21456	15058
98	河南省石油总公司安阳分公司	高玉广	15415	14985
99	河南省郏县烟草公司	王新昌	14963	14963
100	南阳市金属材料总公司	张启敏	19119	14909

14－20 百家零售额最大贸易业企业

(1995年)

单位:万元

位次	单位名称	法人代表	销售总额	#零售额
1	郑州亚细亚商场	王遂舟	47171	39583
2	郑州华联商厦	张淑云	41124	34720
3	郑州碧莎集团股份有限公司	杨连清	44474	28743
4	河南省商城大厦(集团)股份有限公司	赵国昌	40014	24093
5	郑州黄和平商场	张根湘	21312	21312
6	郑州市百货大楼股份有限公司	丁福森	35503	20642
7	郑州市紫荆山百货大楼	刘家万	19604	15751
8	平顶山市中原公司	杜泽生	16461	12957
9	洛阳市百货大楼	董公元	15822	12720
10	平顶山市商业大楼	夏　素	11775	11610
11	平顶山市药品公司	陈善民	16304	11292
12	郑州市医药总公司	王学斌	14901	10541
13	河南省安阳市医药采购供应站	张天恩	15940	10510
14	南阳市医药采购供应站	李玉群	10757	10303
15	南阳亚西亚商厦	王遂舟	9733	9733
16	郑州市花园商厦	乔松龄	10008	9594
17	济源市商业集团有限责任公司	段同林	25600	9500
18	三门峡市百货大楼股份有限公司	柴光旭	9737	9247
19	洛阳市广州市场百货大楼	张振兴	9657	9066
20	安阳市工业品贸易中心	付新生	10074	8603
21	襄城县粮油集团总公司	杜金亭	14438	7859
22	平顶山市平顶山商场	赵宇明	8346	7689
23	南阳市卧龙区医药公司	任天林	8390	7599
24	洛阳亚细亚商场有限责任公司	王　强	8068	7448
25	郑州百文依力服装有限公司	张敏辉	161244	7325
26	辉县市物资贸易公司	孟庆福	7458	7127
27	洛阳市上海市场百货大楼	潘惠民	7953	7103
28	安阳市亚细亚商夏	程理周	6980	6949
29	新乡市百货大楼	王树安	7981	6887
30	洛阳工贸股份有限公司	董树斌	9249	6423

14－20续表1　　(1995年)　　单位:万元

位次	单位名称	法人代表	销售总额	#零售额
31	南阳市五金交电化工采购供应站	王书祥	21456	6398
32	河南省新乡市予北大厦	宋士琦	7546	6388
33	河南省洛阳医药采购供应站	卜少祥	10275	6376
34	郑州市华侨友谊总公司	刘继臣	8850	6283
35	安阳药材站	秦山林	6743	5972
36	开封模范商场	沈克俊	7490	5805
37	商丘市医药公司	张振国	9304	5719
38	河南省驻马店商业大厦(集团)股份有限公司	李耀勋	9624	5612
39	郑州市第二粮油食品公司	扬星航	5610	5610
40	洛阳市蔬菜副食品总公司	薛国胜	11557	5541
41	开封市百货公司	刘学增	9115	5537
42	周口市人民商场	张国安	5430	5430
43	河南省焦作市百货公司(百货采购供应站)	史发亮	6703	5413
44	许昌市粮油供应公司	焦富轩	5306	5306
45	叶县粮油工贸集团公司	李广文	15372	5301
46	洛阳市粮食总公司西苑公司	王华强	10476	5262
47	巩义市孝义供销合作社	徐卫平	5354	4923
48	信阳市百货大楼	张贻林	4819	4819
49	汝州市粮油总公司	史运申	8856	4641
50	安阳市第三粮油购销公司	李吉庆	4600	4600
51	河南省石油总公司郑州分公司	万德全	27296	4441
52	开封人民百货大楼	刘学增	4427	4427
53	郑州市第三粮油食品公司	严文章	4654	4384
54	郑州市第五粮油食品公司	肖金凤	4351	4351
55	信阳市人民百货商场	赵武生	4262	4262
56	平顶山市百货公司	闫红梅	5890	4143
57	濮阳亚细亚商厦股份有限公司	王遂舟	4116	4116
58	安阳市第五粮油购销公司	吴伏生	4075	4075
59	开封医药采购供应站	杨　杰	9232	4064
60	南阳商场(集团)股份有限公司	马如全	6190	4023
61	濮阳市石油公司	席经芳	6584	3982
62	安阳市百货大楼	王建国	4145	3980
63	河南省焦作市糖业烟酒总公司	李善忠	16031	3919
64	许昌市百货大楼	孙春阳	4011	3906
65	温县百货公司	职绍正	4819	3876

14—20续表2　　(1995年)　　单位:万元

位次	单位名称	法人代表	销售总额	#零售额
66	洛阳市东都商厦	于素有	5355	3832
67	洛阳市五交公司	张树跃	10314	3764
68	河南省焦作市食品公司	王克礼	5931	3754
69	信阳市粮食局城市粮油供应公司	伍德莱	3645	3645
70	开封市商贸总公司	郭东	3611	3611
71	商丘工业品贸易中心	雷增朋	3602	3602
72	漯河亚细亚商厦有限责任公司	王遂舟	3503	3503
73	河南省石油总公司平顶山分公司	彭茹敏	21376	3494
74	河南省许昌医药采购供应站	范俊洲	6503	3459
75	信阳市百货集团股份有限公司	吴发云	5509	3444
76	商丘市五交化总公司	韩振海	4259	3439
77	郑州市医药供应公司	沙怀祖	3414	3414
78	郑州市办公机具技术公司	李栓成	4869	3406
79	郑州市第一粮油食品公司	王安	3964	3380
80	河南中服出国人员服务中心		3281	3281
81	许昌市七一百货大楼	门留栓	3281	3281
82	河南省平顶山市华宝商场	丰德泉	4233	3270
83	南阳市石化工贸公司	柏春生	4193	3270
84	郑州市糖酒盐业总公司	马英资	18402	3190
85	新乡市粮油经营公司	马一泓	6430	3184
86	河南省新华书店郑州市店	张沪生	7312	3120
87	平顶市副食品公司	朱德军	8567	3099
88	河南省南阳市煤炭总公司	孙中宽	32377	3073
89	新乡市工业品贸易中心	尹传宝	6371	3030
90	开封百货公司东郊百货商场	赵焱	3015	3015
91	汝州市医药管理局	王敬	3026	3008
92	洛阳实华贸易公司		35613	3000
93	郑州市第四粮油食品公司	温天清	2994	2994
94	洛阳粮食(集团)总公司金谷公司	杜元绍	3772	2964
95	长葛市商业大厦	刘志立	2935	2935
96	平顶山市五金交电化工公司	王书铭	6000	2931
97	郏县粮食局城关镇粮管所	李恩和	5174	2924
98	平顶山市药材公司	李明海	4203	2921
99	许昌县粮油经营公司	张根亮	2908	2908
100	平顶山市人民商场	程新民	2813	2813

主要统计指标解释

社会消费品零售总额 指各种经济类型的批发零售贸易业、餐饮业、制造业和其他行业对城乡居民和社会集团的消费品零售额及农民对非农业居民零售额的总和。它是反映通过各种商品流通渠道向居民和社会集团供应的生活消费品来满足他们生活需要，是研究人民生活、社会消费品购买力、货币流通等问题的重要指标。

商品购进总额 即商品购进原价，指从本企业以外的单位和个人购进(包括从国外直接进口)作为转卖或加工后转卖的商品。购进的各种商品，不论是否进入本单位仓库，凡是通过本企业结算货款的，都包括在内。本指标由从生产者购进额、从批发零售贸易业购进额、进口额和其他项目组成。它反映批发零售贸易企业从国内、国外市场上购进商品的总量。

1. 从生产者购进额，指直接从工农业生产单位购进的各种工矿产品、农副产品。

2. 从批发零售贸易业购进额，指从本企业(单位)以外的各种经济类型的批发零售贸易企业或其他行业办的附营批发零售贸易业单位购进的商品。包括国产商品和国外商品。

3. 进口额，指直接从国外进口的商品和委托外贸部门代理进口的商品，不包括从国内有关单位(包括对外贸易部门和其他单位)购进的进口商口。

4. 其他，指从生产者、批发零售贸易业以外的其他单位购进的商品。

商品销售总额 指对本企业以外的单位和个人出售(包括对国(境)外直接出口)的商品(包括售给本单位消费用的商品)。本指标由对生产经营单位批发额、对批发零售贸易业批发额、出口额和对居民和社会集团商品零售额项目组成。它反映批发零售贸易企业在国内市场上销售商品及出口商品的总量。

1. 对生产经营单位批发额，指售给国民经济和社会各部门作为生产或经营使用的商品。

2. 对批发零售贸易业批发额，指售给各种经济类型的批发零售贸易业用作转卖或加工后转卖的商品。

3. 出口额，指直接向国(境)外出口商品和委托外贸部门代理出口的商品。不包括售给外贸部门出口或加工后出口的商品以及在国内市场以外币销售的商品。

4. 对居民和社会集团的商品零售额，指售给城乡居民直接用于生活消费的商品和社会集团直接用于公用消费的商品。

期末库存 指报告期末批发零售贸易企业已取得所有权的全部商品。它反映批发零售贸易企业的商品库存情况，对市场商品供应的保证程度。

资本金 指批发零售贸易业、餐饮业企业在工商行政管理部门登记的注册资金。资本金按投资主体分为国家资本金、法人资本金、个人资本金和外商资本金等。

1. 国家资本金，指有权代表国家投资的政府或机构以国有资产投入企业形成的资本金。

2. 法人资本金，指企业接受其他法人单位投资形成的资本金。

3. 个人资本金，指社会个人或本企业内部职工以个人的合法财产投入企业而形成的资本金。

4. 外商资本金，指外国投资者以及我国港、澳、台地区投资者以各种形式的财产进行投资形成的资本金。

商品销售收入(营业收入) 指批发零售贸易企业商品销售收入、接受其他单位委托代销商品的收入和餐饮企业的营业收入(包括餐费收入、冷热饮收入、服务收入和其他收入)。

商品销售收入净额 指批发零售贸易企业商品销售收入减去商品销售折扣与折让后的净额。

利润总额 指企业全年实现的利润。包括营业利润、投资净收益及营业外收支净额。

城乡集市贸易成交额 指在农村集市和城市集市上买卖双方(包括农民、非农业居民、机关、团体、工商企业、个体商贩)成交的全部商品金额,是反映集市贸易规模的综合性指标。

十五、对外经济贸易和国际旅游

15—1 历年进出口总额

年份	美元（万元）				人民币（万元）			
	进出口总额	出口总额	进口总额	差额	进出口总额	出口总额	进口总额	差额
1956	1201	1201		1201	2954	2954		2954
1957	1387	1387		1387	3412	3412		3412
1958	1550	1550		1550	3813	3813		3813
1959	4033	4033		4033	9921	9921		9921
1960	3667	3667		3667	9021	9021		9021
1961	1131	1131		1131	2782	2782		2782
1962	1309	1309		1309	3220	3220		3220
1963	1373	1373		1373	3378	3378		3378
1964	1602	1602		1602	3941	3941		3941
1965	1914	1914		1914				
1966	2887	2887		2887				
1967	2310	2310		2310				
1968	2885	2855	30	2825				
1969	3356	3356		3356				
1970	3328	3328		3328				
1971	3771	3771		3771	9277	9277		9277
1972	4343	4343		4343	10684	10684		10684
1973	5625	5625		5625	11194	11194		11194
1974	7018	7018		7018	13755	13755		13755
1975	5438	5438		5438	10115	10115		10115
1976	5389	5389		5389	10455	10455		10455
1977	7460	7460		7460	13876	13876		13876
1978	10231	10231		10231	17188	17188		17188
1979	13422	13422		13422	20804	20804		20804
1980	20448	20448		20448	30672	30672		30672
1981	24948	24948		24948	37531	37531		37531
1982	25471	25471		25471	48140	48140		48140
1983	27963	27963		27963	55367	55367		55367
1984	34174	34174		34174	79625	79625		79625
1985	44991	36710	8281	28429	167367	136561	30806	105755
1986	50671	45263	5408	39855	188496	168378	20118	148260
1987	74732	65434	9298	56136	278003	243414	34589	208825
1988	84961	75052	9909	65143	316055	279193	36862	242331
1989	98539	81897	16642	65255	335157	304657	30500	274157
1990	100385	86689	13696	72993	481848	416107	65741	350366
1991	121489	104297	17192	87105	643892	552774	91118	461656
1992	157585	130266	27319	102947	858892	717766	141126	576640
1993	192468	136591	55877	80714	1108616	786764	321852	464912
1994	221392	160631	60761	99870	1897329	1376608	520721	855887
1995	268543	183007	85536	97471	2242334	1528108	714226	813882

注：1. 本表1992年以前为外贸部门数；从1993年开始进出口总额中，"进口总额"为海关数，"出口总额"仍为外贸部门数据。
2. 进出口差额负数为入超。
3. 1994年出口总额中包括生产企业、三资企业供货折出口1.8亿美元。

15—2 海关进口总额

单位:万美元

类　　别	1993年	1994年	1995年	1995年为1994年%
总　　计	**55877**	**60761**	**85536**	**140.8**
1.活动物;动物产品	20	329	2	0.6
2.植物产品	192	251	1962	781.7
3.动、植物油、脂及其分解产品;精制的食用油脂;动植物蜡	139	2298	1523	66.3
4.食品;饮料、酒及醋;烟草、烟草及烟草代用品的制品	30	239	1359	568.6
5.矿产品	695	1032	1730	167.6
6.化学工业及其相关工业的产品	2639	6169	6808	110.4
7.塑料及其制品;橡胶及其制品	1343	1216	1953	160.6
8.生皮、皮革、毛皮及其制品;鞍具及挽具;旅行用品、手提箱及类似品;动物肠线(蚕胶丝除外)制品	562	1016	3075	302.7
9.木及木制品;木炭;软木及软木制品;稻草、秸秆、针茅或其他编结材料制品;篮筐及柳条编结品	371	43	419	974.4
10.浆及其他纤维素浆;纸及纸板的废碎品;纸、纸板及其制品	937	565	2642	467.6
11.纺织原料及纺织制品	1850	5954	5111	85.8
12.鞋、帽、伞、杖、鞭及其零件;已加工的羽毛及其制品;人造花;人发制品	49	10	100	1000.0
13.石料、石膏、水泥、石棉、云母及类似材料的制品;陶瓷产品;玻璃及其制品	325	367	1340	365.1
14.天然或养殖珍珠、宝石或半宝石、贵金属、包贵金属及其制品;仿首饰;硬币	26	206	5	2.4
15.贱金属及其制品	4217	1719	5828	339.0
16.机器、机械器具、电气设备及其零件;录音机及放声机、电视图像、声音的录制和重放设备及其零件、附件	38212	34374	45310	131.8
17.车辆、航空器、船舶及有关运输设备	2896	3578	5019	140.3
18.光学、照相、电影、计量、检验、医疗或外科用仪器及设备、精密仪器及设备;钟表;乐器;上述物品的零件、附件	1095	979	1111	113.5
19.武器、弹药及其零件、附件			1	
20.杂项制品	279	416	238	57.2
21.艺术品、收藏品及古物				
22.特殊交易品及未分类商品				

15—3 外贸出口总额

单位:万美元

类　　别	1990年	1991年	1992年	1993年	1994年	1995年
总　　计	**86689**	**104297**	**130266**	**136591**	**160631**	**183007**
一、按加工程度分						
1.初级产品					45885	51717
2.工业制成品					114746	131290
二、按农工产品分						
1.农副产品					47216	47580
2.工矿产品					113415	135427
三、按类别分						
粮油	5296	8115	11150	7870	8354	4975
食品	8427	9902	12949	16170	14721	19870
饲料	3130	3324	3712	2739	3122	1030
茶叶、咖啡、可可类	181	39	19	58	86	958
香调料及香料油	376	274	450	48	1029	1250
烟类	1201	2309	3002	2052	2255	2143
工业用土产原料	76	55	81	74	44	36
山货	245	477	887	720	758	659
畜产品	6175	6253	6620	9161	11377	11602
木材	501	670	996	1391	1483	1989
中药材	328	544	587	472	460	640
种籽、种畜	2	5		8	3	
纺织纤维和废棉	8258	9676	6011	4655	3524	3327
纺织品	17775	19112	21340	22571	32523	36333
丝织品	1583	1613	1167	1241	2045	1598
服装	5483	7777	12949	13980	16673	14801
抽纱	3066	4588	5546	6133	2140	646
地毯	648	901	1583	1521	3634	4849
轻工业品	4653	6078	9656	12341	16641	17857
陶瓷类	1145	1185	1591	1223	1303	1752
工艺品	1308	2717	2627	2725	4293	6977
黑色金属	2758	2478	4163	2455	3149	8720
有色金属	1263	1549	2402	2155	2696	6597
非金属矿产品	2235	1913	1927	1386	1563	3472
煤炭	2800	4429	5312	4188	6395	8016
化工大类	1743	1790	2263	2771	2867	2702
橡胶及制品	41	82	440	462	1260	302
医药	792	848	1030	1278	1554	3049
运输工具	9	107	774	911	1169	1097
机械及设备	4084	4240	5744	8804	9872	11701
工农具	520	704	528	790	1092	1192
仪器仪表	17	146	2123	2292	1632	2854
其他未分类商品	26	6	478	1507	914	13
来料加工工缴费	544	391	159	439		

15-4 我省向一些国家(地区)出口总额

单位:万美元

国家(地区)名称	1978年	1980年	1985年	1990年	1991年	1992年	1993年	1994年	1995年
香港	7886	11986	14181	30537	32572	48246	43526	53371	59659
澳门	90	251	283	242	293	215	481	513	564
日本	413	1981	6454	9630	10420	13985	15003	19195	25641
菲律宾			491	79	51	201	232	209	710
泰国	1	81	328	1315	1216	1913	1946	3390	3446
马来西亚	42	108	220	356	510	1524	982	1889	925
新加坡	110	152	321	2352	2133	2738	2124	2484	3338
印度尼西亚			244	558	807	1635	1565	2652	2301
巴基斯坦	0.7	12	239	709	923	1119	1943	1225	1057
孟加拉		10	175	240	313	670	439	625	1215
德国	66	1060	1479	4005	4441	4550	6056	6870	7010
法国		62	282	842	1134	1466	1567	1508	1664
意大利	317	649	572	2900	3395	3283	2667	2879	3363
比利时		5	244	163	596	944	1219	1299	1548
英国	16	407	572	961	2170	3910	3563	2051	1731
瑞士		126	477	737	805	690	594	1213	2000
西班牙	75	347	1289	1343	637	681	712	852	947
波兰	305	654	676	1224	391	216	155	427	470
匈牙利		126	324	42	76	232	843	1315	1062
罗马尼亚	87	436	312	491	375	32	198	464	1167
荷兰	72	252	490	1422	2355	2120	2131	2132	2998
古巴		25	198	564	316	119	36	183	26
加拿大		10	101	732	816	948	1068	1359	1157
美国	2	132	1267	4946	7438	12276	14437	15457	17956
澳大利亚		66	163	476	532	851	1506	1327	1100

注:本表为外贸部门数据。

15-5 各市地外贸出口总额

单位:万美元

市地	1994年	1995年	1995年为1994年%
全省	**160631**	**183007**	**113.9**
郑州市	8389	12722	151.7
开封市	1619	2828	174.7
洛阳市	11293	13820	122.4
平顶山市	1785	3303	185.0
安阳市	3206	3751	117.0
鹤壁市	722	923	127.8
新乡市	4408	4860	110.3
焦作市	3729	4447	119.3
濮阳市	459	557	121.4
许昌市	1769	4154	234.8
漯河市	1037	1179	113.7
三门峡市	827	864	104.5
南阳市	4162	5922	142.3
商丘地区	2517	3497	138.9
周口地区	1952	2473	126.7
驻马店地区	1062	1771	166.8
信阳地区	1074	1506	140.2

注:本表各市地出口总额包括市地自营出口、生产企业出口、"三资"企业出口三部分,不包括省公司出口额,故各市地出口合计不等于全省出口总额。

15－6 主要商品出口数量

商品名称	单位	1978年	1980年	1985年	1990年	1991年	1992年	1993年	1994年	1995年
食用植物油	吨		5	2212	23340	36141	2014	2633	50525	55288
棉花	万吨			3.17	4.50	4.78	4.25	2.16	1.37	0.42
玉米	万吨			28.38	19.39	38.22	59.80	42.35	42.37	
豆类	吨			1936	58834	48579	34190	30619	22193	10249
活猪	万头	50.10	47.34	36.51	26.20	23.53	33.23	37.01	32.50	20.47
活牛	头	6356	4440	11861	14223	11166	16420	19572	16482	11364
冻猪肉	吨	991	1890	2175	2789	5995	2829	2081	6726	8358
鲜鸡蛋	吨	5718	8039	6700	2850	3527	6120	2618	2552	1013
再制蛋	万枚	256	695	521	562	230	706	116	241	162
各种罐头	吨	480	362	1990	4537	4169	8286	32596	24438	43578
棉纱	件	4522	17644	42372	53868	63672	42916	36911	49407	70104
棉布	万米	2047	3528	5345	7496	6924	7104	7354	146810	47927
桐木及拼板	立方米	4097	19146	5536	17951	17929	25830	32207	35645	44478
黑木耳	吨	40.00	40.00	21.00	64.47	20.60	10.98	16.03	30.38	10.60
辣椒干	吨	137.00	276.00	258.00	115.00	55.29	283.00	159.10	41.75	180.52
红枣	吨	602.00	648.00	222.00	320.38	297.58	1014.87	293.55	278.88	768.00
生地	吨	239.00	229.00	104.00	74.14	91.36	975.10	879.40	615.66	351.00
山药	吨	75.00	35.00	210.00	353.26	694.74	223.15	502.54	480.29	216.00
猪鬃	箱		6093	10832	10682	6412	7293	9002	9143	8458
山羊板皮	万张	150.00	238.00	401.00	378.32	7.80	76.14	39.38	17.65	21.03
猪革皮	万张	0.03	3.65	12.25	103.60	18.29	2.21	114.17	150.77	71.67
羊革皮	万张	0.13	1.05	15.57	120.95	104.24	6.29	0.19	37.42	
纸张(包括纸浆)	吨	624	3952	5291	7765	8002	6152	4449	15122	6087
电池	万打	32.96	96.47	53.65	288.00	708.01	434.69	1083.70	1014.41	1117.29
搪瓷口杯	万个	8.78	32.48	19.20	50.74	141.20	205.86	13.89	189.88	21.43
搪瓷杂件	万件	125.90	226.20	106.60	148.70	459.62	430.43	47.51	513.68	44.77
皮鞋	万双	13.57	39.15	41.11	88.86	44.21	127.62	114.50	243.82	40.74
日用手套	万打		0.82	2.05	0.98	1.25	2.75	274.42	11.71	14.75
煤	万吨	6.28	15.92	12.90	72.94	112.30	132.31	111.17	159.02	166.66
矾土	万吨	0.50	3.10	8.72	12.09	9.90	10.04	5.61	4.96	9.60
硝酸钾	吨			416	202	687	760	890	1720	420
砂轮	万块	0.56		8.94	47.74	17.41	24.41	22.52	29.95	139.42
油石	百块	10	2	2145		345	150	32418	33522	28712
轴承	万套	4.92	1.94	84.62	1609.29	1589.96	2378.86	2239.18	2388.38	2666.55
钢丝钳	万打	3.68	0.54	1.11	0.63	3.16	1.69	3.04	2.95	0.27

注:本表为外贸部门数据。

15—7 出口企业主要财务指标

(1995年)

单位:万元

指　　标	合　计	省公司	工贸公司	市地公司	出口生产企业	三资企业
一、企业个数(个)	**1614**	**44**	**2**	**50**	**143**	**1375**
二、资本金合计	**3514036**	**45252**	**6130**	**22887**	**2020702**	**1419065**
#国家	1729087	43138	1950	17961	1125730	540308
外商	651340	3		1882	33518	615937
三、资产负债及所有者权益						
流动资产合计	5459019	360291	31956	78117	2804539	2184116
固定资产合计	4037704	40137	1726	26605	2712890	1256346
资产总计	9591947	32259	35507	107833	5860760	3555588
流动负债合计	4091209	2567	31299	91236	2529625	1436482
长期负债合计	1531793	1368	1863	3390	970495	554677
所有者权益合计	3936634	17900	2345	13207	2360640	1542542
#实收资本	1621542	105	1352	6528	605293	1008264
中方投资	1172945	105	1352	4596	578798	588094
外方投资	448597			1932	26495	420170
四、损益及分配						
产品销售收入(营业收入)	5974872	2988247	74550	197825	579495	2134755
产品销售成本(营业成本)	4573934	201643	65057	185531	2558236	1563467
产品销售费用(营业费用)	772203	597649	4296	5515	90497	74246
出口产品销售收入	694904	301207	34148	20674	94247	244628
管理费用	775542	303172	1962	6053	355414	108941
#税金	214384	202738	14	55	9678	1899
劳动待业保险费	170082	78577	5	173	87101	4226
财务费用	418104	164480	836	4638	135953	112197
利润总额	383391	23724	2021	—2685	214684	145647
应交所得税	73883	6406	221	165	59535	7556
转作奖金的利润	2684			44	777	1863
应付利润	155030	52107		375	56110	46438
#已分配股利润	50364	3865		55	7015	39429
中　方	28116	3865		55	6925	17271
外　方	22248				90	22158
进口用汇额(万美元)	69106	39842	1027	568	10732	16937
出口创汇额(万美元)	163267	98300	4105	7503	30144	23215
外汇收支差额(万美元)	94161	58458	3078	6935	19412	6278
本年应交增值税	101558	13642	—813	614	13737	74378
本年进项税额	776656	34040	7773	19557	533910	181376
本年销项税额	878214	47682	6960	20171	547647	255754

15－8 利用外资概况

年　份	总　计		#对外借款		#外商直接投资	
	个　数	金额（万美元）	个　数	金额（万美元）	个　数	金额（万美元）
签订利用外资协议(合同)						
1985	51	7513	1	202	29	6870
1986	16	8415	2	5691	14	2724
1987	55	13066	1	400	31	12562
1988	52	13128	4	10952	38	1986
1989	48	25122	6	23084	36	1681
1990	53	2194			50	2107
1991	167	23371	11	10626	154	12716
1992	1064	105202	8	15718	1053	88327
1993	1744	225912	17	68144	1727	157768
1994	1031	161536	20	82368	1011	79168
1995	842	97421	27	10341	815	86748
实际利用外资额						
1985		1208		202		565
1986		737		132		605
1987		2868		1425		467
1988		6486		50		6436
1989		11336		6730		4266
1990		1136				1049
1991		14425		10626		3791
1992		26510		15718		10691
1993		56745		22351		34197
1994		90487		47587		42488
1995		102842		54628		47981

15—9 利用外资签订协议(合同)个数及金额

指标	1994年		1995年	
	个数	金额(万美元)	个数	金额(万美元)
总计	**1031**	**161536**	**842**	**97421**
一、对外借款	**20**	**82368**	**27**	**10341**
#外国政府贷款	10	52575	14	7614
国际金融组织贷款	3	15643		
出口信贷				
外国银行商业贷款	6	2300	13	2727
二、外商直接投资	**1011**	**79168**	**815**	**86748**
独资经营	177	18197	75	11091
合资经营	781	57723	674	54555
合作经营	53	3248	66	21102
合作开发				
三、外商其他投资				**332**
补偿贸易				332
加工装配				
国际租赁				

15—10 实际利用外资金额

单位:万美元

指标	1985年	1990年	1991年	1992年	1993年	1994年	1995年
总计	**1208**	**1136**	**14425**	**26510**	**56745**	**90487**	**102842**
一、对外借款	**202**		**10626**	**15718**	**22351**	**47587**	**54628**
#外国政府贷款	202		2167	11576	8651	31098	10875
国际金融组织贷款			6739	3992	9378	15648	23816
出口信贷			190	150			18611
外国银行商业贷款			1530		4322	841	1326
二、外商直接投资	**565**	**1049**	**3791**	**10691**	**34197**	**42488**	**47981**
独资经营		75	294	717	5190	7168	5064
合资经营	541	708	3214	9655	27338	32008	42121
合作经营	24	266	283	319	1669	3312	796
合作开发							
三、外商其他投资	**441**	**87**	**8**	**101**	**197**	**412**	**233**
补偿贸易	36	87	8	101	197	412	233
加工装配	20						
国际租赁	385						

注:对外借款从1994年起包括中央在豫项目。

15－11 外商投资企业主要财务指标

(1995年)　　单位:万元

指　　标	合　　计	中外合资经　　营	中外合作经　　营	外　资企　业	港澳台与大陆合资经营	港澳台与大陆合作经营	港澳台独资经营
一、企业个数(个)	**1379**	**469**	**31**	**31**	**715**	**27**	**106**
二、资本金合计	**1419065**	**577464**	**27069**	**23034**	**698512**	**18378**	**74608**
#国家	540308	234198	7923	406	287676	9030	1075
外商	615937	247307	18301	16595	253793	7563	72378
三、资产负债及所有者权益							
流动资产合计	2184116	1217961	13490	16602	785215	22530	128318
固定资产合计	1256346	557535	26331	4996	624362	6580	36542
资产总计	3555588	1624171	41984	42439	1629840	32296	184858
流动负债合计	1436482	667708	13965	12561	649871	13481	78896
长期负债合计	554677	198582	6601	3149	322152	4281	19912
所有者权益合计	1552542	749156	31418	26730	650619	8733	85886
#实收资本	1051444	481547	30688	10065	492515	6645	29984
四、损益及分配							
产品销售收入(营业收入)	2146558	1070413	24196	6272	958532	18147	68998
产品销售成本(营业成本)	1405362	819401	18769	4679	502476	14365	45672
产品销售费用(营业费用)	67425	35630	880	370	27328	707	2510
出口产品销售收入	266494	87383	7167	1523	131882	8726	29813
管理费用	101167	46890	2410	990	41497	2780	6600
#税金	1912	645	32	113	986	20	116
劳动待业保险费	4230	2236	31	4	1920	6	33
财务费用	104822	47661	1180	886	47349	3636	4110
利润总额	145647	130607	－876	－726	23660	－1360	－5658
应交所得税	7556	4305	－937	－187	4695	－35	－285
转作奖金的利润	1863	2523			－699	40	－1
应付利润	46438	41043	466		4677	10	242
#已分配股利润	39429	30156	67		9165	50	－9
中　方	17271	15275	27		1944	25	
外　方	22158	14881	40		7221	25	－9
进口用汇额(万美元)	35996	10280	5		22726	574	2411
出口创汇额(万美元)	29977	7723	856	43	16985	803	3567
本年应交增值税	101717	51569	1015	17	48457	414	245
本年进项税额	181376	119199	3533	464	55764	678	1738
本年销项税额	283093	168518	4630	419	106778	1192	1556

15－12 外国和港澳台地区在豫直接投资

(1995 年)

项　　目	新签协议情况 合同个数(个)	新签协议情况 投资额(万美元)	实际投入资金(万美元)
总　　计	**815**	**86748**	**47981**
一、按投资方式分			
独资经营	75	11091	5064
合资经营	674	54555	42121
合作经营	66	21102	796
合作开发			
二、按国民经济行业分			
农、林、牧、渔业	22	861	492
工业	605	54419	29112
建筑业	71	18840	10653
交通运输、仓储及邮电通信业			257
批发零售贸易业、餐饮业	22	3281	1857
房地产业、公用事业、服务业	54	7364	4349
其他各类行业	41	1983	1261
三、按地区、国别分			
香港	294	24845	13656
澳门	15	4890	161
台湾	81	2391	2941
日本	42	2174	1993
新加坡	12	508	308
德国	8	1180	918
美国	61	2535	1830
泰国	10	1090	2510
意大利			399
澳大利亚	14	937	40
其他	278	46198	23225

15－13 我省在外国和港澳台地区直接投资

(1995 年)

指　　标	单　位	合　计	独资经营	合资经营	合作经营	合作开发
新签协议(合同)个数	个	8	5	3		
我方新签协议(合同)投资额	万美元	203	118	85		
我方实际投资额	万美元					
我方利润和股息	万美元					
汇回利润	万美元					
本年底已建成投产(开业)企业数	个	108	55	53		

15—14 各市地外商直接投资金额

单位:万美元

市地	新签协议(合同)金额			实际利用外资金额		
	1994年	1995年为	1995年为1994年%	1994年	1995年	1995年为1994年%
全省	**79168**	**86748**	**109.6**	**42488**	**47981**	**112.9**
郑州市	29594	17606	59.5	11330	15020	132.6
开封市	3838	5304	138.2	1961	2891	147.4
洛阳市	8541	5234	61.3	7321	7354	100.5
平顶山市	2613	1888	72.3	1235	1307	105.8
安阳市	1550	4274	275.7	806	1571	194.9
鹤壁市	1235	2120	171.7	663	668	100.8
新乡市	7745	19210	248.0	4425	5019	113.4
焦作市	1441	6140	426.1	2389	2010	84.1
濮阳市	2757	2314	83.9	871	1017	116.8
许昌市	1031	4224	409.7	431	874	202.8
漯河市	5093	5320	104.5	3011	1863	61.9
三门峡市	2528	931	36.8	660	1115	168.9
南阳市	3222	4582	142.2	2144	2624	122.4
商丘地区	2510	2307	91.9	2144	2648	123.5
周口地区	1037	2809	270.9	428	1236	288.8
驻马店地区	3332	2408	72.3	2003	505	25.2
信阳地区	1101	77	7.0	666	259	38.9

15—15 外商投资企业注册登记情况

指标	单位	1992年	1993年	1994年	1995年
年底登记企业数	**户**	**1179**	**2957**	**3787**	**4382**
中外合资	户			3116	3532
中外合作	户			188	244
外商独资	户			483	606
投资总额	**万美元**	**169662**	**574491**	**733503**	**895393**
注册资本	**万美元**	**126014**	**420679**	**545281**	**675343**
#外方	万美元	59743	201186	268380	335185

15－16 对外承包工程和劳务合作

指 标	单 位	1991年	1992年	1993年	1994年	1995年
签订合同数	个	70	64	67	98	134
签订合同金额	万美元	3186	9780	8706	10800	8608
营业额	万美元	2593	3154	7313	5626	5432
派出人员	人	2243	5067	6790	6961	
年底在外人员	人					7192

15－17 对外承包工程和劳务合作

(1995年)

项 目	签订合同个数（个）	签订合同金额（万美元）	营业额（万美元）	派出人员（人）	年底在外人员（人）
总 计	**134**	**8608**	**5432**		**7192**
＃省国际经济技术合作公司	20	1797	1904	870	1862
中建河南公司	4	235	138	60	57
中水电河南分公司	11	1998	683	21	969
省劳务输出公司	6	731	300	815	2206

15－18 进出口商品检验情况

(1995年)

项 目	合 计		出 口		进 口	
	批数（个）	金额（万美元）	批数（个）	金额（万美元）	批数（个）	金额（万美元）
商品检验	21607	170851	19299	80512	2308	90339
＃不合格	280	1036	230	420	50	616
直接出口	6304	35953	6304	35953		
不合格率(％)	1.3	0.6	1.2	0.5	2.2	0.7

15—19 经济技术开发区主要经济指标

指　　标	单　位	1994年	1995年
企业数	个	4534	8747
#三资企业	个	296	492
内联企业	个	1285	1789
利用外资批准合同数	个	226	360
合同外资额	万美元	18600	26890
实际投资额	万元	283197	1026521
#外商企业	万元	29523	74456
企业年底总人数	人	81755	182459
#三资企业	人	7196	24014
年底全部投产(开业)企业数	个	3223	6736
#三资企业	个	142	300
内联企业	个	732	1394
总产值	万元	478156	1217033
#三资企业	万元	137601	287306
内联企业	万元	141918	359860
总收入	万元	494742	1272362
#三资企业	万元	168615	349370
亏损企业数	个	361	902
亏损企业亏损额	万元	5556	9768
税收总额	万元	12290	48463
#三资企业	万元	2788	7010
出口总额	万美元	5323	11095
#三资企业	万美元	5042	6104
外汇收入	万美元	4270	5241
进口总额	万美元	3144	20018
#三资企业	万美元	3144	18044
土地出让金收入	万元	33514	60790
财政收入	万元	15867	27029
财政支出	万元	17474	41142

注:1994年、1995年口径不可比。

15－20 旅游事业基本情况

项 目	单 位	1990年	1991年	1992年	1993年	1994年	1995年
一、旅游设施							
饭 店	个	30	21	21	23	72	76
床 位	张	12154	9858		10130	27121	29433
汽 车	辆	271	309	332	295	340	216
二、职工人数	**人**	**8070**	**7368**	**7255**	**9153**	**19000**	**15684**
三、接待国外和港澳台地区旅游人数	**人次**	**106652**	**87798**	**110137**	**129408**	**126625**	**149085**
四、旅游收入	**万美元**					**4506**	**6020**

注：1. 本表接待国外和港澳台旅游人数不包括不过夜人数(以下表同)。
2. 旅游收入为旅游部门抽样调查数。

15－21 接待国外和港澳台地区旅游人数及旅游收入

项 目	单 位	1994年	1995年	1995年为1994年%
一、接待旅游人数	**人次**	**126625**	**149085**	**117.7**
外国人	人次	69587	84185	121.0
华 侨	人次	2165	5969	275.7
港澳台同胞	人次	54873	58931	107.4
#台湾同胞	人次	26138	33543	128.3
二、旅游收入	**万美元**	**4506**	**6020**	**133.6**
商品性收入	万美元	1424	2408	169.1
劳务性收入	万美元	3082	3612	117.2

注：旅游收入为旅游部门抽样调查数。

15－22 各市地接待国外和港澳台地区旅游人数

单位：人

市　　地	1994 年	1995 年	1995 年为 1994 年%
全　　省	**126625**	**149085**	**117.7**
郑 州 市	47319	62000	131.0
开 封 市	11671	16397	140.5
洛 阳 市	60112	60698	101.0
平顶山市	102	364	356.9
安 阳 市	867	787	90.8
鹤 壁 市	220	175	79.5
新 乡 市	202	713	353.0
焦 作 市	727	646	88.9
濮 阳 市	401	679	169.3
许 昌 市	617	1107	179.4
漯 河 市	204	127	62.3
三门峡市	1771	2650	149.6
南 阳 市	1120	1272	113.6
商丘地区	317	517	163.1
周口地区	510	395	77.5
驻马店地区	290	421	145.2
信阳地区	175	137	78.3

主要统计指标解释

进出口总额 海关进出口总额是指实际进出我国国境的货物总金额。包括对外贸易实际进出口货物,来料加工装配进出口货物、中外合资企业、合作企业和外商独资企业进出口货物和公用物品,以及国家间、联合国及国际组织无偿援助的物资和赠送品,华侨、港澳台同胞、外籍华人的捐赠品的金额。

进口按到岸价格计算,出扣按离岸价格计算。

对外贸易实际出口 指在对外贸易中实际离开我国口岸或边境直接出口或转口的商品,包括来料加工装配(工缴费)和补偿贸易出口。

对外贸易进口到货 指在对外贸易中实际到达我国口岸或边境的进口商品。

利用外资 是指我国各级政府、部门、企业、中国银行和其他单位通过对外借款、吸收外商直接投资和外商其他投资方式,从国外和岗澳台地区筹措的资金。

对外借款 指由我国政府、部门、企业和其他经济组织在境外借入的资金或发行的外币债券等。包括由我国政府和政府授权部门对外提供担保的借款。

外商直接投资 是指外国企业和经济组织或个人(包括华侨、港澳台胞以及我国在境外注册的企业)按我国有关政策、法规,用现汇、实物、技术等在我国境内开办外商独资企业、与我国境内的企业或经济组织共同举办中外合资经营企业、合作经营企业或合作开发资源的投资(包括外商投资收益的再投资)以及经政府有关部门批准的项目投资总额内,企业从境外借入的资金。

对外承包工程 包括各对外承包公司以招标议标承包方式承揽的下列业务:

1.承包国外工程建设项目;

2.承包我国对外经援项目;

3.承包我国驻外机构的工程建设项目;

4.承包我国境内利用外资进行建设的工程项目;

5.与外国承包公司合营或联合承包工程项目时我国公司分包部分;

6.以服务成果向业主收费的技术服务项目(包括承担地形地貌测绘;地质资源勘探和普查;建设区域规划;提供设计文件、图纸、生产工艺技术资料和工程技术经济咨询;工程项目的可行性考察、研究和评估;进行技术指导和培训人员等);7.对外承包兼营的房屋开发业务。

对外承包工程的营业额是以货币表现的本期内完成的对外承包工程的工作量,包括以前年度签订的合同和本年度新签订的合同在报告期完成的工作量。

对外劳务合作 指以收取工资的形式向业主或承包商提供技术和劳务的活动。我国对外承包公司在境外开办的合营企业,中国公司同时又提供劳务的,其劳务部分也纳入劳务合作统计。劳务合作营业额按报告期内向雇主提交的结算数(包括工资、加班费和奖金等)统计。

旅游人数 指来我国参观、访问、旅行、探亲、访友、休养、考察、参加会议和从事经济、科技、文化、教育、体育、宗教等活动的外国人、华侨、港澳和台湾同胞的人数。不包括外国在我国的常住机构,如使领馆、通讯社、企业办事处的工作人员;来我国常住的外国专家、留学生以及在岸逗留不过夜人员。

旅游外汇收入 指国内各部门为来我国旅游的外国人、华侨、港澳和台湾同胞提供商品和劳务而获得的外汇收入。包括供应商品、饮食和提供住宿、交通、邮电文化娱乐、导游等各项服务所得到的全部外汇收入。

十六、财政、金融和保险

16—1 历年地方财政收支总额

单位:亿元

年份	总收入	#企业收入	#各项税收	总支出	#基本建设	#支援农业生产和各项农业事业费	#文教、科学、卫生事业费	#行 政管理费
1950	2.73	…	2.71	0.48		0.04	0.05	0.28
1951	3.59	0.05	3.48	0.84	0.22	0.03	0.09	0.32
1952	4.39	0.11	4.13	1.66	0.30	0.04	0.24	0.46
1953	5.07	0.14	4.63	2.39	0.33	0.06	0.97	0.66
1954	6.76	0.40	5.74	2.82	0.79	0.09	0.90	0.70
1955	6.86	0.50	5.90	2.93	0.79	0.13	0.94	0.71
1956	6.94	0.67	5.90	4.47	1.38	0.23	1.19	0.97
1957	7.35	0.83	6.11	4.35	1.14	0.23	1.30	0.88
1958	14.16	5.01	8.60	12.19	8.42	0.36	1.27	0.96
1959	18.90	8.72	10.03	15.05	8.45	1.39	1.51	1.15
1960	17.34	7.17	10.04	18.35	9.40	1.76	2.08	1.31
1961	9.19	2.82	6.26	10.85	1.40	2.21	1.82	1.23
1962	7.56	0.85	6.49	6.17	0.93	0.88	1.63	1.16
1963	8.63	1.99	6.43	7.89	1.44	1.20	1.68	1.21
1964	9.16	2.31	6.71	12.89	2.40	1.61	1.90	1.23
1965	10.17	3.37	6.66	9.43	2.35	0.90	1.91	1.19
1966	12.73	5.22	7.45	9.97	2.43	1.47	2.22	1.30
1967	11.44	3.88	7.53	8.87	2.62	1.06	2.27	1.24
1968	9.42	2.49	6.89	7.92	2.43	0.91	2.02	1.35
1969	13.51	5.08	8.39	11.62	5.29	0.81	2.05	1.60
1970	21.15	8.05	13.04	14.39	7.94	0.81	2.17	1.48
1971	25.44	11.66	13.75	15.22	6.84	1.01	2.72	1.77
1972	27.17	12.41	14.74	15.75	6.05	1.34	3.26	1.91
1973	23.81	7.96	15.82	16.93	5.77	1.84	3.69	1.81
1974	23.76	6.71	17.04	18.28	5.54	2.36	4.03	1.92
1975	23.06	4.92	18.11	20.32	5.22	2.29	4.29	2.05
1976	15.52	−0.43	15.92	21.87	5.75	2.28	4.40	1.96
1977	22.62	0.91	21.67	21.51	5.07	2.76	4.77	2.20
1978	33.73	10.59	23.04	27.67	8.02	3.83	5.77	2.39
1979	33.68	10.02	23.62	29.86	6.14	4.74	7.05	2.90
1980	31.86	6.96	24.86	26.74	4.70	3.45	8.31	3.45
1981	34.23	4.42	29.73	25.84	2.62	3.63	8.84	4.03
1982	33.49	2.38	30.96	29.81	3.77	3.94	9.83	4.34
1983	36.49	5.63	30.69	30.06	3.08	4.02	10.45	4.94
1984	39.26	4.60	34.54	36.79	5.10	4.19	11.83	6.35
1985	48.93	3.67	44.57	49.51	5.65	4.42	13.93	7.05
1986	54.92	4.34	49.71	69.20	7.80	5.10	15.78	8.00
1987	63.15	5.57	56.10	65.26	5.40	6.11	16.67	8.58
1988	70.98	2.96	65.09	76.22	5.80	7.51	19.47	11.34
1989	80.97	2.64	75.50	87.67	5.24	9.40	22.76	13.96
1990	83.59	−0.91	78.85	89.53	5.44	9.33	24.54	11.61
1991	91.36	0.52	84.61	97.88	5.47	10.67	26.99	13.16
1992	104.03	1.64	95.41	116.49	6.72	11.58	33.22	17.24
1993	139.20	4.10	126.36	147.73	8.10	12.66	39.28	20.85
1994	93.35 (171.38)	11.39	81.77	169.62	8.96	13.60	50.64	26.83
1995	124.63	17.10	103.45	207.28	11.31	15.60	58.30	31.89

注:财政收入1993年以前为分税制前老口径,1994年括号外为分税制后新口径、括号内为分税制前老口径。

16—2 地方财政收入

单位:万元

项目	1994年		1995年		1995年为1994年%
	绝对数	比重(%)	绝对数	比重(%)	
收入总计	**933522**	**100.0**	**1246295**	**100.0**	**133.5**
一、工商税收类	567662	60.8	707904	56.8	124.7
#增值税	218863	23.4	255708	20.5	116.8
营业税	184133	19.7	227764	18.3	123.7
个人所得税	15259	1.6	34400	2.8	225.4
外商投资企业和外国企业所得税	3023	0.3	5053	0.4	167.2
城市维护建设税	70392	7.5	83926	6.7	119.2
车船使用税	3139	0.4	4252	0.3	135.5
房产税	21034	2.3	27834	2.2	132.3
屠宰税	3957	0.4	8960	0.7	226.4
资源税	15301	1.6	15579	1.3	101.8
城镇土地使用税	13689	1.5	12528	1.0	91.5
印花税	4577	0.5	6311	0.5	137.9
固定资产投资方向调节税	6179	0.7	7812	0.6	126.4
二、农业四税类	116172	12.5	140131	11.2	120.6
#农业税	58280	6.2	66331	5.3	113.8
农业特产税	38454	4.1	54942	4.4	142.9
耕地占用税	16989	1.8	14766	1.2	86.9
三、企业所得税类	133880	14.3	186417	14.9	139.2
四、国有企业上缴利润类	19725	2.1	27585	2.2	139.8
五、国有企业计划亏损补贴类	−37968	−4.1	−42761	−3.4	112.6
六、国家能交重点建设基金收入类	2403	0.3	812	0.1	33.8
七、基本建设贷款归还收入类					
八、其他收入类	86194	9.2	166824	13.4	193.5
#事业收入	596	0.1	1316	0.1	220.8
工商罚款收入	4869	0.5	5831	0.5	119.8
行政性收费收入	7500	0.8	36387	2.9	485.2
国有土地使用权有偿出让收入	4145	0.4	13669	1.1	329.8
九、国家预算调节基金类	5676	0.6	3784	0.3	66.7
十、所得税退税类	−1786	−0.2	−192	…	10.8
十一、专款收入类	41564	4.5	55791	4.5	134.2
#征收排污费收入	12908	1.4	17071	1.4	132.3
教育费附加收入	25924	2.8	36134	2.9	139.4

16—3 地方财政收入

(1995年)　　单位:万元

项目	合计	省级	市地级	县市级	乡级
收入总计	**1246295**	**164162**	**464307**	**328480**	**289346**
一、工商税收类	707904	113039	337122	138476	119267
#增值税	255708	8918	150562	60282	35946
营业税	227764	93496	72056	26939	35273
个人所得税	34400	231	10874	3787	19508
外商投资企业和					
外国企业所得税	5053		4272	701	80
城市维护建设税	83926		54886	23885	5155
车船使用税	4252		1454	1042	1756
房产税	27834		17948	7486	2400
屠宰税	8960		743	746	7471
资源税	15579		8100	3597	3882
城镇土地使用税	12528	6261	4160	1560	547
印花税	6311		3989	1245	1077
固定资产投资方向调节税	7812	3908	2612	1014	278
二、农业四税类	140131	7400	8638	15214	108879
#农业税	66331		2947	8201	55183
农业特产税	54942		715	3156	51071
耕地占用税	14766	7400	2533	3010	1823
三、企业所得税类	186417	42621	69302	52099	22395
四、国有企业上缴利润类	27585	1093	1477	22956	2059
五、国有企业计划亏损补贴类	−42761	−7888	−26047	−8826	
六、国家能交重点建设基金收入类	812	812			
七、基本建设贷款归还收入类					
八、其他收入类	166824	5083	39284	88732	33725
九、国家预算调节基金类	3784	2002	1349	381	52
十、所得税退税类	−192		−152	−40	
十一、专款收入类	55791		33334	19488	2969

16—4 地方财政支出

单位:万元

项目	1994年		1995年		1995年为1994年%
	绝对数	比重(%)	绝对数	比重(%)	
支出总计	**1696235**	**100.0**	**2072753**	**100.0**	**122.2**
一、基本建设支出类	89627	5.3	113106	5.5	126.2
#农林水等部门	12587	0.7	15552	0.8	123.6
文教卫生等部门	24408	1.4	31564	1.5	129.3
科学等部门	2390	0.1	3455	0.2	144.6
二、企业挖潜改造资金类	125609	7.4	107905	5.2	85.9
#工业部门	97860	5.8	80699	3.9	82.5
农林水等部门	1181	0.1	2534	0.1	214.6
三、简易建筑费类	3377	0.2	2559	0.1	75.8
四、科技三项费用类	10123	0.6	13974	0.7	138.0
五、流动资金类	6205	0.4	6876	0.3	110.8
六、支援农村生产支出类	73128	4.3	81229	3.9	111.1
#小型农田水利和水土保持补助费	21328	1.3	26185	1.3	122.8
农村农技推广和植保补助费	771	…	1841	0.1	238.8
农业发展专项资金支出	29071	1.7	28779	1.4	99.0
发展粮食生产专项资金支出	7131	0.4	6832	0.3	95.8
七、农林水利气象等部门事业费类	62880	3.7	74779	3.6	118.9
#农业事业费	18424	1.1	16643	0.8	90.3
畜牧事业费	6835	0.4	6438	0.3	94.2
农机事业费	8005	0.5	8090	0.4	101.1
林业事业费	6784	0.4	6415	0.3	94.6
水利事业费	17339	1.0	17051	0.8	98.3
八、工业交通等部门事业费类	16963	1.0	14956	0.7	88.2
九、商业部门事业费类	3776	0.2	4446	0.2	117.7
十、城市维护费类	81980	4.8	90472	4.4	110.4
十一、文教卫生事业费类	493543	29.1	568008	27.4	115.1
#文化事业费	11985	0.7	13658	0.7	114.0
教育事业费	335203	19.8	390131	18.8	116.4
卫生事业费	63332	3.7	68168	3.3	107.6
十二、科学事业费类	12868	0.7	14983	0.7	116.4
十三、其他部门事业费类	76531	4.5	106281	5.1	138.9
十四、抚恤和社会福利救济费类	44669	2.6	54138	2.6	121.2
十五、国防支出类	1040	0.1	1145	0.1	110.1
十六、行政管理费类	268309	15.8	318851	15.4	118.8
十七、公检法支出类	94905	5.6	123430	6.0	130.1
十八、价格补贴支出类	133282	7.9	163733	7.9	122.8
十九、支援不发达地区支出类	9850	0.6	7877	0.4	80.0
二十、其他支出类	50638	3.0	152274	7.3	300.7
二十一、专款支出类	36932	2.2	51731	2.5	140.1

注:本表支援农村生产支出类含农业综合开发支出类,故与16—5表不一致。

16—5 地方财政支出

(1995年)

单位:万元

项目	合计	省级	市地级	县市级	乡级
支出总计	**2072753**	**430765**	**676693**	**620754**	**344541**
一、基本建设支出类	113106	59028	45068	8412	598
二、企业挖潜改造资金类	107905	18429	57758	28239	3479
三、简易建筑费类	2559	312	1221	1026	
四、科技三项费用类	13974	8195	2738	3016	25
五、流动资金类	6876	220	4549	2107	
六、支援农村生产支出类	52450	8000	16733	23251	4466
七、农林水利气象等部门事业费类	74779	12139	23985	29292	9363
八、工业交通等部门事业费类	14956	6025	5214	3687	30
九、商业部门事业费类	4446	2312	1830	304	
十、城市维护费类	90472		62002	26216	2254
十一、文教卫生事业费类	568008	62471	151078	154797	199662
#教育事业费	390131	35597	81060	88406	185068
十二、科学事业费类	14983	8512	4452	2009	10
十三、其他部门事业费类	106281	50426	28336	17301	10218
十四、抚恤和社会福利救济费类	54138	4408	12658	24428	12644
十五、国防支出类	1145	1140		5	
十六、行政管理费类	318851	15159	98846	130462	74384
十七、公检法支出类	123430	7344	49490	63689	2907
十八、价格补贴支出类	163733	137337	14142	11933	321
十九、支援不发达地区支出类	7877	4585	1023	2171	98
二十、其他支出类	152274	13723	58807	59363	20381
二十一、专款支出类	51731		30507	19041	2183
二十二、农业综合开发支出类	28779	11000	6256	10005	1518

16—6 各市地财政收入

单位:万元

市地	1994年 财政收入	1994年 #工商税收	1994年 #增值税	1995年 财政收入	1995年 #工商税收	1995年 #增值税	财政收入1995年为1994年%
郑州市	128580	89990	36340	170645	116782	45282	132.7
开封市	30846	19628	8542	43957	23047	8924	142.5
洛阳市	82191	55670	26569	108989	68960	29827	132.6
平顶山市	55529	38352	16876	68068	46535	19432	122.6
安阳市	56023	38693	23636	72027	45352	23285	128.6
鹤壁市	13678	7870	3282	17250	9671	4167	126.1
新乡市	64618	30613	14926	84351	38655	17322	130.5
焦作市	63039	29477	15289	92383	36767	18918	146.5
濮阳市	31276	23667	9228	39346	29549	11501	125.8
许昌市	26180	14274	6421	37166	17859	7333	142.0
漯河市	19054	9440	4291	27755	13313	5554	145.7
三门峡市	24833	15270	4995	34627	19973	5989	139.4
南阳市	72180	36167	15046	95835	47030	18928	132.8
商丘地区	30542	16220	6769	39983	21346	8368	130.9
周口地区	36035	15872	7592	48457	21415	9399	134.5
驻马店地区	40826	14722	5409	58999	19619	6344	144.5
信阳地区	29644	16012	5268	42295	18992	6217	142.7

16—7 各市地财政支出

单位:万元

市地	1994年 财政支出	1994年 #支援农业生产	1994年 #教育事业费	1995年 财政支出	1995年 #支援农业生产	1995年 #教育事业费	财政支出1995年为1994年%
郑州市	140255	6660	26362	178372	6394	30157	127.2
开封市	59779	2116	15665	76513	2526	18702	128.0
洛阳市	110711	4664	23810	150523	5842	29181	136.0
平顶山市	85128	3032	16771	99009	2970	19438	116.3
安阳市	103279	2971	21093	121329	3669	21949	117.5
鹤壁市	29836	1181	4669	31992	1789	5938	107.2
新乡市	89706	3254	19030	111837	5722	21886	124.7
焦作市	92658	3406	16462	126361	3229	20799	136.4
濮阳市	61565	2756	10628	71640	3133	12464	116.4
许昌市	49511	2354	12277	57969	2603	12619	117.1
漯河市	34738	1586	8747	42197	1664	10384	121.5
三门峡市	42747	2331	8659	53807	2688	10139	125.9
南阳市	125598	5338	31603	151901	5101	36745	120.9
商丘地区	77661	3024	21360	81828	4400	23276	105.4
周口地区	82858	4734	22417	97627	4552	28702	117.8
驻马店地区	76905	3378	21128	96495	2970	25645	125.5
信阳地区	78685	3454	24148	92588	2977	26510	117.7

注:本表支援农业生产支出含农业综合开发支出类。

16—8 地方预算外资金收支情况

单位:万元

项 目	1980年	1985年	1990年	1991年	1992年	1993年	1994年	1995年
一、收入合计	**184711**	**364525**	**604282**	**702399**	**832666**	**455982**	**543202**	**878132**
1.财政部门收入	14303	13808	19596	24107	27559	43114	51539	89982
2.事业和行政单位收入	36054	103133	199771	263032	285580	412868	491663	788150
3.国营企业及主管部门收入	134354	247584	384915	415260	519527			
二、支出合计	**170701**	**334300**	**627618**	**696755**	**815665**	**453662**	**541299**	**876131**
1.固定资产投资支出			281993	353916	399042	139400	142477	238127
2.城市维护支出			9451	12573	17300	30030	41509	51842
3.福利奖励支出			81187	114277	136575	21097	20370	24728
4.行政事业支出			114619	115889	113822	200358	264257	493910
5.转作抵支收入						20627	28645	32216
6.上缴国家能源交通基金			32394	30680	33955	12377	9636	1001
7.上缴国家预算调节基金			22046	20728	23451	8491	13743	6170
8.其他支出			85928	48692	91520	21282	20662	28137

注:从1993年7月1日起,企业实行新的《财务通则》和《会计制度》后,税后利润属所有者权益范畴,不再划分为各项专用基金,因此,企业及主管部门收入不再纳入预算外收支统计范围。

16—9 金融机构综合信贷收支情况

（年底数） 单位：亿元

项　目	1990年	1991年	1992年	1993年	1994年	1995年
资金来源总计	**789.37**	**971.31**	**1168.83**	**1430.58**	**1821.49**	**2469.82**
一、各项存款	593.96	754.03	936.04	1143.66	1602.95	2131.69
企业存款	120.86	149.68	204.60	275.80	381.45	524.66
财政存款	10.33	9.78	4.82	10.55	17.51	16.51
机关团体部队存款	24.60	28.14	25.87	22.20	22.95	24.65
城镇储蓄存款	270.07	351.85	446.76	594.46	836.07	1116.74
农户储蓄存款	106.03	132.99	148.63	172.11	249.73	339.60
农村存款	14.09	22.34	26.63	22.96	27.55	33.57
信托存款	16.04	17.58	21.87	25.77	46.81	47.51
其他存款	31.94	41.67	56.86	19.81	20.88	28.44
二、债券	2.71	2.59	2.72	1.31	1.11	0.34
三、证券业务款项				1.16	9.15	15.21
四、呆账准备金				1.23	3.45	11.91
五、所有者权益	76.31	88.39	97.37	150.19	137.17	145.76
六、其他	116.39	126.30	132.70	133.03	67.66	164.91
资金运用总计	**789.37**	**971.31**	**1168.83**	**1430.58**	**1821.49**	**2469.82**
一、各项贷款	773.04	945.90	1127.26	1366.98	1704.82	2170.17
工业贷款	201.27	229.13	263.22	310.27	351.26	417.29
商业贷款	295.80	359.13	409.43	438.17	550.16	658.84
建筑业贷款	12.56	14.34	16.16	18.69	23.42	30.01
个体工商业贷款	4.36	0.99	4.78	6.81	8.13	13.16
乡镇企事业贷款	54.13	68.27	89.98	104.86	140.28	167.36
三资企业贷款				10.06	14.75	23.40
农业贷款	88.42	110.77	126.07	103.00	127.03	168.56
固定资产贷款	73.72	110.16	150.86	230.69	318.07	342.44
信托贷款	22.48	21.99	27.55	25.89	34.78	45.97
其他贷款	20.30	31.12	39.21	118.54	136.94	303.14
二、有价证券及投资	10.82	22.77	36.15	60.79	105.05	128.66
三、外汇占款	1.59	0.04	－1.35	－1.74	0.57	0.63
四、金银占款	3.92	2.60	6.77	4.55	11.05	9.78
五、其他						160.58

16—10 金融机构综合信贷收支情况

（1995 年底）

单位：万元

项　目	总　计	国家银行	其他金融机构	农村信用社	城市信用社	金融信托公司	财务公司
资金来源总计	**28836194**	**19732125**	**9104069**	**5408511**	**2938990**	**728709**	**27859**
一、各项存款	21365491	15315135	6050356	3681358	1954040	401044	13914
1.企业存款	5379980	4741807	638173	285329	352844		
2.财政存款	165057	165057					
3.机关团体部队存款	246522	246522					
4.城乡居民储蓄存款	14563472	10036644	4526828	3396029	1130799		
5.农村存款	50396	50396					
6.信托存款	268801	62522	206279			193865	12414
7.其他存款	691263	12187	679076		470397	207179	1500
二、金融债券	3395	1363	2032			2032	
三、所有者权益	1463815	571440	892375	618255	172909	90334	10877
四、同业往来	2881383	2548452	332931	22043	229537	80801	550
五、汇兑在途	－3887067	－3887067					
六、其他	7009177	5182802	1826375	1086855	582504	154498	2518
资金运用总计	**28836194**	**19732125**	**9104069**	**5408511**	**2938990**	**728709**	**27859**
一、各项贷款	21754901	17165700	4589201	2947607	1190382	436079	15133
1.短期贷款	13526701	11398347	2128354	1461419	666935		
#工业贷款	4193897	3878328	315569		315569		
商业贷款	6396754	6161087	235667		235667		
建筑企业贷款	310331	310331					
个体工商业贷款	131574	15875	115699		115699		
乡镇企业贷款	410972	410972					
2.农业贷款	523467	523467					
3.中长期贷款	3758084	3420613	337471	337471			
#基本建设贷款	1470706	1470706					
技术改造贷款	1284170	1284170					
4.其他贷款	3888456	1778713	2109743	1148717	523447	436079	1500
5.信托贷款	58193	44560	13633				13633
二、有价证券及投资	1112077	924612	187465		86536	100929	
三、金银占款	97847	97847					
四、外汇占款	9042	6263	2779			2779	
五、其他	5862327	1537703	4324624	2460904	1662072	188922	12726

注：凡本表与表 16－9、16－12、16－13、16－15、16－16 指标间出现不一致的，皆因金融统计核算口径上有出入，属指标归并问题。

16—11 历年国家银行各项存款、贷款及金融机构居民储蓄存款年底余额

单位:万元

年　份	各项存款合　计	#企业存款	#农村存款	各项贷款合　计	#短期贷款	#工业贷款	#农业贷款	城乡居民储蓄存款年底余额	#城镇居民
1950	4423	1854		1640	555	137	1085	212	212
1951	11539	4867		4851	2897	510	1954	884	884
1952	19068	7362	4	7836	4820	639	3016	1795	1780
1953	22722	9223	5	28414	22266	760	6148	2476	2385
1954	27459	9036	12	49122	42452	912	5796	4683	3869
1955	37287	8253	14	91238	83887	1612	7179	4656	3566
1956	29573	11841	115	120389	90544	7908	24681	6687	5110
1957	36365	9337	144	145162	118444	5533	23277	10497	6977
1958	126646	30360	15312	377746	343525	38395	31643	16448	10427
1959	129273	23781	12159	464944	426427	86244	33728	21555	13533
1960	142681	27682	10554	564261	500809	161457	51431	23200	15109
1961	143814	42032	6411	481480	406824	96948	63292	19447	12352
1962	122114	44870	2309	379285	303682	51147	65504	13375	9554
1963	109804	39559	1652	318765	230455	39366	77068	14569	10791
1964	109610	41508	909	316867	220234	39212	85525	17309	13437
1965	121877	44417	866	339464	242374	47579	86356	19526	15337
1966	146806	46500	1165	397585	305883	64475	88499	22683	17315
1967	150772	51985	1416	398204	302158	93843	92426	25702	19203
1968	154334	57282	1936	441164	345926	122024	91839	30463	22451
1969	204622	63688	2307	492054	393409	128131	98084	30764	23329
1970	286872	62380	2649	573963	473900	146242	98469	31513	23994
1971	333711	65932	3634	563724	520336	172100	41353	36081	27660
1972	352888	75889	3564	585147	536061	170717	46957	42418	32362
1973	337333	75576	3916	679893	630809	203781	47880	52769	36805
1974	343175	103540	3967	732453	676052	236571	54203	62419	42675
1975	359434	108409	4641	836475	767490	266406	66078	68368	45277
1976	297439	108781	5238	865629	786936	302549	74704	76045	49031
1977	374877	120757	5041	943421	860493	304887	79284	86435	53943
1978	457072	122648	4911	999943	913114	311487	83714	98071	62363
1979	520045	141524	4788	1081385	984841	347821	93105	129657	83233
1980	577690	175125	6525	1250059	1146881	380902	78292	194361	118343
1981	684460	190951	6732	1464186	1353112	440543	77460	269038	155356
1982	740776	219622	7581	1537267	1395375	470623	83513	328280	194907
1983	880956	264734	10720	1748298	1591373	492112	77190	455905	259354
1984	1368445	533764	18817	2298777	2012723	645281	97227	643509	363717
1985	1464158	591263	15497	2849146	2403503	732455	177800	842280	495574
1986	1846588	696414	20512	3502108	2907452	981694	224700	1150281	697029
1987	2317128	855375	26125	3923167	3278394	1150958	148000	1678777	1039098
1988	2706683	920058	30715	4479912	3701772	1307799	186037	2093320	1374515
1989	3290130	887850	52397	5119010	4206238	1550323	233715	2763367	1937252
1990	4352325	1093726	63293	6364111	5151431	1933026	302689	3761229	2700696
1991	5516429	1388996	79161	7740762	6032134	2188645	388775	4848436	3518498
1992	6913909	1858160	89503	9080151	6792042	2477732	489938	5953905	4467575
1993	8506821	2519007	42238	11065764	8157568	2938238	379763	7665698	5944640
1994	11620216	3426098	41866	13535749	9572547	3291722	440401	10858017	8360696
1995	15315135	4741807	50396	17165700	11398347	3878328	523467	14563472	11167443

注:城乡居民储蓄存款年底余额1986年以前为国家银行口径。1986—1989年含城市、农村信用社。1989年开始为金融机构口径。

16—12 国家银行综合信贷收支情况

（年底数）　　单位:亿元

项　　目	1985年	1990年	1991年	1992年	1993年	1994年	1995年
资金来源总计	**291.32**	**657.50**	**808.49**	**957.43**	**1174.76**	**1466.78**	**1973.21**
一、各项存款	146.42	435.24	551.65	691.39	850.68	1162.02	1531.51
企业存款	59.12	109.37	138.90	185.82	251.90	342.61	474.18
财政存款	8.35	10.33	9.78	4.82	10.55	17.51	16.51
机关团体部队存款	10.07	24.60	28.14	24.63	22.20	22.95	24.65
城镇储蓄存款	49.55	261.40	337.85	426.10	560.60	767.97	1003.66
农村存款	1.55	6.33	7.92	8.95	4.23	4.19	5.04
信托存款	10.56	0.87	1.28	0.78	0.73	5.29	6.25
其他存款	7.22	22.34	27.78	40.29	0.47	1.50	1.22
二、债券		2.36	2.58	2.54	1.11	0.84	0.14
三、证券业务款项					0.08	3.86	10.50
四、呆账准备金					1.02	2.78	11.15
五、所有者权益	25.29	38.96	43.65	43.84	57.56	43.34	57.15
六、其他	119.61	180.94	210.61	219.66	264.31	253.94	362.76
资金运用总计	**291.32**	**657.50**	**808.49**	**957.43**	**1174.76**	**1466.78**	**1973.21**
一、各项贷款	284.91	636.41	774.07	908.02	1106.57	1353.57	1716.57
工业贷款	73.25	193.30	218.86	247.77	293.82	329.17	387.83
商业贷款	155.57	289.86	347.61	390.02	417.49	523.12	616.11
建筑业贷款	3.04	12.56	14.34	15.85	18.70	23.42	31.03
个体工商业贷款	0.90	1.00	0.99	1.13	0.68	0.71	1.59
乡镇企事业贷款		18.67	20.00	22.94	28.01	33.71	41.10
三资企业贷款					10.05	14.75	23.40
农业贷款	17.78	30.27	38.87	49.00	37.98	44.04	52.35
固定资产贷款	20.85	73.72	110.16	150.86	230.69	317.60	342.06
信托贷款	8.91	3.63	3.32	3.27	0.11	0.08	4.46
其他贷款	4.61	13.40	19.92	27.18	69.04	66.97	216.64
二、有价证券及投资		9.67	18.73	26.66	35.49	64.35	92.46
三、国家投资债券贷款			6.31	8.20	8.07	5.27	5.17
四、中央银行债券					0.58	9.01	5.31
五、外汇占款	0.54	1.30	−0.04	−1.53	−1.73	0.57	0.63
六、金银占款	1.22	3.92	2.60	6.77	4.55	11.05	9.78
七、库存现金	4.65	6.20	6.82	9.31	20.25	21.36	20.96
八、证券业务占款					0.98	1.60	2.01
九、其他							120.32

16—13 城市信用社信贷收支情况

(年底数)　　单位:万元

项　　目	1994年		1995年		1995年为1994年%
	绝对数	比重(%)	绝对数	比重(%)	
资金来源总计	**1935081**	**100.0**	**2938990**	**100.0**	**151.9**
一、存款合计	1268811	65.6	1954040	66.5	154.0
1.集体工业存款	96316	5.0	108755	3.7	112.9
2.集体商业存款	71802	3.7	88899	3.0	123.8
3.集体其他企业存款	89606	4.6	117341	4.0	131.0
4.国营工商业存款	30353	1.6	37849	1.3	124.7
5.个体工商户存款	53346	2.8	84261	2.9	158.0
6.居民储蓄存款	680950	35.2	1130799	38.5	166.1
7.其他存款	246438	12.7	386136	13.1	156.7
二、向银行借款	8490	0.4	1558	0.1	18.4
三、银行往来	120960	6.2	203613	6.9	168.3
四、金融性公司往来	70695	3.7	17038	0.6	24.1
五、联社往来	74479	3.8	229537	7.8	308.2
六、人行专项贷款资金	2478	0.1	888	…	35.8
七、所有者权益	148182	7.7	172909	5.9	116.7
八、呆帐准备	5010	0.3	6474	0.2	129.2
九、其他	235976	12.2	352933	12.0	149.6
资金运用总计	**1935081**	**100.0**	**2938990**	**100.0**	**151.9**
一、贷款合计	780382	40.3	1190382	40.5	152.5
1.集体工业贷款	223520	11.6	315569	10.8	141.2
2.集体商业贷款	157782	8.2	235667	8.0	149.4
3.集体其他企业贷款	45204	2.3	76285	2.6	168.8
4.国营工商企业贷款	71786	3.7	115373	3.9	160.7
5.个体工商户贷款	76282	3.9	115699	3.9	151.7
6.其他贷款	205808	10.6	331789	11.3	161.2
二、在银行存款	74824	3.9	103973	3.5	139.0
三、缴存准备金	101399	5.3	164276	5.6	162.0
四、证券业务占款	5566	0.3	1490	0.1	26.8
五、代理人行专项贷款	2171	0.1	768	…	35.4
六、银行往来	362004	18.7	652886	22.2	180.4
七、金融性公司往来	56494	2.9	80789	2.7	143.0
八、联社往来	116688	6.0	200476	6.8	171.8
九、投资	69508	3.6	81327	2.8	117.0
十、现金	23841	1.2	37242	1.3	156.2
十一、其他	342204	17.7	425381	14.5	124.3

16—14 城市信用社存、贷款情况

（年底数） 单位：亿元

项目	1988年	1989年	1990年	1991年	1992年	1993年	1994年	1995年
各项存款合计	**14.33**	**18.46**	**25.98**	**37.52**	**54.72**	**76.14**	**126.88**	**195.40**
集体工业存款	2.79	2.64	3.21	3.82	4.76	5.26	9.63	10.87
集体商业存款	3.29	3.02	3.77	4.47	6.13	7.34	7.18	8.89
个体工商户存款	1.56	1.42	1.89	2.50	3.59	4.24	5.33	8.43
居民储蓄存款	2.29	5.14	8.87	13.99	20.57	34.37	68.10	113.08
#定期	1.40	3.44	5.71	9.22	13.75	10.18	14.68	90.84
活期	0.89	1.70	3.16	4.77	6.82	24.19	53.42	22.24
其他存款	4.40	6.24	8.24	12.74	19.67	24.93	36.64	54.13
各项贷款合计	**14.48**	**18.07**	**22.03**	**29.26**	**41.14**	**52.41**	**78.04**	**119.04**
集体工业贷款	5.05	6.89	7.96	10.27	14.17	15.98	22.35	31.56
集体商业贷款	4.09	4.87	5.94	7.24	9.86	14.12	15.78	23.57
个体工商户贷款	1.96	2.52	3.35	4.28	5.33	6.29	7.63	11.57
其他贷款	3.38	3.79	4.78	7.47	11.78	16.02	32.28	52.34

16—15 农村信用社信贷收支情况

（年底数） 单位：万元

项目	1994年		1995年		1995年为1994年%
	绝对数	比重(%)	绝对数	比重(%)	
资金来源总计	**5617849**	**100.0**	**5408511**	**100.0**	**96.3**
一、存款合计	2742736	48.8	3681358	68.1	134.2
1.企业存款	238626	4.2	285329	5.3	119.6
(1)活期	223889	4.0	267458	5.0	119.5
(2)定期	14737	0.2	17871	0.3	121.3
2.农户储蓄存款	2504110	44.6	3396029	62.8	135.6
二、银行借款	24256	0.4	24438	0.5	100.8
三、金融机构往来	20180	0.4	22043	0.4	109.2
四、所有者权益	675856	12.0	618255	11.4	91.5
五、其他	2154821	38.4	1062417	19.6	49.3
资金运用总计	**5617849**	**100.0**	**5408511**	**100.0**	**96.3**
一、贷款合计	2335723	41.6	2947607	54.5	126.2
#短期贷款	1005698	17.9	1461419	27.0	145.3
中长期贷款	267522	4.8	337471	6.2	126.1
抵押贷款	82178	1.5	144846	2.7	176.3
逾期贷款	980325	17.4	578267	10.7	59.0
二、银行存款	841092	15.0	1013225	18.7	120.5
三、金融机构往来	28416	0.5	41755	0.8	146.9
四、现金	65119	1.1	83531	1.5	128.3
五、其他	2347499	41.8	1322393	24.5	56.3

16—16 金融信托投资公司信贷收支情况

(年底数)　　单位:万元

项　　目	1994年 绝对数	1994年 比重(%)	1995年 绝对数	1995年 比重(%)	1995年为1994年%
资金来源总计	**790888**	**100.0**	**728709**	**100.0**	**92.1**
一、存款合计	402841	50.9	401044	55.0	99.6
1.委托存款	231739	29.3	200184	27.5	86.4
2.信托存款	164650	20.8	193865	26.6	117.7
3.保证金存款	1860	0.2	4582	0.6	246.3
4.其他存款	4592	0.6	2413	0.3	52.5
二、发行债券	2706	0.3	2032	0.3	75.1
三、证券业务款项	52878	6.7	49279	6.8	93.2
四、银行往来	117446	14.9	46543	6.4	39.6
五、同业往来	45831	5.8	80801	11.1	176.3
六、所有者权益	103812	13.1	90334	12.4	87.0
七、呆帐准备金	1610	0.2	1180	0.1	73.3
八、投资风险准备	284	0.1	2106	0.3	741.5
九、其他	63480	8.0	55390	7.6	87.3
资金运用总计	**790888**	**100.0**	**728709**	**100.0**	**92.1**
一、贷款合计	360749	45.6	436079	59.8	120.9
1.委托贷款	180927	22.9	173381	23.8	95.8
2.信托贷款	123786	15.6	206098	28.3	166.5
3.抵押贷款	7592	1.0	24355	3.3	320.8
4.贴现			77	…	
5.租赁	37969	4.8	20351	2.8	53.6
6.其他贷款	10475	1.3	11817	1.6	112.8
二、投资	71255	9.0	41558	5.7	58.3
三、证券业务占款	127688	16.1	59371	8.2	46.5
四、在人行存款	13249	1.7	7476	1.0	56.4
五、缴存人行准备金	15456	1.9	11838	1.6	76.6
六、银行往来	70838	9.0	38178	5.2	53.9
七、同业往来	38708	4.9	40549	5.6	104.8
八、现金	903	0.1	609	0.1	67.4
九、外币占款	3000	0.4	2779	0.4	92.6
十、其他	89042	11.3	90272	12.4	101.4

16—17 国家银行现金收支情况

单位:亿元

项目	1985年	1990年	1991年	1992年	1993年	1994年	1995年
收入总计	**293.37**	**875.08**	**1044.08**	**1383.46**	**2132.28**	**3397.59**	**4836.93**
商品销售收入	161.59	293.05	334.48	390.54	487.62	648.42	855.08
服务事业收入	16.61	42.30	49.99	66.55	89.44	116.08	149.50
税款收入	2.55	7.29	8.62	9.71	14.66	22.10	32.35
农村信用社收入	24.57	58.98	66.92	64.77	95.58	147.55	184.07
乡镇企事业收入	4.92	9.55	10.89	13.67	21.51	45.49	70.94
城乡个体经营收入	2.81	7.34	10.17	12.06	17.49	36.97	66.96
储蓄存款收入	61.78	367.09	452.42	660.81	1118.63	1887.56	2736.24
汇兑收入	3.75	11.65	15.07	19.11	26.35	32.93	49.17
其他收入	14.79	77.83	95.52	146.24	261.00	460.49	692.62
支出总计	**308.29**	**915.40**	**1103.74**	**1453.01**	**2196.38**	**3459.50**	**4829.23**
工资及对个人其他支出	74.16	174.73	201.71	245.56	295.25	409.46	501.42
农副产品采购支出	78.59	148.19	160.97	120.65	146.08	226.11	270.64
工矿产品采购支出	2.54	7.68	9.65	15.37	29.43	44.56	51.98
行政企业管理费支出	17.78	50.01	62.20	88.26	141.87	193.90	237.80
农村信用社支出	49.59	78.57	91.74	114.94	113.85	145.97	173.41
乡镇企事业支出	9.07	22.30	25.89	32.74	40.17	66.49	92.55
城乡个体经营支出	3.07	9.45	13.14	17.26	28.95	51.58	80.57
储蓄存款支出	51.33	316.37	407.10	631.82	1073.69	1789.83	2666.93
汇兑支出	4.53	12.32	15.32	21.70	29.38	38.95	57.24
其他支出	17.63	95.78	116.02	164.71	297.71	492.65	696.69
净投放	**14.92**	**40.32**	**59.66**	**69.55**	**64.10**	**61.91**	**−7.70**

16—18 城市信用社现金收支情况

单位:万元

项　　目	1994年	1995年	1995年为1994年%
收　入　总　计	**4400210**	**6709365**	**152.5**
一、商品销售收入	807973	1027083	127.1
二、服务事业收入	234086	287599	122.9
三、税款收入	6839	8320	121.7
四、乡镇企事业收入	117464	192390	163.8
五、信用收入	216433	300907	139.0
六、城市个体经营收入	620532	888104	143.1
七、储蓄存款收入	1910318	3283325	171.9
八、债券收入	8905	12237	137.4
九、其他收入	477660	709400	148.5
支　出　总　计	**4279799**	**6458447**	**150.9**
一、集体单位工资支出	277771	349941	126.0
二、集体单位奖金支出	49001	65045	132.7
三、集体对个人其他支出	175841	208023	118.3
四、农副产品采购支出	188957	234324	124.0
五、工矿产品采购支出	153930	190819	124.0
六、行政管理费支出	130234	164235	126.1
七、乡镇企事业支出	98610	169930	172.3
八、信用支出	218811	305108	139.4
九、城乡个体经营支出	662151	912090	137.7
十、储蓄存款支出	1782594	3105483	174.2
十一、债券支出	7774	16170	208.0
十二、其他支出	534125	737279	138.0
净投放(+)回笼(—)	**—120411**	**—250918**	**208.4**

16—19 农村信用社现金收支情况

单位:万元

项 目	1994年	1995年	1995年为1994年%
收 入 总 计	**8607708**	**12501651**	**145.2**
一、集体现金收入	322009	656288	203.8
二、乡镇企事业收入	747345	987407	132.1
三、个人存款收入	5653243	8151487	144.2
四、农户贷款收入	883198	1231108	139.4
五、代理业务收入	34582	52446	151.7
#商品销售收入	984	2018	205.1
六、其他收入	967331	1422915	147.1
支 出 总 计	**8565220**	**12433458**	**145.2**
一、集体现金支出	378544	596952	157.7
#农户分配	12455	10745	86.3
二、乡镇企事业支出	883323	1099384	124.5
#工资及其他支出	26943	25665	95.3
三、个人存款支出	5179133	7734814	149.3
四、农户贷款支出	987473	1407949	142.6
五、代理业务支出	27702	45092	162.8
#农产品采购支出	746	2134	286.1
六、其他支出	1109045	1549267	139.7
净投放(+)回笼(—)	**—42488**	**—68193**	**160.5**

16—20 城乡居民储蓄存款年底余额

单位:万元

项 目	1994年		1995年		1995年为1994年%
	绝对数	比重(%)	绝对数	比重(%)	
总 计	**10858017**	**100.0**	**14563472**	**100.0**	**134.1**
一、城镇居民储蓄	8360696	77.0	11167443	76.7	133.6
#定期储蓄	6643192	61.2	8713441	59.8	131.2
二、农村居民储蓄	2497321	23.0	3396029	23.3	136.0
#定期储蓄	1942694	17.9	2661314	18.3	137.0

16—21 各市地国家银行存、贷款余额

单位：万元

市地	1994年		1995年		1995年为1994年%	
	存款余额	贷款余额	存款余额	贷款余额	存款余额	贷款余额
郑州市	2580513	2028148	3427318	2874031	132.8	141.7
开封市	452904	620831	552191	762316	121.9	122.8
洛阳市	1138618	1208180	1576256	1627650	138.4	134.7
平顶山市	595711	669839	792928	822091	133.1	122.7
安阳市	831957	730695	1043706	917665	125.5	125.6
鹤壁市	168124	259546	239192	325628	142.3	125.5
新乡市	823242	809276	1048814	938042	127.4	115.9
焦作市	684590	879596	879733	1020198	128.5	116.0
濮阳市	448617	681742	642894	863407	143.3	126.6
许昌市	323356	384608	420256	471521	130.0	122.6
漯河市	229064	340420	320434	424007	139.9	124.6
三门峡市	368662	500763	491755	643172	133.4	128.4
南阳市	710481	998108	937565	1250042	132.0	125.2
商丘地区	426448	744117	549230	941969	128.8	126.6
周口地区	461750	825856	983937	1216342	213.1	147.3
驻马店地区	413555	635791	552959	785721	133.7	123.6
信阳地区	405070	505711	803878	898246	198.5	177.6

16—22 各市地城乡居民储蓄存款年底余额

单位：万元

市地	1994年			1995年			1995年为1994年%		
	合计	城镇居民	农村居民	合计	城镇居民	农村居民	合计	城镇居民	农村居民
郑州市	1906414	1550854	355560	2482480	2065491	416989	130.2	133.2	117.3
开封市	499462	404233	95229	646518	521363	125155	129.4	129.0	131.4
洛阳市	1077978	879426	198552	1461444	1194184	267260	135.6	135.8	134.6
平顶山市	578509	455123	123386	778377	593775	184602	134.5	130.5	149.6
安阳市	943642	650524	293118	1237459	865394	372065	131.1	133.0	126.9
鹤壁市	196885	142962	53923	262670	191902	70768	133.4	134.2	131.2
新乡市	870463	684003	186460	1114912	875372	239540	128.1	128.0	128.5
焦作市	779088	576389	202699	976846	736925	239921	125.4	127.9	118.4
濮阳市	435625	354381	81244	588450	471929	116521	135.1	133.2	143.4
许昌市	357516	261548	95968	491591	355733	135858	137.5	136.0	141.6
漯河市	214811	172417	42394	312555	238514	74041	145.5	138.3	174.6
三门峡市	413070	292965	120105	540886	378098	162788	130.9	129.1	135.5
南阳市	703047	536924	166123	958489	709784	248705	136.3	132.2	149.7
商丘地区	421947	348200	73747	558778	444421	114357	132.4	127.6	155.1
周口地区	575251	398545	176706	823253	551038	272215	143.1	138.3	154.0
驻马店地区	472090	339967	132123	668140	463825	204315	141.5	136.4	154.6
信阳地区	412219	312235	99984	596146	445217	150929	144.6	142.6	151.0

16—23 主要贷款项目利率表

单位:年利率%

项目	1990年 4月15日	1990年 8月21日	1991年 4月21日	1993年 5月15日	1993年 7月11日
一般流动资金贷款					
三个月	7.92	7.92			
半年	9.00	8.64	8.10	8.82	9.00
一年	10.08	9.36	8.64	9.36	10.98
个体工商户贷款	在10.08%基础上浮20%	在9.36%基础上浮20%	在8.64%基础上浮20%	在9.36%基础上浮20%	在10.98%基础上浮20%
技术改造贷款	10.08	9.36	8.46	9.18	10.98
基本建设贷款					
一年以内	10.08	9.36	8.46	9.18	10.98
一年以上至三年	10.80	10.08	9.00	10.80	12.24
三年以上至五年	11.52	10.80	9.54	12.06	13.86
五年以上至十年	11.88	11.16	9.72	12.24	14.04
十年以上	11.88	11.16	(见注2)		

注:1.本利率表为法定贷款利率。

2.自1991年4月21日以后,固定资产贷款5年期以上的利率均按5年期以上档次利率执行。

16—24 主要存款项目利率表

单位:年利率%

项目	1990年 4月15日	1990年 8月21日	1991年 4月21日	1993年 5月15日	1993年 7月11日
城乡居民储蓄存款					
活期	2.88	2.16	1.80	2.16	2.15
定期					
零存整取					
三个月	6.30	4.32	3.24	4.86	6.66
半年	7.74	6.48	5.40	7.20	9.00
一年	10.08	8.64	7.56	9.18	10.98
二年	10.98	9.36	7.92	9.90	11.70
三年	11.88	10.08	8.28	10.80	12.24
五年	13.68	11.52	9.00	12.06	13.86
八年及以上	16.20	13.68	10.08	14.58	17.10
零存整取、整存零取、存本取息					
一年	8.28	7.20	6.12	7.20	9.00
三年	10.08	8.64	6.84	9.18	10.98
五年	11.88	10.08	7.56	10.80	12.24
定活两便	(见注2)	(见注2)	(见注2)	(见注3)	(见注3)
华侨人民币储蓄存款					
一年	11.88	10.08	8.28	10.80	12.24
三年	13.68	11.52	9.00	12.06	13.86
五年	15.48	13.68	9.90	14.58	17.10
企事业单位、机关团体和个体工商户存款					
活期	2.88	2.16	1.80	2.16	2.15
定期					
三个月	6.30	4.32	3.24	4.86	6.66
半年	7.74	6.48	5.40	7.20	9.00
一年	10.08	8.64	7.56	9.18	10.98
二年	10.98	9.36	7.92	9.90	11.70
三年	11.88	10.08	8.28	10.80	12.24
五年	13.68	11.52	9.00	12.06	13.86
八年及以上	16.20	13.68	10.08	14.58	17.10

注:1.本利率表为法定存款利率。

2.按一年期以内定期整存整取同档次利率打九折计息。

3.按一年期以内定期整存整取同档次利率打六折计息。

16—25 保险业务经济技术指标

项目	单位	1990年	1991年	1992年	1993年	1994年	1995年
国内外业务总计							
业务收入	万元	65689	84718	136457	184794	210269	255671
业务支出	万元	31840	44861	54604	75502	118929	114658
一、国内业务							
1.承保额	亿元	1162	1438	1820	2286	1694	1882
财产险	亿元	940	1178	1452	1793	1325	1456
人身险	亿元	222	260	368	493	369	426
2.保险业务收入	万元	62204	80142	131631	179496	204469	248886
财产险保费	万元	33518	40116	53954	70565	82809	117455
财产险储金	万元	9347	14648	23870	37418	45136	49264
人身险保费	万元	5798	7014	8027	11644	52491	63416
人身险储金	万元	13541	18364	45780	59869	24033	18751
3.赔案数							
财产险已决案件	件	183581	308548	182614	248372	178131	180099
财产险未决案件	件	7484	4101	9353	7826	7331	12809
人身险已决给付人数	人	95441	1054311	1230753	347000	268846	1200267
4.保险业务支出	万元	30835	43720	53066	73255	115458	124888
财产险赔款	万元	18973	28151	33304	45110	51675	67113
财产险储金给付	万元	1059	3574	4589	5719	18342	21483
人身及意外险给付	万元	3044	3253	3793	8360	20182	13444
人身险储金给付	万元	6641	7458	9943	9832	15292	13733
退保金	万元	1118	1284	1437	4234	9967	9115
5.财产险未决估损金额	万元	1571	1372	2448	5101	7117	11002
二、涉外业务							
1.承保费	亿元	14	25	20	153	175	257
#出口运输险	亿元	4	7	7	39	30	46
进口运输险	亿元	1	1	1	9	12	14
各种非水险	亿元	8	15	10	62	62	169
航空人身意外险	亿元	1	2	2	42	63	28
信用险	亿元				1	2	
2.保费	万元	667	842	888	5298	5800	6785
#出口运输险	万元	339	490	454	2382	2096	2455

16—25 续表

项　　目	单　位	1990 年	1991 年	1992 年	1993 年	1994 年	1995 年
进口运输险	万元	30	48	56	353	420	532
各种非水险	万元	295	293	339	2318	2846	3494
航空人身意外险	万元	3	5	3	113	65	65
信用险	万元			31	122	95	
3.赔案件数	件	1105	678	725	786	784	1043
已决	件	1084	663	718	786	776	1043
未决	件	21	15	7		8	
4.当年已决赔款	万元	189	210	283	2247	3471	3215
#出口运输险	万元	144	99	147	741	1708	1331
进口运输险	万元	5	8	25	147	629	187
各种非水险	万元	40	103	105	1241	1012	1697
信用险	万元			6	115	122	
三、损失率							
国内企业财产险	%	0.09	0.12	0.14	0.13	0.15	0.16
国内家庭财产险	%	0.72	2.10	2.37	0.06	0.23	0.21
种植业险	%	0.31	0.80	0.75	1.20	0.96	2.18
涉外业务运输险	%	0.32	0.13	0.21	0.19	0.55	0.25
四、当年结案率							
国内业务	%	96.58	98.69	95.13	96.95	98.39	93.36
涉外业务	%	98.10	97.79	99.03	100.00	98.98	100.00
五、赔付率							
财产险	%	56.61	70.17	61.73	63.93	63.67	57.14
团体人身及意外伤害险	%	52.77	46.38	47.25	71.80		
返还性人身险	%	137.10	9.96	10.42	16.42		
涉外业务	%	28.34	24.94	31.87	42.41	59.84	47.38
六、年底职工人数	人	5708	5753	6327	7211	7581	7708
年内平均职工人数	人	5582	5569	6120	6982	7388	7563
七、年内费用支出	万元	5378	9040	14220	16406	19111	33248
八、增加值	万元		6323	10211	14966	10672	13596
九、人均保险业务收入	万元/人	11	15	22	18	18	34
十、人均费用	万元/人	1	2	2	2	3	4

16—26 各市地国内保险业务主要指标

(1995年)

市地	承保额(万元)	#企业财产	#运输工具	#家庭财产	保险业务收入(万元)	#保费收入
郑州市	3004553	1580935	405204	62975	38918	23026
开封市	783193	404011	102895	42892	11453	10294
洛阳市	2905584	1123714	418866	191842	26275	19041
平顶山市	1272688	445584	173937	149990	20604	13320
安阳市	1162573	528102	117136	57025	16168	13435
鹤壁市	305088	138414	68791	9501	4808	3131
新乡市	1619942	745480	184407	187876	15993	11308
焦作市	1072541	441788	136432	5927	15123	12076
濮阳市	1925933	299354	161870	121206	10926	8597
许昌市	729378	356376	78710	7122	7238	6985
漯河市	488059	176607	78827	6372	5337	5286
三门峡市	567461	243444	74889	18038	7256	6883
南阳市	1610006	521285	257973	46876	15702	15072
商丘地区	722655	278330	145919	75482	8861	8296
周口地区	848269	254619	190067	92700	8200	8032
驻马店地区	484462	140180	55731	41848	9004	8765
信阳地区	738158	297491	118419	69380	9222	9159

市地	财产险已决赔案件数(件)	人身险已决给付人数(人)	保险业务支出(万元)	#财产险赔款	#人外及意外险给付
郑州市	18260	10035	28583	18413	9768
开封市	8207	19246	7150	3106	4005
洛阳市	12323	15167	14491	8716	5670
平顶山市	13467	16136	14887	10501	4315
安阳市	11722	12916	12468	6330	6023
鹤壁市	2612	1559	2073	1404	662
新乡市	8243	19374	6552	4210	2245
焦作市	6626	6754	8184	6073	1925
濮阳市	5698	4782	5811	4009	1620
许昌市	6877	8059	3678	2526	1134
漯河市	4120	9073	2591	1704	851
三门峡市	3901	3819	5124	3264	1812
南阳市	26491	90607	8893	5697	2995
商丘地区	10087	41866	5830	3616	2200
周口地区	7432	8646	4193	2802	1368
驻马店地区	9722	50113	4465	2575	1877
信阳地区	23613	14168	4741	3437	1304

主要统计指标解释

财政收入　是国家通过财政各个环节筹集的财政资金的总称，它是保证国家行使其职能不可缺少的财力。主要包括：各项税收、企业收入、专款收入、其他收入、国家能源交通重点基金收入及国家预算调节基金。

（1）**各项税收**　是国家按法律规定对经济单位和个人无偿征收的实物和货币，是财政收入的主要来源。我国现行的税收主要有工商税收类，包括增值税、营业税、消费税、所得税、城市维护建设税、房产税、车船税、资源税、印花税、投资方向调节税等；农牧业税和耕地占用税类；企业所得税类和个人所得税类等。

（2）**企业收入**　包括各部门所属国有企业及事业单位上交国家的利润和事业收入。

财政支出　是国家政权为行使其职能，对筹集的财政资金进行有计划的分配使用的名称。国家财政总支出，体现政府的活动范围和方向，反映财政资金的分配关系，财政总支出主要包括基本建设支出、企业挖潜改造资金、流动资金类、科技三项费用、工交商部门事业费、支援农村生产支出和各项农业事业费、文教科学卫生事业费、抚恤和社会救济费、国防费、行政管理费及其他支出等。

（1）**基本建设支出**　是指国家预算内的基本建设拨款，不包括国家预算外自筹的各种基本建设资金。基本建设基金分为经营性的和非经营性的两部分。各专业投资公司对经营性建设项目执行基本建设基金贷款，各主管部门对非经营性建设项目执行基本建设基金拨款。

（2）**流动资金类**　是指国家预算增拨各部门所属国有企业的流动资金和增拨银行的信贷资金。

（3）**企业挖潜改造资金**　是指国家预算安排用于企业挖潜、革新、改造方面的资金。企业用于挖潜、革新、改造方面的资金，主要来自企业的更新改造资金、大修理基金等自有资金及银行贷款，国家预算安排的挖潜、革新、改造资金主要用于支持重点行业的技术改造。

（4）**文教、科学、卫生事业费**　是指国家预算用于科学、文化、教育、卫生、公费医疗、体育、通讯和广播、地震、海洋、文物、计划生育等方面的事业费。

预算外资金　是指不纳入国家财政预算，由各地方、各事业行政单位，按国家规定范围自行筹集和使用的资金。它是国家财政预算内资金的补充财力。其收入来源，主要包括地方财政机关掌握使用的自筹资金，如工商税附加、农业税附加、城市公用事业附加等。事业行政单位自收自支和以收抵支未纳入预算管理的各项资金，如养路费、学杂费等。这些资金一般都有特定用途，主要是：基本建设或更新改造固定资产投资，支付养路费、城市维护费，职工福利和奖励支出，补充事业、行政经费，上交财政能源交通重点建设基金、预算调节基金和其他支出等。预算外资金的使用，也要纳入计划管理的轨道，不得擅自扩大使用范围。

财政用于农业的支出　指国家财政预算内资金安排用于农业的各项投资支出。包括：(1)对农垦、农业、畜牧、林业、农机管理、水利、水产、气象等部门的各项事业经费和基本建设、流动资金、科技三项费用等专项拨款；(2)支援农村集体（户）的各项生产支出，如小型农田水利和水土保持补助费、扶持农村经济困难的乡镇企业、农业生产队（组、户）改善生产基本条件的资金和农村开荒补助费、农村草场和畜禽保护补助费、农村造林和林木保护补助费、农村水产补助费、农业发展和发展粮食生产专项资金支出等；(3)农村社会救济费。

存款　企业、机关、团体或居民根据可以收回的原则，把货币资金存入银行或其他信用机构保管并取得一定利息的一种信用活动形式。财政存款、机关团体部队存款、城乡居民储蓄存款、农村存款、信托存款和其他存款等科目。

贷款　银行或其他信用机构根据必须归还的原则，按一定利率，为企业、个人等提供资金的一种信用活动形式。我国金融机构贷款分短期贷款、农业贷款、中长期贷款、信托贷款和其他贷款等科目。

城乡居民储蓄年底余额　包括城镇居民储蓄和农户储蓄两部分的年底余额不包括工矿企业、部队、机关团体等集团存款。

城镇居民储蓄年底余额是指各国家银行的城镇居民储蓄、城市信用社居民储蓄及邮政储蓄等。

农户储蓄是指在农村信用社的农户储蓄。

承保额　又叫保险额。它是保险人对被保险人负担损失补偿或约定给付的金额，它是保险合同上的最高责任额，也是计算保费的依据。

保费　被保险人按其得到保险利益的保障程度（保险金额）的一定比率向保险人缴付的费用。

赔款　保险人对财产保险和保险事故给予的经济补偿或对人身保险的保险事故给付的保险金。分为已决赔款和未决赔款。

十七、教育、文化、科技和专利

17—1 各级各类学校数和教职工数

项　　目	1978年	1980年	1985年	1990年	1991年	1992年	1993年	1994年	1995年
各级各类学校数(所)									
普通高等学校	24	25	43	47	49	47	48	50	50
中等学校	26670	12835	10016	8899	8080	7703	7507	7443	7334
1.中等专业学校	84	102	167	170	172	174	178	182	182
中等技术学校	56	73	126	127	128	129	133	137	137
中等师范学校	28	29	41	43	44	45	45	45	45
2.普通中学	26586	12672	9459	8249	7369	6893	6644	6476	6367
高中	3705	2431	1069	920	854	789	719	661	641
初中	22881	10241	8390	7329	6515	6104	5925	5815	5726
3.农业中学、职业中学		61	390	480	539	636	685	785	785
高中			284	418	483	543	621	720	736
初中			106	62	56	93	64	65	49
小学	48772	46672	41935	43286	42455	42370	42071	41899	41698
幼儿园	1191	16806	5461	4786	2087	2171	2248	2417	2575
特殊教育学校	7	8	13	33	60	83	91	103	109
技工学校	41	135	135	168	168	179	186	195	204
各级各类学校教职工数(万人)									
普通高等学校	1.43	1.80	2.92	3.57	3.74	3.76	3.82	3.95	4.00
中等学校	34.90	37.67	30.83	34.00	33.15	33.32	33.82	34.66	35.70
1.中等专业学校	0.80	1.24	1.98	2.51	2.54	2.61	2.68	2.73	2.80
中等技术学校	0.53	0.85	1.48	1.85	1.84	1.89	1.94	1.97	2.03
中等师范学校	0.27	0.39	0.50	0.66	0.70	0.72	0.74	0.76	0.77
2.普通中学	34.10	36.38	27.84	29.68	28.70	28.58	28.68	29.00	29.71
高中	5.79	5.41	4.54	5.53	5.53	5.37	5.19	5.01	4.97
初中	28.31	30.97	23.30	24.15	23.17	23.21	23.49	23.99	24.75
3.农业中学、职业中学		0.05	1.01	1.81	1.91	2.13	2.46	2.93	3.19
高中		0.01	0.83	1.65	1.78	1.99	2.34	2.78	3.05
初中		0.04	0.18	0.16	0.13	0.14	0.12	0.15	0.14
小学	44.39	47.42	46.65	47.71	40.63	40.33	41.05	41.79	42.30
幼儿园	1.02	4.17	3.29	4.96	3.05	2.70	2.84	2.91	3.09
特殊教育学校	0.02	0.03	0.03	0.08	0.10	0.14	0.16	0.19	0.22
技工学校	0.28	0.61	0.79	1.48	1.52	1.62	1.70	1.73	1.77

17-2 各级各类学校专任教师数和在校学生数

项目	1978年	1980年	1985年	1990年	1991年	1992年	1993年	1994年	1995年
各级各类学校专任教师数(万人)									
普通高等学校	0.54	0.68	1.10	1.40	1.42	1.45	1.47	1.55	1.55
中等学校	29.66	30.70	23.79	26.55	26.10	26.25	26.62	27.37	30.37
1.中等专业学校	0.32	0.54	0.90	1.23	1.22	1.25	1.30	1.35	1.41
中等技术学校	0.19	0.34	0.63	0.84	0.82	0.85	0.88	0.91	0.97
中等师范学校	0.13	0.20	0.27	0.39	0.40	0.40	0.42	0.44	0.44
2.普通中学	29.34	30.13	22.21	24.05	23.54	23.49	23.60	23.94	24.68
高中	4.98	4.48	3.41	3.79	3.83	3.76	3.62	3.48	3.45
初中	24.36	25.65	18.80	20.26	19.71	19.73	19.98	20.46	21.23
3.农业中学、职业中学		0.03	0.68	1.27	1.34	1.51	1.72	2.08	2.28
高中		0.02	0.56	1.13	1.22	1.39	1.62	1.95	2.16
初中		0.01	0.12	0.14	0.12	0.12	0.10	0.13	0.12
小学	42.88	44.72	43.09	44.34	37.93	37.55	38.19	38.87	39.23
幼儿园	0.44	3.36	2.44	3.80	1.98	1.47	1.68	1.76	1.89
特殊教育学校	0.01	0.01	0.02	0.05	0.07	0.10	0.11	0.14	0.16
技工学校	0.06	0.26	0.38	0.59	0.65	0.69	0.73	0.76	0.79
各级各类学校在校学生数(万人)									
研究生	0.01	0.02	0.10	0.10	0.10	0.10	0.10	0.12	0.13
普通高等学校	2.73	4.59	6.85	8.04	8.18	8.95	10.44	11.71	12.24
中等学校	525.01	494.78	376.74	381.90	389.86	395.08	405.21	438.97	485.15
1.中等专业学校	3.39	6.93	8.39	13.73	14.41	14.90	16.39	18.43	21.43
中等技术学校	1.71	3.49	4.90	7.67	8.16	8.52	9.76	11.54	13.89
中等师范学校	1.68	3.44	3.49	6.06	6.25	6.38	6.63	6.89	7.54
2.普通中学	521.62	487.27	357.46	352.56	357.66	359.78	362.96	384.80	417.86
高中	116.38	83.75	52.27	49.27	48.80	46.21	43.52	42.51	42.91
初中	405.24	403.52	305.19	303.29	308.86	313.57	319.44	342.29	374.95
3.农业中学、职业中学		0.58	10.89	15.61	17.77	20.40	25.86	35.74	45.86
高中		0.47	8.83	13.40	14.98	18.09	24.03	33.01	42.98
初中		0.11	2.06	2.21	2.79	2.31	1.83	2.73	2.88
小学	1140.26	1133.75	1034.97	961.15	944.02	936.71	951.50	991.06	1039.56
幼儿园	16.87	100.22	76.54	115.66	131.57	154.85	183.48	211.31	230.58
特殊教育学校	0.08	0.11	0.16	0.28	0.37	0.52	0.53	0.67	0.81
技工学校	1.24	3.49	2.63	5.64	5.92	6.33	7.31	8.29	9.32

注:幼儿园含学前班学生数。

17－3 各级各类学校招生数和毕业生数

项目	1978年	1980年	1985年	1990年	1991年	1992年	1993年	1994年	1995年
各级各类学校招生数(万人)									
研究生	0.01	19(人)	0.06	0.03	0.03	0.03	0.04	0.05	0.05
普通高等学校	1.39	1.25	2.67	2.66	2.76	3.38	4.05	4.17	4.32
中等学校	236.53	172.52	128.02	134.01	139.00	140.38	149.64	168.57	187.62
1.中等专业学校	1.82	2.56	3.67	5.11	5.24	5.47	6.65	7.41	8.53
中等技术学校	0.97	1.22	2.32	2.77	2.94	3.06	4.04	4.77	5.45
中等师范学校	0.85	1.34	1.35	2.34	2.30	2.41	2.61	2.64	3.08
2.普通中学	234.71	169.65	118.93	122.53	125.48	125.38	130.28	144.20	158.34
高中	53.79	28.69	17.22	16.92	16.54	15.28	14.86	13.98	14.58
初中	180.92	140.96	101.71	105.61	108.94	110.10	115.42	130.22	143.76
3.农业中学、职业中学		0.31	5.42	6.37	8.28	9.53	12.71	16.96	20.75
高中		0.22	4.57	5.49	6.81	8.62	11.97	16.11	19.86
初中		0.09	0.85	0.88	1.47	0.91	0.74	0.85	0.89
小学	254.37	239.12	174.24	172.46	164.72	169.53	190.31	220.01	232.52
特殊教育学校	0.01	0.01	0.04	0.06	0.12	0.15	0.12	0.18	0.18
技工学校	0.88	1.68	1.57	2.00	2.10	2.27	2.97	3.11	3.39
各级各类学校毕业生数(万人)									
研究生			0.02	0.05	0.04	0.03	0.03	0.03	0.03
普通高等学校	0.96		1.17	2.61	2.72	2.59	2.66	2.93	3.76
中等学校	214.32	111.15	93.17	107.57	108.55	109.70	112.84	115.22	124.08
1.中等专业学校	0.98	1.23	2.17	4.04	4.53	4.94	5.16	5.16	5.51
中等技术学校	0.48	0.43	1.35	2.00	2.43	2.62	2.79	2.77	3.10
中等师范学校	0.50	0.80	0.82	2.04	2.10	2.32	2.37	2.39	2.41
2.普通中学	213.34	109.74	88.92	99.36	98.76	99.90	102.34	103.90	109.35
高中	44.37	45.66	15.44	16.70	15.96	15.01	14.45	13.98	13.51
初中	168.97	64.08	73.48	82.66	82.80	84.89	87.89	89.92	95.84
3.农业中学、职业中学		0.18	2.08	4.17	5.26	4.86	5.34	6.16	9.22
高中		0.15	1.65	3.51	4.22	4.33	4.69	5.68	8.14
初中		0.03	0.43	0.66	1.04	0.53	0.65	0.48	1.08
小学	185.03	173.62	158.48	162.60	161.86	162.39	163.26	166.48	168.96
特殊教育学校	0.01	…	0.01	0.02	0.01	0.03	0.02	0.03	0.04
技工学校	0.19	0.97	0.92	1.63	1.77	1.95	2.02	2.09	2.30

17－4 研究生分学科毕业、招生及在学人数

单位：人

项　　目	1978年	1980年	1985年	1990年	1991年	1992年	1993年	1994年	1995年
分学科毕业生数			**166**	**476**	**386**	**319**	**338**	**315**	**340**
哲学			4	4	9	6		5	6
经济学			8	20	11	7	12	4	9
法学				8	5	10	17	16	15
教育学				18	11	5	8	5	8
文学			9	59	26	28	34	39	33
历史学			15	28	19	18	14	18	12
理学			50	93	80	61	61	55	74
工学			44	129	117	89	101	90	101
农学			21	30	27	14	16	12	14
医学			15	87	81	81	75	71	68
分学科招生数	**138**	**19**	**649**	**334**	**324**	**344**	**386**	**452**	**469**
哲学			22		5	6	10	2	9
经济学			37	10	4	9	18	28	23
法学			41	19	16	15	18	30	29
教育学	74	6	19	8	5	8	7	8	8
文学	5	7	77	35	39	32	46	44	59
历史学			27	13	19	12	20	14	17
理学	27		153	61	49	71	61	78	78
工学			161	92	93	103	112	124	151
农学	13		29	21	19	15	15	20	21
医学	19	6	83	75	75	73	79	104	74
分学科在学人数	**138**	**218**	**996**	**1037**	**986**	**1001**	**1047**	**1178**	**1307**
哲学			28	15	11	11	21	15	23
经济学			45	30	23	23	31	55	71
法学			41	34	44	50	50	63	77
教育学	74	108	21	25	19	21	20	23	23
文学	5	14	98	95	107	108	117	121	148
历史学			40	52	51	45	51	46	51
理学	27	32	243	200	168	187	186	217	218
工学		3	268	283	274	289	303	339	386
农学	13	12	48	66	58	44	41	49	56
医学	19	49	164	237	231	223	227	250	254

17－5 高等学校分学科毕业生、招生及在校学生数

(1995 年) 单位:人

学科	毕业生	本科	专科	招生	本科	专科	在校学生	本科	专科
总计	**37601**	**10760**	**26841**	**43229**	**15297**	**27932**	**122388**	**56512**	**65876**
哲学	62	30	32	30		30	130	70	60
经济学	5868	1170	4698	7741	2985	4756	20549	9168	11381
法学	555	285	270	1016	367	649	2680	1562	1118
教育学	2358	554	1804	2243	362	1881	5728	1695	4033
文学	5952	869	5083	6483	1100	5383	15726	4120	11606
历史学	1258	229	1029	1065	195	870	2616	834	1782
理学	5882	1361	4521	4829	1053	3776	12821	4881	7940
工学	10938	4408	6530	14723	7044	7679	44075	24354	19721
农学	2236	686	1550	2295	890	1405	7405	3371	4034
医学	2492	1168	1324	2804	1301	1503	10658	6457	4201

17－6 高等学校分学科专任教师数

(1995 年) 单位:人

学科	合计	正高级	副高级	中级	初级	无职称
总计	**15538**	**798**	**3953**	**7131**	**2760**	**896**
哲学	668	31	175	327	103	32
经济学	1326	53	257	604	295	117
法学	357	14	75	180	53	35
教育学	1414	42	271	688	301	112
文学	1944	74	462	879	382	147
历史学	432	31	115	213	51	22
理学	3344	187	944	1580	489	144
工学	3973	191	991	1854	713	224
农学	732	59	279	309	68	17
医学	1348	116	384	497	305	46

17—7 高等学校专任教师分年龄的人数

(1995年)

单位:人

分类	合计	正高级	副高级	中级	初级	无职称
总计	**15538**	**798**	**3953**	**7131**	**2760**	**896**
30岁及以下	4769	1	6	1518	2378	866
31——35岁	4084	9	234	3507	319	15
36——40岁	1891	37	684	1121	45	4
41——45岁	993	25	525	431	10	2
46——50岁	774	47	458	258	7	4
51——55岁	1179	197	820	159	1	2
56——60岁	1733	400	1194	137		2
61岁及以上	115	82	32			1

17—8 高等学校专任教师分学历的人数

(1995年)

单位:人

项目	合计	正高级	副高级	中级	初级	无职称
总计	**15538**	**798**	**3953**	**7131**	**2760**	**896**
研究生毕业	2906	126	603	1793	283	101
博士	185	27	79	72	3	4
硕士	2629	94	508	1664	266	97
未授博士、硕士学位的	92	5	16	57	14	
高等学校本科毕业	11668	642	3053	4887	2330	756
学士	10176	473	2213	4495	2242	753
研究生肄业	16	1	3	12		
未获学士学位的	1476	168	837	380	88	3
高等学校专科毕业及本专科肄业二年以上	908	28	281	420	143	36
高等学校本专科肄业未满二年及以下	56	2	16	31	4	3

17—9 中等专业学校分学科毕业生、招生及在校学生数

(1995年)

单位:人

学 科	毕业生	招生			在校学生
			高中毕业	初中毕业	
总 计	**55129**	**85298**	**12160**	**73138**	**214283**
工 科	8489	19279	3082	16197	50143
农 科	2041	1400	468	932	5068
林 科	469	617	40	577	1896
医药卫生科	4548	7939	451	7488	21341
财 经	7937	11861	3494	8367	28840
管 理	4278	7295	2003	5292	16904
政 法	1859	2652	2417	235	5153
艺 术	604	3518	205	3313	7848
体 育	1116	1558		1558	4198
师 范	23788	29179		29179	72892

17—10 中等专业学校分学科、学历专任教师数

(1995年)

单位:人

学 科	合 计	高校本科及以上毕业	高校专科毕业	高校本专科肄业及未满二年	中等、高中毕业及以下
总 计	**14126**	**9235**	**3751**	**105**	**1035**
工 科	1350	977	331	2	40
农 科	283	162	108		13
林 科	115	94	16	1	4
医药卫生科	1002	463	356	8	175
财 经	1137	778	309	4	46
管 理	244	170	71		3
政 法	402	220	90	25	67
艺 术	665	145	254	2	264
体 育	524	299	151	8	66
师 范	1182	906	207	29	40
普通课	6049	4285	1544	24	196
技术基础课	1092	717	276	2	97
实习指导课	81	19	38		24

17－11 中等专业学校专任教师分年龄的人数

(1995年)

单位:人

项目	合计	副高级	中级	初级	无职称
总计	**14126**	**2119**	**5506**	**5742**	**759**
中等技术学校	**9708**	**1455**	**3956**	**3797**	**500**
30岁及以下	3797	2	566	2771	458
31——35岁	1986	20	1196	747	23
36——40岁	1237	153	905	177	2
41——45岁	813	165	587	57	4
46——50岁	654	305	315	30	4
51——55岁	714	432	264	11	7
56——60岁	502	375	121	4	2
61岁及以上	5	3	2		
中等师范学校	**4418**	**664**	**1550**	**1945**	**259**
30岁及以下	1862		172	1441	249
31——35岁	1013	5	623	378	7
36——40岁	432	55	307	68	2
41——45岁	349	91	218	39	1
46——50岁	256	108	140	8	
51——55岁	264	196	58	10	
56——60岁	240	208	31	1	
61岁及以上	2	1	1		

17－12 技工学校数和学生数

指标	单位	1985年	1990年	1991年	1992年	1993年	1994年	1995年
学校数	所	135	168	168	179	186	195	204
在校学生数	万人	2.63	5.64	5.92	6.33	7.31	8.29	9.32
毕业生数	万人	0.92	1.63	1.77	1.95	2.02	2.09	2.30
招生数	万人	1.57	2.00	2.10	2.27	2.97	3.11	3.39
教职工数	万人	0.79	1.48	1.52	1.62	1.70	1.73	1.77

17－13 各类技工学校情况

(1995 年)

指　　标	单　　位	合　　计	地方国有办	中央部委办
学校数	所	204	145	59
在校学生数	人	93162	67229	25933
两年制	人	2862	2081	781
三年制	人	90300	65148	25152
毕业生数	人	23026	13983	9043
招生数	人	33888	26089	7799
教职工数	人	17706	10835	6871
＃文化技术理论课指导教师	人	5628	3472	2156
生产实习课指导教师	人	2260	1381	879

17－14 普通中小学和幼儿园专任教师分学历的人数与构成

单位：人

项　　目	1994 年		1995 年		1995 年为 1994 年%
	绝对数	构成(%)	绝对数	构成(%)	
高中教师(包括农、职业高中)	**54233**	**100.0**	**56042**	**100.0**	**103.3**
高等学校本科毕业及以上	21922	40.4	23576	42.1	107.5
高等学校专科毕业及本专科肄业二年以上	27315	50.4	27708	49.4	101.4
中专、高中毕业及以下	4996	9.2	4758	8.5	95.2
初中教师(包括农、职业初中)	**205897**	**100.0**	**213522**	**100.0**	**103.7**
高等学校本科毕业及以上	12131	5.9	13045	6.1	107.5
高等学校专科毕业及本专科肄业二年以上	98966	48.1	116692	54.6	117.9
中专毕业	69055	33.5	62263	29.2	90.2
高中毕业及以下	25745	12.5	21522	10.1	83.6
小学教师	**388703**	**100.0**	**392345**	**100.0**	**100.9**
高等学校专科毕业及以上	19814	5.1	26416	6.7	133.3
中等专业学校毕业	227711	58.6	243882	62.2	107.1
高中毕业	95291	24.5	84442	21.5	88.6
高中毕业以下	45887	11.8	37605	9.6	82.0
幼儿园教师	**17561**	**100.0**	**18924**	**100.0**	**107.8**
高师毕业及以上	696	4.0	993	5.2	142.7
中师毕业	9281	52.8	10651	56.3	114.8
高中毕业	6152	35.0	5772	30.5	93.8
初中毕业及以下	1432	8.2	1508	8.0	105.3

17－15 各级学校女学生和女教师数

单位:万人

项　　目	1978年	1980年	1985年	1990年	1991年	1992年	1993年	1994年	1995年
一、女学生数	**744.22**	**703.71**	**613.24**	**606.65**	**612.39**	**618.35**	**630.32**	**672.80**	**722.78**
高等学校	0.70	0.95	1.96	2.57	2.54	2.86	3.46	4.01	4.42
中等专业学校	0.96	1.71	3.55	6.48	6.84	7.17	8.04	9.45	11.20
普通中学	220.94	193.46	144.16	146.71	150.11	157.45	159.83	173.24	189.68
农业中学、职业中学	…	0.22	4.34	7.04	8.37	9.62	11.83	16.58	21.59
小学	521.62	507.37	459.23	443.85	444.53	441.25	447.16	469.52	495.89
二、女学生占学生总数%	**44.6**	**43.1**	**43.3**	**44.9**	**45.6**	**46.1**	**46.1**	**46.7**	**47.0**
高等学校	25.6	20.7	28.6	32.0	31.1	32.0	33.1	34.2	36.1
中等专业学校	28.3	24.7	42.3	47.2	47.5	48.1	49.1	51.3	52.3
普通中学	42.4	39.7	40.3	41.6	42.0	43.8	44.0	45.0	45.4
农业中学、职业中学	…	37.9	39.9	45.1	47.1	47.2	45.7	46.4	47.1
小学	45.7	44.8	44.4	46.2	47.1	47.1	47.0	47.4	47.7
三、女教师数	**20.95**	**19.47**	**20.71**	**25.24**	**23.23**	**23.49**	**24.29**	**25.51**	**26.82**
高等学校	0.14	0.17	0.28	0.40	0.42	0.41	0.43	0.47	0.49
中等专业学校	0.08	0.17	0.29	0.44	1.45	0.47	0.49	0.51	0.55
普通中学	5.16	4.79	4.65	6.23	6.39	6.61	7.00	7.43	8.09
农业中学、职业中学	…	…	0.12	0.33	0.38	0.46	0.54	0.66	0.76
小学	15.57	14.34	15.37	17.84	15.59	15.54	15.83	16.44	16.93
四、女教师占教师总数%	**28.7**	**28.1**	**30.4**	**33.2**	**35.5**	**36.0**	**36.6**	**37.6**	**37.7**
高等学校	25.9	25.0	25.5	28.6	28.8	28.3	29.5	30.3	31.6
中等专业学校	25.0	32.1	32.2	35.8	36.9	37.6	37.7	37.8	39.0
普通中学	17.6	15.9	20.9	25.9	27.1	28.1	29.7	31.0	32.8
农业中学、职业中学	…	…	17.6	26.0	28.4	30.5	31.4	31.7	33.3
小学	36.3	32.1	35.7	40.2	41.1	41.4	41.5	42.3	43.2

17—16 平均每万人口在校学生数、教师负担学生数及其他

单位：人

项目	1978年	1980年	1985年	1990年	1991年	1992年	1993年	1994年	1995年
一、平均每万人口在校学生数									
大学生（含研究生）	3.88	6.33	8.86	9.41	9.45	10.21	11.78	13.10	13.59
中专生	4.80	9.51	10.69	15.87	16.44	16.82	18.32	20.42	23.55
农、职业学生		0.80	13.88	18.05	20.27	23.02	28.91	39.59	50.40
高中生	164.68	114.96	66.61	56.97	55.68	52.15	48.65	47.09	47.15
初中生	573.43	553.91	388.93	350.66	352.46	353.88	357.08	379.18	412.03
小学生	1613.50	1556.28	1318.94	1111.28	1077.28	1057.12	1063.60	1097.88	1142.38
二、平均每个教师负担学生数									
高等学校（含研究生）	5.07	6.78	6.32	5.81	5.83	6.24	7.17	7.63	7.98
中等专业学校	10.59	13.08	9.32	11.16	11.81	11.92	12.61	13.65	15.20
普通中学	17.78	16.17	16.09	14.66	15.19	15.32	15.38	16.07	16.93
小学	26.59	25.35	24.02	21.68	24.89	24.95	24.91	25.50	26.50
三、其他									
初中适龄人口入学率（%）					54.90	61.60	68.60	75.00	83.30
初中在校生巩固率（%）					96.00	96.00	96.20	95.90	97.00
初中毕业生升学率（%）	32.89	44.77	32.90	31.90	33.30	31.60	36.80	41.00	45.10
小学适龄人口入学率（%）	96.53	94.90	96.90	98.78	98.40	98.70	98.83	99.02	99.17
小学在校生巩固率（%）					98.70	98.90	98.80	99.20	99.30
小学毕业生升学率（%）	97.79	79.23	64.70	65.48	68.10	68.40	71.15	78.70	85.60

17—17 特殊教育学校基本情况

（1995年）

单位：人

项目	学校数（所）	教职工数	#专任教师	在校学生数	招生数	毕业生数
总计	**109**	**2160**	**1615**	**8136**	**1839**	**425**
盲聋哑学校	90	1937	1431	5662	1338	332
1.盲聋哑学校	13	555	401	1908	494	119
2.聋哑学校	77	1382	1030	3754	844	213
弱智儿童学校	19	223	184	2474	501	93

17—18 各级各类成人学校基本情况

（1995 年）

单位：人

各类学校	学校数（所）	教职工数	#专任教师	在校学生数	招生数	毕业生数
一、成人高等学校	**52**	**9265**	**4415**	**147884**	**51941**	**32522**
广播电视学校	1	1841	815	25390	9963	8258
职工大学	29	3053	1578	11374	4940	4366
管理干部学院	4	1360	556	4595	1889	942
教育学院	18	3011	1466	11950	5693	5213
函授大学、夜大学				94575	29456	13743
二、成人中等学校	**23076**	**26253**	**16235**	**3339230**	**5575252**	**5503071**
1.中等专业学校	247	15568	8556	143977	80304	38096
广播电视中专	4	1047	545	23847	16238	1820
干部中专	2	1890	968	16721	7575	3958
职工中专	67	2389	1253	17929	10622	2729
农民中专	42	1912	1142	23826	10493	4219
函授中专	2	2974	1472	23336	12500	11780
小学教师进修学校	130	5356	3176	38318	22876	13590
2.中学	60	59	45	33617	35226	35366
职工中学	25	56	42	31016	31565	31388
高中	25	56	42	30911	31346	31255
初中				105	219	133
农民中学	35	3	3	2601	3661	3978
高中				177	145	142
初中	35	3	3	2424	3516	3836
3.技术培训学校	22769	10626	7634	3161636	5459722	5429609
职工技术培训学校	916	3506	1880	178652	417019	442019
农民技术培训学校	21853	7120	5754	2982984	5042703	4987590
三、成人初等学校	**10511**	**1881**	**1526**	**506704**	**629412**	**578936**
1.职工初等学校	19			1993	2648	1934
2.农民初等学校	10492	1881	1526	504711	626764	577002
#扫盲班	7708	1383	1204	274044	380845	333982

17－19 各市地普通中学分城乡学校数

(1995 年)

单位:所

市地	合计	#高中	城市	#高中	县镇	#高中	农村	#高中
全省	**6367**	**641**	**796**	**231**	**1117**	**251**	**4454**	**159**
郑州市	424	63	169	56	110	7	145	
开封市	303	34	38	11	27	9	238	14
洛阳市	602	78	114	43	127	23	361	12
平顶山市	432	25	57	11	70	11	305	3
安阳市	355	32	38	10	72	20	245	2
鹤壁市	91	10	16	4	8	3	67	3
新乡市	407	45	56	17	76	14	275	14
焦作市	336	45	59	23	34	6	243	16
濮阳市	247	20	51	8	55	11	141	1
许昌市	259	20	36	9	11	5	212	6
漯河市	134	11	16	4	38	6	80	1
三门峡市	190	18	30	8	9	4	151	6
南阳市	709	71	43	10	164	46	502	15
商丘地区	512	35	10	3	133	25	369	7
周口地区	564	43	24	4	57	20	483	19
驻马店地区	349	35	20	3	48	19	281	13
信阳地区	453	56	19	7	78	22	356	27

17－20 各市地普通中学按城乡和主办部门分的教职工数

(1995 年)

单位:人

市地	合计	按城乡分			按主办部门分			
		城市	县镇	农村	教育部门办	其他部门办	集体办	民办学校
全省	**297106**	**59176**	**70295**	**167635**	**250459**	**18085**	**28231**	**331**
郑州市	21451	11741	4372	5338	16774	2560	2117	
开封市	15126	3531	2040	9555	13339	415	1372	
洛阳市	23982	7301	5709	10972	18367	2766	2673	176
平顶山市	17605	4240	3779	9586	13918	2146	1506	35
安阳市	18078	3210	5032	9836	15613	728	1687	50
鹤壁市	5280	1812	674	2794	4186	517	577	
新乡市	19373	4553	4704	10116	16393	772	2193	15
焦作市	16319	4461	1961	9897	12700	1317	2302	
濮阳市	11193	3591	2874	4728	7939	2464	735	55
许昌市	11107	2612	796	7699	9438	199	1470	
漯河市	7838	1157	2732	3949	7029	105	704	
三门峡市	7997	2108	757	5132	5981	1327	689	
南阳市	33102	2913	12173	18016	27962	1633	3507	
商丘地区	21057	1298	6830	12929	18630	126	2301	
周口地区	26543	1680	5217	19646	23731	366	2446	
驻马店地区	20918	1522	4946	14450	19291	156	1471	
信阳地区	20137	1446	5699	12992	19168	488	481	

17－21 各市地普通中学按城乡和主办部门分的专任教师数

(1995年)　　单位:人

市地	合计	按城乡分			按主办部门分			
		城市	县镇	农村	教育部门办	其他部门办	集体办	民办学校
全省	**246788**	**42893**	**55679**	**148216**	**206954**	**13184**	**26473**	**177**
郑州市	16656	8338	3681	4637	12952	1796	1908	
开封市	12371	2347	1572	8452	10793	274	1304	
洛阳市	19866	5572	4588	9706	15223	2094	2461	88
平顶山市	14787	3188	3020	8579	11780	1563	1416	28
安阳市	14764	2342	3852	8570	12674	529	1539	22
鹤壁市	3673	916	471	2286	2759	357	557	
新乡市	15667	3211	3663	8793	13090	573	2004	
焦作市	12912	3089	1509	8314	9835	915	2162	
濮阳市	9006	2632	2175	4199	6541	1732	694	39
许昌市	9429	2000	608	6821	7857	154	1418	
漯河市	6448	787	2144	3517	5691	86	671	
三门峡市	6600	1535	557	4508	4912	1003	685	
南阳市	28437	3436	14451	19880	32051	2042	3674	
商丘地区	18041	948	5494	11599	15759	79	2203	
周口地区	23157	1381	3999	17777	20502	319	2336	
驻马店地区	17887	1241	3916	12730	16370	128	1389	
信阳地区	17087	976	4535	11576	16343	358	386	

17－22 各市地普通中学分城乡在校学生数

(1995年)　　单位:人

市地	合计	#高中	城市	#高中	县镇	#高中	农村	#高中
全省	**4178647**	**429117**	**567835**	**141816**	**901722**	**228792**	**2709090**	**58509**
郑州市	265050	37114	118567	32743	66316	4371	80167	
开封市	227339	20728	29634	6089	25915	8240	171790	6399
洛阳市	293723	36942	71920	15271	67628	17064	154175	4607
平顶山市	240820	22435	38673	10125	51686	11790	150461	520
安阳市	254215	24390	25864	6432	66035	16791	162316	1167
鹤壁市	63446	7141	11849	2903	7232	2828	44365	1410
新乡市	267556	29847	41201	10995	62578	13431	163777	5421
焦作市	216738	25827	40173	12466	26997	7184	149568	6177
濮阳市	152843	15002	35852	6431	36674	8261	80317	310
许昌市	165805	16539	28453	8869	9330	5170	128022	2500
漯河市	115093	11148	12845	2345	38815	8203	63433	600
三门峡市	91182	10150	20935	4822	7090	3539	63157	1789
南阳市	521608	46451	30034	9310	160993	33214	330581	3927
商丘地区	337955	24098	13373	1810	92096	20385	232486	1903
周口地区	404332	36244	20137	5356	58565	23809	325630	7079
驻马店地区	288068	31936	15644	2810	57348	24121	215076	5005
信阳地区	272874	33125	12681	3039	66424	20391	193769	9695

17－23 各市地普通中学分城乡招生数

(1995年)　　单位:人

市地	合计	#高中	城市	#高中	县镇	#高中	农村	#高中
全省	**1583433**	**145787**	**199891**	**49348**	**325764**	**77640**	**1057778**	**18799**
郑州市	100431	13108	43473	11558	25495	1550	31463	
开封市	85554	7041	11011	2161	9055	2866	65488	2014
洛阳市	106818	12482	25278	5098	23368	5935	58172	1449
平顶山市	92658	8200	13788	3981	19689	4219	59181	
安阳市	94791	8158	9279	2170	23433	5576	62079	412
鹤壁市	22951	2492	4302	988	2576	997	16073	507
新乡市	94548	10033	14515	3775	21066	4476	58967	1782
焦作市	74682	8878	14041	4399	9089	2373	51552	2106
濮阳市	54357	5130	9977	2166	13890	2854	30490	110
许昌市	59145	4953	9072	2706	3076	1617	46997	630
漯河市	44133	4090	4834	881	14770	3009	24529	200
三门峡市	32441	3222	7447	1706	2302	1110	22692	406
南阳市	208399	15524	10888	3067	61462	11114	136049	1343
商丘地区	134887	8190	4738	650	35055	7016	95094	524
周口地区	163889	12712	7145	2014	19726	8573	137018	2125
驻马店地区	110179	10000	5507	900	18398	7321	86274	1779
信阳地区	103570	11574	4596	1128	23314	7034	75660	3412

17－24 各市地普通中学分城乡毕业生数

(1995年)　　单位:人

市地	合计	#高中	城市	#高中	县镇	#高中	农村	#高中
全省	**1093502**	**135081**	**170376**	**42898**	**242603**	**71236**	**680523**	**20947**
郑州市	73308	11371	33976	9592	18498	1779	20834	
开封市	56008	6803	8572	2147	7552	2679	39884	1977
洛阳市	80910	11580	21216	4757	19342	5055	40352	1768
平顶山市	60889	7392	11975	3067	12871	3765	36043	560
安阳市	72577	7285	9133	1987	19360	4909	44084	389
鹤壁市	19959	2617	3529	956	2443	982	13987	679
新乡市	77515	9674	14017	3366	18640	4345	44858	1963
焦作市	65707	8100	12607	3711	7933	2259	45167	2130
濮阳市	40493	4416	10413	1946	9550	2370	20530	100
许昌市	45910	5079	8661	2902	2234	1430	35015	747
漯河市	28102	3165	3022	690	7348	2272	17732	203
三门峡市	26741	3589	6538	1686	2529	1321	17674	582
南阳市	121590	13329	8501	2047	36716	9492	76373	1790
商丘地区	85151	7828	3969	688	25489	6158	55693	982
周口地区	94401	10336	5455	1296	17546	6716	71400	2324
驻马店地区	72264	10699	5192	987	17168	7925	49904	1787
信阳地区	71977	11818	3600	1073	17384	7779	50993	2966

17－25 各市地职业高中基本情况

（1995 年）

市　　地	学校数（所）	在校学生数（人）	招生数（人）	毕业生数（人）	教职工数（人）	#专任教师
全　　省	**736**	**429802**	**198653**	**81388**	**30515**	**21558**
郑　州　市	65	42875	20097	9488	3117	2322
开　封　市	35	16585	7778	3350	1758	1152
洛　阳　市	61	31534	13394	6806	2652	1907
平 顶 山 市	56	23702	9456	4059	2097	1456
安　阳　市	56	24806	11587	4729	1711	1286
鹤　壁　市	12	8694	3660	1776	712	490
新　乡　市	67	27512	12820	4992	2317	1651
焦　作　市	44	33029	13965	6465	2019	1411
濮　阳　市	22	10973	5236	2709	1746	1100
许　昌　市	22	18602	7987	2426	1018	614
漯　河　市	17	19529	9000	2269	1003	690
三 门 峡 市	14	9839	4820	1287	800	515
南　阳　市	91	48329	25551	6981	3264	2369
商 丘 地 区	42	26131	12682	5191	1211	913
周 口 地 区	44	25379	12661	4408	1623	1124
驻马店地区	40	26553	12657	4665	1603	1181
信 阳 地 区	48	35730	15302	9787	1864	1377

17－26 各市地小学按城乡和主办部门分的教职工数

（1995 年）　　单位：人

市　　地	合　计	按城乡分			按主办部门分			
		城　市	县　镇	农　村	教育部门办	其他部门办	集体办	民办学校
全　　省	**423030**	**49870**	**60200**	**312960**	**219733**	**17153**	**185927**	**217**
郑　州　市	26978	10893	6003	10082	14244	2914	9748	72
开　封　市	19218	2749	1883	14586	10685	558	7961	14
洛　阳　市	27577	6379	4706	16492	15271	2869	9430	7
平 顶 山 市	26569	3794	4321	18454	13455	2228	10886	
安　阳　市	23534	2821	3280	17433	11776	741	10969	48
鹤　壁　市	6448	1383	527	4538	3435	670	2343	
新　乡　市	21955	3318	4155	14482	11002	896	10057	
焦　作　市	15161	2814	1316	11031	8285	915	5961	
濮　阳　市	15763	3020	3148	9595	7631	1476	6656	
许　昌　市	15010	2092	344	12574	7164	301	7545	
漯　河　市	11723	849	3410	7464	6429	53	5241	
三 门 峡 市	10964	1982	419	8563	6041	1181	3666	76
南　阳　市	44518	2278	6340	35900	23786	1258	19474	
商 丘 地 区	36349	1365	8182	26802	22290	232	13827	
周 口 地 区	45393	1637	4023	39733	20059	309	25025	
驻马店地区	39388	1589	2867	34932	18665	139	20584	
信 阳 地 区	36482	907	5276	30299	19515	413	16554	

17－27 各市地小学按城乡和主办部门分的专任教师数

（1995年）

单位：人

市地	合计	按城乡分			按主办部门分			
		城市	县镇	农村	教育部门办	其他部门办	集体办	民办学校
全省	**392345**	**43075**	**55363**	**293907**	**197537**	**14433**	**180247**	**128**
郑州市	24748	9487	5602	9659	12838	2429	9432	49
开封市	18061	2336	1738	13987	9739	441	7871	10
洛阳市	25325	5516	4353	15456	13777	2460	9083	5
平顶山市	24824	3224	4045	17555	12389	1859	10576	
安阳市	22188	2482	3107	16599	10746	643	10778	21
鹤壁市	5718	1048	475	4195	2884	518	2316	
新乡市	20282	2749	3888	13645	9705	749	9828	
焦作市	13491	2433	1183	9875	7326	809	5356	
濮阳市	14662	2530	2976	9156	6912	1182	6568	
许昌市	14154	1841	306	12007	6529	277	7348	
漯河市	10605	687	3119	6799	5601	42	4962	
三门峡市	10152	1694	378	8080	5491	1020	3598	43
南阳市	40795	2088	5649	33058	21026	1027	18742	
商丘地区	33980	1217	7561	25202	20313	210	13457	
周口地区	43181	1479	3694	38008	18445	294	24442	
驻马店地区	36243	1446	2555	32242	16202	110	19931	
信阳地区	33936	818	4734	28384	17614	363	15959	

17－28 各市地小学分城乡学校数和在校学生数

（1995年）

市地	学校数（所）	城市	县镇	农村	在校学生数（人）	城市	县镇	农村	学龄儿童入学率（%）
全省	**41698**	**1752**	**4274**	**35672**	**10395639**	**893395**	**1409219**	**8093025**	**99.17**
郑州市	2147	446	566	1135	700249	218432	188946	292871	99.78
开封市	1872	63	74	1735	570571	42626	38886	489059	99.30
洛阳市	2929	319	381	2229	626057	115561	106571	403925	98.89
平顶山市	2862	79	447	2336	616614	57781	106868	451965	99.07
安阳市	2782	76	262	2444	571537	42573	79849	449115	99.57
鹤壁市	488	25	23	440	150031	19039	9374	121618	99.47
新乡市	2718	105	490	2123	632582	66093	121908	444581	99.11
焦作市	1464	85	118	1261	375504	53984	35361	286159	99.91
濮阳市	2139	160	370	1609	441019	56649	87737	296633	98.74
许昌市	1698	81	11	1606	380527	37957	6475	336095	99.50
漯河市	988	14	241	733	263376	12335	75628	175413	99.32
三门峡市	1288	43	19	1226	215555	32648	7803	175104	99.15
南阳市	4289	65	209	4015	1138811	39776	117697	981338	99.61
商丘地区	3622	47	623	2952	945958	28078	199342	718538	99.45
周口地区	4350	71	129	4150	1217132	31365	77468	1108299	97.82
驻马店地区	2874	50	51	2773	823556	23034	45504	755018	98.41
信阳地区	3188	23	260	2905	726560	15464	103802	607294	99.39

17—29 各市地小学分城乡招生数和毕业生数

(1995年)

单位:人

市地	招生数	城市	县镇	农村	毕业生数	城市	县镇	农村
全省	**2325225**	**198900**	**327224**	**1799101**	**1689568**	**145207**	**214603**	**1329758**
郑州市	146296	47538	39256	59502	91356	31965	24427	34964
开封市	123677	8180	8369	107128	86338	7728	6205	72405
洛阳市	138553	25983	26094	86476	100602	19651	15492	65459
平顶山市	133099	12249	23811	97039	99755	9040	13492	77223
安阳市	136668	9090	17633	109945	92093	6663	12921	72509
鹤壁市	35843	3778	2482	29583	22485	2912	1598	17975
新乡市	143392	14415	28463	100514	99061	10105	17362	71594
焦作市	85415	11516	8593	65306	66625	8484	6315	51826
濮阳市	94730	14147	19409	61174	65670	9788	11857	44025
许昌市	84590	9166	1534	73890	62330	6545	843	54942
漯河市	56651	2778	16592	37281	46699	2463	13030	31206
三门峡市	49812	7604	1577	40631	32008	5302	1216	25490
南阳市	235417	9594	27277	198546	214569	6783	19996	187790
商丘地区	228886	7416	49546	171924	157682	4088	32300	121294
周口地区	283777	6945	19365	257467	200116	6060	13260	180796
驻马店地区	171403	4922	10355	156126	138216	4628	8634	124954
信阳地区	177016	3579	26868	146569	113963	3002	15655	95306

17—30 各市地幼儿教育基本情况

(1995年)

市地	机构数(所、处)	班数(个)	在园(班)幼儿数(万人)	教职工数(人)	#教师
全省	**2575**	**52803**	**230.58**	**30886**	**18924**
郑州市	271	5628	24.73	5616	2802
开封市	113	2932	12.11	2002	1243
洛阳市	257	4120	16.70	3259	1665
平顶山市	196	3279	13.70	2397	1108
安阳市	60	2924	12.00	1194	846
鹤壁市	32	884	3.85	605	293
新乡市	179	2940	12.54	1962	1199
焦作市	78	2408	9.02	889	545
濮阳市	54	1032	4.18	1699	747
许昌市	80	2265	10.01	567	344
漯河市	18	1299	6.10	401	285
三门峡市	158	1994	6.52	1470	730
南阳市	398	5644	25.75	2126	1340
商丘地区	71	3825	18.80	1061	826
周口地区	132	4579	21.69	1446	1322
驻马店地区	163	3204	13.64	1491	1250
信阳地区	315	3846	19.24	2701	2379

注:机构数含幼儿学前班。

17－31 文化机构和人员数

(1995年底)

单位：机构：个 人数：人

机构类别	总计		文化部门				其他部门	
			国有单位		集体单位			
	机构数	人数	机构数	人数	机构数	人数	机构数	人数
总计	**3266**	**32620**	**1015**	**28479**	**40**	**1592**	**2211**	**2549**
一、文化事业	**3071**	**28936**	**820**	**24795**	**40**	**1592**	**2211**	**2549**
艺术事业	385	16576	349	15030	36	1546		
图书馆事业	132	2352	132	2352				
群众文化事业	2435	6347	224	3798			2211	2549
科学研究事业								
教育事业	22	1242	22	1242				
其他文化事业	97	2419	93	2373	4	46		
二、文物事业	**195**	**3684**	**195**	**3684**				

17－32 文化艺术事业单位数

(年底数)

单位：个

机构类别	1980年	1985年	1990年	1991年	1992年	1993年	1994年	1995年
电影放映单位	6007	14105	13529	12995	12676	11375		
艺术表演团体	280	264	231	230	228	220	216	216
文化馆	212	210	203	202	200	200	201	201
公共图书馆	70	118	127	129	128	131	132	132
博物馆	11	38	53	59	59	61	63	66

17—33 艺术事业、其他文化事业机构和人员数

(1995年底)

单位：机构：个 人数：人

机构类别	总计		文化部门			
			国有单位		集体单位	
	机构数	人数	机构数	人数	机构数	人数
艺术事业总计	**385**	**16576**	**349**	**15030**	**36**	**1546**
一、艺术表演团体	216	11010	180	9464	36	1546
1.话剧、儿童剧、滑稽剧团	1	95	1	95		
2.歌舞团	8	420	8	420		
3.文工团、文宣队	2	75	2	75		
4.戏曲剧团	181	9571	155	8268	26	1303
#京剧团	4	143	4	143		
5.曲、杂、木、皮团	24	849	14	606	10	243
二、艺术表演场所	169	5566	169	5566		
#剧场、影剧院	169	5566	169	5566		
其他文化事业总计	**97**	**2419**	**93**	**2373**	**4**	**46**
一、艺术创作机构	9	66	9	66		
二、艺术研究机构	10	142	10	142		
三、演出公司	35	176	35	176		
四、其他	43	2035	39	1989	4	46

17－34 出版、发行、图书馆、群众文化事业机构和人员数

（1995年底）

项目	机构数（个）	人数（人）	项目	机构数（个）	人数（人）
出版、发行事业	157	6744	群众文化事业	2435	6347
出版社	12	678	群众艺术馆	23	648
书刊印刷厂（直属）	2	2503	文化馆	201	3150
书店（国有）	143	3563	文化站	2211	2549
图书馆事业	132	2352	＃乡镇文化站	2076	2371

17－35 书籍、图片、报纸、杂志出版情况

类别	1994年			1995年		
	种	总印数（万册、万张）	总印张（千印张）	种	总印数（万册、万张）	总印张（千印张）
一、书籍	**2458**	**34865.31**	**1421492.27**	**2405**	**36638.51**	**1588163.23**
1.马列主义、毛泽东思想	7	1.58	175.58	5	0.75	76.61
2.哲学	38	20.77	2583.28	23	16.35	2088.38
3.社会科学总论	19	7.25	627.70	22	7.00	892.22
4.政治、法律	93	40.78	3920.05	64	33.73	3450.28
5.军事				7	5.32	515.78
6.经济	150	75.20	9279.31	79	40.30	5766.30
7.文化、科学、教育、体育	1331	34219.57	1355763.72	1444	35678.80	1469288.57
8.语言、文字	46	25.95	3357.53	23	104.48	35331.59
9.文学	351	187.37	21061.29	234	205.01	23507.45
10.艺术	111	120.08	4607.75	99	283.57	12286.77
11.历史、地理	82	26.54	5175.98	127	46.40	11332.87
12.自然科学总论						
13.数学科学、化学	24	8.35	1227.81	17	7.68	864.21
14.天文学、地理科学	3	1.20	121.88			
15.生物科学	7	2.20	166.20			
16.医药、卫生	74	47.37	5218.88	77	69.28	7294.29
17.农业科学	64	42.26	2815.44	94	95.59	6734.71
18.工业技术	32	14.88	3599.94	60	29.31	5017.17
19.交通运输	7	12.63	813.58			
20.环境科学	2	0.45	60.22	1	0.20	14.01
21.综合性图书	17	10.87	916.13	29	14.74	3702.02
二、图片	**31**	**42.34**	**2821.88**	**25**	**163.35**	**2067.91**
三、报纸	**68**	**84287**	**877302**	**86**	**89642**	**973166**
四、杂志	**186**	**8795**	**231807**	**208**	**10501**	**276451**

17－36 少年儿童读物类图书出版数量

指　标	单　位	1991年	1992年	1993年	1994年	1995年
种数	种	87	56	70	59	105
印数	万册	312	87	103	67	114
印张	千印张	8983	3008	3914	1708	5076

17－37 图书发行流转情况

指　标	单　位	1991年	1992年	1993年	1994年	1995年
图书购进						
册数	万册	71746	76151	75572	66187	83243
金额	万元	69108	78663	91483	110746	184875
图书销售						
册数	万册	69672	74646	74972	65791	79438
金额	万元	65954	76659	87024	107768	173174
图书库存						
册数	万册	10619	10979	11034	10505	13085
金额	万元	11040	11980	14565	15680	25520

17—38 文化部门艺术表演团体演出及收支情况

(1995年)

种　　类	演出场次（万场）	#到农村演出	观众人数（万人次）	总收入（万元）	#演出收入	总支出（万元）
总　　计	**50.3**	**43.4**	**5398.8**	**3347.1**	**2646.5**	**6587.1**
按经济类型分						
国有剧团	40.6	34.6	4447.1	2979.7	2290.1	6171.9
集体剧团	9.7	8.8	951.7	367.4	356.4	415.2
按剧种分						
#话剧、儿童剧、滑稽剧团	0.1		1.4	24.5	4.8	114.3
歌舞团	0.9	0.2	51.6	157.0	112.2	346.2
文工团、文宣队	0.5		34.7	57.4	39.5	80.6
戏曲剧团	43.8	40.4	4838.7	2758.9	2246.0	5429.2
#京剧团	0.1		4.9	89.0	41.0	197.8
曲、杂、木、皮团	5.0	2.8	472.4	349.3	244.0	616.8

17—39 群众艺术馆、文化馆业务活动及经费情况

(1995年)

项　　目	单　位	总　计	群众艺术馆	文　化　馆
单位数	个	224	23	201
举办展览	个	694	75	619
组织文艺活动次数	次	1792	304	1488
举办培训班				
班次	次	898	137	761
结业人员	万人次	37.90	4.80	33.10
文化户	户	9070	380	8690
民间职业剧团	个	452	25	427
群众业余演出团体(队)	个	1978	48	1930
总支出	万元	2736.80	648.00	2088.80
#预算内	万元	2237.60	584.20	1653.40
#业务费	万元	209.60	71.80	137.80

17－40 公共图书馆、博物馆、文物机构业务活动及经费情况

(1995年)

项　　目	单　位	数　量	项　　目	单　位	数　量
一、公共图书馆业务活动及经费			二、博物馆业务活动及经费		
总数量	万册	1062.2	藏品	件	440370
#图书	万册	778.9	#一级品	件	1194
报刊	万册	147.3	业务活动		
书架单层总长度	万米	21.4	陈列	个	130
发放借书证数	万个	22.5	展览	个	192
图书流动情况			参观人数	万人次	815.0
外借人次	万人次	650.4	经费支出	万元	2310.9
外借	万册次	516.8	#预算内	万元	1403.1
为读者服务举办各种活动			#业务费	万元	273.1
次数	次	1057	三、文物机构业务活动及经费		
参加人数	万人次	11.7	藏品	件	515925
总支出	万元	2139.5	#一级品	件	444
#预算内	万元	1808.1	业务活动		
#购书费	万元	255.1	陈列	个	
本年新购图书	万册	15.7	展览	个	
公共用房建筑面积	万平方米	19.7	参观人数	万人次	186.8
#书库	万平方米	4.2	经费支出	万元	2752.1
阅览室座席	万个	1.2	#预算内	万元	704.8
			#业务费	万元	520.9

17－41 广播、电视事业情况

项　　目	单　位	1985年	1989年	1990年	1991年	1992年	1993年	1994年	1995年
全部职工人数	人	13007	16199	17362	18516	19098	19250	20771	27148
广播电台	座	3	9	11	15	17	18	19	20
广播发射台及转播台	座	9	16	16	18	18	19	19	20
广播节目套数	套	4	10	11	15	17	18	20	22
平均每日广播节目播出时间	小时:分	52:25	108:51	122:25	161:58	194:48	220:41	252:57	289:25
平均每日自办广播节目时间	小时:分	45:05	95:16	107:20	140:18	167:38	202:56	231:41	265:58
#新闻节目	小时:分	3:44	9:05	12:22	16:54	18:35	17:47	22:01	25:47
教育节目	小时:分	5:30	6:06	4:35	4:25	6:48	12:05	7:02	14:02
文艺节目	小时:分	24:38	54:24	51:20	61:50	78:11	89:59	101:32	108:27
广播人口覆盖率	%	82.0	88.0	88.0	89.0	89.0	89.0	89.0	89.0
县、市有线广播站	个	151	149	149	152	148	142	137	141
有线广播喇叭数	万只	822.10	999.50	1072.90	1117.85	1150.07	1079.46	984.71	966.16
#农村有线广播喇叭数	万只	793.90	972.90	1045.68	1095.67	1130.46	1061.46	969.42	957.49
喇叭入农户率	%	53.8	61.0	63.6	64.3	65.3	60.2	54.5	52.6
电视台	座	4	6	9	14	16	17	17	40
电视发射台及转播台（千瓦以上）	座	17	32	34	32	33	39	46	83
电视节目套数	套	4	7	10	15	17	17	17	42
平均每周电视节目播出时间	小时:分	236:00	326:09	469:48	859:58	805:38	960:55	1108:26	2534:35
平均每周自办电视节目时间	小时:分	40:25	98:52	164:05	243:23	329:03	581:11	676:13	1972:55
#新闻节目	小时:分	4:55	6:52	14:29	25:03	31:47	47:31	49:20	136:44
教育节目	小时:分	6:00	33:58	25:40	26:45	25:15	9:53	8:42	29:48
文艺节目	小时:分	25:10	36:29	95:12	133:12	200:54	403:10	498:09	1349:38
电视人口覆盖率	%	75.0	79.0	80.0	81.0	81.0	81.0	81.0	81.0

17—42 科技活动概况

指　　标	单位	1991年	1992年	1993年	1994年	1995年
单位数	个	889	1394	1518	1551	1689
从事科技活动的人员数	人	62837	73441	80861	108471	122882
＃科学家工程师	人	31846	38592	50150	62988	55681
课题活动人员	人	17029	33252	17692	29561	30398
其他技术人员数	人	13716	17650	23703	27381	35095
当年经费筹集总额	万元	104531	161994	192249	233158	368086
＃政府拨款	万元	1936	32896	31824	39920	56049
自筹资金	万元	55508	83316	105677	116753	209329
银行贷款	万元	6302	30743	40792	52704	69346
当年经费使用总额	万元	94072	142063	199181	218988	292286
＃劳务费	万元	11828	20304	65899	39115	50386
业务费	万元	27672	48133	48302	51003	71790
科研基建支出	万元	40965	50381	67373	78889	58386
科研仪器支出	万元	18784	24641	39269	38403	55657
科研课题(项目)数	项	8107	7616	7203	9730	9703
课题(项目)投入人员	人年	18452	24710	95012	27418	27663
课题(项目)投入经费	万元	23826	46930	71557	21305	27499
研究与试验发展课题(项目)	项	3843	3073	3453	3211	3585
＃基础研究	项	839	643	728	470	643
应用研究	项	1640	1683	1660	467	1677
试验发展	项	1364	747	1065	2274	1265
研究与试验发展课题(项目)投入人员	人	10869	8332	11736	11407	20516
＃基础研究	人	1578	1291	1419	2877	
应用研究	人	3153	4307	4909	3178	
试验发展	人	6138	2734	5408	5352	
研究与试验发展课题(项目)投入经费额	万元	6514	7966	19520	23094	41175
＃基础研究	万元	200	174	412	750	
应用研究	万元	3642	2335	5606	3832	
试验发展	万元	2672	5457	13502	18512	
科技成果奖	项	426	434	427	398	1701
＃国家级	项	35	20	30		66
发明奖	项	7	7	3		
进步奖	项	17	7	22		
星火奖	项	11	6	5		
＃省部级	项	391	414	397	398	909
进步奖	项	342	330	310	318	
星火奖	项	49	84	87	80	

17－43　全省独立科研机构、人员、经费情况

项　　目	机构数（个）	职工总数（人）	#科学家工程师	#其他科技人员	收入总额（万元）	#政府拨款	支出总额（万元）	#资产购建支出
全省总计								
1991年	325	27084	9695	5967	42805	13655	37837	6980
1992年	317	27045	10254	6117	50597	17217	48490	10219
1993年	321	27107	10674	5697	61248	15516	59818	9300
1994年	319	26608	10825	5314	74439	19508	70731	9075
1995年	318	27035	11117	5386	109555	21692	100283	20784
一、自然科学和技术领域								
1991年	163	22367	8746	4633	39646	11827	34793	6192
1992年	161	22680	9260	5063	46715	15069	44893	9097
1993年	162	22698	9628	4665	57250	13384	56342	8577
1994年	162	22171	9782	4255	70387	17562	67111	8378
1995年	163	22602	10082	4390	105105	19338	96019	18828
二、社会和人文科学领域								
1991年	13	599	325	190	794	485	849	264
1992年	13	576	340	149	900	809	914	112
1993年	13	533	329	128	923	824	955	90
1994年	13	558	353	140	962	698	986	162
1995年	13	560	351	131	953	701	955	511
三、科技信息和文献机构								
1991年	15	447	210	169	374	327	404	150
1992年	15	440	222	146	634	427	623	217
1993年	15	417	221	122	561	367	531	183
1994年	15	389	219	102	601	458	622	189
1995年	17	412	243	109	841	629	813	295
四、县属研究与开发机构								
1991年	134	3671	414	975	1991	1016	1791	374
1992年	128	3349	432	759	2348	912	2060	793
1993年	131	3459	496	782	2514	941	1990	450
1994年	129	3490	471	817	2489	790	2012	346
1995年	125	3461	441	756	2656	1024	2496	1150

注：本表不包括国防科技工业系统。

17—44 按职称(务)分的地方国有企业、事业单位各类专业技术人员数

(1995年底)

单位:人

项　　目	合计	高级	中级	初级	未聘
总　　计	**956956**	**46334**	**278558**	**546001**	**86063**
1.工程技术人员	121427	9631	36125	65432	10239
2.农业技术人员	20506	1027	6388	10690	2401
3.科学研究人员	4483	970	2109	1164	240
4.卫生技术人员	127546	6620	44351	69921	6654
5.教学人员	507826	23450	136972	292206	55198
6.民航飞行技术人员	39	2	5		32
7.船舶技术人员	1			1	
8.经济人员	66628	967	17858	43085	4718
9.会计人员	46786	323	9920	33323	3220
10.统计人员	10200	88	2296	7300	516
11.翻译人员	925	78	382	373	92
12.图书档案、文博人员	10124	375	3504	5770	475
13.新闻、出版人员	5974	727	2437	2097	713
14.律师、公证人员	1587	89	432	715	351
15.播音人员	442	12	109	238	83
16.工艺美术人员	759	28	212	475	44
17.体育人员	1481	154	453	430	444
18.艺术人员	3678	403	1271	1361	643
19.政工人员	26544	1390	13734	11420	

17—45 按国民经济行业分的地方国有企业、事业单位各类专业技术人员数

（1995年底）　　　　单位：人

项　　目	合　计	农、林、牧、渔业	工　业	建筑业	地质勘查业、水利管理业	交通运输、仓储及邮电通信业	批发和零售贸易、餐饮业
总　　计	**956956**	**41571**	**147612**	**17945**	**790**	**14713**	**50413**
1.工程技术人员	121427	12717	67978	11522	606	5372	4752
2.农业技术人员	20506	18969	418	4	11	20	433
3.科学研究人员	4483	15	2	6			1
4.卫生技术人员	127546	1336	8429	831	4	713	1798
5.教学人员	507826	706	8656	535	1	445	287
6.民航飞行技术人员	39					32	
7.船舶技术人员	1						1
8.经济人员	66628	3082	26185	1821	37	3228	23351
9.会计人员	46786	3061	14617	1653	54	2312	11810
10.统计人员	10200	566	4488	199	6	578	2226
11.翻译人员	925	40	388	11		9	206
12.图书档案、文博人员	10124	337	1155	130	10	112	144
13.新闻、出版人员	5974	54	110	6		4	8
14.律师、公证人员	1587	1	12			3	24
15.播音人员	442		5				
16.工艺美术人员	759	2	388	16		3	69
17.体育人员	1481		38				1
18.艺术人员	3678	1	26				1
19.政工人员	26544	684	14717	1211	61	1882	5301

项　　目	金融、保险业	房地产业、社会服务业	卫生、体育和社会福利事业	教育、文化艺术和广播电影电视业	科学研究和综合技术服务事业	其他行业
总　　计	**296**	**15492**	**118558**	**524571**	**11584**	**13411**
1.工程技术人员	40	6984	508	3422	5432	2094
2.农业技术人员		27	69	175	324	56
3.科学研究人员		2	60	1249	2589	559
4.卫生技术人员		401	109628	3399	380	627
5.教学人员		175	1337	494640	64	980
6.民航飞行技术人员			6	1		
7.船舶技术人员						
8.经济人员	156	2602	876	1784	819	2687
9.会计人员	89	2364	3503	3300	939	3084
10.统计人员	4	420	604	238	249	622
11.翻译人员	4	105	8	17	69	68
12.图书档案、文博人员	1	275	440	6435	425	660
13.新闻、出版人员		13	27	5121	120	511
14.律师、公证人员		711	3	26	51	756
15.播音人员			1	428	1	7
16.工艺美术人员		48	29	148	23	33
17.体育人员			1269	172		1
18.艺术人员		5	49	3564	7	25
19.政工人员	2	1360	141	452	92	641

17－46 各市地按职称(务)分的专业技术人员

(1995年底)

单位:人

项目	合计	高级	中级	初级	未聘
全省	**956956**	**46334**	**278558**	**546001**	**86063**
郑州市	81445	4353	26230	43789	7073
开封市	52068	2898	15962	29253	3955
洛阳市	96047	5310	27216	56666	6855
平顶山市	45768	1603	12443	27014	4708
安阳市	61688	2687	16086	36443	6472
鹤壁市	15964	583	4136	9721	1524
新乡市	66912	3258	19840	37793	6021
焦作市	49411	1839	14672	26997	5903
濮阳市	28279	893	7798	17170	2418
许昌市	30385	969	7840	18743	2833
漯河市	21611	731	5743	12660	2477
三门峡市	24802	747	5708	14575	3772
南阳市	77748	2648	22146	45104	7850
商丘地区	60688	2202	15734	36967	5785
周口地区	64156	1967	18208	38757	5224
驻马店地区	54899	2119	15550	31101	6129
信阳地区	61796	2127	18054	37968	3647
省直	63289	9400	25192	25280	3417

17－47 各市地按行业分的专业技术人员

（1995年底） 单位：人

项目	合计	农、林、牧、渔业	工业	建筑业	地质勘查业、水利管理业	交通运输、仓储及邮电通信业	批发和零售贸易、餐饮业
全省	**956956**	**41571**	**147612**	**17945**	**790**	**14713**	**50413**
郑州市	81445	2094	22076	2194	66	932	3629
开封市	52068	1959	10356	1360		732	2616
洛阳市	96047	5124	28448	3803	35	1760	3802
平顶山市	45768	1251	6781	749	30	446	1919
安阳市	61688	1699	16809	953	25	511	3014
鹤壁市	15964	532	2697	156	32	314	921
新乡市	66912	2269	14994	1574	7	1409	4628
焦作市	49411	1804	9658	649	7	764	2018
濮阳市	28279	1152	2312	336	2	471	1689
许昌市	30385	1145	3543	517		364	1399
漯河市	21611	630	1892	528		452	989
三门峡市	24802	1073	5347	258	12	454	1086
南阳市	77748	4565	4231	922	42	903	3651
商丘地区	60688	2974	3425	228		1000	3356
周口地区	64156	3821	4505	417		697	3653
驻马店地区	54899	2901	2336	367	48	608	1842
信阳地区	61796	3058	4869	125		854	3052
省直	63289	3520	3333	2809	484	2042	7149

项目	金融、保险业	房地产业、社会服务业	卫生、体育和社会福利事业	教育、文化艺术和广播电影电视业	科学研究和综合技术服务事业	其他行业
全省	**296**	**15492**	**118558**	**524571**	**11584**	**13411**
郑州市	2	2847	9127	37043	1265	170
开封市	10	998	6703	25940	385	1009
洛阳市	15	1703	9234	39562	689	1872
平顶山市	8	1124	5546	26577	477	860
安阳市		1116	6623	29862	757	319
鹤壁市	3	260	2054	8687	169	139
新乡市		1433	8100	31428	562	508
焦作市		1194	6555	25692	181	889
濮阳市		493	3536	17389	210	689
许昌市		301	4525	17940	195	456
漯河市		254	2536	14013	178	139
三门峡市		460	3127	12077	148	760
南阳市		908	9560	51274	480	1212
商丘地区		733	7984	39701	386	901
周口地区		622	7698	42126	401	216
驻马店地区		217	7100	37935	314	1231
信阳地区	21	650	7407	40651	481	628
省直	237	179	11143	26674	4306	1413

17－48　高等院校科技活动情况

指　标	单　位	1990年	1991年	1992年	1993年	1994年	1995年
科技活动人员	人	22014	19547	20422	24122	25056	33571
研究与发展机构	个	132	146	157	185	185	188
研究与发展人员	人	3938	3945	4254	5057	6078	6187
研究与发展其他技术系列人员	人	933	746	966	1005	1191	1260
理工农医类							
研究与发展课题	项	1552	1799	1924	1976	2018	2355
基础研究	项	411	566	451	432	628	377
应用研究	项	766	770	1096	1096	1007	1246
试验发展	项	375	463	377	448	383	732
当年投入人员	人	3155	3562	3730	4019	4314	4736
基础研究	人	1060	1194	882	971	1655	1000
应用研究	人	1370	1518	2110	2247	1721	2550
试验发展	人	725	850	738	801	938	1186
当年投入经费	万元	7314	8209	9838	18772	22831	20423
基础研究	万元	1663	1829	1432	1617	4001	2144
应用研究	万元	3540	3821	5124	12969	9563	10297
试验发展	万元	2111	2559	3282	4186	9267	7982
出版科技专著	部	122	65	89	153	181	190
发表学术论文	篇	3841	3879	4554	5095	6276	6628
鉴定成果	项	173	199	202	238	354	295
获奖成果	项	106	169	282	246	593	259

17—49 高等院校理工农医类科技活动人员情况

(1995 年底)

单位:人

分类	合计	#教师	#正副教授	#讲师	#助教	#其他技术职务系列人员	#高级	#中级
总计	**26447**	**17153**	**5098**	**7987**	**3389**	**8588**	**782**	**3861**
按原学科分								
自然科学	4794	4029	1356	1785	751	765	66	347
工程与技术	5778	3091	988	1506	454	2687	321	1262
医学科学	6728	3769	952	1769	1021	2959	262	1292
农业科学	1481	944	367	408	152	537	53	256
人文、社会科学	6680	5317	1433	2518	1011	1363	76	619
未分学科	986	3	2	1		277	4	85
按最后学历分								
研究生	2978	2757	764	1548	379	221	64	108
大学本科	14719	11687	3845	5002	2227	3032	494	1651
大学专科	4271	1678	445	927	306	2593	158	1163
中专	3493	1028	42	509	477	2465	62	854
高中及以下	986	3	2	1		277	4	85

17—50 高等院校研究与发展机构情况

(1995 年底)

单位:人

分类	机构数(个)	研究与发展人员	#正副教授	#讲师	#助教	其他技术职务系列人员	#高级	#中级
理工农医类	**139**	**1024**	**360**	**320**	**96**	**218**	**44**	**96**
自然科学	22	146	89	35	4	18	4	8
工程与技术	78	526	164	180	49	116	27	49
农业科学	15	114	42	44	16	12	4	6
医学科学	24	238	65	61	27	72	9	33
人文社科类	**49**	**149**	**89**	**49**	**9**	**2**		

17—51 高等院校研究与发展课题情况

(1995年)

项目	理工农医类	自然科学	工程与技术	医学科学	农业科学	人文社科类
一、课题总计(项)	**2355**	**483**	**1030**	**603**	**239**	**721**
基础研究	377	148	87	101	41	256
应用研究	1246	126	573	436	111	221
试验发展	732	209	370	66	87	244
二、当年投入人员总计(人)	**4736**	**1025**	**1649**	**1469**	**593**	**1088**
基础研究	1000	411	158	289	142	494
应用研究	2550	294	855	1082	319	338
试验发展	1186	320	636	98	132	256
三、当年支出经费总计(千元)	**20423**	**2316**	**14736**	**2237**	**1134**	**1134**
基础研究	2144	738	931	313	162	401
应用研究	10297	756	6941	1761	839	423
试验发展	7982	822	6864	163	133	310

17—52 高等院校理工农医类科技成果情况

(1995年)

分类	出版科技专著(部)	出版大专院校教科书(部)	出版科普著作(部)	发表学术论文(篇)	#在国外学术刊物发表	获国家科技进步奖(个)	获国务院各部委科技进步奖(个)	获省科技进步奖(个)
总计	**190**	**307**	**46**	**6628**	**258**	**2**	**22**	**82**
自然科学	50	121	9	2360	149		2	2
工程与技术	31	74	8	1838	53	2	20	33
医学科学	75	70	18	1945	46			26
农业科学	34	42	11	485	10			21

17－53 高等院校人文、社会科学出版著作及发表论文数

(1995年)

学科	出版著作(部)	#专著	#编著教材	发表论文(篇)	国内学术刊物	国外学术刊物
总计	**524**	**187**	**288**	**3424**	**3416**	**8**
管理学	31	13	17	278	278	
马克思主义/综合	29	13	16	132	132	
哲学	16	3	11	169	169	
逻辑学	9	2	6	24	24	
宗教学	1	1		11	11	
语言学	30	8	20	219	219	
中国文学	45	24	14	384	384	
外国文学	26	3	17	98	98	
艺术学	11	5	5	141	139	2
历史学	55	24	25	403	399	4
考古学				9	9	
经济学	117	37	72	551	551	
政治学	33	15	14	148	148	
法学	26	9	15	124	123	1
社会学	5	3	2	52	52	
民族学				1	1	
新闻学与传播学	2	2		66	65	1
图书、情报、文献学	14	4	4	278	278	
教育学	51	15	33	205	205	
统计学	2	1	1	18	18	
心理学	9	2	7	35	35	
其他学科	12	3	9	78	78	

17-54 高等院校人文、社会科学获奖成果及成果应用情况

(1995年)

学科	获奖成果(项)	国家级奖	省部级奖	地市级奖	成果应用(项) 提交有关部门数	成果应用(项) 鉴定成果数
总计	**229**	**1**	**93**	**135**	**76**	**37**
管理学	7		5	2	14	6
马克思主义/综合	1			1		
哲学	5		4	1	1	
逻辑学	3			3		
宗教学	3		1	2	1	1
语言学	10		3	7		
中国文学	25		10	15	3	2
外国文学						
艺术学	3		1	2	1	
历史学	39	1	15	23	3	1
考古学	1			1		
经济学	69		29	40	37	14
政治学	12		3	9	2	2
法学	26		9	17	2	4
社会学	4		2	2	5	3
民族学						
新闻学与传播学	3		1	2		
图书、情报、文献学	6		4	2	3	3
教育学	5		4	1	4	
统计学	1		1			1
心理学	2		1	1		
其他学科	4			4		

17－55 大中型工业企业技术开发情况

指　　标	单　位	1990年	1991年	1992年	1993年	1994年	1995年
技术开发人员	人	33336	31625	39284	45813	52068	63280
＃科学家、工程师	人	14431	12927	16464	17959	20716	23083
技术开发机构	个	332	312	432	404	709	801
技术开发机构人员	人	15863	16977	17941	18000	20661	20073
＃科学家、工程师	人	6923	7214	8260	8100	9258	10341
新产品销售收入	万元	283427	367934	595114	496253	847462	898098
＃出口新产品	万元	22896	35513	37544	26709	46095	50113
新产品实现利税	万元	50042	45878	85631	98380	128596	133840
生产用设备原值	万元	2102648	2829521	3371297	1970929	5388615	6587640
＃微电子技术控制	万元	99694	144436	211265	220744	370335	703133
本年筹集经费总额	万元	56861	62929	93213	106872	128625	206569
＃上级拨款	万元	4737	6145	5953	5764	8516	13487
专项贷款	万元	17946	19141	21627	28399	37805	45848
企业自筹	万元	28872	34827	60576	68420	76340	139761
本年经费支出总额	万元	54065	57734	86567	103461	122905	192733
＃开发新产品用款	万元	16631	19179	30632	41699	33988	69144
技术改造支出经费总额	万元	79602	81098	106353	154007	298240	417538
技术引进支出经费总额	万元	19902	19748	25023	56616	87329	151971
消化吸收支出总额	万元	470	606	356	1107	2079	7644
购买国内技术用款	万元	1186	1018	1802	46426	12239	23787
技术开发项目	项	1264	1306	1750	1555	3826	5443
当年完成项目	项	683	693	1005	978	2749	3714
技术转让成交额	万元	2679	546	1072	400	4593	1271

注：1993年技术开发机构人员中的科学家、工程师系推算数。

17－56 大中型工业企业分行业技术开发人员

（1995年底）

单位：人

行业	技术开发人员合计	＃工程技术人员	＃具有高中级职称人员	全时人员	非全时人员
总计	**63280**	**38043**	**23083**	**34421**	**28859**
＃煤炭采选	3234	1249	803	441	2793
石油和天然气开采业	4020	2807	1977	3485	535
有色金属矿采选业	189	109	47	104	85
非金属矿采选业	35	12	5	25	10
食品加工业	537	352	257	174	363
食品制造业	1232	789	128	509	723
饮料制造业	2184	853	265	692	1492
烟草加工业	507	407	118	422	85
纺织业	3954	2611	985	1051	2903
木材加工及竹藤棕草制品业	62	55	19	53	9
家具制造业					
石油加工及炼焦业	318	254	129	262	56
化学原料及化学制品制造业	5187	2765	1756	3331	1856
医药制造业	1533	1032	463	995	538
化学纤维制造业	440	386	165	121	319
橡胶制品业	797	421	215	360	437
塑料制品业	220	110	66	77	143
非金属矿物制品业	2495	1510	839	1364	1131
黑色金属冶炼及压延加工业	1163	833	500	612	551
有色金属冶炼及压延加工业	1452	1209	771	782	670
金属制品业	743	292	169	677	66
普通机械制造业	4965	3053	2001	3205	1760
专用设备制造业	10614	6699	5051	5614	5000
交通运输设备制造业	4251	2155	1286	3591	660
电气机械及器材制造业	5005	2815	1725	2786	2219
电子及通讯设备制造业	2097	1573	1130	1514	583
仪器仪表及文化、办公用机械制造业	1266	785	597	671	595
电力、蒸气、热水的生产和供应业	1139	792	372	387	752
自来水生产和供应业	63	60	26	48	15

17－57 大中型工业企业分行业技术开发情况

(1995 年)

单位:万元

行业	新产品销售收入	#国家级新产品	新产品实现利税	新产品减免税	生产用机器设备原值	#微电子技术控制	技术开发机构(个)	技术开发项目(项)	专利申请数(件)
总计	**898098**	**228912**	**133840**	**6098**	**6587640**	**703133**	**801**	**5443**	**236**
#煤炭采选	4978	35	829	125	423882	8015	14	195	69
石油和天然气开采业	656	312	65	20	558184	37951	7	311	37
有色金属矿采选业					36520	148	5	19	
非金属矿采选业					665		1	1	
食品加工业	2411	167	231	1	79419	791	13	58	2
食品制造业	4704		589		63071	5520	19	64	1
饮料制造业	56433	11846	4637	112	115006	1181	48	143	11
烟草加工业	9258		4170	37	179161	23773	10	65	
纺织业	52505	…	5111	565	401298	61173	60	363	4
木材加工及竹藤棕草制品业	1011				10316	28	2	16	
家具制造业					736				
石油加工及炼焦业	480		96		223266	2157	6	33	4
化学原料及化学制品制造业	36195	12288	4176	407	616637	103381	88	297	6
医药制造业	21663	2066	3705	77	88337	753	48	247	16
化学纤维制造业	6302		345		150264	2880	8	24	
橡胶制品业	3723	8	853		52105	20283	15	89	
塑料制品业	750		107	27	31355	2575	7	25	
非金属矿物制品业	105024	42420	34138	880	300053	15687	59	319	7
黑色金属冶炼及压延加工业	5588		501		374103	1797	9	109	13
有色金属冶炼及压延加工业	11110	2398	1443	217	305415	71670	13	164	
金属制品业	5069	2640	363	121	25370	4827	17	71	2
普通机械制造业	28346	6180	4608	31	151882	14972	61	521	3
专用设备制造业	112571	13035	12561	78	279933	26713	81	644	31
交通运输设备制造业	157730	78352	8701	30	136032	15341	63	353	8
电气机械及器材制造业	131841	21595	22079	413	113971	12910	52	437	14
电子及通讯设备制造业	105880	31404	21279	129	109143	8371	25	487	
仪器仪表及文化、办公用机械制造业	3915	866	1038	191	18800	2387	9	81	2
电力、蒸气、热水的生产和供应业	12236	30	9	2512	1490232	234072	8	125	2
自来水生产和供应业	25		5		29505	440	3	20	

17－58 大中型工业企业分行业技术开发经费情况

(1995 年)

单位:万元

行　　业	本　年筹集额	#上级拨款	#专项贷款	#企业自筹	#接受委托	本年经费支出总额	#用于R&D研究	#人员劳务费	#开发新产品
总　　计	**206569**	**13487**	**45848**	**139761**	**2940**	**192733**	**15492**	**23870**	**69144**
#煤炭采选	3199	146	425	2623	5	3758	250	322	1584
石油和天然气开采业	11745	1202	315	8784	54	11714	3362	3284	226
有色金属矿采选业	1138		370	768		1037		60	
非金属矿采选业	50			50		14		2	
食品加工业	779	1	199	580		735	37	156	252
食品制造业	1060	30	282	748		1020	10	314	623
饮料制造业	2840	112	1661	1012		2623	118	332	499
烟草加工业	1226		10	1114	102	1204	212	153	975
纺织业	15421	4	2557	12860		12038	837	869	2138
木材加工及竹藤棕草制品业	485		253	231	1	231	2	22	11
家具制造业									
石油加工及炼焦业	1766		780	986		1035	257	214	395
化学原料及化学制品制造业	35713	1920	5603	26628	1	34327	494	1562	14704
医药制造业	5140	36	2682	2356	66	3407	59	452	1299
化学纤维制造业	5497		1530	3967		5652		118	5145
橡胶制品业	1407		100	1301	5	1536	222	293	798
塑料制品业	937		70	867		843	3	50	245
非金属矿物制品业	23613	1034	8707	13043	33	20771	505	1047	10533
黑色金属冶炼及压延加工业	10062	2005	1000	5947	700	10016	13	625	2862
有色金属冶炼及压延加工业	4870	80	1300	3446	33	3596	561	454	1228
金属制品业	2041	204	1155	676		1858	43	149	332
普通机械制造业	7927	182	1127	6084	522	7576	171	1916	3630
专用设备制造业	15978	309	800	13995	824	15515	4806	5673	7031
交通运输设备制造业	7329	1218	1300	4239	453	7499	214	1753	4062
电气机械及器材制造业	8480	134	2042	6249	45	8280	2013	1844	3273
电子及通讯设备制造业	5747	71	60	5609	7	6148	1240	883	4663
仪器仪表及文化、办公用机械制造业	1518	390	222	826	68	1332	2	262	813
电力、蒸气、热水的生产和供应业	23770	3738	10440	9550		22730	2	569	89
自来水生产和供应业	234		5	229		210	1	23	15

17－59 大中型工业企业技术开发经费情况

（1995年） 单位：万元

分类	本年筹集额	＃上级拨款	＃专项贷款	＃企业自筹	＃接受委托	本年经费支出总额	＃用于R&D研究	＃人员劳务费	＃开发新产品
总计	**206569**	**13487**	**45848**	**139761**	**2940**	**192733**	**15492**	**23870**	**69144**
一、国有企业	173421	13200	34869	118522	2509	160601	11569	20252	54928
集体企业	15456	133	6657	8223	263	15402	904	1063	5225
其他企业	17693	154	4322	13017	168	16731	3020	2556	8991
二、中央企业	38590	7347	3880	25347	496	35974	5315	7762	10567
省属企业	9874	85	170	9614	2	9672	1021	969	5865
市地属企业	91088	1053	14234	72922	1583	83156	7558	11745	41780
县及县以下	67017	5002	27564	31879	859	63932	1599	3395	10931
其他属企业									
三、特大型企业	35645	3618	2345	28280	34	33060	8443	6415	14467
大一型企业	43854	2609	5395	34932	73	43685	4449	6694	18958
大二型企业	49162	1448	10965	35672	973	43578	1128	5629	22077
中型企业	77908	5812	27142	40878	1860	72410	1472	5133	13642

17－60 大中型工业企业其他技术活动经费支出和新产品开发活动产出情况

（1995年） 单位：万元

分类	技术改造支出总额	技术引进支出总额	消化吸收支出总额	购买国内技术用款	本年技术开发成果获奖数(项)	新产品销售收入	＃国家级新产品	＃新产品出口	新产品实现利税	新产品减免税
总计	**417538**	**151971**	**7644**	**23787**	**1894**	**898098**	**228912**	**50113**	**133840**	**6098**
一、国有企业	345520	93110	4364	15367	1625	632313	204149	37448	92398	5006
集体企业	17886	4775	89	3796	35	50837	12131	2853	6898	469
其他企业	54133	54086	3191	4624	234	214948	12632	9812	34545	623
二、中央企业	105796	59226	560	2634	557	131375	46839	3281	17043	695
省属企业	78291	7966	3798	384	881	79319	37931	3668	25543	38
市地属企业	167741	71104	2918	13108	277	504889	114265	28921	67121	1797
县及县以下	65710	13675	369	7660	179	182515	29878	14243	24133	3568
其他属企业										
三、特大型企业	124342	21133	5823	739	1189	122053	1110	13325	39498	175
大一型企业	103248	75518	1052	15595	328	376290	118535	16657	45459	1946
大二型企业	106883	41752	397	2795	149	223042	83268	12688	21063	384
中型企业	83065	13567	373	4658	228	176714	25999	7442	27819	3594

17-61 大中型工业企业技术开发人员构成情况

(1995年底) 单位:人

分　类	技术开发人员合计	#工程技术人员	#具有高中级职称人员	全时人员	非全时人员
总　计	**63280**	**38043**	**23083**	**34421**	**28859**
一、国有企业	54238	31778	19564	29194	25044
集体企业	2975	1495	769	1929	1046
其他企业	6067	4770	2750	3298	2769
二、中央企业	18494	10804	7451	11243	7251
省属企业	2019	1426	1160	1131	888
市地属企业	27176	17915	11309	14999	12177
县及县以下	15591	7898	3163	7048	8543
其他属企业					
三、特大型企业	8336	6488	5061	4776	3560
大一型企业	17998	11197	6827	9111	8887
大二型企业	16315	8902	5378	8954	7361
中型企业	20631	11456	5817	11580	9051

17-62 大中型工业企业技术开发项目、机构及成果转让情况

(1995年) 单位:项

分　类	技术开发项目数	本年已完成项目数	新产品项目数	当年已投产使用项目数	企业技术开发机构数(个)	企业开发的科技成果转让收入(万元)	企业对外技术服务收入(万元)
总　计	**5443**	**3714**	**3421**	**2857**	**801**	**1271**	**2325**
一、国有企业	4327	2881	2732	2117	620	1067	2097
集体企业	226	145	149	125	89		34
其他企业	890	688	540	615	92	204	195
二、中央企业	1378	892	622	605	104	863	1026
省属企业	481	445	157	442	17	80	20
市地属企业	2494	1747	1924	1293	385	210	1178
县及县以下	1090	630	718	517	295	119	101
其他属企业							
三、特大型企业	897	736	295	672	21	105	1388
大一型企业	1198	792	670	631	111	852	582
大二型企业	1421	943	1079	589	239	31	192
中型企业	1927	1243	1377	965	430	284	164

17—63 各市地大中型工业企业技术开发人员构成情况

(1995 年底)　　单位:人

市地	技术开发人员合计	#工程技术人员	#具有高中级职称人员	全时人员	非全时人员
全省	**63280**	**38043**	**23083**	**34421**	**28859**
郑州市	6091	4525	2698	3865	2226
开封市	3357	1821	1095	1483	1874
洛阳市	8026	5679	4860	4365	3661
平顶山市	1098	710	400	864	234
安阳市	4725	2830	1574	2170	2555
鹤壁市	768	518	287	541	227
新乡市	5565	3420	1890	3359	2206
焦作市	6928	3355	1891	2606	4322
濮阳市	3448	2205	1500	3160	288
许昌市	3215	2156	1233	1288	1927
漯河市	877	551	323	467	410
三门峡市	2931	1253	763	2438	493
南阳市	8815	5429	3167	4413	4402
商丘地区	2086	623	231	514	1572
周口地区	2336	1652	492	1116	1220
驻马店地区	1146	767	294	780	366
信阳地区	1868	549	385	992	876

17—64 各市地大中型工业企业技术开发经费情况

(1995 年)　　单位:万元

市地	本年筹集额	#上级拨款	#专项贷款	#企业自筹	#接受委托	本年经费支出总额	#用于R&D研究	#人员劳务费	#开发新产品
全省	**206569**	**13487**	**45848**	**139761**	**2940**	**192733**	**15492**	**23870**	**69144**
郑州市	26264	504	7345	18244	142	22899	2340	2546	5306
开封市	9844	242	1570	7260	2	9400	98	1270	4622
洛阳市	23906	555	3152	20112	86	23389	4264	5359	14024
平顶山市	5816	78	200	5538		3479	423	505	702
安阳市	24306	2043	1661	20273	225	23414	1275	1942	15234
鹤壁市	1736	245	506	867	29	1348	35	217	742
新乡市	21515	2088	5562	11974	888	19518	797	1945	9172
焦作市	39747	5357	16688	16211	515	38430	1118	1118	5071
濮阳市	7521	822	1095	4202	34	6493	3072	1829	237
许昌市	4704	92	434	4075	100	5260	991	1099	3109
漯河市	3343	19	534	2788	2	3379	35	184	699
三门峡市	4865	403		3658	781	5111	56	1348	1930
南阳市	17736	964	2553	14107	28	16881	659	3169	4901
商丘地区	1090	62	173	855	1	1010	167	269	239
周口地区	5957	11	3008	2871	66	4804	88	517	569
驻马店地区	5281	3	480	4721		5089	49	184	680
信阳地区	2936		889	2006	41	2829	26	371	1908

17－65 各市地大中型工业企业技术开发情况

（1995年） 单位：万元

市　地	新产品销售收入	＃国家级新产品	新产品实现利税	新产品减免税	生产用机器设备原值	＃微电子技术控制	技术开发机构（个）	技术开发项目（项）	专利申请数（件）
全　省	**898098**	**228912**	**133840**	**6098**	**6587640**	**703133**	**801**	**5443**	**236**
郑州市	131354	74839	10215	105	780765	118809	97	789	7
开封市	39277	6284	5188	348	196903	9057	36	211	7
洛阳市	167297	35643	33153	842	1049800	77317	75	652	22
平顶山市	19457	14290	4454	467	804678	174594	23	142	60
安阳市	69288	659	18142	251	549942	24743	77	757	18
鹤壁市	8721	5411	950	46	172966	4139	21	81	1
新乡市	186936	11686	19271	178	358559	31667	110	620	6
焦作市	38067	4218	3137	2937	588982	60628	96	442	10
濮阳市	910	31	122	…	673950	112484	15	167	22
许昌市	37997	14316	2159	1	150615	1946	29	243	9
漯河市	10681	1	2107	18	147527	9402	14	51	
三门峡市	2716	348	504	16	236242	10747	27	195	3
南阳市	87232	9148	16035	625	387040	34899	82	585	43
商丘地区	64019	44076	11864	101	100891	434	29	114	13
周口地区	11272	6853	2538	71	155581	14366	37	107	7
驻马店地区	12067	104	3144	94	74419	15021	21	132	7
信阳地区	10807	1006	857		158783	2880	12	155	1

17－66 各市地大中型工业企业技术开发项目情况

（1995年） 单位：项

市　地	本年已完成项目数	新产品项目数	当年已投产使用的项目数	本年技术开发成果获奖数	企业开发的科技成果转让收入（万元）	企业对外技术服务收入（万元）	专利授权数
全　省	**3714**	**3421**	**2857**	**1894**	**1271**	**2325**	**160**
郑州市	461	467	332	58	101	125	6
开封市	162	165	105	14		81	4
洛阳市	493	447	367	63	55	953	13
平顶山市	68	72	60	34		53	53
安阳市	641	366	640	909	50	34	13
鹤壁市	48	62	24	4	583	13	2
新乡市	411	516	228	46	69	175	1
焦作市	242	267	158	301		5	6
濮阳市	102	28	90	263	15	499	16
许昌市	155	178	130	18	30	89	6
漯河市	39	41	28	7			
三门峡市	147	124	104	12		66	2
南阳市	408	329	319	102	369	227	20
商丘地区	78	96	70	16		1	7
周口地区	63	62	56	19			4
驻马店地区	100	84	92	11			1
信阳地区	96	117	54	17		6	6

17－67 大中型建筑施工企业科技情况

（1995 年）

指　　标	单位	合计	#国有	#集体	#土木工程建筑业	#线路、管道设备安装业
企业科技活动人员	人	999	997	2	462	537
#具有高、中级职称或大学本科及以上学历人员	人	500	498	2	289	211
企业办科研机构人员	人	306	306		136	170
#具有高、中级职称或大学本科及以上学历人员	人	164	164		77	87
企业中从事研究与发展活动人员	人年	157	155	2	131	26
#具有高、中级职称或大学本科及以上学历人员	人年	93	91	2	67	26
本年经费筹集总额	万元	1258	1255	2	782	476
#上级拨款	万元	87	87		67	20
企业自筹	万元	751	748	2	573	178
专项贷款	万元	278	278			278
本年经费支出总额	万元	1213	1211	2	760	453
#劳务费	万元	248	246	2	149	99
原材料费	万元	143	143		122	21
固定资产购建费	万元	769	769		440	329
#仪器设备	万元	503	503		192	311
企业科技成果转让收入	万元	8	8		8	
企业对外提供技术服务收入	万元	156	156		156	
企业科技开发获奖成果数	项	8	8		3	5
#国家级	项					
省部级	项	8	8		3	5
科技论文	篇	39	39		12	27
科技专著	种	1	1			1
专利申请	件	1	1			1
专利授权	件	3	3		1	2
研究与发展活动企业数	个	12	11	1	10	2
研究与发展活动人员	人	157	155	2	131	26
#具有高、中级职称或大学本科及以上学历人员	人	93	91	2	67	26
研究与发展课题	项	28	27	1	23	5
基础研究	项					
应用研究	项	11	11		7	4
实验发展	项	17	16	1	16	1
企业用于科研活动的仪器设备原价	万元	540	540		465	75
企业办科技机构数	个	11	11		10	1

17－68 技术贸易情况

指标	单位	1990年	1991年	1992年	1993年	1994年	1995年
技术贸易机构	个	1941	1941	3619	5052	5856	6508
从事技术贸易活动人员	人	47000	47000	62000	77000	100108	105000
技术市场成交合同	个	15581	14651	14601	17140	19148	15774
技术市场成交额	万元	39396	48231	70750	84098	106797	122798

17－69 三种专利申请受理量及授权量

单位：项

项目	1985年	1990年	1991年	1992年	1993年	1994年	1995年
一、申请量合计	**293**	**1133**	**1571**	**1998**	**2299**	**2281**	**2386**
发明	131	208	308	379	527	466	415
实用新型	150	894	1193	1544	1663	1677	1727
外观设计	12	31	70	75	109	138	244
二、授权量合计	**2**	**621**	**595**	**834**	**1669**	**1267**	**1145**
发明	1	32	40	30	68	37	34
实用新型	1	570	538	765	1518	1142	1009
外观设计		19	17	39	83	88	102
三、在三种专利申请受理量中							
#个人	159	876	1188	1606	1877	1899	2007
大专院校		22	40	27	25	20	9
科研单位		69	99	88	71	67	71
工矿企业	134	131	171	187	194	144	223
机关团体		35	73	90	132	151	76
四、在三种专利授权量中							
#个人	1	446	405	586	1276	1005	905
大专院校		12	20	21	30	14	8
科研单位		49	63	61	82	37	38
工矿企业	1	87	83	127	202	125	108
机关团体		27	24	39	79	86	86

主要统计指标解释

普通高等学校 指按照国家规定的审批程序批准举办，通过全国统一招生考试，招收高级中等学校毕业生和具有同等学历者，实施高等教育，培养高等专门人才的学校。包括大学、专门学院、专科学校和短期职业大学。

成人高等学校 指按照国家规定的审批程序批准举办，招收在职高中毕业或同等学历者，利用多种形式对成人实施高等教育，培训相当普通高等学校专科或本科毕业水平的专门人才的学校。包括广播电视大学、职工高等学校、农民高等学校、干部管理学院、教育学院、独立函授学院以及普通高等学校举办的函授、夜大学等。

文化事业机构 指从事专业文化工作和为专业文化工作服务的单独核算、独立建制的单位。不包括文化主管部门直属单位举办的其他行业和各部门的业余文化组织。

艺术表演团体 指从事戏曲、音乐、舞蹈、杂技等专业艺术表演，有独立帐户，实行单独核算的团体，不包括半工半艺、半农半艺的业余剧团。

电影放映单位 指具有放映机器设备、固定或不固定的放映场所与专职或兼职的放映技术人员，经文化行政部门登记批准，经常为一定的观众对象映出电影的机构。包括经批准对外开放进行营业，并与电影发行放映管理机构分帐的专用放映单位或军委系统租片单位在内。

电影观众人数 指各类型放映单位及军委系统租片单位映出的观众人数。一个观众连续看了一部长片或短片专场规定的短片，为二人次。

艺术表演观众人数 指售票、包场演出或民族地区免费演出的艺术表演观众人次数。不包括彩排审查和内部观摩演出的观看人次数。

综合性研究机构 指主要从事揭示客观事物本质，运动规律，提出新发现，新学说和对有重大应用前景的新的产品、工艺、材料和方法等提出新的理论、构思、原理等工作的机构。

技术开发机构 指主要从事提供国际、国内第一次出现的新产品、工艺、材料、方法等和为新的技术成果应用提供完整的技术规范设计图纸、样品和操作规程的机构。

科学家工程师 指大学毕业及以上文化程度和其他具有高、中级职称的从事科技活动人员。

其他技术人员 指中专、大专毕业和具有初级职称的从事科技活动人员。

自然科学技术人员 指已取得科学技术职称，或大学、中专的理、工、农、医科系毕业，以及国民经济各部门从工作实践中提拔，从事理、工、农、医等自然科学技术的研究、教学、生产(事业)技术方面工作的专业人员和在机关、企业、事业中从事科学技术业务管理工作的专业人员。

工程技术人员 指在国民经济各行业从事工程技术工作的自然科学技术的专业人员，包括高级工程师、工程师、助理工程师、技术员和未定职称的技术人员。

农业技术人员 指在国民经济各行业从事农业技术工作的自然科学技术的专业人员，包括高级农艺师、农艺师、助理农艺师、技术员和未评定职称的技术人员。

卫生技术人员 指在国民经济各行业从事卫生医务工作的自然科学技术的专业人员，包括正副主任医师、主治医师、医师、医(护)士和未评定职称的技术人员。

科学研究人员 指在国民经济各行业从事科学技术活动的自然科学技术的专业人员，包括正副研究员、助理研究员、研究实习员、技术员和未评定职称的技术人员。

教学人员 指在国民经济各行业从事自然科学技术方面的教学活动的专业人员，包括正副教授、讲师、助教、教师和在中学从事自然科学技术方面的教学活动的人员。

发明 专利法所称的发明是指对产品、方法或者其改进所提出的新的技术方案。

实用新型 专利法所称的实用新型是指对产品的形状、构造或者其结合所提出的适于实用的新的技术方案。

外观设计 专利法所称的外观设计是指对产品形状、图案、色彩或者其结合所作出的富有美感并适于工业上应用的新设计。

十八、卫生、体育、民政、司法及其他

18－1 卫生事业发展情况

项　目	单位	1980年	1985年	1990年	1991年	1992年	1993年	1994年	1995年
一、卫生机构数	**个**	**7831**	**9207**	**8676**	**8639**	**8375**	**7669**	**7656**	**7661**
市	个	3088	3644	3754	3752	3764	3407	3847	3891
县	个	4743	5563	4922	4887	4611	4262	3809	3770
#医院	个	2530	2688	2824	2834	2857	2892	2944	2965
#县及县以上医院	个	433	625	765	778	800	862	871	886
疗养院、所	个	15	14	12	12	12	8	8	8
门诊部、所	个	4559	5706	5142	5083	4794	4021	3958	3942
专科防治所、站	个	33	51	45	45	45	44	44	44
卫生防疫站	个	174	182	189	190	191	193	194	194
妇幼保健所、站	个	139	141	138	138	139	142	143	142
二、卫生机构床位数	**万张**	**11.92**	**14.91**	**18.21**	**18.49**	**18.91**	**18.91**	**19.14**	**19.23**
市	万张	4.18	5.97	8.63	8.87	9.22	8.91	10.20	10.31
县	万张	7.74	8.94	9.58	9.62	9.69	10.00	8.94	8.92
#医院	万张	11.17	13.77	16.36	16.56	16.97	17.22	17.45	17.54
#县及县以上医院	万张	5.90	8.41	10.70	10.97	11.36	11.65	11.95	12.05
疗养院、所	万张	0.17	0.17	0.22	0.23	0.21	0.15	0.15	0.15
门诊部、所	万张	0.37	0.60	1.10	1.13	1.09	0.86	0.84	0.84
平均每千人口卫生机构床位数	张	1.64	1.90	2.11	2.11	2.13	2.11	2.12	2.11
#医院床位数	张	1.53	1.75	1.89	1.89	1.92	1.92	1.93	1.93
三、卫生机构人员数	**万人**	**17.93**	**23.77**	**27.06**	**27.90**	**28.96**	**29.84**	**30.88**	**31.31**
#卫生技术人员	万人	14.48	19.49	22.28	23.03	23.91	24.39	25.13	25.50
#医生	万人	5.41	8.36	9.94	9.93	10.14	10.16	10.55	10.57
#中医师	万人		0.85	1.43	1.44	1.50	1.50	1.57	1.57
中医士	万人		1.01	0.58	0.58	0.53	0.42	0.41	0.38
西医师	万人	1.58	3.18	5.76	5.72	6.09	6.35	6.65	6.67
西医士	万人	2.28	2.87	1.97	2.02	1.86	1.77	1.79	1.83
护师	万人		0.37	2.16	2.13	2.48	2.75	3.07	3.19
护士	万人		2.49	2.48	2.73	2.59	2.50	2.46	2.50
平均每千人口医生数	人	0.74	1.07	1.15	1.13	1.14	1.14	1.17	1.16

18-2 卫生机构、床位、人员数

(1995年)

机构类别	机构数(个)	床位数(张)	人员合计(人)	卫生技术人员	其他技术人员	管理人员	工勤人员
总计	**7661**	**192347**	**313116**	**255006**	**6173**	**23391**	**28546**
市	3891	103116	173175	135825	4698	14312	18340
县	3770	89231	139941	119181	1475	9079	10206
一、医院合计	2965	175427	239978	196112	3371	17402	23093
市	982	92761	129315	102046	2420	10159	14690
县	1983	82666	110663	94066	951	7243	8403
1.县及县以上医院小计	886	120466	169579	133399	2721	13195	20264
综合医院	632	88970	127805	100571	1847	9784	15603
中医医院	156	14889	20727	17124	308	1509	1786
医学院、校附属医院	10	5918	8232	5780	238	740	1474
传染病院	5	610	809	543	40	129	97
精神病院	20	3569	2457	1851	53	216	337
结核病院	1	198	152	127	0	15	10
妇幼保健院	22	1639	3243	2587	69	266	321
妇产医院	1	136	299	227		28	44
儿童医院	2	415	751	568	8	96	79
麻风病院	1	200	50	31		7	12
肿瘤医院	9	1664	1907	1486	49	180	192
康复医院	1	40	53	47			6
口腔医院	7	235	871	729	33	52	57
眼耳鼻喉科医院	7	620	718	567	36	46	69
骨科医院	4	767	868	651	34	63	120
中西医结合医院	1	227	367	270	2	48	47
其他专科医院	7	369	270	240	4	16	10
2.区、乡(镇)卫生院	2069	54446	69860	62241	650	4168	2801
#乡(镇)卫生院	1492	32873	42935	38261	413	2672	1589
3.其他医院	10	515	539	472		39	28
二、疗养院、所	8	1548	712	370		99	243
三、门诊部、所	3942	8395	24631	22536	271	1136	688
四、专科防治所、站	44	1027	2311	1825	57	194	235
#结核病防治所、站	29	597	1181	952	17	119	93
五、卫生防疫站	194	171	15176	12563	445	976	1192
六、妇幼保健所、站	142	2795	5786	5043	63	423	257
七、药品检验所、室	133		2034	1589	71	206	168
八、医学科学研究机构	11	393	823	515	114	92	102
九、高等医药院校	6	100	4265	2160	205	1122	778
十、中等医药卫生学校	141	1564	10738	6351	1400	1476	1511
十一、其他事业卫生机构	75	927	2036	1316	176	265	279
十二、个体开业			4626	4626			

18－3 卫生机构各类人员

单位：人

人员类别	1985年	1990年	1991年	1992年	1993年	1994年	1995年
一、各类人员总计	**237726**	**270573**	**279020**	**289558**	**298444**	**308820**	**313116**
卫生技术人员	194920	222771	230291	239097	243851	251332	255006
其他技术人员	1493	2256	2348	2335	4761	6612	6173
管理人员	17693	19856	20058	20447	23166	22809	23391
工勤人员	23620	25690	26323	27679	26666	28067	28546
二、卫生技术人员	**194920**	**222771**	**230291**	**239097**	**243851**	**251332**	**255006**
#医生	83647	99354	99336	101373	101633	105490	105688
#中医师	8470	14270	14398	15027	15013	15686	15719
西医师	31811	57633	57227	60893	63548	66516	66749
中西医结合医师	29	131	118	151	400	526	501
护师	3672	21563	21264	24761	27503	30719	31879
中药师	1287	4130	4138	4741	5168	5779	5893
西药师	1788	5918	5946	6719	7282	8108	8555
检验师	1166	4496	4538	5148	5567	6011	6158
其他技师	878	3235	3376	4110	4646	5557	5671
中医士	10057	5812	5802	5270	4208	4113	3830
西医士	28678	19717	20188	18578	17681	17930	18250
护士	24867	24828	27318	25943	24970	24555	25000
助产士	3201	3083	3346	3188	3047	2843	2940
中药技士	3502	4691	4873	4469	3926	3581	3473
西药技士	4120	5481	5732	5491	5139	4987	5002
检验士	3505	3709	4148	3990	3803	3721	3867
其他技士	3063	3746	4131	4255	3831	3900	3939
其他中医	4602	1791	1603	1454	783	719	639
护理员	17144	11115	11895	12337	12232	11654	12022
中药剂员	4153	2001	2032	2061	2140	1914	2025
西药剂员	6365	3591	3777	3995	4194	3875	3988
检验员	3505	2039	2222	2381	2536	2328	2354
其他初级卫生技术人员	29057	19791	22219	24135	26234	26310	26552
三、平均每千人口卫生技术人员	**2.48**	**2.58**	**2.63**	**2.70**	**2.73**	**2.78**	**2.80**
#医生	1.07	1.15	1.13	1.14	1.14	1.17	1.16

18－4 县及县以上医院床位使用情况

项目	单位	1978年	1980年	1985年	1990年	1991年	1992年	1993年	1994年	1995年
床位周转次数	次	20.1	21.6	16.1	15.9	16.6	15.9	15.6	15.5	15.4
床位工作日	日	304.1	316.6	294.4	275.2	279.7	267.0	245.7	241.8	247.3
床位使用率	%	83.3	86.5	80.7	75.4	76.6	73.0	67.3	66.3	67.7
出院者平均住院日	日	13.9	13.2	16.7	15.4	15.1	15.3	14.2	14.0	13.9

18－5 医院诊疗人次及入院人数

(1995年)

医院类别	诊疗人次（万人次）	#门、急诊	入院人数（万人）	每百门、急诊次的入院人数（人）
总计	**12855.7**	**11859.6**	**316.1**	**2.7**
县及县以上医院	7176.0	6409.5	168.9	2.6
#卫生部门	4330.4	4080.9	132.1	3.2
工业及其他部门	2618.1	2108.9	33.3	1.6
集体部门	226.5	219.1	3.4	1.6
农村乡镇卫生院	5659.5	5432.0	146.7	2.7
其他医院	20.2	18.1	0.5	2.8

18－6 卫生部门城市、县医院住院病人前十位疾病构成

(1995年)

城市医院		县医院	
疾病种类	疾病构成(%)	疾病种类	疾病构成(%)
呼吸系统疾病	15.39	消化系统疾病	18.24
损伤和中毒	16.36	损伤和中毒	19.75
消化系统疾病	13.67	呼吸系统疾病	18.11
恶性肿瘤	5.61	传染病	7.39
妊娠病、分娩病及产褥期并发症	5.14	妊娠病、分娩病及产褥期并发症	6.21
传染病	5.35	心脏病	3.80
泌尿和生殖系统病	5.23	泌尿和生殖系统病	3.83
心脏病	5.51	脑血管病	3.75
脑血管病	5.95	恶性肿瘤	2.39
眼病	2.84	眼病	2.04
十种疾病合计	**81.05**	**十种疾病合计**	**85.51**

18—7 各市地卫生事业基本情况

（1995 年底）

市　地	卫生机构数（个）	#医院	卫生机构床位数（张）	#医院	卫生技术人员(人)
全　省	**7661**	**2965**	**192347**	**175427**	**255006**
郑州市	876	219	22122	20075	30990
开封市	442	156	12011	11376	14328
洛阳市	477	242	17830	16237	20977
平顶山市	424	179	13615	11855	15982
安阳市	444	130	9514	8563	12878
鹤壁市	213	40	3568	3050	4813
新乡市	620	211	14789	13508	19548
焦作市	480	153	11016	10099	15451
濮阳市	265	111	6760	5917	9690
许昌市	296	105	7091	6190	9151
漯河市	186	66	4534	4202	5789
三门峡市	236	122	6518	5866	7660
南阳市	694	289	15195	13721	22295
商丘地区	476	242	13480	12718	16553
周口地区	501	222	12818	11617	19343
驻马店地区	521	217	11383	10679	16089
信阳地区	510	261	10103	9754	13469

市　地	#医生	平均每千人口卫生机构床位数(张)	#医院	平均每千人口卫生技术人员数(人)	#医生
全　省	**105688**	**2.11**	**1.93**	**2.80**	**1.16**
郑州市	14468	3.69	3.35	5.17	2.41
开封市	5753	2.66	2.52	3.18	1.28
洛阳市	8841	2.98	2.71	3.50	1.48
平顶山市	6031	2.53	2.20	2.97	1.12
安阳市	5816	1.90	1.71	2.57	1.16
鹤壁市	2067	2.72	2.33	3.67	1.58
新乡市	8907	2.88	2.63	3.80	1.73
焦作市	6576	2.96	2.71	4.15	1.77
濮阳市	3983	2.05	1.79	2.94	1.21
许昌市	3936	2.04	1.78	2.63	1.13
漯河市	2176	1.93	1.79	2.46	0.93
三门峡市	3217	3.06	2.75	3.60	1.51
南阳市	7949	1.48	1.34	2.17	0.77
商丘地区	6341	1.77	1.67	2.18	0.83
周口地区	7843	1.31	1.19	1.97	0.80
驻马店地区	6046	1.46	1.37	2.07	0.78
信阳地区	5738	1.36	1.31	1.81	0.77

18－8 各市地农村行政村卫生组织情况

（1995年底）

市地	乡镇数（个）	行政村（个）	#无医疗点的村数	乡村医生和卫生人员数（人）	乡村医生	卫生员
全省	**2138**	**47300**	**1084**	**138171**	**106512**	**31659**
郑州市	120	2148	45	7502	6395	1107
开封市	93	2256	63	5587	4497	1090
洛阳市	159	3012	51	10033	7102	2931
平顶山市	115	2983	44	8515	6534	1981
安阳市	95	3176	62	8792	7466	1326
鹤壁市	25	819	8	2189	1954	235
新乡市	153	3459	176	8205	6573	1632
焦作市	97	2337	122	6819	5148	1671
濮阳市	78	2932	115	5911	4724	1187
许昌市	67	1892	24	5275	4495	780
漯河市	52	1192	3	2241	2125	116
三门峡市	76	1346	60	4136	2774	1362
南阳市	227	4634	55	18814	13762	5052
商丘地区	198	4393	148	9449	6892	2557
周口地区	181	4779	60	12838	9905	2933
驻马店地区	192	2814	18	11126	7936	3190
信阳地区	210	3128	30	10739	8230	2509

市地	农村接生员人数（人）	行政村设置的医疗点数（个）	村或集体办卫生所	乡医联合办	乡卫生院设点	个体开业	其他
全省	**18083**	**75395**	**21818**	**7020**	**1566**	**43462**	**1529**
郑州市	742	2867	1760	115	74	895	23
开封市	1016	3358	1120	283	24	1888	43
洛阳市	2104	6001	1568	409	112	3564	348
平顶山市	1109	5363	1021	298	85	3886	73
安阳市	1092	5362	819	1356	27	3066	94
鹤壁市	226	1146	685	2	7	450	2
新乡市	1287	4269	2465	637	88	1073	6
焦作市	1423	3300	1968	225	62	1039	6
濮阳市	1350	3776	2061	482	97	1131	5
许昌市	535	2975	646	749	119	1441	20
漯河市	186	1757	689	62	127	805	74
三门峡市	995	1863	918	115	39	736	55
南阳市	2704	7642	3805	534	194	3033	76
商丘地区	635	5674	285	393	161	4227	608
周口地区	1275	7820	766	526	107	6365	56
驻马店地区	881	4880	1032	622	80	3146	0
信阳地区	523	7342	210	212	163	6717	40

18—9 体委系统职工人数

单位:人

人员分类	1994年	省级	市地级	县区级	1995年	省级	市地级	县区级
总　　计	**6395**	**1869**	**2119**	**2407**	**6619**	**1872**	**2305**	**2442**
专职教练员	1345	189	560	596	1361	195	584	582
运动员	512	506	6		530	525	5	
管理干部	2357	547	709	1101	2382	532	807	1043
专职文化教师	592	54	313	225	603	58	320	225
科技人员	34	20	12	2	36	25	11	
医务人员	67	50	17		81	53	22	6
工人	1480	495	502	483	1618	476	556	586
其他	8	8			8	8		

18—10 等级运动员、裁判员人数

单位:人

人员分类	1994年	#女	1995年	#女
等级运动员人数	**1904**	**961**	**2505**	**1238**
一级	27	17	86	46
二级	245	107	208	90
三级	1106	575	2211	1102
少年级	526	262		
等级裁判员人数	**1320**	**179**	**1707**	**286**
一级	56	12	177	33
二级	482	54	693	105
三级	782	113	837	148

18—11 我省运动员在国际国内比赛成绩

项　　目	单位	1985年	1990年	1991年	1992年	1993年	1994年	1995年
荣获金牌数	枚	51	56	44	57	39	71	59
荣获银牌数	枚	38	45	39	45	22	50	52
荣获铜牌数	枚	46	38	39	41	19	30	36
获团体和个人全国前六名	人次	256	234	216	231	115	240	111

18—12 体育场地数

单位:个

项目	1985年	1990年	1994年	1995
一、体育场	**5**	**9**	**16**	**41**
甲级	1	2	4	3
乙级	1		2	3
丙级	3	5	7	6
丁级		2	3	29
二、体育馆	**10**	**15**	**20**	**25**
甲级			1	
乙级	3	3	4	2
丙级	5	8	10	18
丁级	2	4	5	5
三、游泳池	**63**	**97**	**123**	**162**
#室内池	5	9	7	16
四、有固定看台的灯光球场	**98**	**134**	**151**	**140**
五、运动场	**131**	**169**	**240**	**229**

18—13 群众体育活动情况

项目	单位	1985年	1990年	1991年	1992年	1993年	1994年	1995年
《国家体育锻炼标准》达标人数	**万人**	**297.53**	**613.86**	**766.26**	**735.63**	**778.87**	**801.80**	**888.12**
优秀级	万人	43.89	272.02	125.44	130.29	131.08	139.14	159.62
良好级	万人	96.06	217.26	239.20	239.16	250.62	243.79	296.71
达标级	万人	157.58	124.58	401.62	366.18	397.17	418.87	431.79
县以上体委举办运动会次数	**次**	**1516**	**2063**	**1935**	**1751**	**1629**	**1559**	**1541**
省级办	次	54	61	59	33	47	53	47
市地级办	次	348	528	459	331	341	378	445
县区级办	次	1114	1474	1417	1387	1241	1128	1049
参加县以上运动会的运动员人数	**万人**	**48.55**	**70.78**	**64.93**	**103.99**	**70.44**	**60.60**	**72.65**
省级办	万人	0.66	0.86	1.14	0.87	0.76	0.74	1.84
市地级办	万人	11.99	20.87	16.35	44.88	12.60	13.34	28.52
县区级办	万人	35.90	49.05	47.44	58.24	57.08	46.52	42.29

18—14 社会福利事业单位基本情况

(1995年)

项　　目	院数(个)	工作人员(人)	床位(张)	年底收养人数(人)
总　　计	**2344**	**9727**	**49681**	**39989**
一、民政部门办社会福利事业单位	**106**	**2282**	**5473**	**4218**
优抚休、疗养院	4	893	1270	986
光荣院	43	321	1143	785
社会福利院	59	1068	3060	2447
二、城镇集体办光荣院、敬老院	**475**	**1682**	**9425**	**7617**
光荣院	7	20	132	118
敬老院	468	1662	9293	7499
三、农村集体办光荣院、敬老院	**1763**	**5763**	**34783**	**28154**
光荣院	49	190	954	827
敬老院	1714	5573	33829	27327

注:社会福利院包括福利院、精神病院、儿童福利院。

18—15 社会福利事业、企业单位数和工作人员

单位：机构:个　人员:人

项　　目	1994年		1995年	
	机构	人员	机构	人员
总　　计	**3020**	**89401**	**3212**	**96186**
一、社会福利事业单位	**320**	**4262**	**324**	**4496**
军供转运站	22	856	22	865
烈士纪念建筑物管理单位	84	909	84	959
收容遣送站	22	594	22	606
殡葬事业单位	110	1409	113	1552
军队离退休干部休养所	82	494	83	514
二、社会福利企业单位	**2700**	**85139**	**2888**	**91690**
民政部门办	465	19004	522	19874
#假肢厂	1	116	1	111
安置农场	3	169	3	167
社会办	2235	66135	2366	71816

18－16 由国家支出的社会福利救济主要费用情况

单位:万元

项目	1985年	1990年	1991年	1992年	1993年	1994年	1995年
总计	**16384**	**22368**	**22225**	**24842**	**25904**	**32977**	**37113**
一、抚恤事业费	**4528**	**9943**	**11676**	**12014**	**13869**	**16647**	**17521**
二、社会救济福利事业费	**2968**	**3674**	**3855**	**4178**	**4678**	**5688**	**6097**
#农村社会救济费	817	751	807	755	850	957	931
城镇社会救济费	144	249	284	317	310	327	411
三、自然灾害救济费	**8888**	**8751**	**6694**	**8650**	**7357**	**10642**	**13495**

18－17 享受补助、救济人员情况

项目	单位	1985年	1990年	1991年	1992年	1993年	1994年	1995年
农村贫困户得到救济人次数	万人次	101.29	180.14	450.58	258.35	218.25	134.17	118.84
农村散居五保户人数	万人	26.95	26.12	24.67	28.17	25.55	25.05	24.15
#得到国家定期定量救济人数	万人	0.26	0.11	0.22	0.16	0.64	0.07	0.16
得到集体给予补助人数	万人	16.79	13.65	13.14	12.81	15.74	15.73	16.65
城镇困难户得到救济人次数	万人次	4.97	32.79	72.04	49.27	39.28	6.39	7.07
#得到国家定期定量救济人次数	万人次	0.26	0.25	0.23	0.30	3.70	1.63	0.19
精减退职老弱职工得到救济人数	万人	3.30	3.20	3.26	3.24	3.21	3.16	3.15
享受原工资40%救济人数	万人	1.59	1.69	1.73	1.75	1.74	1.73	1.72
享受定期定量救济人数	万人	1.71	1.51	1.53	1.49	1.47	1.43	1.43

注:1985年城镇困难户得到救济人次数及1992年以前年度得到国家定期定量救济人次数均为人数。

18－18 各地市离休、退休、退职职工人数

（1995年）

单位:人

市地	合计	#国有经济	#城镇集体经济	离休、退休、退职职工人数与在职职工人数之比(以离退休人数为1) 合计	#国有经济	#城镇集体经济
郑州市	187891	162680	24063	5.41	4.51	7.47
开封市	80433	56157	23727	5.46	5.66	4.57
洛阳市	120489	100012	17752	5.89	5.57	7.04
平顶山市	86035	73181	11717	6.37	4.06	8.23
安阳市	75063	64160	10900	6.38	5.91	7.65
鹤壁市	33710	30026	3676	5.95	4.92	11.62
新乡市	92798	77044	15545	5.62	4.99	7.59
焦作市	85345	69833	13093	6.24	5.29	7.82
濮阳市	40898	36318	4346	8.25	7.29	14.82
许昌市	53076	38570	14378	5.56	5.36	4.85
漯河市	32363	25024	7339	5.65	4.97	5.24
三门峡市	45205	40655	4134	6.69	6.08	8.73
南阳市	92729	77285	13940	7.52	6.91	8.68
商丘地区	46039	37172	8806	8.49	8.45	7.88
周口地区	52665	44632	8033	9.36	8.04	15.26
驻马店地区	63028	42167	10824	6.63	6.63	6.02
信阳地区	56134	45684	9735	7.54	7.54	10.33

18－19 国有经济职工保险福利费

单位:万元

项目	1990年	1991年	1992年	1993年	1994年	1995年
在职职工保险福利费	**186446**	**202456**	**226169**	**265068**	**238895**	**271945**
医疗卫生费	78092	80221	91542	104111	119241	135283
职工死亡丧葬及抚恤费	4748	4021	4802	5992	6765	8627
职工生活困难补助	3240	3538	3659	3879	4077	4787
文娱体育宣传费	7892	6411	6617	8727	10379	14570
集体福利事业补贴费、设施费	27638	31111	30416	39605	44599	54205
计划生育补贴	5091	5511	6219	6270	6151	6909
上下班交通补贴	15732	17091	19239	22915		
洗理卫生费	30036	32244	35177	43288		
冬季取暖补贴		13203	14818	15731	16805	17796
其他	13977	9105	13680	14550	30878	29768
非在职职工保险福利费	**144201**	**179340**	**228997**	**284231**	**408401**	**536812**
离休金	17736	21116	24862	28519	48810	66803
退休金	75580	89018	116534	139999	248673	343939
退职生活费	1123	1113	1506	1709	2740	3470
医疗卫生费	24753	32424	38375	45175	61298	66239
护理费	1272	1418	1535	1723		
生活补贴	9022	9025	10657	13782		
交通费补贴	2088	2406	2753	3883	5209	5741
丧葬抚恤救济费	3152	2996	3234	4444	6131	8355
冬季取暖补贴		2676	2772	3013	3809	4511
其他	9475	17148	26769	41984	31731	37754

18—20 国有经济在职职工分行业保险福利费

(1995 年)　　　　　　单位:万元

行　　业	合　计	医　疗 卫生费	职工死亡 丧葬费及 抚 恤 费	职工生活 困难补助	文娱体育 宣 传 费
总　　计	**271944.9**	**135282.8**	**8627.2**	**4786.6**	**14570.2**
农、林、牧、渔业	3928.1	1666.7	157.0	146.2	344.3
工业	126112.0	61511.7	3809.0	2109.9	4317.7
建筑业	11067.9	5856.0	264.9	209.4	407.7
地质勘查业、水利管理业	6066.9	4049.7	169.5	91.5	206.9
交通运输、仓储及邮电通信业	19133.0	10545.1	811.0	413.4	1591.3
批发和零售贸易、餐饮业	21994.1	10951.3	477.3	296.5	2877.2
金融、保险业	8073.4	3984.6	209.8	143.3	758.5
房地产业	1963.0	1181.8	31.4	18.7	90.4
社会服务业	6098.8	3599.9	138.0	66.3	281.6
卫生、体育和社会福利业	9017.7	3977.4	324.4	173.1	575.3
教育、文化艺术和广播电影电视业	18674.2	6948.5	964.6	427.8	1089.3
科学研究和综合技术服务业	5864.0	2462.8	118.6	69.6	230.4
国家机关、政党机关和社会团体	29418.6	15833.7	944.3	600.0	1699.2
其他行业	4533.2	2713.6	207.4	20.9	100.4

行　　业	集体福利事业 补贴及集体福 利 设 施 费	计划生 育补贴	冬季取 暖补贴	其　　他
总　　计	**54204.6**	**6909.2**	**17796.2**	**29768.1**
农、林、牧、渔业	770.0	145.8	382.4	315.7
工业	29472.9	2554.6	6663.5	15672.7
建筑业	2335.0	278.3	661.5	1055.1
地质勘查业、水利管理业	542.9	196.2	261.2	549.0
交通运输、仓储及邮电通信业	2561.4	474.2	1223.1	1513.5
批发和零售贸易、餐饮业	2363.8	722.3	1781.9	2523.8
金融、保险业	1603.9	231.8	518.7	622.8
房地产业	285.6	54.6	125.8	174.7
社会服务业	758.0	213.6	456.4	585.0
卫生、体育和社会福利业	1733.7	375.5	774.5	1083.8
教育、文化艺术和广播电影电视业	4732.3	643.9	1985.1	1882.7
科学研究和综合技术服务业	1966.6	230.1	260.3	525.6
国家机关、政党机关和社会团体	4337.0	759.3	2640.5	2604.6
其他行业	741.5	29.0	61.3	659.1

18-21 各市地国有经济在职职工保险福利费

（1995 年）

单位：万元

市　　地	合　计	医　疗 卫生费	职工死亡 丧葬费及 抚　恤　费	职工生活 困难补助	文娱体育 宣　传　费
郑　州　市	46532.4	24286.9	1032.3	619.6	1934.6
开　封　市	8643.6	5069.2	220.7	174.6	378.1
洛　阳　市	26198.0	10394.9	716.1	558.6	1207.6
平 顶 山 市	25661.5	12713.5	1171.5	480.3	1115.5
安　阳　市	21518.8	8631.0	429.3	195.1	2569.3
鹤　壁　市	6425.9	3491.5	349.3	76.9	167.8
新　乡　市	15379.7	7489.5	369.5	187.7	679.2
焦　作　市	30469.4	14606.1	1111.9	310.0	1366.6
濮　阳　市	14543.2	10208.2	210.9	135.9	311.6
许　昌　市	6141.0	3213.0	178.0	102.0	299.0
漯　河　市	2954.7	1483.4	109.0	67.7	148.1
三 门 峡 市	11611.7	5233.8	405.6	280.9	414.5
南　阳　市	18708.1	9711.3	757.5	448.9	938.5
商 丘 地 区	4586.9	1816.3	173.1	142.5	582.2
周 口 地 区	6278.5	2725.4	377.2	216.2	374.4
驻马店地区	5766.9	2815.1	273.7	186.5	340.1
信 阳 地 区	9211.8	4216.7	418.4	269.3	549.2

市　　地	集体福利事业 补贴及集体福 利设施费	计划生 育补贴	冬季取 暖补贴	其　　他
郑　州　市	10927.9	986.7	2425.9	4318.5
开　封　市	1047.9	353.6	1005.9	393.6
洛　阳　市	6993.6	665.6	1953.0	3708.6
平 顶 山 市	5632.4	496.8	1288.5	2763.0
安　阳　市	7147.2	305.2	923.5	1318.2
鹤　壁　市	984.9	96.6	359.9	899.0
新　乡　市	2919.5	570.6	1049.2	2114.5
焦　作　市	3768.4	539.6	2051.7	6715.1
濮　阳　市	815.3	494.2	628.5	1738.6
许　昌　市	1067.0	173.0	485.0	624.0
漯　河　市	454.9	111.5	330.1	250.0
三 门 峡 市	3605.8	275.0	713.7	682.4
南　阳　市	3415.4	552.7	1527.6	1356.2
商 丘 地 区	443.8	153.7	495.7	779.6
周 口 地 区	1511.8	237.1	565.4	271.0
驻马店地区	812.0	242.9	664.0	432.6
信 阳 地 区	1798.9	400.3	830.9	728.1

18—22 律师、公证、调解工作基本情况

项目	单位	1985年	1990年	1991年	1992年	1993年	1994年	1995年
一、律师工作								
律师事务所	个	188	201	205	226	310	410	439
律师	人	1726	2357	2333	2500	3668	4559	5047
专职律师	人	929	1647	1841	1984	2696	3036	3582
兼职律师	人	797	710	331	216	555	893	826
特邀律师	人			161	300	417	630	639
聘请担任常年法律顾问的单位	家	2926	3614	5168	5606	7686	9207	10087
民事代理	件	5220	16794	10874	9193	12365	15428	20992
刑事辩护	件	5443	9953	9920	8194	8060	8865	12970
非诉讼事件	件	2905	2435	9701	13545	16760	16065	54921
涉外法律事件	件		55	245	277	106	600	459
解答法律询问	万件	8.93	21.53	15.95	19.92	18.79	17.29	30.65
代写法律事务文书	万件	1.46	2.01	2.28	2.58	3.13	4.43	5.15
二、公证工作								
公证处	个	160	173	174	74	178	178	178
公证人员	人	646	924	930	932	977	1013	963
#公证员	人		615	604	59	586	593	612
助理公证员	人		136	124	142	113	116	138
办理公证文书	万件	13.83	26.23	54.31	34.46	38.78	40.91	80.23
#国内经济合同公证	万件	9.85	17.75	40.49	15.44	30.72	16.02	35.71
三、人民调解工作								
专职司法助理员	人	2414	2605	2540	2481	2201	2385	2788
人民调解委员会	万个	5.54	5.51	6.35	5.57	5.52	5.63	5.85
调解人员	万人	28.04	31.76	46.05	64.72	49.02	47.18	41.89
调解民间纠纷	万件	36.15	48.62	49.79	43.25	41.66	42.53	42.04

18－23 调解民间纠纷分类

分　类	调解纠纷(件)		各类纠纷所占比重(%)	
	1994年	1995年	1994年	1995年
总　计	**425253**	**385571**	**100.0**	**100.0**
婚姻	79438	80694	18.7	20.9
继承	24884	26842	5.8	7.0
赡抚、扶养	30918	36151	7.3	9.4
房屋、宅基地	60672	50577	14.3	13.1
债务	47484	39763	11.2	10.3
生产经营	36575	34475	8.6	8.9
损害赔偿	27779	27167	6.5	7.1
邻居、家庭	62009	56419	14.6	14.6
其他	55494	33483	13.0	8.7

18－24 婚姻登记情况

项　目	单　位	1985年	1990年	1991年	1992年	1993年	1994年	1995年
一、准予登记结婚	**对**	**569414**	**742611**	**727315**	**747759**	**748966**	**731505**	**720282**
初婚	人	1111684	1445552	1410481	1455209	1458069	1423224	1393857
再婚	人	27144	39670	44149	40309	39863	39786	46707
二、准予登记离婚	**对**	**11432**	**19385**	**17245**	**19021**	**19406**	**22700**	**22426**

18—25 交通事故发生情况

(1995年)

项目	单位	合计	按事故发生程度分			按事故发生地区分	
			特大	重大	一般	城市	郊区、县
发生	起	13055	119	3282	9654	3142	9913
死亡	人	3662	321	3339	2	673	2989
受伤	人	9318	327	1601	7390	1919	7399
损失折款	万元	5500.8	531.6	1347.1	3622.1	1107.3	4393.5
平均每起事故损失	元	4213.6	44674.3	4104.5	3751.9	3524.3	4432.1

注:损失折款为直接损失(下表同)。

18—26 火灾事故发生情况

(1995年)

项目	单位	合计	特大	重大	一般
发生	起	1112	2	87	1023
死亡	人	99		28	71
受伤	人	191		31	160
损失折款	万元	4479.3	2205.6	1224.9	1048.8
平均每起事故损失	元	40281	11027970	140802	10252

18—27 自然资源保护情况

分类	单位	1985年	1990年	1991年	1993年	1995年
一、自然保护区情况						
1.自然保护区数	个	15	21	20	20	23
2.自然保护区面积	公顷	160867	131800	120318	120318	164635
3.自然保护区面积占辖区总面积比重	%	0.96	0.79	0.72	0.72	1.00
4.管理机构数	个	11	18	20	20	20
5.管理人员数	人	140	1234	1514	1514	1411
二、野生动植物保护情况						
1.已建珍稀、濒危动物人工繁殖场数	个		4	4	4	8
2.已建珍稀植物引种栽培场数	个		5	5	5	10

18－28 环境保护系统工作人员情况

单位:人

人员分类	1985年	1990年	1991年	1992年	1993年	1994年
总　　计	**1816**	**3812**	**4553**	**4978**	**5438**	**5884**
科技业务人员	851	1928	1867	1955	2139	2197
行政干部	418	732	1008	1133	1180	1293
工人	547	1152	1678	1890	3119	2394

18－29 环境保护系统科研、教育等工作情况

项　　目	单位	1989年	1990年	1991年	1992年	1993年	1994年	1995年
一、教育工作情况								
举办各种培训班	个	206	237	306	514	1182	359	285
培训班培训人次	人次			14987	67995	44820	29158	17232
二、获奖科研成果数	**项**	**13**	**5**	**26**	**14**	**13**	**11**	**22**
三、群众来信、来访情况								
群众来信总数	封	2081	1769	1705	1719	1670	1746	1699
当年已处理来信数	封			1437	1232	1359	1395	1576
群众来访人次	人次	8675	7731	5374	4760	4729	5117	8830
当年已处理的问题	项			1589	1324	1631	1645	2735

18－30 废水处理设施情况

项　目	单位	1985年	1990年	1991年	1992年	1993年	1994年	1995年
企事业单位数	个		1134	849	945	849	886	1071
处理设施数量	套	740	1811	1860	1962	1968	2142	2613
处理设施总投资	万元	12933	60831	63381	65028	86251	101281	149609
实际年处理废水量	万吨	34614	72497	88019	151129	96012	110972	146611

18－31 "三废"排放及处理情况

项　目	单位	1985年	1990年	1991年	1992年	1993年	1994年	1995年
一、废水排放总量	**万吨**	**158220**	**157710**	**146660**	**155223**	**148978**	**159463**	**169312**
#工业废水	万吨	128056	104934	95648	94979	92518	93239	98364
排放达标量	万吨	29520	45656	40228	43582	42116	43144	48288
工业废水排放达标率	%	23.1	43.5	42.1	45.9	45.5	46.3	49.1
二、废气排放量	**亿标立方米**	**7343.16**	**3764.75**	**4626.46**	**5004.52**	**5385.02**	**5810.38**	**7316.12**
#工业废气排放量	亿标立方米			4185.07	4468.33	4865.60	5149.14	6091.80
燃料燃烧过程中废气排放量	亿标立方米			2954.22	2995.18	3429.00	3503.02	3999.90
#经过清烟除尘的	亿标立方米			2514.77	2643.16	3028.10	3199.95	3751.40
生产工艺过程中废气排放量	亿标立方米	4892.72	1063.55	1230.85	1473.15	1436.60	1646.12	2091.90
#经过净化处理的	亿标立方米	4205.89	533.74	712.92	846.33	880.40	1059.84	1235.60
废气中污染物排放量								
二氧化硫	万吨	37.84	48.73	51.70	57.72	40.90	56.95	65.90
烟尘	万吨	62.35	58.96	59.43	60.40	43.90	65.70	69.10
三、工业粉尘排放量	**万吨**	**75.69**	**51.00**	**25.93**	**28.40**	**29.00**	**25.73**	**40.20**
工业粉尘回收量	万吨	125.0	117.0	111.0	211.5	277.1	168.3	255.3
四、工业固体废物产生量	**万吨**	**1871**	**2039**	**2290**	**2176**	**2351**	**2375**	**2792**
#综合利用量	万吨	288	436	1111	979	1042	1069	1253
综合利用率	%	15.4	21.4	42.2	42.5	41.8	43.6	43.9
五、"三废"综合利用产品产值	**万元**	**5708**	**23165**	**30676**	**38008**	**58284**	**69191**	**111491**
"三废"综合利用利润	万元	1376	6652	6509	9002	15353	14550	30932

18－32 污染治理情况

项　　目	单　位	1985年	1990年	1991年	1992年	1993年	1994年	1995年
一、企事业单位污染治理资金来源合计	**万元**	**7155**	**16683**	**32758**	**30839**	**41682**	**49008**	**94676**
1.基本建设	万元	2461	5132	14801	9674	20408	17464	40261
2.更新改造	万元	1961	3610	9039	11086	11137	16376	30284
3.综合利用利润留成	万元	86	416	767	810	1253	1611	4163
4.环境保护补助资金	万元	1833	5673	4950	4205	4104	4876	6059
＃贷款	万元	723	3376	3246	2506	2754	3462	4106
5.其他资金	万元	814	1852	3201	5064	4780	8681	13909
二、企事业单位污染治理资金使用合计	**万元**	**7155**	**16683**	**32758**	**30839**	**41682**	**49008**	**94676**
1.治理废水	万元	3276	9084	13944	15219	14229	24024	55891
2.治理废气	万元	2326	4605	10836	10588	17117	16520	22534
3.治理固体废物	万元	594	2212	6370	3648	6889	6301	14167
4.治理噪声	万元	248	285	519	549	585	821	1187
5.其他	万元	711	497	1089	835	2862	1342	897
三、当年安排治理项目	**个**	**729**	**1406**	**1687**	**1620**	**1312**	**1424**	**1703**
四、当年竣工项目	**个**	**693**	**1224**	**1462**	**1391**	**1142**	**1250**	**1520**
竣工率	％	95.1	87.1	86.7	85.9	87.0	87.8	89.3
五、排污收费和污染赔(罚)款情况								
1.排污收费情况								
交纳排污费单位	个	2337	10281	9131	7919	9266	11766	16219
排污费收入总额	万元	3376	7667	8980	10070	11553	13695	18357
排污费使用总额	万元	2195	5670	5376	7856	9609	10452	17538
2.污染赔(罚)款情况								
污染事故次数	次	108	166	105	90	104	94	61
污染事故赔款总额	万元	212	437	115	89	87	82	273
污染事故罚款总额	万元	36	72	30	11	24	24	14

18—33 各系统完成测绘工作量情况

(1995年)

系统名称	大地测量		地形图测图(平方公里)		地图编制		地图印刷(色令)
	三角测量(点)	水准测量(点)	1:5千及以小比例尺	1:2千及以大比例尺	幅	册	
总　计	**574**	**2753**	**177**	**1253**	**434**	**4000**	**12036**
一、测绘系统	98	517	119	214	79	4000	4436
二、地矿系统	40	70	18	60	200		4000
三、水电系统	70	1000	40	46	35		
四、冶金系统	20	20					
五、有色金属系统	20	10		10			
六、城建系统	80	150		200			
七、煤炭系统	50	300		300			
八、石油系统				10			
九、化工系统				10			3600
十、核工系统				8			
十一、交通系统	50	50		20			
十二、国土系统				210			
十三、科教系统	16	16		15			
十四、地震系统					20		
十五、军测系统	50	20		100	100		
十六、铁道系统	80	600		50			

18—34 各系统测绘人员情况

(1995年,持有测绘合格证单位)

单位:人

系统名称	年底职工总数	测绘技术人员			
			高级工程师	工程师	助工和技术员
总　计	**6377**	**4165**	**522**	**1369**	**2274**
一、测绘系统	537	244	24	50	170
二、地矿系统	804	451	31	165	255
三、水电系统	1451	1010	116	331	563
四、冶金系统	16	11	2	3	6
五、有色金属系统	287	147	13	53	81
六、城建系统	1328	1002	95	283	624
七、煤炭系统	787	415	67	144	204
八、石油系统	145	106	12	25	69
九、化工系统	36	27	4	7	16
十、核工系统	68	34	6	13	15
十一、交通系统	387	336	51	147	138
十二、林业系统					
十三、科教系统	58	58	25	26	7
十四、地震系统	62	52	17	21	14
十五、军测系统	17	17	1	5	11
十六、铁道系统	241	157	38	64	55
十七、国土系统	95	46	4	14	28
十八、其他	58	52	16	18	18

主要统计指标解释

医院 指名称为医院，设有固定床位能收容病人住院并能为病人提供医疗、护理服务的医疗机构。包括县及县以上医院、农村乡(镇)卫生院、其他医院三部分。按所属性质分为卫生部门、工业及其他部门、集体单位三类。其中县及县以上医院按业务性质分为综合医院和专科医院。

卫生技术人员 指由卫生事业机构支付工资的全部固定职工和合同制职工中现任职务为卫生技术工作的专业人员。包括中医师、西医师、中西医结合高级医师、护师、中药师、西药师、检验师、其他技师、中医士、西医士、护士、助产士、中药剂士、西药剂士、检验士、其他技士、其他中医、护理员、中药剂员、西药剂员、检验员、其他初级卫生技术人员等。

医生 指经卫生部门审查合格，从事医疗工作的专业人员。分为中医医生和西医医生。包括卫生技术人员中的中医师、西医师、中西结合高级医师、中医士、西医士和其他中医。

等级运动员人数 指经考核正式批准授予等级运动员称号的人数。运动员等级分为国际级运动健将、运动健将、一级运动员、二级运动员、三级运动员、少年运动员。

等级裁判员人数 指经考核正式批准授予等级裁判员称号的人数。裁判员等级分为国际裁判、国家级裁判、一级裁判、二级裁判、三级裁判。

体育场 指在400米跑道(中心含足球场)。有固定道牙，跑道6条以上，并有固定看台的室外田径场地。以看台容纳观众人数分：甲级25000人以上，乙级15000－25000人，丙级5000－15000人，丁级5000人以下。

体育馆 指有固定看台可供篮球、排球、羽毛球、乒乓球、体操等项目训练比赛活动的室内运动场地，以看台容纳观众人数分：甲级6000人以上，乙级4000－6000人，丙级2000－4000人，丁级2000人以下。

社会福利事业单位 指集中收养社会孤、老、残、幼的机构。包括由民政部门管理的社会福利院、儿童福利院、精神病人福利院和城镇集体办的福利院，以及农村集体办的敬老院。

社会福利企业单位 指以安置城镇有一定劳动能力的盲、聋、哑和肢体残疾人员就业为目的，享受国家减免税待遇的国有或集体企业，包括福利工厂、福利商业服务业、假肢厂和安置农场等单位。

在职职工保险福利费 指企业、事业、机关单位在工资以外实际支付给在职职工个人以及用于集体的劳动保险和福利费用。具体包括：医疗卫生费或公费医疗费用、职工死亡丧葬费及抚恤费、职工生活困难补助、文娱体育宣传费、集体福利事业补贴费、集体福利设施费、计划生育补贴、冬季取暖补贴及其他费用。自1994年始，上下班交通费补贴、洗理卫生费，不再计入保险福利费中。

非在职职工保险福利费 指企业、事业、机关单位在工资以外实际支付给离休、退休、退职人员个人的各项保险福利费用。具体包括：离休金、退休金、退职生活费、医疗卫生费、交通费补贴、丧葬抚恤救济费、冬季取暖补贴及其他费用。从1994年始，护理费、生活补贴不再计入保险福利费中。

律师工作者 指受聘参加法律顾问处工作，担任法律顾问、刑(民)事代理人、刑事辩护人，办理非诉讼事件、解答法律询问、代写法律事务文书等主要律师业务的专职法律工作者和兼职律师。

公证人员 指在国家公证机关依法办理公

证事务的司法人员。包括公证员、助理公证员和在公证处工作的其他人员。

办理公证文书 指公证处年内办结的公证文书件数。公证文书系按司法部规定或批准的格式制作。包括国内公证和涉外公证两部分。其中国内公证分为经济合同公证和民事法律关系公证两大类。

调解人员 在人民调解委员会担负调解民间一般民事纠纷和轻微违法行为所引起的纠纷的工作人员。包括调解委员会的委员和调解小组的调解员。

调解民间纠纷 指调解委员会依照法律规定,根据自愿原则,用说服教育的方法调解民间发生的有关民事权利和义务的争执,促成当事双方达成协议和谅解,解决纠纷。包括婚姻家庭纠纷,财产权益纠纷等,不包括法院受理调解的民事案件数。

废水排放总量 统计范围为有供水系统(自来水和自备水)的单位;包括由公用自来水厂和社会单位自备水源供水的单位和居民全年排放的生产废水和生活污水总量。生产废水指企、事业单位在生产、科研过程中向外环境排放的所有排放口的废水量总和。生活污水指城镇居民区和企、事业单位职工集中居住区排放的污水量。

工业废水排放量 指经过企业厂区所有排放口排到企业外部的工业废水总量,包括外排的直接冷却水和矿区超标排放的有毒有害矿井地下水和与工业废水混排的厂区生活污水,但不包括外排的间接冷却水(清污不分流间接冷却水的应计算在内)。

工业废水排放达标量 指全面达到国家地方排放标准的外排工业废水量(包括经过处理和未经处理的),但不包括虽经处理仍未达到国家排放标准的工业废水。国家尚未正式颁布标准的,以地方制定的标准为准。

工业废水处理量 指报告期内经过各种水处理装置净化处理后的外排工业废水量(包括虽经处理仍未达到国家或地方标准的外排工业废水量),计算时,如遇有车间和厂排放口均有处理设施,并对同一废水分级处理时,不应重复计算废水处理量。

废气排放总量 指燃料燃烧和生产工艺过程中排放的各种废气总量,以标准状态下每年万标立方米表示。

净化处理的废气量 指生产工艺过程中排放的废气经过各种处理装置净化、处理的量。

工业粉尘排放量 指生产工艺过程中排放的固体微粒重量。

工业粉尘回收量 指经过各种回收处理装置回收的工业粉尘和尘泥量(包括干法和湿法),不包括电厂的烟尘。

工业固体废物产生量 指工矿企业、事业单位在生产(试验)过程中产生的工业固体废弃物总量,不包括矿山开采的剥离废石和掘进废石(煤矸石除外)。

工业固体废物综合利用量 指已用作农业肥料、造田、生产建筑材料,以及其他方式综合利用的工业固体废物量(不包括填埋和焚烧量)。利用量由原产固体废物的单位统计。

工业固体废物综合利用率 指当年已综合利用的工业固体废物量(包括利用往年的)与当年工业固体废物产生量(包括综合利用往年堆存量)之比,计算公式为:

工业固体废物综合利用率=已综合利用的工业固体废物量/(工业固体废物产生量+综合利用往年堆存量)×100%

“三废”综合利用产品产值 指企业利用“三废”作为主要原料生产和回收利用的产品产值。

“三废”综合利用利润 指企业利用“三废”作为主要原料生产和回收利用的产品出售后所得的利润额。

企事业污染治理资金 指企事业单位当年实际完成的各项治理资金。

十九、各县(市)主要统计指标

19—1 各县(市)土地面积、人口及从业人员

(1995年)

县 市	土地面积(平方公里)	年底总人口(万人)	#非农业人口	年平均人口(万人)	从业人员(人)	第一产业	第二产业	第三产业
郑州市								
巩义市	1041	75.57	9.75	75.41	368599	134991	150586	83022
荥阳市	955	63.39	8.33	63.04	305883	168463	80018	57402
新郑市	873	58.85	11.83	58.64	312514	176783	61448	74283
登封市	1219	59.00	5.23	58.74	315848	171993	71684	72171
新密市	978	70.32	7.31	70.03	349114	156985	110613	81516
中牟县	1393	64.12	5.53	63.81	343142	256505	34200	52437
开封市								
杞 县	1244	99.00	5.66	98.28	504659	374117	54378	76164
通许县	767	55.05	3.80	54.64	273749	195260	26608	51881
尉氏县	1256	82.11	5.27	81.63	409823	318315	35472	56036
开封县	1449	67.49	4.11	67.16	327689	245574	32696	49419
兰考县	1367	68.85	6.87	68.31	323385	236929	31826	54630
洛阳市								
偃师市	943	77.95	6.36	77.75	411000	230000	116000	65000
孟津县	759	42.48	3.95	42.49	216000	132100	53300	30600
新安县	1160	50.14	5.33	50.06	273000	130000	73900	69100
栾川县	2185	30.00	3.38	29.93	163000	22000	24000	117000
嵩 县	2981	49.70	3.08	49.64	237000	196000	17000	24000
汝阳县	1325	40.01	3.40	39.87	222000	136300	47500	38200
宜阳县	1651	62.46	6.89	62.26	313000	202000	62000	49000
洛宁县	2306	42.16	3.54	42.11	224000	170543	20269	33188
伊川县	1243	69.20	5.02	68.58	310000	220000	60000	30000
平顶山市								
汝州市	1573	89.94	9.11	89.61	476029	302050	87663	86316
舞钢市	629	31.84	8.75	31.80	186099	97055	46725	42319
宝丰县	706	46.43	10.61	46.38	248141	159638	33405	55098
叶 县	1387	82.11	5.62	81.70	437610	328645	36652	72313
鲁山县	2407	80.08	6.27	80.00	409301	298721	36843	73737
郏 县	727	53.66	3.44	53.51	321009	227546	33750	59713
襄城县	920	77.21	4.59	77.09	434560	314592	38394	81574
安阳市								
林州市	2046	98.02	10.03	97.81	456800	138500	224600	93700
安阳县	1499	110.40	6.94	110.07	586900	395400	115000	76500
汤阴县	646	43.11	4.89	42.91	190800	109300	44000	37500
滑 县	1814	115.15	6.91	114.92	618700	574800	15000	28900
内黄县	1161	66.79	3.90	66.62	396900	336000	30300	30600
鹤壁市								
浚 县	1117	65.24	5.66	64.57	292473	249943	8359	34171
淇 县	591	23.78	3.26	23.60	133048	73120	20669	39259
新乡市								
卫辉市	882	46.34	8.80	46.20	223677	138659	48698	36320
辉县市	2007	75.91	8.75	75.70	363055	199577	87716	75762
新乡县	524	40.74	3.59	40.53	195879	102231	74609	19039
获嘉县	473	36.90	4.24	36.65	169901	98055	44257	27589

19—1 续表 1　　　　　　　　(1995 年)

县　市	土地面积(平方公里)	年底总人口(万人)	#非农业人口	年平均人口(万人)	从业人员(人)	第一产业	第二产业	第三产业
原阳县	1339	60.20	4.49	59.79	253216	198501	20856	33859
延津县	947	43.52	4.05	43.24	175681	123222	23630	28829
封丘县	1221	68.64	3.93	68.21	397749	236694	28153	132902
长垣县	1050	73.51	5.01	73.29	321227	243295	37889	40043
焦作市								
济源市	1931	62.51	23.39	62.23	335212	168257	79474	87481
沁阳市	624	42.78	7.51	42.50	230850	115926	60351	54573
修武县	722	27.57	4.35	27.39	137915	62647	36337	38931
博爱县	488	40.52	5.85	40.25	202900	89100	67400	46400
武陟县	860	60.19	10.38	59.83	259874	171375	43330	45169
温　县	462	38.28	5.59	38.16	199600	104500	56800	38300
孟　县	542	32.12	9.28	32.05	176501	76878	53005	46618
濮阳市								
清丰县	869	64.64	6.01	64.22	395700	260000	83200	52500
南乐县	623	46.86	3.21	46.55	296200	192600	28100	75500
范　县	610	45.64	4.49	45.27	178600	122000	22200	34400
台前县	454	32.60	3.02	32.39	172300	115400	35700	21200
濮阳县	1455	102.25	9.87	101.81	503000	350800	68000	84200
许昌市								
禹州市	1461	113.17	11.55	112.87	621300	348200	160900	112200
长葛市	650	65.01	10.81	64.77	375100	190800	116300	68000
许昌县	1002	77.46	3.49	77.40	443000	321000	58500	63500
鄢陵县	872	59.57	3.99	59.50	337400	224600	46100	66700
漯河市								
舞阳县	777	57.94	4.77	57.56	356405	254479	54036	47890
临颍县	821	65.76	7.00	65.23	399817	237688	72755	89374
郾城县	960	86.48	7.31	86.08	477383	256498	137811	83074
三门峡市								
义马市	112	13.64	10.56	13.44	97737	8922	74666	14149
灵宝市	3011	69.56	10.01	69.29	358068	235094	53760	69214
渑池县	1421	31.65	5.58	31.43	159494	98322	30974	30198
陕　县	1763	33.51	5.17	33.31	172341	111782	27349	33210
卢氏县	4004	36.59	3.49	36.53	179658	114655	26522	38481
南阳市								
邓州市	2294	148.72	10.82	148.08	677100	450300	82600	144200
南召县	2946	59.45	8.63	59.26	298000	251000	16000	31000
方城县	2539	96.21	7.34	96.19	529000	418000	51000	60000
西峡县	3453	41.13	3.86	41.12	213000	137000	31000	45000
镇平县	1500	92.38	11.40	92.29	457600	275600	105700	76300
内乡县	2465	62.57	6.15	62.52	334000	204000	83000	47000
淅川县	2798	70.26	5.90	70.11	350000	231000	48000	71000
社旗县	1203	61.59	5.33	61.57	384200	276000	66600	41600
唐河县	2512	124.55	9.15	124.20	615000	442000	71000	102000
新野县	1062	72.99	6.58	72.93	619500	462600	60200	96700
桐柏县	1941	42.03	7.59	41.95	195000	138000	29000	28000

19—1 续表 2　　(1995 年)

县　市	土地面积(平方公里)	年底总人口(万人)	#非农业人口	年平均人口(万人)	从业人员(人)	第一产业	第二产业	第三产业
商丘地区								
商丘市	84	28.59	20.64	28.04	160352	28989	64149	67214
虞城县	1558	101.94	5.35	101.27	605581	456643	63499	85439
商丘县	1516	108.92	6.72	108.57	653372	522843	74217	56312
民权县	1222	81.39	7.48	78.93	385688	287259	32953	65476
宁陵县	786	56.55	3.90	56.17	371091	252278	76308	42505
睢　县	924	73.44	4.48	72.94	406894	295031	65402	46461
夏邑县	1481	102.49	5.07	101.82	548733	384123	94761	69849
柘城县	1042	88.19	4.61	87.60	540645	341995	149140	49510
永城县	1944	124.55	9.95	123.73	634206	446290	123873	64043
周口地区								
周口市	141	30.34	17.68	29.49	172000	53000	61000	58000
项城市	1083	106.43	8.93	105.75	562000	452000	54000	56000
扶沟县	1170	67.52	5.53	67.14	375000	297000	34000	44000
西华县	1210	81.10	6.80	80.72	387000	301000	36000	50000
商水县	1313	107.38	5.03	106.83	573000	483000	46000	44000
太康县	1761	126.06	8.44	125.32	688000	618000	22000	48000
鹿邑县	1238	107.24	8.38	106.60	585000	480000	46000	59000
郸城县	1504	120.44	6.82	119.59	633000	529000	47000	57000
淮阳县	1469	125.36	8.99	124.74	648000	543000	51000	54000
沈丘县	1070	113.61	10.16	112.83	645000	525000	69000	51000
驻马店地区								
驻马店市	203	28.53	17.05	28.11	167445	51115	60246	56084
确山县	2013	56.82	4.38	56.76	387952	283537	62077	42338
泌阳县	2774	89.23	5.59	88.73	503226	362975	69435	70816
遂平县	1221	59.19	4.94	59.14	391369	266852	71810	52707
西平县	1092	80.19	13.21	79.99	527848	345974	131208	50666
上蔡县	1529	126.26	6.67	125.49	729932	553150	117311	59471
汝南县	1628	80.03	9.96	79.90	509392	361813	112541	35038
平舆县	1281	88.54	4.56	88.20	511248	337146	86295	87807
新蔡县	1453	97.00	6.07	96.68	596136	352301	98365	145470
正阳县	1889	71.00	5.99	70.67	480719	345337	90891	44491
信阳地区								
信阳市	220	29.33	22.72	28.99	162900	27800	49200	85900
息　县	1895	87.04	6.44	86.48	484700	338000	23000	123700
淮滨县	1192	60.70	5.64	60.23	389200	293000	56600	39600
信阳县	3072	100.82	10.61	100.34	672200	388100	174700	109400
潢川县	1635	74.20	9.54	73.66	402100	258900	44800	98400
光山县	1835	74.95	7.74	74.48	409700	307400	26600	75700
固始县	2946	146.51	13.19	145.65	789000	485000	75000	229000
商城县	2117	67.08	5.60	66.67	387000	314000	25000	48000
罗山县	2077	69.71	6.56	69.33	383000	238400	37700	106900
新　县	1546	32.17	4.13	32.11	172600	71300	21500	79800

注:本表人口数据为公安年报数。

19—2 各县(市)职工人数和国内生产总值

(1995 年)

县 市	职工人数(人)	#国有单位	#城镇集体单位	国内生产总值(万元)	#第一产业	人均国内生产总值(元)
郑州市						
巩义市	57098	38945	9313	502728	25696	6667
荥阳市	48080	31414	14458	310002	43081	4918
新郑市	41133	26224	9338	332506	43710	5670
登封市	32501	25428	6020	276473	30767	4707
新密市	50687	35181	12388	316604	29914	4521
中牟县	30498	19368	10530	195246	66214	3060
开封市						
杞 县	34508	27688	6680	187827	103264	1911
通许县	26288	20366	5541	147303	71204	2696
尉氏县	35195	27718	7091	177467	81511	2179
开封县	24921	21414	3321	151064	78483	2249
兰考县	32884	24089	7905	138335	63596	2025
洛阳市						
偃师市	34370	23237	9605	440349	54437	5664
孟津县	24487	17104	6785	74900	16052	1763
新安县	27273	23071	4140	124000	12453	2477
栾川县	26212	19790	6422	81364	9655	2718
嵩 县	21129	18027	2975	75589	19962	1523
汝阳县	22198	18467	3257	65659	14527	1647
宜阳县	34697	29992	4301	86999	21948	1397
洛宁县	20070	14754	5279	66472	18345	1579
伊川县	28325	23497	4155	103249	31257	1506
平顶山市						
汝州市	53103	40389	11346	356182	85092	3975
舞钢市	43716	35499	8217	59826	21952	1881
宝丰县	24425	18063	6158	175992	32696	3795
叶 县	31342	21792	9357	169152	75279	2070
鲁山县	33608	25786	7696	106951	36703	1337
郏 县	21908	17448	4416	117724	43983	2200
襄城县	24045	15064	8576	190666	71064	2473
安阳市						
林州市	53947	41742	10298	371662	68939	3800
安阳县	40525	29860	9802	279724	75503	2541
汤阴县	27607	20477	6266	137671	48580	3208
滑 县	43383	31686	11613	253455	119687	2205
内黄县	27742	20320	7191	167099	84716	2508
鹤壁市						
浚 县	32472	27731	3898	162595	82912	2518
淇 县	26741	20630	4440	127773	35134	5414
新乡市						
卫辉市	48258	41073	6724	228239	74181	4940
辉县市	50091	42264	7487	357639	90502	4724
新乡县	32085	19656	11501	346559	68755	8551
获嘉县	28608	19853	8230	147073	43196	4013

19—2 续表 1　　(1995 年)

县　市	职工人数(人)	#国有单位	#城镇集体单位	国内生产总值(万元)	#第一产业	人均国内生产总值(元)
原阳县	25766	18468	7298	120585	68585	2017
延津县	26424	22306	4062	100561	48371	2326
封丘县	24222	18775	5447	124575	75074	1826
长垣县	26724	19101	2623	143041	54794	1952
焦作市						
济源市	62733	37882	20146	349831	60013	5622
沁阳市	40831	35084	5324	342680	55225	8063
修武县	24999	19405	5087	186951	46152	6826
博爱县	34813	22559	7495	231300	46482	5747
武陟县	36299	26882	8856	251848	78916	4209
温　县	30252	25139	4507	199098	44142	5217
孟　县	29406	22022	7015	223205	43238	6964
濮阳市						
清丰县	29796	18970	9887	160771	78294	2503
南乐县	29517	19631	8495	94385	48339	2028
范　县	22861	18153	4421	87874	30922	1941
台前县	13749	10484	3073	56226	20545	1736
濮阳县	41702	32283	9306	173574	86512	1705
许昌市						
禹州市	64895	48894	12925	365413	82689	3237
长葛市	48586	29922	13850	315354	66704	4869
许昌县	33123	23168	7084	204277	74150	2639
鄢陵县	24119	18787	5122	156214	77720	2625
漯河市						
舞阳县	25432	20965	4153	145950	62267	2536
临颍县	36220	28886	5817	215465	77074	3303
郾城县	37230	25997	9059	295207	119987	3429
三门峡市						
义马市	77074	75609	1113	99963	1879	7438
灵宝市	51234	41065	8141	380804	91103	5496
渑池县	27395	22311	4987	115815	24491	3685
陕　县	26768	22783	3832	99403	18934	2984
卢氏县	18504	14974	3456	65461	21265	1792
南阳市						
邓州市	57544	41257	14488	355221	133046	2399
南召县	29560	17623	8226	165690	38336	2796
方城县	31254	25124	5476	177360	86556	1844
西峡县	28861	25423	2793	111696	36521	2716
镇平县	39376	28653	8345	334844	78032	3628
内乡县	31540	22236	5764	162133	70921	2593
淅川县	42251	33241	8166	169106	66021	2412
社旗县	25186	20523	4663	165615	69133	2690
唐河县	47744	33974	11862	302017	137857	2432
新野县	46991	23149	10439	248858	102174	3412
桐柏县	24505	20758	2792	140081	46073	3339

19—2 续表 2 （1995 年）

县　市	职工人数（人）	#国有单位	#城镇集体单位	国内生产总值（万元）	#第一产业	人均国内生产总值（元）
商丘地区						
商丘市	106249	88553	14962	254164	6517	9064
虞城县	34895	25754	8706	196973	102467	1945
商丘县	40111	33916	5752	224032	133841	2063
民权县	31487	25723	5602	118627	72831	1503
宁陵县	30826	24100	6026	133172	54447	2371
睢　县	31219	21713	8911	139794	72322	1917
夏邑县	30202	25202	4916	160253	87217	1574
柘城县	31892	24907	6342	141976	81602	1621
永城县	54208	44132	8134	288465	142671	2331
周口地区						
周口市	92071	79487	11507	153579	10151	5208
项城市	49904	41888	7230	344999	83969	3262
扶沟县	39322	21700	15264	152908	90245	2277
西华县	34241	25785	8231	192525	117581	2385
商水县	34982	24843	10139	168368	104098	1576
太康县	50226	32453	17773	229563	139569	1832
鹿邑县	40983	28156	11765	222042	86264	2083
郸城县	38054	24935	11252	160070	98460	1338
淮阳县	52618	36205	14753	200298	110823	1606
沈丘县	47211	30233	14697	186715	87099	1655
驻马店地区						
驻马店市	86197	67979	14218	215443	10102	7664
确山县	23621	19620	3936	119522	57742	2106
泌阳县	31541	26932	4368	139742	82059	1575
遂平县	29821	24118	4363	149840	68768	2534
西平县	29137	22638	6499	235578	100122	2945
上蔡县	37212	25817	10960	177205	74895	1412
汝南县	31469	24727	6241	160747	83425	2012
平舆县	24285	20843	3364	130610	69274	1481
新蔡县	29451	22446	7005	150462	88767	1556
正阳县	28713	24307	4253	139131	87059	1969
信阳地区						
信阳市	106155	87186	17340	174553	6343	6021
息　县	28468	20383	8036	134481	82992	1555
淮滨县	28614	20754	7783	124486	62741	2067
信阳县	52411	41782	10004	214289	93537	2136
潢川县	45519	29087	16024	166321	77653	2258
光山县	40453	28794	11599	132128	65616	1774
固始县	58036	44745	12118	221676	122435	1522
商城县	32932	25764	7168	92029	48376	1380
罗山县	37028	30436	6589	141107	71721	2035
新　县	19503	15599	3904	54758	30218	1705

注：本表国内生产总值、人均国内生产总值按当年价格计算。

19—3 各县(市)固定资产投资和职工工资

(1995 年)

县 市	国有单位固定资产投资(万元)	#基本建设	#更新改造	城镇集体单位固定资产投资(万元)	工资总额(万元)	#国有单位	#城镇集体单位	平均工资(元)	#国有单位	#城镇集体单位
郑州市										
巩义市	66843	51927	2153	736	24601	17171	2631	4380	4465	2845
荥阳市	39516	35139	2206	2542	16946	12232	4166	3691	4044	3079
新郑市	64987	58682	1250	6887	17346	12403	3117	4332	4874	3360
登封市	73597	73597		400	12955	10523	2032	4113	4294	3402
新密市	11544	10066		1250	19711	14372	4237	3965	4161	3510
中牟县	20130	16981	515	842	10224	7268	2759	3511	3787	2958
开封市										
杞　县	4544	2108	2436	744	10279	8579	1656	3049	3167	2548
通许县	5671	3261	2410	809	7898	6362	1481	3148	3245	2834
尉氏县	6484	2355	4129		11426	9731	1647	3333	3602	2395
开封县	5427	3246	1788	191	8002	7099	843	3278	3422	2424
兰考县	5321	2014	3307	1393	9058	7023	1761	2812	2998	2231
洛阳市										
偃师市	149766	145720	2029	27	13847	10049	3276	4125	4401	3538
孟津县	9184	7814	1250		9145	6630	2225	3787	3909	3375
新安县	11926	8799	3127	5451	11847	9912	1930	4453	4406	4767
栾川县	8710	6974	1381	1191	9644	7502	2142	3760	3856	3460
嵩　县	7564	7313	251	100	7923	7105	708	3829	4016	2462
汝阳县	6424	2982	3442		7619	6630	789	3571	3703	2669
宜阳县	3348	1438	1860	75	10407	9066	1223	3014	3043	2820
洛宁县	3932	2571	1361		6233	4720	1510	3157	3232	2945
伊川县	54061	52823	1238		8578	7262	1116	3099	3164	2647
平顶山市										
汝州市	18457	9014	7600	1463	20374	15831	3933	3905	3972	3538
舞钢市	6592	1685	3647		16701	14385	2316	3848	4070	2875
宝丰县	14327	11467	2760		8172	6375	1757	3429	3617	2926
叶　县	6613	3838	1477	102	9258	6857	2355	3037	3230	2585
鲁山县	5915	2762	1118	2041	10415	8258	2143	3130	3237	2809
郏　县	5326	1468	3766	1878	6658	5340	1313	3164	3196	3061
襄城县	4649	4567		1102	7231	4727	2386	3229	3365	3005
安阳市										
林州市	26607	15634	6023	3100	23039	19344	3138	4433	4813	3137
安阳县	12100	6793	5307		13425	10770	2241	3402	3707	2332
汤阴县	1406	700	285	430	9712	7580	2004	3551	3600	3198
滑　县	12972	8428	4372	773	15553	12767	1762	3618	4076	2385
内黄县	6746	1244	5502	8	9455	7615	1753	3482	3828	2492
鹤壁市										
浚　县	7406	2240	3373	248	11216	9896	1004	3545	3664	2627
淇　县	21427	7474	13953	997	9685	7470	1896	3727	3724	4306
新乡市										
卫辉市	11378	8421	2110	349	15603	14175	1266	3221	3413	1966
辉县市	20461	11641	8259	5552	20329	17886	2376	4149	4319	3281
新乡县	17626	6014	10357	844	12652	8313	4007	4060	4300	3663
获嘉县	11127	5998	5129		8907	6726	2074	3213	3529	2544

19—3 续表1 （1995年）

县　市	国有单位固定资产投资（万元）	#基本建设	#更新改造	城镇集体单位固定资产投资（万元）	工资总额（万元）	#国有单位	#城镇集体单位	平均工资（元）	#国有单位	#城镇集体单位
原阳县	4534	1499	2460	588	7347	5387	1960	2913	3007	2684
延津县	3383	1914	1109		8151	7140	991	3163	3274	2547
封丘县	6410	3459	2951		6403	5208	1195	2738	2861	2308
长垣县	7361	5515	1346	700	7911	5935	1975	3217	3446	2682
焦作市										
济源市	41138	21581	14513	15865	23020	15771	5803	3808	4332	2953
沁阳市	48309	30696	13739	9650	15555	13768	1669	4082	4211	3347
修武县	8834	6805	1285	566	8355	7081	1137	3431	3779	2263
博爱县	11562	8262	2975	686	11314	8143	1851	3351	3672	2572
武陟县	17442	14226	2856	93	10970	9188	1657	3448	3714	2488
温　县	5891	3914	1345	65	9150	8154	852	3088	3299	1969
孟　县	9511	7069	1772	968	10722	8568	2024	3775	4084	2866
濮阳市										
清丰县	2878	1777	600	255	8948	6376	2378	3052	3395	2953
南乐县	4303	1426	927	65	9419	6924	2125	3267	3586	2585
范　县	2578	1978	600	1250	7250	6232	965	3209	3478	2185
台前县	2671	2151	520	554	4495	3904	568	3351	3742	2002
濮阳县	5746	3900	836	639	12795	10738	1997	3113	3343	2271
许昌市										
禹州市	24060	17956	4807	880	20081	17097	2184	3178	3476	1814
长葛市	16113	3304	11138	3383	15598	9874	4035	3353	3435	3054
许昌县	9409	6999	1122	5427	11209	8623	1777	3480	3784	2512
鄢陵县	5229	3743	1466	775	6939	5846	1066	2979	3225	2125
漯河市										
舞阳县	6145	3543	2390	1470	8171	7119	1006	3305	3490	2507
临颍县	19532	9968	8986	410	11240	9561	1270	3174	3393	2213
郾城县	10614	4227	5755	2688	12856	9653	2756	3615	3792	3287
三门峡市										
义马市	47006	36287	8247	23	41777	41451	224	5516	5579	1996
灵宝市	56283	44771	4508	3055	20164	16985	2501	4003	4204	3114
渑池县	15395	9937	5348	3	9774	8232	1536	3673	3864	2946
陕　县	20202	5660	13779	925	10702	9407	1239	4102	4244	3271
卢氏县	5730	3834	680	319	6750	5847	867	3697	3931	2619
南阳市										
邓州市	15590	5184	9120	1136	19541	15201	3976	3530	3864	2794
南召县	10526	8322	1683	1326	9185	6574	1811	3167	3756	2308
方城县	11751	8496	3165	676	10711	9151	1427	3528	3762	2653
西峡县	11588	4017	6773	145	10374	9540	690	3605	3836	2366
镇平县	15398	6098	8095	3337	13670	10427	2534	3531	3732	3047
内乡县	10003	4920	4712	2008	10352	7850	1499	3399	3638	2724
淅川县	17788	4076	13332	300	13650	11475	2057	3362	3573	2595
社旗县	6427	4636	1345	1348	8266	7305	961	3376	3672	2094
唐河县	13848	6770	4180	584	15304	11247	3601	3286	3356	3155
新野县	15549	3120	12390	960	15246	7718	1941	3280	3355	1894
桐柏县	17804	15785	1290	969	9320	8238	776	3867	4030	2856

19—3 续表 2 (1995 年)

县　市	国有单位固定资产投　资(万元)	#基本建设	#更新改造	城镇集体单位固定资产投资(万元)	工资总额(万元)	#国有单位	#城镇集体单位	平均工资(元)	#国有单位	#城镇集体单位
商丘地区										
商丘市	53865	25233	17619	1110	34461	30200	3482	3300	3456	2413
虞城县	10181	7798	1593	929	9642	7863	1650	2811	3098	1945
商丘县	20809	15373	4904	4408	12593	11226	1274	3238	3384	2387
民权县	9023	5243	2645		9439	8037	1354	3065	3194	2475
宁陵县	5234	4233	987	1865	9256	8057	1085	3093	3432	1877
睢　县	10763	5696	3359	1002	9270	7095	2056	2981	3306	2273
夏邑县	9638	8099	968		8781	7566	1210	2972	3058	2548
柘城县	4604	1571	2753	45	9009	7470	1359	2855	3039	2165
永城县	65030	57737		50	17604	14968	1770	3321	3430	2369
周口地区										
周口市	27315	11006	7371	687	31147	28318	2515	3446	3629	2235
项城市	44966	30188	12828	480	20529	18556	1755	4164	4491	2437
扶沟县	9942	8252	1161	4441	12463	7524	4512	3254	3532	3048
西华县	6071	2134	3267		9803	7528	2222	2935	2975	2812
商水县	4387	1338	1526	490	10030	7682	2348	2895	3108	2367
太康县	2106	1365	96	445	14976	10334	4642	3078	3220	2804
鹿邑县	3500	627	2765	1649	13866	10105	3622	3495	3697	3203
郸城县	7753	6315	1322		11752	8177	3236	3136	3308	2948
淮阳县	3697	1497	1650	590	12356	8193	3665	2381	2299	2510
沈丘县	8394	8164	100	205	11472	8457	2484	2486	2824	1726
驻马店地区										
驻马店市	50038	31954	5524	748	30862	25555	3587	3631	3823	2528
确山县	2280	2080	185		8225	7225	973	3524	3730	2485
泌阳县	4422	872	2886	115	9255	7925	1248	2984	3005	2831
遂平县	10002	1007	7074	136	9168	8043	1035	3209	3400	2362
西平县	10886	5617	2040	2387	9972	8306	1666	3423	3645	2626
上蔡县	5518	2651	1226	244	10523	7963	2480	2919	3168	2356
汝南县	7831	1119	4077	281	10520	8887	1490	3395	3641	2418
平舆县	2117	650	1307		6816	6079	719	2848	2965	2141
新蔡县	2083	1665	230	264	7491	6590	901	2556	2938	1309
正阳县	4909	2017	2792	579	9691	8518	1119	3426	3548	2710
信阳地区										
信阳市	30903	19363	2610	1747	40356	35360	4501	3857	4091	2700
息　县	5229	3145	2084	320	8838	7150	1681	3142	3551	2115
淮滨县	6139	3546	1925		8561	6852	1694	3039	3351	2216
信阳县	15364	10195	4429		19841	17003	2596	3885	4177	2664
潢川县	15848	12489	2612	479	13810	9924	3683	3094	3483	2336
光山县	8495	7159	1336	1569	11902	9281	2605	3305	3545	2667
固始县	6589	4225	1594	171	17699	14430	2987	3085	3251	2477
商城县	5295	4071	717	150	9386	7614	1772	2883	2997	2480
罗山县	3839	2503	1306	540	11940	10179	1760	3360	3478	2807
新　县	6389	4700	1044	33	6271	5093	1178	3380	3446	3122

19—4 各县(市)农业生产条件

(1995年)

县 市	乡村劳动力(万人)	#农林牧渔业	耕地面积(千公顷)	农用机械总动力(万千瓦)	农田有效灌溉面积(千公顷)	化肥施用折纯量(吨)	农村用电量(万千瓦小时)	农药使用量(吨)	地膜使用量(吨)
郑州市									
巩义市	29.30	13.48	34.34	36.20	13.92	11079	55830	180	41
荥阳市	24.58	16.82	45.95	36.83	28.02	28368	17723	305	149
新郑市	25.32	17.62	40.85	16.46	24.38	19364	5906	343	154
登封市	26.79	17.19	36.23	19.97	12.49	15878	10446	131	57
新密市	28.11	15.67	43.05	28.81	13.05	23931	45208	182	272
中牟县	29.63	25.53	61.13	28.09	53.70	25811	5858	541	857
开封市									
杞 县	45.56	37.36	83.05	51.17	64.71	33815	5503	1270	501
通许县	23.10	19.48	47.74	30.59	48.73	24588	3267	608	214
尉氏县	35.51	31.72	78.79	32.02	65.07	33079	4292	1012	521
开封县	28.54	24.55	74.82	28.32	59.30	27028	3040	462	490
兰考县	27.75	23.46	62.89	43.77	54.16	23244	5452	839	156
洛阳市									
偃师市	37.57	23.47	48.16	48.60	32.80	25095	21638	374	92
孟津县	19.26	14.05	37.30	19.63	12.53	12504	4542	122	78
新安县	24.72	18.41	38.93	17.43	6.68	12765	2296	111	54
栾川县	14.03	10.64	11.51	7.90	2.26	4514	1969	30	30
嵩 县	21.60	17.98	32.66	11.90	7.52	12968	1717	44	11
汝阳县	19.78	15.90	26.00	11.63	13.41	13077	2423	105	5
宜阳县	27.91	22.26	58.32	17.60	13.14	26278	2259	87	91
洛宁县	20.14	17.67	44.11	7.56	9.48	11033	1929	159	70
伊川县	28.17	21.03	54.30	21.77	22.91	14682	11010	64	35
平顶山市									
汝州市	40.40	30.02	62.84	25.20	39.76	42291	4838	256	95
舞钢市	12.54	9.50	20.42	6.10	7.76	8582	1236	94	37
宝丰县	20.65	15.80	32.10	13.23	20.51	14311	4383	112	78
叶 县	38.93	32.59	66.36	14.69	40.71	27424	2764	130	65
鲁山县	35.74	29.68	35.01	13.07	22.69	14131	4735	113	68
郏 县	28.13	22.57	39.98	16.31	26.84	15412	2888	309	105
襄城县	39.21	31.24	54.69	17.09	33.99	27113	6083	310	91
安阳市									
林州市	35.82	13.77	52.99	40.47	32.88	23547	16437	439	44
安阳县	46.04	31.17	84.41	40.38	56.00	32175	28400	1241	204
汤阴县	15.96	10.86	41.48	27.39	32.08	17437	3174	470	94
滑 县	47.48	38.05	113.38	88.15	89.77	66692	11689	1354	195
内黄县	26.99	22.89	62.52	42.27	51.48	29749	7503	931	85
鹤壁市									
浚 县	25.57	21.46	62.42	73.73	56.12	34154	7210	1050	93
淇 县	10.07	7.15	21.31	14.18	19.34	10069	2702	190	40
新乡市									
卫辉市	17.45	13.86	38.29	25.72	32.47	19187	5379	674	251
辉县市	31.09	19.91	57.99	52.58	48.37	38609	33451	683	253
新乡县	18.32	10.17	30.90	22.65	29.82	26247	29275	492	181
获嘉县	13.63	9.38	29.25	24.08	28.38	22614	4551	456	180

19—4 续表1 (1995年)

县 市	乡村劳动力(万人)	#农林牧渔业	耕地面积(千公顷)	农用机械总动力(万千瓦)	农田有效灌溉面积(千公顷)	化肥施用折纯量(吨)	农村用电量(万千瓦小时)	农药使用量(吨)	地膜使用量(吨)
原阳县	22.55	19.73	52.99	58.62	50.84	28709	4288	563	121
延津县	14.79	12.20	41.69	32.70	35.37	21233	4220	993	78
封丘县	26.89	23.64	61.65	36.71	51.29	23973	4540	1035	87
长垣县	29.21	24.31	57.95	30.51	40.87	21805	4083	268	64
焦作市									
济源市	23.13	15.25	40.23	39.02	23.94	21322	17282	439	58
沁阳市	17.94	11.57	26.86	29.93	25.74	21184	18840	239	64
修武县	10.82	6.24	23.94	20.90	20.23	13458	6275	261	77
博爱县	15.67	8.81	22.22	25.45	20.88	16304	13565	305	96
武陟县	22.83	17.08	40.97	38.41	36.49	30000	11010	503	152
温 县	15.91	10.39	23.76	24.39	23.57	17271	13199	353	46
孟 县	13.12	7.60	23.48	25.89	21.86	17690	8489	548	105
濮阳市									
清丰县	26.00	19.67	57.27	32.05	54.58	46340	7855	1392	275
南乐县	17.60	14.04	38.47	34.86	37.37	15895	5136	490	257
范 县	13.94	12.19	33.83	10.80	31.41	13866	1429	202	18
台前县	13.91	10.12	18.04	9.64	14.99	7425	1792	70	61
濮阳县	41.43	35.08	88.00	53.14	73.10	49247	4961	1299	109
许昌市									
禹州市	53.81	34.78	77.61	42.42	38.16	28642	9406	414	157
长葛市	29.40	19.07	42.83	23.53	38.60	29836	7657	387	139
许昌县	40.60	32.01	67.14	31.00	48.56	24491	6433	562	122
鄢陵县	29.30	22.41	61.35	45.16	46.82	32565	3719	1009	82
漯河市									
舞阳县	30.47	20.90	48.97	18.58	29.42	20534	4409	1442	160
临颍县	32.93	23.77	49.63	33.91	35.58	17719	8599	433	200
郾城县	43.86	25.59	65.79	25.78	56.97	30109	8553	348	270
三门峡市									
义马市	1.88	0.89	2.26	2.05	0.66	544	2386	7	24
灵宝市	29.25	23.36	61.17	22.70	24.69	41524	10560	1081	181
渑池县	12.82	9.81	38.48	12.98	4.55	12969	1473	112	176
陕 县	14.44	11.16	37.37	17.00	11.07	16696	2997	210	123
卢氏县	15.90	11.41	27.35	10.33	4.19	7286	1300	92	110
南阳市									
邓州市	60.55	44.83	155.66	20.62	62.58	58691	4627	2048	540
南召县	18.75	12.51	25.42	5.22	12.71	12406	3933	133	37
方城县	42.69	34.96	99.66	14.36	25.64	35215	2644	473	156
西峡县	16.42	12.80	18.50	9.92	7.37	10310	1525	135	52
镇平县	40.91	27.48	70.38	12.16	31.75	34607	6956	529	201
内乡县	25.44	18.77	47.33	11.23	14.00	22037	7664	234	94
淅川县	31.08	23.99	44.96	9.20	13.88	23216	14496	178	45
社旗县	25.22	20.16	68.18	11.71	16.92	26881	2637	586	257
唐河县	54.88	44.10	133.83	18.54	38.66	53732	3269	2063	751
新野县	33.63	23.93	65.04	18.33	42.35	38978	7900	1690	520
桐柏县	16.12	12.82	30.13	11.46	11.77	19248	1032	160	65

19—4 续表 2 (1995年)

县 市	乡村劳动力(万人)	#农林牧渔业	耕地面积(千公顷)	农用机械总动力(万千瓦)	农田有效灌溉面积(千公顷)	化肥施用折纯量(吨)	农村用电量(万千瓦小时)	农药使用量(吨)	地膜使用量(吨)
商丘地区									
商丘市	4.64	2.85	3.11	5.23	2.58	1526	1767	76	17
虞城县	46.77	38.37	92.27	17.69	50.47	59997	4987	938	319
商丘县	49.13	39.37	99.29	30.44	65.07	54419	7526	1681	499
民权县	34.07	28.48	66.13	33.71	42.54	23531	1357	1046	131
宁陵县	28.28	22.16	45.57	22.73	31.82	21945	2253	506	159
睢　县	35.50	27.44	58.40	37.32	48.92	25513	1542	518	82
夏邑县	50.31	38.35	86.28	24.90	40.34	37499	4539	782	139
柘城县	45.39	33.20	69.26	22.58	46.81	28810	1649	1629	588
永城县	65.43	44.54	107.04	26.96	62.19	58001	5190	2050	331
周口地区									
周口市	6.13	3.48	6.78	3.25	4.60	3698	962	105	88
项城市	49.59	33.45	65.75	25.89	31.70	30698	4888	2922	386
扶沟县	30.44	27.97	75.40	39.98	54.41	46260	3299	2893	590
西华县	37.36	31.53	73.30	25.41	46.10	43432	2779	1553	275
商水县	54.12	43.62	89.83	31.64	60.58	36187	2759	1147	344
太康县	56.46	51.42	114.25	46.70	69.76	57612	4072	2943	640
鹿邑县	49.57	37.35	82.61	26.86	47.50	34988	3319	1161	390
郸城县	56.57	43.82	99.07	30.57	34.77	44648	2719	1213	581
淮阳县	58.13	45.65	97.18	24.46	38.36	42036	3047	1468	444
沈丘县	53.08	36.46	67.03	26.65	38.00	33039	4267	948	155
驻马店地区									
驻马店市	6.37	3.91	10.60	7.62	5.64	3002	2274	75	30
确山县	29.21	24.25	69.03	30.56	25.92	36364	1163	159	98
泌阳县	39.95	32.18	91.25	18.68	21.70	33950	3672	232	131
遂平县	28.96	21.60	66.32	28.32	31.92	35702	4565	245	145
西平县	41.67	28.50	66.29	22.02	34.27	31315	7379	158	145
上蔡县	60.85	49.21	104.64	34.45	46.13	34826	4017	250	98
汝南县	39.58	31.04	83.75	41.28	40.00	70024	3499	447	251
平舆县	41.46	29.66	76.74	31.05	21.60	44601	1104	443	146
新蔡县	49.21	31.14	85.25	23.99	23.24	29032	1782	939	156
正阳县	36.92	29.29	97.63	35.91	30.40	45537	1084	143	152
信阳地区									
信阳市	3.34	1.94	2.99	2.80	2.56	944	1284	22	10
息　县	40.66	33.80	94.25	14.12	46.77	41792	1684	551	166
淮滨县	27.79	21.88	52.61	12.34	20.03	19180	1219	467	110
信阳县	47.13	38.70	66.59	21.75	37.78	23331	3941	368	110
潢川县	33.22	25.63	63.14	16.00	50.33	30724	2343	338	198
光山县	30.06	21.67	50.86	13.23	36.80	17212	5414	203	29
固始县	71.92	47.21	93.29	18.42	81.96	38450	3761	755	278
商城县	31.24	20.59	31.47	9.10	21.93	8757	1832	181	32
罗山县	32.44	23.65	55.50	8.86	42.90	18206	1862	398	232
新　县	13.90	6.97	13.08	4.22	7.51	2573	937	95	1

19—5 各县(市)农林牧渔业总产值和农民人均纯收入

(1995年)

县市	农林牧渔业总产值(万元)	#农业	#种植业	#牧业	农林牧渔业总产值指数(以上年为100)	#农业	#种植业	#牧业	农民人均纯收入(元)
郑州市									
巩义市	46781	30292	27362	14267	95.0	86.3	81.6	110.9	1704
荥阳市	75581	43294	39945	31164	106.5	98.3	94.2	117.4	1478
新郑市	80259	52910	48714	26722	104.6	100.3	98.9	113.7	1471
登封市	54533	27554	24716	24721	107.5	98.2	92.0	118.0	1260
新密市	54534	30214	27740	21775	106.1	95.8	91.5	118.5	1528
中牟县	119480	83053	81657	30853	99.4	95.0	93.1	110.1	1362
开封市									
杞县	184366	125413	117848	55057	122.9	115.3	117.5	143.9	1051
通许县	123433	83038	73715	36171	109.2	102.8	107.2	125.1	1268
尉氏县	149390	101645	99520	43072	118.7	111.8	120.8	135.5	1158
开封县	138922	95784	88004	36838	123.5	109.2	105.5	169.8	1286
兰考县	114975	76010	73063	32504	123.0	117.6	118.4	140.1	1028
洛阳市									
偃师市	87791	56385	47645	30366	106.1	107.9	95.2	104.7	1627
孟津县	28437	14485	14450	11476	79.4	58.8	58.7	109.8	891
新安县	25423	12819	9162	11514	85.9	77.2	63.9	95.2	843
栾川县	17174	7251	4012	6372	112.4	119.8	79.0	122.1	728
嵩县	33662	11388	10009	15784	113.3	88.5	81.0	131.8	734
汝阳县	25842	12248	9550	9870	90.0	79.6	65.5	95.5	730
宜阳县	41587	24926	18453	14798	97.3	91.2	71.5	105.1	778
洛宁县	32020	17366	14666	10939	97.0	88.9	81.5	114.4	706
伊川县	58086	28549	27225	28781	114.6	99.6	99.4	134.3	1136
平顶山市									
汝州市	143397	55570	48792	83752	115.5	91.3	87.7	135.4	1356
舞钢市	36597	20760	20381	12915	106.7	99.7	99.2	114.9	1192
宝丰县	54535	32790	28763	20025	112.9	104.6	110.2	127.4	1241
叶县	125874	64874	63674	57121	109.0	99.7	99.1	117.0	1046
鲁山县	63483	35927	31763	20652	106.1	105.9	106.8	103.2	813
郏县	75820	54126	52784	20161	113.1	103.5	113.0	152.4	1053
襄城县	119600	80915	76215	36473	125.8	116.7	117.5	152.6	1165
安阳市									
林州市	118495	56287	52552	50177	116.7	95.7	93.4	133.7	1398
安阳县	132625	92920	83935	36227	106.3	98.7	92.0	124.3	1314
汤阴县	87080	47630	46280	37669	114.7	100.6	100.2	127.6	1216
滑县	208214	153564	151934	50425	105.6	102.2	101.8	113.7	1217
内黄县	145903	106699	105741	38196	109.8	101.1	100.8	136.7	1212
鹤壁市									
浚县	140457	92096	85746	46558	101.2	88.2	86.0	135.5	1187
淇县	60325	29062	25824	29506	105.9	93.5	88.9	118.4	1407
新乡市									
卫辉市	123134	73733	60467	47247	133.3	117.7	106.7	160.6	1509
辉县市	157794	99977	71159	50193	112.6	103.4	101.4	135.7	1588
新乡县	114555	76782	68782	31614	120.0	119.9	113.7	120.5	1867
获嘉县	69663	50209	45883	18517	116.6	111.5	100.4	129.7	1519

19—5 续表 1　　(1995 年)

县　市	农林牧渔业总产值(万元)	#农业	#种植业	#牧业	农林牧渔业总产值指数(以上年为100)	#农业	#种植业	#牧业	农民人均纯收入(元)
原阳县	113326	88984	80103	21246	115.3	106.8	105.0	151.5	1420
延津县	83234	60983	58728	20622	117.0	107.3	107.5	150.3	1324
封丘县	120700	100560	76724	16674	111.0	113.2	113.1	99.6	1248
长垣县	91332	73525	62081	13646	116.2	119.6	123.0	103.0	1298
焦作市									
济源市	122022	74684	37997	39545	107.8	103.5	87.7	123.2	1532
沁阳市	97227	72613	42443	23605	112.4	108.9	101.2	122.8	1834
修武县	85309	48382	34940	35035	114.4	104.9	98.6	124.9	1681
博爱县	89032	63989	42062	23537	141.0	144.5	109.0	133.0	1786
武陟县	138938	80802	78202	55243	125.3	112.4	120.4	146.5	1786
温　县	80426	57152	44260	22887	120.9	115.3	112.2	139.5	1793
孟　县	71739	54802	41848	15647	107.6	112.2	104.2	97.1	1786
濮阳市									
清丰县	137530	99006	89559	36322	109.0	104.3	104.2	123.0	1180
南乐县	82555	62470	56200	19830	109.4	105.6	106.4	120.9	1142
范　县	53019	36992	32239	13648	113.3	99.0	102.0	155.0	997
台前县	35656	21378	19773	11613	126.8	127.6	121.3	129.0	966
濮阳县	151779	123629	106270	26261	115.1	115.1	115.2	114.6	1054
许昌市									
禹州市	145071	99202	71284	40252	132.5	121.8	103.7	176.1	1631
长葛市	117034	81145	66990	31083	107.8	107.4	105.1	109.5	1636
许昌县	129798	102632	85089	25383	115.2	117.1	110.4	109.1	1471
鄢陵县	136351	105234	100914	27405	115.8	111.0	111.8	141.1	1214
漯河市									
舞阳县	105523	69235	62651	32733	118.0	117.1	112.9	119.4	1475
临颍县	136230	101058	91439	33969	123.4	132.6	140.7	103.5	1550
郾城县	201421	133743	104835	65701	123.4	114.8	113.7	148.4	1563
三门峡市									
义马市	3193	1775	1501	1160	89.7	79.7	74.2	102.0	1451
灵宝市	133193	110505	105788	16345	107.9	107.3	108.0	104.1	1489
渑池县	41736	18230	17329	21952	122.2	86.2	85.4	181.4	960
陕　县	33952	21017	19150	10726	101.6	88.9	87.0	124.2	1126
卢氏县	35015	17618	14676	8486	95.4	87.9	89.2	108.1	816
南阳市									
邓州市	217402	158706	146676	56087	108.7	104.7	106.0	120.4	1080
南召县	65331	36816	30940	23057	125.8	122.1	118.5	133.7	1040
方城县	139042	86601	84119	48856	119.0	111.3	102.3	133.8	999
西峡县	61685	26177	16227	22409	128.1	110.4	89.8	165.3	983
镇平县	133973	94811	74311	35520	109.3	103.1	115.6	125.2	1355
内乡县	119649	60787	55422	45967	116.0	96.3	106.6	133.3	1144
淅川县	106510	64351	56075	38321	123.7	110.1	118.9	153.7	925
社旗县	122981	83497	74519	37994	118.9	118.7	112.4	119.6	1038
唐河县	241862	165569	161432	71649	123.0	116.6	134.5	138.5	1203
新野县	166407	120684	113050	43483	118.5	112.6	128.3	135.6	1239
桐柏县	86930	43874	40878	25119	131.5	111.0	122.1	151.5	1123

19—5 续表 2

(1995 年)

县　市	农林牧渔业总产值(万元)	#农业	#种植业	#牧业	农林牧渔业总产值指数(以上年为100)	#农业	#种植业	#牧业	农民人均纯收入(元)
商丘地区									
商丘市	10825	7697	6627	2518	105.1	102.2	87.0	103.4	1400
虞城县	173631	133102	128760	37046	140.4	160.0	164.9	105.4	782
商丘县	221361	149674	144624	66091	117.6	118.4	114.5	113.8	1074
民权县	121791	80129	73726	38177	110.8	117.6	108.6	98.3	953
宁陵县	93224	65565	65324	24156	105.3	122.0	124.2	80.1	1068
睢　县	122580	82162	76389	34791	109.3	110.4	109.9	113.4	888
夏邑县	147825	101457	96104	42597	152.4	176.2	185.4	120.0	958
柘城县	138309	94516	89288	40516	126.7	134.0	129.8	114.8	975
永城县	241815	165290	160290	71325	117.0	119.3	121.9	112.4	917
周口地区									
周口市	16929	13238	13016	2926	104.4	108.4	117.8	99.5	1313
项城市	142127	97301	95491	41596	114.9	117.4	132.7	114.8	1250
扶沟县	153871	124389	124206	27373	122.6	116.0	117.5	175.3	1675
西华县	182916	137667	131845	38997	118.9	126.6	121.6	96.9	1479
商水县	173093	131036	127457	38002	132.8	147.8	145.7	113.4	1251
太康县	231920	174700	173431	53974	117.8	129.0	131.0	96.2	1209
鹿邑县	144689	101570	99873	38901	118.1	118.1	117.0	130.2	1205
郸城县	165451	133509	132907	28947	180.7	230.2	236.8	117.2	1083
淮阳县	183330	112761	111123	67119	104.6	111.7	127.0	97.9	964
沈丘县	146188	97094	94782	46150	147.8	163.4	177.8	135.9	1095
驻马店地区									
驻马店市	17355	11764	11464	5456	128.6	108.2	108.2	191.7	1462
确山县	105515	70438	68673	29804	113.0	117.1	117.1	111.2	952
泌阳县	138122	89098	84033	39149	115.2	114.5	114.1	114.8	1044
遂平县	116522	73765	67529	40808	139.7	134.2	139.9	152.4	1277
西平县	170094	103839	94839	63927	132.0	126.7	129.0	139.5	1377
上蔡县	127733	96328	88928	27716	142.8	142.0	149.0	149.3	957
汝南县	141398	102871	98801	36305	145.0	137.0	142.0	180.3	1199
平舆县	116820	82305	75355	31598	130.3	136.7	141.1	115.8	981
新蔡县	149692	107996	106767	38963	153.1	169.8	172.0	128.0	957
正阳县	154235	107907	106907	44556	120.7	122.3	122.2	117.6	1114
信阳地区									
信阳市	10566	5852	5852	3185	121.3	114.9	114.9	159.8	1219
息　县	136053	107711	104347	26279	116.1	124.9	131.2	102.2	1018
淮滨县	105509	64609	64285	37793	124.0	116.7	120.2	138.8	1046
信阳县	151057	90095	84207	45375	116.9	117.1	118.7	125.6	1162
潢川县	128910	91985	87983	28559	115.7	118.2	114.4	98.6	1028
光山县	106440	66698	62176	31914	111.7	105.6	106.3	123.9	1085
固始县	198820	135868	128494	51033	113.0	110.6	111.5	120.7	1018
商城县	78131	47684	38878	23092	114.3	124.0	115.2	106.5	978
罗山县	117721	73077	68477	32030	108.8	125.9	131.1	95.2	1028
新　县	49572	22170	19550	10813	114.7	103.9	99.7	103.7	1188

注:本表农林牧渔业总产值按当年价格计算,指数按可比价格计算。

19—6 各县(市)主要农作物播种面积和产量

(1995 年)

县市	总播种面积(千公顷)	#粮食	#棉花	#油料	粮食产量(吨)	#小麦	#玉米	棉花产量(吨)	油料产量(吨)
郑州市									
巩义市	63.09	56.18	1.05	3.18	155106	67995	60263	465	3592
荥阳市	74.68	63.40	2.15	4.46	186264	94235	72463	1241	8370
新郑市	74.79	58.78	0.89	10.52	232253	94729	103669	591	21785
登封市	62.37	53.72	2.32	3.73	137537	44499	56933	1098	4838
新密市	70.91	62.87	0.30	3.41	186967	69196	85220	187	5435
中牟县	109.52	72.15	6.26	16.69	325981	162542	70858	6632	43496
开封市									
杞　县	157.12	104.49	29.03	15.10	446187	286082	97021	27571	53261
通许县	94.28	61.20	17.50	11.80	298884	190905	74595	16897	28741
尉氏县	137.43	94.66	23.90	14.35	372003	225434	88013	23661	35506
开封县	135.58	87.60	8.01	29.99	412955	260630	115152	6179	70956
兰考县	115.68	78.80	14.67	18.15	291413	179983	60275	10362	53675
洛阳市									
偃师市	80.11	69.40	1.77	4.16	285756	132644	119533	947	5929
孟津县	54.53	45.17	0.93	5.18	84761	32180	22933	397	5556
新安县	51.00	47.51	0.30	2.01	52730	32649	8538	77	1026
栾川县	18.97	18.18	0.04	0.22	24163	13311	8739	5	191
嵩　县	50.01	44.61	0.65	2.81	59976	21594	18103	171	2068
汝阳县	41.24	35.87	0.90	3.37	57758	21153	17717	394	4123
宜阳县	78.11	63.98	1.07	6.62	93141	41354	18624	334	7481
洛宁县	57.20	49.77	0.34	2.19	63600	40728	12270	108	1295
伊川县	79.16	69.80	1.22	3.92	194240	61543	32987	534	3071
平顶山市									
汝州市	101.62	85.78	3.48	6.47	266942	101145	115459	2112	10274
舞钢市	37.83	31.32	0.62	2.52	120935	51010	52958	459	3513
宝丰县	58.65	48.59	0.45	3.45	157911	69332	54104	219	5084
叶　县	120.86	98.57	0.07	11.15	361952	157994	142603	56	22298
鲁山县	64.32	55.12	0.08	4.16	175112	64957	85528	85	9299
郏　县	69.36	53.70	0.41	5.07	249124	108934	62114	370	13262
襄城县	99.01	77.63	0.74	3.71	326347	145866	46415	679	8862
安阳市									
林州市	87.28	77.71	3.67	2.73	277671	129385	88900	2380	4625
安阳县	136.34	110.70	15.09	2.07	454183	253665	157400	7100	2517
汤阴县	67.00	52.42	10.17	1.93	259449	148537	94938	6325	3909
滑　县	210.27	149.18	28.72	23.96	772479	453098	264401	18095	83310
内黄县	109.11	61.58	28.18	13.63	282357	199562	58054	23405	40367
鹤壁市									
浚　县	114.58	87.95	11.67	11.61	444818	284944	142736	7257	32415
淇　县	39.50	33.21	3.10	2.00	163439	91262	65555	1402	5023
新乡市									
卫辉市	67.16	51.77	7.81	3.66	280290	144367	125230	7566	12370
辉县市	106.56	89.31	2.12	8.46	426737	222972	178077	1521	19702
新乡县	51.66	33.41	12.37	2.18	217380	118005	74471	12022	10245
获嘉县	46.26	33.16	9.09	1.07	218653	114422	54760	6548	3340

19—6 续表 1 (1995 年)

县市	总播种面积(千公顷)	#粮食	#棉花	#油料	粮食产量(吨)	#小麦	#玉米	棉花产量(吨)	油料产量(吨)
原阳县	93.46	72.02	7.90	9.23	419066	208077	55073	6284	31276
延津县	76.86	46.39	13.53	15.05	233251	150331	55646	10217	53250
封丘县	111.51	79.29	18.33	9.60	383096	210628	92853	12254	20850
长垣县	104.01	81.70	5.44	12.07	332148	201807	78083	3345	24443
焦作市									
济源市	62.39	53.19	2.05	3.19	211230	117877	78461	994	3968
沁阳市	48.27	42.18	2.04	1.31	292225	138965	139873	1370	3520
修武县	38.63	31.15	3.30	1.10	190902	94745	85012	3108	2677
博爱县	34.78	26.82	1.80	0.30	196863	95086	91550	2088	798
武陟县	65.81	52.53	3.37	4.74	401256	183868	170041	3593	20095
温　县	41.01	32.99	1.57	2.47	256159	111388	132290	1429	8601
孟　县	36.50	27.92	1.93	4.07	185273	98662	81363	2394	12119
濮阳市									
清丰县	102.65	70.32	12.13	13.69	406925	247547	130349	9464	49347
南乐县	69.60	49.55	10.96	4.52	284051	163619	100255	7921	17543
范　县	54.72	46.86	2.74	2.30	182871	96065	26806	2017	6127
台前县	30.96	26.83	0.83	1.67	98640	59554	16059	126	5165
濮阳县	154.76	119.73	17.67	9.23	548068	344082	81403	12508	25939
许昌市									
禹州市	124.77	106.01	1.93	6.34	395342	145529	122566	1701	13638
长葛市	78.04	59.24	4.74	7.93	363821	176862	143266	4957	24441
许昌县	122.91	97.92	7.60	8.12	486246	207694	159023	7974	26433
鄢陵县	110.69	68.94	33.42	4.22	345629	235390	68587	29937	13155
漯河市									
舞阳县	89.67	73.02	3.14	5.78	315346	148647	131111	3845	11374
临颍县	105.97	68.04	13.92	6.00	303850	156058	96050	15872	15827
郾城县	130.68	99.26	8.22	10.70	489445	237780	192332	9426	25259
三门峡市									
义马市	3.50	2.48	0.03	0.15	3244	2729	298	3	73
灵宝市	69.00	55.44	1.53	5.05	119256	86908	23551	713	5190
渑池县	44.13	35.10	0.53	2.78	49818	35066	2255	260	2645
陕　县	35.94	29.89	0.90	1.72	56111	47290	7078	374	1210
卢氏县	42.03	34.95	0.21	0.41	37690	21304	10167	106	252
南阳市									
邓州市	265.90	176.23	34.23	28.04	480977	302791	44574	29282	48734
南召县	45.30	35.97	…	6.07	145463	36983	39466	1	23642
方城县	173.10	129.37	9.59	24.11	408461	165166	111258	6302	50921
西峡县	34.22	30.07	0.02	1.17	86948	28707	36114	18	1768
镇平县	128.79	94.18	9.33	12.39	271984	118012	58291	6300	30414
内乡县	85.69	57.22	4.52	5.93	201700	85425	46135	3492	12410
淅川县	80.74	60.94	0.05	6.72	169362	82951	28175	44	7779
社旗县	123.59	87.07	13.53	11.82	293786	125555	57571	12070	15001
唐河县	248.38	162.57	31.40	31.70	630520	253346	141116	27325	75130
新野县	121.66	71.10	28.05	9.18	294699	168051	54354	28043	24352
桐柏县	63.55	42.86	1.68	16.11	165111	44583	1798	1256	47994

19—6 续表 2 (1995年)

县 市	总播种面积（千公顷）	#粮食	#棉花	#油料	粮食产量（吨）	#小麦	#玉米	棉花产量（吨）	油料产量（吨）
商丘地区									
商丘市	4.77	3.14	0.01	0.18	15764	7832	7206	10	537
虞城县	185.45	131.50	21.65	10.10	453151	210977	161160	18775	29036
商丘县	188.25	125.43	23.31	14.04	491369	259790	172914	22378	37006
民权县	114.25	78.10	17.85	11.97	256205	158107	74097	14796	28523
宁陵县	88.00	53.41	12.77	14.34	194891	123479	55804	11813	49045
睢 县	108.99	76.22	12.02	12.42	316327	194757	89569	10460	34688
夏邑县	158.12	120.13	12.90	11.51	404985	190163	173461	12771	32596
柘城县	134.11	91.85	17.33	6.55	334024	165405	134002	16729	18796
永城县	214.54	139.22	20.11	18.13	559588	291745	203538	15384	47796
周口地区									
周口市	12.98	9.02	0.09	1.06	35420	23803	4530	86	4404
项城市	132.52	98.38	9.51	14.27	481115	276987	163375	8700	22781
扶沟县	124.36	59.45	50.17	5.09	304529	269774	23499	46087	14662
西华县	138.37	87.21	28.13	12.27	440787	282536	115389	26267	38424
商水县	180.09	124.31	13.70	20.29	581230	340334	175178	10450	41745
太康县	211.09	142.98	53.38	8.82	750739	500017	204512	50520	27096
鹿邑县	152.56	108.56	31.52	4.39	514694	306146	167538	29987	6801
郸城县	189.61	137.89	26.74	8.98	560924	298438	162975	20002	19765
淮阳县	177.87	115.56	13.91	32.34	497118	318933	104513	12843	101906
沈丘县	136.12	110.45	9.13	7.24	554030	276890	241442	8058	12941
驻马店地区									
驻马店市	20.23	15.13	0.03	2.48	56710	26057	20545	20	3069
确山县	124.15	77.94	0.65	39.81	286748	143703	92317	669	114136
泌阳县	166.10	116.99	7.30	34.22	362131	183219	57964	6567	69990
遂平县	124.94	91.83	5.34	19.70	386473	165109	192057	3069	40800
西平县	140.07	99.32	0.67	17.62	408468	183675	200492	484	41956
上蔡县	192.63	135.91	6.96	39.48	457792	255798	139838	4256	62566
汝南县	163.33	97.48	6.67	43.45	408957	213183	149098	3921	105237
平舆县	148.87	92.09	4.03	44.59	335973	217521	76984	2643	60265
新蔡县	164.49	107.59	21.05	22.90	419293	236788	71950	16732	39814
正阳县	188.55	106.51	1.33	65.55	385865	217626	44601	853	209058
信阳地区									
信阳市	5.12	2.63	0.01	0.23	12788	2147	1	2	368
息 县	169.88	112.32	16.72	18.97	456311	190606	28314	9938	37999
淮滨县	94.85	69.38	6.33	10.07	310540	118219	19795	5586	20103
信阳县	119.85	90.34	4.11	15.77	426511	111253	8393	2563	31465
潢川县	107.69	78.17	3.13	12.07	443603	90336	109	1572	15070
光山县	92.37	64.33	3.58	14.78	314426	61156	238	1902	16169
固始县	193.32	119.88	4.84	19.64	624561	121070	15691	2626	22716
商城县	55.88	43.78	0.71	4.42	200986	39266	157	364	4694
罗山县	106.33	68.79	3.70	18.44	327377	46548	247	2356	24969
新 县	23.64	17.37	0.10	3.92	84230	10477		71	5931

19—7 各县(市)其他农产品面积和产量及牧、渔业生产情况

(1995年)

县 市	果园面积（千公顷）	水果产量（吨）	肉类产量（吨）	#猪牛羊肉	大牲畜年底头数（万头）	#役畜	猪年底头数（万头）	禽蛋产量（吨）	水产品产量（吨）
郑州市									
巩义市	4.55	13902	10267	8749	4.36	3.24	10.24	8920	508
荥阳市	2.64	19584	16975	14549	3.38	2.32	17.09	23802	685
新郑市	14.25	40902	20861	16781	5.59	4.14	17.98	14950	256
登封市	9.09	19238	20336	18844	9.77	6.92	17.01	8276	290
新密市	2.01	6164	16437	14144	4.08	2.94	18.55	9325	370
中牟县	4.14	13550	30075	26064	12.59	9.73	24.46	8125	5188
开封市									
杞 县	2.61	8337	47923	44904	12.79	9.59	38.28	13818	250
通许县	1.40	9310	29776	26750	5.96	1.79	23.32	11493	105
尉氏县	4.33	26042	36153	31929	18.44	12.00	32.23	23459	750
开封县	4.15	7878	27038	23791	14.35	9.71	24.93	16579	900
兰考县	4.02	28895	29592	26062	17.57	7.32	21.89	20770	460
洛阳市									
偃师市	2.42	13769	17187	14758	2.47	1.84	20.16	22405	264
孟津县	4.11	3797	9059	8258	3.96	2.94	10.59	6178	2869
新安县	3.99	9549	8947	8493	6.49	4.37	13.78	4291	90
栾川县	1.14	3522	6353	5914	3.15	2.20	7.18	1768	27
嵩 县	1.84	5808	18268	17546	14.77	8.21	15.92	4164	682
汝阳县	1.12	1485	9848	9567	6.24	4.14	15.45	1322	218
宜阳县	6.57	10079	14054	13535	10.75	8.04	19.39	2791	211
洛宁县	21.46	21806	9296	8763	11.78	7.89	8.30	2739	300
伊川县	1.08	1357	29057	28050	14.70	10.81	33.20	7820	135
平顶山市									
汝州市	2.40	4246	69624	62010	19.74	12.14	41.98	50747	413
舞钢市	0.44	1694	12522	10269	7.15	4.23	10.30	2480	446
宝丰县	2.58	2985	16402	15280	5.93	3.90	19.44	8939	390
叶 县	1.31	4223	58040	54575	22.10	14.93	42.56	15050	810
鲁山县	1.91	4713	19594	17745	12.47	8.77	31.36	4419	910
郏 县	0.38	2509	18536	17039	11.62	6.96	20.21	2254	225
襄城县	2.65	7587	33394	29242	13.05	10.07	30.97	8515	461
安阳市									
林州市	5.07	45782	40081	33039	7.36	4.54	33.77	31250	250
安阳县	3.98	10934	17940	15538	6.25	4.96	20.24	26120	222
汤阴县	5.73	5485	28488	5166	2.91	2.08	7.07	5643	221
滑 县	15.35	12435	43007	33238	29.21	14.23	20.15	38030	300
内黄县	18.61	98243	32220	28926	6.92	5.08	25.69	15892	210
鹤壁市									
浚 县	4.36	33631	36702	21549	2.80	1.89	22.34	19518	442
淇 县	0.32	1228	19618	13476	2.34	1.47	14.27	17862	420
新乡市									
卫辉市	1.52	3047	23505	19024	8.11	6.25	22.28	40318	800
辉县市	2.25	9651	35326	32762	14.90	7.39	32.04	27075	270
新乡县	0.56	5932	12688	9930	6.25	4.48	8.27	22906	2080
获嘉县	1.60	3372	13966	11703	3.91	2.26	15.07	8970	730

19—7 续表 1　　(1995 年)

县　市	果园面积（千公顷）	水果产量（吨）	肉类产量（吨）	#猪牛羊肉	大牲畜年底头数（万头）	#役畜	猪年底头数（万头）	禽蛋产量（吨）	水产品产量（吨）
原阳县	3.96	10864	14928	13242	15.55	10.23	15.94	8985	2301
延津县	2.52	3108	12892	10483	8.32	5.88	12.03	7806	920
封丘县	1.67	8128	14902	13306	11.30	7.58	13.60	7332	1202
长垣县	1.46	1603	13689	10595	8.59	6.41	9.83	9431	600
焦作市									
济源市	2.80	11331	27619	25049	12.96	8.74	23.45	18724	750
沁阳市	1.09	2293	21006	16894	7.03	2.67	13.79	12386	160
修武县	2.54	5527	19979	14746	5.51	1.89	15.62	28454	420
博爱县	0.41	3183	12601	10696	3.62	1.94	11.82	18800	60
武陟县	2.45	32577	31465	26171	4.95	3.07	27.65	36384	810
温　县	0.98	5961	17982	16721	3.70	1.74	21.30	5275	81
孟　县	7.00	50162	11230	8512	2.13	0.82	8.10	9832	462
濮阳市									
清丰县	6.01	16300	32090	26798	8.95	6.29	22.08	20903	820
南乐县	0.28	1537	15448	14048	9.34	6.00	17.10	10011	180
范　县	0.35	1281	8063	6763	4.06	2.40	8.11	5198	276
台前县	0.87	2630	4993	3285	2.69	2.00	3.41	5569	156
濮阳县	1.64	8393	21608	18797	8.53	5.53	24.57	12725	868
许昌市									
禹州市	2.38	22481	39646	36703	7.19	5.31	41.70	10725	700
长葛市	0.26	3942	29532	27006	2.13	1.53	28.84	10267	610
许昌县	0.21	3856	35506	33064	6.97	5.12	31.72	7709	480
鄢陵县	0.23	1340	22811	21030	14.32	9.81	23.69	8286	680
漯河市									
舞阳县	2.53	9381	27153	24681	9.21	5.96	27.60	7803	1095
临颍县	3.11	13214	37256	31798	8.13	5.92	37.23	6222	500
郾城县	6.96	24859	59133	54762	7.52	4.71	48.00	20207	875
三门峡市									
义马市	0.41	1200	1025	919	0.51	0.35	0.81	551	55
灵宝市	31.20	435332	14828	13919	14.06	10.88	15.90	4703	390
渑池县	9.48	45237	14092	12943	8.99	5.62	15.65	10957	190
陕　县	7.28	53615	9482	9108	7.90	6.15	12.91	2678	381
卢氏县	3.69	25133	9599	9284	10.99	7.17	7.79	1690	170
南阳市									
邓州市	12.97	5501	59225	52122	26.13	21.24	44.37	14454	1580
南召县	4.64	12854	21917	20558	13.64	7.51	24.32	6905	1170
方城县	4.01	10402	47304	42699	32.51	20.73	37.13	13000	1200
西峡县	2.45	4591	23428	21534	6.97	4.84	14.78	5730	400
镇平县	0.38	2604	34896	32162	9.37	6.04	37.32	13287	1100
内乡县	2.10	7788	41402	38963	13.23	8.63	20.29	18159	580
淅川县	2.90	4436	27959	26305	20.03	10.82	24.95	10641	1030
社旗县	2.12	2772	37623	34326	22.25	14.74	23.46	10302	661
唐河县	4.87	12991	70833	66371	49.52	26.49	33.92	23184	2760
新野县	3.55	5813	44543	40711	14.64	11.86	24.69	18437	2566
桐柏县	2.73	3998	18812	17285	11.14	7.94	15.64	7491	3365

19—7 续表 2　　(1995 年)

县　市	果园面积(千公顷)	水果产量(吨)	肉类产量(吨)	#猪牛羊肉	大牲畜年底头数(万头)	#役畜	猪年底头数(万头)	禽蛋产量(吨)	水产品产量(吨)
商丘地区									
商丘市	0.30	7247	2724	1819	0.26	0.13	1.37	1464	540
虞城县	18.99	119545	34732	30424	25.73	18.45	25.20	9347	915
商丘县	9.79	51997	66884	60907	37.13	30.02	37.73	32809	812
民权县	5.65	50453	21893	19313	12.61	8.07	19.64	7901	860
宁陵县	1.52	23002	28798	25728	7.96	5.00	18.51	6522	551
睢　县	1.47	5440	34478	31105	8.00	3.93	28.06	7952	756
夏邑县	9.78	42868	39660	37665	27.47	16.00	27.17	8980	820
柘城县	2.36	12988	41799	36717	20.91	12.51	29.67	7817	590
永城县	9.71	94360	68992	59199	39.36	24.27	34.72	25573	1200
周口地区									
周口市	0.73	3555	2579	2277	0.94	0.64	2.03	1484	320
项城市	0.90	1696	39865	34919	20.56	13.00	47.11	16345	1782
扶沟县	4.26	23425	22714	21610	21.30	12.76	15.35	12523	660
西华县	5.87	66216	35794	33908	20.04	12.76	29.20	7675	735
商水县	1.57	7868	50091	47485	32.77	21.23	33.72	7508	2052
太康县	4.52	32550	68231	62537	37.40	22.59	36.40	19114	735
鹿邑县	0.51	5012	45890	42562	28.01	13.89	30.09	12171	858
郸城县	1.92	11040	29872	27714	27.98	19.44	31.50	12209	1700
淮阳县	4.25	6343	68419	61020	41.03	19.95	36.89	20923	2122
沈丘县	0.14	1088	37986	35551	32.28	19.81	22.31	12601	1870
驻马店地区									
驻马店市	0.17	838	5954	5097	1.15	0.72	4.45	1628	230
确山县	7.39	1301	27814	24893	16.84	10.06	22.52	7101	1405
泌阳县	2.49	5106	34981	30117	30.34	20.14	18.57	12673	2500
遂平县	0.43	1525	33685	30308	13.07	11.04	28.07	19407	800
西平县	1.77	2277	58049	50542	11.45	9.12	40.91	23588	800
上蔡县	0.77	2357	28291	24218	9.81	7.25	25.16	5522	1200
汝南县	2.02	3117	36096	31035	19.37	9.33	28.35	10822	3000
平舆县	0.17	2579	32648	27953	16.18	11.45	21.77	10150	2150
新蔡县	0.24	1767	35928	31491	26.84	13.85	39.03	13440	2100
正阳县	0.32	2124	48734	42509	24.53	14.24	35.20	7984	2500
信阳地区									
信阳市	0.07	235	3019	2666	0.42	0.30	2.56	896	803
息　县	0.25	424	27780	25367	16.13	11.85	23.65	5521	4130
淮滨县	0.13	1265	33622	28312	10.17	7.98	28.05	6619	4530
信阳县	0.59	3098	38499	34860	12.52	9.88	37.10	19332	6500
潢川县	0.40	1841	27345	21930	9.36	7.91	22.57	10057	10000
光山县	0.61	1851	27171	23430	8.21	6.97	25.56	12895	8700
固始县	0.32	5702	51749	42488	8.78	7.53	41.44	15132	13500
商城县	0.23	776	18286	15184	6.32	4.55	14.11	9563	4500
罗山县	0.60	1975	28541	25422	7.36	5.25	27.33	13156	9043
新　县	0.07	502	8948	8537	4.09	3.00	11.24	2788	1330

19—8 各县(市)工业和邮电主要指标

(1995年)

县 市	工业总产值(新规定)(万元)	#乡及乡以上	工业总产值(原规定)(万元)	#乡及乡以上	工业增加值(万元)	邮电业务总量(1990年不变价)(万元)	电话交换机拥有量(门)	电话机拥有量(部)
郑州市								
巩义市	1236154	368239	1275770	407855	310384	4618.03	23184	18903
荥阳市	552841	172607	580347	200113	147590	3183.88	17154	11154
新郑市	644623	272850	678846	307073	190204	2632.84	13328	11229
登封市	540290	216330	550451	226491	164077	2255.49	12864	8630
新密市	557228	159629	557607	160008	155793	3762.16	18704	13662
中牟县	199906	94456	207670	102220	64501	1527.45	11616	7574
开封市								
杞 县	163867	77101	171764	84997	41224	900.39	8112	4974
通许县	142093	55379	144515	57801	36046	695.13	7032	4024
尉氏县	205239	97626	214044	106431	53699	1042.55	8032	6432
开封县	134299	53289	141380	60370	31607	785.48	7208	3623
兰考县	114805	37944	117876	41015	34449	840.13	7304	5361
洛阳市								
偃师市	844589	103511	852939	111861	232524	2340.64	18060	13189
孟津县	110004	40340	115909	46245	27279	1027.63	7276	4966
新安县	184547	68498	189322	73273	71874	693.43	10398	6662
栾川县	187417	81304	191778	85664	51401	766.22	7688	6532
嵩 县	64069	30277	62933	29140	18645	631.47	6740	4845
汝阳县	64840	49138	67705	52002	20969	570.23	5750	4072
宜阳县	109691	44756	115968	51034	33168	591.43	8557	6448
洛宁县	24540	10256	25962	11679	9196	424.04	5450	3373
伊川县	145986	38396	145431	37841	40076	1127.41	7888	6694
平顶山市								
汝州市	468999	142081	483808	156890	150181	1669.44	14352	10089
舞钢市	124198	91871	138433	106105	6961	1129.62	11976	6750
宝丰县	301776	111214	312977	122415	77787	1109.34	8084	5674
叶 县	180785	48293	185261	52769	47895	668.91	9474	4344
鲁山县	124796	55993	130156	61353	29959	1257.75	7960	6370
郏 县	167790	36646	170697	39552	43599	569.08	6914	3472
襄城县	193103	45507	196825	49229	49845	713.51	6730	4650
安阳市								
林州市	760070	177397	784401	201727	185576	2950.70	25588	12968
安阳县	446419	99428	458952	111960	104753	1011.12	10972	5893
汤阴县	182683	82382	222841	122540	43255	1042.74	7077	4290
滑 县	335050	128254	344913	138117	75890	1612.00	9680	6336
内黄县	193332	79469	201621	87759	41505	816.95	7726	3516
鹤壁市								
浚 县	166637	86607	173870	93840	42349	1247.99	13560	7262
淇 县	182211	127838	196763	142389	64083	756.78	9096	4497
新乡市								
卫辉市	394530	241567	434560	281597	100757	1249.47	9203	6729
辉县市	714681	233025	742773	261117	170279	2671.38	19396	13221
新乡县	737014	240042	764018	267046	186125	1158.06	10976	4667
获嘉县	256824	99947	261442	104565	64096	1132.25	10216	6793

19—8 续表 1　　(1995 年)

县　市	工业总产值(新规定)(万元)	#乡及乡以上	工业总产值(原规定)(万元)	#乡及乡以上	工　业增加值(万元)	邮电业务总量(1990年不变价)(万元)	电话交换机拥有量(门)	电话机拥有量(部)
原阳县	129615	67101	133492	70978	31025	1272.60	10408	6801
延津县	107594	55403	127445	75254	25490	718.32	6792	3291
封丘县	98304	47983	102448	52127	23892	1082.94	11512	5591
长垣县	161385	68167	169367	76149	38774	1603.88	15414	7246
焦作市								
济源市	752699	284465	801752	333518	165571	2537.65	23792	11338
沁阳市	771956	274744	809383	312171	194850	1853.51	15920	10159
修武县	486533	108970	501679	124116	94781	929.34	10016	4846
博爱县	594092	190352	620082	216342	123917	973.37	6696	6113
武陟县	496953	144911	525315	173272	95487	1317.86	9280	6118
温　县	522621	168240	550133	195752	105653	1518.19	6820	6089
孟　县	555136	279033	590448	314345	130137	1321.61	10176	6578
濮阳市								
清丰县	155496	54936	162868	62308	41016	671.62	7394	4089
南乐县	88444	40775	92221	44553	23118	432.31	5706	3537
范　县	75170	34472	77902	37204	24744	516.17	4816	2862
台前县	59771	21478	61202	22908	15800	420.88	2640	2000
濮阳县	169082	70094	175641	76652	40146	884.20	7536	6949
许昌市								
禹州市	617957	183790	627660	193493	167715	1638.93	15564	10791
长葛市	562281	190420	587756	215894	150299	1435.98	18646	8209
许昌县	278142	112737	286764	121359	75549	457.72	2708	1793
鄢陵县	138445	58623	147691	67869	38430	668.34	6568	4418
漯河市								
舞阳县	175675	98622	181298	104245	42989	735.48	6916	4596
临颍县	384875	236254	401873	253252	87994	1237.03	12920	7240
郾城县	463379	176771	470201	183593	115859	788.62	8620	4368
三门峡市								
义马市	118676	109816	133194	124334	70949	529.39	5400	4866
灵宝市	529954	298580	540847	309473	155930	3406.80	18448	15929
渑池县	175731	58273	184827	67369	57643	964.01	7916	6375
陕　县	107982	76744	118395	87158	29588	552.02	6612	5952
卢氏县	56570	19141	58093	20663	15123	731.29	8424	4771
南阳市								
邓州市	334875	164550	359617	189292	103008	1362.57	18538	8145
南召县	261140	81519	263827	84206	88614	956.40	12518	8186
方城县	153176	57930	162304	67058	46367	679.25	8670	3618
西峡县	136617	67438	144352	75173	43303	773.00	8754	4583
镇平县	535282	173006	557538	195261	164669	1189.16	9416	6150
内乡县	165125	69052	173244	77172	49146	819.75	7652	4541
淅川县	211124	101920	218101	108896	66619	697.97	8020	4948
社旗县	193265	94233	202070	103038	57419	687.82	7686	3295
唐河县	351005	111343	367479	127817	104223	956.28	11800	5739
新野县	302101	164511	322836	185246	94090	1034.68	9337	5191
桐柏县	182893	68556	186700	72363	66597	673.04	7480	3188

19—8 续表 2　　(1995 年)

县　市	工业总产值(新规定)(万元)	#乡及乡以上	工业总产值(原规定)(万元)	#乡及乡以上	工　业增加值(万元)	邮电业务总量(1990年不变价)(万元)	电话交换机拥有量(门)	电话机拥有量(部)
商丘地区								
商丘市	352838	327490	399842	374635	103206	4668.17	27346	20642
虞城县	159635	59034	165204	64604	42450	757.32	7576	4325
商丘县	158387	60887	162965	66817	49911	1069.22	11928	6181
民权县	67309	40625	69552	42976	16261	920.36	6624	4812
宁陵县	146904	89758	152927	95780	45712	505.43	7708	3238
睢　县	117788	47184	122475	51871	31951	608.51	6676	4140
夏邑县	124078	42047	128840	46809	30824	926.63	7936	4470
柘城县	88118	39535	91568	42985	21083	755.32	6936	4053
永城县	218055	98468	224166	107538	64766	1062.84	17244	7575
周口地区								
周口市	222052	212101	228901	218949	63077	3157.11	15720	18430
项城市	564953	386477	596794	418318	179759	1368.13	11798	8948
扶沟县	104168	76341	117921	90094	27086	784.69	6452	3900
西华县	117243	75389	125850	83996	32405	781.07	7220	4218
商水县	139966	54523	140991	55548	34442	699.31	7920	3936
太康县	156190	87314	168727	99851	37334	830.59	8118	4495
鹿邑县	249330	156249	264952	171871	76986	562.98	9272	4190
郸城县	119244	80447	128973	90175	31018	853.79	7184	4567
淮阳县	173057	89929	184262	101134	41024	892.18	6660	4977
沈丘县	250510	109437	262986	121913	64381	1363.58	9346	5908
驻马店地区								
驻马店市	350068	284942	389790	324663	93589	3702.48	20000	19458
确山县	148348	63143	152634	67428	34705	597.82	6680	4754
泌阳县	93617	49584	98423	54390	22539	702.05	7984	4728
遂平县	187460	74640	189572	76752	45317	719.24	7781	5204
西平县	318153	87461	322372	91680	75815	841.01	9242	5394
上蔡县	232595	61418	232792	61615	55215	757.42	8464	5447
汝南县	186389	108336	193966	115912	45183	738.82	9436	5146
平舆县	127633	56757	130252	59376	30715	695.03	6968	4798
新蔡县	142744	42738	142718	42713	32175	748.43	7666	4532
正阳县	98765	56260	103288	60783	22629	610.47	7928	4990
信阳地区								
信阳市	243004	205324	272525	234844	69415	3965.29	31784	23377
息　县	90417	44750	91937	46270	27282	652.23	9844	5249
淮滨县	74713	50978	78942	55206	23033	627.31	9624	4588
信阳县	196560	127439	208038	138917	52957	1467.84	17186	8339
潢川县	167448	101241	177009	110802	43824	975.47	10000	7467
光山县	101451	59025	105241	62815	30969	875.36	10356	7926
固始县	154330	78937	160590	85197	42013	1291.75	16144	9804
商城县	54819	36958	56525	38664	16767	632.18	9600	6485
罗山县	120755	57250	122522	59017	32263	783.75	9262	7592
新　县	35537	20645	36351	21459	9824	454.82	7138	3728

注：本表工业总产值、增加值均按当年价格计算。

19—9 各县(市)独立核算工业企业主要指标

(1995年)

县 市	企业数(个)	年末职工人数(人)	工业总产值(万元)(新规定)	工业总产值(万元)(原规定)	工业增加值(万元)	流动资产年均余额(万元)	固定资产净值年均余额(万元)	利润总额(万元)
郑州市								
巩义市	269	60483	358013	396086	105432	203747	169229	13408
荥阳市	217	31255	167813	194549	55074	82709	63991	1452
新郑市	237	26901	267508	301199	103276	131457	91879	2045
登封市	197	43142	198596	207860	76103	68675	92088	13332
新密市	263	42542	159070	159412	48013	101281	107294	—1932
中牟县	172	11382	89781	97535	19490	27020	25444	2803
开封市								
杞县	187	16481	70227	77305	17540	34788	20554	5867
通许县	114	12434	42575	46286	10240	14512	12820	1983
尉氏县	159	14972	95163	103939	23321	35648	18760	2433
开封县	113	9085	48298	54693	11626	21960	13327	2830
兰考县	96	11869	33721	36274	7938	15690	10761	3505
洛阳市								
偃师市	142	21418	103511	111861	33432	53739	55175	8366
孟津县	95	11244	40134	45991	8605	24672	27215	170
新安县	115	23557	67768	72521	32546	37272	75320	7134
栾川县	85	19377	80796	85108	25704	40165	52013	2992
嵩县	100	8484	28468	27171	8744	13024	18529	1797
汝阳县	81	14131	48265	51007	15361	28338	41003	1085
宜阳县	86	17451	44043	49956	12138	21790	27661	—507
洛宁县	52	4972	10193	11603	3327	9736	74304	—1691
伊川县	55	13506	38211	37616	8041	27489	26081	—568
平顶山市								
汝州市	130	40928	137268	151320	45028	105616	93928	—1548
舞钢市	86	18721	90763	104614	—4423	153739	133798	—21706
宝丰县	136	26119	109756	120903	31540	56086	37094	5521
叶县	103	12134	45358	49489	9960	19458	20043	803
鲁山县	123	24695	55567	60853	16826	35719	28765	398
郏县	89	12517	35992	38755	8060	19631	18156	1953
襄城县	116	10279	40597	42979	11216	18020	13576	2833
安阳市								
林州市	148	31354	174668	199002	43410	72949	79195	3551
安阳县	236	28377	96661	108808	19885	45652	40211	856
汤阴县	108	17180	81644	121542	18500	48000	28039	657
滑县	178	20251	116777	125308	22976	33970	35566	6296
内黄县	143	12369	71507	78932	12493	27437	20497	3720
鹤壁市								
浚县	129	15164	77546	83488	18408	30462	22197	1874
淇县	103	18145	126447	140968	49430	55914	38308	11985
新乡市								
卫辉市	145	35189	209964	245482	51846	71755	67891	3484
辉县市	206	36727	229187	256707	52879	92995	87219	6760
新乡县	120	24365	234031	260204	57073	82750	81950	19319
获嘉县	106	14663	99936	104553	26873	31530	25587	11180

19—9 续表 1　　(1995 年)

县　市	企业数（个）	年末职工人数（人）	工业总产值(万元)（新规定）	工业总产值(万元)（原规定）	工业增加值（万元）	流动资产年均余额（万元）	固定资产净值年均余额（万元）	利润总额（万元）
原阳县	104	10908	67101	70978	16090	26080	21408	5552
延津县	123	12950	53654	73003	12831	19847	15966	2882
封丘县	131	10376	47983	52127	10285	22189	20651	2566
长垣县	106	11581	68167	76149	16209	20259	17558	4185
焦作市								
济源市	280	47616	269376	313439	69076	118660	109687	14640
沁阳市	168	37216	271293	308698	76408	101269	80895	39748
修武县	109	15052	105528	120363	27300	33863	33798	8002
博爱县	131	32507	182095	206838	44379	49688	55777	12979
武陟县	126	20739	136768	161164	43163	42518	41462	6108
温　县	120	22568	163741	190488	36316	57614	45718	6698
孟　县	105	28879	277138	310746	66938	90877	48226	35001
濮阳市								
清丰县	139	11598	48826	55262	13836	24797	20701	1182
南乐县	104	8569	29661	32409	8201	11993	9527	187
范　县	136	8416	31161	33864	12713	15310	17315	615
台前县	61	5383	21478	22908	6484	9037	8253	670
濮阳县	193	14809	61822	67477	14114	25882	22880	1333
许昌市								
禹州市	247	57382	177895	186730	59383	64011	73797	7384
长葛市	191	35631	187666	212679	59052	91225	70750	4487
许昌县	143	17248	109446	117446	34111	35234	29192	7645
鄢陵县	95	7742	39720	47081	11975	14292	14086	1853
漯河市								
舞阳县	88	14050	97192	102744	27202	30126	27717	3203
临颍县	149	30752	231282	247429	74738	42771	33707	5718
郾城县	121	22604	170639	177331	48519	38466	32178	7174
三门峡市								
义马市	73	69564	109768	124281	67351	80938	156010	8356
灵宝市	312	37568	297960	308822	82868	128934	113651	35415
渑池县	111	17064	55100	63956	19503	31149	31521	4287
陕　县	130	16450	76006	86416	18533	38000	37743	1748
卢氏县	170	8006	18981	20503	2955	11929	13264	—1006
南阳市								
邓州市	217	23085	121946	137365	32930	47431	33202	6277
南召县	154	15902	81441	84127	26707	32308	15679	1820
方城县	126	15803	53282	60544	13791	25907	18298	1349
西峡县	163	16320	65058	72557	21185	32702	19776	2473
镇平县	253	44058	159588	179971	43762	72661	45817	13667
内乡县	125	18905	63307	71020	20848	29571	27948	3013
淅川县	158	27920	100224	106993	31550	62418	46802	6167
社旗县	99	12637	83701	91848	21925	34346	19738	2978
唐河县	182	23003	89597	103240	27684	25502	23871	9322
新野县	156	25784	145454	163649	46486	50137	47494	5402
桐柏县	188	16769	66702	70457	22295	30283	44663	6387

19—9 续表 2　　　　(1995 年)

县 市	企业数(个)	年末职工人数(人)	工业总产值(万元)		工业增加值(万元)	流动资产年均余额(万元)	固定资产净值年均余额(万元)	利润总额(万元)
			(新规定)	(原规定)				
商丘地区								
商丘市	200	44875	327254	374404	94746	141208	132868	2639
虞城县	151	19167	54168	59120	9876	27307	15661	1581
商丘县	197	20597	40945	43551	14848	60709	40307	3728
民权县	84	10839	30681	32745	6084	41342	21134	2360
宁陵县	107	13509	86332	92174	27315	40353	22042	5030
睢　县	137	12105	41595	45787	9677	24002	15531	633
夏邑县	197	14547	33540	37412	5313	16021	11289	432
柘城县	91	8442	26544	28647	4199	22403	12990	—195
永城县	221	29197	85425	93474	24295	47595	70079	9758
周口地区								
周口市	214	43877	201793	206978	56569	127010	97938	3275
项城市	157	35874	381793	411477	129995	125323	106206	70097
扶沟县	98	13245	40403	50059	10537	19979	14446	713
西华县	132	12020	55936	62981	14889	25534	18323	928
商水县	126	12364	49073	49757	11065	25645	11578	2181
太康县	73	13712	52759	60995	15821	25626	31863	—304
鹿邑县	77	17901	132928	147220	41236	76959	45157	7044
郸城县	172	17480	51986	60928	12646	43878	19050	1616
淮阳县	121	29346	86148	96920	23602	47556	28813	162
沈丘县	199	25765	96253	107650	24265	38050	23509	4093
驻马店地区								
驻马店市	224	40653	280482	319956	76260	131533	99459	10633
确山县	158	13967	62761	67043	13876	15034	36586	3271
泌阳县	151	11315	47984	52619	11041	20308	13928	3533
遂平县	139	14517	66305	67549	15722	23079	22428	2904
西平县	174	16450	77578	81708	17593	25169	22103	6614
上蔡县	166	16072	59097	61111	13092	23358	16795	3339
汝南县	198	17489	93930	100013	22615	27866	24533	6186
平舆县	140	12261	53615	56291	12545	12555	12127	4650
新蔡县	139	10197	36235	35980	6530	14142	8809	1891
正阳县	138	10892	51272	55342	10845	18080	13496	2037
信阳地区								
信阳市	251	48869	201147	230573	56174	127724	115488	991
息　县	126	10027	38452	39700	12130	15104	13614	2411
淮滨县	117	10652	50796	55021	16064	22512	16274	1396
信阳县	243	29653	116126	126911	30089	68001	46138	1784
潢川县	111	20445	91852	100741	22559	34470	22811	3617
光山县	155	17194	52828	56521	16527	27350	21388	2018
固始县	218	22884	65851	71293	16851	29234	21963	2676
商城县	176	12663	35956	37562	11343	19780	14587	1037
罗山县	188	16813	51069	51597	12426	20442	29570	1052
新　县	120	6788	20123	20910	5327	10680	9547	886

注:本表工业总产值、增加值均按当年价格计算。

19—10 各县(市)社会消费品零售总额和财政、金融主要指标

(1995年)

县 市	社会消费品零售总额(万元)	财政收入(新口径)(万元)	#工商税收	财政支出(万元)	#支农和农林水气事业费	#文教卫生事业费	国家银行存款余额(万元)	国家银行贷款余额(万元)	居民储蓄存款(万元)
郑州市									
巩义市	131970	14208	8426	17512	1172	4826	101316	139419	211175
荥阳市	60169	8553	4194	10500	736	3522	103186	106943	132669
新郑市	59075	11458	7342	12263	933	3470	88586	117591	102410
登封市	50662	7711	3789	9567	445	3476	76850	85706	99553
新密市	98611	11827	7312	13250	804	3884	156737	141970	206038
中牟县	54069	4625	2244	7353	739	2505	73244	61932	78119
开封市									
杞 县	35402	4338	1385	7988	633	3137	41137	75631	52949
通许县	28284	3312	1071	5515	555	2173	34178	57981	43194
尉氏县	40156	4998	1503	8281	686	3241	45186	65134	60987
开封县	26481	3806	1338	6810	486	2555	41281	66609	49288
兰考县	30839	3182	1008	7038	655	2260	51844	63894	43283
洛阳市									
偃师市	55955	10328	4560	12813	828	4559	189015	185965	153962
孟津县	18505	4452	2664	6888	833	2661	79850	49082	69206
新安县	21337	6165	3079	8754	726	3427	48328	46147	53472
栾川县	27811	3325	1580	5520	424	1899	38338	51014	46967
嵩 县	23621	2609	987	6538	637	2428	30448	38701	35247
汝阳县	17128	1968	1060	6569	605	2376	42445	56901	30561
宜阳县	26210	3184	1670	5853	498	2368	41264	45569	47632
洛宁县	11018	2714	748	5607	638	2165	25282	39846	27919
伊川县	31799	4592	2214	7445	554	2702	39295	45662	55432
平顶山市									
汝州市	85893	7050	4598	12091	902	4124	56495	85706	68391
舞钢市	25305	3062	2606	7357	593	2661	42297	88277	47514
宝丰县	25584	4148	2181	6107	509	2019	48033	54401	56654
叶 县	28630	3385	1010	5756	319	2469	39744	40995	51362
鲁山县	25446	2960	1799	5946	662	2427	51806	47004	67399
郏 县	20199	3429	871	5137	384	2033	24355	32701	38105
襄城县	24583	4443	1422	5936	435	2232	46273	42571	74332
安阳市									
林州市	87525	9014	5130	14578	1072	5171	203247	112991	364371
安阳县	58850	9878	5426	14991	1166	5141	124718	75682	187671
汤阴县	19049	4298	1723	6190	498	2272	61206	68220	77548
滑 县	48962	7190	2315	11497	1066	4814	83006	98832	129285
内黄县	35927	3639	1471	7510	485	3016	49312	74428	66313
鹤壁市									
浚 县	27162	3619	997	5656	382	2510	44665	64062	69722
淇 县	25030	3559	1237	5269	477	1687	26264	57259	36626
新乡市									
卫辉市	59410	7263	2153	9581	495	2803	50455	74962	67699
辉县市	70146	10817	4233	13149	687	5281	105533	71310	133716
新乡县	67458	8739	3009	11775	855	3225	87596	90090	99360
获嘉县	28603	4533	827	5571	338	1590	55296	44663	76661

19—10 续表 1 (1995 年)

县 市	社会消费品零售总额(万元)	财政收入(新口径)(万元)	#工商税收	财政支出(万元)	#支农和农林水气事业费	#文教卫生事业费	国家银行存款余额(万元)	国家银行贷款余额(万元)	居民储蓄存款(万元)
原阳县	33337	4031	772	5894	431	2055	47951	56930	63631
延津县	34099	3455	1031	5617	620	1911	43236	48396	51232
封丘县	25890	3442	1056	6281	416	2352	45646	49291	57896
长垣县	48793	3821	1466	6820	430	2477	125073	42598	166211
焦作市									
济源市	121150	18678	6789	23228	858	4737	120460	146659	141118
沁阳市	74744	13223	2966	15706	496	3199	92587	80855	115300
修武县	43390	4874	1516	6425	419	2072	46828	42119	54265
博爱县	47473	7680	2063	8797	683	2647	64787	55177	89929
武陟县	63146	7483	1981	8879	375	2619	67845	50163	94607
温 县	37475	5447	1495	7182	322	2578	63483	59862	89718
孟 县	41720	7696	2014	10796	440	2272	56411	54587	81389
濮阳市									
清丰县	41142	2926	1585	6804	473	2591	53222	71318	68972
南乐县	26955	2336	1494	5327	346	2161	20901	46030	35378
范 县	28092	2094	1014	6727	462	1990	57738	46536	41465
台前县	22940	1335	891	4948	442	1660	22629	27312	35323
濮阳县	75389	4672	2454	10437	887	3935	101414	80161	83716
许昌市									
禹州市	102532	9010	3480	10008	748	4234	84368	69464	123320
长葛市	74873	6464	3030	8801	479	2933	64027	65987	87851
许昌县	35366	5466	1765	7396	554	2860	75040	76456	63961
鄢陵县	25474	3660	816	7235	472	2687	71387	64506	60664
漯河市									
舞阳县	57647	4508	1431	6694	431	2758	39072	55587	54440
临颍县	63879	5680	1872	7231	488	3369	55516	89301	59802
郾城县	67526	6397	1815	8296	398	3583	50365	68813	64606
三门峡市									
义马市	27013	1331	1439	2733	145	671	58478	59476	35123
灵宝市	99698	12907	5985	12192	1359	4099	141752	109997	230686
渑池县	30641	4573	2545	8215	575	2330	44919	57643	43136
陕 县	29945	3449	1857	5541	503	2096	51546	63580	66557
卢氏县	27247	2963	1231	5288	451	2224	28404	32315	40972
南阳市									
邓州市	71300	9658	2958	12593	750	5760	78273	123245	86861
南召县	43907	3511	2395	7163	767	3003	37475	60238	41171
方城县	58413	5458	1543	7957	563	3272	37239	62295	50918
西峡县	33006	4294	1743	7852	664	2621	29203	38931	35420
镇平县	89375	5603	2699	8583	785	3893	34231	62663	75756
内乡县	44640	5587	1860	8107	633	3045	40943	44338	50277
淅川县	47248	5081	1845	8593	716	3537	36159	66705	45812
社旗县	29766	4047	1563	7558	546	2323	28085	51707	33582
唐河县	73217	7616	2663	10792	679	4608	61475	85894	87997
新野县	63250	5968	1669	8384	558	3196	61048	75856	79617
桐柏县	40521	4144	1523	6632	672	2317	25572	55850	33930

19—10 续表 2 (1995 年)

县市	社会消费品零售总额(万元)	财政收入(新口径)(万元)	#工商税收	财政支出(万元)	#支农和农林水气事业费	#文教卫生事业费	国家银行存款余额(万元)	国家银行贷款余额(万元)	居民储蓄存款(万元)
商丘地区									
商丘市	111052	11759	6673	9079	151	2457	132252	136517	161245
虞城县	49351	3991	1476	7261	398	3104	55656	92805	45136
商丘县	68496	5344	2722	9833	621	3954	76880	127602	65402
民权县	31455	2859	1366	6072	622	2822	34690	69917	40945
宁陵县	37426	3052	1388	8874	604	3023	30262	74844	30095
睢　县	30150	2152	1285	5745	324	2926	46955	91042	40238
夏邑县	40497	2735	1304	6338	310	3074	55434	93288	48824
柘城县	37442	3460	1287	6220	582	2850	46088	90719	41893
永城县	62870	6358	3353	9968	570	4057	76352	173868	84763
周口地区									
周口市	78162	3941	2285	6687	283	2200	134439	159773	105387
项城市	55041	7980	3827	13065	991	4664	68615	117440	74182
扶沟县	28575	3683	1740	6467	335	3014	110311	113067	98062
西华县	31416	4291	1649	6750	449	2707	83834	91659	80008
商水县	29915	4649	1286	7554	451	3338	74211	111301	65620
太康县	42210	4060	1685	7854	613	3659	50970	115910	72920
鹿邑县	60229	5416	2681	14462	2018	5507	76645	125180	70020
郸城县	43004	3679	1206	7890	685	3769	44248	93390	66909
淮阳县	49552	4035	1506	7307	519	3219	68154	118102	55300
沈丘县	45095	3360	1623	7823	422	3552	92521	121701	82362
驻马店地区									
驻马店市	94732	7836	4502	9886	243	2459	108720	116801	155213
确山县	26000	3666	1368	6230	275	2313	36733	54325	51718
泌阳县	32716	5142	1602	7907	488	3330	32859	58271	45417
遂平县	36929	5571	1323	7449	342	2882	36893	58812	50076
西平县	100177	8277	1674	10132	515	3579	99590	88699	78406
上蔡县	41932	6836	1694	9715	430	4223	54738	74538	79751
汝南县	42096	4791	1410	8093	400	3308	66268	73404	68853
平舆县	35000	3444	1192	7391	358	3100	34052	60433	52700
新蔡县	32186	3942	968	7515	375	3393	35202	65820	40079
正阳县	36025	4358	1180	6828	480	2687	34478	44670	50674
信阳地区									
信阳市	133321	7687	5821	9547	669	4120	117355	111275	181550
息　县	26141	4034	952	7771	399	3223	44022	68862	52961
淮滨县	23789	3701	1068	7755	395	2636	59661	34545	40130
信阳县	61177	5908	3540	9004	313	2741	113000	121800	71031
潢川县	49934	5059	1522	8002	348	2964	59673	79653	41465
光山县	38430	3551	1541	7415	565	3197	71716	80157	48388
固始县	69600	4952	1956	11383	479	5197	60400	88570	68172
商城县	27930	2118	722	6558	435	2587	50005	54028	50736
罗山县	48159	2823	1159	6676	465	3124	58255	71820	38351
新　县	24525	1669	711	4917	502	1716	26357	39711	32206

19—11 各县(市)教育、卫生主要指标

(1995年)

县　市	小学在校学生数(人)	普通中学在校学生数(人)	#初中	小学适龄人口入学率(%)	小学在校生巩固率(%)	初中适龄人口入学率(%)	初中在校生巩固率(%)	卫生机构床位数(张)	医生数(人)
郑州市									
巩义市	102795	36641	32180	99.55	100.06	97.61	98.01	1330	697
荥阳市	74326	30246	26448	100.00	99.23	97.18	98.83	790	558
新郑市	73772	24739	22161	99.92	99.76	98.24	99.28	1038	517
登封市	67552	29305	26103	99.85	100.15	90.46	98.68	767	456
新密市	105393	29328	21388	99.72	100.34	97.62	96.65	2180	1127
中牟县	87534	22026	15977	99.87	99.44	93.87	98.75	1233	559
开封市									
杞　县	129834	39363	35835	99.81	100.23	96.65	95.33	1111	423
通许县	70499	25153	22824	99.70	99.92	95.71	101.71	974	333
尉氏县	98516	35178	32164	98.76	99.95	77.85	101.37	1319	428
开封县	86158	34761	32167	97.69	99.23	74.78	97.72	879	254
兰考县	76900	30368	27612	100.00	99.87	97.56	99.25	899	439
洛阳市									
偃师市	73120	41343	36375	99.60	99.04	97.62	96.80	1066	524
孟津县	43207	22683	19633	99.35	99.21	100.00	96.20	550	322
新安县	50491	22342	19835	97.31	99.23	81.37	99.10	893	408
栾川县	26632	10264	9351	100.00	97.20	96.80	93.10	745	253
嵩　县	52983	15404	13873	98.38	100.01	76.32	92.32	654	342
汝阳县	39744	15248	13705	97.98	98.67	68.62	97.67	612	266
宜阳县	68120	30438	27689	99.72	99.64	91.96	96.05	1088	432
洛宁县	46143	14921	13398	97.76	99.96	72.83	88.23	679	325
伊川县	79327	28999	26488	99.24	100.21	67.42	94.21	861	366
平顶山市									
汝州市	106339	34158	30955	99.01	100.24	89.65	97.32	2244	642
舞钢市	30368	15322	13569	100.00	100.04	98.75	97.53	812	447
宝丰县	57885	18979	17387	99.80	99.50	69.19	99.31	843	350
叶　县	90492	28807	26022	98.87	100.14	90.01	97.39	895	458
鲁山县	95072	28716	26121	98.18	98.80	62.71	93.31	1389	437
郏　县	52464	22508	20236	99.20	96.34	66.20	91.09	667	486
襄城县	82954	32267	29789	99.48	98.79	77.73	93.86	935	377
安阳市									
林州市	105032	45550	40979	99.88	97.30	96.24	95.83	1634	885
安阳县	111431	53497	49380	99.97	99.12	98.79	95.46	1368	752
汤阴县	43785	19182	17102	99.79	98.60	96.12	93.80	794	454
滑　县	139969	54163	50014	99.81	98.90	93.51	96.20	1026	457
内黄县	69733	27492	25548	99.85	98.71	93.99	94.21	866	352
鹤壁市									
浚　县	66498	29028	26231	99.63	101.45	90.73	98.90	797	456
淇　县	24595	11748	10463	100.00	101.41	100.00	98.38	565	265
新乡市									
卫辉市	48280	22111	20076	98.62	99.16	64.68	94.41	2019	975
辉县市	93454	37875	32827	99.24	97.95	92.63	97.75	1654	956
新乡县	45664	24126	21292	99.29	99.51	89.92	100.59	701	418
获嘉县	40458	20517	18274	99.18	99.39	89.94	97.40	864	499

19—11 续表 1　　　　(1995 年)

县　市	小学在校学生数(人)	普通中学在校学生数(人)	#初中	小学适龄人口入学率(%)	小学在校生巩固率(%)	初中适龄人口入学率(%)	初中在校生巩固率(%)	卫生机构床位数(张)	医生数(人)
原阳县	71255	27575	24537	99.51	98.70	89.84	96.13	899	504
延津县	50372	25118	22554	97.70	100.03	84.59	98.63	963	384
封丘县	80253	34211	31604	99.20	98.03	88.88	99.68	814	490
长垣县	101410	30414	27977	99.17	99.48	66.08	92.01	774	520
焦作市									
济源市	62931	36347	31503	100.00	99.77	99.83	98.67	1614	832
沁阳市	38406	23387	21125	100.00	100.24	99.78	98.74	831	486
修武县	28141	16073	14190	99.70	100.14	100.00	99.89	703	383
博爱县	41535	23016	20799	99.74	99.25	97.71	98.50	837	529
武陟县	63941	36638	33192	100.00	100.00	100.00	99.71	928	593
温　县	40145	22959	20671	100.00	100.00	99.32	99.99	776	550
孟　县	28146	17243	15085	99.88	99.98	99.30	98.67	734	459
濮阳市									
清丰县	76945	24759	23041	99.57	99.88	86.56	96.82	784	519
南乐县	61979	18080	16406	98.88	99.60	91.58	97.62	598	244
范　县	49688	13254	12244	98.48	97.48	56.01	97.84	634	436
台前县	42339	10654	9494	98.17	98.00	68.03	96.70	279	279
濮阳县	141389	41216	38516	99.07	99.18	59.71	99.66	1152	649
许昌市									
禹州市	108910	46702	42352	99.19	100.42	90.39	97.15	1700	981
长葛市	64918	26323	22480	99.82	99.53	95.14	95.93	1077	603
许昌县	91666	35143	32478	99.49	99.09	74.79	95.85	800	546
鄢陵县	70854	30158	27838	99.56	99.50	70.29	95.46	815	405
漯河市									
舞阳县	52030	23492	21057	99.43	99.69	84.94	97.00	801	320
临颍县	82622	26649	24344	99.41	99.79	85.29	97.65	875	398
郾城县	99739	38486	35046	99.53	99.76	89.81	97.00	1469	459
三门峡市									
义马市	15718	8451	7296	99.48	99.97	98.41	97.70	1246	639
灵宝市	71726	28499	25857	98.39	99.90	89.00	98.93	1490	740
渑池县	27946	13894	12023	99.90	99.98	87.03	97.19	811	294
陕　县	27694	12280	10761	99.81	100.45	91.43	96.78	753	337
卢氏县	36224	11848	10769	99.09	96.90	64.13	96.84	717	400
南阳市									
邓州市	172173	69123	62333	99.97	99.77	99.18	98.52	1902	841
南召县	55665	20563	17896	99.22	99.17	59.77	98.70	1155	514
方城县	115987	31765	28419	99.88	99.27	82.40	89.47	918	464
西峡县	33424	15254	13185	99.35	99.86	75.85	96.13	763	305
镇平县	109876	39589	36855	99.80	99.29	93.38	97.48	788	446
内乡县	69568	24748	22156	98.98	102.00	92.43	97.73	747	315
淅川县	75852	27236	24642	99.27	101.45	91.17	94.88	783	423
社旗县	70953	27531	24810	99.91	99.30	84.45	99.23	683	368
唐河县	139284	50604	45614	98.91	95.63	94.31	88.93	1020	565
新野县	76653	36550	33268	99.99	99.34	93.47	101.73	913	506
桐柏县	43141	16791	15254	99.84	99.16	59.66	97.07	610	429

19—11 续表 2　　(1995 年)

县　市	小学在校学生数(人)	普通中学在校学生数(人)	#初中	小学适龄人口入学率(%)	小学在校生巩固率(%)	初中适龄人口入学率(%)	初中在校生巩固率(%)	卫生机构床位数(张)	医生数(人)
商丘地区									
商丘市	24750	12625	10756	100.00	100.26	100.00	99.40	2100	1365
虞城县	116350	36621	34084	99.64	99.54	70.40	97.65	1476	482
商丘县	119866	37840	34953	99.15	99.75	71.47	99.80	1931	891
民权县	88918	31688	28804	99.20	100.00	84.11	100.00	1260	493
宁陵县	79447	23544	21532	98.75	99.71	74.93	98.11	847	475
睢　县	90692	29259	26591	99.89	99.65	69.30	98.35	1205	555
夏邑县	111658	34801	31730	99.73	99.04	86.24	97.31	1712	633
柘城县	102478	30535	27990	99.05	99.08	70.15	97.49	1259	610
永城县	141122	51860	48543	100.00	99.97	74.73	98.59	1690	837
周口地区									
周口市	28930	15514	13052	99.50	99.99	78.67	100.00	1763	1237
项城市	138365	54818	51028	99.53	99.01	91.88	96.98	1059	577
扶沟县	82805	37474	33840	99.88	96.62	91.55	93.38	1000	687
西华县	95459	34459	30663	98.58	96.74	87.35	97.40	1198	606
商水县	120586	39881	36749	98.44	98.70	74.04	92.47	1233	707
太康县	157527	55336	50936	97.75	98.96	76.53	95.26	1567	1091
鹿邑县	133282	36465	33653	97.60	99.83	81.61	98.78	1263	736
郸城县	155085	37312	33657	97.90	95.09	74.80	96.06	1151	606
淮阳县	158021	41935	38373	99.67	97.68	74.46	93.95	1265	810
沈丘县	144348	50317	45481	98.70	98.07	72.90	88.31	1319	786
驻马店地区									
驻马店市	22740	15329	12432	100.00	100.00	100.00	99.96	2097	1499
确山县	47828	21071	18865	96.65	98.19	70.62	96.85	780	399
泌阳县	111008	31226	27419	98.50	99.04	60.30	93.34	933	586
遂平县	60531	26050	22753	97.42	99.66	83.63	96.43	1048	495
西平县	70972	34129	29625	100.00	100.00	74.42	94.88	993	383
上蔡县	143444	37722	33469	97.16	99.02	53.91	95.05	1004	764
汝南县	73053	31725	26982	98.49	99.54	98.49	97.61	1243	531
平舆县	99711	25190	22388	99.22	98.97	99.22	96.06	886	467
新蔡县	110352	21571	19491	99.44	98.05	99.44	91.20	1362	494
正阳县	71205	20163	17600	98.51	100.59	98.51	96.32	1037	428
信阳地区									
信阳市	21281	13784	10759	100.00	99.80	100.00	98.18	2551	1374
息　县	85272	19593	17225	98.88	99.53	54.65	93.53	750	444
淮滨县	57800	21283	18986	99.60	99.61	74.06	98.72	505	316
信阳县	84159	32304	28450	99.70	99.18	91.69	93.46	1097	560
潢川县	72356	24161	20863	99.06	100.41	79.72	101.53	809	477
光山县	65616	23801	19107	99.57	99.01	78.52	97.07	825	577
固始县	130406	47729	42323	99.72	99.57	56.73	97.27	1576	788
商城县	57828	23198	19574	99.50	99.93	62.15	97.41	698	523
罗山县	67878	28901	25175	98.77	100.68	84.13	98.99	857	376
新　县	29060	11362	10010	99.87	99.17	81.29	96.01	435	303

二十、全国及各省、市、区主要统计指标

20—1 全国及各省市区人口、国内生产总值及投资

(1995年)

地区	年底总人口(万人)	人口出生率(‰)	人口死亡率(‰)	人口自然增长率(‰)	国内生产总值(亿元)	人均国内生产总值(元)	全社会固定资产投资(亿元)	#国有经济	#集体经济
全国	**121121**	**17.12**	**6.57**	**10.55**	**58260.50**	**4835**	**20019.26**	**10898.24**	**3289.44**
北京	1251	7.92	5.12	2.80	1394.89	13073	864.85	518.28	69.42
天津	942	10.23	6.23	4.00	920.11	10308	396.55	245.76	58.19
河北	6437	13.93	6.32	7.61	2849.52	4444	907.75	411.04	256.17
山西	3077	16.60	6.12	10.48	1092.48	3569	270.64	205.44	23.53
内蒙古	2284	17.23	6.70	10.53	832.88	3639	251.32	191.13	8.50
辽宁	4092	12.17	6.15	6.02	2793.37	6880	865.49	584.87	79.55
吉林	2592	12.90	6.09	6.81	1129.20	4414	320.27	210.57	10.64
黑龙江	3701	13.23	5.33	7.90	2014.53	5465	517.62	380.10	25.22
上海	1415	5.75	7.05	—1.30	2462.57	18943	1597.89	935.92	240.96
江苏	7066	12.32	6.56	5.76	5155.25	7063	1764.76	583.60	619.94
浙江	4319	12.66	6.75	5.91	3524.79	8075	1482.62	440.14	506.36
安徽	6013	16.07	6.41	9.66	2003.58	3357	476.10	266.17	43.08
福建	3237	15.20	5.90	9.30	2160.52	6868	683.02	306.74	63.92
江西	4063	18.94	7.28	11.66	1205.11	2984	282.54	157.91	20.60
山东	8705	9.82	6.47	3.35	5002.34	5758	1308.62	599.79	403.39
河南	**9100**	**14.41**	**6.28**	**8.13**	**3002.74**	**3313**	**805.03**	**545.80**	**135.33**
湖北	5772	16.18	6.91	9.27	2391.42	4162	785.09	496.71	78.23
湖南	6392	13.02	7.15	5.87	2195.70	3470	523.00	298.38	39.85
广东	6868	18.10	5.70	12.40	5381.72	7973	2315.83	1108.76	376.33
广西	4543	17.54	6.53	11.01	1606.15	3543	403.15	216.29	36.81
海南	724	20.12	5.61	14.51	364.17	5225	182.08	86.45	7.00
四川	11325	17.08	7.21	9.87	3534.00	3177	901.42	515.63	121.75
贵州	3508	21.86	7.60	14.26	636.40	1853	161.79	107.58	9.84
云南	3990	20.75	8.03	12.72	1206.68	3044	390.45	256.56	28.82
西藏	240	24.90	8.80	16.10	55.98	2392	35.13	34.25	
陕西	3513	15.93	6.57	9.36	1000.03	2843	310.18	200.28	21.99
甘肃	2438	20.65	6.49	14.16	553.35	2288	145.76	106.33	12.24
青海	481	22.01	6.89	15.12	165.31	3430	53.11	44.59	3.42
宁夏	513	19.28	5.49	13.79	169.75	3328	62.17	43.44	4.18
新疆	1661	18.90	6.45	12.45	834.57	4819	331.97	262.68	24.11
河南为全国%	**7.5**	**84.2**	**95.6**	**77.1**	**5.2**	**68.5**	**4.0**	**5.0**	**4.1**
河南居全国位次	**2**	**19**	**20**	**19**	**6**	**23**	**10**	**6**	**7**

注:本表国内生产总值、人均国内生产总值按当年价格计算。

20—2 全国及各省市区职工工资
(1995 年)

地区	职工工资总额(亿元)	国有经济	城镇集体经济	其他各种经济类型	职工平均工资(元)	国有经济	城镇集体经济	其他各种经济类型
全国	**8100.0**	**6080.2**	**1182.0**	**637.8**	**5500**	**5625**	**3931**	**7463**
北京	382.0	295.6	46.5	39.9	8144	8238	6516	10276
天津	184.8	135.2	26.0	23.6	6501	6963	4138	8648
河北	335.9	276.7	44.1	15.1	4839	5208	3303	5158
山西	215.4	186.2	26.7	2.5	4721	5094	3108	5175
内蒙古	156.1	131.2	20.9	4.0	4134	4407	3001	3906
辽宁	503.9	374.2	95.4	34.3	4911	5452	3346	6274
吉林	221.0	180.9	31.9	8.2	4430	4803	3032	4791
黑龙江	328.6	271.3	42.3	15.0	4145	4461	2631	6292
上海	440.8	314.7	51.6	74.5	9279	9578	6309	11518
江苏	541.6	369.1	126.6	45.9	5943	6441	4621	7137
浙江	324.3	201.7	90.5	32.1	6619	6952	5702	7813
安徽	228.1	179.3	37.4	11.4	4609	4994	3107	7361
福建	196.7	122.8	26.2	47.7	5857	5790	4481	7305
江西	162.2	139.4	19.0	3.8	4211	4427	2990	5623
山东	464.1	357.8	72.3	34.0	5145	5585	3668	5299
河南	**347.7**	**284.2**	**47.8**	**15.7**	**4344**	**4677**	**3007**	**4644**
湖北	345.5	282.7	45.1	17.7	4685	4991	3308	5093
湖南	282.1	233.5	41.1	7.5	4797	5082	3525	6259
广东	734.2	458.9	124.3	151.0	8250	8540	6395	9546
广西	172.3	145.3	19.0	8.0	5105	5226	4064	6324
海南	57.0	48.6	3.8	4.6	5340	5230	4632	8214
四川	452.7	359.0	66.0	27.7	4645	4952	3251	5944
贵州	100.0	89.4	8.8	1.8	4475	4672	3061	5375
云南	158.9	137.8	18.2	2.9	5149	5286	4237	5802
西藏	12.1	11.6	0.4	0.1	7382	7572	4090	10821
陕西	172.3	153.0	15.7	3.6	4396	4639	2795	5979
甘肃	136.8	120.5	14.4	1.9	5493	5747	3944	6534
青海	38.0	35.5	2.4	0.1	5753	6161	2928	5452
宁夏	37.2	32.1	3.9	1.2	5079	5273	3782	5832
新疆	167.8	152.2	13.6	2.0	5348	5431	4509	5973
河南为全国%	**4.3**	**4.7**	**4.0**	**2.5**	**79.0**	**83.1**	**76.5**	**62.2**
河南居全国位次	**8**	**8**	**8**	**12**	**27**	**25**	**25**	**29**

20—3 全国及各省市区物价指数

(1995年,以上年价格为100)

地 区	居民消费价格总指数	城市	农村	商品零售价格总指数	城市	农村	农村生产资料价格总指数	农产品收购价格总指数
全 国	**117.1**	**116.8**	**117.5**	**114.8**	**113.5**	**116.4**	**127.4**	**119.9**
北 京	117.3			112.6				
天 津	115.3			110.6				
河 北	115.2	116.1	114.8	115.8	115.2	116.6	120.9	128.5
山 西	116.9	116.7	117.2	115.6	114.5	116.9	129.3	127.2
内蒙古	117.5	117.1	118.0	116.8	115.4	118.9	128.5	124.7
辽 宁	116.1	116.1	116.0	114.0	113.6	115.0	128.7	132.7
吉 林	115.2	115.1	115.6	114.2	114.0	115.4	130.2	126.6
黑龙江	116.1	115.9	116.2	114.3	113.7	115.7	123.1	119.7
上 海	118.7			113.0				
江 苏	115.8	116.2	115.3	114.3	112.5	114.3	126.9	114.3
浙 江	116.6	117.0	116.4	113.5	113.0	112.3	129.8	112.4
安 徽	114.8	115.9	113.7	112.7	113.1	114.7	128.0	119.0
福 建	115.2	116.4	114.4	114.4	114.3	116.9	120.2	124.8
江 西	116.9	116.9	117.0	115.9	115.0	115.6	128.7	121.8
山 东	117.6	116.8	117.9	114.2	113.2	116.2	133.3	112.8
河 南	**116.5**	**116.9**	**116.3**	**114.9**	**113.3**	**116.5**	**125.8**	**127.1**
湖 北	120.0	120.1	119.9	116.6	115.1	118.3	129.0	115.7
湖 南	119.0	118.1	119.5	115.5	114.5	116.8	129.3	117.2
广 东	114.0	113.1	115.3	111.6	110.8	112.7	120.3	119.0
广 西	118.4	118.0	118.6	116.4	115.0	117.7	130.1	119.0
海 南	113.5	110.6	118.4	111.3	108.7	115.5	115.7	
四 川	118.5	119.0	118.3	117.0	115.8	118.2	130.8	107.6
贵 州	121.4	119.5	124.7	117.2	115.2	120.1	135.7	129.7
云 南	121.3	120.3	121.8	118.1	116.3	120.1	125.5	125.6
西 藏								
陕 西	119.0	118.0	119.9	117.0	115.3	119.4	126.3	122.8
甘 肃	119.8	118.9	120.3	116.5	115.7	118.3	129.6	122.8
青 海	118.0	119.7	115.7	116.3	115.9	116.7	123.9	115.4
宁 夏	117.1	117.3	116.4	115.3	114.7	115.9	130.4	123.8
新 疆	119.7	118.4	122.5	116.7	115.7	118.3	126.6	129.1
河南为全国%	**99.5**	**100.1**	**99.0**	**100.1**	**99.8**	**100.1**	**98.7**	**106.0**
河南居全国位次	**19**	**14**	**17**	**16**	**20**	**15**	**19**	**6**

20－4 城乡居民收支及农林牧渔业总产值、增加值

(1995年)

地　区	城镇居民人均生活费收入(元)	城镇居民人均消费性支出(元)	农民人均纯收入(元)	农民人均生活费支出(元)	农林牧渔业总产值(亿元)	#农业	#牧业	农林牧渔业增加值(亿元)	#农业	#牧业
全　国	**3892.94**	**3537.57**	**1578**	**1310**	**20328.02**	**11876.89**	**6040.03**	**11993.40**	**7630.90**	**2820.69**
北　京	5868.30	5019.77	3224	2336	164.47	86.84	68.79	81.44	55.26	21.29
天　津	4626.40	4064.10	2406	1548	133.25	85.25	36.58	63.21	46.73	11.49
河　北	3592.46	8161.99	1669	1104	1147.83	753.52	344.18	631.34	438.19	166.41
山　西	2927.15	2640.73	1208	928	299.68	203.39	81.75	168.69	121.84	38.74
内蒙古	2587.02	2482.15	1208	1180	373.59	231.17	127.16	239.87	151.22	77.41
辽　宁	3306.51	3113.39	1757	1472	761.80	391.90	266.78	392.17	235.09	97.72
吉　林	2914.07	2597.96	1610	1495	490.28	301.44	173.32	303.99	204.62	89.26
黑龙江	2968.38	2776.49	1766	1480	670.03	462.16	180.82	388.15	308.65	66.18
上　海	6822.20	5868.11	4246	3387	182.47	77.71	81.48	61.68	38.60	13.45
江　苏	4209.05	3772.28	2457	1938	1686.78	986.15	475.67	848.35	597.02	144.51
浙　江	5718.16	5263.41	2966	2378	891.71	481.90	164.98	559.80	336.07	76.26
安　徽	3405.98	3161.41	1303	1071	980.26	637.91	246.19	581.24	401.38	109.76
福　建	4023.88	3848.11	2049	1794	765.38	340.48	171.19	479.42	225.48	93.46
江　西	3046.08	2712.44	1537	1256	631.71	331.64	209.53	374.64	200.94	103.73
山　东	3953.04	3285.50	1715	1338	1857.48	931.89	612.94	1010.13	555.73	254.03
河　南	**3029.47**	**2673.95**	**1232**	**929**	**1304.25**	**865.82**	**391.08**	**762.99**	**512.10**	**215.85**
湖　北	3605.96	3433.79	1511	1245	988.53	612.12	268.09	639.31	414.41	148.28
湖　南	4069.63	3885.64	1425	1367	1046.97	579.74	369.72	685.30	410.82	199.21
广　东	6849.65	6253.68	2699	2255	1445.48	777.72	349.11	868.99	516.34	150.32
广　西	4288.98	4045.83	1446	1203	743.50	384.17	270.79	488.97	281.00	141.45
海　南	4345.72	3760.29	1520	1080	202.10	86.12	36.51	130.45	58.09	20.67
四　川	3586.35	3429.00	1158	1093	1520.26	886.93	558.52	976.96	666.55	252.35
贵　州	3426.70	3250.55	1087	981	344.85	224.16	102.54	227.06	148.41	64.26
云　南	3683.78	3448.27	1011	931	474.46	299.48	127.19	305.27	196.04	75.14
西　藏			1200	897	23.06	10.05	12.43	27.50	12.50	14.40
陕　西	3048.18	2837.69	963	914	381.65	257.87	104.65	226.70	163.81	50.19
甘　肃	2893.59	2617.74	880	1063	289.37	200.24	81.84	154.89	103.07	47.75
青　海	3051.57	2870.07	1030	915	55.10	26.55	27.57	38.79	17.03	21.04
宁　夏	3026.47	2865.71	999	914	56.55	38.13	16.29	35.40	24.86	9.34
新　疆	3852.85	3186.76	1136	942	415.19	324.46	82.34	240.71	189.08	46.72
河南为全国%	**77.8**	**75.6**	**78.1**	**70.9**	**6.4**	**7.3**	**6.5**	**6.4**	**6.7**	**7.7**
河南居全国位次	**24**	**26**	**19**	**25**	**5**	**4**	**4**	**5**	**5**	**3**

注：本表农林牧渔业总产值、增加值按当年价格计算。

20—5 全国及各省市区农业生产条件

(1995年)

地　区	乡村劳动力(万人)	年底耕地面积(千公顷)	农田有效灌溉面积(千公顷)	农用机械总动力(万千瓦)	大中型农用拖拉机(台)	小型及手扶拖拉机(台)	农村用电量(亿千瓦小时)	农用化肥施用折纯量(万吨)	#氮肥
全　国	**44949.5**	**94970.8**	**49119.3**	**36060.00**	**670124**	**8633370**	**1655.5**	**3592.2**	**2021.1**
北　京	163.5	399.5	323.0	468.14	12228	42000	20.2	18.7	12.7
天　津	169.9	426.1	354.7	532.45	8156	33600	32.5	12.2	7.7
河　北	2573.5	6517.3	4040.0	4336.44	29040	915316	118.5	220.7	128.6
山　西	947.0	3645.1	1202.0	1359.60	23970	201762	46.1	77.1	40.2
内蒙古	589.5	5491.4	1776.4	902.47	33259	320449	16.7	53.7	32.3
辽　宁	866.1	3389.7	1203.8	1016.87	31436	130240	81.6	103.1	67.3
吉　林	631.1	3953.2	904.4	661.43	29128	237823	21.5	101.2	62.0
黑龙江	583.5	8995.3	1094.7	1226.10	79356	441881	23.5	108.9	51.2
上　海	230.4	290.0	287.7	173.35	9143	15667	52.3	22.8	18.4
江　苏	2773.0	4448.3	3832.8	2226.95	23198	750405	238.2	292.8	176.7
浙　江	2097.0	1617.8	1419.0	1641.80	6251	286842	169.2	97.5	68.3
安　徽	2592.2	4291.1	2933.7	1835.98	9622	881200	37.4	203.3	105.9
福　建	1148.5	1204.0	936.8	757.25	3732	161574	45.7	104.3	51.6
江　西	1556.1	2308.4	1879.7	663.08	7606	70124	26.6	112.1	60.0
山　东	3572.5	6696.0	4662.5	4016.47	100914	668423	147.3	362.3	189.1
河　南	**3773.0**	**6805.8**	**4044.2**	**3115.39**	**49278**	**1156400**	**85.1**	**322.2**	**176.8**
湖　北	1810.4	3358.0	2174.4	1174.34	71157	154747	47.4	228.4	129.6
湖　南	2756.1	3249.7	2680.0	1532.54	5323	198013	37.6	167.9	96.5
广　东	2519.2	2317.3	1488.3	1669.60	7078	343982	186.3	195.7	99.5
广　西	1964.6	2614.2	1472.1	1075.40	11770	270424	23.6	122.9	54.0
海　南	202.9	429.2	180.6	176.02	2586	28235	1.2	17.3	7.8
四　川	5177.7	6189.6	2898.6	1595.78	6474	152200	78.7	244.9	153.2
贵　州	1587.7	1840.0	612.1	379.11	9115	40500	7.9	60.8	36.8
云　南	1835.3	2870.6	1250.0	910.74	9568	216192	20.7	88.0	51.0
西　藏		222.0							
陕　西	1324.9	3393.4	1340.0	780.51	19373	229434	44.6	112	66.9
甘　肃	876.0	3482.5	892.5	748.02	14344	278892	21.4	50.9	26.9
青　海	152.7	589.9	177.3	188.47	3149	112907	2	6.5	3.2
宁　夏	162.5	807.2	278.2	241.46	3822	115196	5.6	16.4	10.9
新　疆	312.5	3128.3	2780.0	653.79	50048	178942	16.2	67.8	36.4
河南为全国%	**8.4**	**7.2**	**8.2**	**8.6**	**7.4**	**13.4**	**5.1**	**9.0**	**8.7**
河南居全国位次	**2**	**2**	**2**	**3**	**5**	**1**	**6**	**2**	**2**

20—6 全国及各省市区主要农产品产量

（1995 年）

地　区	粮食总产量（万吨）	棉花总产量（吨）	油料总产量（万吨）	烟叶总产量（吨）	肉类总产量（万吨）	大牧畜年底头数（万头）	猪年底头数（万头）	羊年底只数（万只头）	水产品产量（万吨）
全　国	**46661.8**	**4767521**	**2250.07**	**2314173**	**5260.09**	**15861.7**	**44169.2**	**27685.6**	**2488.75**
北　京	259.8	2600	3.00	147	37.61	23.1	253.5	81.5	8.05
天　津	207.5	11217	4.01	9427	21.23	40.0	88.0	74.9	15.35
河　北	2739.0	370459	109.86	10455	310.72	870.9	2052.8	1565.7	39.61
山　西	917.1	90817	22.26	5237	60.97	358.6	561.0	915.0	1.75
内蒙古	1055.4		70.24	31959	81.89	708.3	765.7	3321.0	4.76
辽　宁	1423.5	23666	19.77	30706	222.39	476.4	1468.4	373.2	197.86
吉　林	1992.4		25.55	111757	134.54	498.7	764.4	337.0	11.06
黑龙江	2552.1		20.08		135.75	632.6	1140.3	494.7	25.29
上　海	210.4	3577	15.77		57.83	6.9	208.4	47.7	29.07
江　苏	3286.3	561637	159.46	2662	305.90	123.3	2119.0	1273.9	219.47
浙　江	1430.9	62475	50.00	1350	121.24	50.3	1286.6	218.6	318.07
安　徽	2580.7	301213	191.76	44027	197.34	723.7	1565.6	621.1	75.20
福　建	919.9		23.28	58982	126.61	127.7	1101.5	100.5	257.27
江　西	1607.4	118547	103.58	15909	219.40	384.4	1951.0	45.8	84.04
山　东	4246.4	470820	315.00	86376	585.91	1463.3	2485.4	4520.4	380.94
河　南	**3466.5**	**770000**	**298.00**	**222578**	**333.00**	**1420.5**	**2667.7**	**2298.3**	**18.09**
湖　北	2463.8	586000	189.44	111108	279.40	413.9	2449.1	263.2	150.91
湖　南	2691.6	223528	112.04	92947	345.52	432.7	3391.1	214.8	86.28
广　东	1734.8		71.02	50408	305.06	471.6	2184.0	27.3	354.34
广　西	1508.2	716	45.35	27410	250.17	830.4	2425.2	141.3	103.29
海　南	201.8		7.60	290	31.92	146.5	296.3	71.2	43.25
四　川	4365.0	112129	170.17	156035	625.74	1189.8	7090.9	1210.6	42.00
贵　州	948.9	868	58.83	357980	105.54	729.8	1607.6	221.2	3.27
云　南	1188.9	703	19.58	768335	128.21	966.4	2295.1	718.7	8.44
西　藏	70.0		3.37		11.55	589.9	19.8	1770.1	
陕　西	913.4	39851	38.15	66048	79.14	336.0	906.4	663.4	3.77
甘　肃	644.2	22894	31.69	48871	62.70	617.6	688.4	1126.5	0.76
青　海	114.2		16.21	72	18.37	559.0	108.9	1666.3	0.24
宁　夏	203.2	111	5.59	550	12.06	89.7	91.9	292.7	1.87
新　疆	718.5	993693	49.41	2547	52.38	580.0	135.3	3009.0	4.44
河南为全国%	**7.4**	**16.2**	**13.2**	**9.6**	**6.3**	**9.0**	**6.0**	**8.3**	**0.7**
河南居全国位次	**3**	**2**	**2**	**3**	**4**	**2**	**3**	**4**	**17**

20—7 全国及各省市区工业主要经济指标

(1995年)

地区	工业总产值(原规定)(亿元)	独立核算工业企业(亿元)							
		#乡及乡以上	资产合计	资本金合计	流动资产合计	流动资产年平均余额	固定资产原价合计	固定资产净值年平均余额	流动负债合计
全国	**91893.75**	**66390.53**	**79233.86**	**21552.86**	**35560.99**	**33498.65**	**44988.79**	**27423.10**	**35630.40**
北京	1908.62	1733.98	2582.63	679.20	1190.85	1103.20	1390.03	842.47	1084.07
天津	2094.01	1725.28	2213.59	656.11	1011.07	914.20	1296.68	645.96	912.85
河北	3995.72	2589.91	3384.72	911.51	1420.59	1339.07	2031.60	1293.70	1471.39
山西	1753.58	1121.02	1897.88	541.61	748.59	752.58	1304.71	757.54	748.58
内蒙古	781.73	648.58	1187.31	342.84	475.22	450.26	774.94	473.61	491.37
辽宁	4974.90	3544.29	5513.40	1317.20	2461.52	2405.02	3484.89	1914.88	2644.17
吉林	1428.96	1233.54	2195.11	516.41	930.91	901.91	1242.75	776.16	1011.79
黑龙江	2203.78	1951.27	2813.18	684.99	1237.64	1215.68	1927.34	1042.75	1310.60
上海	5128.97	4703.63	5590.89	1502.90	2831.51	2639.93	2626.30	1609.08	2506.71
江苏	11812.86	8987.48	6768.85	2064.53	3272.30	3045.03	3452.92	2197.60	3231.37
浙江	8087.75	4497.98	4012.93	1207.39	2003.84	1864.67	1881.79	1233.87	1974.93
安徽	3155.88	2063.11	2082.73	546.08	913.86	844.56	1160.83	715.32	914.81
福建	2800.68	1747.10	1927.61	653.12	878.27	813.89	991.98	677.17	808.93
江西	1291.37	990.72	1302.50	316.80	563.74	528.21	755.15	451.32	612.17
山东	8456.32	5686.60	5919.28	1653.06	2542.96	2394.14	3538.92	2204.13	2681.24
河南	**4716.26**	**2763.79**	**3162.48**	**851.74**	**1381.40**	**1288.40**	**1992.91**	**1190.75**	**1377.58**
湖北	4102.58	2785.71	3085.91	811.17	1353.91	1322.96	1806.93	1007.75	1348.52
湖南	2451.47	1646.55	2011.40	507.17	846.34	805.97	1282.75	721.49	928.25
广东	9535.42	7189.25	8669.71	2467.43	3984.03	3710.98	4298.15	3078.67	3977.98
广西	1666.10	1140.21	1477.32	387.44	602.98	546.05	833.27	501.53	634.17
海南	193.26	154.77	307.03	81.32	111.94	108.45	148.48	102.71	116.40
四川	4426.37	3229.64	4327.94	1083.52	1953.80	1830.63	2506.57	1460.76	2035.57
贵州	557.14	476.41	852.13	226.55	397.28	374.38	494.92	307.91	397.51
云南	1206.55	1038.80	1454.50	327.68	631.26	562.97	771.24	468.73	585.01
西藏	8.99	8.28	24.89	12.96	7.91	6.45	20.05	13.65	5.55
陕西	1182.72	948.69	1596.96	393.87	703.43	665.41	947.12	544.99	739.48
甘肃	824.73	694.16	1126.31	334.90	456.90	434.07	769.88	420.55	438.12
青海	148.64	142.46	327.35	86.82	118.44	113.52	236.53	143.04	127.70
宁夏	197.50	182.65	305.37	99.40	126.40	115.30	209.87	132.27	120.00
新疆	802.02	764.67	1111.95	287.14	402.08	400.78	809.27	492.72	393.59
河南为全国%	**5.1**	**4.2**	**4.0**	**4.0**	**3.9**	**3.8**	**4.4**	**4.3**	**3.9**
河南居全国位次	**7**	**9**	**9**	**9**	**9**	**10**	**8**	**9**	**9**

20－7续表　　　　　　　　　　(1995年)

地　区	独立核算工业企业								
	长期负债合计(亿元)	所有者权益合计(亿元)	产品销售收入(亿元)	#产品销售成本	利润总额(亿元)	利税总额(亿元)	资金利税率(%)	销售收入利润率(%)	工业成本费用利润率(%)
全　国	**15759.61**	**27482.76**	**52936.21**	**42860.78**	**1634.93**	**5050.33**	**8.29**	**3.09**	**3.81**
北　京	427.68	1053.86	1590.36	1294.10	85.29	192.97	9.92	5.36	6.59
天　津	532.99	757.28	1464.71	1211.95	66.01	142.21	9.12	4.51	5.45
河　北	779.63	1120.66	2132.28	1714.29	82.17	215.06	8.17	3.85	4.79
山　西	440.06	693.70	923.76	719.55	33.98	108.59	7.19	3.68	4.72
内蒙古	264.81	427.56	526.06	407.01	9.29	52.82	5.72	1.77	2.28
辽　宁	1109.92	1748.14	2968.27	2451.02	4.08	207.85	4.81	0.14	0.17
吉　林	518.36	658.71	1021.11	821.62	－1.94	79.50	4.74	－0.19	－0.24
黑龙江	610.61	882.21	1636.13	1219.79	105.46	266.10	11.78	6.45	8.65
上　海	737.20	2322.29	4049.28	3297.41	244.85	484.36	11.40	6.05	7.43
江　苏	1053.72	2450.79	6272.44	5216.58	167.55	451.62	8.61	2.67	3.21
浙　江	583.25	1437.12	3344.71	2795.54	102.00	262.88	8.48	3.05	3.65
安　徽	411.43	750.32	1661.68	1350.89	46.04	153.48	9.84	2.77	3.41
福　建	331.91	775.20	1469.28	1218.99	48.16	130.54	8.75	3.28	3.95
江　西	334.34	350.80	789.10	643.71	5.15	54.28	5.54	0.65	0.80
山　东	1263.10	1954.06	4406.66	3569.30	158.19	434.26	9.44	3.59	4.43
河　南	**705.99**	**1066.75**	**2213.96**	**1745.71**	**105.89**	**259.03**	**10.45**	**4.78**	**5.11**
湖　北	659.69	1067.40	2066.38	1668.13	52.26	181.57	7.79	2.53	3.13
湖　南	369.97	705.74	1340.79	1065.34	4.77	124.37	8.14	0.36	0.45
广　东	1600.83	3016.46	6195.84	5147.20	171.87	445.53	6.56	2.77	3.34
广　西	313.82	520.46	903.13	726.47	16.11	85.01	8.12	1.78	2.22
海　南	68.69	120.83	123.60	105.16	－1.25	6.22	2.94	－1.01	－1.19
四　川	888.03	1380.06	2470.00	1999.14	11.24	182.10	5.53	0.46	0.56
贵　州	186.01	266.41	389.94	287.73	3.77	52.26	7.66	0.97	1.31
云　南	304.24	562.83	878.65	547.73	114.71	314.62	30.50	13.05	20.94
西　藏	2.40	16.44	6.86	4.71	0.36	1.14	5.69	5.20	7.58
陕　西	367.68	484.66	764.04	596.17	－3.36	52.20	4.31	－0.44	－0.56
甘　肃	291.27	393.87	573.52	453.23	5.73	53.00	6.20	1.00	1.26
青　海	118.79	80.31	120.21	95.95	－5.65	4.64	1.81	－4.70	－5.89
宁　夏	85.55	99.71	148.33	114.62	3.37	15.29	6.18	2.27	2.94
新　疆	397.61	318.12	485.13	371.78	－1.18	36.84	4.12	－0.24	－0.32
河南为全国%	**4.5**	**3.9**	**4.2**	**4.1**	**6.5**	**5.1**	**126.1**	**154.7**	**134.1**
河南居全国位次	**8**	**10**	**8**	**8**	**6**	**8**	**4**	**6**	**7**

注：本表工业总产值按当年价格计算。

20－8　全国及各省市区主要工业产品产量

（1995 年）

地　区	纱产量（万吨）	饮料酒产量（万吨）	卷烟产量（万箱）	农用化肥产量（折纯量）（万吨）	原煤产量（亿吨）	原油产量（万吨）	发电量（亿千瓦小时）	钢产量（万吨）	平板玻璃产量（万重量箱）
全　国	**542.25**	**2559.66**	**3485.02**	**2556.17**	**13.61**	**15004.95**	**10077.26**	**9535.99**	**15723.22**
北　京	7.35	91.20	15.84	10.59	0.10		132.21	804.88	524.04
天　津	12.35	12.34	17.01	9.74		620.82	133.65	171.57	196.09
河　北	38.97	146.21	112.99	155.69	0.81	517.02	607.17	793.25	2576.94
山　西	7.22	28.22	28.43	102.31	3.47		505.97	339.80	241.44
内蒙古	1.91	45.93	30.55	17.35	0.71		278.54	355.36	445.42
辽　宁	17.95	142.60	43.19	78.21	0.56	1552.68	540.08	1335.80	1233.27
吉　林	5.04	86.06	58.53	31.38	0.26	342.73	284.60	115.93	251.87
黑龙江	3.73	141.17	79.03	43.69	0.79	5601.49	388.01	93.76	531.05
上　海	29.84	30.69	95.99	29.56			403.42	1454.11	634.63
江　苏	86.25	162.67	78.98	191.85	0.27	101.41	700.41	361.43	855.99
浙　江	28.35	226.71	84.52	81.37	0.01		401.48	144.55	385.69
安　徽	22.30	108.66	193.97	165.73	0.44		310.32	325.45	242.54
福　建	8.08	109.32	81.35	51.80	0.11		261.55	55.49	302.42
江　西	10.61	56.02	43.76	38.44	0.29		176.48	149.73	100.01
山　东	68.90	341.54	231.98	203.52	0.88	3006.27	739.24	389.10	1343.54
河　南	**41.03**	**123.20**	**298.30**	**219.19**	**1.03**	**601.96**	**547.71**	**280.98**	**2127.41**
湖　北	49.84	133.30	220.03	191.34	0.15	85.03	452.74	711.57	496.54
湖　南	14.66	47.17	249.88	152.78	0.56		332.94	176.62	861.43
广　东	15.90	132.52	157.27	53.90	0.11	650.97	821.06	207.44	854.78
广　西	7.32	37.97	98.35	43.12	0.14	3.65	217.29	88.78	224.32
海　南	0.09	1.72	9.80	0.54		0.11	31.53	0.35	
四　川	17.21	214.82	187.63	289.11	0.96	17.23	575.97	678.38	383.64
贵　州	2.22	33.62	204.49	61.02	0.55		231.55	65.94	46.63
云　南	3.57	26.46	680.45	121.46	0.28	10.21	228.42	140.50	165.88
西　藏		0.12					4.83		
陕　西	14.02	28.10	133.83	68.46	0.42	166.95	236.77	53.67	295.15
甘　肃	2.07	17.91	28.75	43.27	0.25	267.83	237.75	131.95	299.88
青　海	0.73	3.59	3.00	20.94	0.03	121.72	60.42	35.54	19.57
宁　夏	0.27	4.89	3.50	41.49	0.15	39.04	107.77	3.46	25.54
新　疆	24.47	24.95	13.60	38.33	0.27	1297.83	120.43	70.59	57.55
河南为全国%	**7.6**	**4.8**	**8.6**	**8.6**	**7.6**	**4.0**	**5.4**	**2.9**	**13.5**
河南居全国位次	**4**	**10**	**2**	**2**	**2**	**7**	**6**	**12**	**2**

20－9　全国及各省市区邮电、内外贸易及财政、金融主要指标

(1995年)

地　区	邮电局所(处)	邮电业务总量(亿元)	市话交换机总容量(万门)	市内电话机总数(万部)	社会消费品零售总额(亿元)	出口贸易总额(亿美元)	外商直接投资(万美元)	财政收入(亿元)	居民储蓄存款年底余额(亿元)
全　国	**61898**	**988.85**	**5456.35**	**4346.32**	**20619.4**	**1488.0**	**3770000**	**6187.73**	**29662.00**
北　京	633	56.13	237.50	241.72	827.0	24.9	140277	100.20	1285.75
天　津	300	18.72	137.63	120.22	375.6	29.0	152064	58.90	549.49
河　北	2538	36.09	262.37	194.67	852.1	30.2	70260	116.70	1791.77
山　西	1888	13.83	102.50	84.26	375.9	12.1	4832	71.40	844.51
内蒙古	1804	9.66	102.99	83.83	295.0	6.1	9417	42.70	409.87
辽　宁	2064	50.08	321.99	243.77	1122.0	82.5	139910	183.60	1753.53
吉　林	1278	21.22	168.45	136.19	481.5	14.0	39876	63.30	724.86
黑龙江	2060	27.47	240.25	175.17	682.7	21.0	44868	101.00	1087.99
上　海	666	55.70	345.71	278.18	970.0	115.8	267800	227.30	1395.57
江　苏	3218	72.24	382.11	333.90	1650.0	115.3	478058	172.50	1921.99
浙　江	3149	63.02	268.05	227.22	1395.7	70.6	85866	116.80	1320.84
安　徽	2717	22.65	198.23	127.48	586.5	15.8	48000	83.80	686.87
福　建	1864	53.49	222.37	156.31	670.4	91.8	403881	116.80	794.91
江　西	1938	14.18	124.41	78.99	410.7	14.3	28818	105.00	613.96
山　东	4080	53.71	267.84	256.58	1442.7	96.5	260719	179.00	2194.13
河　南	**3368**	**30.26**	**194.46**	**164.03**	**906.7**	**18.3**	**47981**	**124.63**	**1456.35**
湖　北	2373	29.80	224.21	181.38	931.8	23.3	62253	99.60	947.47
湖　南	3188	31.48	205.65	153.67	837.4	20.9	48802	107.20	941.96
广　东	3580	204.93	569.84	452.47	2304.1	565.9	1018028	380.40	3891.19
广　西	1503	20.56	124.85	82.99	532.5	22.5	66952	122.00	735.54
海　南	506	10.49	39.90	35.51	108.6	9.4	106207	28.30	279.41
四　川	7468	37.40	231.39	181.37	1300.5	27.1	46531	165.40	1468.43
贵　州	2188	6.32	51.68	35.94	197.6	4.6	5763	38.50	247.63
云　南	1809	13.97	112.36	73.25	370.0	13.3	10232	98.10	500.12
西　藏	138	0.57	4.66	3.34	24.5	0.2		2.20	20.21
陕　西	2040	14.51	109.47	85.84	369.5	11.8	32407	51.00	741.52
甘　肃	1217	7.08	76.91	60.31	229.9	3.9	4124	40.00	380.17
青　海	446	1.56	14.69	13.71	57.8	1.4	143	8.60	82.19
宁　夏	312	2.29	30.26	20.15	57.2	2.4	2328	9.00	115.19
新　疆	1565	9.02	83.63	63.87	253.6	6.8	6678	36.50	475.48
河南为全国%	**5.4**	**3.1**	**3.6**	**3.8**	**4.4**	**1.2**	**1.3**	**2.0**	**4.9**
河南居全国位次	**4**	**12**	**15**	**12**	**9**	**16**	**16**	**7**	**7**

注：本表邮电业务总量按1990年不变价格计算。

20—10 全国及各省市区在校学生数

(1995年)

单位:人

地区	普通高等学校	成人高等教育	中等技术学校	中等师范学校	高中	初中	职业高中	职业初中	小学
全国	**2908402**	**2570028**	**2873552**	**847977**	**7131588**	**46578202**	**3786321**	**696878**	**131951477**
北京	182183	190122	61394	14499	102522	525724	85364	180	1007301
天津	68080	59449	51867	7864	68537	387756	51679	1031	884476
河北	126290	88192	131949	48319	355812	2746596	199303	43395	8513146
山西	67420	51855	82484	24959	190391	1319347	78217	26914	3270404
内蒙古	36715	35684	43953	13703	185151	908380	53319	100346	2343129
辽宁	179412	153844	108139	32182	291679	1716659	180224	2760	3751941
吉林	100785	90040	86992	26977	191760	1095669	113558	36817	2690280
黑龙江	113523	108384	71239	28764	252376	1538820	104315	17205	3729337
上海	144082	75544	99609	8912	129865	600918	86315	132	1109627
江苏	208620	132853	279126	39593	477146	2690390	260538	1896	6447727
浙江	92857	80163	108258	30804	290859	1814584	177995	1975	3629838
安徽	88002	79523	94987	25855	289440	2525852	147244	204194	6068810
福建	71686	47131	65291	31542	165203	1387331	155429	7999	3799640
江西	81999	51711	75753	30544	254463	1678249	105212	23270	4305362
山东	160398	198934	212030	46771	625823	4078749	398408	16237	9403584
河南	**122388**	**147884**	**138940**	**75343**	**429117**	**3749530**	**429802**	**28803**	**10395639**
湖北	182703	170991	255177	44107	367459	2108402	115952	54401	6741588
湖南	130363	138517	150986	35122	387275	2466804	185991	13301	7366539
广东	151788	135053	162929	54501	389031	3005525	181347	7945	8831914
广西	60032	52200	83525	33142	209327	1731207	95959	17511	6399187
海南	12041	9928	10754	8315	41626	275466	8012	547	1117457
四川	200862	200902	188197	67156	439384	3252161	241663	11305	9988734
贵州	34676	39587	51804	21115	132132	952134	43485	28981	4753439
云南	51427	37502	74469	28177	177827	1094686	77260	21927	4624119
西藏	3878	40	3079	2496	5356	27355	241	85	258651
陕西	128285	94301	71947	23121	273832	1176885	113595	5485	4515750
甘肃	45480	31432	42044	15986	168589	746674	39766	2981	2737059
青海	7332	3710	7744	5899	45194	148668	5542	6131	447978
宁夏	10686	8624	8352	4111	53082	219223	7214	2374	617547
新疆	44409	55928	50534	18098	141330	608458	43372	10750	2201274
河南为全国%	**4.2**	**5.8**	**4.8**	**8.9**	**6.0**	**8.0**	**11.4**	**4.1**	**7.9**
河南居全国位次	**12**	**6**	**7**	**1**	**4**	**2**	**1**	**7**	**1**

附录："八五"时期河南经济社会发展主要指标

“八五”时期河南经济社会发展主要指标

指标	单位	1985年	“七五”累计完成	#1990年	“八五”累计完成	#1995年	“八五”累计比“七五”累计增长%	“八五”年平均增长%
年底总人口※	万人	7847	8649	8649	9100	9100	5.2	1.0
人口自然增长率※	‰	13.96	18.40	18.40	8.13	8.13		
从业人员※	万人	3520	4086	4086	4509	4509	10.4	2.0
#职工人数※	万人	593	693	693	815	815	17.6	3.3
国内生产总值	亿元	451.74	3646.96	934.65	9215.41	3002.74		13.0
第一产业增加值	亿元	173.43	1255.68	325.77	2408.65	762.99		4.4
第二产业增加值	亿元	170.07	1381.21	331.85	4194.18	1420.25		19.8
第三产业增加值	亿元	108.24	1010.07	277.03	2612.58	819.50		11.8
人均国内生产总值	元	579.70	4403.90	1090.60	10308.90	3312.80		11.7
农林牧渔业总产值	亿元	241.54	1905.67	502.01	3963.96	1304.25		6.8
#农业	亿元	188.79	1439.70	372.19	2735.92	865.82		3.8
牧业	亿元	41.19	369.11	105.17	1054.16	391.08		14.8
主要农产品产量								
粮食	万吨	2710.53	14610.18	3303.66	16479.42	3466.50	12.8	1.0
#小麦	万吨	1528.23	8049.83	1639.86	8679.68	1754.18	7.8	1.4
人均粮食占有量	公斤	347.86	1770.81	385.49	1851.92	382.47	4.6	−0.2
棉花	万吨	54.73	280.90	67.61	366.44	77.00	30.5	2.6
油料	万吨	96.18	602.50	152.29	988.75	298.00	64.1	14.4
烟叶	万吨	53.89	208.76	40.86	176.85	22.26	−15.3	−11.4
水果	万吨	53.33	354.55	63.92	658.78	211.66	85.8	27.1
大牲畜年底头数※	万头	886.35	1116.33	1116.33	1420.45	1420.45	27.2	4.9
生猪年底头数※	万头	1621.74	1750.32	1750.32	2667.72	2667.72	52.4	8.8
肉类总产量	万吨	71.83	526.19	134.86	1119.43	333.00	112.7	19.8
耕地面积※	万亩	10550	10400	10400	10209	10209	−1.8	−0.4
人均耕地面积※	亩	1.34	1.20	1.20	1.12	1.12	−6.7	−1.4
机耕面积※	万亩	3747	6614	6614	7297	7297	10.3	2.0
农田有效灌溉面积※	万亩	4784.96	5325.13	5325.13	6066.29	6066.29	113.9	2.6
工业总产值(原规定)	亿元	401.32	3842.92	1036.73	13438.74	4716.26		24.0
1、轻工业	亿元	193.06	1771.17	473.13	5756.78	2048.78		25.4
重工业	亿元	208.26	2071.75	563.60	7681.96	2667.48		23.0
2、国有工业	亿元	263.90	2199.42	572.03	5269.18	1600.75		10.9
集体工业	亿元	123.05	1289.80	358.44	5297.23	1898.33		30.0
城乡个体工业	亿元	14.08	343.84	102.05	2220.00	887.25		38.5
其他各种经济类型工业	亿元	0.29	9.86	4.21	652.33	329.93		127.4
主要工业产品产量								
纱	万吨	22.92	149.15	31.45	193.28	41.03	29.6	5.5
布	亿米	9.36	55.26	11.17	67.14	16.64	21.5	8.3
卷烟	万箱	316.20	1555.85	291.49	1483.71	298.30	−4.6	0.5
饮料酒	万吨	36.73	282.01	63.41	452.72	123.20	60.5	14.2
机制纸及纸板	万吨	79.73	615.24	148.41	1244.22	328.85	102.2	17.2
原煤	万吨	7857.00	42195.24	9080.44	47229.68	10334.00	11.9	2.6
原油	万吨	793.31	4627.10	882.06	3712.73	601.96	−19.8	−7.4
发电量(亿千瓦小时)		209.34	1399.49	319.14	2235.48	547.71	59.7	11.4
钢	万吨	97.26	689.01	168.98	1160.66	280.98	68.5	10.7
农用化肥(折纯量)	万吨	81.43	593.61	140.58	900.01	219.19	51.6	9.3

附表1

指标	单位	1985年	"七五"累计完成	#1990年	"八五"累计完成	#1995年	"八五"累计比"七五"累计增长%	"八五"年平均增长%
水泥	万吨	764.77	5402.51	1178.91	11863.27	3349.27	119.6	23.2
平板玻璃	万重量箱	595.73	4198.12	904.80	7177.90	2127.41	71.0	18.6
小型拖拉机	万台	9.42	58.70	16.58	83.79	24.07	42.7	7.7
独立核算工业企业								
主要经济指标								
产品销售收入	亿元	303.80	2559.40	640.21	6944.09	2213.96	171.3	28.2
利润和税金总额	亿元	58.45	388.60	77.57	844.42	259.03	117.3	27.3
年底固定资产原价※	亿元	316.23	645.61	645.61	1992.91	1992.91	308.7	25.3
年底固定资产净值※	亿元	217.57	459.07	459.07	1405.91	1405.91	306.3	25.1
公路通车里程※	万公里	3.88	4.32	4.32	4.97	4.97	15.0	2.8
民用汽车拥有量※	万辆	17.82	30.79	30.79	46.93	46.93	52.4	8.8
货物周转量	亿吨公里	838.22	5309.04	1169.44	6810.57	1538.92	28.3	5.6
邮电业务总量	万元	11057	95678	27872	753739	302583	348.3	43.9
市内电话交换机总容量※	万门	11.92	24.92	24.92	194.46	194.46	680.3	50.8
#程控※	万门		4.25	4.25	194.46	194.46	4475.5	114.8
全社会固定资产投资总额	亿元	126.95	903.21	206.12	2458.77	805.03	172.2	30.5
国有经济	亿元	64.57	468.33	108.23	1613.16	545.80	244.4	38.9
第一产业	亿元	0.45	2.41	0.41	6.25	2.69	159.3	39.8
第二产业	亿元	45.01	352.32	81.57	928.60	291.67	163.6	28.8
#工业	亿元	43.78	348.28	80.90	911.30	285.31	161.7	28.4
#能源工业	亿元	24.89	189.52	47.23	388.27	130.74	104.9	17.1
第三产业	亿元	19.11	113.60	26.25	678.29	251.43	497.1	60.9
#交通运输、邮电通信业	亿元	4.04	32.10	5.62	191.70	64.82	497.2	72.2
集体经济	亿元	15.53	97.24	24.57	387.68	135.33	298.7	41.1
城乡个人	亿元	46.85	337.64	73.32	457.93	123.90	35.6	7.5
社会消费品零售总额	亿元	180.59	1332.01	314.31	2893.50	906.67	117.2	23.6
1、国有经济	亿元	72.89	552.13	132.72	1091.49	289.22	97.7	16.9
集体经济	亿元	66.61	423.27	88.32	622.73	171.18	47.1	14.2
个体经济	亿元	30.03	256.04	67.81	839.23	316.15	227.8	36.1
其他各种经济类型	亿元	11.06	100.57	25.46	340.05	130.12	238.1	38.6
2、城市	亿元	63.48	543.06	140.85	1404.97	443.74	158.7	25.8
县	亿元	46.26	337.63	76.21	656.02	197.16	94.3	20.9
县以下	亿元	70.85	451.31	97.25	832.01	265.77	84.5	22.3
进出口总额	亿美元	4.50	40.93	10.04	96.15	26.85	134.9	21.8
进口额	亿美元	0.83	5.49	1.37	24.67	8.55	349.4	44.2
出口额	亿美元	3.67	35.44	8.67	71.48	18.30	101.7	16.1
实际利用外资额	亿美元	1208	22563	1136	291009	102842	1189.8	146.2
#外商直接投资	亿美元	565	12823	1049	139148	47981	985.1	114.8
接待境外旅游者人数	万人次	6.36	47.59	10.67	60.30	14.91	26.7	6.9
居民消费价格总指数								
(以上年价格为100)	%	104.6	160.1	100.7	173.6	116.5		11.7
城市	%	106.5	161.5	100.5	186.5	116.9		13.3
农村	%	103.6	159.7	100.9	163.1	116.3		10.3
商品零售价格总指数								
(以上年价格为100)	%	105.4	158.7	100.1	160.7	114.9		10.0

附表 2

指　　标	单位	1985 年	"七五"累计完成	# 1990 年	"八五"累计完成	# 1995 年	"八五"累计比"七五"累计增长%	"八五"年平均增长%
城市	%	106.4	160.5	99.8	164.1	113.3		10.4
农村	%	103.5	158.5	100.4	156.7	116.5		9.4
农业生产资料价格总指数（以上年价格为 100）	%	103.0	168.1	98.3	173.1	125.8		11.6
农产品收购价格总指数（以上年价格为 100）	%	103.1	146.3	92.4	219.0	127.1		17.0
地方财政收入(老口径)	亿元	48.93	353.61	83.59	721.24	215.27	104.0	20.8
#工商税收	亿元	42.32	309.19	75.00	501.31	70.79	62.1	−1.1
人均地方财政收入	元	62.80	427.76	97.54	807.53	237.50	88.8	19.5
地方财政支出	亿元	49.51	387.88	89.53	739.00	207.28	90.5	18.3
#行政管理费	亿元	7.05	53.49	11.61	109.97	31.89	105.6	22.4
金融机构各项存款年底余额※	亿元	166.24	593.96	593.96	2131.69	2131.69	258.9	29.1
金融机构各项贷款年底余额※	亿元	286.18	773.04	773.04	2170.17	2170.17	180.7	22.9
城乡居民储蓄存款年底余额※	亿元	84.23	376.12	376.12	1456.35	1456.35	287.2	31.1
人均城乡居民储蓄存款年底余额※	元	107.34	434.87	434.87	1600.38	1600.38	268.0	29.8
职工工资总额	亿元	57.85	477.01	123.86	1127.39	347.70	136.3	22.9
#国有经济	亿元	47.06	391.97	102.52	934.89	284.17	138.5	22.6
城镇集体经济	亿元	10.76	84.64	21.19	163.19	47.79	92.8	17.7
职工平均工资	元	1015	7340	1825	14768	4344	101.2	18.9
#国有经济	元	1080	7938	1997	15993	4677	101.5	18.6
城镇集体经济	元	804	5445	1288	10139	3007	86.2	18.5
城镇居民人均生活费收入	元	559.85	4441.88	1152.95	9929.35	3029.47	123.5	21.3
城镇居民人均消费性支出	元	555.74	4292.50	1067.67	8980.87	2673.95	109.2	20.2
农民人均纯收入	元	328.78	2096.69	526.95	3965.40	1231.97	89.1	18.5
农民人均生活消费支出	元	260.19	1776.89	437.73	3153.39	929.39	77.5	16.3
高等学校在校学生数※	万人	6.95	8.14	8.14	12.37	12.37	52.0	8.7
平均每万人口拥有大学生数※	人	8.86	9.41	9.41	13.59	13.59	44.4	7.6
中等专业学校在校学生数※	万人	8.39	13.73	13.73	21.43	21.43	56.1	9.3
平均每万人口拥有中专生数※	人	10.69	15.87	15.87	23.55	23.55	48.4	8.2
普通中学在校学生数※	万人	357.46	352.56	352.56	417.86	417.86	18.5	3.5
#高中※	万人	52.27	49.27	49.27	42.91	42.91	−12.9	−2.7
小学在校学生数※	万人	1034.97	961.15	961.15	1039.56	1039.56	8.2	1.6
卫生技术人员数※	万人	19.49	22.28	22.28	25.50	25.50	14.5	2.7
#医生※	万人	8.36	9.94	9.94	10.57	10.57	6.3	1.2
每千人口拥有医生数※	人	1.07	1.15	1.15	1.16	1.16	0.9	0.2
独立研究机构职工人数※	人		32620	32620	27035	27035	−17.1	−3.7
#工程师、科学家※	人		13078	13078	11117	11117	−15.0	−3.2
独立研究机构经费收入总额	万元			62108	338644	109555		12.0

注：1. ※表示"七五"累计、"八五"累计为时期末年数据。

2. 本表国内生产总值、农林牧渔业总产值、工业总产值的绝对数按当年价格计算，速度按可比价格计算。

3. 其他价值量指标(除邮电业务总量"七五"按 1980 年不变价格计算、"八五"按 1990 年不变价格计算，速度按可比价格计算外)绝对数及速度均按当年价格计算。

4. 高等学校在校学生数含研究生。

大事记

1995年河南社会经济大事记

1月

6日　据《河南日报》报道：魏麦武、李洪欣、赵少民、郭现生、李秉忠、王宝军、司法斌、万炳耀、李留法、任太平被评为“河南省十大杰出青年农民”。

18日　省委、省政府在省人民会堂隆重召开向英雄民警马喜国同志学习动员大会。同日，全省公开选拔副厅级干部工作正式开始，历时几个月，经过笔试、面试、答辩考察等过程，有7名干部入选，他们是雒魁宪、邓本章、赵亚平、周树群、郭瑞民、范修芳、白红战。

19日　巩义市丁烟村，林州市史家河村、定角村，禹州市西街办事处，孟县东韩村、桑坡村，武陟县西滑封村，新乡县小冀中街、李召村、龙泉村，郑州市二七区小李庄村、管城区陇海村、金水区宋寨村，温县东梁新村，洛阳市郊区新生村，济源市西关村被评为“河南省明星村”。同日，省委、省政府向驻豫部队，武警官兵，全省烈、军属，革命伤残、复员、退伍、转业军人发出慰问信，盛赞他们为河南的改革开放和经济建设做出的重大贡献。

20日　上午8时10分，位于郑州市中心的天然商厦发生火灾，消防、武警官兵奋力扑救，10时30分，大火扑灭，无人员伤亡。同日，省委、省政府向全省离、退休干部发出慰问信，盛赞广大老同志为全省改革和发展付出的心血和汗水。

23日　省委向全省农村党建工作队发出慰问信，勉励全体队员高举奔小康旗帜，把广大党员、干部和群众的积极性引导到脱贫致富发展经济上来。

24日　省委决定：用三年时间，在全省党员中深入开展学习建设有中国特色社会主义理论和党章，做合格共产党员和争当优秀共产党员活动。

26日　省会各界人士代表欢聚一堂举行新春茶话会，马忠臣代表省委、省政府在会上发表了热情洋溢的讲话。

2月

6日　省政府召开紧急电话会议，动员全省各地加强春季麦田管理，控制麦苗旺长。

7日　中共中央政治局委员、国务院副总理李岚清到河南省考察商业连锁经营工作，11日离郑。

12日　任克礼、范濂、胡廷积、侯志英、胡悌云、左明生、胡树俭等省委、省人大、省政府、省政协领导同志前往河南农大，为我国玉米专家吴绍骙90华诞祝寿。

13日　省委、省政府通令嘉奖信阳地区，授予其“全省荒山绿化第一区”光荣称号。并号召全省各地学习信阳地区的先进经验。

14日　河南省驻新加坡代表处暨豫新国际有限公司成立。

16日　省委、省政府发出《河南省市地党政机构改革实施意见》。

17日　省纪委第八次全会在郑举行，18日结束。同日，省政协七届三次会议在郑举行，24日结束。

19日　省八届人大三次会议在郑举行。会议听取和审议了《政府工作报告》等六个报告，并作出了相应的决议。本次会议增选宋国臣为省八届人大常委会副主任。25日会议结束。

27日　国务委员、国务院秘书长罗干到河南省漯河、郑州和开封等地考察，3月2日离郑返京。

28日　省委、省政府表彰了7个计划生育先进市地、39个先进县(市)。

3月

1日　全国热爱祖国、自强不息巡回报告演出团莅临河南省报告演出。

16日　省政府召开紧急电话会议，动员全省各地抓紧抗旱浇麦，预防小麦冻害。

20日　省委、省政府在郑州召开全省农村工作会议，省委书记李长春到会作了重要讲话，22日会议结束。

21日 省政府召开11次全会，研究认真贯彻八届全国人大三次会议和全国政协八届三次会议精神，马忠臣省长在会上作了《认真贯彻“两会”精神，把工作着力点放在落实上》的讲话。

22日 省委、省政府表彰了38个老干部发挥作用先进集体和67名先进个人。

24日 河南省国家安全厅成立。

25日 马忠臣省长率团访问泰国、新加坡、马来西亚，4月12日返郑。

4月

4日 全国政协副主席杨汝岱到河南省洛阳等地考察工作，15日离豫返京。

8日 王小关、张海燕、张永申、关克月、楚玉文、王川根、冯生虎、杜爱丽、杨霞、邱凤兰被评为“河南省十佳职工”。

11日 省委、省政府在舞阳县召开学习推广舞阳县实施“富民工程”经验座谈会，李长春、马宪章、李志斌等省委、省政府领导出席会议并讲了话。13日会议结束。

14日 中共中央政治局常委、书记处书记胡锦涛到河南省林州市考察农村基层组织建设工作，16日离豫返京。

15日 第13届洛阳牡丹花会在洛阳市隆重开幕，原中顾委常委李德生、全国人大常委会副委员长铁木尔·达瓦买提、全国政协副主席杨汝岱出席开幕式。

16日 省委、省政府决定：对发展乡镇企业先进的郑州市、焦作市；巩义市等19个县（市、区）；辉县市孟庄镇等50个乡（镇）；临颍县南街村等100个村；中原工贸公司方便面厂等700个企业给予表彰。同日上午，孔繁森同志先进事迹报告会在省人民会堂举行，3000余人到会聆听报告。

17日 省委发出关于深入开展向孔繁森同志学习的通知。

23日 省委、省政府在郑召开了表彰“红旗渠精神杯”竞赛优胜者大会，7个市（地），38个县（市）、75位县级干部受到表彰。

26日 全国人大常委会副委员长费孝通莅临河南省临颍县南街村考察。同日上午，省政府召开“三夏”工作电话会议，会议强调全力以赴搞好夏收夏种夏管。

27日 上午，庆祝“五一”国际劳动节大会在省人民会堂举行。同日，全国劳动模范报告团一行11人来豫报告先进事迹。

5月

1日 为庆祝“五一”国际劳动节，省会郑州举行了游园活动。

2日 李瑞玲、李峰、杜文君、陈耀华、张海燕、赵光明、胡喜良、韩文明、王艳春、姜明被评为“第三届河南省十大杰出青年”。

3日 省政府召开12次全会，研究部署了河南省的对外开放工作。

13日 河南省乒乓球运动员邓亚萍荣获第43届世乒赛女单冠军，省委书记李长春、省长马忠臣致电表示祝贺。

16日 第五届“香玉杯”艺术奖在郑颁奖，14名演员、1名舞台艺术摄影家荣获本届艺术奖。

19日 省委在郑州召开向孔繁森同志学习动员大会，省委副书记任克礼到会作了《学根本、见行动、重实效》的讲话。

20日 中共中央政治局委员、国务院副总理吴邦国莅临河南省台前县参加京九铁路孙口黄河特大桥建成庆典活动。

23日 河南代表团应邀访问了马里共和国、几内亚共和国和塞内加尔共和国，6月5日访问结束。

31日 李长春、宋照肃等省委、省政府领导分别到郑州市部分小学和幼儿园看望和慰问了儿童和教师。

6月

1日 省政府通令嘉奖河南省乒乓球运动员邓亚萍。

2日 省委发出进一步深入学习《邓小平文选》的通知。同日，中共中央政治局委员、书记处书记、国务院副总理姜春云来豫出席黄河防讯工作会议。会后姜副总理实地检查了河南省黄河防汛的准备情况。

4日 省委体育界隆重召开大会，热烈欢迎在43界世乒赛上夺得三金一银的河南省乒乓球运动员邓亚萍载誉荣归。同日下午，省会各界隆重纪念“六·五”世界环境日。

5日 省委五届十一次全会在郑召开。全会通过了召开省六次党代会的决议，推荐了省级后备干部，省委书记李长春、副书记任克礼就筹备和迎接省六次党代会工作发表了重要讲话。6日全会结束。

7日 省纪委九次全会在郑州召开。会议提出深入开展反腐败斗争,以卓有成效的工作迎接省六次党代会的召开。

8日 中共中央政治局常委、国务院副总理朱镕基到河南省考察农业生产和夏收工作,12日离豫返京。

14日 李经谋、梁长俭、张浩侠、李留恩、陈胜利、刘玉铃、张海燕、胡喜良、陈明、卫小玉被评为“首届河南省十大新闻人物”。

15日 省委、省政府、省军区授予临颍县南街村民兵营“模范民兵营”称号。并号召各级人武部门和民兵组织向南街民兵营学习。

19日 省政府召开13次全会,分析了前5个月全省经济运行情况,部署了“三夏”生产、粮油收购等项工作。

20日 据《河南日报》报道:为加强政法队伍建设,摆脱关系网的困扰,营造良好的执法环境,河南省用3个月时间对在原籍担任现职超过5年、一地工作超过10年的县公安局长、法院院长、检察院检察长实行易地交流。

29日 省委决定:对近几年在河南省改革开放和现代化建设中做出突出贡献的5名县(市)委书记、30名乡(镇)党委书记、100名农村党支部书记和1000名共产党员予以表彰,并号召全省党员、干部向他们学习。

30日 王建民、高文焕、熊金栋、毛万喜、焦锦淼入榜“全国百名优秀县(市)委书记”。

7月

6日 省委、省政府命名卢克平等208名同志为第三批河南省优秀专家。

10日 省委、省政府决定:对在扶贫工作中做出突出成绩的南召县等8个扶贫开发先进集体、省电力工业局等18个对口扶贫先进集体、陆锡芳等10个先进个人给予表彰。

17日 省政府召开电话会议,动员全省人民搞好抗灾、防灾、救灾,夺取农业丰收。

19日 全省科学技术大会在郑召开,省委书记李长春、省长马忠臣出席会议并作了重要讲话,21日会议结束。

20日 越调艺术大师申凤梅病逝于周口。

21日 省委书记、省人大常委会主任李长春率团启程赴韩国进行为期8天的访问。

24日 省地方税务局成立。

26日 省政府召开14次全会,分析了上半年全省经济运行情况,部署了下半年需要重点抓好的工作。同日,省委、省政府、省军区决定:命名郑州市等36个市县为双拥模范城,授予毛兆祥等10名同志荣誉称号,并号召全省军民努力学习他们的模范事迹和先进经验。

8月

9日 省委、省政府发出《关于加速科学技术进步,实施科教兴豫战略的决定》。

15日 省委在郑召开了政协工作会议。省委书记李长春到会作了重要讲话,17日会议结束。

17日 省委、省政府决定:在全省农村开展计划生育“三结合”活动,即把计划生育工作同发展农村经济相结合,同帮助群众勤劳致富奔小康相结合,同建设幸福文明家庭相结合。

21日 省政府召开15次全会,研究部署全省“九五”计划安排和制订工作。

22日 省直第二批农村党建工作队启程奔赴基层第一线,李长春、马忠臣等省委、省政府领导前往送行。

23日 省委、省政府召开了全省计划生育工作暨“双先”表彰电话会议,通报了上半年人口出生情况,部署了秋冬的计生工作。同日至24日,河南省召开了抗战胜利暨世界反法西斯战争胜利50周年研讨会,省直42个厅局的负责人和专家学者参加研讨会,研讨会收到论文154篇,省军区司令员王英洲到会讲了话。

25日 河南省刘玉琴入榜“中国警界女十杰”。

28日 ’95郑州商品交易会在中原国际博览中心举行。本届交易会云聚海内外商贾1600多人,成交额52.52亿元。31日交易会毕会。同日晚,参加第四次世妇会暨非政府组织论坛的河南团启程赴京,省委书记李长春、省长马忠臣等省委、省政府领导同志前往车站送行。

9月

1日 第四届中国郑州国际少林武术节在登封开幕,李长春、马忠臣等省党政军领导出席了开幕式,武术节历时5天。

2日 河南省纪念中国抗日战争暨世界反法西斯战争胜利50周年大会在省人民会堂隆重举行。省委副书记、省长马忠臣主持大会,省委书记、省人大常委会主任、省军区党委第一书记李长春发表了重要讲话。同日,省会郑州还为在抗日战争和世界反法西斯战争中牺牲的烈士们举行了祭祀活动。

7日 第11个教师节庆祝大会在省人民会堂举行,会上表彰了1656名优秀教师和教育工作者。

12日 省委、省政府在商丘召开了"抓住京九机遇、振兴豫东经济"座谈会,李长春、马忠臣等省委、省政府领导出席会议并发表了讲话,13日座谈会结束。

15日 原中共中央政治局常委宋平到河南省考察基层党建工作情况,25日离豫返京。

18日 省委、省政府在扶沟隆重举行吉鸿昌将军诞辰100周年纪念大会。

20日 省委发出《关于大兴调查研究之风的决定》。

10月

6日 省政府召开16次全会,学习贯彻中央五中全会精神,研修河南省"九五"计划和2010年远景目标。

10日 省委在郑州召开全省党员领导干部会议,传达中央五中全会精神,安排河南省贯彻意见。

11日 省委书记李长春、副书记宋照肃同部分省级离休老同志一起共同总结省五次党代会以来河南省的工作,征求他们对全省工作的意见和建议。

12日 第2届中国曲艺节在平顶山市拉开帷幕。江泽民、李鹏、刘华清、田纪云等中央领导同志为曲艺节题了词。本届曲艺节有2000多位宾朋光临,演出40个曲种120多个节目。17日曲艺节闭幕。

18日 省委在郑州召开全省党员领导干部会议。向中组部考察组和与会同志报告了省五次党代会以来的工作;评议了任期届满的省委常委和任期中的副省长的述职报告;推荐了六届省委常委和省纪委书记、副书记候选人。省委书记李长春、省长马忠臣在会上分别发表了讲话。20日会议结束。

27日 中共中央政治局候补委员、书记处书记温家宝到河南省林州市和辉县市察看了红旗渠工程,了解了农田水利建设情况,30日离豫返京。

31日 省委书记李长春、副书记宋照肃召集部分省级老同志讨论省六次党代会工作报告。

11月

18日 据《河南日报》报道:河南省"五个一工程"组织工作奖获全国四连冠。

20日 李长春、马忠臣、任克礼、宋照肃、林英海、郑增茂、张德广、范钦臣、马宪章、张文彬等省委、省政府领导同志一同听取了著名法学家江平所作的《关于市场经济的几个问题》的法律知识讲座。

21日 据《河南日报》报道:河南省22家工业企业入榜1995年全国最优500家工业企业。平顶山矿务局、新乡化纤厂分列全国煤炭、纺织行业榜首。

23日 全省文艺工作暨"五个一工程"表彰会在郑召开,宋照肃、张世英代表省委、省政府分别到会讲话。24日会毕。

30日 省委五届十二次全会在郑召开,审议通过了《中共河南省委关于制定全省国民经济和社会发展"九五"计划和2010年远景目标的建议》;讨论了五届省委的工作报告,原则同意将此报告提交省六次党代会审议;听取了马忠臣同志就省委《建议》所作的说明、任克礼同志就省六次党代会代表选举和人事安排意见所作的说明、宋照肃同志就省委工作报告起草过程所作的说明。李长春同志在全会上作了重要讲话。本次全会12月2日结束。

12月

1日 省纪委12次全会在郑州召开,会议要求全省各级纪检监察机关努力完成全年的各项反腐败工作任务,以实际行动迎接省六次党代会胜利召开。

7日 河南省召开了"一二·九"运动60周年和"一二·一"运动50周年纪念大会。

11日 省政府在京召开了河南省·欧洲联盟经贸合作交流会。全省各地的100多名代表和欧洲联盟15国的驻华使节及企业代表出席了交流会。省长马忠臣代表省政府致辞。

12日 省政府召开17次全会,讨论修改了《政府工作报告(讨论稿)》,部署了需要重点抓好的几项工作。

18日 省六次党代会在郑州隆重开幕。马忠臣同志主持开幕式,李长春同志代表五届省委作了工作报告,报告分五个部分:一、团结奋进的五年;二、新的形势和任务;三、推动经济和社会发展再上新台阶;四、加强社会主义精神文明建设和民主法制建设;五、努力把党的建设提高到新水平。同日,省委办公厅、省政府办公厅发出通知,要求各市、地、县委,各市、县人民政府,各地区行署和省直各单位,在元旦、春节期间进一步加强党风和廉政建设;严禁用公款大吃大喝;严禁赠送和接受礼品;严禁年终突击滥发钱物;坚决压缩不必要的会议;严禁控制各种评比、表彰活动;严禁控制各种检查活动。

22日　省六次党代会圆满完成预定的各项任务胜利闭幕,李长春同志主持闭幕式,马忠臣同志致闭幕词。大会审议批准了五届省委和省纪委的工作报告,选举产生了新一届省委和省纪委。

23日　六届省委举行第一次全会,选举产生了省委书记、副书记、常委,继任的省委书记李长春就省委的自身建设,作了重要讲话。

24日　李长春同志主持召开了六届省委常委第一次会议,讨论通过了《中共河南省委常务委员会关于加强自身建设的规定》。《规定》共有6个部分、25条。同日,省纪委举行第一次全会,选举产生了省纪委常委、书记和副书记,新当选的省委常委、省纪委书记董雷作了重要讲话。同日,省委还决定,对河南省各民主党派、工商联和无党派人士为经济建设服务活动中的46个先进集体、131个先进个人予以表彰。

25日　上午,省政府举行了外国专家新年招待会,马忠臣省长在招待会上发表了祝酒词。

(张廷俊)

1995年河南统计工作大事记

1月

7日 河南省长马忠臣在省统计局《统计内参》载文《河南省经济周期性波动与宏观调控对策》上批示："很愿意看此文，因为从中领略许多带规律性的问题。"

9日 河南电视台专访省统计局王光鹏局长。王局长就1994年全省经济形势和对1995年全省经济形势展望作了全面阐述。省电视台头条新闻播发，中央电视台元月20日也予以播发。

10～11日 省委书记李长春两次给省统计局长王光鹏写信，研讨、布置有关统计工作。其中11日写道："光鹏：①在各县综合实力排序中，可否把人均财政收入、人均储蓄额列入，因为这些都是客观的数据，可排除人为的因素；②对市地报表加强监督，挤水分"。按照李书记指示，省统计局积极进行了落实工作。

22日 国家统计局城调总队1994年度统计分析和数字质量考核评比结果揭晓。河南省城调队荣获综合评比一等奖。统计分析、消费价格统计、农副产品价格统计、工业品价格统计均为一等奖。

24日 中共河南省委办公厅分别向省统计局和省农调队发出了《关于进一步加强信息调研工作的一封信》，称赞我们积极开展信息调研工作，及时、准确、全面地为中央和省委领导提供了优质高效的信息服务。

29日 常务副省长范钦臣约见省统计局王光鹏局长，听取了'94年统计公报情况汇报，并对我省当前统计工作作了重要指示。他说："你们的工作做得是好的，省政府是满意的。

2月

月初 河南省常务副省长范钦臣、副省长俞家骅、李志斌等分别在国务院文件《国务院关于进行第三次全国工业普查的通知》上批示意见。范钦臣副省长批示道："此项工作由家骅、志斌同志负责，请省统计局承办，省有关部门积极配合，按国务院要求准备拟订方案。"

8日 省统计局举行新闻发布会，介绍了1994年河南经济形势。中央驻豫新闻单位和河南省新闻单位进行了采访报道。

10日 省统计局在《河南日报》上发布了"1994年国民经济和社会发展的统计公报。"

13日 局直党委向全局发出了开展"以实际行动支援贫困地区农村党建工作献爱心捐款活动"的号召。这次活动得到了全局干部职工的积极支持，个人和集体共捐款8168元。

14日 河南省委李长春书记给省统计局长王光鹏写信："光鹏：我省的月份生产形势应比全国略快一点报出来。"省统计局已进行了落实工作。

20日 河南省人口抽样调查协调领导小组参加了全国1%人口抽样调查办公室召开的全国电话会议。协调组长、河南省副省长李志斌作了重要讲话。

21日 省八届人大第三次会议举行第一次记者招待会。副省长范钦臣、李成玉、俞家骅及省统计局王光鹏局长等就河南经济形势等问题回答了记者的提问。

23日 由河南省统计局和省委政研室、省发展研究中心、省政府调研室共同发起的河南省政策科学研究会正式成立。省统计局部分处室和六个市地统计局为会员单位。

▲ 由省政府发展研究中心组织评审的"河南省实用社会科学优秀成果"揭晓。省农调队的《河南农民收入动态研究》课题获一等奖。

3月

月初 省统计局承担的"地区社会发展综合评价"课题已经省科委组织的软科学鉴定。根据省委李长春书记的指示，主要评价结果在3月6日的《河南日报》上公开发布。

20日 河南省政府发出《关于进行第三次全省工

业普查的通知》,并成立了以副省长俞家骅为组长的普查协调领导小组。

21日 省统计局王光鹏局长出席省政府第11次全会。河南省长马忠臣在报告中指出:“要做到自觉维护统计数据的真实性和严肃性,对个别违犯者要执行纪律。要坚持实事求是的思想路线。”

▲ 河南省副省长李志斌听取省统计局工作汇报。李副省长对省统计局的工作给予了充分的肯定,并对省统计局请示的几项工作给予了答复。

28日—31日 河南省统计工作会议在西平县召开。李志斌副省长专程到会并作重要讲话。他说,省委、省政府对统计部门的工作是满意的,并对全省统计工作提出了几点要求。

29日 省统计局首次编印的《1994—1995河南省经济形势分析与预测》经济兰皮书出版。

4月

3日 全省第三次工业普查第一次协调领导小组会议在郑州召开,宣布了河南省第三次工业普查领导小组的成立,并对普查工作进行了布置。

17日 河南省委李长春书记在《河南统计资料》上批示:“光鹏:(1)每季度,要把各市地经济效益指标情况见报。(2)每季度,要把我省和全国经济情况比较资料报省委、省政府”。

21日 为纪念《河南省统计管理条例》发布实施一周年,省统计局主办了统计法规知识电视大赛。副省长李志斌、省人大副主任范濂出席了大赛。河南电视台播放了电视大赛实况。

22日 河南省政府召开电话会议,李志斌副省长对全省1%人口抽样调查工作做了总动员和全面部署,有关单位的领导也做了重要讲话。

5月

2日 省统计局、省监察厅、省国家税务局、省地方税务局联合发出通知,决定在全省范围内对1994年乡镇企业年报中的销售收入、交纳税金等主要指标及农村出生人口统计数据进行重点抽查。

▲ 在省委召开的加快河南贫困地区脱贫步伐调研会上,省委书记李长春说:“农调队的《农村调查资料》我每期都看,反映的问题比较深刻。”副省长李成玉称赞省农调队:“调查工作比较规范,数据能反映实际。”

22日 省委书记李长春听取了省统计局负责同志关于1994年河南省116个县(市)经济综合指数排序情况的汇报。首先,李书记充分肯定了省统计局对1994年县(市)评价排序方法的改进意见,认为现在确定的排序指标及权数分配是比较科学、合理的,既可以与国际惯例接轨,又增强了实际说服力,对各级领导指导工作具有更大的作用。接着,李书记指出:不断研究改进县(市)评价排序方法的目的之一,是要便于此项工作更能反映实际情况,避免弄虚作假,使我们的评价活动越搞越扎实。

27日 《河南日报》公布了1994年全省116个县(市)经济综合指数的位次排列。

▲ 河南省计委下达1995年省直建房基本建设投资计划,为省计划统计学校教学楼扩建工程下达1995年投资295万元。

6月

2日 省委书记李长春在《统计内参》(第二期)载文《1994年河南省经济发展水平与全国及各省市横向比较》上作重要批示,要求增加比较项目,省内17个市地也按此表项目进行比较并见报。省统计局已作了落实工作。

▲ 省农调队撰写的《1994年河南农村小康实现程度》在《统计内参》刊发后,省委书记李长春、省委副书记宋照肃、副省长李成玉等都给了高度评价,并分别作了重要批示。李长春书记在《统计内参》上批示宋副书记:“照肃:1、此件很好,统计局的工作越作越好。2、舞阳经验对我省较贫困地区十分重要,请组织分片听汇报,督促检查,强力推进。3、根据分类指导的原则,要加力推进小康村建设,请您汇同成玉研究用什么方式今年下半年再抓一抓。贫困的县,要有几个小康示范村,发达的县要作规划,每年实现一批。”

15日 全省第三次工业普查电话会议在郑州召开。省工普领导小组组长、副省长俞家骅,副组长、省统计局长王光鹏出席会议并分别讲话,会议就第三次工业普查工作作了部署和安排。

18—29日 省统计局、监察厅、国税局、地税局联合组织17个市地对17个市县进行统计执法重点抽查。

21日 根据省委李长春书记批示,省直工委在河南教育学院大礼堂为省统计局局长王光鹏举办了专场报告会。王局长做了题为《对河南宏观经济与发展的认识》的报告,省直机关2000多名干部听取了报告,反映很好。

7月

7日 省委书记李长春对《栾川县严肃查处一起多报乡镇企业产值的浮夸事件》作出如下批示:

(1)对栾川县委、县政府严肃查处潭头镇虚报乡镇企业产值的做法应予表扬。(2)各市、地、县党委和政府都要认真贯彻省两个通知精神,坚决挤掉乡镇企业中的水份,完善统计办法、考核办法,坚决纠正以产值论英雄的不正确做法。省乡镇企业局综合后向省委报告一下。(3)各地都要旗帜鲜明地查处有意弄虚作假的案件,做到警钟常鸣。

9—11日 全省特别试点县市工作座谈会在新乡县小冀镇召开。省委常委、常务副省长范钦臣到会讲话。他强调要进一步充实统计力量,加强统计监测,及时掌握动态,发现存在的问题,为省委、省政府提供真实可靠的依据。

20日 《河南统计年鉴—1995》正式出版发行。

28日 省政府新闻办公室举行新闻发布会,省统计局发布了全省上半年国民经济运行情况。

8月

3日 省政府办公厅印发《〈河南省统计局职能配置、内设机构和人员编制方案〉的通知》〔豫政办(1995)63号〕,明确指出,保留河南省统计局,为省政府组成部门。该通知结合河南统计工作的实际情况,确定了职能配置、内设机构和人员编制方案。根据方案,局机关内设13个职能处室和老干部处。其中对外经济贸易统计处、普查与制度管理处和老干部处为新设处室。纪检(监察)、机关党委按省委文件规定另设。

16日 省政府发出《关于开展第一次全省农业普查的通知》〔豫政(1995)12号〕,并且成立了以副省长李成玉为组长的协调领导小组,普查办公室设在省统计局。

21日 河南省人口抽样调查协调领导小组全体成员会议在郑州召开。副省长李志斌到会并做重要讲话。

▲ 全省第三次工业普查工作会议在郑州召开。副省长俞家骅到会并做重要讲话。

23日 省委、省政府召开全省计划生育工作暨“双先”表彰电话会。省统计局在连续五年被评为金水区先进单位的基础上,又被省计生委、省人事厅授予“全省计划生育工作先进集体”。

9月

上旬 根据河南省委的要求,省统计局为省委、省政府召开的“抓住京九机遇,建设大商丘”现场办公会议提供了“八五”时期商丘地区主要经济指标及与17个市地的比较资料,受到好评。

15日 省政府召开全省1%人口抽样调查电话会议,再次安排部署1%人口抽样调查工作。常务副省长范钦臣做了重要讲话。范副省长强调要加强领导工作和宣传动员工作,确保人口数据质量。

10月

1日 副省长张洪华、省政府副秘书长郭廷凡、省统计局局长王光鹏、副局长赵喜朝,在郑州市副市长陈义初陪同下,到郑州市二七区调查现场视察了1%人口抽样调查登记工作,并做了重要指示。

▲ 河南省委书记李长春就省农调队所报信息《我省肉蛋价格强劲回升》批示:“适当回升一些是正常的,但有个“度”的问题。平价玉米、平价饲料落实到重点养猪、养鸡大户情况如何?效果如何?反馈一下。”

▲ 经省统计局党组研究,报经国家统计局批准,任潞生同志任河南省城市社会经济调查队队长(副厅局级),免去省统计局人事处处长职务。

6日 为做好1%人口抽样调查工作,省政府办公厅用特急明传电报形式下发了《关于确保1%人口抽样调查数据质量的紧急通知》,强调要加强领导,突出重点,分类指导,做好登记和复查工作。

9日 为贯彻落实河南省委关于在省直机关开展思想作风整顿和建设的部署,并做好公务员过渡工作,省统计局召开了由全局干部职工参加的思想作风整顿和建设及公务员过渡动员大会。

25日 全省农业普查协调领导小组第一次会议在郑州召开。张世英副省长作了重要讲话。王光鹏局长就河南农业普查的总体安排及有关问题向领导小组作了汇报。

28—31日 全省统计年报部署工作会议召开。会议传达了国家统计局年报会议精神,总结了去年年报工作经验,并表彰了先进单位和个人,部署了今年年报工作。省统计局王光鹏局长、缪盛鸿副局长做了重要讲话。

9月底至10日中旬 省统计局组团参加了省直机关首届职工运动会。我局代表团被大会组委会评为体育道德精神文明代表团。交谊舞获B组第五名。

11月

5日 省政府办公厅以〔豫政办(1995)110号〕文件发出《关于加强对外经济贸易统计工作的报告》。该文件加强了对外经济贸易统计制度的管理,强化了对外经统计工作的组织领导。

10月上旬至11月上旬 省统计局对全省17个市地的统计"二五"普法进行了检查验收。验收表明,五年来,全省统计普法工作成效巨大,统计部门自身的守法执法意识日益增强,全社会的统计法律意识不断提高。普法总结已上报省普法办。

中旬 经全国城调队长会议讨论,国家城调总队决定原由河南城调队主办的《河南城市调查》杂志改为由国家城调总队与河南城调队联合主办,各省、区、市城调队参办的刊物,并将刊名改为《城市调查》。

19日 全省进行了统计专业资格考试。全省报考统计师10071名,助理统计师4046名。

24日 省政府发出豫政任(1995)30号通知,省人民政府决定任命刘永奇同志为河南省统计局副局长。

25日 在1995年度全国农调系统专业评比中,河南省农调队的农产量调查、农村住户调查、农村社会经济调查、专项调查、重大信息五大专业分别荣获优胜单位奖。

12月

2日 省委书记李长春在省委五届十二次全会的讲话中指出:各级党委和政府都要旗帜鲜明地反对形式主义、虚报浮夸。要加强和改进新形势下的统计工作,不断完善统计考核办法,坚决取消以产值论英雄的做法,支持统计部门独立负责地开展工作,为各级党委、政府当好参谋。

▲ 省统计局局长王光鹏在省军区礼堂向省直老干部做了关于经济形势的报告。此外,先后参加了几次省人大、省政府、省政协关于经济形势的座谈分析会,并做了发言。

15日 为迎接中共河南省第六次代表大会、河南省八届人大四次会议、政协河南省七届四次会议的召开,展示全省人民在省委、省政府领导下"团结奋进,振兴河南"的光辉业绩,省统计局组织编写的《团结奋进的河南》一书正式出版,并发给与会代表,受到好评。

25日 省第三次工业普查协调领导小组组长、副省长俞家骅在省电视台发表电视讲话,号召全省各级工业普查人员,各工业企业认真做好工业普查表的填报工作,完成工普任务。

▲ 全省工业企业单位清查工作圆满完成,建立起了第三次工业普查名录库,为普查工作的顺利进行奠定了基础。

▲ 第四届('95)河南省实用社会科学奖揭晓,省统计局《河南省宏观经济预测模型研究和应用》获一等奖第一名,《跨世纪的中国人口》(河南卷)获荣誉奖。此外还有其他获奖课题。

▲ 经国家统计局评选:"河南省委书记李长春提出各级干部要旗帜鲜明地反对虚报浮夸"获中国十大统计工作新闻。

(冯建中)

注:"▲"指与上条时间一致。